Der historische Muhammad in der islamischen Theologie

Beiträge zur Komparativen Theologie

hrsg. von

Klaus von Stosch

Editorial Board

Prof. Dr. Cathrine Cornille
Prof. Dr. Farid Esack
Prof. Dr. Ruth Langer
Prof. Dr. Muhammad Legenhausen
Prof. Dr. Marianne Moyaert
Prof. Dr. Frederek Musall
Dr. Joshua Ralston
Prof. Dr. Muna Tatari
Prof. Dr. Christiane Tietz
Prof. Dr. Michelle Voss-Roberts
Prof. Dr. Jürgen Werbick

Bd. 31

Zishan Ghaffar

Der historische Muhammad in der islamischen Theologie

Zur Kriterienfrage in der Leben-Muhammad-Forschung

FERDINAND SCHÖNINGH

Umschlagabbildung:
„Ausschnitt aus einer kalligraphischen Darstellung des äußeren Erscheinungsbildes und des Charakters des Propheten Muhammad aus dem 18. Jahrhundert."

Bibliografische Information der Deutschen Nationalbibliothek

Die Deutsche Nationalbibliothek verzeichnet diese Publikation in der Deutschen Nationalbibliografie; detaillierte bibliografische Daten sind im Internet über http://dnb.d-nb.de abrufbar.

Internet: www.schoeningh.de

Einbandgestaltung: Evelyn Ziegler, München
Herstellung: Brill Deutschland GmbH, Paderborn

ISBN 978-3-506-78865-8

Vorwort

Die vorliegende Arbeit wurde im Februar 2017 an der Westfälischen Wilhelms-Universität Münster als Dissertation vorgelegt und angenommen. Der Mercator Stiftung verdanke ich das Graduiertenstipendium, das mir als Kollegiat im Graduiertenkolleg für islamische Theologie das Promotionsstudium ermöglicht hat. Meinem Erstbetreuer Prof. Dr. Mouhanad Khorchide bin ich zutiefst für die Arbeitsatmosphäre dankbar, die für den Abschluss der Dissertation unerlässlich war. Prof. Dr. Klaus von Stosch war der Zweitbetreuer der Arbeit. Ihm gebührt mein Dank für seine intensive Betreuung aus komparativ-theologischer Perspektive.

Potsdam, im Februar 2018

Inhaltsverzeichnis

1 EINLEITUNG 9
1.1 Interkultureller oder interdisziplinärer Vergleich? 10
1.2 Islam-wissenschaftlich oder Islam-theologisch? 15
1.3 Interdisziplinäre Programmatik 17
1.4 Aufbau der Untersuchung 19

2 KRITERIOLOGIE 21
2.1 Kritik, Kriterium und Krise – Die Trias kritischer Reflexion 21
2.2 Was sind Kriterien in der Bibelkritik? 26
2.2.1 Bibelkritik und historisch-kritische Methode: Entwicklungsgeschichtliche Voraussetzungen und Tendenzen 26
2.2.2 Die Voraussetzungen der historisch-kritischen Methode: Die kanonische Exegese als Abgrenzungskriterium 46
2.2.3 Der historisch-kritische Methodenkanon in der Exegese der Bibel: *Prinzipien* und *Kriterien* 49
2.2.4 Kritik1-3 an der historisch-kritischen Methode 62
2.2.5 Kritische Impulse für die islamische Theologie – Bibelkritik und -wissenschaft als Pendant zur Korankritik und -wissenschaft 72
2.3 Was sind Kriterien in der Leben-Jesu-Forschung? 74
2.3.1 Geschichte der Leben-Jesu-Forschung – Methoden und Tendenzen 74
2.3.2 Kriterien in der Jesusforschung 81
2.3.3 Kritik an der Kriteriologie 106
2.3.4 Kriteriologie als methodisches Rückgrat der historischen Jesusforschung – Vorteile einer kriterienorientierten Fundierung historischer Methode 131

3 LEBEN-MUHAMMAD-FORSCHUNG 135
3.1 Kritische Muhammadforschung – Methoden und Tendenzen 135
3.1.1 Kritische Anfänge 136
3.1.2 Erste Hälfte des 20. Jahrhunderts: Wachsende Skepsis und „höhere" Kritik 145
3.1.3 50er bis 80er Jahre des 20. Jahrhunderts: Konsolidierung und Revision der Frühgeschichte des Islams 152
3.1.4 Zunehmende Diversifikation der Forschung bis zur Gegenwart 195

3.2 Forschungsgeschichtliche und methodentheoretische Selbstverortung in der Forschung zur Frühgeschichte des Islams 264
3.2.1 Die methodentheoretischen Voraussetzungen unterschiedlicher Forschungsansätze 264
3.2.2 Was kann ich wissen? – Überblicksdarstellungen zu Methoden und Quellen 277
3.2.3 Vergleich der Leben-Muhammad-Forschung und Leben-Jesu-Forschung 280
3.3 Desiderata einer Kriteriologie 284
3.4 Versuch einer Systematisierung von Kriterien 290
3.4.1 Quellenwertargumente 290
3.4.2 Echtheitskriterien 295
3.4.3 Besonderheitsindizien 302
3.4.4 Zusammenfassung 304
3.5 Versuch eines Transfers von Kriterien und Methoden aus der Forschung zur Frühgeschichte des Christentums – Stephen J. Shoemaker und sein „The Death of a Prophet“ 306
3.6 Islamische Theologie und der historische Muhammad 333

4 DAS HISTORISCHE PLAUSIBILITÄTSKRITERIUM IN DER LEBEN-MUHAMMAD-FORSCHUNG 341
4.1 Das historische Plausibilitätskriterium und seine Unterkriterien 342
4.2 Kontextentsprechung und Kontextindividualität von Muhammad innerhalb der Spätantike 345
4.3 Die Prophetologie des historischen Muhammad – Anwendungsbeispiel für das Kriterium der historischen Plausibilität .. 349
4.3.1 Der Rahmen koranischer Prophetologie 349
4.3.2 *rasūl* und *nabī* – Die Kennzeichnungen und Entwicklungstendenzen koranischer Prophetologie 351
4.3.3 Typologie als Wesenskern koranischer Prophetologie 352
4.3.4 Muhammad als Jesus redivivus – Das Panorama koranischer Typologie 357
4.3.5 Die Prophetologie des historischen Muhammad und ihre Gesamtplausibilität 377

5 RESÜMEE 381
Literaturverzeichnis 385

1 Einleitung

Gemessen an den normalerweise gewünschten Verlauf einer wissenschaftlichen Arbeit kann man die vorzeitige Wahl eines *programmatischen* Titels für die Promotion als problematisch bezeichnen. Und doch wurde im Fall dieser Dissertation sehr früh und bewusst ein solcher Titel gewählt. Denn am Anfang dieser Untersuchung stand eine Intuition, die sich aus den Eindrücken eines intensiven Studiums der Leben-Jesu-Forschung gespeist hat und auf einen Transfer auf die Forschung zur Frühgeschichte des Islams und zum Leben des historischen Muhammads drängte. Es wäre eine treffende Beschreibung, wenn man von einer Verdrehung des gewöhnlichen und bevorzugten Ablaufs einer wissenschaftlichen Abhandlung sprechen würde. Denn nicht am Ende einer *methodengeschichtlichen* und *interdisziplinären* Arbeit wurde der *programmatische* Titel dieser Dissertation festgelegt, sondern am Anfang. So sind hier berechtigte Verdachtsmomente unsauberer Methodik angebracht: Gibt es implizite oder explizite Vorannahmen oder Erkenntnisziele, die nicht im Rahmen der Untersuchung begründet wurden? Sind im Falle einer interdisziplinären Arbeit die Voraussetzungen für einen Transfer von Methoden gewährleistet und wurden diese ausgelotet? Wird der Untersuchungsgegenstand möglichweise durch eine neue Methode einseitig vereinnahmt? Diese Fragen drängen sich insbesondere bei einer frühzeitigen Festlegung der Programmatik einer interdisziplinären Arbeit auf.

Die kontroverse und programmatische Natur des Titels dieser Arbeit wird erst deutlich, wenn man sich ihre Zugehörigkeit zur jungen und universitären Fachdisziplin der islamischen Theologie vergegenwärtigt. Es wird noch Jahre und Jahrzehnte dauern, bis sich die islamische Theologie eine Identität als genuine Wissenschaftsdisziplin im Rahmen der deutschen Hochschullandschaft erarbeitet hat. Dazu wird man den spezifischen Gegenstand, Zugang und die Methode der islamischen Theologie abstecken und etwaige Überschneidungen und Abgrenzungen zur Islamwissenschaft markieren müssen. In dieser Konstituierungsphase vermag der Titel dieser Dissertation bestenfalls engagiert zu sein und im schlimmsten Fall die falschen Vorzeichen zu setzen. Denn das thematische Sujet ist an eine Arbeit aus der christlichen Theologie angelehnt. Dagmar Winter und Gerd Theißen haben eine gemeinsame Monographie mit der Überschrift „Zur Kriterienfrage in der Jesusforschung. Vom Differenzkriterium zum Plausibilitätskriterium“[1] herausgegeben. Damit stehen beide Autoren in einer langen Tradition kritischer Forschung zu Jesus, in denen „Kriterien“ der

1 Vgl. GERD THEISSEN/ DAGMAR WINTER, Die Kriterienfrage in der Jesusforschung. Vom Differenzkriterium zum Plausibilitätskriterium, Göttingen 1997.

historischen Forschung verhandelt wurden und bei Theißen und Winter nach ihren hermeneutischen Voraussetzungen *befragt* werden. Wenn jetzt in dieser Arbeit eine „Kriterienfrage" in der Leben-Muhammad-Forschung gestellt wird, dann mag das zunächst irritieren. Denn sowohl in der jungen Geschichte der islamischen Theologie in Deutschland, als auch in der Islamwissenschaft wurde eine *explizite* Kriterienfrage zum historischen Muhammad nicht gestellt. Ebenso wird man nicht oft von einer *Leben-Muhammad-Forschung* sprechen. Hier hätte man eher Begriffe wie Prophetenbiographie oder *sīra*-Forschung erwartet. Tatsächlich soll die Wahl des Titels ein *Desiderat* der Muhammadforschung, sei es in Islamwissenschaft oder in der islamischen Theologie, markieren. Es soll *programmatisch* auf eine Leerstelle in der kritischen Forschung zum historischen Muhammad hingewiesen werden. Die zentralen Termini der *Kriterien* und *Leben-Muhammad-Forschung* sind Indikatoren für einen angestrebten *epistemischen Perspektivenwechsel* der Muhammadforschung. Zum einen wird dabei eine *kriteriologische Reflexionsebene* angestrebt, die im Rahmen der kritischen Jesusforschung seit Jahren etabliert ist. Zum anderen soll mit dem Begriff der Leben-Muhammad-Forschung ein *systematischer Ansatz* angestrebt werden, indem die fragmentierten Unterdisziplinen der Forschung zur Frühgeschichte des Islams (Prophetenbiographie, Koranforschung, Hadithforschung usw.) zusammengeführt werden. Letzteres ist nur auf der Grundlage eines kriteriologischen Perspektivenwechsels möglich. Beide Denkschritte stehen also in einem engen Zusammenhang. Wie die entsprechende Systematik und Kriteriologie in der Muhammadforschung aussieht, wird sich im Verlauf der Arbeit herauskristallisieren.

1.1 Interkultureller oder interdisziplinärer Vergleich?

Primärer Untersuchungsgegenstand dieser Arbeit ist die kritische Muhammadforschung in der Islamwissenschaft, deren Beginn man mit Ignaz Goldziher[2] festlegen kann. Dabei soll es zu einem *methodentheoretischen Vergleich* mit der Leben-Jesu-Forschung kommen. Auf der Grundlage dieses Vergleiches lässt sich erst der geforderte epistemische Perspektivenwechsel verständlich machen. Ein derart komparativer Ansatz erfordert eine *methodische und disziplinäre Standortbestimmung.* Zwar werden hier auf horizontaler Ebene zwei westliche Disziplinen *derselben* Wissenschaftskultur (Kritische Muhammad-/Jesusforschung) verglichen, jedoch ist auf der vertikalen Ebene im Falle der Muhammadforschung der kulturell *Andere* Gegenstand der Forschung. Letzteres gilt zumindest in dem *geschichtlichen* Sinne, dass die Islamwissenschaft und Orientalistik die Frühgeschichte und Religion des Islams zunächst als *fremde* Kultur wahrge-

2 Vgl. IGNAZ GOLDZIHER, Muhammedanische Studien, Halle 1888-1890.

nommen hat[3] und dass es normalerweise keinen *religiösen Traditionsbezug* zwischen einem Islamwissenschaftler zu seinem Forschungsgegenstand gibt. So gesehen bringt es die Anlage dieser Arbeit mit sich, dass es sowohl eine *interdisziplinäre* als auch eine *interkulturelle* Dimension des Vergleiches gibt.

Es liegt nun in der Natur komparativer Analysen, dass man den *Gegenstand*, den *Rahmen*, die *Parameter* und die *Kriterien* des Vergleichs genau bestimmen und explizieren sollte, um Phänomene von unzulässiger *Projektion* von Problemen, von *Zirkularität* der Argumentation und *Nivellierung* von Unterschieden zu vermeiden. Marco Schöller hat diesbezüglich in einer Grundlegung zur Methodik zwei Idealtypen islamwissenschaftlichen Arbeitens unterschieden, die in unterschiedlichem Bezug zum Problem der *Interkulturalität* stehen:

> „Grundsätzlich, so scheint es, ist die Islamwissenschaft bei der Methodenfrage in zwei Lager geteilt. Diese beiden Lager sind, auch und gerade außerhalb der Islamwissenschaft, inzwischen gut etabliert. Das erste Lager beruft sich auf die spezifisch neuzeitliche Tradition der (kritischen) Rationalität und ihre szientifischen Methoden sowie auf die universelle Bedeutung der Vernunft, weshalb ihre Anhänger – vorläufig – ‚Rationalisten' genannt werden können. Die zweite Gruppe, die sich auf die Tradition der Philologie und Hermeneutik samt deren Methoden sowie auf die universelle Bedeutung der Kultur beruft, möchte ich dagegen als ‚Kulturalisten' bezeichnen."[4]

Schöller rechnet sich selbst zu den sogenannten „Kulturalisten" und versucht die Diskursanalyse Foucaults und die Hermeneutik Gadamers für die islamwissenschaftliche Methode zu adaptieren, indem er diese insbesondere mit der philologischen Arbeitsweise verbindet.[5] An der rationalistischen Methode kritisiert er hingegen einen gewissen Historismus[6] und eine universalistische Vergleichsmethode[7]. Der Historismus wird insbesondere aufgrund eines „Objektivitätsideals" und einer methodischen Distanzierung beanstandet, die angesichts der hermeneutischen Tradition seit Gadamer in ihrer stringenten Anwendung obsolet geworden sind[8]. Weder darf man glauben, dass es *den* objektiven Standpunkt jeglicher Forschung gibt, noch das eine ideelle und hermeneutische Distanz zu einem kulturellen Untersuchungsgegenstand produktiv ist. Denn man muss bereit sein, sich von einem kulturellen Gegenstand in seinem wesentlichen Impetus affizieren zu lassen, damit ein angemessenes Verständnis möglich ist[9].

---

3 Fremdheit darf aber nicht als das wesenhaft Andere verstanden werden. Hier besteht vielmehr immer eine Spannung zwischen Nähe und Ferne, Innen- und Außenperspektive (Vgl. MARCO SCHÖLLER, Methode und Wahrheit in der Islamwissenschaft. Prolegomena, Wiesbaden 2000, 109 ff.).

4 SCHÖLLER, Methode und Wahrheit, 2.

5 Vgl. ebd., 41-70; 113-120.

6 Vgl. ebd., 12 ff.

7 Vgl. ebd., 24 ff.

8 Vgl. ebd., 12.

9 Vgl. ebd., 15.

Als „universalistische Vergleichsmethode“ habe ich die Gefahren apostrophiert, die Schöller bei einem *interkulturellen* Vergleich sieht. So können generalisierende Kategorien und universelle Parameter, die selbst auf einer begründungs- und geltungstheoretischen Bewährungsprobe stehen, die Eigenheiten kultureller Phänomene verdecken.[10] Außerdem erkennt Schöller *hohe Hürden* und *mangelnde Leistungsfähigkeit* des interkulturellen Vergleichs: An sich hat sie eher den Charakter einer *„Klassifizierung“* und trägt nichts zum Verständnis und der Entstehung von Phänomenen bei.[11] Ebenso müssten die kulturellen Produkte eines Phänomens (kritische Erschließung von Manuskripten, Übersetzungen usw.) möglichst umfassend vorhanden sein, um zuverlässige Urteile fällen zu können.[12] Zuletzt müssen die Parameter für einen Vergleich möglichst engmaschig bestimmt werden, wobei dann die Gefahr einer zu *oberflächlichen* oder *wertlosen* Analyse droht, da die Parameter entweder zu *allgemein* oder zu *spezifisch* sind.[13] In zwei Fällen befürwortet Schöller aber den Nutzen eines interkulturellen Vergleichs:

> „Mir scheint das interkulturelle Vergleichen in zweierlei Hinsicht hilfreich zu sein: zum einen als Illustration (die als solche nichts erklärt, sondern nur der Veranschaulichung dient), zum anderen als Mittel, durch das tatsächlich das bessere Verständnis eines Phänomens erreicht werden kann. In beiden Fällen wird man einen solchen Vergleich aber nicht generell, etwa als Teil einer universalistischen Theorie […] oder einer systematischen Komparatistik, anwenden dürfen, sondern nur bei Erfüllung gewisser Bedingungen, die den Vergleich im Einzelfall rechtfertigen.“[14]

Als Beispiel für die *illustrative* Anwendung werden der Vergleich zwischen Rechtssystemen oder die Rolle von Heiligen Schriften genannt.[15] Für den zweiten Fall wird als Beispiel die Ähnlichkeit bestimmter Dichtungen von einem Autor frühaufklärerischer Provenienz mit der *ʾadab*-Literatur expliziert, bei der *konkrete Gemeinsamkeiten* entdeckt werden.[16]

Die von Schöller beschriebene „rationalistische“ und „kulturalistische“ Arbeitsweisen sind lediglich *Idealtypen*. Deshalb wird man sie nur selten in *reiner* Anwendung wiederfinden. Während sich diese Arbeit den Prinzipien einer „kulturalistischen“ Methode nicht verschließt[17], so ist sie doch einer Vorgehensweise

10 Vgl. ebd., 29 ff.
11 Vgl. ebd., 32.
12 Vgl. ebd.
13 Vgl. ebd., 33.
14 Ebd., 35 f.
15 Vgl. ebd., 36.
16 Vgl. ebd., 36 f.
17 Im Gegenteil, die von Schöller ausgearbeitete „philologisch-historische Diskursanalyse“ und die hermeneutischen Prinzipien seiner Methodik (Offenheit, Reziprozität von Innensicht und Außensicht/ von Fremdheit und Vertrautheit usw.) werden entschieden befürwortet. Allerdings wird hier auch ein dazu komplementäres Verfahren angestrebt, dass sich den berechtigten *Prinzipien einer kritisch-rationalen Arbeitsweise* nicht verschließt, solange diese

verpflichtet, die man sehr leicht als rationalistisch missverstehen könnte. Auf der *horizontalen* Ebene des *interdisziplinären* Vergleichs drohen die Gefahren, die Schöller grundsätzlich für eine *kulturelle Komparatistik* ausgemacht hat.[18] Umso wichtiger ist daher der Hinweis, dass der methodische Vergleich zwischen kritischer Muhammad- und Jesusforschung zunächst eine *illustrative* Funktion hat. Es sollen die *historischen Prinzipien* und *Kriterien* der jeweiligen historischen Forschungstradition erhoben und aneinander abgeglichen werden. Dadurch lässt sich das Profil, d.h. der Gegenstand, die Methode und die Geschichte beider Disziplinen besser kontrastieren. Im einem nächsten Schritt geht diese Arbeit über den von Schöller akzeptierten illustrativen Charakter des Vergleichens hinaus, und möchte die Möglichkeiten eines *Transfers* von Kriterien abwägen und somit methodische „Verkrustungen" einer „inzestuösen Perspektive" aufbrechen. Insbesondere bei diesem zweiten Schritt lauern die Gefahren, die Schöller bei einem *interkulturellen* Vergleich sieht; nämlich die unzulässige *Projektion* von Begriffen, Problemen und Lösungen und die *Nivellierung* von genuinen Unterschieden. Man kann dieser Herausforderung nur mit dem höchsten Maß an *Transparenz in den Voraussetzungen* der jeweiligen Analyse, mit möglichst *stringenter und profunder Problembeschreibung*, mit *detaillierter Begründung der Einzelurteile* und mit *bedachter und klarer Begriffsbestimmung* entgegentreten. Und so wird sich jeder einzelne Schritt des Vergleichs an diesen Maßstäben messen und seiner Revisibilität stellen müssen. Gelingt ein methodischer Transfer vor dem Hintergrund dieser Herausforderungen, so können sich neue Perspektiven für die jeweilige Forschungstradition bieten. Dazu wurde durch die Wahl eines programmatischen Titels und einer starken Intuition für Desiderata der kritischen Muhammadforschung sicherlich mit einem Vorschuss an Vorannahmen operiert, der sich aber erst in der Ausführung der einzelnen Analysen bewähren muss.

Auf der *vertikalen* Ebene der Anwendung einer an die Leben-Jesus-Forschung angelehnten historisch-kritischen Methodologie auf die Frühgeschichte des Islams drohen die von Schöller genannten *historistischen* Fallstricke einer rationalistischen Arbeitsweise. Gemeint sind hier insbesondere ein *traditionskritisches Distanzierungspostulat* und ein nie einlösbares *Objektivitätsideal*. Dem ersten Problem wird dadurch Rechnung getragen, dass im Rahmen dieser Arbeit nicht mehr als eine „*heuristische* Distanz"[19] angewendet wird, die sich der hermeneutischen Limitationen eines solchen Vorganges bewusst ist und deshalb stets von

---

nicht *universalistisch/naturwissenschaftlich-positivistisch/geschichtsphilosophisch* ausgelegt werden und sich als kompatibel zu anderen *hermeneutischen* Prinzipien erweisen.

18 Auch wenn Schöller Probleme des *interkulturellen* Vergleichs verhandelt, so sind seine diesbezüglichen Reflexionen ebenso relevant für die *interdisziplinäre Forschung*, da etliche Gefahrenmomente des interkulturellen Vergleichs auch für eine interdisziplinäre oder intrakulturelle Komparatistik bestehen.

19 SCHÖLLER, Methode und Wahrheit, 15.

einer möglichst *distanzlosen Affizierbarkeit* durch den Gegenstand und das *ernsthafte Bemühen* um ihn flankiert werden muss. Letzteres ist ein Korrektiv zu einer mechanischen Arbeitsweise und schafft erst das Spannungsfeld von hermeneutischer Nähe und Distanz, indem ausgewogene Urteile über die Geschichte möglich sind.[20] Denn kulturelle Phänomene haben mehrere Ebenen ihrer Konstitution. So kann ein Text nicht nur Sinnträger einer Autor- oder Gemeinschaftsintention sein, sondern auch Sinnelemente enthalten, die auf keine Absicht zurückgehen, sondern auf *kontingente* Bedingungen der Textentstehung zurückzuführen sind (Zeitgeschichtliche Ereignisse, kulturgeschichtlicher Kontext, Sprache, Konditionierung durch einen Diskurs usw.). Die heuristische Distanz ist dabei eine *künstliche* Einstellung, um diejenigen Sinndimensionen supplementär zu erfassen, die *historisch* „verdrängt" oder „überschrieben" wurden und im Rahmen einer bestimmten Deutungstradition nicht mehr zu erfassen sind.

Dem Problem des *Objektivitätsideals* wird derart entgegengetreten, dass die erarbeiteten und angewendeten methodischen Prinzipien und Kriterien keinen *absoluten* Anspruch erheben können. Sie sind in ihrer *Begründbarkeit* und *Plausibilität* immer anfechtbar. Je nach ihrer paradigmatischen, heuristischen oder regulativen Geltung gibt es aber unterschiedliche Hürden ihrer Infragestellung. Auch soll festgehalten werden, dass es keinen voraussetzungslosen Standpunkt wissenschaftlichen Arbeitens gibt. Besonders an diesem Punkt erfährt die wissenschaftliche Redlichkeit oftmals ihre Grenzen. Denn *faktisch* ist das Ablegen von Rechenschaft über die eigene Motivation, Hintergrund und Interessen ein *retardierendes Moment* für die Forschung, weshalb diesbezügliche Überlegungen oftmals der Wissenschaftstheorie vorbehalten bleiben. Zumindest steht diese Arbeit in dem Bemühen einer sorgfältigen Trennung methodischer Desiderate und ihrer Grundlegung und Versteigung in geschichtsphilosophischen Konzepten oder universalistischen Prinzipien. Ob das tatsächlich gelungen ist, wird sich jeweils im Einzelfall herausstellen. Insgesamt sollen diese Präliminarien methodischer Art nur ein Zeugnis von dem Problembewusstsein interdisziplinärer und historischer Forschung ablegen. Wie ernst es um dieses Bewusstsein bestellt ist, soll der Leser bei der Lektüre selbst entscheiden.

---

20 Vgl. ebd. (Zu Recht verweist Schöller auf den Begriff der „Horizontverschmelzung" bei Gadamer hin, um die reziproke Spannung von Verstehensprozessen zu bestimmen); Zum Begriff der Horizontverschmelzung siehe HANS-GEORG GADAMER, Wahrheit und Methode. Grundzüge einer philosophischen Hermeneutik, Tübingen 1960, 289 f.

1.2 Islam-wissenschaftlich oder Islam-theologisch?

Diese Arbeit widmet sich der historischen Muhammadforschung. Es wurde zunächst bewusst auf die Frage verzichtet, ob diese Forschung in der Islamwissenschaft oder islamischen Theologie jeweils unterschiedliche Voraussetzungen hat. Jedoch wird die These vertreten, dass es für die *historische Fragestellung* nach Muhammad keinen Unterschied macht, in welcher universitären Disziplin sie gestellt wird. Letzteres gilt insbesondere für die *Begründbarkeit* und *Validität* der jeweiligen Forschung. Auch gibt es bei Islamwissenschaftlern und muslimischen Theologen keine *kategoriale Differenz* in den Voraussetzungen zur Forschung. Marco Schöller hat zurecht darauf hingewiesen, dass auch Islamwissenschaftler *Träger* der islamischen Kultur sind:

> „Dieser Standpunkt hat seine eigene Logik und einige Berechtigung, mag er auch zu dem überraschenden Ergebnis führen, daß in diesem Sinn die islamwissenschaftliche Untersuchung nicht nur die *Wissenschaft von der islamischen Kultur*, sondern auch die *Fortsetzung der islamischen Kultur selbst* wäre. Dies trifft in der Tat insofern zu, als wir zwar über das methodische Arsenal der Diskursanalyse, Rezeptionsforschung, Mentalitätsgeschichte, &c. verfügen, um den Wissens- und Symbolhaushalt der islamischen Kultur zu (re-)konstruieren, darüber hinaus aber selbst auch an diesem Material und seiner ihm eigenen Dynamik *teilhaben* müssen: Als Verstehende sind wir Teil der Wirkungsgeschichte, und zwar nicht nur der westlich-orientalischen, *sondern vor allem auch der islamischen*; beides ist nicht voneinander zu trennen.[…] Natürlich bedeutet dies alles nicht, daß man Phänomene der islamischen Kultur *nur* verstehen kann, wenn man ihr selbst angehört, und für die Erforschung vergangener Kulturen erübrigt sich diese Warnung ohnehin, denn es gibt niemanden mehr, der ihnen angehört; die Muslime der Gegenwart sind gegenüber der vergangenen islamischen Kultur *in der gleichen Position* wie die Islamwissenschaftler, obwohl sich die bewußte Verortung beider in der Wirkungsgeschichte der Überlieferung […] unterscheidet."[21]

Schöller betont also zwei wichtige Tatbestände des Zugriffs auf islamische Kultur: Sobald der Islamwissenschaftlicher sich der Deutung kultureller Phänomene der islamischen Geschichte zuwendet, wird auch er Teil der *Rezeptions- und Wirkungsgeschichte* dieser Phänomene. Und was die Analyse *historischer* Prozesse islamischer Kultur anbelangt, so gibt es niemanden, der einen *prädestinierten* und *genuinen* Zugang zu ihrem Verständnis hätte. Niemand – auch nicht der Muslim – kann diesbezüglich eine Vorreiterrolle beanspruchen.

Beide Befunde führen jedoch nicht zu dem Schluss, dass es überhaupt keinen Unterschied zwischen dem Zugriff eines Islamwissenschaftlers und eines Muslims auf die islamische Kultur gibt. Schöller deutet diesen Sachverhalt mit der unterschiedlichen „Verortung in der Wirkungsgeschichte" an. Man kann diesen Unterschied dahingehend spezifizieren, dass ein geborener Muslim die eigene religiöse Tradition *prima facie* nicht als Forschungsgegenstand objektiviert hat,

---

21 SCHÖLLER, Methode und Wahrheit, 105 f.

sondern in einer *genealogischen* Beziehung zu dieser steht. Wittgenstein erklärt dieses Verhältnis zur Tradition dahingehend, dass er ihre Uneinholbarkeit herausstellt:

> „Tradition ist nichts, was Einer lernen kann, ist nicht ein Faden, den einer aufnehmen kann, wenn es ihm gefällt; so wenig, wie es möglich ist, sich die eigenen Ahnen auszusuchen. Wer eine Tradition nicht hat und sie haben möchte, der ist wie ein unglücklich Verliebter."[22]

Wittgenstein geht es hier weniger um die Aneignung von Tradition, sondern um ihre *Faktizität*. Während dem Muslim die islamische Kultur zuerst als Tradition *gegeben* ist, kann der nichtmuslimische Islamwissenschaftler erst durch die Auseinandersetzung mit dieser Kultur ein Teil der (Rezeptions-)Tradition werden. Freilich bedeutet das *Gegebensein der Tradition* nicht eine Privilegierung zur wissenschaftlichen Auseinandersetzung. Sie bezeichnet insbesondere die *lebensweltliche* Verankerung von Überlieferung, die zwar keinen Vorteil, aber auch kein absolutes Hindernis für das historische Verständnis der eigenen Kultur sein kann. Jedoch hat die *Faktizität* religiöser Tradition erhebliche Auswirkungen auf die wissenschaftliche Arbeit in der islamischen Theologie. Ein muslimischer Theologe wird ein ausgeprägtes Bewusstsein dafür haben, wann historische Forschung zu Verwerfungen in der traditionellen Wahrnehmung der eigenen Geschichte führt. Er wird absehen können, wenn Erkenntnisse seiner wissenschaftlichen Arbeit entscheidende Implikationen für die traditionelle Glaubenslehre und -praxis hat. Auf dieser *religiös-existentiellen Ebene* scheiden sich die Wege eines Islamwissenschaftlers und eines muslimischen Theologen. Während ersterer diese Fragen ignorieren kann, ist es die eigentliche Domäne der islamischen Theologie, sich der Herausforderung einer Theologie zu stellen, die ihre wissenschaftlichen Erkenntnisse *theologisch* aufbereiten kann. Diesen theologischen Anspruch hat auch diese Arbeit. Zwar ist die historische Muhammadforschung der Hauptgegenstand der Untersuchung, weshalb es für die Ergebnisse und die Methode dieser Studie irrelevant bleibt, ob ein Islamwissenschaftler oder ein islamischer Theologe der Untersuchende ist. Doch soll im Fortgang dieser Arbeit stellenweise versucht werden, die theologischen Implikationen der erreichten Ergebnisse und der verwendeten Methode zu reflektieren (d.h. der Bezug zur traditionellen Glaubenslehre, Methodik usw.).

22 LUDWIG WITTGENSTEIN, Vermischte Bemerkungen. Eine Auswahl aus dem Nachlaß, Frankfurt am Main 1987, 147.

1.3 Interdisziplinäre Programmatik

In der akademischen Forschung ist die wissenschaftliche Kurzsichtigkeit kein seltenes Phänomen. Es ist verständlich, dass die wissenschaftliche Eigenlast eines Themas oder Gegenstandes oftmals derart schwer wiegt, dass sie den weitsichtigen Blick für größere Zusammenhänge versperrt. So geschieht es nicht selten, dass sich in bestimmten Wissensdisziplinen ein Methodenkanon zur Behandlung eines Themas durchsetzt und der so genannte Fortschritt in der Wissenschaft auf eine „inzestuöse" Weiterentwicklung dieses Kanons beschränkt bleibt. Umso schwerer wird es, sich festsetzende Ansichten und Zugangsweisen zu einem Thema kritisch zu hinterfragen und den „reinigenden" Prozess eines Paradigmenwechsels einzuleiten. Hier setzen nun wissenschaftliche Arbeiten an, die *ab ovo* einen *komparativen* und *interdisziplinären* Zugang zu einem Thema wählen. Diese ermöglichen eine neue Perspektive auf den behandelten Gegenstand und *können* auch zur Reevaluierung der bisherigen Forschungsarbeiten führen. In dem hier angestrebten Promotionsprojekt soll ein derartiger Zugang gewählt werden, um neue Perspektiven für die Leben-Muhammad-Forschung aufzuweisen. Man hat es hier bis heute versäumt, einen nachhaltigen Blick auf die verwandte Leben-Jesu-Forschung zu werfen und anhand komparativer Analysen sachhaltige Erkenntnisse für die eigene Forschungstradition zu gewinnen. Dabei sprechen etliche Gründe für ein solch interdisziplinäres Unternehmen.

Beide Forschungsrichtungen haben *formaliter* denselben Typus von Gegenstand. Der Dreh- und Angelpunkt ist jeweils eine Person, die als religiöse Stiftergestalt oder der Begründer und Initiator eines neuen religiösen Selbstverständnisses gilt. Da der Prophet Muhammad und Jesus auch die einzigen „Religionsstifter" großer Weltreligionen sind, für deren Existenz es historisch auswertbare Quellen gibt, sind zu diesem Personentypus groß angelegte prosopographische Unternehmungen ausgeschlossen. Es kann also nicht in demselben Sinne eine Leben-Moses- oder Leben-Buddha-Forschung geben. Allein die Exklusivität dieses Gegenstandsbereiches gebietet es, dass zumindest die Leben-Jesu- und Leben-Muhammad-Forschung in ihrer Zweisamkeit den Blick für die verwandte Forschungsrichtung nicht verlieren. Beide stehen vor derselben Herausforderung, primär glaubenbezeugende Überlieferung auf seine historische Validität zu prüfen und zuverlässige Bilder von zwei Personen zu zeichnen, die aus dem historischen Kontext heraus verständlich werden. Dadurch werden beide historische Gestalten davor bewahrt, dass sie für immer unter der seit Jahrhunderten wachsenden Schicht tendenziöser Fortschreibungen verschüttet bleiben.

Beide Forschungstraditionen leiden nicht nur an diesem „Erosionsdruck" der religiösen Geschichtsschreibung, in der das Heil immer wirksam ist und die Geschichte nach hinten wächst. Vielmehr stehen sie angesichts dieser Ausgangslage vor methodentheoretischen Problemen. Diese wiegen derart schwer, dass sich sowohl in der Leben-Muhammad- als auch in der Leben-Jesu-Forschung skeptische Traditionen ausgebildet haben, die eine historische Rekonstruktion von Jesus oder Muhammad für unmöglich halten oder als fehlgeleitete Fragestellung ablehnen.[23]

Hält man aber an der Überzeugung fest, dass es einen rekonstruierbaren historischen Kern zum Leben Muhammads und Leben Jesu gibt, dann müssen diesbezüglich Kriterien formuliert werden, um den Kern geschichtlicher Ereignisse von dem tendenziösen Überbau zu trennen und zu *unterscheiden*. Kriterientheoretische Überlegungen sind dann auch die methodischen Voraussetzungen für die Leben-Muhammad- und Leben-Jesu-Forschung und eine komparative Analyse muss auf dieser Ebene nicht nur ihren Ausgangspunkt nehmen, sondern auch ihren Schwerpunkt setzen.

Ein Vergleich zwischen der Leben-Muhammad- und der Leben-Jesu-Forschung ist nicht nur aus einer Metaperspektive sinnvoll, die *problemorientiert* verfährt und zunächst von dem *konkreten* Gegenstand der Analyse absieht. Hierbei agiert man also *synchron* und versucht zunächst *formal* methodische Zugänge der historischen Rekonstruktion zu bestimmen. Es ist aber darüber hinaus auch möglich, beide Personen *diachron* und vor dem Hintergrund der jeweiligen Forschungstradition zu analysieren. Während in der Leben-Jesu-Forschung bereits von einer „Third Quest"[24] oder „Fourth Quest"[25] nach dem historischen Jesus die Rede ist, scheint man in der Leben-Muhammad-Forschung noch mit der ersten „Quest for the historical Muhammad"[26] beschäftigt zu sein. Tatsächlich beginnt die historisch-kritische Leben-Jesu-Forschung mit Reimarus Schrift *Apologie oder Schutzschrift für die vernünftigen Verehrer Gottes*[27] knapp ein Jahrhundert vor ihrem islamwissenschaftlichen Pendant. Denn es war Ignaz Goldziher, der mit seinen

---

23 Vgl. Muhammad Kalisch, Islamische Theologie ohne historischen Muhammad – Anmerkungen zu den Herausforderungen der historisch-kritischen Methode für das islamische Denken. In: http://www.giordano-bruno-stiftung.de/sites/default/files/download/kalisch.pdf; 10.01.2017; John Wansbrough, Quranic studies. Sources and methods of scriptural interpretation, London 1977; John Wansbrough, The sectarian milieu. Content and composition of Islamic salvation history, Oxford 1978; Gerd Theissen/ Annette Merz, Der historische Jesus. Ein Lehrbuch, Göttingen ^{3}2001, 96-123.

24 Vgl. Angelika Strotmann, Der historische Jesus: eine Einführung, Paderborn 2012, 30-33; Theissen/ Merz, Der historische Jesus, 28 f.; James D.G.Dunn, Can the Third Quest Hope to Succeed? In: Bruce Chilton/ Craig Evans (Hg.), Authenticating the activities of Jesus, Leiden 1999, 31-48.

25 Ernst Baasland, Fourth Quest? What Did Jesus Really Want? In: Tom Holmén/ Stanley Porter (Hg.), Handbook for the Study of the Historical Jesus. Vol. 1: How to Study the Historical Jesus, Leiden 2011, 31-56.

26 Vgl. Ibn Warraq (Hrsg.), The Quest for the Historical Muhammad, New York 2000; F. E. Peters, The Quest of the Historical Muhammad. In: International Journal of Middle East Studies 23 (3/1991) 291-315; Arthur Jeffery, The Quest of the Historical Muhammad. In: The Muslim World 16 (4/1926), 327-348.

27 Vgl. Hermann Samuel Reimarus, Apologie oder Schutzschrift für die vernünftigen Verehrer, Band II, Frankfurt am Main 1972.

Muhammedanischen Studien[28] die Validität traditioneller islamischer Quellen zum ersten Mal radikal hinterfragte und so – ähnlich wie Reimarus – den entscheidenden Impuls für eine *historisch-kritische* Leben-Muhammad-Forschung gab. Da also die kritische Leben-Muhammad-Forschung jüngeren Datums ist, kann ein Vergleich mit ihrer theologischen Schwesterdisziplin besonders instruktiv sein. Letzteres ist aber nicht in dem Sinne miss zu verstehen, dass die Leben-Muhammad-Forschung in einer schulmeisternden Art und Weise von der Leben-Jesu-Forschung belehrt werden müsste. Ein konstruktiver Vergleich wird gerade nicht einseitig ausfallen und es ist zu erwarten, dass beide Forschungstraditionen von einem Wissenstransfer erheblich profitieren könnten. Für die Leben-Muhammad-Forschung lassen sich vielleicht vorzeitig methodentheoretische Sackgassen antizipieren. Auch könnte diese von der weitaus fortgeschrittenen Kriteriendiskussion in der Leben-Jesu-Forschung profitieren.

Eine Gegenüberstellung des unterschiedlichen Quellenmaterials ermöglicht zudem eine Schärfung des Profils der jeweiligen Forschungsrichtung. Denn gerade das unterschiedliche Quellenmaterial zwingt möglicherweise zu divergenten Methoden und Ansätzen. Ein Vergleich beider Forschungstraditionen soll also nicht berechtigte Unterschiede unzulässigerweise nivellieren und so zu einer indifferenten Angleichung führen. Das Verhältnis von Quellen, Methoden und Fragestellungen ist in der Leben-Muhammad- und der Leben-Jesus-Forschung aufgrund ihrer Historie und der kontingenten Natur ihres Gegenstandes unterschiedlich bestimmt. Deshalb wird eine komparative Analyse einerseits zur Kontrastierung des jeweiligen Verhältnisses führen und andererseits auch inhaltliche Überschneidungen feststellen – wenn etwa das Quellematerial eine ähnliche Struktur aufweist und zu ähnlichen Methoden einlädt.

1.4 Aufbau der Untersuchung

Diese Arbeit ist in drei Großkapitel aufgeteilt. Während die ersten beiden Teile einen *methodengeschichtlichen* und *methodentheoretischen* Schwerpunkt haben, ist das letzte Kapitel *anwendungsorientiert*, sodass die Erkenntnisse aus dem methodengeschichtlichen Vergleich für die Leben-Muhammad-Forschung umgesetzt werden.

Das erste Kapitel liefert mit einer *Kriteriologie* die Grundlegung für die Untersuchung. Mit dieser Kriteriologie sollen im Wesentlichen zwei Fragen beantwortet werden: Was sind Kriterien in der Bibelwissenschaft (*Bibelkritik*)? Was sind Kriterien in der Leben-Jesu-Forschung? Den Schwerpunkt der Analyse bilden also *methodische Kriterien* für die Erschließung der Frühgeschichte des Christentums. Dabei nimmt die Analyse der *historisch-kritischen Methode* einen

28 Vgl. Goldziher, Muhammedanische Studien.

essentiellen Platz ein, da sie bis heute ein Rückgrat der Bibelkritik und der Forschung zur christlichen Frühgeschichte bildet. Das erste Kapitel soll im Zuge dessen genauer darlegen, wie aus den Prinzipien der Bibelkritik eine kritische Leben-Jesu-Forschung entstanden ist. Zum Abschluss sollen die Vor- und Nachteile einer methodischen Fundierung historischer Forschung durch Kriterien (*Kriteriologie*) ausgelotet werden. Dazu wird auch die Kritik innerhalb der Jesusforschung an einer solchen Fundierung thematisiert.

Das zweite Kapitel widmet sich der kritischen Leben-Muhammad-Forschung in der Islamwissenschaft. Ein besonderes Augenmerk liegt hier auf die Methodengeschichte. Es soll insbesondere nachgewiesen werden, dass es keine explizite *kriterientheoretische Fundierung* der Methode in der Muhammadforschung gibt. Das führt dazu, dass vor allem *implizite Kriterien* verwendet werden, deren problematischer Status aufgrund mangelnder methodischer Reflexionen nicht erkannt wird. Auch werden in diesem Teil der Arbeit vormalige Versuche eines Transfers von Kriterien aus der Leben-Jesu-Forschung für die Muhammadforschung untersucht. Derart sollen die unterschiedlichen und gemeinsamen Voraussetzungen einer Kriteriologie in der Muhammad- und Jesusforschung expliziert werden. Es werden dabei nicht nur möglichst viele der verwendeten Kriterien in der Muhammadforschung benannt, sondern auch *systematisiert*. Durch diesen Schritt der Systematisierung soll vor allem das *Leistungspotenzial* des jeweiligen Kriteriums genau bestimmt werden. Es herrscht nämlich in der jetzigen Muhammadforschung eine Zerstrittenheit über die Leistungsfähigkeit neuerer Methoden wie die *isnād-cum-matn*-Analyse.[29] Eine Systematisierung von Kriterien kann einen erheblichen Beitrag zur Beantwortung dieser Diskussionen leisten.

Das letzte Kapitel versucht das *historische Plausibilitätskriterium*[30] in der kritischen Jesusforschung für die Leben-Muhammad-Forschung zu adaptieren. Dabei handelt es sich um eine Art Metakriterium, das die traditionellen Kriterien in der Jesusforschung neu *systematisiert* und *hermeneutisch fundiert*. Die beiden Begründer des historischen Plausibilitätskriteriums – Gerd Theißen und Dagmar Winter – wollten mit der Formulierung dieses neuen Kriteriums auch die bestehende Situation und Tendenzen der kritischen Jesusforschung zusammenfassen.[31] Eine solche *zeitgeschichtliche Kontextualisierung der Forschungsparadigmata* soll auch mit der Anwendung des historischen Plausibilitätskriteriums in der Muhammadforschung erreicht werden. Als Anwendungsbeispiel für das historische Plausibilitätskriterium wurde das Thema „Das prophetologische Selbstverständnis beim historischen Muhammad" gewählt.

---

29 Vgl. STEPHEN J. SHOEMAKER, In Search of 'Urwa's Sīra: Some Methodological Issues in the Quest for „Authenticity" in the Life of Muhammad. In: Der Islam 85 (2/2011) 257-344; ANDREAS GÖRKE/ HARALD MOTZKI/ GREGOR SCHOELER, First Century Sources for the Life of Muḥammad? A Debate. In: Der Islam 89 (1-2/2012) 2-59.

30 Vgl. THEISSENTHEISSEN/WINTER, Die Kriterienfrage in der Jesusforschung, 175-232.

31 Vgl. ebd., 175.

2 Kriteriologie

Als Kriteriologie wird im Rahmen dieser Arbeit die methodische Fundierung historischer Forschung in Kriterien der Authentizität bezeichnet. Da hier ein Vergleich der historischen Muhammadforschung mit der Leben-Jesu-Forschung angestrebt wird, sollen vor allem der Gebrauch und die Bedeutung von Kriterien in der *Bibelkritik* und in der *Jesusforschung* analysiert werden. Bevor diese in der jeweiligen Forschungstradition zum Gegenstand der Untersuchung werden, sollen kurz die begrifflichen Implikationen *kritischer Reflexion* dargelegt werden.

2.1 Kritik, Kriterium und Krise – Die Trias kritischer Reflexion

Der Begriff des *Kriteriums* ist *etymologisch* mit den Termini der *Kritik* und *Krise* verwandt. Denn alle drei Begriffe sind im Griechischen aus demselben Stamm abgeleitet.[1] Es gibt aber auch auf *semantischer* Ebene einen Bedeutungszusammenhang, der sich aus ihrer Verwendung in der Gegenwartssprache ergibt und den Kulminationspunkt eines historischen Bedeutungszuwachses von *Kritik* darstellt. Dirk Stederoth hat drei Verwendungsweisen von Kritik in der Gegenwartssprache herausgestellt[2], auf deren Grundlage sich der Zusammenhang von Kriterium, Kritik und Krise verdeutlichen lässt. Insgesamt sieht Stederoth folgende Aussagen als exemplarisch für den unterschiedlichen Gebrauch von Kritik an:[3] „X hat sich kritisch gegenüber Y geäußert" (A); „Y hat von X eine gute Kritik bekommen" (B); „Der Gesundheitszustand von Y ist kritisch" (C_1); „Die Verhandlungen sind in einem kritischen Zustand geraten" (C_2); „Die Lage im Katastrophengebiet ist kritisch" (C_3). Im Fall der ersten Aussage (A) ist ein *negatives* Urteil gemeint, das auf einen Widerspruch hinweist.[4] Als Beispiel nennt Stederoth die Kritik in politischen Kontexten:

> „Wenn beispielsweise jemand die Handlungsweise einer Regierung kritisiert, so richtet sich diese Kritik entweder daran, dass die Ziele und Prämissen, die dieser Handlungsweise zu Grunde liegen, nicht den Zielen und Prämissen der kritisierenden Person entsprechen, oder aber, dass die Form der Handlungsweise den mit ihr zu verwirkli-

---

1 Vgl. Kurt Röttgers, Art. Kritik. In: Geschichtliche Grundbegriffe: historisches Lexikon zur politisch-sozialen Sprache in Deutschland 3 (1982), 651-675, hier 651 f.; C. Bormann, Art. Kritik, In: HWPh 4 (1976), 1249-1282, hier 1249.

2 Vgl. Dirk Stederoth, Art. Kritik. In: Neues Handbuch philosophischer Grundbegriffe 2 (2011), 1345-1358.

3 Ebd., 1346-1347. (Die Buchstabierung der Aussagen stammt auch von Stederoth und wird übernommen).

4 Vgl. ebd., 1346.

chenden Zielen nicht entspricht, und dass es andere Formen von Handlungen gäbe, die die Ziele besser verwirklichen würden."[5]

Aufgrund der ersten Aussage (A) lassen sich drei *Parameter* von Kritik unterscheiden: *Subjekt*, *Objekt* und *Maßstab* (der Kritik). Diesen drei Parametern entspricht eine *Trias kritischer Reflexion*: Das *Subjekt* ist derjenige, der kritisiert (*Kritik*). Bei einer negativen Kritik ist das *Objekt* der Kritik in einem kritischen oder widersprüchlichen Zustand (*Krise*). Die Voraussetzungen für die Kritik ist ein *Maßstab* (*Kriterium*). Während Stederoth im Fall der Aussage (A) über die Parameter der Kritik und des Maßstabes spricht, so erläutert er die dritte Dimension der *Krise* im Zusammenhang mit den letzten drei Aussagen (C_1-C_3).[6] Zudem weist er darauf hin, dass man für die Kritik im Sinne der ersten Aussage (A) auch die Distinktion zwischen „konstruktiv" und „destruktiv" in Anschlag bringen kann.[7] Erstere Art der Kritik ist „begründet" und benennt Alternativen.[8] Letztere Art der Kritik nennt keine Alternative und ist „unbegründet".[9] Das zweite Beispiel für Kritik (B) versteht Stederoth dahingehend, dass hier

> „[...] unter Kritik eher eine allgemeine Beurteilung einer Person bzw. seiner Erzeugnisse verstanden [wird], wobei sich das Gros auf Personen bzw. Ereignisse im ästhetischen-kulturellen und wissenschaftlichen Bereich, also Bücher, Filme Musik etc., richtet."[10]

Der Unterschied zur ersten Verwendungsweise von Kritik (A) besteht also vor allem in der Tatsache, dass nicht vorab feststeht, ob die Kritik negativ oder positiv ausfällt.[11] Ansonsten gibt es auch im Falle der zweiten Form der Kritik (B) nahezu dieselben Parameter (Kritik/Kriterium/Unterscheidung zwischen konstruktiv und destruktiv). Allerdings wird im Fall einer positiven Kritik die Feststellung einer Krise fehlen.

Die letzten drei Aussagen (C_1-C_3) beschreiben nach Stederoth eine kritische Situation:

> „In allen drei Sätzen sind Situationen geschildert, die unterschiedliche Möglichkeiten zulassen, in denen unterschiedliche Optionen geschieden sind, jedoch zugleich vor einer Entscheidung stehen."[12]

Eine Krise enthält also handlungstheoretische Imperative. Sie verlangt nach einem Fanal, das die kritische Situation überwindet. Beide Formen der Kritik (A und B) können der Auslöser oder Indikator einer Krise sein.

5 Ebd.
6 Vgl. ebd., 1347 f.
7 Vgl. ebd., 1346.
8 Vgl. ebd.
9 Vgl. ebd.
10 Ebd.
11 Vgl. ebd.
12 Ebd., 1347.

Stederoth schildert in seinem Artikel, wie sich alle vorgestellten Bedeutungsebenen mit unterschiedlichen Schwerpunkten in der Begriffsgeschichte der Kritik wiederfinden.[13] Angelehnt an dieser Begriffsgeschichte und den Differenzierungen von Stederoth möchte ich die drei Arten von $\text{Kritik}_{1\text{-}3}$ folgendermaßen kennzeichnen: Eine Kritik_1 der ersten Form (A) ist *pejorativ*. Sie bringt Inkohärenzen oder Widersprüche zum Ausdruck, die durch die Angabe von Gründen und Alternativen näher begründet sein können. Ist letzteres nicht der Fall, dann ist die Kritik_1 *vulgär* oder *polemisch*. Die Kritik_2 der zweiten Form (B) ist *methodologisch*. Diese Form der Kritik_2 ist zunächst ergebnisoffen und folgt explizit oder implizit einer bestimmten *Systematik*. Der Gegenstandsbereich der Kritik_2 sind kulturelle Produkte (Literatur, Wissenschaft usw.)[14] und den Durchbruch dieser kritischen Praxis kann man seit der Epoche der Aufklärung beobachten.[15] Als Maßstab (Kriterium) bedarf die Kritik_2 einer expliziten oder impliziten Systematik über die *methodischen* Voraussetzungen und über die *Ideale* der zu kritisierenden kulturellen Praxis. Zwar kann es sein, dass eine negative Kritik_2 als Kritik_1 wahrgenommen wird, weil sie nicht positiv ausfällt. Aber ich möchte die Kritik_1 wie Stederoth auf den Alltagsbereich (Politik, Gesellschaft usw.) beschränken, weil sie nicht *methodologisch* im Sinne der Kritik_2 ist. Je nach dem Objekt kann man eine Kritik_2 als *literaturwissenschaftlich*-methodologisch, *historisch*-methodologisch usw. spezifizieren.

Die dritte Art der Kritik_3 ist *dezisionistisch-existentiell*, durch die eine Krise ausgelöst oder identifiziert wird. Insbesondere Reinhart Koselleck hat diese Dimension der Kritik_3 analysiert:

> „Es liegt im Wesen einer Krise, daß eine Entscheidung fällig ist, aber noch nicht gefallen. Und es gehört ebenso zur Krise, daß offen bleibt, welche Entscheidung fällt. Die allgemeine Unsicherheit in einer kritischen Situation ist also durchzogen von der einen Gewißheit, daß – unbestimmt wann, aber doch bestimmt, unsicher wie, aber doch sicher – ein Ende des kritischen Zustandes bevorsteht. Die mögliche Lösung bleibt ungewiß, das Ende selbst aber, ein Umschlag der bestehen Verhältnisse – drohend und befürchtet oder hoffnungsfroh herbeigewünscht – ist den Menschen gewiß. Die Krise beschwört die Frage an die geschichtliche Zukunft."[16]

Koselleck war in seiner Untersuchung im besonderen Maße am Verhältnis der aufklärerischen Kritik zur Krise der Französischen Revolution interessiert.[17] Deshalb lässt sich nicht die *Intensität* seines Begriffs der Krise generalisieren, aber die Grundstruktur einer Kritik_3 kommt darin zum Ausdruck. Denn seine Be-

13 Vgl. ebd., 1347 ff.

14 Vgl. ebd., 1346.

15 Vgl. Heinz Thoma, Art. Kritik, In: Handbuch Europäische Aufklärung. Begriffe – Konzepte – Wirkung, Stuttgart 2015, 309-322; Bormann, Kritik, 1255 ff.; Röttgers, Kritik, 657 ff.

16 Reinhart Koselleck, Kritik und Krise: ein Beitrag zur Pathogenese der bürgerlichen Welt, Freiburg 1959, 105.

17 Vgl. ebd., 5.

schreibung enthält den grundlegenden Aspekt einer *Inkohärenz*, die situativ-geschichtlich verortet sein kann oder sich diagnostisch auf bestimmte Gedankenzusammenhänge bezieht. Ebenso benennt Koselleck den impulsiven Moment der Kritik$_3$, der eine Entscheidung erfordert. Demgegenüber hat Michel Foucault das Spektrum *dezisionistisch-existentieller* Kritik$_3$ erweitert, indem er auch auf die impliziten Machtstrukturen eingeht, die mit den Bedingungen kultureller Praxis und politischer Willensbildung einhergehen. Nur vor diesem Hintergrund wird Foucaults *prima facie* kontraintuitive Definition von Kritik$_3$ verständlich:

> „Als erste Definition der Kritik schlage ich also die allgemeine Charakterisierung vor: die Kunst nicht dermaßen regiert zu werden."[18]

Foucault entdeckt in der dezisionistisch-existentiellen Krise die emanzipatorische Natur der Kritik$_3$ und er sieht sich in der retrospektiven Analyse abendländischer Geschichte in seinem Befund bestätigt:

> „Die Bibel, das Recht, die Wissenschaft; die Schrift, die Natur, das Verhältnis zu sich; das Lehramt, das Gesetz, die Autorität des Dogmatismus. Man sieht, wie das Spiel zwischen der Regierungsintensivierung und der Kritik zu Phänomenen geführt hat, die in der Geschichte der abendländischen Kultur sehr wichtig sind: sei es für die Entwicklung der philologischen Wissenschaften, sei es für die Entwicklung der Reflexion, der juridischen Analyse sowie der methodologischen Reflexion. Vor allem aber sieht man, daß der Entstehungsgrund der Kritik im wesentlichen das Bündel der Beziehungen zwischen der Macht, der Wahrheit und dem Subjekt ist."[19]

Die drei vorgestellten Formen der Kritik$_{1\text{-}3}$ sind *idealtypisch* zu verstehen, da sie in sich die Trias kritischer Reflexion (Kritik, Kriterium und Krise) verbinden. Jedoch ist die *Relation* dieser Triade und ihre *Intensität* in der jeweiligen Kritik$_{1\text{-}3}$ unterschiedlich bestimmt. Eine *dezisionistisch-existentielle* Kritik$_3$ hebt den Parameter der Krise als ihre Motivation hervor. Die *methodologische* Kritik$_2$ setzt ein *systematisches* und *methodisch fundiertes* Verhältnis von Kritik und Kriterium voraus. Die *pejorative* Kritik$_1$ drückt die internalisierten Kriterien politischen und gesellschaftlichen Handelns aus. Hier stehen die Parameter der Kritik und des Kriteriums in einem *faktischen* Verhältnis des Handlungsvollzuges. Gerät dieses Verhältnis in einem Widerspruch, dann äußert sich eine pejorative Form der Kritik$_1$. Es ist nicht ausgeschlossen, dass eine pejorative Kritik$_1$ zum Objekt einer methodologischen Kritik$_2$ im Rahmen von Sozialwissenschaften (Soziologie/Politikwissenschaften usw.) werden kann.

Diese Arbeit ist mit ihrem Interesse an historische Authentizitätskriterien der methodologischen Kritik$_2$ verpflichtet. Sie fragt nach den Maßstäben zuverlässiger Aussagen über historische Sachverhalte. Allerdings sollen die vorangehenden Überlegungen zur Natur kritischer Reflexion verdeutlichen, dass auch

---

18 Michel Foucault, Was ist Kritik? Berlin 1992, 12.
19 Ebd., 14 f.

methodologische Kritik$_2$ pejorative oder dezisionistisch-existentielle Implikationen haben und in der entsprechen Form der Kritik$_{1;3}$ durchschlagen kann. Diese Tatsache sollte gerade vor dem Hintergrund des zu analysierenden Gegenstandes (religiöse Überlieferung) und der disziplinären Rahmenbedingungen dieser wissenschaftlichen Arbeit (islamische Theologie) nicht in Vergessenheit geraten und an entsprechender Stelle thematisiert werden. Es ist zu erwarten, dass die Lektüre dieser Arbeit Aussagen der Form „Der Autor hat sich kritisch über Muhammad geäußert", „Die islamwissenschaftliche Muhammadforschung hat eine negative Kritik bekommen", „Die Resultate der Dissertation sind kritisch" provozieren wird. Umso wichtiger wird die kritische Selbstverortung in der voranschreitenden Analyse dieser Untersuchung sein.

Zuletzt sei noch auf zwei Aspekte von Kritik hingewiesen, die Dirk Stederoth neben der grundsätzlichen Unterscheidung der drei Verwendungsweisen von Kritik$_{1\text{-}3}$ bespricht. Zum einen problematisiert er grundsätzlich das Verhältnis von Kritik und Kriterium (bzw. Maßstab) und kommt zu dem Resultat,

> „[…] dass eine adäquate Bestimmung des Maßstabes eine, wenn nicht gar *die* zentrale Frage ist, die sich jede Bestimmung des »Kritik«-Begriffs stellen muss. Eine maßstabsgetreue Kritik abzugeben wäre demnach weniger schwer, als diesen Maßstab selbst erst zu finden und zu begründen."[20]

Meines Erachtens ist es vor allem dieses reflektierte Problembewusstsein bezüglich des Maßstabes, dass eine methodologische Kritik$_2$ kennzeichnet und von der pejorativen Kritik$_1$ unterscheidet. Stederoth interessiert sich nun, inwiefern der Maßstab oder das Kriterium einer Kritik absolut sein muss oder nicht. Da diese Frage seit dem kantischen Kritikbegriff in besonderem Maße im Vordergrund steht[21], möchte ich diesen Problemhorizont erst im Zuge der Besprechung der historisch-kritischen Methode und ihrer Entwicklungsgeschichte im Rahmen der Aufklärung besprechen. Zum anderen weist Stederoth darauf hin, dass eine Kritik „transzendent" oder „immanent" sein kann.[22] Bei diesen beiden Kennzeichnungen geht es um die Frage, ob der Maßstab einer Kritik dem zu kritisierenden Objekt (und seinen eigenen Maßstäben) gerecht wird. So wäre es unangemessen einen Unterhaltungsroman an den Maßstäben von Weltliteratur zu messen.[23] In diesem Fall würde man von einer *transzendenten* Kritik sprechen. Orientiert sich aber die Kritik des Unterhaltungsromans an den Maßstäben von Unterhaltungsliteratur, dann ist die Kritik *immanent*. Leider sind immanente und transzendente Kritik nicht immer derart chirurgisch voneinander zu trennen. Es bedarf wohl einer Art *tertium comparationis* des immanenten und des transzendenten Maßstabes, damit eine Kritik aussagekräftig bleibt und

20 STEDEROTH, Kritik, 1353.
21 Vgl. ebd., 1354.
22 Vgl. ebd., 1354 ff.
23 Vgl. ebd. 1354.

akzeptiert wird. Stederoth fragt auch, ob dieser Maßstab in der „Annahme einer einheitlichen Vernunft“[24] bestehen kann und sieht diese Wahl eines absoluten Maßstabes bei Philosophen wie Hegel und Kant gegeben.[25] Als Minimalkonsens bedarf es zumindest der Annahme einer einheitlichen Vernunft als *conditio sine qua non* der Philosophie.[26] Aber auch den philosophischen Gegnern eines absoluten und transzendenten Maßstabes unterstellt Stederoth das Wechselspiel einer inneren und äußeren Kritik und kommt zu dem Schluss,

> „[...] dass immanente und transzendente Kritik trotz ihrer polaren Entgegensetzung nicht ohne einander auskommen können, ja sich wechselseitig fordern [...] Hier bedarf es wohl weniger einer Entscheidung für den einen oder anderen Pol, als vielmehr einer wechselseitigen Befruchtung beider Wege, um das kritische Denken in einer für es produktiven Offenheit zu halten.“[27]

Vergegenwärtigt man sich die Unterscheidung Schöllers zwischen einer rationalistischen und einer kulturalistischen Methode in der Islamwissenschaft, dann lässt sich erstere Vorgehensweise als transzendent und letztere als immanent bezeichnen. Denn im Kern geht es bei dieser idealtypischen Differenzierung zweier Methoden der Islamwissenschaft um die Frage, inwiefern die Analysemethoden vom Untersuchungsobjekt her (immanent/kulturalistisch) oder unabhängig aus den Maßstäben einer universalen *Ratio* (transzendent/rationalistisch) zu entwickeln und anzuwenden sind. Im Sinne von Stederoth soll dafür plädiert werden, dass es wohl des Wechselspiels beider Formen der Untersuchung bedarf, um zu einem konsensfähigen und guten Ergebnis der Kritik$_2$ zu kommen.

2.2 Was sind Kriterien in der Bibelkritik?

2.2.1 Bibelkritik und historisch-kritische Methode: Entwicklungsgeschichtliche Voraussetzungen und Tendenzen

Die Termini der *Bibelkritik* und der *historisch-kritischen Methode* werden in der Forschungsliteratur oftmals synonym und undifferenziert verwendet,[28] kennzeichnen aber dasselbe Phänomen in unterschiedlicher Weise. Während Bibelkritik den allgemeinen Sachverhalt der Kritik$_{1-3}$ an der Bibel auf unterschiedlichen Ebenen bezeichnet, ist mit der historisch-kritischen Methode eine etablierte

24 Ebd., 1355.
25 Vgl. ebd., 1355.
26 Vgl. ebd.
27 Ebd., 1355 f.
28 Vgl. die Verwendungsweise bei: HANS-JOACHIM KRAUS, Geschichte der historisch-kritischen Erforschung des Alten Testaments, Neukirchen-Vluyn [2]1969; RUDOLF SMEND, Über die Epochen der Bibelkritik. In: DERS., Bibel und Wissenschaft: historische Aufsätze, Tübingen 2004, 29-50.

Form der Kritik$_2$ an der Bibel apostrophiert, die sich in der wissenschaftlichen Exegese des Neuen Testaments und der Hebräischen Bibel durchgesetzt hat.[29] Die historisch-kritische Methode ist also eine Form der Bibelkritik und steht in einem engen geschichtlichen Zusammenhang mit der Entstehung von Bibelkritik überhaupt. Allein der Begriff der Kritik weist darauf hin, dass es sich dabei um ein neuzeitliches Phänomen handeln muss. Erst in dieser Epoche beginnt die differenzierte Entwicklung und der Gebrauch von Kritik in unterschiedlichen Wissensbereichen (Logik, Ästhetik, Philologie usw.)[30] und kulminiert in seiner inflationären Verwendung im Zeitalter der Aufklärung.[31] Im Kontext dieser Arbeit ist vor allem die Bibelkritik als historisch-kritische Methode relevant. Welche Kriterien legen dieser Methode zu Grunde und in welchem Verhältnis stehen diese zur Kriterienfrage in der Jesusforschung?

Allerdings darf man nicht darüber hinwegsehen, dass die Verwendung der historisch-kritischen Methode oftmals Implikationen haben kann, die mit ihrer Entwicklungsgeschichte im Rahmen des Gesamtphänomens der Bibelkritik zusammenhängen. Insbesondere bei der Infragestellung historisch-kritischer Analyse der Bibel wird sich die Frage stellen, ob die *programmatischen* und *historischen Voraussetzungen* der Bibelkritik oder ihre heutige Form als *Methodenkanon* der wissenschaftlichen Bibelexegese zu problematisieren wären. Vielleicht lässt sich diese Differenzierung auch gar nicht konsequent durchhalten. Vor dem Hintergrund dieser Problemlage sollen zunächst die *entwicklungsgeschichtlichen Voraussetzungen* und *Tendenzen* von Bibelkritik in den Blick genommen werden, um sodann die Kriterien und Prinzipien historisch-kritischer Methode zu spezifizieren.

2.2.1.1 Philologische Kritik des Renaissancehumanismus

Als Wahlspruch des Renaissancehumanismus kann neben der *studia humanitatis*[32] das „ad fontes" („Zurück zu den Quellen")[33] der Humanisten gelten.[34] Die Wiederentdeckung und -belebung der Antike erforderte die philologische Rekonst-

29 Vgl. Uwe Becker, Exegese des Alten Testaments, Tübingen 2005; Udo Schnelle, Einführung in die neutestamentliche Exegese, Göttingen ^{5}2000; Martin Ebner/ Bernhard Heininger, Exegese des Neuen Testaments, Paderborn ^{3}2015.

30 Vgl. Thoma, Kritik, 309-322.

31 Vgl. Bormann, Kritik, 1255 ff.; Röttgers, Kritik, 657 ff.; Stedertoth, Kritik, 1348 ff.

32 Vgl. Nicholas Mann, The origins of humanism. In: Jill Kraye (Hg.), The Cambridge Companion to Renaissance Humanism, Cambridge 1996, 1-19, hier 1 f.

33 Vgl. „Sed in primis ad fontes ipsos properandum, id est graecos et antiquos." (Erasmus von Rotterdam, De Ratione Studii. In: Opera Omnia. Desiderii Erasmi Roterodami, Ordo 1, Tomus 2, Amsterdam 1971, 120).

34 Vgl. James D. Tracy, Ad Fontes – Zu den Quellen: Das humanistische Verständnis von der Heiligen Schrift als Nahrung für die Seele. In: Jill Raitt (Hg.), Geschichte der christlichen Spiritualität. Zweiter Band. Hochmittelalter und Reformation, Würzburg 1995, 261-276.

ruktion der antiken Texte in ihrer ursprünglichen Sprache.[35] Das Interesse an der Antike orientierte sich dabei ästhetisch-formal an der *Rhetorik* und *Bildung* und inhaltlich an der *Ethik* und *Geschichte*.[36] Die entsprechenden Quellen antiker Klassiker standen aber nicht ohne weiteres zur Verfügung. Entweder waren diese Texte *materialiter* verloren oder in unterschiedlichen Versionen und sprachlich verderbter Form vorhanden, da sie nicht selten einen komplexen Überlieferungsprozess mit der Rückübersetzung in der ursprünglichen Sprache hinter sich hatten. Deshalb fallen in der Zeit des Renaissancehumanismus die Wiederentdeckung zahlreicher Manuskripte und die Entwicklung einer diffizilen philologischen Methode, um die ursprünglichen Texte zu rekonstruieren.[37] Dazu musste wieder ein Gefühl für die originalen Sprachen und ein Bewusstsein für die komplizierten Veränderungsprozesse ihrer Überlieferung entwickelt werden. Das veränderte Verhältnis zu Texten und ihrer Geschichte fassen Gerd Theissen und Dagmar Winter folgendermaßen zusammen:

> „Die Entstehung der modernen Philologie führt zur Trennung von heutiger Interpretation und ursprünglicher Intention auf der Textebene. Ziel ist die Rekonstruktion des *Textes*."[38]

Dagegen waren im Mittelalter die „Interpretations-, Autoren- und geschichtliche Realebene […] eine Einheit.".[39] Zumindest auf der materialen Ebene des Textes erkennt man im Renaissancehumanismus die historische Entwicklung eines Textes von seiner ursprünglichen Abfassung bis zu seiner überlieferungsbedingten Verfasstheit in der Jetztzeit an. Der Schritt hin zur geschichtlichen Realität *hinter dem Text* wird erst in der Aufklärung vollzogen.[40]

Die Entwicklung der philologischen Methode im Renaissancehumanismus ebnet auch einer ersten Bibelkritik den Weg. Die lateinische Übersetzung der Bibel in Form der *Vulgata* hatte sich als maßgeblicher Text im Mittelalter durchgesetzt. Jedoch macht die philologische Methode bei den antiken Texten nicht Halt und erfasst nun auch die Bibel. Die lateinische Übersetzung wird mit dem griechischen Original verglichen und auf ihre Genauigkeit überprüft.[41] So bemüht sich der Humanist Lorenzo Valla in seiner *Collatio Novi Testamenti cum*

---

35 Vgl. MANN, The origins of humanism, 2.

36 Vgl. LEWIS W. SPITZ, Art. Humanismus/Humanismusforschung. In: TRE 15 (1986), 639-661, hier 639f.

37 Vgl. MARTIN DAVIES, Humanism in script and print in the fifteenth century. In: JILL KRAYE (Hg.), The Cambridge Companion to Renaissance Humanism, Cambridge 1996, 47-62.

38 THEISSEN/WINTER, Die Kriterienfrage in der Jesusforschung, 29.

39 Ebd.

40 Vgl. ebd., 33 ff.

41 Vgl. ALASTAIR HAMILTON, Humanists and the Bible. In: JILL KRAYE (Hg.), The Cambridge Companion to Renaissance Humanism, Cambridge 1996, 100-117, hier 102.

graeca veritate („*Vergleich des Neuen Testaments mit der griechischen Wahrheit*")[42] um eine Korrektur der Vulgata auf der Grundlage des griechischen Textes[43] und muss sich deshalb gegen die Anschuldigung zur Wehr setzen, dass er das Wort Gottes selbst korrigiert:

> „Was ist denn… die Heilige Schrift? Ist nicht alles eine Auslegung des Alten und Neuen Testaments? Auch ist sie vielfältig und unterschiedlich und einander stark widersprechend. Oder weißt du nicht, daß die erste Übersetzung aus dem Hebräischen ins Griechische die der siebzig Übersetzer war, die zweite die des Aquila, die dritte des Theodotion, dann weiter bis zur sechsten, und daß so bei den Griechen und Lateinern alles unsicher war? Was sagst du denn, daß die Heilige Schrift sei? Sicher nichts anderes als eine Übersetzung. Aber wenn dies unsicher ist, was diese ist, ist das auf jeden Fall so beim Neuen Testament, das viele Übersetzer hat, wie aus den alten Schriftstellern ersichtlich ist."[44]

Valla zweifelt nicht an der Autorität der lateinischen Bibel. Ihm ist aber an einer wortgetreuen Anpassung der lateinischen Bibel an dem griechischen Original gelegen.[45] Deshalb enthält seine *Collatio* („Vergleich") auch keine vollständige Wiedergabe des griechischen Textes.[46] Erst Desiderius Erasmus, der auch die *Collationes* Vallas erneut publizieren lässt[47], ist es vorbehalten, die erste vollständige griechische Ausgabe der Bibel zu drucken (1516).[48] Diese Leistung des Erasmus wäre ohne die „philologische Besinnung" im Zeitalter des Humanismus nicht möglich gewesen. Freilich diente auch bei Erasmus die Veröffentlichung des griechischen Textes dem Ziel einer verbesserten lateinischen Übersetzung.[49] Aber das Interesse an der Ursprache der Bibel ist nicht nur auf das Neue Testament beschränkt gewesen. Johannes Reuchlin hatte 1506 mit seinem *De rudimentis Hebraicis* („Über die Grundlagen des Hebräischen")[50] die Voraussetzungen für eine Textkritik der Hebräischen Bibel geschaffen, sodass in den nächsten Jahrzehnten und Jahrhunderten die philologische Textkritik zusehends zum festen Bestand der Bibelexegese wurde und schließlich als Grundpfeiler der *critica sacra* in der Aufklärung galt.[51]

Für den Humanismus der Renaissance ist nicht nur die Herausbildung einer philologischen Methode charakteristisch. Ebenso verändert sich durch die

42 Henning Graf Reventlow, Epochen der Bibelkritik. Bd. III: Renaissance, Reformation, Humanismus, München 1997, 20.
43 Vgl. ebd., 20 f.; Hamilton, Humanists and the Bible, 105.
44 Zit. nach Reventlow, Epochen der Bibelkritik III, 20 f.
45 Vgl. Hamilton, Humanists and the Bible, 105.
46 Vgl. Reventlow, Epochen der Bibelkritik III, 19 f.
47 Vgl. Rolf Schäfer, Die Bibelauslegung in der Geschichte der Kirche, Gütersloh 1980, 88.
48 Vgl. ebd.
49 Vgl. Reventlow, Epochen der Bibelkritik III, 59.
50 Ebd., 38.
51 Vgl. Kraus, Geschichte der historisch-kritischen Erforschung des Alten Testaments, 82 ff.

Wahrnehmung textgenetischer Prozesse und durch die Wiederentdeckung antiker Historiographie das Verhältnis zur Geschichte:

> „Renaissance und Humanismus aber brachten mit der Rückkehr zum antiken Geschichtsdenken eine *neue Geschichtsauffassung*, die mehr und mehr zur eigentlichen Antriebskraft der historischen Kritik wird. Angelpunkt dieser Geschichtsauffassung ist der Mensch. Das innerweltliche Kräftespiel wird ohne Beachtung eines persönlich wirkenden Gottes beobachtet und dargestellt."[52]

Mit dieser neuen Geschichtsauffassung wird erst der profane Raum für die sachgerechte philologische Analyse der biblischen Texte geschaffen. Wie bei den antiken Klassikern handelt es sich bei der Bibel auch um Texte, die eine jahrhundertelange Überlieferungsgeschichte haben, die es unabhängig von den traditionellen Annahmen ihrer Entstehungsgeschichte zu analysieren gilt. Diese Einsicht gelangte aber erst Jahrhunderte später zu ihrer endgültigen und mehrheitlichen Anerkennung.

Letzten Endes äußert sich die Kritik zur Zeit des Renaissancehumanismus auf pejorativer, methodologischer und dezisionistisch-existentieller Ebene. Die Antike gilt als Maßstab (Kriterium) für literarischen/politischen Ausdruck (Rhetorik) und ethischen Handelns. Deshalb werden polemisch-pejorativ die Handlungsmuster und Bildungsideale mittelalterlicher Scholastik kritisiert$_1$[53] und man fordert eine Entscheidung für die Kultivierung antiker Sprachen und für eine Bildung an der Antike. Methodologisch wird diese Kritik$_2$, wenn sie im Dienste der antiken Renaissance ein neues philologisches Instrumentarium für die Erschließung klassischer Texte stellt.[54] Diese letzte Form der philologischen Kritik$_2$ breitete sich auch auf die Analyse der Bibel aus und wird schlussendlich zu einem Grundpfeiler der Geschichtswissenschaft.[55]

---

52 Ebd., 25.

53 Vgl. ebd., 27 f.

54 „Die antiken Quellen wurden in neuer Art (ratio) und unter Anwendung einer neuen Methode (methodus) gelesen. Streng rationale Gedankenfolge und unbedingte Aufhellung des Unklaren – das waren die Triebfedern der humanistischen Forschung. Die alten Sprachen wurden mit grammatischer Exaktheit erarbeitet, denn der Anfang der umfassenden Aufhellung und Aufklärung der antiken Texte liegt in einer sauberen Philologie. Dieses wissenschaftliche Grundbewußtsein ist im Humanismus entstanden." (KRAUS, Geschichte der historisch-kritischen Erforschung des Alten Testaments, 25).

55 Vgl. ULRICH MUHLACK, Zum Verhältnis von Klassischer Philologie und Geschichtswissenschaft im 19. Jahrhundert. In: HELLMUT FLASHAR/ KARLFRIED GRÜNDER/ AXEL HORSTMANN (Hg.), Philologie und Hermeneutik im 19. Jahrhundert. Zur Geschichte und Methodologie der Geisteswissenschaften, Göttingen 1979, 225-239.

2.2.1.2 Autoritätskritik der Reformation

In einem Versuch der Periodisierung der Bibelkritik warnt Rudolf Smend davor, den Glauben als Objekt der Bibelkritik zu verstehen:

> „Bibelkritik ist nicht Kritik am Christentum überhaupt, an Glauben und Kirche, sondern, begrenzter, Kritik an dem für das Christentum grundlegenden Dokument, der Bibel Alten und Neuen Testaments. Natürlich besteht zwischen beiderlei Kritik ein enger Zusammenhang, nicht nur im Angriff sondern auch in der Verteidigung: es gibt Bibelkritik, die dem havarierten Schiff des Glaubens neue Lecks schlagen, aber auch solche, die es von hinderlichem Ballast befreien will."[56]

Smend versteht sinnvolle Bibelkritik insbesondere im methodologischen Sinne der historisch-kritischen Auslegung der Bibel. Entsprechend spielt die Kritik der Reformation in seiner Periodisierung keine Rolle[57] und beginnt erst mit der Kritik der Aufklärung. Sicherlich ist bei einem spezifischen Interesse an der historisch-kritischen Methode ein Absehen von der Bibelkritik in der Reformationszeit gestattet. Allerdings hat das Bibelverständnis der Reformatoren entscheidende Weichen für die Entwicklung der historisch-kritischen Methode gelegt[58] und enthielt eine pejorative und dezisionistisch-existentielle Dimension, die der Bibelkritik aufgrund ihres Gegenstandes (Heilige Schrift) stets anhängen wird. Diese Dimension der reformatorischen Kritik$_3$ sieht Foucault als eines der entscheidenden Momente abendländischer Kritik überhaupt:

> „[...] in einer Epoche, in der die Menschenregierung wesentlich eine geistige Kunst war bzw. eine religiöse Praktik, die an die Autorität der Kirche, an das Lehramt der Heiligen Schrift gebunden war, lief der Wille, nicht dermaßen regiert zu werden, darüber, daß man zur Heiligen Schrift ein anderes Verhältnis suchte als dasjenige, das mit der Lehre von Gott verbunden war; nicht regiert werden wollen hieß das kirchliche Lehramt verweigern, zurückweisen oder einschränken; es hieß zur Heiligen Schrift zurückkehren; es hieß sich fragen, was in der Schrift authentisch ist, was in der Schrift tatsächlich geschrieben worden ist, welche Art von Wahrheit von der Schrift gesagt wird, wie man den Zugang zu dieser Wahrheit der Schrift in der Schrift und vielleicht trotz des Geschriebenen findet; schließlich hieß es sogar zu der einfachen Frage vordringen: Ist die Schrift wahr? Von John Wiclif bis zu Pierre Bayle hat sich die Kritik zu einem beträchtlichen Teil im Verhältnis zur Heiligen Schrift entwickelt. Die Kritik ist historisch gesehen biblisch."[59]

---

56 SMEND, Über die Epochen der Bibelkritik, 29.

57 Es erfolgt lediglich ein kurzer Hinweis auf die „»Vorgeschichte« [der Bibelkritik] in Altertum, Mittelalter und Reformation" (SMEND, Über die Epochen der Bibelkritik, 37).

58 *„Was ist aus dem reformatorischen Bekenntnis sola scriptura unter dem Anwachsen der historischen Kritik geworden? Schließlich haben die Reformatoren doch mit ihrer totalen Zuwendung zur Heiligen Schrift den ganzen Prozeß heraufgeführt, der sich in der historisch-kritischen Forschung abwickelt."* (KRAUS, Geschichte der historisch-kritischen Erforschung des Alten Testaments, 3 f.).

59 FOUCAULT, Was ist Kritik?, 12 f.

Nominell befindet sich Foucault mit Bayle bereits im Aufklärungszeitälter. Jedoch benennt er mit der „Infragestellung des kirchlichen Lehramtes" und der „Rückkehr zur Heiligen Schrift" zwei zentrale Merkmale reformatorischer Bibelkritik. Luther sieht die christliche Lehre und den Glauben vor allem durch die Heilige Schrift ableitbar. Aus dieser Erkenntnis geht das protestantische Schriftprinzip (*sola scriptura*) hervor, das die Deutungshoheit der kirchlichen Lehraussagen und -traditionen, der Konzilien und der Päpste über die Auslegung der Bibel bestreitet.[60] Die Heilige Schrift legt sich selbst aus (*sui ipsius interpres*).[61]

Auf hermeneutischer Ebene drückt sich das protestantische Schriftprinzip durch die Hervorhebung des *sensus literalis sive historicus* und die Ablehnung der Lehre vom vierfachen Schriftsinn aus.[62] Der einfache und klare Literalsinn der biblischen Texte reicht für ihr Verständnis völlig aus. Der vorreformatorische Luther hatte noch in seiner Psalmvorlesung die Lehre von dem vierfachen Schriftsinn angewendet.[63] Später wird diese bis auf wenige Ausnahmen völlig abgelehnt[64]. Calvin möchte diese sogar gänzlich abschaffen[65]. Werden der Heiligen Schrift mehre Sinnebenen unterstellt, dann ist das Verständnis der Bibel der uferlosen Phantasie ihrer Ausleger ausgesetzt.

Das protestantische Schriftprinzip ist ein Indikator für die pejorative und dezisionistisch-existentielle Kritik$_{1;3}$ an die Autorität[66] der Ekklesia. Die kirchliche Auslegungstradition der Bibel wird als kritisch$_{1;3}$ empfunden und gilt nicht zuletzt als Stütze von Praktiken (z.B.: Ablasshandel), die als Krise zu überwinden sind. Als exklusives Kriterium und Maßstab des Glaubens muss die Heilige Schrift in ihrer alleinigen Autorität rehabilitiert werden. Anders als die philologische Kritik$_2$ im Renaissancehumanismus ist die Bibelkritik$_{1;3}$ der Reformatoren nicht in erster Linie methodologisch. Tatsächlich werden mit dem protestantischen Schriftprinzip die Voraussetzungen für zwei gegensätzliche Formen der Bibelauslegung geschaffen. Einerseits verhilft erst die Abkoppelung der kirchlichen Auslegungstradition von der Bibel der philologischen Kritik heiliger Schriften in den folgenden Jahrhunderten zum Durchbruch. Andererseits hat das Einfordern der alleinigen Autorität der Schrift der stellenweise ausartenden Bibliolatrie in der lutherischen Orthodoxie Tür und Tor geöffnet. Letzteres ermöglicht erst die Entwicklung eines Inspirationsverständnisses, dass entgegen

60 Vgl. KRAUS, Geschichte der historisch-kritischen Erforschung des Alten Testaments, 6 ff.
61 Vgl. ebd., 6.
62 Vgl. ebd., 10.
63 Vgl. REVENTLOW, Epochen der Bibelkritik III, 38.
64 Vgl. ebd., 89.
65 Vgl. KRAUS, Geschichte der historisch-kritischen Erforschung des Alten Testaments, 14 f.
66 „Man wird erklären können, daß die Kritik der Reformatoren in erster Linie *Kritik an der Auslegungstradition der Kirche* war." (KRAUS, Geschichte der historisch-kritischen Erforschung des Alten Testaments, 18).

der Vorstellungen und Aussagen der Reformatoren die Heilige Schrift mit dem Wort Gottes identifiziert.[67]

2.2.1.3 Totalität der Kritik in der Aufklärung

In der Epoche der Aufklärung kommt es zu einer *Diversifikation* kritischer Reflexion:

> „Unser Zeitalter ist das eigentliche Zeitalter der Kritik, der sich alles unterwerfen muss. Religion, durch ihre Heiligkeit, und Gesetzgebung durch ihre Majestät, wollen sich gemeiniglich derselben entziehen. Aber alsdenn erregen sie gerechten Verdacht wider sich, und können auf unverstellte Achtung nicht Anspruch machen, die die Vernunft nur demjenigen bewilligt, was ihre freie und öffentliche Prüfung hat aushalten können."[68]

Die Objekte der Kritik sind nun unzählig und müssen sich in einer Ideologie-, Kultur-, Literarkritik usw. stellen.[69] Die Voraussetzung dieser Totalität der Kritik war – wie Kant selbst feststellt – die Entstehung des *öffentlichen* Raumes. Die Explosion verlegerischer Tätigkeit und die Veränderung der politisch-gesellschaftlichen Rahmenbedingungen bildeten die konstituierende Elemente dieser Öffentlichkeit.[70] Kritik, sei sie polemisch-pejorativ, methodologisch oder dezisionistisch-existentiell, konnte sich einer nie dagewesenen Breitenwirkung erfreuen.

Während sich die Objekte der Kritik multiplizieren, hat sich auch ihr Subjekt neu aufgestellt: Die menschliche Vernunft. Ihre Bestimmung erfolgt nicht mehr *von oben*, durch die Ideale einer göttlichen Vernunft. In der Neuzeit ist der Mensch mit seiner Vernunft selbst zum archimedischen Ausganspunkt der Erkenntnis geworden. Hatte Descartes einmal die Innen- (*res cogitans*) und die Außenwelt (*res extensa*) gedanklich getrennt, so galt es, beide durch die Vernunft kritisch zu erschließen. Die Naturwissenschaften – insbesondere die Physik (Bacon, Newton usw.) – hatten gezeigt, wie erfolgreich dieses Unternehmen sein kann. Die vernünftige Erschließung der Natur machte sie im Dienste des Menschen beherrschbar und setzte einen *Optimismus* und *Vollkommenheitsanspruch* frei, der sich auf alle Lebens- und Gegenstandsbereiche erstreckte: In der politischen Philosophie wird der autonome Wille und die autonome Freiheit des einzelnen Individuums zur grundlegenden Reflexionskategorie *politischen* Denkens. Man entdeckt die *eine Geschichte*, die aufgrund des optimistischen und perfektiblen Selbstbewusstseins fortschrittlich verlaufen muss.[71] Auch die

67 Vgl. ebd., 31 ff.

68 IMMANUEL KANT, Kritik der reinen Vernunft, Stuttgart 2003, 867 [A XI – A XII].

69 Vgl. THOMA, Kritik, 309-322; BORMANN, Kritik, 1255 ff.; RÖTTGERS, Kritik, 657 ff.

70 Vgl. VINCENZO FERRONE, Die Aufklärung – Philosophischer Anspruch und kulturgeschichtliche Wirkung, Göttingen 2013, 183 ff.

71 Vgl. RAINER PIEPMEIER/ MARTIN SCHMIDT/ HERMANN GREIVE, Art. Aufklärung. In: TRE 4(1979), 575-615, hier 581; 587.

Religion muss in ihrer Essenz vernünftig sein und den vernunftwidrigen Dogmen traditioneller Lehren der Kirche entgegengesetzt werden.[72] Ebenso lässt sich das *moralische* Handeln rational ergründen.

Die Kritik der Aufklärung wäre nicht total gewesen, wenn sie sich nicht auf sich selbst erstreckte: Eine methodologische Kritik$_2$ der Kritik$_{1-3}$. Davon zeugt die Blüte der Erkenntnistheorie in den Abhandlungen über den menschlichen Verstand.[73] In Kants kritischen Schriften ist die theoretische/praktische/ästhetische Vernunft *Subjekt* und *Objekt* der Kritik. Diese selbstreflexive Dimension der Kritik$_2$ als die Grenzbestimmung ihrer Leistungsfähigkeit macht die Aufklärung schlussendlich zum Zeitalter der Kritik überhaupt:

> „In der kritischen Prüfung der Vernunft wendet sich Kritik dem zu, was ihr Kriterium ist. Dies muß nun selber begründet werden. In der kritischen Prüfung ihrer selbst gewinnt Kritik sich als methodisches Prinzip zurück, das Inhalte prüfen, aber weder ersetzen noch schaffen kann. Deshalb nennt Kant die Kritik der reinen Vernunft einen ‚Traktat von der Methode, nicht ein System der Wissenschaft selbst'."[74]

Die Ideen der Aufklärung schlagen in entscheidender Weise auf die Bibelkritik durch. Der *Sozianismus* fordert eine entschieden rational-historische Exegese der Bibel, die ihre Aussagen textimmanent abwägt und insbesondere für das Alte Testament adressatenorientiert beurteilt.[75] Ein Nebenprodukt ist dabei die Abschaffung der spekulativen und unvernünftigen Dogmen der Kirche.[76] Ein humanistischer Geist ist der Motor dieser Bewegung.[77] Der *Deismus* bringt das Destillat einer *natürlichen Vernunftreligion* hervor, die als Kern jeglichen Glaubens zum neuen Maßstab der Beurteilung religiöser Tradition wird.[78] Derart muss alle Mysteriöse als vermeintliches Substrat der Religion überflüssig werden.[79] Die *Neologie* versucht die Radikalität dieser Religionskritik abzufangen und zu einem ausgewogenen Verhältnis zwischen den berechtigten Anliegen einer kritisch-profanen Exegese und einer ernstzunehmenden individuellen Frömmigkeit beizutragen.[80] Vor diesem Hintergrund erfolgen elementare Differenzierungen (Wort Gottes – Schrift[81]/ biblische Theologie – dogmatische Theo-

72 Vgl. ebd., 597 f.

73 Vgl. John Locke, Versuch über den menschlichen Verstand. 2 Bände, Hamburg 2000; Gottfried Wilhelm Leibniz, Neue Abhandlungen über den menschlichen Verstand, Hamburg 1996; David Hume, Eine Untersuchung über den menschlichen Verstand, Hamburg 2015.

74 Piepmeier/Schmidt/Greive, Aufklärung, 580.

75 Vgl. Kraus, Geschichte der historisch-kritischen Erforschung des Alten Testaments, 41 f.

76 Vgl. Theissen/Winter, Die Kriterienfrage in der Jesusforschung, 35.

77 Vgl. Kraus, Geschichte der historisch-kritischen Erforschung des Alten Testaments, 41 f.

78 Vgl. Piepmeier/Schmidt/Greive, Aufklärung, 597 f.

79 Vgl. Henning Graf Reventlow, Epochen der Bibelkritik. Bd. IV: Von der Aufklärung bis zum 20. Jahrhundert, München 2001, 71 ff.

80 Vgl. Kraus, Geschichte der historisch-kritischen Erforschung des Alten Testaments, 104 ff.

81 Vgl. ebd., 112.

logie[82]), die der Entwicklung einer historisch-kritischen Methode einen enormen Schub verleihen.

Wie sich diese bibelkritischen Forderungen in einer konkreten Methode der Exegese niederschlugen, lässt sich anhand Baruch de Spinozas *Tractatus theologico-politicus* (1670)[83] zeigen. Nicht wenigen gilt er als Vorreiter der historisch-kritischen Auslegung der Bibel.[84] Sein theologisch-politischer Traktat ist dem Ziel gewidmet, die philosophische Freiheit mit der Frömmigkeit und der friedlichen Staatsstruktur ins Verhältnis zu setzen und ihre Vereinbarkeit zu beweisen.[85] Dazu setzt er sich zunächst in fünfzehn Kapiteln *theologisch* mit der Rolle der Propheten, mit dem jüdischen Volk, mit Wundern, mit der Auslegung der Heiligen Schriften und den Grundlagen des Glaubens auseinander. In den restlichen fünf Kapiteln expliziert Spinoza eine *politische* Staatstheorie. Seine Bibelhermeneutik wird im siebten Kapitel „Von der Auslegung der Schrift" entwickelt und beginnt mit einem Befund, der sich nach der Bibelkritik der Reformation anbahnte:

> „Es ist zwar in aller Munde, daß die Heilige Schrift das Wort Gottes sei, das die Menschen die wahre Glückseligkeit oder den Weg des Heils lehrt. Denn das gewöhnliche Volk scheint um nichts weniger besorgt zu sein, als nach den Lehren der Heiligen Schrift zu leben, und wir sehen, daß fast alle ihre Hirngespinste für das Wort Gottes ausgeben und an nichts anderes denken, als unter dem Vorwand der Religion die übrigen zu zwingen, ihre Meinung zu teilen. Wir sehen, sage ich, daß die Theologen meistens darauf bedacht gewesen sind, ihre Erfindungen und Einfälle aus der Heiligen Schrift herauszupressen und sie auf die göttliche Autorität zu stützen."[86]

Es hat sich also ein Inspirationsverständnis durchgesetzt, dass die Heilige Schrift buchstäblich als Wort Gottes identifiziert und das Verständnis der Bibel zum Spielball des jeweiligen Interesses eines Auslegers werden lässt. Um hier wieder Klarheit zu schaffen, verlangt Spinoza – dem Zeitgeist entsprechend – nach einer Übertragung der exakten Methoden der Naturwissenschaft auf die Bibelhermeneutik:

> „Um es kurz zusammenzufassen, sage ich, daß die Methode der Schrifterklärung sich in nichts von der Methode der Naturerklärung unterscheidet, sondern völlig mit ihr übereinstimmt. Denn ebenso, wie die Methode der Naturerklärung in der Hauptsache darin besteht, eine Naturgeschichte zusammenzustellen, aus der man dann als aus sicheren

82 Vgl. ebd., 151.

83 Baruch de Spinoza, Theologisch-politischer Traktat, Hamburg ³1994.

84 Vgl. Edwin Curley, Spinoza's Biblical Scholarship (Chapter 8-10). In: Otfried Höffe (Hg.), Baruch de Spinoza. Theologisch-politischer Traktat, Berlin 2014, 109-125, hier 125; Kraus, Geschichte der historisch-kritischen Erforschung des Alten Testaments, 62; 64.

85 Vgl. Robert Schnepf, Anlaß und philosophische Grundlagen des *Theologisch-politischen Traktat* sowie der Kontext in Spinozas Werk (Vorrede). In: Otfried Höffe (Hg.), Baruch de Spinoza. Theologisch-politischer Traktat, Berlin 2014, 27-50, hier 27 ff.

86 Spinoza, Theologisch-politischer Traktat, 113.

Daten die Definitionen der Naturdinge ableitet, ebenso ist es zur Schrifterklärung nötig, eine getreue Geschichte der Schrift auszuarbeiten, um daraus als aus den sicheren Prinzipien den Sinn der Verfasser der Schrift in richtiger Folgerung abzuleiten."[87]

Spinoza insistiert auf einer Orientierung der Bibelauslegung an die „Methode der Naturerklärung" wie sie etwa von Francis Bacon ausgearbeitet worden ist.[88] Die *interpretatio scripturae* (Schriftauslegung) folgt also der *interpretatio naturae* (Naturauslegung).[89] Dabei verbindet Spinoza diese naturwissenschaftliche Orientierung mit einer Rückkehr zum protestantischen Schriftprinzip:

„Die Hauptregel der Schriftinterpretation besteht also darin, daß man der Schrift keine Lehre zuschreiben soll, die nicht mit völliger Deutlichkeit aus ihrer Geschichte sich ergibt."[90]

Besonders auffällig ist die Betonung der *Geschichte* der Schrift. Natürlich hatte sich bereits mit dem protestantischen Schriftprinzip der Schwerpunkt der Exegese auf den *buchstäblichen* und *historischen* Sinn (*sensus literalis sive historicus*) verschoben. Doch wird die Geschichte im Zeitalter der Aufklärung zu einer eigenständigen Größe.[91] Neben der Autoren- und Textebene, wird auch nach der Geschichte hinter dem Text gefragt.[92] Spinoza spezifiziert nun seinen *literaturhistorischen* Ansatz in drei Grundsätzen. Der erste Grundsatz ist *grammatisch-philologisch*:

„1. Sie muß auf die Natur und die Eigentümlichkeiten der Sprache eingehen, in der die Bücher der Schrift geschrieben sind und deren sich ihre Verfasser zu bedienen pflegten. Auf diese Weise werden wir imstande sein, den verschiedenen Sinn, den eine jede Reden nach dem gewöhnlichen Sprachgebrauch haben kann, ausfindig zu machen. Weil nun alle Schriftsteller des Alten wie des Neuen Testaments Hebräer waren, so ist natürlich vor allem eine Geschichte der hebräischen Sprache nötig, nicht nur zum Verständnis der Bücher des Alten Testaments, die in dieser Sprache geschrieben sind, sondern auch der des Neuen Testaments, die zwar in anderen Sprachen verbreitet sind, aber doch hebräischen Charakter haben."[93]

Dieser erste Grundsatz Spinozas greift die philologische Kritik$_2$ seit dem Renaissancehumanismus auf und legt einen besonderen Schwerpunkt auf die geschichtliche Wandelbarkeit und Eigenheiten der Sprachen. So wird der Weg frei für die allmähliche Erschließung der Charakteristika und Besonderheiten bibli-

---

87 Ebd., 114 f.

88 Vgl. THEO VERBEEK, Spinoza und die Aulsegung der Bibel (Kapitel 7). In: OTFRIED HÖFFE (Hg.), Baruch de Spinoza. Theologisch-politischer Traktat, Berlin 2014, 93-108, hier 95.

89 Vgl. ebd.

90 SPINOZA, Theologisch-politischer Traktat, 116.

91 Vgl. PIEPMEIER/SCHMIDT/GREIVE, Aufklärung, 580f.

92 Vgl. THEISSEN/WINTER, Die Kriterienfrage in der Jesusforschung, 33 f.

93 SPINOZA, Theologisch-politischer Traktat, 116.

scher Sprachen (Koine-Griechisch/ Semitismen/ Aramaismen usw.). Sein zweiter Grundsatz fordert einen *textimmanenten* Ansatz:

> „2. Die Geschichte muß die Aussprüche eines jeden Buches zusammenstellen und sie nach Hauptgesichtspunkten ordnen, damit man alles, was sich über ein und denselben Gegenstand findet, gleich zur Hand hat. Dann muß sie alle Aussprüche anmerken, die zweideutig oder dunkel sind oder die sich zu widersprechen scheinen. Dunkel oder klar nenne ich Aussprüche, je nachdem ihr Sinn aus dem Zusammenhang leicht oder schwer zu ermitteln ist, aber nicht insofern ihre Wahrheit leicht oder schwer mit der Vernunft zu erfassen ist; denn bloß um den Sinn der Rede, nicht um ihre Wahrheit handelt es sich. [...] Der Sinn ist bloß aus dem Sprachgebrauch zu ermitteln oder aus solchen Erwägungen, die nur die Schrift als Grundlage anerkennen.“[94]

Eine oberflächliche Lektüre würde in diesem *textimmanenten* Grundsatz einzig das protestantische Schriftprinzip wiederentdecken. Jedoch bestreitet Spinoza eine wichtige Voraussetzung der orthodoxen Exegese: Die Annahme der *gänzlichen* Wahrheit der Schrift.[95] So spielt es laut Spinoza bei der Auslegung von biblischen Aussagen wie z.B.: *Gott ist ein Feuer* (Deut 4, 24) keine Rolle, ob diese Aussage der eigenen vernünftigen Gottesvorstellung widerspricht.[96] Allein die Lektüre des Textes entscheidet, ob man diese Aussage metaphorisch oder buchstäblich verstehen muss. Kann gezeigt werden, dass das entsprechende biblische Buch selbst das Wort Feuer in einem übertragenen Sinne verwendet und auch sonst die Vergleichbarkeit Gottes mit den sichtbaren Dingen bestreitet, dann ist eine metaphorische Auslegung erlaubt.[97] Die Problematik der Wahrheit der Schrift spielt auch bei der Kritik Spinozas an Maimonides eine wichtige Rolle, die ein wenig später thematisiert werden soll.

Der dritte Grundsatz der Bibelauslegung bei Spinoza ist *überlieferungsgeschichtlich*, *kontextuell* und *psychologisch*:

> „Endlich muß diese Geschichte über die Schicksale sämtlicher prophetischen Bücher Auskunft geben, soweit wir noch davon wissen können, also über das Leben, die Sitten und die Interessen des Verfassers der einzelnen Bücher, wer er gewesen ist, bei welcher Gelegenheit, zu welcher Zeit, für wen und schließlich in welcher Sprache er geschrieben hat; dann über das Schicksal jedes einzelnen Buches, nämlich wie man es zuerst erhalten hat und in wessen Hände es gekommen ist, ferner wie viele Lesarten es davon gibt und durch wessen Beschluss es unter die heiligen Schriften aufgenommen wurde, und schließlich, auf welche Weise all die Bücher, die wir heute die heiligen nennen, zu einem Ganzen vereinigt worden sind. Das alles, meine ich, muß die Geschichte der Schrift enthalten.“[98]

---

94 Vgl. ebd., 116 f.

95 Vgl. ebd., 117; Verbeek, Spinoza und die Aulsegung der Bibel, 97; Nicolai Sinai, Historical-Critical Readings of the Abrahamic Scriptures. In: Adam J. Silverstein/ Guy G. Stroumsa (Ed.), The Oxford Handbook of The Abrahamic Religions, Oxford 2015, 209-225, hier 211 f.

96 Vgl. Spinoza, Theologisch-politischer Traktat, 117 f.

97 Vgl. ebd.

98 Ebd., 118.

Mit diesem letzten Grundsatz fordert Spinoza den Interessen und Anliegen der Autoren (!) biblischer Bücher nachzugehen, ihren Entstehungskontext zu eruieren und ihre Überlieferungsgeschichte vom Anfang ihrer Abfassung bis zur heutigen Form zu explizieren. Sämtliche Grundsätze sind aber nicht so klar anzuwenden, wie sie formuliert sind. Er legt dar, wie problematisch die Applikation jedes einzelnen Grundsatzes ist. Über die ursprüngliche hebräische Sprache wisse man zu wenig.[99] Es sei keine Grammatik, kein Wörterbuch und keine Geschichte ihrer Entwicklung vorhanden.[100] Auch würden zu oft die Informationen über die Autoren und Entstehungskontexte der biblischen Texte fehlen[101], sodass Spinoza zu der Schlussfolgerung kommt:

> „Ich halte diese Schwierigkeiten für so groß, daß ich kein Bedenken trage zu behaupten: bei sehr vielen Stellen kennen wir den Sinn der Schrift entweder gar nicht oder vermuten nur aufs Geratewohl, ohne Gewißheit."[102]

Diese Problemlage hindert Spinoza aber nicht in den folgenden Kapiteln seines Traktes seine eigene Methode auf die Bibel anzuwenden. Unter anderem zweifelt er daran, dass Moses der alleinige Verfasse des Pentateuchs war und glaubt, dass Esra als der Endredaktor eines Großteils der Hebräischen Bibel anzusehen ist.[103] Derlei Vermutungen hat Spinoza nicht als Erster formuliert.[104] Jedoch zeugen seine philologischen Analysen und die unverhohlene Direktheit seiner Schlüsse eine neue Dimension profaner Exegese.[105]

Spinoza versäumt es nicht den grundlegenden Unterschied seiner Auslegungsmethode im Gegensatz zu seinen Vorgängern zu profilieren, indem er diese mit einem Grundsatz der Bibelauslegung bei Maimonides vergleicht. Dieser

> „[...] meint nämlich, jede Schriftstelle lasse verschiedene, ja sogar entgegengesetzte Deutungen zu, und über ihre wahre Deutung könnten wir erst dann Gewißheit haben, wenn wir wüßten, daß die Stelle nach unserer Auslegung nichts enthalte, was mit der Vernunft nicht übereinstimme oder was ihr widerstreite. Denn fände sich, daß die Stelle in ihrer buchstäblichen Bedeutung der Vernunft widerstreite, so müßte sie anders ausgelegt werden, auch wenn sie noch so klar schiene."[106]

Zu dieser Ansicht über Maimonides gelangt Spinoza, weil dieser die Aussagen der Bibel über die Körperlichkeit Gottes metaphorisch versteht, während er die biblischen Darstellungen über die Schaffung der Welt weiterhin buchstäblich auslegen will, solange die Ewigkeit der Welt nicht bewiesen ist. Ob daraus die

---

99 Vgl. ebd., 124.
100 Vgl. ebd.
101 Vgl. ebd., 127 f.
102 Ebd., 129.
103 Vgl. Spinoza, Theologisch-politischer Traktat, 138-152.
104 Vgl. Curley, Spinoza's Biblical Scholarship, 109 f.
105 Vgl. ebd., 110-125.
106 Spinoza, Theologisch-politischer Traktat, 132.

Schlussfolgerung folgt, die Spinoza für Maimonides insinuiert hat, kann man zu Recht bezweifeln.[107] Für die Fronstellung Spinozas spielt das aber keine Rolle. Denn er zweifelt mit seiner eigenen Bibelhermeneutik an zwei Voraussetzungen, die bei Maimonides tatsächlich gegeben sind: Zum einen die Annahme der *totalen* Wahrheit der Schrift und zum anderen ihre *Konsistenz* und *Einheit*.[108] Es spielt nach Ansicht von Spinoza bei der Auslegung der Bibel keine Rolle, was die eigene Vernunft unabhängig als zwingend wahr erachtet, denn sonst würde der Sinn jeder Schriftstelle zum Spielball fortschreitender Erkenntnisse der Vernunft werden. Andererseits kann die Bibel als Ganzes keine Einheit beanspruchen, da sie mehrere Verfasser in Form der Propheten hatte, die unterschiedliche Voraussetzungen ihrer Verkündigung vorfanden.[109]

Spinozas Bibelhermeneutik enthält in *nuce* das Programm einer historisch-kritischen Methode, wie sie sich bis heute etabliert hat. Es sind bei ihm die grundlegenden Problemfelder der Textkritik (Überlieferung eines abgeschlossenen Textes), der Literarkritik (Einheit des Textes, seine Verfasser, seine Tendenzen), der Formkritik (Sitz im Leben der biblischen Bücher) und der Überlieferungskritik benannt. Es fehlt einzig die Forderung nach einer Religionsgeschichte, die ohne die Annahme einer universalen Vernunftreligion auskommt. An diesem letzten Punkt zeigen sich die Limitationen, die Spinoza sich – dem Zeitgeist entsprechend – selbst auferlegt und somit einer konsequenten Anwendung seiner eigenen Leitideen der Exegese im Wege stehen. Denn er hat ein bestimmtes Verständnis von der Funktion von Propheten, von den Heiligen Schriften und ihrer eigentlichen Glaubensbotschaft, die selbst nicht als Ergebnis der gewünschten Anwendung seiner Auslegungsmethode hervorgehen. Die Propheten zeichnen sich einzig durch ein besonderes Vorstellungsvermögen aus, das sie zu einem besonderen Ausdruckvermögen und damit zur Anleitung zum Gehorsam gegenüber Gott befähigt[110]. Bezüglich des Inhaltes der biblischen Schriften stellt Spinoza klar:

> „1. Die Bücher beider Testamente sind nicht auf ausdrücklichen Befehl zur gleichen Zeit für alle Jahrhunderte geschrieben worden, sondern bei Gelegenheit für bestimmte Menschen, je nachdem es die Zeit und die besonderen Verhältnisse dieser Menschen erforderten, wie die Berufung der Propheten [...] und auch die Briefe der Apostel offenbar zeigen. 2. Es ist ein anderes, die Schrift und den Sinn der Propheten, ein anderes aber, den Sinn Gottes, d.h. die Wahrheit der Sache selbst zu verstehen [...]."[111]

---

107 Vgl. Verbeek, Spinoza und die Auslegung der Bibel, 103 f.

108 Vgl. ebd., 97.

109 Vgl. Spinoza, Theologisch-politischer Traktat, 134 f.

110 „Im 2. Kapitel dieses Traktats habe ich gezeigt, daß die Propheten bloß ein besonderes Vorstellungsvermögen, aber kein besonderes Erkenntnisvermögen besaßen und daß Gott ihnen keine philosophischen Geheimnisse, sondern nur sehr einfache Dinge offenbart und sich dabei ihren vorgefaßten Anschauungen angepaßt hat." (Spinoza, Theologisch-politischer Traktat, 205).

111 Spinoza, Theologisch-politischer Traktat, 201.

Seine eigene Auslegungsmethode sieht Spinoza insbesondere für die Erfassung des prophetischen Sinnes erforderlich.[112] Denn der universale Kern der biblischen Botschaft ist einfach und klar:

> „Das wird nicht schwer sein, sobald man weiß, daß die Schrift nicht die Absicht hatte, Wissenschaften zu lehren. Daraus kann man leicht entnehmen, daß sie nur Gehorsam von den Menschen fordert und bloß den Ungehorsam, nicht die Unwissenheit verdammt. Da ferner der Gehorsam gegen Gott bloß in der Liebe zum Nächsten besteht [...], so kann folglich in der Schrift keine andere Wissenschaft empfohlen werden als jene, die alle Menschen nötig haben, damit sie Gott nach dieser Vorschrift gehorchen können, und ohne deren Kenntnis die Menschen notwendig ungehorsam wären oder doch ohne die Zucht des Gehorsams."[113]

Den Kern einer universalen Glaubenslehre formuliert Spinoza selber in sieben „Dogmen des allgemeinen Glaubens".[114] Die Heiligen Schriften sind nur solange heilig, solange sie zur Frömmigkeit im erweiterten Sinne dieser einfachen und universalen Glaubenslehre aufrufen.[115]

Eine geschichtliche und exegetische Begründung der sieben Dogmen liefert Spinoza nicht. Das ist der Geschichtsphilosophie seines Zeitalters geschuldet. Es gibt nur *eine* Geschichte, die zwar vielfältig in ihren Erscheinungsformen sein kann, aber letztlich *einheitlich* verläuft – sei sie in ihrem Verlauf auch *dialektisch* oder *linear* verstanden. Es wird noch einige Jahrhunderte nach Spinoza brauchen, um die *Individualität* von geschichtlichen Ereignissen und die *Pluralität* der *Geschichten* in ihrem Eigenwert zu entdecken und wert zu schätzen. Bei Spinoza verhindert die Vorannahme eines einfachen und einheitlichen Nukleus religiöser Frömmigkeit, der alle heterogenen und historischen Formen der heiligen Religionen konstituiert, eine dezidierte Anwendung der von ihm selbst formulierten Auslegungsmethode der Bibel. Nichtsdestotrotz wird sich die historischekritische Methode in der nachfolgenden Zeit in den Bahnen entfalten, die Spinoza abgesteckt hat. Freilich gestaltete sich dieser Prozess wie die Erhebung mehrerer Schichten eines Palimpsestes. Dazu musste das eigene kritische Instrumentarium mehr und mehr verfeinert werden. Man versuchte die Individualität und den literarischen Ausdruck der Hebräer nachzuempfinden (Herder).[116] Man bemerkte, dass die Frage nach dem Autor der biblischen Schriften weitaus komplexer war, als angenommen. Es bildeten sich entsprechend neue literarkritische Hypothesen zur Lösung dieser Problematik (Urkundenhypothese, Fragmentenhypothese/ Frage der literarischen Abhängigkeit der synoptischen Evangelien usw.).[117] Ebenso wurde mehr und mehr die Vielfalt literarischer Ausdrucksfor-

112 Vgl. ebd., 115.
113 Ebd., 206.
114 Ebd., 217.
115 Vgl. ebd., 214 ff.
116 Vgl. KRAUS, Geschichte der historisch-kritischen Erforschung des Alten Testaments, 114-132.
117 Vgl. ebd., 152-173.

men (Dichtung, Gattungen usw.) entdeckt und ihre heterogene Funktionalisierung (Poesie, Mythos, Verkündigung, Geschichte) bei der Bibelkritik in Anschlag gebracht. Man entdeckte die religiöse Geschichte hinter der literarischen Veränderung biblischer Schriften (Wellhausen).[118] Es wurde ersichtlich, dass der literarische Ausdruck der Bibel funktional mit dem jeweiligen Sitz im Leben der Texte zusammenhängt (Formkritik).[119] Neue archäologische Entdeckungen machten den Blick frei, für die kulturellen und religiösen Kontexte der biblischen Schriften[120], sodass sich nun die religionsgeschichtliche Fragestellung aufdrängte.[121]

Der Grundstein für diese Entwicklungen wurde durch die methodologische Kritik$_2$ der Aufklärung gelegt. Jetzt begannen die profanen Wissenschaften unterschiedlicher Disziplinen zu entstehen, die sich durch ein kritisches$_2$ Selbstverständnis über den Gegenstand und die Methode der eigenen Domäne auszeichnen. Eine wesentliche Grundlage für diese Entwicklung war die vernunftorientierte Traditionskritik$_{1-3}$, die auf allen Ebenen (Philosophie, Gesellschaft, Politik usw.) eine kritische Bestandsaufnahme über Erkenntnis, Handlungsnormen usw. fordert[122]. Die *conditio sine qua non* für dieses kritische Verfahren ist eine *epoché* und Zurückhaltung gegenüber sämtlicher Tradition, bevor sie nicht kritisiert wurde. Dasselbe gilt für die Entstehung der Bibelwissenschaft. Freilich hatte die Kritik$_2$ der Bibel aufgrund ihres Status als Heilige Schrift eine erheblich polemische und dezisionistisch-existentielle Dimension. Ihr Selbstverständnis als Wissenschaft konnte sich erst allmählich durch die Infragestellung und Begründung der Maßstäbe der Kritik$_2$ (Vernunft, Natur, Geschichtsphilosophie, Moralphilosophie usw.) verfestigen. Ebenso mussten Theologen die Implikationen dieser Kritik$_2$ durch Reflexionen zum Verhältnis der bibelkritischen Ergebnisse zur eigenen Tradition und zum eigenen Glaubensverständnis abfedern. Dabei half die Tatsache, dass ein Großteil der Forscher, die entscheidende Impulse für die Bibelkritik gaben, selbst Theologen waren.

2.2.1.4 Relativität der Kritik im Historismus, in der Hermeneutik und Postmoderne

Die *historisch-kritische Methode* ist der *terminus technicus* für Bibelkritik. Schlüsselt man diese Bezeichnung in ihre Bestandteile auf, dann erhält man die Begriffe der *Historie*, der *Kritik* und *Methode*. Dass man für gewöhnlich die ersten

118 Vgl. ebd., 260-174.
119 Vgl. ebd., 344 ff.
120 Vgl. ebd., 295-314.
121 Vgl. ebd., 327-323; REVENTLOW, Epochen der Bibelkritik IV, 325-365.
122 Wie stark die dezisionistisch-existentielle Dimension dieser Kritik war, verdeutlicht Koselleck, der in seiner Analyse einen direkten Zusammenhang zwischen der Aufklärungskritik und der Krise der Französischen Revolution sieht (Vgl. KOSELLECK, Kritik und Krise).

beiden Bestandteile adjektiviert und die Methode als Substantiv stehen lässt, hängt damit zusammen, dass man im wissenschaftlichen Kontext nur *methodologische* Kritik$_2$ als legitim erachtet. Man könnte aber auch von historisch-methodologischer Kritik sprechen. Diese Variante wird wohl vermieden, da die Kritik zwar als methodologisch spezifiziert wird, aber gleichzeitig mit der Substantivierung das volle Spektrum der Kritik$_{1\text{-}3}$ als mögliche Konnotationen zu Tage fördert. Da im Rahmen dieser Arbeit die *kriteriologische* Ebene der Reflexion von besonderem Interesse ist, verdeutlicht die Substantivierung der Kritik als Hauptgegenstand der Analyse ihre wesentliche Dimension: Die Kritik der Bibel ist spätestens ab dem Zeitalter der Aufklärung *methodologisch* und zugleich *historisch*. Bereits die philologische Methode des Humanismus ist *historisch* orientiert und versucht die ursprünglichen Texte der Antike zu rekonstruieren. Die Autoritätskritik der Reformation rehabilitiert auf hermeneutischer Ebene den *historischen Sinn* der Heiligen Schriften. Und die Totalität der Kritik in der Aufklärung erhebt die Vernunft zum *historischen Subjekt* der Kritik.

Diese geschichtliche Dimension ist also weniger ein Kennzeichen der Kritik, sondern der Methode. Die methodologische Kritik$_2$ der Bibel konzentriert sich insbesondere auf die historische Ebene. Die Geschichte war während der Aufklärung neben der Vernunft und Natur zum wesentlichen Maßstab der Kritik$_2$ geworden.[123] Allerdings ist das aufklärerische Geschichtsverständnis mit problematischen Vorannahmen über ihr Wesen belastet. Denn Geschichtsbetrachtung ist hier im Wesentlichen mit *materialen Geschichtsphilosophien*[124] gleichzusetzen. Wie die *Natur* gilt auch die Geschichte prinzipiell als einheitliches Gebilde, dessen gesetzliche Struktur sich mit ideellen Kategorien erschließen lässt. Da die Vernunft durch die erkenntnisorientierte Durchleuchtung und Beherrschung der Natur ihre unumstößliche Leistungsfähigkeit bewiesen hatte, glaubte man auch im historischen Bereich an ihr epistemisches Potenzial[125]. Auch die *Gesetze* der Geschichte müssen sich *erklären* lassen. Die materialen Geschichtsphilosophien verhindern so eine Reflexion über Geschichte, die sie nicht vorab naturalisiert, sondern ihre *Kontingenz* und *Pluralität* (*Geschichten*) ernst nimmt. Freilich stellt die Naturalisierung der historischen Kritik in der Aufklärung eine Zäsur in dem wachsenden Bewusstsein für Geschichte und

---

123 Vgl. Piepmeier/Schmidt/Greive, Aufklärung., 580f.

124 „Als Geschichtsphilosophie bezeichnet man ursprünglich eine Form philosophischen Denkens, die mit Blick auf die Geschichte Aufschlüsse über das Leben und Denken des Menschen sowie über den allgemeinen Werdegang der Welt zu erzielen sucht. Diese Form der Geschichtsphilosophie, die auch materiale Geschichtsphilosophie genannt wird, abstrahiert aus den Besonderheiten des geschichtlichen Lebens allgemeingültige (gesetzeshafte) Aussagen" (Stefan Jordan, Theorien und Methoden der Geschichtswissenschaft, Paderborn 2009, 23).

125 Das hat sich bereits bei der Bibelhermeneutik Spinozas herausgestellt. Er lehnte seine eigene Methode der Exegese explizit an die Naturbetrachtung der Physik an (Vgl. Verbeek, Spinoza und die Aulsegung der Bibel, 95.).

ihrem genuinen Verständnis dar. Die humanistische Philologie hatte bereits den Weg für ein profanes Geschichtsbewusstsein bereitet. Jedoch hatte zugleich der programmatische Rückbezug zur Antike[126] die Entwicklung einer eigenständigen Geschichtswissenschaft verhindert:

> „Die humanistische Philologie handhabt eine historische Methode; aber sie dient einem unhistorischen Ziel. Bei der Wiederbelebung der Antike geht es gewiß um die möglichst getreue Aneignung der Hinterlassenschaft einer bestimmten historischen Epoche. Jedoch der Sinn dieser Aneignung ist nicht historische Erkenntnis, sondern die Aufstellung von unverrückbaren Maximen für die Gegenwart. [...] Die Humanisten erklären in der Nachfolge der antiken Geschichtstheorie und Geschichtsschreibung für das Wesen der Geschichte die Belehrung der Gegenwart über richtiges und falsches ethisch-politisches Verhalten."[127]

Die Geschichte ist demnach im Sinne des antiken Geschichtsverständnisses als „Lehrmeisterin des Lebens" (*historia magistra vitae*)[128] funktionalisiert. Den Status als *ancilla* behält die Historie in der Reformationszeit und in der Aufklärung bei. Erst in der Epoche des Historismus[129] emanzipiert sich geschichtliches Denken in einer unabhängigen Wissenschaftsdisziplin, die sich bewusst von den aufklärerischen Geschichtsphilosophien verabschiedet.[130]

Ein wesentlicher Motor für diese Entwicklung ist die Universalisierung der Kategorie des *Verstehens*. Im Historismus wird das interpretative Verstehen in Abgrenzung zum gesetzmäßigen Erklären als Proprium der eigenen Arbeitsweise entdeckt.[131] Die Geschichte ist wie ein Text, der als Artefakt nicht den Bedingungen und Eigenheiten der Natur, sondern nur im Kontext des sinnorientierten Handelns der Menschen zu *verstehen* ist. Deshalb müssen geschichtliche Ereignisse *interpretiert* und nicht erklärt werden. Dieses *hermeneutische* Selbst-

126 Hier verhindert die *pejorative* und *dezisionistisch-exsitentielle* Dimension der humanistischen Kritik den Schritt zu einer unabhängigen Geschichtswissenschaft.

127 MUHLACK, Zum Verhältnis von Klassischer Philologie und Geschichtswissenschaft im 19. Jahrhundert, 228.

128 CICERO, De oratore. Über den Redner. Lateinisch – Deutsch, Düsseldorf 2007, II 36.

129 Unter Historismus wird hier sowohl die erste Epoche der modernen Geschichtswissenschaft als auch das grundsätzliche Phänomen der Historisierung des Denkens bezeichnet. Beide Verwendungsweisen des Begriffs weisen auf einen engen Entstehungszusammenhang hin (Vgl. JORDAN, Theorien und Methoden der Geschichtswissenschaft, 40).

130 „Man kann daher sagen, dass sich die historische Forschung als eigenständige moderne Geschichtswissenschaft um 1800 in dem Maße etablieren konnte, indem sie eine Gegenposition zur Geschichtsphilosophie entwickelte. Diese Gegenposition fand unter anderem deshalb zunehmend Akzeptanz, weil sie besser zu einer Gesellschaft passte, die den Glauben an eine universale Wissensgrundlage jenseits der Wissenschaft verlor. Und indem sie zunehmende Akzeptanz fand, schwächte sie zusätzlich die Erklärungskraft für historische Prozesse, die die Geschichtsphilosophie zuvor besessen hatte." (JORDAN, Theorien und Methoden der Geschichtswissenschaft, 35).

131 Vgl. CHRIS LORENZ, Konstruktion der Vergangenheit. Eine Einführung in die Geschichtstheorie, Köln 1997, 89-91.

verständnis ist seit dem Historismus charakteristisch für die moderne Geschichtswissenschaft. Johann Gustav Droysen bringt in seiner Historik diese methodische Wende erstmals systematisch zum Ausdruck[132] und expliziert das Besondere der interpretativen Herangehensweise:

> „Wir erklären nicht. Interpretation ist nicht Erklärung des Späteren aus dem Früheren, des Gewordenen als ein }notwendiges{ Resultat der historischen Bedingungen, sondern ist die Deutung dessen, was vorliegt, gleichsam ein Lockermachen und Auseinanderlegen dieses unscheinbaren Materials nach der Fülle seiner Momente, der zahllosen Fäden, die sich zu einem Knoten verschürzt haben, das durch die Kunst der Interpretation gleichsam wieder rege wird und Sprache gewinnt."[133]

Die Dimensionen der Interpretation sind komplex. Droysen unterscheidet vier Arten der historischen Interpretation: Es gibt eine *pragmatische, bedingungsorientierte, psychologische* und *ideale* Interpretation.[134] Während das Geschichtsdenken der Aufklärung eine Tendenz zu Vereinheitlichung hatte, *individualisiert* der Historismus die Objekte der Betrachtung. Die Pluralisierung der Interpretationsebenen bei Droysen verdeutlicht, dass geschichtliche Ereignisse, ihre Akteure und Handlungen in einem komplexen Gewebe aus menschlichen Intentionen, Zielen und gesellschaftlichen Kontexten verstrickt sind und demnach gemäß ihrer *Individualität* gewürdigt werden müssen. Entsprechend fokussiert sich die Geschichtswissenschaft in der Epoche des Historismus auf die zentrale Bedeutung von einzelnen Ereignissen, Personen und Ideen, die für eine bestimmte Zeit charakteristisch sind.[135]

An den Koordinaten des hermeneutischen Erklärungsmodells lässt sich die Veränderung und Modifizierung historischer Kritik bis zur Gegenwart explizieren. Der *Interpret* ist als hermeneutisches Subjekt keine *tabula rasa* und darf seinen eigenen *Verstehenshorizont* bei der Interpretation vergangener Ereignisse nicht einfach übergehen.[136] Die eigene Tradition, Sprache und Kultur konditionieren die Möglichkeiten des Verstehens und können nicht ohne weiteres an vergangene Phänomene der Sinnkonstitution angeglichen werden. So wird der historistische Optimismus einer Rekonstruktion ursprünglicher *Intentionen* eines Textes oder einer vergangenen Handlung fraglich.[137] Zumindest muss spätestens seit Gadamer das naive Verständnis der Interpretation als *voraussetzungsloses Aneignen* einer ursprünglichen Intention in Frage gestellt werden.[138] Die Wirkmächtigkeit eigener Tradition lässt sich nicht wie ein Fell problemlos

132 Vgl. ebd., 91 ff.
133 JOHANN GUSTAV DROYSEN, Historik. Historisch-kritische Ausgabe von Peter Leyh. Bd. 1, Stuttgart-Bad Cannstatt 1977, 163.
134 Vgl. ebd., 163-215; 403-405; 431-434.
135 Vgl. JORDAN, Theorien und Methoden der Geschichtswissenschaft, 51.
136 Vgl. JEAN GRONDIN, Hermeneutik, Göttingen 2009, S. 37 ff.
137 Vgl. ebd., 39.
138 Vgl. ebd., 56 ff.

ablegen. Es bedarf hier komplexer Modelle, um das Phänomen der Interpretation in seiner Ganzheit gerecht zu werden.[139] Neben dem *Interpreten* hat sich aber auch die historische *Interpretation* als äußerst komplex erwiesen. Historisches Verstehen bedarf unterschiedlicher Modi der *Erzählung*.[140] Daran entzündet sich die Frage nach dem Status der Geschichtsschreibung: Ist sie aufgrund ihrer *Narrativität* fiktional oder konstruktiv? Wird zumindest historische Forschung und Geschichtsschreibung kategorisch getrennt, dann gerät die Geschichtswissenschaft in einen schwerwiegenden Begründungsdruck über ihr Selbstverständnis als Wissenschaft über *reale* Ereignisse der Vergangenheit.[141] Damit stellt sich auch die grundsätzliche Frage nach den Geltungsansprüchen textorientierter Wissenschaften: Je stärker das *konstruktive* Element der Interpretation betont wird, umso mehr werden die gewonnenen Erkenntnisse *relativiert*. Postmoderne Autoren sind hier besonders darum bemüht, die unausgesprochene Verbindung zwischen existentiellen Interpretationsregeln/-modi und ihrer *restriktiven* Wirkung auf die Bedingung der Möglichkeit von Historiographie aufzuzeigen. Wenn bestimmte Verfahren und Rahmenbedingungen der Interpretation festlegen und voraussetzen, wie Kommunikation, Geltungs- und Identitätsansprüche zu vollziehen sind, dann dient die Entlarvung dieser interpretativen Verfahren als *Konstrukte* der Relativierung ihrer Geltungsansprüche.

Das Subjekt der historischen Interpretation lässt sich aber nicht nur auf *individueller* Ebene betrachten. Die Vergegenwärtigung des Vergangenen geschieht auch auf *kollektiver* Ebene. Derart ergeben sich für den Interpretationsprozess neue Analyse- und Verstehenskategorien: *Erinnerung* und *Gedächtnis*.[142] Eine andere Perspektive haben sozialwissenschaftliche Ansätze geschaffen, die supra-intentional *Strukturen* und *Prozesse* beschreiben.[143] Letzteres ist eine Tendenz gegen die Textualisierung der hermeneutischen Geschichtsbetrachtung und eine wiederholte Annäherung an ein positivistisches Modell der Erklärung.

Für die Moderne lässt sich insgesamt eine Relativierung methodologischer Kritik$_2$ der Aufklärung konstatieren. Der Historismus und die hermeneutische Tradition der Geisteswissenschaften relativieren den Optimismus einer vernunftorientierten Kritik$_2$, die sich in ihrer Leistungsfähigkeit und ihrem impli-

---

139 Vgl. GADAMER, Wahrheit und Methode, 289 f.

140 Vgl. LORENZ, Konstruktion der Vergangenheit, 127-187. GERD HÄFNER, Konstruktion und Referenz: Impulse aus der neueren geschichtstheoretischen Diskussion. In: GERD HÄFNER/KNUT BACKHAUS (Hg.), Historiographie und fiktionales Erzählen. Zur Konstruktion in Geschichtstheorie und Exegese, Neukirchen-Vluyn 2007, 67-96.

141 Vgl. LORENZ, Konstruktion der Vergangenheit, 187-184; HÄFNER, Konstruktion und Referenz, 89 ff.

142 Vgl. JORDAN, Theorien und Methoden der Geschichtswissenschaft, 168-174; JAN ASSMANN, Das kulturelle Gedächtnis. Schrift, Erinnerung und politische Identität in frühen Hochkulturen, München [7]2013.

143 Vgl. LORENZ, Konstruktion der Vergangenheit, 285-321; JORDAN, Theorien und Methoden der Geschichtswissenschaft, 101 ff.

zierten Einheitspostulat der Natur, Geschichte und der Menschheit überschätzte. Das Subjekt, Objekt und der Maßstab der Kritik$_2$ müssen neu ins Verhältnis gesetzt werden. Diese neue Selbstvergewisserung geschieht für die historische Kritik insbesondere durch die hermeneutische Tradition der Geisteswissenschaften. Die Postmoderne weist nach, dass auch methodologische Kritik$_2$ nicht gefeit von einer autoritär-restriktiven Dimension ist, die mit ihren Geltungsansprüchen einen Diskurs[144] bestimmt. Deshalb zeichnet sich postmoderne Kritik$_3$ durch einen dezisionistisch-existentiellen Schwerpunkt aus.

Die geistesgeschichtlichen Entwicklungen nach der Aufklärung haben einen beträchtlichen Einfluss auf die Konsolidierung der historisch-kritischen Methode als Verfahren der Bibelexegese gehabt. Der Historismus und die Hermeneutik haben die Bibelkritik$_2$ von der Indienstnahme durch die Aufklärungsphilosophie befreit und zu einer eigenständigen Methode mit genuin literaturwissenschaftlich-historischem Interesse werden lassen. Andererseits enthalten die jüngere Tradition der Hermeneutik und der Postmoderne warnende Hinweise einer Überschätzung und Verabsolutierung der historisierenden Bibelauslegung, sodass in den letzten Jahrzehnten alternative Zugänge zur Bibelauslegung die historisch-kritischen Methode in Frage stellen.[145]

2.2.2 Die Voraussetzungen der historisch-kritischen Methode: Die kanonische Exegese als Abgrenzungskriterium

Die vorangehende Analyse der entwicklungsgeschichtlichen Voraussetzungen und Tendenzen der historisch-kritischen Bibelauslegung haben dazu geführt, dass sich diese als „Methodenkanon"[146] zur Exegese der Hebräischen Bibel und des Neuen Testaments etabliert hat. Bevor die einzelnen Schritte dieser Methodik analysiert werden, ist es sinnvoll, den wesentlichen Unterschied der historisch-kritischen Methode im Vergleich zur vorkritischen Exegese herauszustellen. Letztere ist nämlich als *kanonische* Auslegung zu kennzeichnen. Denn die vorkritische Exegese zeichnet sich ja gerade dadurch aus, dass die biblischen Bücher als *heilig* gelten und somit einen *Kanon* bilden.

Nicolai Sinai hat u.a. in Anlehnung an Arbeiten von Halbertal[147] und Barton[148] versucht, den Begriff des Kanons und die damit einhergehende Schriftausle-

144 Vgl. MICHEL FOUCAULT, Die Ordnung des Diskurses, Frankfurt am Main ^{9}2003.
145 Siehe Kapitel 2.2.4.
146 BECKER, Exegese des Alten Testaments, 6.
147 Vgl. MOSHE HALBERTAL, People oft he Book: canon, meaning and authority, Cambridge 1997.
148 Vgl. JOHN BARTON, The Significance of a Fixed Canon of the Hebrew Bible. In: MAGNE SÆBØ (Ed.), Hebrew Bible/Old Testament. The History of Its Interpretation. Vol. I: From the Beginnings to the Middle Ages, Göttingen 1996, 67-83.

gung genauer zu bestimmen.[149] Dabei konzentriert er sich auf die „funktionale“ Dimension des Kanons und weniger auf die „extensional“ verstandene Festlegung eines Textumfangs.[150] Es geht ihm also um die Frage der interpretativen Verwendungsweise des Kanons. Dazu stellt er drei Voraussetzungen für kanonische Exegese heraus: Sie geht *a priori* von der *Wahrheit*, *Relevanz* und *Konsistenz* des auszulegenden Textes aus.[151] Diese Vorbedingungen zwingen den Leser zu einer „hermeneutisch wohlwollenden“ Exegese.[152] Der Text kann nämlich keine *falsche*, *belanglose* und *widersprüchliche* Aussage enthalten.[153] Deshalb verfügt die kanonisch verstandene Exegese zahlreiche Strategien der *Harmonisierung* von Aussagen, die widersprüchlich erscheinen, der profunden *Durchdringung* des Textsinns durch minutiöse Auslotung kleinster und vermeintlich belangloser Sachverhalte[154] und der *Anpassung* und *Instandhaltung* des Sinns durch seine semantische Ausweitung, Einschränkung usw.[155] Letztere beide Interpretationsstrategien bezeichnet Sinai jeweils als „explikative“ und „konnektive“ Interpretation. Den Status als Kanon erarbeitet sich ein Text mit der Zeit[156]. Vergegenwärtigt man sich die Kritik Spinozas an Maimonides[157], dann wird deutlich, dass er den *kanonischen* Status der Heiligen Texte hinterfragt. Er moniert nämlich die Tatsache, dass man heiligen Texte a priori *Wahrheit*, *Konsistenz* und *Relevanz* unterstellt. Nach Spinozas Auffassung können die biblischen Texte aber auch triviale und falsche Aussagen enthalten, die dem geschichtlichen Kontext des prophetischen Wirkens geschuldet sind. Ebenso können sie widersprüchli-

149 Vgl. Nicolai Sinai, Fortschreibung und Auslegung. Studien zur frühen Koraninterpretation, Wiesbaden 2009, 1-22; Ders., Gottes Wort und menschliche Deutung. Überlegungen zum Verhältnis von islamischer Schriftauslegung und historischer Kritik. In: Notger Slenczka (Hrsg.): Deutung des Wortes – Deutung der Welt im Gespräch zwischen Islam und Christentum, Leipzig 2015, 151-171.

150 Vgl. Sinai, Fortschreibung und Auslegung, 4 ff.

151 Vgl. ebd., 7 ff.; Sinai, Gottes Wort und menschliche Deutung, 156 f.

152 Vgl. Sinai, Fortschreibung und Auslegung, 8.

153 Vgl. ebd.

154 Vgl. ebd., 13-16.

155 Vgl. ebd., 19 ff.

156 Sinai fasst die Konstituierung von Kanonizität auf funktionaler Ebene folgendermaßen zusammen: „Vor dem Hintergrund des vorangehenden Abschnitts lässt sich nun folgendes schematisches Bild von der Entwicklung zeichnen, in deren Verlauf ein bestimmter Text jene ‚Lebensrelevanz‘ erlangt, die mit expliziten Zuschreibungen von Kanonizität einhergeht und insofern eine Voraussetzung für das Einsetzen explikativer Interpretation darstellt: Texte im Stadium entstehender Kanonizität attrahieren (oder generieren) für die Gemeindeidentität konstitutive Vorstellungen und Werte bzw. werden gezielt mit diesen verknüpft; darin – und nicht notwendigerweise in ihrer praktischen ‚Applikation‘ – besteht ihre gemeindliche Relevanz. Hat sich einmal eine kritische Masse des gemeindlichen *imaginaire* um den Kanon herumkristallisiert, so kommt es zu explikativer Interpretation: Der Text ist jetzt wichtig genug, um auch Interesse für solche Details zu erzeugen, denen keine unmittelbar lebensrelevanten Implikationen abgewonnen werden können, und tritt so in das Stadium entwickelter Kanonizität über.“ (Sinai, Fortschreibung und Auslegung, 19).

157 Siehe Abschnitt 2.2.1.3.

che Angaben machen, die nach seiner Ansicht dadurch bedingt sind, dass die Bibel mehrere Verfasser hatte. Die historisch-kritische Methode zeichnet sich hingegen durch die *kritische* Suspension apriorischer Annahmen über den Text[158] und seiner *historischen* Analyse aus.[159] Die methodologische Kritik$_2$ der Aufklärung setzte jeweils eine *epoché* oder Zurückhaltung z.B. gegenüber traditionell-metaphysischen Vorannahmen über die Struktur der Welt, der Seele und Gott voraus, um grundlegend die Leistungsfähigkeit des menschlichen Erkenntnisvermögens zu bestimmen. Auch die historisch-kritische Methode verlangt diese Zurückhaltung und Ausschaltung aller traditionellen Zugänge zu heiligen Texten und hat einen Vorläufer in der Autoritätskritik der Reformation. Dabei gilt es, die historische Kritik$_2$ für die Analyse der Schrift anzuwenden, da biblische Texte sich nicht grundlegend von profanen Texten unterscheiden, die sich einer geschichtswissenschaftlichen Betrachtung unterziehen lassen.

Für die Bibel bedeutet dieser historisch-kritische Zugang, dass die kanonische Tradition der Kirche und die biblischen Texte getrennt werden müssen, dass die Bibel ganz unterschiedliche und widersprüchliche Aussagen enthalten *kann* und dass jegliche Form der *modernistischen* Harmonisierung an den Verständnishorizont der Gegenwart nicht erlaubt ist.[160] Letzten Endes stabilisiert und konstituiert sich dieses historisch-kritische Bewusstsein aus den Erfahrungen der Kritik$_{1-3}$ des Humanismus, der Reformation, der Aufklärung und des Historismus. Dabei besteht Konsens darüber, dass einzig die methodologische Kritik$_2$ für eine wissenschaftliche Exegese akzeptabel ist. Die pejorative und dezisionistisch-existentielle Kritik der jeweiligen Epoche wird dagegen verworfen. So wird man in den Standardwerken zur historisch-kritischen Exegese nur methodische Überlegungen und Anweisungen finden.[161] Dieser Sachverhalt sollte aber nicht darüber hinwegtäuschen, dass selbst wenn auf wissenschaftlicher Ebene einzig die methodologisch-profane Kritik eine Rolle spielt, ihre Ergebnisse *nolens volens* als pejorative und dezisionistisch-existentielle Kritik wahrgenommen werden können. Denn das eigene Glaubensbewusstsein und die eigene Glaubenspraxis ist ja das Resultat kanonischer Exegese. Sobald ihre Legitimität und Autorität durch eine historisch-kritische Auslegung tangiert wird, lassen sich mit ihr auch bestimmte Glaubenssätze und -praktiken kritisieren (pejorativ/dezisionistisch-existentiell). Für die Theologie stellt sich die Frage, wie sie die Ergebnisse historisch-kritischer Forschung einordnen möchte. Hier wird es jeweils darauf ankommen, ob eine exklusive oder inklusive Arbeits-

---

158 Vgl. SINAI, Gottes Wort und menschliche Deutung, 158.

159 Vgl. ebd., 158 f.

160 Sinai formuliert diese Bedingungen historisch-kritischer Methode für die Koranforschung aus (Vgl. SINAI, Gottes Wort und menschliche Deutung, 160-165).

161 Vgl. BECKER, Exegese des Alten Testaments; SCHNELLE, Einführung in die neutestamentliche Exegese; EBNER/ HEININGER, Exegese des Neuen Testaments.

teilung (Biblische/Dogmatische Theologie) wünschenswert und produktiv ist[162] und wie diese schlussendlich theologisch begründet wird.

2.2.3 Der historisch-kritische Methodenkanon in der Exegese der Bibel: *Prinzipien* und *Kriterien*

In den Standardeinführungen zur Exegese der Hebräischen Bibel und des Neuen Testaments werden mehrere Schritte der historisch-methodologischen $Kritik_2$ der Bibel unterschieden. Zwar ergibt sich für einige Etappen der $Kritik_2$ eine chronologische Reihenfolge, jedoch überschneiden sich auch einige Verfahrensschritte und sind trotz ihrer isolierten Beschreibung nur synchron anwendbar. Im Kern lassen sich folgende Formen der Kritik unterscheiden, wobei hier die Diskurskritik als zusätzlicher Methodenschritt eingeführt wird[163]: *Textkritik, Literarkritik, Formkritik, Überlieferungskritik, Redaktionskritik, religions- und traditionsgeschichtliche Kritik, Diskurskritik.* In der Beschreibung der jeweiligen Kritik möchte ich zwischen ihren *Prinzipien* und ihren *Kriterien* differenzieren. Erstere formulieren grundlegende philologische, historische, literaturwissenschaftliche und kulturwissenschaftliche *Vorannahmen* und *Ziele*, die mit der jeweiligen Kritikform verbunden sind. Letztere sind konkrete methodische Anweisungen, die zur Umsetzung und Erreichung des jeweiligen Prinzips dienen. Die Kriterien stellen nämlich zum einen erfahrungsbasierte *Instruktionsregeln* dar, wie in einem konkreten Methodenschritt entschieden werden kann. Zum anderen nennen Kriterien *formal-sprachliche* und *inhaltliche Merkmale* für die Lösung und Entscheidung einer kritisch-methodischen Fragestellung.

2.2.3.1 Textkritik

Die profane Textkritik hat ihren Ursprung in der philologischen Kritik des Renaissancehumanismus. Bei der Übertragung der philologischen Methode auf die Überlieferungstradition der Bibel, hat sich eine genuine $Textkritik_2$ zur Bestimmung des ursprünglichen Wortlautes eines biblischen Textes entwickelt. Das

162 Vgl. SINAI, Gottes Wort und menschliche Deutung, 152 ff.

163 Die Bezeichnung des jeweiligen Methodenschritts kann zwar je nach Einführung variieren, jedoch sind inhaltlich und logisch sämtlich aufgeführte Kritikformen als etablierte Methodenschritte anerkannt. An einigen Stellen wurde entgegen der üblichen Nomenklatur die substantive Kennzeichnung des Methodenschritts als "Kritik" bevorzugt (z.B. Überlieferungskritik statt Überlieferungsgeschichte), da es im Rahmen dieser Arbeit insbesondere um eine kriteriologische Analyse geht. Jeder einzelne Schritt der Kritik ist aber historisch-methodologisch zu verstehen.

textkritische Prinzip lautet[164]: *Bei der Überlieferung eines grob fixierten Textes kann es zu absichtlichen und unabsichtlichen Veränderungen am Textbestand kommen. Je nach Ursache und Quellenlage sind die Veränderungen im Text prinzipiell identifizierbar und ermöglichen die Rekonstruktion der ursprünglichen Textgestalt.*

Im Idealfall geht man bei der Textkritik von einem *textus receptus* aus, der zu einer bestimmten Zeit kanonischen Status[165] erreicht hat. Die Überlieferung dieses verbindlichen Textes kann zu unabsichtlichen Fehlern mechanischer Art führen[166], die beim Abschreiben und Kopieren eines Textes erfolgen können. Zum Beispiel können ähnlich aussehende Buchstaben verwechselt werden oder es werden versehentlich Buchstaben doppelt geschrieben (Dittographie).[167] Die Textkritik bemüht sich nun, diese mechanischen Fehler zu identifizieren und den ursprünglichen Text herzustellen. Aber auch absichtliche Veränderungen des Textbestandes sind möglich, wenn etwa der Überliefernde selbst eine Korrektur vornimmt und aus eigener Erwägung ältere und schwer verständliche Ausdrücke durch erläuternde und klare Begriffe ersetzt.[168] Allerdings ist hier der Übergang zur Literarkritik fließend, die sich auch auf intentionale Eingriffe an einem Text vor seiner endgültigen Fixierung konzentriert.[169] Die Textkritik ist im Idealfall um die Korrektur *überlieferungsbedingter* Fehler am Textbestand bemüht.[170] Ich habe bewusst von einem *grob fixierten Text* gesprochen, da der Kanonisierungsprozess eines Textes auch über einen langen Zeitraum ablaufen kann. Oftmals lässt sich dann kein genaues Datum der endgültigen Fixierung eines Textes bestimmen. Für die hebräisch-aramäische Bibel nimmt man eine solche autoritäre Festlegung des Konsonantentextes für das Ende des ersten Jahrhunderts n.Chr. an.[171] Die Voraussetzung der textkritischen Arbeit ist eine Erhebung sämtlich vorhandener Handschriften eines Textes und ihrer genauen Datierung.[172] Auf der Grundlage des Vergleichs dieser Handschriften können sich unterschiedliche Textvarianten ergeben. Hier setzt nun der eigentliche Vorgang der Textkritik ein, indem danach gefragt wird, welche Textvarianten ursprünglicher sind, in welchem Abhängigkeitsverhältnis sie jeweilig stehen und ob überhaupt der ursprüngliche Wortlaut noch herzustellen ist.[173] Lässt sich eine Textvariante als Abweichung vom ursprünglichen Wortlaut erklären, dann kann

---

164 Vgl. BECKER, Exegese des Alten Testaments, 15; SCHNELLE, Einführung in die neutestamentliche Exegese 32 f.; EBNER/ HEININGER, Exegese des Neuen Testaments, 25 ff.

165 Hier ist die *extensionale* Bedeutung von Kanon als Festlegung eines Textumfanges gemeint.

166 Vgl. BECKER, Exegese des Alten Testaments, 15 f.

167 Vgl. ebd., 16.

168 Vgl. ebd.

169 Vgl. ebd.

170 Vgl. ebd., 17.

171 Vgl. ebd., 18.

172 Vgl. SCHNELLE, Einführung in die neutestamentliche Exegese, 41-47.

173 Vgl. BECKER, Exegese des Alten Testaments, 35 f; SCHNELLE, Einführung in die neutestamentliche Exegese 47 f.

eine Verbesserung (Emendation) vorgeschlagen werden.[174] Um im konkreten Fall *entscheiden* zu können, welche Textvariante ursprünglicher ist, haben sich Erfahrungsregeln (*Kriterien*) durchgesetzt[175]: *Manuscripta ponderantur non numerantur* („Die Handschriften werden gewichtet, nicht gezählt"), *Lectio difficilior probabilior* („Die schwierige Lesart ist die wahrscheinlichere"), *Lectio brevior potior* („Die kürzere Lesart ist die wahrscheinlichere"). Während das textkritische Prinzip das *Ziel* und die philologischen *Vorannahmen* dieses Arbeitsschrittes enthält, bieten die Kriterien der Textkritik erfahrungsbasierte *Maßstäbe* für die methodische Anwendung des Prinzips.

2.2.3.2 Literarkritik

Die Bibelkritik der Aufklärung hat die *geschichtliche* Konditionierung der Heiligen Texte freigelegt. Spinoza weist auf diesen Sachverhalt hin, indem er das Vorstellungsvermögen der Offenbarungsempfänger für den Inhalt der Heiligen Schriften als zentral erachtet. Die Propheten passen die göttlichen Wahrheiten an die Adressaten an. So gesehen stellen sie sich als *Autoren* heraus, die ihre Verkündigung zu einer bestimmten Zeit an bestimmte Hörer richten. Dabei greifen sie auch auf zeitgeschichtliches Gedankengut zurück, um mit ihrer göttlichen Botschaft zeitbedingte Probleme und Krisen zu überwältigen.

Die historische Intentionalität der Heiligen Texte schlägt sich in der Literarkritik nieder. Ihre Voraussetzungen und Ziele gibt folgendes *Prinzip* wieder[176]:

Historische Texte und insbesondere solche Schriften, die kanonisch geworden sind, können im Zuge ihrer Konstituierung und Auslegung im Textbestand quantitative und qualitative Veränderungen erfahren. Der interpretierende Eingriff in einem Text hinterlässt oftmals Spuren und Inkohärenzen, die zu einer Spannung in der Einheit des Textes führen. Die Literarkritik versucht diese Spuren und Inkohärenzen zu identifizieren, um die Hintergründe (Motive, Intention, Kontext usw.) des Textwachstums und seiner Veränderung nachzuvollziehen.

Die Hebräische Bibel enthält zahlreiche Schriften, die eine komplexe Entstehungsgeschichte hinter sich haben. Dass sie über Jahrhunderte ihren Status als kanonischen Text beibehalten konnten, hängt auch mit der Tatsache zusammen, dass diese *fortgeschrieben* wurden.[177] Sinai apostrophiert diese Form der Instandhaltung und Pflege des Sinns eines Textes als *konnektive* Interpreta-

---

174 Vgl. BECKER, Exegese des Alten Testaments, 36.

175 Ebd.; Vgl. SCHNELLE: Einführung in die neutestamentliche Exegese, 48.

176 Vgl. BECKER, Exegese des Alten Testaments, 39; SCHNELLE, Einführung in die neutestamentliche Exegese, 63; EBNER/ HEININGER, Exegese des Neuen Testaments, 161 ff.

177 Vgl. BECKER, Exegese des Alten Testaments, 41.

tion[178]. Nur so lässt sich die angenommene Wahrheit und Relevanz einer kanonischen Schrift gewährleisten und aufrechterhalten. Je nachdem, ob auch *extensional* der Text einer kanonischen Schrift geschlossen ist oder nicht, wird sich diese Form der Interpretation entweder am Wachstum des primären Textbestandes oder in der Exegeseliteratur nachweisen lassen.

Die Literarkritik versucht diese Erweiterung des Textes zu rekonstruieren und die einzelnen Schichten voneinander zu trennen und zu markieren. Aber nicht nur im Falle von *Fortschreibungsliteratur* ist die literarkritische Methode von Relevanz. Auch die „Erstverschriftlichung" eines literarischen oder heiligen Textes kann sich auf vorhandenes Traditionsmaterial beziehen, das älter ist. Die Verwertung älterer Vorstellungen und Texte hinterlassen auch *neuralgische* Schnittstellen, die ein Indiz für die *Komposition* älterer Gedankenkomplexe darstellen. Dieses Phänomen wird besonders deutlich, wenn mehrere kanonische Schriften vorhanden sind, die sich auf dieselben Ereignisse beziehen. Die synoptischen Evangelien sind das beste Beispiel für diese Konstellation. Auch wenn diese im Kern auf dieselben Personen und Geschehnisse Bezug nehmen, so lassen sich in den Divergenzen über Chronologie, Darstellung, Bewertung usw. unterschiedliche theologische Pointen und Interessen festmachen. Andererseits stimmen die synoptischen Evangelien in vielen Fragen überein, weshalb sie als *synoptisch* klassifiziert werden. Die Literarkritik fragt nun, inwiefern diese Evangelien voneinander abhängig sind und gemeinsames Überlieferungsmaterial verwenden.[179] Dabei kann die literarkritische Analyse helfen, die Anknüpfungspunkte der Synoptiker herauszustellen: Wo wird gemeinsames Überlieferungsmaterial verwendet? Wie wird dieses in eine konsistente und einheitliche Erzählung umgewandelt? Wo weisen Inkohärenzen und Brüche auf einen komplexen Integrations- und Reinterpretationsprozess hin? Im Falle der synoptischen Evangelien hat sich die Zweiquellentheorie als Lösung zur Frage ihrer Abhängigkeit bewährt.[180]

Ein grundlegender Schritt der literarkritischen Methode ist die „sprachlich-syntaktische", „semantische", „narrative" und „pragmatische" Analyse eines Textes.[181] Ein besonderes Augenmerk liegt dabei auf die *Kohärenz* in der jeweiligen Ebene.[182] Ändern sich abrupt und auf unerklärlicherweise die Adressaten oder

---

178 „Als konnektive Interpretaion lassen sich insbesondere die bereits angesprochenen Sinnanpassungen rubrizieren, denen kanonische Texte periodisch unterzogen werden – entweder weil es darum geht nachzuweisen, dass bestimmte Aussagen, die im Lichte veränderter historischer Umstände falsch oder irrelevant erscheinen, nicht im Kanon enthalten sind (eliminative Sinnanpassung), oder weil gezeigt werden soll, dass neu entstandene Überzeugungen oder Fragestellungen bereits vom Kanon thematisiert werden (additive Sinnanpassung [...])."(SINAI, Fortschreibung und Auslegung, 20).

179 Vgl. SCHNELLE, Einführung in die neutestamentliche Exegese, 64-88.

180 Vgl. ebd., 67 ff.

181 Vgl. BECKER, Exegese des Alten Testaments 58 f.

182 Vgl. ebd., 53.

variiert in auffälliger Weise der Duktus und die Bezeichnungen für eine Gruppe, die nicht als solche begründet und erläutert werden? Auch für die Literarkritik gibt es erfahrungsbasierte *Kriterien*, die helfen können, die Einheitlichkeit eines Textes zu bestimmen.[183] Gänzlich formalisieren kann man die Kriterien allerdings nicht[184]. Beispiele für solche formalen Kriterien sind „Dubletten", wenn also derselbe Erzählzug innerhalb eines Abschnitts mehrfach überliefert wird.[185] Andere Beispiele sind widersprüchliche Aussagen im selben Passus oder „sekundäre Verklammerungen"[186], die auf eine spätere redaktionelle Harmonisierung von heterogenen Texteilen hinweisen. Eine vollständige Auflistung dieser formalisierten Kriterien ist hier nicht angestrebt. Wichtig für die Zuverlässigkeit und Validität literarkritischer Analysen ist eine ausgewogene und bedachte Anwendung dieser formalisierten Kriterien und die Verknüpfung ihrer Ergebnisse mit einer ganzheitlichen Sicht auf allen Ebenen des Textes.[187]

Lassen sich mit Hilfe der Literarkritik tatsächlich unterschiedliche Schichten eines Textes voneinander abheben, so muss nun in einem zweiten Schritt das Wachstum und die literarische Vereinheitlichung des Textes erklärt werden. Hinter ihr wird man eine bestimmte Intention, theologische Interessen und Tendenzen vermuten können. Deshalb wird die Literarkritik auch als Tendenzkritik apostrophiert.[188] Mit dem Aufweis des Textwachstums und seiner -komposition bereitet die Literarkritik den Boden für die Identifizierung von Intentionen, Gemeindebedürfnissen und der Funktion einer heiligen Schrift. Damit vollzieht sich auch der Übergang zu weiteren Schritten der historisch-methodologischen Kritik$_2$.

---

183 Vgl. Ebner/ Heininger, Exegese des Neuen Testaments, 167 f.; Becker, Exegese des Alten Testaments, 54-57.

184 „Die literarkritische Analyse beruht auf allgemein nachvollziehbaren formalen und inhaltlichen Kriterien, die in ein fruchtbares Gespräch miteinander zu bringen sind. Völlig formalisieren lassen sich diese Kriterien indes nicht. Es gibt einerseits evidente literarische Brüche, über die man sich rasch verständigen kann, und es gibt Unebenheiten und Spannungen im Text, die sich erst bei einer genaueren Prüfung und Abwägung verschiedener Optionen und Kriterien als literarische Bruchstellen herausstellen. In vielen Fällen beruht die Analyse auf einem »Indizienverfahren«, bei dem sich erst im Zusammenspiel verschiedener Beobachtungen auf unterschiedlichen Argumentationsebenen (der Syntax, der Sprache, der theologischen Tendenz) begründete Entscheidungen treffen lassen."(Becker, Exegese des Alten Testaments, 53 f.).

185 Vgl. Ebner/ Heininger, Exegese des Neuen Testaments, 164-169; Becker, Exegese des Alten Testaments, 54.

186 Vgl. Becker, Exegese des Alten Testaments, 54 f.

187 Vgl. ebd., 60.

188 Vgl. ebd., 57 f.

2.2.3.3 Formkritik

Die Literarkritik hatte seit dem Beginn ihrer Anwendung ein besonderes Interesse an die ältesten und ursprünglichen Schichten eines Textes. Das ändert sich nun zum Ende des 20. Jahrhunderts und zu Beginn des 21. Jahrhunderts. Es entstehen nun gleichzeitig neue methodologische Zugänge, die auf die literarkritische Analyse zwar nicht verzichten, aber diese mit neuen Fragestellungen und Zielsetzungen verbinden. Oftmals sind die im Folgenden zu beschreibenden und zu unterscheidenden Methodenschritte bei einem einzigen Autor auffindbar. Man hat trotzdem versucht, in der Exegese aus sachlichen Gründen, einzelne Verfahrensschritte zu trennen. So ist aus heutiger Perspektive bei Hermann Gunkel die formkritische, überlieferungskritische und religionsgeschichtliche Fragestellung jeweils miteinander verbunden.[189] Es hat sich aber als sinnvoll erwiesen, diese künstlich voneinander zu trennen, auch wenn nicht selten die Anwendung des jeweiligen Methodenschrittes nur synchron mit anderen Verfahren möglich ist. Der Vorteil der heuristischen Trennung des einzelnen kritischen Verfahrens ist, dass das individuelle Existenzrecht und die Relevanz der jeweiligen methodischen Fragestellung besser zum Ausdruck kommen, ohne dass ein Verfahrensschritt im Dienste des Anderen ausgespielt oder negiert wird[190].

Die Formkritik oder -geschichte hat zwar ihren Ursprung bei Herder, ist aber insbesondere mit den Namen von Hermann Gunkel, Martin Dibelius und Rudolf Bultmann verbunden.[191] Die formkritischen Vorannahmen und Ziele formuliert folgendes Prinzip[192]:

Korrespondieren bei einer sprachlichen Äußerung wiederholt ihre Form (Stil, Syntax, Komposition, Struktur usw.) mit ihrem Inhalt, dann kann diese Kongruenz auf einen funktionalen Zusammenhang der sprachlichen Form hinweisen. Die Funktion kann einen sozio-realen (Sitz im Leben) und einen literarischen (Sitz im Text) Kontext haben. Ersteres bezieht sich auf einen sozialen Verwendungszusammenhang (Liturgie, Polemik, Missionierung usw.). Letzteres verweist auf Struktur- und Stilmerkmale innerhalb eines literarischen Textes. In diesem zweiten Falle kann derselben inhaltlich-sprachlichen Form eine ordnende und narrative Absicht zugrunde liegen, die auf die textimmanenten Geschehnisse und weniger auf eine au-

---

189 Vgl. BECKER, Exegese des Alten Testaments, 99 ff.

190 Bei der klassischen Formkritik ist die Analyse von Gattungen und Formen mit problematischen Vorannahmen über die Mündlichkeit und Reinheit der ursprünglichen Redeformen verbunden (Vgl. BECKER, Exegese des Alten Testaments, 100). Die zulässige Frage nach der mündlichen Vorstufe eines Textes und seiner Verschriftlichung sollte aber separat (Überlieferungskritik) behandelt werden, ohne dass ab ovo diese Fragestellung mit der Vorstellung über ideale Formen und Gattungen der Rede verquickt ist.

191 Vgl. BECKER, Exegese des Alten Testaments, 99 ff.; SCHNELLE, Einführung in die neutestamentliche Exegese, 100-106.

192 Vgl. BECKER, Exegese des Alten Testaments, 98 f.; SCHNELLE, Einführung in die neutestamentliche Exegese, 95; 99 f.

ßertextliche Realität Bezug nimmt (z.B.: Der Protagonist einer Erzählung bringt bestimmte Intentionen regelmäßig mit bestimmten Stilmitteln wie Gedichte, Gleichnisse usw. zum Ausdruck).

Vergleicht man diese Formulierung des formkritischen Prinzips mit den gegenwärtigen Übersichtsdarstellungen zur Formgeschichte, dann fallen wichtige Unterschiede auf. Zum einen wird hier auf den Begriff der *Gattung* verzichtet. Zum anderen fehlen die Hinweise auf Grundannahmen der klassischen Begründer der formgeschichtlichen Methode. Dazu zählt die Vorstellung, dass es in der volkstümlich-mündlichen Überlieferung feste sprachliche Formen gibt, die bei inhaltlich-formaler Übereinstimmung zu Gattungen zusammengefasst werden können.[193] Diese Gattungen haben ihren jeweiligen Verwendungskontext und ihre Stilgesetze. Hinter der Erhebung dieser Gattungen steht auch die ideale Vorstellung von der *Reinheit* vorschriftlicher Kommunikationsformen.[194] Angewandt auf die Bibel hat man geglaubt, dass diese aus kleineren Gattungseinheiten der mündlichen Vorstufe zusammengefügt wurden.[195] Man müsse also nur diese Grundeinheiten herausarbeiten und ihren Sitz im Leben bestimmen. Die Annahme *idealistischer* Gattungen und die *Reinheit* mündlicher Formen hat man mittlerweile aufgegeben.[196] Dagegen ist die Frage nach literarischen Formen und ihre mögliche sozialgeschichtliche Verortung weiterhin virulent. Ebenso ist es berechtigt zu prüfen, ob eine Schrift ursprünglichere isolierte Einheiten enthält – ohne diese Hypothese zur Grundannahme zu erheben. Es ist das Verdienst der klassischen Formgeschichte, dass sie zahlreiche Textformen und -typen in den jeweiligen Schriften der Bibel nachgewiesen hat. Allerdings wird man nicht im jeden Fall einen soziorealen Kontext für die jeweilige Textform nachweisen können. Die jeweilige Textform kann auch rein textimmanent bedingt sein (Sitz im Text).[197] Die grundsätzliche Frage nach dem sozialgeschichtlichen Hintergrund der Bibel kann man auch unabhängig von der Formgeschichte stellen.

Die literarkritische Analyse bildet die Voraussetzung für die Formkritik. Hat man den Text grundsätzlich auf seine sprachliche Struktur und seine Einheitlichkeit hin untersucht, so lassen sich auch Texttypen einfacher herausarbeiten, die dann nach ihrer Abhängigkeit vom jetzigen Textzusammenhang befragt werden können.[198] Es lassen sich aber keine spezifischen Kriterien für die form-

193 Vgl. BECKER, Exegese des Alten Testaments, 100.

194 Vgl. ebd.

195 Vgl. ARLAND J. HULTGREN, Form Criticism and Jesus Research. In: TOM HOLMÉN/ STANLEY PORTER (Hg.), Handbook for the Study of the Historical Jesus. Vol. 1: How to Study the Historical Jesus, Leiden 2011, 649-671, hier 652 f.

196 Vgl. SCHNELLE, Einführung in die neutestamentliche Exegese, 122 ff.; BECKER, Exegese des Alten Testaments, 103 f.

197 Vgl. BECKER, Exegese des Alten Testaments, 99.

198 Vgl. ebd., 104 ff.

kritische Analyse formalisieren. Für den Aufweis von literarischen Formen sind literaturgeschichtliche Kenntnisse sicherlich essentiell.[199] Erst wenn man z.B. die antike Briefliteratur und ihre Form kennt, lassen sich auch die neutestamentlichen Briefe in ihrem Stil und ihrer Funktion besser einordnen. Für die einzelnen Arbeitsschritte der Formkritik ergibt sich folgende Reihenfolge: Die literarkritische Textanalyse hilft bei der Erfassung der Struktur und Einheitlichkeit eines Textes.[200] Im zweiten Schritt muss nach ähnlichen Textformen in der Literarturgeschichte gesucht werden, um einen formalen Texttypus zu bestimmen, der auch in anderer Literatur belegt ist.[201] Sodann kann die Frage nach einem soziorealen Kontext der Textform gestellt und seine Einarbeitung und Funktion in der vorliegenden Schrift bestimmt werden.

2.2.3.4 Überlieferungskritik

Die Überlieferungskritik fragt nach der mündlichen Vorstufe eines verschriftlichten Textes.[202] Ihr Prinzip lautet:

Historische Texte können eine komplexe Entstehungsgeschichte aufweisen. Insbesondere Schriften, die einem Kanonisierungsprozess unterliegen, erfordern eine genaue Analyse ihrer formalen und materialen Konstitutionsbedingungen, da der kulturelle und geschichtliche Kontext die jeweiligen Bedingungen für die Verschriftlichung erheblich mitbestimmen. Je nachdem, ob der kulturelle Träger eines kanonisch werdenden Textes eine schriftliche oder mündliche Erinnerungs- und Kommunikationskultur aufweist, wird sich auch die Frage nach der möglichen mündlichen Vorstufe eines verschriftlichten Textes als berechtigt und produktiv erweisen. In manchen Fällen lässt sich der ursprünglich mündliche Charakter eines verschriftlichten Textes plausibel machen.

Die klassische Formkritik war sehr optimistisch mit der Rekonstruktion idealer Gattungen, auch die mündliche Vorstufe eines Textes erheben zu können. Gemäß der Gattung müsse sich nämlich auch der soziale Kontext seines mündlichen Gebrauchs festmachen lassen. Dieser Optimismus hat in der Forschung der nüchternen Erkenntnis Platz gemacht, dass die Komplexität des Überganges einer mündlichen in einer schriftlichen Kultur nicht gradueller, sondern kategorialer Art ist[203], weshalb sich die Rekonstruierbarkeit mündlicher Vorstufen eines Textes als höchst spekulativ erweist.[204]

---

199 Vgl. ebd., 107 ff.
200 Vgl. BECKER, Exegese des Alten Testaments, 105 f.
201 Vgl. ebd.
202 Vgl. ebd., 63 f.
203 Vgl. ebd., 69 f.
204 Vgl. ebd., 73.

Man wird sich wohl damit begnügen müssen, dass die Leistungsfähigkeit der Überlieferungskritik oder -geschichte sehr beschränkt ist und ihre Ergebnisse stets hypothetisch bleiben. Somit kann es auch keine mechanisch anwendbaren Kriterien für diesen Untersuchungsschritt geben. Normalerweise wird man auf der Grundlage der Literarkritik und Formkritik fragen, ob ein Text insgesamt oder seine Teile einen spezifischen Texttyp darstellen, der sich als eine ursprünglich mündliche Form der Rede in einem sozialen Kontext erweisen lässt und tatsächlich als solche im Rahmen der Abfassung eines Textes verschriftlicht wurde.[205] Ein etwaiger Nachweis ist aber äußerst schwer zu erbringen.

2.2.3.5 Religions- und traditionsgeschichtliche Kritik

Die Epoche des Historismus ist Ausdruck der Emanzipation der Geschichtswissenschaft als eigenständiger Disziplin, von der auch die historisch-methodologische Kritik$_2$ der Bibel erfasst wird. Die zunehmende Erschließung neuer Quellen zum Alten Orient, zur Antike und das wachsende Verständnis für unterschiedliche Sprachen und Zeichen (Hieroglyphen) beleuchten mehr und mehr den Kontext der biblischen Schriften.[206] Zum Ende des 19. Jahrhunderts entsteht in der kritischen Bibelforschung die religionsgeschichtliche Schule[207]. Ihre Forschung konzentrierte sich auf die „Umweltreligionen" der biblischen Schriften, die ein besseres Verständnis des Christentums und des Judentums ermöglichen sollten.[208] Der Impetus dieser Schule schlägt sich in der religions- und traditionsgeschichtlichen Kritik nieder, dessen Prinzip lautet[209]:

Jede Art von kultureller Produktion hat einen geschichtlichen Kontext und eine Vorgeschichte. Ex nihilo nihil fit. Deshalb kann jeder Begriff, jedes Motiv und jeder Gedanke in einem Text nach seinem Kontext (sei er religiös, politisch, sozial usw.) und nach seiner Vorgeschichte (traditum) befragt werden.

Die traditionsgeschichtliche Kritik versucht auf inhaltlicher Ebene den zeitgeschichtlichen Kontext biblischer Schriften zu beleuchten. Sie wird dabei von den Fragestellungen geleitet: Welche Ideen, Begriffe und Motive werden in der Bibel genannt, die eine Vorgeschichte aufweisen und in ihrer Umwelt wirksam waren?[210] Wie werden diese übernommen, adaptiert, umgewandelt und integriert?[211]

Die Religions- und Traditionsgeschichte beruht entsprechend auf der historischen Kritik$_2$. Es bedarf eines intensiven quellenkritischen Studiums historischer

205 Vgl. BECKER, Exegese des Alten Testaments, 73 ff.
206 Vgl. KRAUS, Geschichte der historisch-kritischen Erforschung des Alten Testaments, 295-314.
207 Vgl. ebd., 327-332.
208 Vgl. BECKER: Exegese des Alten Testaments, 119 ff.
209 Vgl. ebd., 116 f.; SCHNELLE, Einführung in die neutestamentliche Exegese, 129; 134.
210 Vgl. BECKER, Exegese des Alten Testaments, 117 ff.
211 Vgl. ebd.

Texte, um die geschichtliche Entwicklung des Neuen Testaments und der Hebräischen Bibel transparent zu machen. Man ist dabei im Wesentlichen auf *hermeneutische Kriterien* angewiesen. Um zu klären, wie gedankliche Ideen und Konzepte interpretiert und aufgefasst werden, bedarf es der Analyse dieser Interpretations- und Verständnismodi auf formal-sprachlicher und inhaltlicher Ebene. In einem vergleichenden Verfahren ergeben sich dann vermehrt Anhaltspunkte, die ein kritisches Annähern an die Verständnishorizonte der historischen Trägergemeinschaften biblischer Schriften liefern. Die *Kriterien* der traditionsgeschichtlichen Kritik können aufgrund ihrer hermeneutischen Orientierung nicht in *mechanische* und konkrete Entscheidungsregeln übersetzt werden, sondern bestehen in einem vergleichenden Verfahren von Interpretationsphänomenen (Sinnkonstituierung, -erweiterung, -vertiefung, -änderung usw.) und in einer komparativen Analyse von Begriffen, Ideen und Motiven. So wird man die Zuschreibung von Titeln an Jesus in den Evangelien (Menschensohn, Sohn Gottes usw.) besser verstehen, wenn man ihre vormalige Verwendungsweise und Verständnisse analysiert.

2.2.3.6 Redaktionskritik

Die Redaktionskritik ist ein Kind der zweiten Hälfte des 20. Jahrhunderts.[212] Die älteren Verfahren der Literar-, Form- und Textkritik sind ursprünglich mit einem archäologischen Interesse an der Urform der biblischen Texte verknüpft gewesen.[213] Derart waren das spätere Wachstum und die Fortschreibung der Bibel weniger der Gegenstand der Forschung. Mit der Redaktionskritik konzentriert sich nun die Exegese auf diejenigen Prozesse, die zur abschließenden Form der heiligen Schriften geführt haben.[214] Die Redaktion eines Textes steht nun als eigenständige interpretative Leistung im Fokus. Das redaktionskritische Prinzip lautet[215]: *Jeder Autor und jede Trägergemeinschaft eines Textes ist nicht indifferent gegenüber dem Text. Bedürfnisse und Intentionen prägen den Umgang, die Überlieferung und die Konstituierung von Texten. Deshalb lassen sich die Ergebnisse von Traditions-, Überlieferungs-, Form- und Literarkritik in einer Redaktionsgeschichte der Entstehung, Überlieferung und endgültigen Fixierung eines Textes zusammenfassen.*

Mit der Redaktionskritik wird den Änderungsphänomenen kanonischer Texte eine neue Geltung verschafft. Der Endredaktor eines Evangeliums ist kein reiner Kompilator. Ihm können ebenso theologische Interessen, Ziele und Bedürfnisse zugesprochen werden, die sich auf die Gestaltung der Schriften aus-

212 Vgl. BECKER, Exegese des Alten Testaments, 79.
213 Vgl. ebd.
214 Vgl. SCHNELLE, Einführung in die neutestamentliche Exegese, 145.
215 Vgl. BECKER, Exegese des Alten Testaments, 77 f.; SCHNELLE, Einführung in die neutestamentliche Exegese, 145 f.

wirkt.[216] Das Subjekt einer Textpflege und der damit verbundenen Veränderung kann nicht nur ein Autor, sondern auch eine Gemeinschaft sein.

Der Redaktionskritik geht es nicht nur um Phänomene der *Endredaktion*, sondern um die intentionale Veränderung eines Textes im Rahmen seiner Rezeptionsgeschichte. So gesehen leuchtet es ohne weiteres ein, dass die methodischen Verfahren der Literar-, Form-, Traditions- und Textkritik für die redaktionskritische Analyse unabdingbar sind.[217]

Aus der Erfahrung redaktionskritischer Analysen ergeben sich unterschiedliche Bearbeitungsphänomene eines Textes, die unter den Begriff „Redaktion" rubriziert werden können, z.B. Kompilation, Fortschreibung, innerbiblische Exegese, Glossen usw.[218] Die Kenntnis dieser Redaktionsphänomene bildet ein *Kriterium* zur Erschließung ähnlicher oder divergenter Veränderungsprozesse eines Textes. In jedem Einzelfall bedarf es der ganzheitlichen Begründung eines Redaktionsphänomens, die auf möglichst vielen Ebenen der historisch-methodologischen Kritik$_2$ eine integrative Erklärung der Textrezeption liefern kann.

2.2.3.7 Diskurskritik

Mit dem Stichwort „Diskurskritik" wird nun ein Methodenschritt eingeführt, der in dieser Form weder in den historisch-kritischen Einführungen biblischer Exegese zu finden ist, noch die *gänzlichen* Voraussetzungen historisch-kritischer Methode teilt. Nichtsdestotrotz soll hier eine Erweiterung des klassischen Methodenkanons historisch-methodologischer Kritik vorgeschlagen werden, der *komplementär* und *korrektiv* zu den bereits geschilderten Methodenschritten der historischen Kritik$_2$ sein soll. Die „Diskurskritik" soll insbesondere die heuristische Distanz und die auf eine Verdachtshermeneutik basierende Zurückhaltung und Einklammerung gegenüber textimmanenten und traditionellen Geltungs- und Wahrheitsansprüchen *relativieren*. Darin ist sie Ausdruck der hermeneutischen und postmodernen Erkenntnisse der Geschichts- und Kulturwissenschaft. Für die zu beschreibende „Diskurskritik" wird auf eine Bestimmung des Diskursbegriffs zurückgegriffen, die Marco Schöller in Anlehnung und Modifizierung seiner Verwendungsweise bei Foucault als „historisch-philologische(n) Diskursanalyse"[219] gekennzeichnet hat. Schöller möchte derart eine islamwissenschaftliche Methode entwickeln, die nicht nur *extrinsisch* Fragen an kulturelle Phänomene heranträgt, sondern sich *intrinsisch* einen Fragehorizont an diesen erarbeitet:

216 Vgl. SCHNELLE, Einführung in die neutestamentliche Exegese, 152 f.
217 Vgl. BECKER, Exegese des Alten Testaments, 94.
218 Vgl. Ebd., 86-89.
219 SCHÖLLER, Methode und Wahrheit, 42.

„Demgegenüber wurde der methodische Grundsatz aufgestellt, daß die Erforschung einer Kultur nicht mit Fragestellungen an das zu Verstehende zu beginnen hat, sondern vielmehr mit der Herausarbeitung derjenigen Fragestellungen, auf die das zu Verstehende eine Antwort ist. Im folgenden müssen wir uns daher der Frage zuwenden, welche methodischen Ansätze und Vorgehensweisen diesen Grundsatz gewährleisten können. Ein derartiger Ansatz müßte zunächst einen wesenhaft *rekonstruktiven* Charakter haben, der uns die zu verstehenden Phänomene überhaupt erst zugänglich macht. Dies kann, abgesehen von der sprachlichen und materiellen Aufarbeitung durch Methoden der Philologie, Archäologie &c., mittels einer Diskursanalyse geschehen, die als Beschreibung bzw. empirische Phänomenologie der zu verstehenden Sinn- und Aussagestrukturen auf verschiedenen Ebenen zu sehen ist. Diese Phänomenologie wird allerdings ohne die Heranziehung anderer Ansätze und Methoden, etwa der Theorie des kulturellen Gedächtnisses, der Mentalitätsgeschichte, der Rezeptionsästhetik und der Hermeneutik, nicht den Ansprüchen einer Kulturwissenschaft genügen und muß deshalb von diesen ergänzt werden.“[220]

Schöller führt auf der Grundlage der Diskurstheorie Foucaults *Aussagen* und *Diskurse* als hermeneutische und transzendentale Analysekategorien für kulturelle Phänomene ein.[221] Durch die Reflexion über die Bedingungen und Modalitäten eines kulturellen Diskurses soll ein *immanentes* Verständnis eines kulturellen Sachverhaltes gelingen. Aussagen sind dabei mehr als nur ihre sprachliche Verfasstheit und transzendieren diese in *Korrelation* zu anderen Aussagen und ihrer *Funktion* als Sinnkonstituens.[222] Durch regulative Verknüpfung von mehreren Aussagen, entsteht ein Aussagensystem, das als Diskurs analysiert werden kann.[223] Schöller differenziert bei Foucault drei Arten des Diskurses: Erstens einen *generellen* Diskurs, der *grosso modo* in Anlehnung an vorhandenen Inventarisierungsformen des Wissens den allgemeinen Rahmen eines Aussagesystems bestimmt (z.B.: juristischer Diskurs).[224] Zweitens ist ein *formaler* Diskurs identifizierbar, der an dem Begriff und Bedingungen von Textgattungen orientiert ist (z.B.: poetischer Diskurs).[225] Drittens lässt sich *materialiter* ein bestimmter Diskurs als konkrete Realisierung von gegenständlich orientierten Aussagen hervorheben.[226] Zwischen diesen drei Diskursarten bestehen Interdependenzen und Überschneidungen, die von Schöller ausbuchstabiert werden.[227] Komplementär zu den Diskursformen gelten auch einzelne Aussagen in mehrfacher Weise „konditioniert“:[228] Sprachliche Verfasstheit, Kontext (der korrelierenden Aussagen, des möglichen Subjekts), ihre Funktion als materieller Träger von

220 Ebd., 39.
221 Vgl. ebd., 42.
222 Vgl. ebd., 50 f.
223 Vgl. ebd., 43.
224 Vgl. ebd., 44-46.
225 Vgl. ebd., 46 f.
226 Vgl. ebd., 48.
227 Vgl. ebd., 49 f.
228 Vgl. ebd., 54 f.

Sinn. Mit Hilfe der Diskursanalyse oder Diskurskritik sollen nun eben diese Bedingungen von Aussagen und ihre Kondensierung in Diskursen auf unterschiedlichen Ebenen expliziert werden. Nach Meinung von Schöller geben kulturwissenschaftliche Modelle (Gedächtnistheorie, Mentalitätsgeschichte usw.) und literaturwissenschaftliche Ansätze wertvolle Analysekategorien zur Spezifizierung eines Diskurses an die Hand.[229]

Im Gegensatz zu den klassischen Verfahrensschritten der historische-kritischen Methode bemüht sich die Diskurskritik aufgrund der transzendentalen Reflexionsebene um ein immanentes Verständnis kultureller Phänomene, statt einseitig durch festgelegte Vorannahmen und Fragen von außen nach ihrem Sinn zu fragen. Diskurskritik kann also ein wichtiges Korrektiv für die historische Kritik$_2$ sein und sollte komplementär dazu verstanden werden. In manchen Fällen lassen sich für die Konditionierung von Aussagen auch die Ergebnisse von Textkritik usw. heranziehen. Derart erweist sich auch die Diskurskritik als historisch-methodologisch. Nur weist Schöller zu Recht darauf hin, dass hier nicht das naturwissenschaftliche Verständnis von Methode gemeint sein kann, sondern eher eine transzendentale Hermeneutik.[230] Außerdem wird durch Diskurskritik die dezisionistisch-existentielle Dimension von Kritik$_3$ wieder in den Blick gerückt, da die Klärung der Bedingungen eines Diskurses auch ein Licht auf seine praktische Realisierung und Konstitution von Machtkonstellationen wirft.[231] Insgesamt betont Schöller das konstruktive Moment von Rekonstruktion bei einer Diskursanalyse:

> „Wenn im folgenden von ‚(Re-)konstruktion' und nicht von ‚Rekonstruktion' gesprochen wird, ist also die bisher dargestellte, besonders geartete Beschreibungs- und *Konstruktions*leistung der Diskursanalyse gemeint; sie wird also weniger ‚Daten' (Gegebenes-als-Vorgefundenes) als vielmehr „Fakten" (Gegebenes-als-Konstruiertes) liefern."[232]

Da die Diskurskritik in Abgrenzung zu den Verfahrensschritten historischer-kritischer Methode in einer *immanenten* und *nicht transzendenten* Kritik besteht, überrascht es auch nicht, dass es keine universellen oder erfahrungsbasierten Kriterien für die Diskursanalyse geben kann. Erst in der Analyse eines Diskurses lassen sich Urteile über das Verhältnis und Verständnis von Aussagen und ihren Systemen fallen. So soll auch eine Projektion und Vereinnahmung von kulturellen Phänomenen durch bereits feststehende Konzepte (Autor, Werk, Individuum usw.) verhindert werden.[233]

Auf prinzipientheoretischer Ebene dient die um kultur-, sozial- und literaturwissenschaftlichen Analysekategorien erweiterte historisch-philologische Dis-

---

229 Vgl. ebd., 39 f.; 70-84.
230 Vgl. ebd., 98-101.
231 Vgl. FOUCAULT, Die Ordnung des Diskurses.
232 SCHÖLLER, Methode und Wahrheit, 61.
233 Vgl. ebd., 18-23.

kurstheorie als der Rahmen der Analyse, der nicht kategorial und universalistisch, sondern transzendental zu verstehen ist.

2.2.4 Kritik$_{1\text{-}3}$ an der historisch-kritischen Methode

Mit der Etablierung und Verfestigung der historisch-kritischen Methode als grundlegendes Instrumentarium der Bibelauslegung hat sich vor allem in der zweiten Hälfte des 20. Jahrhunderts eine wachsende Kritik$_{1\text{-}3}$ an ihr formiert. Bei der Strukturierung dieser kritischen Stimmen, kann man entweder bei den unterschiedlichen *Formen* der Kritik$_{1\text{-}3}$ ansetzen oder die *Prinzipien, Kriterien* und *entwicklungsgeschichtliche Programmatik* der historisch-kritischen Methode als *Objekt* der Kritik$_{1\text{-}3}$ unterscheiden. Diese unterschiedlichen Ebenen sollen bei dem folgenden Durchgang die wesentlichen Argumente und Bedenken gegenüber einer historisch-methodologischen Kritik als Orientierungs- und Bewertungshilfe dienen.

2.2.4.1 „Das Ende der historisch-kritischen Methode"?

Der evangelische Theologe Gerhard Maier hat 1974 in einer Monographie „Das Ende der historisch-kritischen Methode" konstatiert.[234] Seine Diagnose schließt insbesondere die entwicklungsgeschichtliche Programmatik der Bibelkritik$_2$ ein:

> „Nach dem empirischen Ende der historisch-kritischen Methode [!] stehen wir vor einer immensen Aufgabe. Diese Aufgabe lautet, eine der Offenbarung in der Gestalt der Heiligen Schrift gemäße Methode der Exegese zu entwickeln. Sie schließt ein, die philosophisch begründete Aufspaltung von Schrift und Wort Gottes im Ansatz Semlers und seiner Mitstreiter zu überwinden. Das bedeutet nicht weniger, als den englischen Deismus, den französischen Skeptizismus und die deutsche Aufklärung auf dem Gebiet der Theologie zu überwinden."[235]

Maier äußert und begründet seine Kritik$_{1\text{-}3}$ auf unterschiedlichen Ebenen. Bereits Spinozas Bibelhermeneutik implizierte eine Unterscheidung der Heiligen Schriften in geschichtlich-bedingter Ausdrucksform und der eigentlichen vernunftreligiösen Natur. Maier erkennt denselben Dualismus bei Semler (Schrift und Wort Gottes)[236] und sieht ihn bis zur Gegenwart dem historisch-kritischen Methodenkanon inhärent. So würde man bis heute faktisch einen „Kanon im Kanon" suchen und eine menschliche und göttliche Seite der Schrift unterscheiden.[237] Sämtliche Versuche einer solchen Differenzierung hält Maier für ge-

234 Vgl. GERHARD MAIER, Das Ende der historisch-kritischen Methode, Wupptertal [5]1984.
235 Ebd., 47.
236 Vgl. ebd., 9.
237 Vgl. ebd., 10 ff.

scheitert.[238] Weder exegetisch und systematisch, noch kirchengeschichtlich lässt sich diese aufrechterhalten.[239] Durch die Festlegung auf einer Methode, die an den Naturwissenschaften angelehnt ist, nimmt man durch die festgelegten Rahmenbedingungen die Ergebnisse der Exegese vorweg.[240] Neben dieser methodologischen Kritik$_2$ gesellt sich eine pejorativ begründete Kritik$_1$: Die Resultate der historisch-kritischen Methode sind aufgrund ihrer komplizierten Herausarbeitung und Begründung nicht praktikabel und nicht relevant für die Gemeinde.[241] Die gesicherten Erkenntnisse sind so minimal, dass man auf ihrer Grundlage keine Schlüsse für die Glaubenspraxis ziehen kann.[242]

Auch auf dezisionistisch-existentieller Ebene der Kritik$_3$ fordert Maier ein Umdenken bezüglich der Voraussetzungen der historisch-kritischen Bibelexegese. Ist man davon überzeugt, dass die Bibel eine Offenbarung ist, dann darf ihr nicht *Kritik1-3*, sondern nur *Gehorsam* entgegengebracht werden.[243] Maier fasst seine kritische Bestandsaufnahme folgendermaßen zusammen:

> „Begriff und Vorgehen der »historisch-kritischen Methode« stellen eine innere Unmöglichkeit dar, sofern und soweit man damit rechnet, daß in der kanonischen Schrift das Zeugnis der göttlichen Offenbarung vorliegt. Sie kann weder einen »Kanon im Kanon« nachweisen noch Klarheit über eine göttliche und eine menschliche »Bibel« schaffen. [...] Sie kommt nicht ohne ein Vorherwissen dessen aus, was »echter Glaube« oder »Wort Gottes« ist. Die mangelnde Praktizierbarkeit ihrer Ergebnisse macht sie in den Augen der Kirche untauglich, zumindest ungenügend. Der tiefste Einwand ist aber der, daß Kritik einer möglichen göttlichen Offenbarung gegenüber eine unzutreffende und falsche Entsprechung darstellt, die im Grunde die menschliche Eigenmächtigkeit und deren Maßstäbe gegen den Anspruch der Offenbarung aufrechterhält. Weil diese Methode also dem Gegenstand nicht angemessen ist, ja dessen offenbarer Tendenz widerstreitet, müssen wir sie ablehnen."[244]

Alternativ entwickelt Maier eine Methode, die der *Kritik* eine Absage erteilt und der Natur der Bibel gerecht werden soll. Entsprechend apostrophiert er diese als „historisch-*biblische* Methode".[245] Als Hauptmerkmal der Kritik$_2$ wird von Maier wohl die kritische Zurückhaltung und Epoché gegenüber *traditionellen* Voraussetzungen und Vorannahmen bezüglich eines Untersuchungsgegenstandes als problematisch empfunden. Für eine methodologische Kritik$_2$ ist dieses zurückhaltende Moment eine notwendige Bedingung. In diesem Punkt unterscheidet sich auch kanonische Exegese von der historisch-kritischen Methode, da sie vorab die Wahrheit, Relevanz und Konsistenz der Heiligen Schriften annimmt,

238 Vgl. ebd.
239 Vgl. ebd., 22-43.
240 Vgl. ebd,, 14 f.
241 Vgl. ebd., 15 ff.
242 Vgl. ebd.
243 Vgl. ebd., 17 ff.
244 Ebd., 20.
245 Vgl. ebd., 49; 56.

da aufgrund dieser Voraussetzungen bestimmte Techniken der Interpretation einhergehen. Maiers historisch-biblische Methode möchte nun genau diese Merkmale einer kanonischen Exegese rehabilitieren. Es wird die göttliche Provenienz der Bibel und ihr Offenbarungscharakter betont.[246] Als solche muss sie eine Einheit bilden. Bei Widersprüchen muss mit einem höchsten Maß an hermeneutischen Wohlwollen an den Text herangegangen werden.[247] Die Analyse einzelner Stellen müssen im Gesamtrahmen der Bibel eingeordnet werden.[248] Das historische Analogieprinzip wird in seiner Schärfe für die Bibel abgelehnt – sie ist nämlich „einmalig".[249]

Maier wendet nun die Grundannahmen seiner historisch-biblischen Methode auf die klassischen Arbeitsschritte der historisch-kritischen Methode an: Die Textkritik wird befürwortet.[250] Auch die Forschung des zeitgeschichtlichen und religionsgeschichtlichen Kontextes der biblischen Schriften wird akzeptiert, um die Verkündigung der Bibel besser zu verstehen.[251] Jedoch wird eine diachrone Perspektive auf die Veränderung der biblischen Schriften abgelehnt:

> „Was die *Literarkritik und Formgeschichte* betrifft, die wir hier zusammen ansprechen wollen, so wird sich eine historisch-biblische Methodik da kräftig von der historisch-kritischen unterscheiden. Allein schon darum, weil verpflichtende Norm nur der jetzt und tatsächlich uns in die Hand gegebene Text sein kann. Die Frage etwa, [...] ob wir die erste, zweite, oder gar die dritte Stufe der Redaktion exegesieren sollen, verliert in diesem Horizont das theologische Interesse. Nur neugierige Irrwege, die wie »die Engel gelüstet zu schauen« (1 Petr. 1,12), wie Gottes Offenbarung wurde und wuchs, können mit ständig wechselnden Vermutungen, aber gleichbleibender Fehlbarkeit und Fruchtlosigkeit in dieses *theologische Werden* eindringen wollen."[252]

Die Historie wird bei Maier also zur *ancilla* biblischer Exegese. Solange die synchrone *Einheit* der heiligen Schriften nicht gefährdet wird, darf auch historisch geforscht werden. Den Zusammenhang und die Einheit der Schrift stellt Maier in drei „Grundbeobachtungen" fest:

> „Erstens: die Schrift des AT und des NT ist keine zwecklose Veranstaltung, sondern hat einen durchgehenden Hauptzweck, nämlich die Rettung des Menschen vor dem Bösen und seine endgültige Hineinführung in die Gemeinschaft mit Gott. [...] Zweitens: Die Schrift bezeugt und bewirkt »Heilsgeschichte« [...]. Es geht um das Gegenteil menschlicher, gedanklicher Figurationen, nämlich um die realen »großen Taten Gottes« in einer Geschichte, deren Raum durch diesseitsbegrenzte, ehrenwert menschli-

246 Vgl. ebd., 62 ff.; 68 f.
247 Vgl. ebd., 69 ff.
248 Vgl. ebd., 70 f.
249 Vgl. ebd., 47 ff.
250 Vgl. ebd., 80 f.
251 Vgl. ebd., 82 f.
252 Ebd., 83 f.

che Horizonte nicht umschrieben werden kann. [...] Drittens und letztens: Jeder Ausleger gelangt zu einem ihn beglückenden Zentrum in der Schrift."[253]

Insgesamt drängt sich ein gemischter Eindruck über die Befunde Maiers auf[254]. Man möchte ihn bei seiner $Kritik_2$ der entwicklungsgeschichtlichen Tendenzen der historisch-kritischen Methode unweigerlich Recht geben. Dort, wo die vermeintlichen Gewissheiten einer hypostasierten Vernunft und die Resultate einer durch sie domestizierten profanen Methode zum *endgültigen* und *einzigen* Maßstab der Trennung zwischen göttlicher Wahrheit (Kanon/Autorität) und Unwahrheit (Geschichtliche Kontingenz) werden, da wird der Kern religiöser Wahrheit der Beliebigkeit und dem persönlichen Usus vernunftgemäßer Argumentation geopfert. Auch wird man Maier zustimmen, dass die Ergebnisse einer $Bibelkritik_2$ nicht im luftleeren Raum verbleiben dürfen. Es besteht die Herausforderung der theologischen Rückkoppelung an die eigenen Glaubensüberzeugungen und -praxis. Dass diese nicht einseitig und blind zugunsten der kritischen Exegese sein kann und dass hier bis heute kein Konsens über die Maßstäbe gefunden wurde, trifft sicherlich zu. Warum aber diese theologische Herausforderung nicht bleibende Aufgabe der Theologie sein sollte, wird bei Maier nicht ersichtlich. Dass es der Anspruch der heiligen Schriften ist, göttliche Offenbarung zu sein, reicht als Absage an der historisch-methodologischen Kritik der Bibel nicht aus. Man mag zwar Maiers Kritik der Versuche einer Plausibilisierung der historischen Natur der Bibel durch die Fleischwerdung des Logos als berechtigt empfinden[255], jedoch überlässt er den Gläubigen sich selbst, wenn es um die Evidenz der Ergebnisse bibelkritischer Exegese geht. Hier wirkt das blinde Hinwegsehen in der Überzeugung der göttlichen Autorität der heiligen Schriften wie eine Bankrotterklärung theologischer Apologetik. Jedenfalls fehlt bei Maier eine überzeugende methodologische Begründung seiner Ablehnung der Literarkritik und Formgeschichte samt ihren Prinzipien und Kriterien. Dass die traditionell kanonische Exegese nicht derart kritisch arbeiten kann, da ihre Prämissen andere sind, wird die Validität und Überzeugungskraft literar- und formkritischer Analysen nicht schmälern. Sicherlich, der Gläubige und der Theologe werden aufgrund des kanonischen Status der Bibel dezisionistisch-existentiell von ihr betroffen sein. Deshalb dürfen diese bei der bibelwissenschaftlichen Exegese nicht Halt machen. Das bedeutet aber nicht im Umkehrschluss die Suspension und Aufgabe der $Bibelkritik_2$.

---

253 Ebd., 90 f.

254 Maier gibt am Ende der fünften Auflage seiner Monographie einen Überblick über die teilweise heftigen und polemischen Reaktionen auf sein Buch (Vgl. MAIER, Das Ende der historisch-kritischen Methode, 93 ff.).

255 Vgl. MAIER, Das Ende der historisch-kritischen Methode, 19.

2.2.4.2 Canonical Approach

Einen sehr profilierten und wirkmächtigen Versuch der Relativierung der historisch-kritischen Methode ist mit dem Namen von Brevard S. Childs verbunden. Ausgangspunkt seiner Überlegungen ist die Bestimmung der Funktion *biblischer Theologie*. Er konstatiert in ihrer Geschichte und gegenwärtigen Anwendung eine zweideutige Spannung:

> „Schon lange wird gesehen, daß der Ausdruck »Biblische Theologie« vieldeutig ist. Er kann einerseits eine Theologie bezeichnen, die in der Bibel enthalten ist, andererseits eine Theologie, die mit der Bibel übereinstimmt [...]. Die erste Definition betrachtet Biblische Theologie als ein beschreibendes historisches Unterfangen, das herausfinden will, was die Theologie der biblischen Autoren selber war. Die zweite Definition versteht Biblische Theologie als eine konstruktive theologische Aufgabe, eine moderne Theologie zu formulieren, die in vielfachem Sinne mit der Bibel vereinbar ist. In gewisser Hinsicht kann die ganze moderne Geschichte der Disziplin Biblische Theologie als ein Versuch interpretiert werden, zwischen diesen beiden Definitionen zu unterscheiden und die wichtigen Implikationen der Unterscheidung zu erforschen."[256]

Das historische Verständnis biblischer Theologie geht auf Gabler zurück, der diese diametral von der *dogmatischen* Theologie getrennt hat.[257] Childs gesteht ein, dass es das Verdienst von Gablers Unterscheidung war, das die Entwicklung einer unabhängigen Bibelwissenschaft ermöglichte.[258] Allerdings sieht er in der bleibenden Kennzeichnung als historische Disziplin ihre Verarmung. Im Anschluss an Ebelings Neudefinition der biblischen Theologie fordert Childs, dass historische und theologische Reflexion zusammengehören[259], dass das Vorurteil einer Objektivität historischer Forschung durch Ablehnung jeglicher theologischen Ansprüche eine Illusion darstellt[260] und dass die Bibel als kanonische Schrift ein Glaubenszeugnis enthält, das auf Gott verweist.[261] Letzteres müsse bei der Neubestimmung der biblischen Theologie in Anschlag gebracht werden. Childs bemüht sich also um eine Rehabilitation der biblischen Theologie im Sinne ihrer zweiten Definition als theologische Aufgabe. Und als ein wesentliches Problem stellt sich für diese die Frage nach der Einheit des Alten und Neuen Testaments dar.[262]

Grundsätzlich bezweifelt Childs, dass es einen konzeptlosen und voraussetzungsfreien Zugang zur Bibel gibt. Die Vorstellung einer Analyse der Bibel, die frei von jeglichen Vorannahmen und aller Dogmatik ist, sei ein großer Irrtum

---

256 Brevard S. Childs, Die Theologie der einen Bibel. Bd. 1: Grundstrukturen, Übersetzt von Christiane Oeming, Freiburg im Breisgau 1994, 20.
257 Vgl. Kraus, Geschichte der historisch-kritischen Erforschung des Alten Testaments, 151.
258 Vgl. Childs, Die Theologie der einen Bibel, 21 f.
259 Vgl. ebd., 25 f.
260 Vgl. ebd., 30.
261 Vgl. ebd., 26 f.
262 Vgl. ebd., 103.

gewesen.[263] Vielmehr sollte man die eigenen dogmatischen Kategorien und Vorverständnisse transparent machen und die besseren auswählen.[264]

Childs untersucht nun unterschiedliche Konzepte biblischer Theologie, die im Sinne seines Paradigmenwechsels ein rein historisches Verständnis ablehnen und die theologische Aufgabe dieser Disziplin ernstnehmen. Er lehnt dabei Ansätze ab, die einen dezidiert allegorischen und typologischen Zugang zur Bibel suchen[265] oder mit der Kategorie der Heilsgeschichte arbeiten.[266] Auch literaturwissenschaftliche und kulturlinguistische Konzepte werden von ihm in ihrer Isoliertheit abgelehnt.[267] Ein thematischer Zugang anhand zentraler Ideen sei dagegen nicht kategorisch abzulehnen, aber in seiner Anwendung höchst schwierig zu handhaben.[268]

Childs schlägt nun eine neue Konzeptualisierung biblischer Theologie vor, die den *Kanon* zur zentralen Reflexionskategorie macht.[269] Im Gegensatz zu Maier, der unter Kanon vor allem die göttliche Provenienz der Bibel versteht, bestimmt Childs den Kanon im *intensionalen* Sinne:

> „[…] Mit dem Begriff des Kanons ist im wesentlichen nicht eine späte kirchliche Festlegung des *Umfangs* der normativen Schriften gemeint (eigentliche Kanonisierung), sondern ein tief im Schrifttum selbst wurzelndes Bewußtsein. Es erwächst aus einer besonderen Haltung der Tradenten gegenüber der Autorität der Schrift und spiegelt sich in der Weise, in der die Texte von verschiedenen Glaubensgemeinschaften empfangen, bewahrt und überliefert wurden. […] Im Zentrum des Überlieferungsprozesses, der zur Kanonisierung führte, stand ein grundlegender hermeneutischer Vorgang. Die biblischen Traditionen ruhten nicht unbenutzt, sie wurden auch nicht in Archiven sicher vor Änderungen aufbewahrt, sondern sie wurden ständig überarbeitet und durch den Gebrauch verändert. So wurden die heiligen Schriften beider Testamente, die ursprünglich Gelegenheitsschreiben darstellten und auf konkrete historische Situationen Bezug nahmen, durch zahlreiche redaktionelle Kunstfertigkeiten derartig umgestaltet, daß sie für die nachfolgenden Generationen normativen Charakter erhielten."[270]

Childs bestimmt den kanonischen Umgang mit der heiligen Schrift als interpretative und hermeneutische Leistung. Allerdings erweitert er diese funktonale Bestimmung um eine theologische Dimension:

> „Ich habe dem Begriff »kanonisch« einen wichtigen Zusatz beigegeben, der eine theologische Ausdehnung der ursprünglichen Bedeutung beinhaltet. Die kanonische Form der Literatur berührt auch die Frage, wie der moderne Leser das biblische Material

263 Vgl. ebd., 30.
264 Vgl. ebd.
265 Vgl. ebd., 31 ff.
266 Vgl. ebd., 35 ff.
267 Vgl. ebd., 37-42.
268 Vgl. ebd., 34.
269 Vgl. ebd., 93-104.
270 Brevard S. Childs, Biblische Theologie und christlicher Kanon. In: JBTh 3 (1988), 13-27, hier 13.

> versteht, besonders das Ausmaß, in dem er oder sie sich mit dem Glauben der Gemeinschaft der ursprünglichen Tradenten identifiziert."[271]

Damit fordert Childs also, dass die Bibel in ihrem kanonischen *Anspruch* und ihrer kanonischen *Funktion* ernst genommen werden sollte. Jedoch sieht er darin nicht eine Ausschaltung der historischen Dimension der heiligen Schriften:

> „Der neue Zugang ist nicht weniger kritisch als die traditionellen Methoden historischer Kritik, richtet jedoch andere Fragen an den Text. Vor allem versucht er wahrzunehmen, in welchem Maß der kanonische Prozeß die Umgestaltung von Texten zur Heiligen Schrift einer Glaubensgemeinschaft bewirkt. Er sucht in der kanonischen Anordnung des Materials einen Zeugen für einen theologischen Bezug zu entdecken, der häufig durch die Überbetonung der diachronen Dimension geschichtlicher Entwicklung verloren gegangen war."[272]

Für die Neubestimmung biblischer Theologie mahnt die kanonische Dimension zur normativen Reflexion:

> „Das Unternehmen Biblischer Theologie ist deshalb theologisch, weil es voll Glauben nach einem Verständnis der Beziehung zur göttlichen Realität sucht; die göttlichen Imperative werden nicht mehr in der Vergangenheit festgemacht, sondern werden dem Hörer in der Gegenwart als Wahrheit vorgestellt. Deswegen ist für Biblische Theologie konstitutiv, daß sie normativ und nicht allein deskriptiv ist und daß sie auch auf die Imperative der Gegenwart eingeht und nicht nur auf die der Vergangenheit [...] Aber das Herz des Unternehmens ist christologisch; sein Inhalt ist Jesus Christus und nicht sein eigenes Selbstverständnis oder seine eigene Identität. Deswegen involviert das Ziel des Unternehmens die klassische Glaubensbewegung auf der Suche nach Erkenntnis, von denen, die Christus bekennen und darum kämpfen, die Natur und den Willen des Einen zu verstehen, der sich schon als Herr offenbart hat."[273]

In welchem Verhältnis steht nun diese Neubestimmung biblischer Theologie zur historisch-kritischen Methode? Tatsächlich ist der Bezug zu ihr nicht eindeutig.[274] Zum einen lehnt Childs die voraussetzungslose historische Kritik ab, die in ihrem Anspruch einen archimedischen Punkt der Analyse zu verfügen glaubt.[275] Die einseitige Historisierung biblischer Texte gehen an ihrem kanonischen Anspruch vorbei.[276] Zum anderen hält er den etablierten Methodenkanon der historisch-kritischen Analyse als Ganzen nicht für obsolet, sondern akzeptiert diesen. Childs gehört selbst sogar zu den sehr „liberalen" Anwendern

---

271 CHILDS, Die Theologie der einen Bibel, 94.

272 CHILDS, Biblische Theologie und christlicher Kanon, 14.

273 CHILDS, Die Theologie der einen Bibel, 112 f.

274 Vgl. STEFAN KRAUTER, Brevard S. Child's Programm einer Biblischen Theologie. Eine Untersuchung seiner systematisch-theologischen und methodologischen Fundamente. In: ZThK 96 (1999) 22-48, hier 25 (Anm. 12).

275 Vgl. CHILDS, Die Theologie der einen Bibel, 30; KRAUTER, Brevard S. Child's Programm einer Biblischen Theologie, 24 f.; 29.

276 Vgl. ebd.

der klassischen Methode.[277] Wie hat man sich dann aber einen *canonical approach in concreto* vorzustellen?

Einige Aussagen scheinen ein Zwei-Stufen-Modell nahezulegen. Im Anschluss an der historisch-kritischen Analyse mit besonderen Augenmerk auf kanonische Interpretationsverfahren, müssen in einem zweiten Schritt die Ergebnisse nach ihrem einheitlichen theologischen Gehalt befragt werden.[278] Jedoch hat Childs später genau diese Arbeitsteilung abgelehnt.[279] Eine alternative Verhältnisbestimmung wird nicht explizit benannt. Man kann nur davon ausgehen, dass Childs grundsätzlich davon ausgeht, dass ein ehrlicher Theologe sein christliches Vorverständnis nie ablegen kann – egal wie sehr er sich auch darum bemüht. Deshalb ist bereits bei der historisch-kritischen Analyse die eigene Überzeugung von dem kanonischen Status der biblischen Schriften immer schon im Vollzug – ohne das man deshalb von einer tendenziösen Beeinflussung der Ergebnisse der Exegese ausgehen muss. Stattdessen sollte man gerade die grundsätzliche Überzeugung von den heiligen Schriften als Kanon zum Ausgangspunkt nehmen.

Allerdings stellt sich die Frage, ob man letzten Endes nicht doch eine heuristische Distanz für eine Anwendung historisch-kritischer Methode braucht. Childs weist ja selbst darauf hin, dass ohne eine solche Distanz zentrale bibelwissenschaftliche Erkenntnisse nicht möglich gewesen wären. Und auch wenn die Trennung zwischen einer historisch-kritischen und theologischen Analyse *künstlich* vollzogen wird, ist sie nicht trotzdem notwendig, um die jeweilige Validität der Ergebnisse und Überlegungen auch für sich bewerten zu können? Wenn Childs nur sagen möchte, dass eine historisch-methodologische Kritik für Theologen ein Tandemverfahren ist, das stets im Begriff ist, eine kanonisch verstandene biblische Theologie zu etablieren, dann ist dem nichts entgegenzusetzen. Dass bereits die kritische Analyse die kanonische Eigenart heiliger Schriften beachten sollte, wird man auch problemlos akzeptieren. Freilich wird man trotzdem nicht verstehen, wie Childs sich das Ineinander von historisch-kritischer Analyse und kanonischer Theologie vorstellt. Seine eigene Theologie der einen Bibel legt zumindest ein Zwei-Stufen-Modell nahe, das er aber selbst ablehnt.

Insgesamt zeigt sich, dass der *canonical approach* den klassischen Methodenkanon historischer Kritik der Bibel nicht ablehnt. Auf methodologischer Ebene wird aber eine Exegese kritisiert$_2$, die den entwicklungsgeschichtlichen Tendenzen und Voraussetzungen historisch-kritischer Methode verfällt und biblische Texte einzig und allein gegen ihre Intention als historische Quellen versteht.[280] Andererseits wird die isolierte Verwendung historischer Methode kriti-

277 Vgl. KRAUTER, Brevard S. Child's Programm einer Biblischen Theologie, 36 f.
278 Vgl. CHILDS, Die Theologie der einen Bibel, 121.
279 Vgl. BREVARD S. CHILDS, Critique of recent intertextual canonical interpretation. In: ZAW 115 (2/2003) 173-184, hier 174.
280 Vgl. KRAUTER, Brevard S. Child's Programm einer Biblischen Theologie, 29.

siert$_3$, weil derart nicht die dezisionistisch-existentielle Dimension des biblischen Kanons zum Tragen kommt. Während diese Kritik$_{2-3}$ von Childs einleuchtet, lässt sich die neue Verortung der historisch-kritischen Methode in seiner biblischen Theologie nicht endgültig aufklären.[281]

2.2.4.3 Literaturkritik

Spätestens ab der zweiten Hälfte des 20. Jahrhunderts gibt es vermehrt bibelexegetische Verfahren, die sich an den Literaturwissenschaften anlehnen. Ihre primäre Tendenz ist eine Abkehr von dem historischen Schwerpunkt der Bibelkritik$_2$.[282] Während diese sich als *historisch-methodologische* Kritik$_2$ verstand, sind die im Folgenden kurz zu beschreibenden Ansätze als *literaturwissenschaftlich-methodologische* Kritik$_2$ aufzufassen.[283] *Criticism*[284] bezeichnet hier immer eine textimmanente Analyse, die nicht von *außen* (historische usw.) Fragen an die biblischen Schriften formuliert, sondern die eigene Struktur, Autonomie und Einheit eines Textes ernst nimmt und ihre Pragmatik und Leserzentriertheit herausarbeitet.[285] Die Übergänge zwischen den jeweiligen literaturwissenschaftlich orientierten Verfahren sind fließend.

Die als *Rhetorical Criticism* bezeichnete Methode betont die *kommunikative* Dimension von Sprache und Texten.[286] Entsprechend werden literarische Strategien und Mittel herausgearbeitet, die auf die kommunikative *Absicht* eines Textes hinweisen.[287] Dabei hat sich die Unterscheidung zwischen *story* und *Diskurs* als hilfreich erwiesen.[288] Ersteres weist auf die inhaltliche Ebene eines Textes hin, während letzteres seine Kommunikationsstrategien anvisiert.

---

281 Childs scheint es selbst einzugestehen: „However, it should also be readily admitted, the attempts to formulate with precision the exact relationship between canonical and historical critical interpretation remain largely unresolved and illusive." (CHILDS, Critique of recent intertextual canonical interpretation, 174).

282 Vgl. GERD SCHUNACK, Neuere literaturkritische Interpretationsverfahren in der anglo-amerikanischen Exegese. In: Verkündigung und Forschung 41 (1/1996) 28-55, hier 30.

283 Vgl. ebd.

284 Die hier vorgestellten literaturwissenschaftlichen Ansätze der Bibellektüre wird unter dem Terminus der „new literary criticism" subsumiert. Darin drückt sich vor allem ein Gegensatz zur quellenkritisch inspirierten Exegese aus, die auch als „literary criticism" bezeichnet wurde (Vgl. ELIZABETH STRUTHERS MALBON, New Literary Criticism and Jesus Research. In: TOM HOLMÉN/ STANLEY PORTER (Hg.), Handbook for the Study of the Historical Jesus. Volume 1. How to Study the Historical Jesus, Leiden 2011, 777-783; SCHUNACK, Neuere literaturkritische Interpretationsverfahren in der anglo-amerikanischen Exegese, 29 ff.

285 Vgl. SCHUNACK, Neuere literaturkritische Interpretationsverfahren in der anglo-amerikanischen Exegese, 30.

286 Vgl. ebd., 36 ff.

287 Vgl. ebd., 37.

288 Vgl. ebd., 39.

Narrative Criticism zielt auf die konzentrierte und dichte Analyse der *Erzählstruktur* eines Textes.[289] Besonders instruktiv ist dafür eine Unterscheidung verschiedener Rollen auf der Erzähl- und Rezeptionsebene: Man kann vom realen, impliziten und expliziten Autor/Erzähler sprechen oder den realen, impliziten Leser unterscheiden.[290] Die entsprechenden Definitionen und Begriffsbestimmungen sind sehr vielfältig.[291] Letzten Endes helfen diese Kategorisierungen von Interaktionsebenen bei der profunden Durchdringung der Erzählstruktur und den damit verbundenen möglichen Sinnoptionen. Dazu bedarf es natürlich auch der Explizierung weiterer erzählerischer Konstanten (Personen, Ereignisse, Handlungen, allgemeine Rahmengebung usw.) und Modi (Ironie, Redefiguren usw.), bei deren Akzentuierung die Literaturwissenschaft Pate steht.[292]

Reader-Repsonse-Criticism beschäftigt sich mit der Rolle des Lesers und des Leseaktes bei der Rezeption eines Textes. Das Lesen gilt als ein spontaner Akt, der den Sinn eines Textes aktiv mitbestimmt.[293] Derart wird die genaue Interaktion zwischen einem Text und seinem Rezipienten analysiert, um den Sinngebungsprozess in seiner Ganzheit zu erfassen. Im Deutschen spricht man in der Beschreibung dieser Art der literarischen Kritik von *Rezeptionsästhetik*.[294] Die Gefahr der einseitigen Betonung des Sinngebungsprozesses durch den Leser erweist sich als die *Krux* dieses Zugangs.

Eine Synthetisierung dieser literaturkritischen Ansätze stellt Christof Hardmeiers Methode einer „textpragmatischen Literaturwissenschaft der Bibel" dar.[295] Wesentlich für seinen Zugang ist der Abschied von einer „Repräsentationssemantik" der traditionellen Textwissenschaft und ihre Substituierung durch eine „Instruktionssemantik".[296] Es gibt keinen essentiellen Sinn von Zeichen, den diese repräsentieren. Vielmehr konstituiert und expliziert sich dieser in der *Kommunikation* und sprachlichen *Performanz*.[297] Hardmeier liefert eine ausführliche text- und kommunikationstheoretische Fundierung seiner Methode, die ein besonderes Interesse an Erzählkommunikation hat[298] und die die verschiedenen Impulse literaturkritischer Modelle in einer neuen Textpragmatik zu integrieren versucht.

---

289 Vgl. ebd., 42-48.

290 Vgl. ebd.,42 f.; MALBON, New Literary Criticism and Jesus Research, 783 f.

291 Vgl. ebd.

292 Vgl. SCHUNACKNeuere literaturkritische Interpretationsverfahren in der anglo-amerikanischen Exegese, 44-46.

293 Vgl. ebd., 48-52; MALBON, New Literary Criticism and Jesus Research, 787-719.

294 Vgl. BECKER, Exegese des Alten Testaments, 50 ff.

295 Vgl. CHRISTOF HARDMEIER, Textwelten der Bibel entdecken. Grundlagen und Verfahren einer textpragmatischen Literaturwissenschaft der Bibel, Band 1/1, Gütersloh 2003.

296 Vgl. ebd., 59 f.

297 Vgl. ebd., 47 ff.

298 Vgl. ebd., 47-77.

Die Literaturkritik hat eine wichtige Leerstelle der historisch-kritischen Methode angezeigt. Bei den biblischen Schriften handelt es sich auch um *Literatur*, die sich ebenso wie jedes andere literarische Werk anhand literaturwissenschaftlicher Methode analysieren lässt. Für die *Textanalyse* der Bibel und den daraus resultierenden *Interpretations- und Kommunikationsphänomenen* kann die Literaturwissenschaft ein bedeutendes methodisches Instrumentarium liefern. Hier kann sie besonders für die *Komplexität* von Deutungsprozessen, die sich nicht auf ein einfaches Rezeptionsmodell der ursprünglichen Autorintention reduzieren lassen, sensibilisieren. Ebenso trägt die Wertschätzung der literarischen Einheit eines Textes dem kanonischen Anspruch der heiligen Schriften Rechnung. Es wundert also nicht, dass in den Einführungen zur Exegese der Bibel literaturkritische Methoden ihren festen Platz gefunden haben.[299] Jedoch haben sie die historisch-kritische Methode nicht ersetzt. Es darf nicht außer Acht gelassen werden, dass die beschriebenen literaturwissenschaftlichen Verfahren aus der Beschäftigung mit Belletristik und künstlerischem Schrifttum hervorgegangen sind.[300] Deshalb ist das Desinteresse an historischer Analyse verständlich. Doch die biblischen Schriften sind auch *geschichtliche* Texte – und zwar sowohl in Bezug auf dem Textbestand (Veränderung, Wachstum, Kontext der Konstitution usw.), als auch in Bezug auf der inhaltlichen Ebene (Geschichte gottmenschlicher Interaktion). Deren entsprechende historische Interpretation kann nicht durch eine literaturwissenschaftliche Methode ersetzt, jedoch im Sinne einer Diskurskritik *ergänzt* werden.

2.2.5 Kritische Impulse für die islamische Theologie – Bibelkritik und -wissenschaft als Pendant zur Korankritik und -wissenschaft

Die vorangehenden Untersuchungen haben gezeigt, dass Bibelkritik$_{1\text{-}3}$ sich je nach konkreter Ausformung auf unterschiedliche Art und Weise vollzieht. Es bedingt der Natur kritischer Reflexion, dass sie nicht ohne weiteres auf eine methodologische Untersuchung eingeschränkt werden kann. Auch wenn das Subjekt der Kritik$_2$ meint, dass seine Untersuchung unter der Voraussetzung eines bestimmten Methodenkanons wissenschaftlicher Tätigkeit (z.B. Geschichtswissenschaft) vollzogen wird, kann die kritische$_{1;3}$ Ansprechbarkeit des Objektes, also seine Faktizität als *norma normans* (dezisionistisch-existentielle Norm) und als *norma normata* (normierte Alltagshandlungen, deren Infragestellung als pejorativ empfunden wird), erhebliche Implikationen für den nichtwissenschaftlichen Bereich haben. Das gilt nicht zuletzt für heilige Schriften. Kritik$_{1\text{-}3}$

299 Vgl. BECKER, Exegese des Alten Testaments, 50 ff.; Vgl. SCHNELLE, Einführung in die neutestamentliche Exegese, 189 ff.

300 Vgl. BECKER, Exegese des Alten Testaments, 52 f.

kann sich zwar als technische (Literaturkritik) und politische Praxis einseitig verdichten, jedoch zeigt der Fall heiliger Schriften, dass ihre kanonische Funktion sämtliche Formen der Kritik$_{1\text{-}3}$ zu einem Junktim werden lässt. Wer methodologisch den kanonischen Anspruch der Bibel – wenn auch nur künstlich – in Abrede stellt, der wird *nolens volens* eine Krise und Kritik$_1$ religiöser Praxis riskieren. Deshalb stellte und stellt die Anwendung historisch-kritischer Methode in der Bibelwissenschaft eine enorme Herausforderung für christliche Theologie dar. Man muss für die Validität und Integrität historisch-methodologischer Kritik ihre kritischen Bedingungen (heuristische Suspension des Kanons, Akzeptanz bestimmter Prinzipien usw.) akzeptieren. Gleichzeitig wird die Theologie die Ergebnisse der Bibelkritik$_2$ mit dem bleibenden Anspruch der Bibel als Kanon zusammenbringen müssen. Das ist stete Aufgabe der Theologie.

Als unabdingbar für die Kritik$_{1\text{-}3}$ an der historisch-kritischen Methode hat sich die Unterscheidung ihrer *entwicklungsgeschichtlichen Voraussetzungen*, *Prinzipien* und *Kriterien* als hilfreich erwiesen. Begonnen wurde dieses Kapitel mit der Frage, was *Kriterien* in der Bibelkritik sind? Sie haben sich als erfahrungsbasierte Instruktionsregeln erwiesen. Ihre Anwendung und Bedeutung wird man sicherlich vom Fall zu Fall bewerten müssen. Ihre Geltung kann aber nicht denselben Status wie ihre *Prinzipien* beanspruchen. Auch diese haben sich aus der Erfahrung ergeben. Jedoch bilden diese nun ein Paradigma und Überzeugung, zu dessen Infragestellung es einer *Krise* bedurfte, die zu einem Paradigmenwechsel führt[301]. So hat die Kritik$_{1\text{-}3}$ an der historisch-kritischen Methode gezeigt, dass man zwar ihre entwicklungsgeschichtlichen Voraussetzungen und die *Anwendung* bestimmter Kriterien zu Recht anzweifeln kann, jedoch stellen die Wenigsten ihre *Prinzipien* in Frage.

Für die islamische Theologie ergeben sich im Falle der Koranwissenschaft und -kritik$_{1\text{-}3}$ dieselben Herausforderungen und Probleme wie für die christliche Theologie. Man wird genau bestimmen müssen, welche Art der Korankritik einen berechtigten Platz hat. Dabei wird sich eine Infragestellung der *Prinzipien* historisch-methodologischer Kritik als äußerst schwierig erweisen. Ebenso bleibt die Erarbeitung einer koranischen Theologie im Sinne der historischen Verkündigungssituation ein Desiderat und eine große Herausforderung. Denn es wird sich hier die Frage stellen, wie sich diese koranische Theologie mit der kanonischen Funktion des Korans und der muslimischen Tradition ins Verhältnis setzen lässt.

301 Die Prinzipien haben einen ähnlichen Status wie die „grammatischen Überzeugungen" bei Wittgensein (Vgl. KLAUS VON STOSCH, Komparative Theologie als Wegweiser in der Welt der Religionen, Paderbon 2012, 176 f.).

2.3 Was sind Kriterien in der Leben-Jesu-Forschung?

2.3.1 Geschichte der Leben-Jesu-Forschung – Methoden und Tendenzen

In der Forschungsgeschichte zur kritischen Jesusforschung hat sich die Unterscheidung von drei positiven Phasen oder „Quests" durchgesetzt.[302] Daneben wird gewöhnlich eine Stagnation der kritischen Jesusforschung nach der ersten Phase konstatiert.[303]

Der Beginn der Leben-Jesu-Forschung ist im Kontext der aufklärerischen Bibelkritik$_2$ zu sehen. Die Forderung nach historischer Kritik der Bibel konnte nicht folgenlos für die Bestimmung des Lebens Jesu bleiben. Es ist das Verdienst von Hermann Samuel Reimarus (1694-1768), dass er die ersten kritischen Impulse für eine unabhängige historische Forschung nach Jesus gab.[304] Mitte des 18. Jahrhunderts verfasste er eine „Apologie oder Schutzschrift für die vernünftigen Verehrer Gottes", die jedoch zu seinen Lebzeiten nur privat im Umlauf war.[305] Erst Lessing veröffentlichte nach seinem Tod Fragmente aus diesem Werk (1774-1778) und verhalf den darin enthaltenen brisanten Aussagen zu einer kontroversen Popularität.[306] Die zentrale These des Reimarus war die Unterscheidung zwischen der „ursprünglichen Verkündigung Jesu" und dem „Christusglauben der Apostel"[307]:

> „Man muß also das System und die Absicht Jesu von dem System und der Absicht, welche die Jünger nach seinem Tode gehabt haben, gäntzlich absondern, und Jesum aus seinen eigenen Worten und Handlungen beurtheilen. Die Apostel sind selbst nachmals Lehrer geworden, und soferne für sich zu betrachten."[308]

Jesus selbst ist nur als Jude im Kontext der damaligen Zeit zu verstehen. Er selbst betrachtete sich als den erwarteten jüdischen Messias im politischen Sinne, der die Juden befreien und selbst ihr König sein wird.[309] Nach Reimarus decken sich zentrale Aussagen von Jesus mit der allgemeinen Vernunftreligion.[310] Nur hätte der politisch-messianische Anspruch von Jesus diese Inhalte verdunkelt.[311] Nach seinem Tod hätten die Apostel das Scheitern von Jesus nicht ertragen.[312]

---

302 Vgl. THEISSEN/MERZ, Der historische Jesus, 22-30; STROTMANN, Der historische Jesus, 21-34.
303 Vgl. THEISSEN/MERZ, Der historische Jesus, 25 f.; STROTMANN, Der historische Jesus, 27 ff.
304 Vgl. ALBERT SCHWEITZER, Geschichte der Leben-Jesu-Forschung, Tübingen ^{9}1948, 56-68; THEISSEN/MERZ, Der historische Jesus, 22 f.; STROTMANN, Der historische Jesus, 22 ff.
305 Vgl. STROTMANN, Der historische Jesus, 22.
306 Vgl. THEISSEN/MERZ, Der historische Jesus, 22.
307 Vgl. ebd.
308 REIMARUS, Apologie oder Schutzschrift, 173.
309 Vgl. ebd., 173 ff.
310 Vgl. ebd., 174.
311 Vgl. ebd., 176.
312 Vgl. ebd., 305 ff.

Deshalb ersannen diese fünfzig Tage nach dem Kreuzestod die Vorstellung von der Auferstehung und dem leidenden Erlöser Jesus Christus.[313] Sie selbst versteckten den Leichnam aus dem Grab.[314] Reimarus gibt einen ausführlichen Bericht über die psychologischen Motive der Jünger Jesu. Auch wenn man diese „Betrugstheorie"[315] der Apostel und das Festhalten an einer universalen Vernunftreligion aus heutiger Sicht nicht mehr akzeptieren wird, so hat Reimarus mit seiner geschichtlichen Differenzierung (historische Verkündigung des Jesus/ Christusglauben der Apostel) und der Forderung nach der jüdischen Kontextualisierung von Jesus zwei bleibende Pfeiler der kritischen Jesusforschung etabliert.[316]

In der Aufklärung war die *rationalistische* Deutung der Wunder Jesu äußerst beliebt.[317] Gegen das traditionell *supranaturale* Verständnis, das ihre tatsächliche Möglichkeit und Gegebenheit konzedierte, versuchten Aufklärer durch sehr gekünstelte Umdeutungen die Wunder als Visionen, Missverständnisse und kontextuell bedingten Aberglauben zu erklären. Einen bedeutenden Beitrag zur Lösung dieser gegensätzlichen Ansätze hat David Friedrich Strauß (1808-1874) geliefert, der wie Reimarus essentielle Anstöße für die kritische Jesusforschung gegeben hat.[318] Sein Leben Jesu (1835/36) schlug zu seiner Zeit hohe Wellen.[319] Strauß spielte in seinen Analysen den Rationalismus und Supranaturalismus gegeneinander aus und führt die Kategorie des Mythos und der Sage ein.[320] In Anlehnung an der hegelianischen Philosophie behauptete er, dass in dem historischen Jesus die Idee der Gottmenschlichkeit gegeben ist.[321] Die urchristliche Überlieferung hat diese Idee in einer „absichtslos dichtenden Sage"[322] gekleidet, indem sie alttestamentliche Vorstellungen, Wunder usw. auf Jesus überträgt. Was in den Evangelien also noch historisch auf Jesus selbst zurück zu führen ist, lässt sich nicht mehr feststellen. Jedenfalls hätten die Jünger nicht wie bei Reimarus *absichtlich* einen Mythos über Jesus erfunden. Bei der Analyse des Johannesevangeliums stellt Strauß aber fest, dass dieses im Gegensatz zu den synoptischen Evangelien von absichtlichen theologischen Prämissen geformt wurde.[323] Deshalb wäre hier im Besonderen ein Versuch der historischen Rekonstruktion vergeblich. Da die Vorgänger von Strauß gerade im Johannesevangelium auf-

---

313 Vgl. ebd.
314 Vgl. ebd., 312.
315 THEISSEN/MERZ, Der historische Jesus, 23.
316 Vgl. ebd.
317 Vgl. SCHWEITZER, Geschichte der Leben-Jesu-Forschung, 69-78.
318 Vgl. ebd., 106-154; THEISSEN/MERZ, Der historische Jesus, 23 f.; STROTMANN, Der historische Jesus, 24 f.
319 Vgl. SCHWEITZER, Geschichte der Leben-Jesu-Forschung, 132-154.
320 Vgl. THEISSEN/MERZ, Der historische Jesus, 23.
321 Vgl. ebd., 24; SCHWEITZER, Geschichte der Leben-Jesu-Forschung, 116 f.
322 DAVID FRIEDRICH STRAUSS, Das Leben Jesu, kritisch bearbeitet. Erster Band, Tübingen 1835, 75.
323 Vgl. SCHWEITZER, Geschichte der Leben-Jesu-Forschung, 121-124.

grund der wenigen Wunder eine authentische Quelle vermuteten, war der straußische Befund ein herber Schlag gegen die Befürworter dieses Evangeliums.[324] Trotz dieser historischen Skepsis hat Strauß selbst versucht, historische Fakten über Jesus herauszuarbeiten (Messianitätsbewusstsein).[325] Für die kritische Jesusforschung ist sein Erweis der theologischen Tendenzen des Johannesevangeliums und der Verquickung von Geschichte und religiösen Ideen im urchristlichen Gemeindeglauben von bleibender Geltung geblieben.

Reimarus und Strauß haben durch ihre Analysen das Problembewusstsein für die historisch-kritische Jesusforschung geschärft. Ihre Kritik$_{1\text{-}3}$ war nicht frei von programmatischen Voraussetzungen (Aufklärungsphilosophie/Hegelianismus). Dank ihnen wusste man aber in der Folgezeit um die neuralgischen Probleme Bescheid, die eine historisch zuverlässige Forschung überwinden müsste. Hier stellten nun die tendenziöse Bewertung und die Altersbestimmung der Quellen zentrale Voraussetzungen für die Aufdeckung des historischen Jesus hinter den Christusglauben der urchristlichen Gemeinde dar. Die Literarkritik bot nun eine vielversprechende Lösung für dieses Problem. Das Johannesevangelium galt aufgrund seiner ihm zugrundeliegenden theologischen Konstruktion als bedeutungslos für die historische Fragestellung. Für die synoptischen Evangelien zeichnete sich aber eine literarkritische Lösung ihres Verhältnisses ab: Christian Hermann Weisse und H.J. Holtzmann verhalfen der Zwei-Quellen-Theorie zum Durchbruch.[326] Demnach erwiesen sich das Markusevangelium und eine rekonstruierbare Logienquelle (Spruchsammlung) als die ältesten Quellen für das Leben Jesu. Lukas und Matthäus wären beide von diesen zwei Quellen abhängig. Auf der Grundlage dieser Voraussetzungen schien ein Weg zurück zum historischen Jesus möglich. Das Markusevangelium lieferte den biographischen Rahmen, während die Sprüche aus der Logienquelle den Inhalt der ursprünglichen Verkündigung von Jesus bildeten.[327] Die folgende *liberale Leben-Jesus-Forschung* in der zweiten Hälfte des 19. Jahrhunderts ist gespeist von einem enormen literarkritischen Optimismus bezüglich der Rekonstruktion der ursprünglichen Jesusüberlieferung.[328] Man glaubt das konstruierte Jesusbild dem Christus des Dogmas und der Kirche entgegenstellen zu können.[329]

Die erste Phase der Leben-Jesu-Forschung in Form des kritischen Beginns und des Optimismus der liberalen Leben-Jesu- Forscher gerät am Anfang des 20. Jahrhunderts in eine Krise. Den ersten Stoß setzt Albert Schweitzer mit seiner Geschichte der Leben-Jesu-Forschung, in der er seine Vorgänger einer gnadenlo-

324 Vgl. ebd., 122.

325 Vgl. ebd., 128.

326 Vgl. THEISSEN/MERZ, Der historische Jesus, 24; SCHWEITZER, Geschichte der Leben-Jesu-Forschung, 155-170; STROTMANN, Der historische Jesus, 26.

327 Vgl. THEISSEN/MERZ, Der historische Jesus, 24.

328 Vgl. SCHWEITZER, Geschichte der Leben-Jesu-Forschung, 219-244.

329 Vgl. THEISSEN/MERZ, Der historische Jesus, 30.

sen Kritik unterzieht und den „projektiven Charakter" aller Leben Jesu vor ihm nachweist[330]:

> „Die geschichtliche Erforschung des Lebens Jesu ging nicht von dem rein geschichtlichen Interesse aus, sondern sie suchte den Jesus der Geschichte als Helfer im Befreiungskampf vom Dogma. Dann [...] suchte sie den historischen Jesus, wie er ihrer Zeit verständlich war. [...] So fand jede folgende Epoche der Theologie ihre Gedanken in Jesus, und anders konnte sie ihn nicht beleben. Und nicht nur die Epochen fanden sich in ihm wieder: jeder einzelne schuf ihn nach seiner eigenen Persönlichkeit. Es gibt kein persönlicheres Unternehmen, als ein Leben-Jesu zu schreiben."[331]

Daran anschließend zwang William Wrede die liberale Jesusforschung zu ihrem Offenbarungseid.[332] Er konnte nämlich überzeugend darlegen, dass auch die älteste Quelle des Markusevangeliums von Gemeindeinteressen geformt wurde.[333] Die Messianität von Jesus wird zurückprojiziert und als Geheimnis entfaltet.[334] Auch der Rahmen des Markusevangeliums erweist sich durch K.L.Schmidts Analysen als sekundär.[335] Nach ihm bestand die Jesusüberlieferung aus kleineren Einheiten.[336] Die Formkritik sah auch diese kleinsten Einheiten durch Gemeindebedürfnissen geprägt.[337] Die entstehende Religionsgeschichte wies zunehmend die Entstehungsbedingungen und Tendenzen der Jesusüberlieferung nach. Damit bestätigte sich in der ersten Hälfte des 20. Jahrhunderts, was Martin Kähler bereits zum Ende des vorigen Jahrhunderts festgestellt hatte:

> „Wir besitzen keine Quellen für ein Leben Jesu, die ein Geschichtsforscher als zuverlässige und ausreichende gelten lassen kann. Ich betone: für eine Biographie Jesu von Nazareth von dem Maßstabe heutiger geschichtlicher Wissenschaft. Ein glaubwürdiges Bild des Heilandes für Gläubige ist ein sehr andres Ding [...]."[338]

Die dialektische Theologie versuchte den skeptischen Befund der historisch-methodologischen Kritik dezisionistisch-existentiell aufzufangen, indem sie nur die Existenz von Jesus und das Faktum des Kreuzgeschehens zum Ausgangspunkt (kerygmatische Christus) des Glaubens seien lässt und die historische Verkündigung als irrelevant für die Theologie einstuft.[339] Bultmann hat später ausdrücklich darauf hingewiesen, dass er damit nicht die Kontinuität zwischen

---

330 Vgl. ebd., 25.
331 SCHWEITZER, Geschichte der Leben-Jesu-Forschung, 47 f.
332 Vgl. THEISSEN/MERZ, Der historische Jesus, 25.
333 Vgl. SCHWEITZER, Geschichte der Leben-Jesu-Forschung, 383 f.
334 Vgl. ebd., 391.
335 Vgl. THEISSEN/MERZ, Der historische Jesus, 25; STROTMANN, Der historische Jesus, 28.
336 Vgl. THEISSEN/MERZ, Der historische Jesus, 25; STROTMANN, Der historische Jesus, 28.
337 Vgl. ebd.
338 MARTIN KÄHLER, Der sogenannte historische Jesus und der geschichtliche, biblische Christus, München 1961, 21.
339 Vgl. THEISSEN/MERZ, Der historische Jesus, 25 f.; STROTMANN, Der historische Jesus, 28 f.

dem historischen Jesus und dem geglaubten Christus abstreitet.[340] Er erkennt aber eine sachliche Differenz, die sich auf keinen Fall durch historische Harmonisierungsversuche nivellieren lässt.[341] Bultmann scheint hier einzig in einer existentialen Hermeneutik das *tertium comparationis* zwischen beiden Identitäten anzuerkennen.[342] Im deutschsprachigen Raum führten die Entwicklungen in der ersten Hälfte des 20. Jahrhunderts zu einer Stagnation der historischen Jesusforschung.

Es mag nun als Ironie der Geschichte erscheinen, dass die Schüler Bultmanns die zweite Phase der kritischen Jesusforschung als „Neue Frage" einleiteten.[343] Ernst Käsemann initiierte zu Beginn der zweiten Hälfte des 20. Jahrhunderts mit einem Vortrag zum „Problem des historischen Jesus"[344] die erneute Rückbesinnung auf die historische Fragestellung. Seine Ausgangslage fasst er folgendermaßen zusammen:

> „Daß die alte Frage nach dem historischen Jesus in der deutschen Arbeit am NT während der letzten Generation relativ stark in den Hintergrund getreten ist, gehört zu den Kennzeichen des in dieser Zeit erfolgten Umbruchs. Ist doch der Werdegang unserer Disziplin seit rund zweihundert Jahren von dieser Frage eingeleitet, vorwärtsgetrieben und zentral bestimmt worden. Im wesentlichen beruhte es auf zwei Sachverhalten, daß das Problem nach dem ersten Weltkrieg, wenn auch nicht völlig gelöst, so doch zu einem gewissen Abschluß gebracht zu sein schien. [...] Aus dem Sachverhalt, daß wir echte Jesusüberlieferung nur in die Predigt der Urchristenheit eingebettet und von dieser überlagert überkommen haben, folgerte man, der eigentliche Träger und Gestalter des Evangeliums sei der Osterglaube. [...] Das besagt doch wohl, daß christlicher Glaube hier als Glaube an den erhöhten Kyrios verstanden wird, für welchen der historische Jesus als solcher konstitutive Bedeutung nicht mehr besitzt."[345]

Käsemann gesteht ein, dass in den Evangelien Glaube und Historie unzertrennlich miteinander verquickt sind und dass dieser Sachverhalt auch seine Berechtigung hat:

> „Das aber ist der Grund dafür, daß wir über diese Historie nur durch das Kerygma der Gemeinde erfahren. Die Gemeinde konnte und wollte diese Historie nicht von ihrer eigenen Geschichte trennten. [...] Indem sie die Identität des irdischen mit dem erhöhten festhielt, bekundete sie, daß eine allein auf den historischen Jesus gerichtete Fragestellung ihr als Abstraktion erschien."[346]

---

340 Vgl. Rudolf Bultmann, Das Verhältnis der urchristlichen Christusbotschaft zum historischen Jesus. In: Sitzungsberichte der Heidelberger Akademie der Wissenschaften, Philosophisch-historische Klasse, Heidelberg 1960, 5-27, hier 7 f.

341 Vgl. ebd., 10-17.

342 Vgl. ebd., 18-27.

343 Vgl. Theissen/Merz, Der historische Jesus, 26 f.; Strotmann, Der historische Jesus, 29 f.

344 Ernst Käsemann, Das Problem des historischen Jesus. In: Ders., Exegetische Versuche und Besinnungen. Erster und zweiter Band, Göttingen 1964, 187-214.

345 Käsemann, Das Problem des historischen Jesus, 187 f.

346 Ebd., 195.

Diese Identität bedeutet jedoch nicht die Loslösung von der Frage nach dem historischen Jesus. Denn bereits die urchristliche Gemeinde nihiliert den irdischen Jesus nicht:

> „Denn wenn die Urchristenheit den erniedrigten mit dem erhöhten Herrn identifiziert, so bekundet sie damit zwar, daß sie nicht fähig ist, bei der Darstellung seiner Geschichte von ihrem Glauben zu abstrahieren. Gleichzeitig bekundet sie jedoch damit, daß sie nicht willens ist, einen Mythos an die Stelle der Geschichte, ein Himmelswesen an die Stelle des Nazareners treten zu lassen."[347]

Käsemann befürchtet einen Doketismus, wenn die Theologie den historischen Jesus in einem Mythos auflöst.[348] Er verneint aber ebenso die umgekehrte Reduzierung von Jesus als den Irdischen. Vielmehr ist diese Dialektik der Theologie aufgegeben.[349] Allerdings übergeht Käsemann bei seiner erneuten Rückfrage nach dem historischen Jesus nicht die von seinen Vorgängern aufgezeigten Probleme. Wie lässt sich authentisches Jesusgut aus den Evangelien destillieren? Er formuliert ein Differenzkriterium:

> „Einigermaßen sicheren Boden haben wird nur in einem einzigen Fall unter den Füßen, wenn nämlich Tradition aus irgendwelchen Gründen weder aus dem Judentum abgeleitet noch der Urchristenheit zugeschrieben werden kann, speziell dann, wenn die Judenchristenheit ihr überkommenes Gut als zu kühn gemildert oder umgebogen hat."[350]

Wenn die Literarkritik und Tendenzkritik gezeigt haben, dass die christlichen Quellen durch theologischen Tendenzen durchtränkt und geprägt sind, dann hofft Käsemann durch sein Differenzkriterium eben jene Tendenzen zu subtrahieren, um so zumindest ein kritisches Minimum an authentischem Gut erhalten zu können. Er selbst weiß, dass ein solches Kriterium insbesondere für *Überschneidungen* zwischen Jesus und seiner Umwelt bzw. Nachfolger immun ist.[351] Aber ein Minimum an authentischer Überlieferung wird durch das Differenzkriterium gewahrt. Als Beispiel für seine Anwendung nennt Käsemann den souveränen Vollmachtsanspruch bei Jesus:

> „Jesus hat mit einer unerhörten Souveränität am Wortlaut der Tora und der Autorität des Moses vorübergehen können. Diese Souveränität erschüttert nicht nur die Grundlagen des Spätjudentums und verursacht darum entscheidend seinen Tod, sondern hebt darüber hinaus die Weltanschauung der Antike mit ihrer Antithese von kultisch und profan und ihrer Dämonologie aus den Angeln."[352]

---

347 Ebd., 196.
348 Vgl. ebd., 203.
349 Vgl. ebd., 213.
350 Ebd., 205.
351 Vgl. ebd., 205 f.
352 Ebd., 208.

In der Folgezeit wird man durch zusätzliche Kriterien die Potenz des Differenzkriteriums zu steigern versuchen. Käsemann gebührt das Verdienst, dass er theologisch die Forschung zum historischen Jesus einen erneuten Schub verliehen hat, da nach seiner Ansicht bereits im Kerygma von Christus der Rückbezug zu Jesus von Nazareth gegeben ist.[353] Methodisch glaubt er durch das Differenzkriterium die lähmende Krise der kritischen Jesusforschung überwinden zu können. Im deutschen Sprachraum war zumindest in der nachfolgenden Zeit ein neuer Optimismus und ein neue Konjunktur historischer Jesusforschung zu verzeichnen.[354]

Freilich war die neue Frage nach dem historischen Jesus nicht frei von problematischen Voraussetzungen. Diese hingen zum einen mit dem Differenzkriterium und zum anderen mit theologischen Voraussetzungen zusammen. Käsemann spricht in der Anwendung seines Kriteriums vom *Spätjudentum*. Diese Bezeichnung hat sich als theologisch belastet erwiesen, da man mit ihr eigene theologische Vorannahmen auf das divergente Judentum des zweiten Tempels projiziert hat.[355] Auch hat das Differenzkriterium die Tendenz, die Einzigartigkeit von Jesus in Abgrenzung zum Judentum herauszuarbeiten. Hier war doch bei allem Verständnis für die Entstehung dieses Kriteriums der theologische Wunsch Vater des Gedankens. Überhaupt ist zu fragen, ob Theologie eine Rolle bei der *historischen* Forschung spielen sollte. Insgesamt entwickelte sich nun die kritische Jesusforschung der folgenden Jahrzehnte bis zur Gegenwart in eine Richtung, die sich von der zweiten Phase unterscheidet. Aufgrund der veränderten Rahmenbedingungen hat man diese dritte Phase als „Third Quest" getauft.[356] Im Gegensatz zur neuen Frage wird nun der historische Jesus konsequent als Jude im Kontext des Judentums des zweiten Tempels betrachtet.[357] Ebenso wird die urchristliche Gemeinde nicht als gegensätzlich, sondern in Kontinuität und im Wirkungskontext vom irdischen Jesus aufgefasst.[358] Die zunehmende theologische Emanzipation zeigt sich in der Verwendung von nichtkanonischen Quellen (Thomasevangelium/Qumranschriften usw.) und neuer Methoden (Sozialgeschichte).[359] Gerd Theißen und Dagmar Winter haben im Kontrast zum Differenzkriterium der neuen Frage das „historische Plausibilitätskriterium" als grundlegendes Merkmal der „Third Quest" formuliert, deren Protagonisten aus dem angelsächsischem Sprachraum stammen.[360] In der inhaltlichen Orientierung sind die Vertreter der dritten Phase sehr heterogen.[361]

353 Vgl. THEISSEN/MERZ, Der historische Jesus, 26 f.
354 Vgl. STROTMANN, Der historische Jesus, 30.
355 Vgl. DUNN, Can the Third Quest Hope to Succeed?, 35.
356 Vgl. THEISSEN/MERZ, Der historische Jesus, 28 f.; STROTMANN, Der historische Jesus, 30-33.
357 Vgl. THEISSEN/MERZ, Der historische Jesus, 29.
358 Vgl. ebd., 28 f.; STROTMANN, Der historische Jesus, 32 f.
359 Vgl. STROTMANN, Der historische Jesus, 32.
360 Vgl. THEISSEN/WINTER, Die Kriterienfrage in der Jesusforschung, 175-232.
361 Vgl. STROTMANN, Der historische Jesus, 33.

2.3.2 Kriterien in der Jesusforschung

Seit der Neuen Frage nach dem historischen Jesus werden *Authentizitätskriterien* das *zentrale* methodische Instrument der Forschung.[362] Ernst Käsemann hatte bedingt durch die forschungsgeschichtliche Lage das Differenzkriterium programmatisch und prominent eingeführt. Damit brachte er die *kriteriologische* Diskussion der folgenden Jahrzehnte bis zur Gegenwart im Gang. Es entstanden zahlreiche Arbeiten und Aufsätze zum Differenzkriterium[363] und alternativer Kriterien. Es wurden ganze *Kataloge* von Kriterien diskutiert.[364] Etliche Monographien zum historischen Jesus machten bestimmte Kriterien zum *Ausgangspunkt* ihrer Darstellung.[365] Worin unterscheiden sich aber diese Authentizitätskriterien der Jesusforschung von den Kriterien der historischen-kritischen Bibelwissenschaft? Letztere beruhen ja auf erfahrungsbasierte Instruktionsregeln, die eine Anwendung der *generellen Prinzipien* von Textkritik, Literarkritik usw. ermöglichen. Die Authentizitätskriterien der Jesusforschung *individualisieren* die *Kriterien* historisch-methodologischer Kritik, indem sie diese für die Frage nach dem historischen Jesus konkretisieren. Es lassen sich vier Phasen der

362 Das schließt nicht aus, dass implizit immer schon Authentizitätskriterien die jeweiligen Phasen der Forschung bestimmt haben: „Jede dieser Phasen [der kritischen Jesusforschung] ist mit einer Neubestimmung der Kriterien für Echt und Unecht verbunden." (THEISSEN/WINTER, Die Kriterienfrage in der Jesusforschung, 7).

363 Vgl. DAVID L. MEALAND, The Dissimilarity Test. In: Scottish journal of theology 31 (1/1978) 41-50; HEINZ SCHÜRMANN, Kritische Jesuserkenntnis. Zur kritischen Handhabung des „Unähnlichkeitskriteriums". In: Bibel und Liturgie 54 (1/1981) 17-26; M.D. HOOKER, Christology and methodology. In: CRAIG A. EVANS (Ed.), The Historical Jesus. Critical Concepts in Religious Studies, Vol. I, London 2004, 418-426.

364 Vgl. EUGENE M. BORING, Criteria of Authenticity: The Lucan Beatitudes as a Test Case. In: Forum 1 (4/1985) 3-38; DIETER LÜHRMANN, Die Frage nach Kriterien für ursprüngliche Jesusworte. Eine Problemskizze. In: Jésus aux origines de la Christologie, hg. von J. Dupont, EThL.B 40, 1975, 59–72; ROBERT H. STEIN, The "Criteria" for Authenticity. In: R.T. FRANCE/ DAVID WENHAM (Ed.), Gospel Perspectives. Studies of History and Tradition in the Four Gospels, Sheffield 1980, 225-263; F. GERALD DOWNING, Criteria. In: R.J. COGGINS/ J.L. HOULDEN (Ed.), A Dictionary of Biblical Interpretation, London 1999, 151-153; D.G.A.CALVERT, An examination of the criteria for distinguishing the authentic words of Jesus. In: CRAIG A. EVANS (Ed.), The Historical Jesus. Critical Concepts in Religious Studies, Vol. I, London 2004, 427-438; RICHARD N. LONGENECKER, Literary criteria in life of Jesus research: an evaluation and proposal. In: CRAIG A. EVANS (Ed.), The Historical Jesus. Critical Concepts in Religious Studies, Vol. I, London 2004, 451-464; FRITZLEO LENTZEN-DEIS, Kriterien für die historische Beurteilung der Jesusüberlieferung in den Evangelien. In: KARL KERTELEGE (Hg.), Rückfrage nach Jesus. Zur Methodik und Bedeutung der Frage nach dem historischen Jesus, Freiburg im Breisgau 1974, 78-117.

365 Vgl. JOHN P. MEIER, A Marginal Jew. Rethinking the historical Jesus. Vol. 1, New York 1991; NORMAN PERRIN, Was lehrte Jesus wirklich? Rekonstruktion und Deutung, Göttingen 1972; JÜRGEN BECKER, Jesus von Nazaret, Berlin 1995; JOACHIM GNILKA, Wie das Christentum entstand. Bd. 1: Jesus von Nazaret, Freiburg im Breisgau 2004.

kriteriologischen Auseinandersetzung unterscheiden.[366] Nach der *isolierten* Formulierung einzelner Kriterien, kam es insbesondere in der Neuen Frage zur *Kombination* und *Systematisierung* von mehreren Kriterien.[367] In der gegenwärtigen und letzten Phase werden Authentizitätskriterien kritisiert, reformuliert und bleiben ein wichtiges Fundament der Methode der historischen Jesusforschung.[368] Im Folgenden sollen zunächst die bedeutendsten Kriterien der Jesusforschung seit der Neuen Frage dargestellt und analysiert werden.

2.3.2.1 Einzelne Kriterien

2.3.2.1.1 Differenzkriterium oder das Kriterium der Tendenzwidrigkeit

Ernst Käsemann etablierte das *Differenzkriterium* als Pfeiler der Neuen Frage nach dem historischen Jesus und verhalf ihm dadurch zu einer prominenten Rezeption. Freilich reicht die Geschichte dieses Kriteriums zurück bis zum Ende des 18. Jahrhunderts.[369] Zum Verständnis des Differenzkriteriums hilft seine Umbenennung als *Kriterium der Tendenzwidrigkeit*. Hier soll dafür argumentiert werden, dass das Differenzkriterium eine Spezifizierung des Kriteriums der Tendenzwidrigkeit darstellt. Letzteres meint nicht die von der Formkritik angenommenen „gesetzesmäßigen" Fortentwicklungen der Tradition (z.B.: Quantitative Fortschreibung und Ausmalung, Glättung schwieriger Sprachstellen usw.)[370], die heute ohnehin als fragwürdig gelten.[371] Vielmehr soll Tendenz im intentionalen Sinne als die formgebenden Interessen, Bedürfnisse, Motive und ihre Bedingungen (zeitgeschichtlicher Kontext usw.) bezeichnet werden. In der Forschung ist man sich einig, dass die Kritik der Aufklärung und insbesondere die Unterscheidung von Reimarus zwischen der Lehre von Jesus und der Lehre seiner Apostel den Beginn des Differenzkriteriums markiert.[372] Die Aufklärung hatte die Bedingungen dafür geschaffen, dass zum ersten Mal die biblischen Texte als geschichtliche Quellen mit eigenen Intentionen und Tendenzen erkannt wurden. Die Literarkritik diente als Mittel zur Klärung der Unabhängigkeit und tendenziösen

366 Vgl. Stanley E. Porter, The Criteria of Authenticity. In: Tom Holmén/ Stanley Porter (Hg.), Handbook for the Study of the Historical Jesus. Vol. 1: How to Study the Historical Jesus, Leiden 2011, 695-714, hier 706-709.

367 Vgl. ebd., 706-708.

368 Vgl. ebd., 708 f.

369 Vgl. David S. Du Toit, Der unähnliche Jesus. Eine kritische Evaluierung der Entstehung des Differenzkriteriums und seiner geschichts- und erkenntnistheoretischen Voraussetzungen. In: Jens Schröter/ Ralph Brucker (Hg.), Der historische Jesus. Tendenzen und Perspektiven der gegenwärtigen Forschung, Berlin 2002, 89-129, hier 96 ff; Vgl. Theissen/Winter, Die Kriterienfrage in der Jesusforschung, 79 ff.

370 Vgl. Boring, Criteria of Authenticity, 11 f; Stein, The "Criteria" for Authenticity, 238 ff.

371 Vgl. Stein, The "Criteria" for Authenticity, 240.

372 Vgl. Du Toit, Der unähnliche Jesus, 96 f.;

Einheitlichkeit eines Textes. Deshalb spricht man statt von Literar- auch von Tendenzkritik.[373]

Bei der Differenzierung des Reimarus zwischen zweier Lehren handelt es sich also um ein Tendenzkriterium. Er subtrahiert von den Evangelien die Lehre der Apostel, um die eigentliche vernunftreligiöse Botschaft von Jesus herauszuarbeiten. Die Frage nach dem Verhältnis der Evangelien wurde auch geklärt, indem man die Tendenzen des jeweiligen Evangeliums und ihre gegenseitige Abhängigkeit herausarbeitete. Anfang des 20. Jahrhunderts hat P.W. Schmiedel die *Verehrungstendenz* als allgemeines Abgrenzungskriterium für die Authentizität erhoben.[374] Alles, was der Referenz der christlichen Quellen zuwiderläuft, kann aufgrund seiner wirkungsgeschichtlichen Durchsetzungskraft Echtheit beanspruchen. Im angelsächsischen Raum spricht man auch von einem *criterion of embarassment*.[375] Schmiedel arbeitet in seiner Anwendung dieses Kriteriums authentische Grundsäulen für das Leben Jesu heraus und stellt für diese fest[376]:

> „Das Wichtigste ist nun dies, daß sie nach denselben Grundsätzen ausgewählt sind, nach denen jeder Geschichtsforscher auf einem außertheologischen Gebiet verfährt. Lernt ein solcher eine Person der Geschichte zuerst aus einem Buche kennen, das von Verehrung für seinen Helden durchdrungen ist wie die Evangelien für Jesus, so hält er in erster Linie diejenigen Stellen des Buches für glaubhaft, die dieser Verehrung zuwiderlaufen; denn er sagt sich, daß sie von dem Verfasser des Buches bei seiner Denkart nicht erfunden sein können, ja, aus den ihm zu Gebote stehenden Berichten nicht einmal aufgenommen sein würden, wenn sie sich ihm nicht als unbedingt wahr aufgedrängt hätten."[377]

373 Vgl. Becker, Exegese des Alten Testaments 57 f.

374 Vgl. Theissen/Winter, Die Kriterienfrage in der Jesusforschung, 83-87.

375 Als klassisches Beispiel für die Verwendung des „Verlegenheitkriteriums" wird die Taufe Jesu durch Johannes genannt. Da diese für die spätere Christen als mögliche Unterordnung Jesu anstößig gewirkt haben muss, kann man davon ausgehen, dass sie aufgrund ihrer wirkungsgeschichtlichen Renitenz auf ein historisches Ereignis zurückgeht. (Vgl. Meier, A Marginal Jew, 168 f.).

376 Es ist interessant, dass Theißen/Merz die Tendenzkriterien bei Reimarus und Schmiedel in ihrer Auflistung für Beispiele des Differenzkriteriums aufnehmen. Das hängt wohl damit zusammen, dass beide die hier vertretene Auffassung teilen, dass man das Differenzkriterium nur als spezifische (und zweimalige) Anwendung des Kriteriums der Tendenzwidrigkeit verstehen kann. Schließlich gehören bei Ihnen etliche Tendenzkriterien zur Vorgeschichte des Differenzkriteriums. Theißen/Merz haben aber nirgends explizit diesen Zusammenhang formuliert. Bei ihrem historischen Plausibilitätskriterium taucht das klassische Differenzkriterium nominell als Tendenzkriterium wieder auf. Selbst wenn beide sich durch die neue Anwendung des klassischen Differenzkriteriums von diesem abgrenzen, so zeigt der Sprachgebrauch, dass das Tendenz- und Differenzkriterium hier identische Sachverhalte beschreiben. Deshalb ist auch Du Toits Unverständnis über die Aufnahme von Schmiedels Grundsäulen als Differenzkriterium bei Theißen und Winter (Vgl. Du Toit, Der unähnliche Jesus, 104 f., Anmerkung 72) nur deshalb entstanden, weil er das Differenzkriterium nicht als Spezifizierung eines allgemeinen Tendenzkriteriums verstanden hat.

377 Paul W. Schmiedel, Die Person Jesu im Streite der Meinungen der Gegenwart, Leipzig 1906, 6.

Die zunehmende Erkenntnis der formenden Tendenzen der christlichen Überlieferung hatte mit zur Krise der liberalen Jesusforschung beigetragen. In der Wende zum 20. Jahrhundert vertieften die entstehende Formkritik und Religionsgeschichte die historische Skepsis. Ein Zurück zum historischen Jesus schien unmöglich. Ernst Käsemann hatte ja diese Ausgangslage zum Anstoß für die Formulierung seines Differenzkriteriums genommen. Aber bereits vor ihm hatten Vertreter der Formgeschichte wie Bultmann und Dibelius die Stoßrichtung dieses Kriteriums befürwortet.[378] Interessanterweise handelt es sich bei der Ausformulierung des Differenzkriteriums um die Identifizierung zweier Tendenzen[379] der christlichen Überlieferung, durch deren Ausscheidung man sich die Herausarbeitung authentischer Überlieferung erhoffte. Trotz der kritischen Erkenntnisse, dass man keine Biographie über den historischen Jesus schreiben kann und dass die ältesten christlichen Quellen von theologischen Interessen und Gemeindebedürfnissen geformt sind, schienen nun zwei geschichtliche Größen als die Haupttendenzen ausgemacht, deren Nihilierung einen Kern authentischer Überlieferung zu Jesus garantieren sollte. Das Differenzkriterium spezifiziert also das Tendenzkriterium in zweifacher Richtung. Zum einen wird die Differenz gegenüber dem Frühchristentum[380] als Gütesiegel für Authentizität erachtet, da man ja die ersten christlichen Gemeinden und die folgenden Traditionen der Kirche als Schöpfer, Autoren und Träger der frühesten Überlieferung erkannt hatte. Was sich gegen diese Tendenz und Interessen der Überliefernden durchgesetzt hatte, musste doch Anhalt in der ursprünglichen Verkündigung des historischen Jesus haben.

Zum anderen wurde die Differenz gegenüber dem Judentum betont.[381] Denn schließlich muss sich Jesus im religiösen Kontext seiner Zeit in besonderer Weise profiliert haben, damit er eine neue und eigenständige Religion begründen konnte. Auch bestand die Gefahr, dass ehemalige Juden (Judenchristen) im Laufe der Zeit die christliche Überlieferung rejudaisiert hätten.[382] Das Frühchristentum und das Judentum bildeten also die zwei religionsgeschichtlichen Größen, die als die Hauptverantwortlichen für die Überformung der historischen Überlieferung galten. Zu Beginn des 20. Jahrhunderts formuliert Heinrich Weinel das Differenzkriterium gegenüber dem Christentum in prägnanter Weise[383]:

---

378 Für die jeweiligen Formulierungen des Differenzkriteriums siehe THEISSEN/WINTER, Die Kriterienfrage in der Jesusforschung, 282-283.

379 Vgl. THEISSENebd., 19-22.

380 Vgl. THEISSENebd., 68 f.; DU TOIT, Der unähnliche Jesus, 96-105.

381 Vgl. THEISSEN/WINTER, Die Kriterienfrage in der Jesusforschung, 69; DU TOIT, Der unähnliche Jesus, 105-113.

382 Vgl. GERD HÄFNER, Das Ende der Kriterien? Jesusforschung angesichts der geschichtstheoretischen Diskussion. In: DERS./ KNUT BACKHAUS (Hg.), Historiographie und fiktionales Erzählen. Zur Konstruktion in Geschichtstheorie und Exegese, Neukirchen-Vluyn 2007, 97-130, hier 116 f.

383 Vgl. DU TOIT, Der unähnliche Jesus, 104-107.

> „Die literarische Kritik ist lange nicht klar genug geübt worden. Sie hat sich zuerst auf die Feststellung dessen zu erstrecken, was die ältesten Quellen boten. Dann ist noch das von der mündlichen Überlieferung Hinzugefügte durch historische Kritik festzustellen. Für diese nun hat als der einzige Maßstab, Echtes von Unechtem zu unterscheiden, der Grundsatz zu gelten: Nur solche Züge der Überlieferung sind als unecht auszuschalten, die nicht aus einem Interesse Jesu, sondern nur aus einem Interesse der Gemeinde herstammen können. Dieser Grundsatz ist – wie oben gegen Wrede gezeigt – nicht zu dem anderen auszuweiten, daß überall da, wo die Gemeinde ein Interesse hatte – wo aber kein Grund dagegen spricht, daß es Jesus auch gehabt hat –, die Überlieferung ganz und gar als unecht anzusprechen sei. Vielmehr muß, da es sich hier immer um eine Ausscheidungs-Operation handelt, erst der Beweis erbracht werden, daß das betreffende Interesse erst später aufgetaucht sein kann."[384]

Gleichzeitig begründet Weinel indirekt die Verwendung des Differenzkriteriums gegenüber dem Judentum[385], indem er darauf hinweist, dass das Wesentliche von der authentischen Überlieferung in einem zweiten Schritt getrennt werden muss:

> „Das Wesentliche bestimmt sich aber nach einer ganz anderen Methode als das Echte. Aus dem Echten, das auf die oben genannte Weise festgestellt ist, muß das Wesentliche noch erst ausgeschieden werden, und zwar nach dem Grundsatz: das Wesentliche ist das Originale. Nicht, was Jesus mit seinem Volk und seiner Zeit geteilt hat – das ist natürlich gerade oft das Echte an der Überlieferung –, sondern was ihn von seinem Volk und seiner Zeit unterschieden hat, das ist sein, das ist das Wesentliche an ihm und seiner Predigt."[386]

Als Beispiel für die Anwendung des Differenzkriteriums wird später das jesuanische Verständnis des Reich- Gottes genannt. Im zeitgenössischen Judentum hätte man es eher futuristisch verstanden, während Jesus auch seine präsentische Wirksamkeit herausstellte.[387] Oder man meint, dass das Liebesgebot gegenüber Feinden ein Alleinstellungsmerkmal des historischen Jesus zu seiner Zeit gewesen sei.[388]

In der Neuen Frage avanciert das Differenzkriterium zum methodischen Paradigma. Seine Verwendung gilt als *conditio sine qua non*, um die vormalige kritische Skepsis zu überwinden. Dabei kursierte in der Folgezeit das Kriterium unter diversen Bezeichnungen (Aussonderungsprinzip, Unableitbarkeits-, Unähnlichkeits-, Diskontinuitätskriterium).[389] Was aber im jeweiligen Fall mit Differenz

384 Heinrich Weinel, Ist unsere Verkündigung von Jesus unhaltbar geworden? In: ZThK 20 (1/1910) 1-38, hier 28 f.
385 Vgl. Du Toit, Der unähnliche Jesus, 106 f.
386 Weinel, Ist unsere Verkündigung von Jesus unhaltbar geworden?, 35.
387 Vgl. Mealand, The Dissimilarity Test, 44.
388 Vgl. ebd.
389 Vgl. Theissen/Winter, Die Kriterienfrage in der Jesusforschung, 22.

gemeint war, konnte sachlich vielfältig sein[390] und unterschiedliche Aspekte hervorheben[391]. Motivgeschichtlich ist es hilfreich, wenn man Differenz als *Originalität* versteht.[392] Diese kann dann „im Sinne von unabhängiger Entstehung"[393] oder „im Sinne von charakteristischer Eigentümlichkeit"[394] ausgelegt werden. Tatsächlich ist das Differenzkriterium nicht nur das Resultat historischer Kritik gewesen, sondern unterlag auch theologischen[395], aufklärungsphilosophsichen[396] und geschichtsphilosophischen[397] Motiven. In der aufklärerischen Verwendung des Tendenzkriteriums spielte die Dogmenkritik an der Kirche eine wichtige Rolle.[398] Die Geschichtsphilosophie des Historismus bevorzugte das *Individuum* als zentralen Motor der Geschichte und sah in ihm entsprechend die bedeutendste Analysekategorie.[399]

In der Entstehung des Differenzkriteriums hat dieses Geschichtsdenken einen enormen Einfluss gehabt – insbesondere für die Differenz gegenüber dem Judentum.[400] Je nachdem, ob man das Individuum als *Held* oder *Genie* verstand, betonte man entsprechend die Differenz von Jesus gegenüber Juden- und Christentum.[401] In der Forschung wurde jedenfalls das Differenzkriterium in seiner zweimaligen Abgrenzung spätestens seit seiner Rezeption in der Neuen Frage als Junktim erachtet. Die Befürworter des Differenzkriteriums haben stets darauf hingewiesen, dass die radikale Abgrenzung authentischer Überlieferung über Jesus vom Judentum bzw. Christentum nur ein kritisches Minimum historisch zuverlässiger Aussagen hervorbringen kann.[402] Man gestand ein, dass es ebenso authentisches Quellenmaterial gibt und geben muss, dass in der Über-

---

390 „Wenn man „Differenz" zwischen einem Jesus zugesprochenen Wort und dem Judentum bzw. dem Christentum feststellt, dann kann damit gemeint sein: [1] Der Ausspruch Jesu ist anderweitig nicht belegt und im Rahmen des Judentums bzw. Christentums *prinzipiell* nicht möglich oder denkbar, d.h. kein anderer Mensch hätte dies sagen können. [2] Der Ausspruch Jesu ist aus jüdischer Tradition *faktisch* nicht ableitbar, kann also nicht durch traditionsgeschichtliche Genealogie in seinem Kontext eingeordnet werden.[3] Er ist im Judentum bzw. Christentum in dieser Variante einmalig und daher *konkret* nicht ableitbar, obwohl er prinzipiell gut in seiner Umwelt vorstellbar und allgemeine Analogien tatsächlich vorhanden sind."(22).

391 Du Toit will in der Mehrdeutigkeit der Differenz und den heterogenen Bezeichnungen in Abgrenzung zu Theißen/Merz keine sachlichen Unterschiede erkennen, sondern meint, dass in der jeweiligen Verwendung des Differenzkriteriums unterschiedliche Aspekte betont werden. (Vgl. Du Toit, Der unähnliche Jesus, 93 f., Anmerkung 26).

392 Vgl. ebd., 92 f.

393 Vgl. ebd., 93.

394 Vgl. ebd.

395 Vgl. Theissen/Winter, Die Kriterienfrage in der Jesusforschung, 23 ff.

396 Vgl. ebd., 38-42.

397 Vgl. ebd., 35;42-63; Du Toit, Der unähnliche Jesus, 107-110.

398 Vgl. Theissen/Winter, Die Kriterienfrage in der Jesusforschung, 68.

399 Vgl. Du Toit, Der unähnliche Jesus, 108.

400 Vgl. ebd., 105-110.

401 Vgl. Theissen/Winter, Die Kriterienfrage in der Jesusforschung, 62.

402 Siehe u.a. Mealand, The Dissimilarity Test, 42 f.,47; Schürmann, Kritische Jesuserkenntnis 18 f.

einstimmung zwischen Jesus und seinem jüdischen Kontext (synchrone Ebene) und der frühchristlichen Gemeinden (diachrone Ebene) besteht. Allerdings überwog die Krise der Jesusforschung und das Bewusstsein um den Veränderungsprozess[403] der christlichen Überlieferungen derart schwer, dass man durch das Differenzkriterium eine Art *fundamentum inconcussum* gewährleisten wollte. Dieses sollte dann als Grundlage für weitere Analysen dienen, die auch das ausgeschiedene Quellenmaterial einschlossen. Das Differenzkriterium sollte also insgesamt positiv/inklusiv und nicht negativ/exklusiv verwendet werden.[404] Was also zunächst gemäß einer Verdachtshermeneutik als problematisch ausgeschlossen wurde, ist noch nicht als unecht erwiesen.

Die Prominenz des Differenzkriteriums in der Neuen Frage hat auch zu kontroversen Auseinandersetzungen um seine Leistungsfähigkeit und Berechtigung geführt. Ein schlagfertiges Argument war die Tatsache, dass das eigene historische Wissen über das Frühchristentum und über das Judentum des Zweiten Tempels sehr begrenzt und fragmentarisch war und ist.[405] Wie sollte man vor diesem Hintergrund zuverlässige Ergebnisse differenzkritischer Analysen erwarten? Zumindest müssten diese stets unter dem Vorbehalt neuer historischer Erkenntnisse bleiben. Das wäre zu verkraften. Weitaus schwerwiegender empfand man das Problem, dass das Wissen über die zwei religionsgeschichtlichen Größen (Judentum/Christentum) der Differenz aus denselben Quellen stammt, das dann später für die Applizierung des Differenzkriteriums genutzt wird. Es drängte sich also das begründungstheoretische Problem der Zirkularität auf.[406] Um dieses zu umgehen, braucht man möglichst viele unabhängige Quellen unterschiedlicher Provenienz (schriftlich, archäologisch, außerchristlich usw.). Hier hat sich sicherlich seit dem Beginn der Neuen Frage viel verändert und man kann heute auf weitaus mehr Quellen für eine Rekonstruktion des historischen Jesus zurückgreifen. Ein weiterer Kritikpunkt war die Diversität und Willkür im Verständnis und in der entsprechenden Verwendung des Differenzkriteriums.[407] Die Mehrdeutigkeiten des Differenzbegriffs lassen oftmals implizite Verständnisweisen zu, die vielleicht vom jeweiligen Anwender nicht gewollt

403 Es kam zur „Selektion der Jesusüberlieferung" (im Mündlichen, im Schriftlichen, im Wechsel der Sprache usw.), seiner „Prägung und Umprägung" (Stil der Evangelien) und seiner „Neuinterpretation" (Osterereignis, Angleichung an Gesamtkonzeption usw.) (Vgl. FERDINAND HAHN, Methodologische Überlegungen zur Rückfrage nach Jesus. In: KARL KERTELEGE (Hg.), Rückfrage nach Jesus. Zur Methodik und Bedeutung der Frage nach dem historischen Jesus, Freiburg im Breisgau 1974, 11-77, hier 14-26).

404 Vgl. CALVERT, An examination of the criteria for distinguishing the authentic words of Jesus, 435; STEIN, The "Criteria" for Authenticity, 242; MEALAND, The Dissimilarity Test, 47; THEISSEN/WINTER, Die Kriterienfrage in der Jesusforschung, 23.

405 Vgl. STEIN, The "Criteria" for Authenticity, 243; MEALAND, The Dissimilarity Test, 45 f.; HOOKER, Christology and methodology, 419 f.

406 Vgl. MEALAND, The Dissimilarity Test, 45 f.

407 Vgl. HOOKER, Christology and methodology, 418 f.; 420.

sind. Diesbezüglich kann nur eine möglichst transparente und genaue Anwendung des Differenzkriteriums etwaigen Missverständnissen vorbeugen.

Trotz der Bekundungen der Befürworter des Differenzkriteriums, dass man um die *Limitationen* dieses Kriteriums Bescheid wisse und diese *nolens volens* akzeptieren müsse, haben die Kritiker immer wieder den Finger in die „offenen" Wunden gelegt. Die programmatische Forderung nach einer Abgrenzung von Jesus aus dem Frühchristentum und dem zeitgenössischen Judentum schien Vielen ein Anachronismus zu sein.[408] Muss Jesus nicht viele Ansichten seiner Zeitgenossen und späteren Anhänger auch geteilt haben? Die Befürworter bejahten diese Frage ausdrücklich und verwiesen auf den provisorischen Charakter des Differenzkriteriums hin, mit dem keine Überlieferung als unecht ausgeschlossen werden darf. Dessen ungeachtet fragten die Kritiker zu Recht nach, ob der betonten Differenz zwischen Jesus und Judentum nicht unbegründete und unberechtigte Motive zugrunde liegen könnten. Ein latenter Antijudaismus seitens der christlichen Theologen ist in der Entstehungsgeschichte des Differenzkriteriums nicht von der Hand zu weisen.[409] Auch haben die bereits beschriebenen geschichtsphilosophischen Motive des Historismus einer antizipierten Originalität und Genialität von Jesus Vorschub geleistet. Während man aber die von jeglicher Dogmenkritik geläuterte Verdachtshermeneutik gegenüber den christlichen Quellen als notwendige Voraussetzung kritischer Forschung überwiegend stehen ließ, wurde nun Jesus zusehends im jüdischen Kontext verortet. Denn wie kann es sein, dass Jesus als Jude zentrale Thesen seiner Verkündigung unabhängig vom Rahmen des zeitgenössischen Judentums formuliert hat? Mag sein, dass ehemalige Juden die Aussagen des historischen Jesus an einigen Stellen relativiert und rejudaisiert haben. Aber reicht dieser Befund aus, um systematisch sämtliche jüdischen Elemente bei der Anwendung des Differenzkriteriums auszublenden? In der Third Quest hat man den Spieß umgedreht und die Kontextualisierung des historischen Jesus im Rahmen der jüdischen Religion des Zweiten Tempels zum Grundsatz erhoben.[410]

Insgesamt ergibt sich für die Einordnung des Differenzkriteriums im Rahmen einer Kriteriologie der historischen Jesusforschung eine gemischte Bilanz. Etliche theologische und geschichtsphilosophische Motive waren bei der Entstehung dieses Kriteriums mit am Werk. Deren Geltung wird man heute in Frage stellen und verneinen. Andererseits ist das Differenzkriterium auch das Resultat historisch-methodologischer Kritik. Als Tendenzkriterium bedarf es in seiner Anwendung der Ergebnisse der Literar-, Form-, Redaktions- und religionsge-

---

408 Vgl. ebd., 420.

409 Vgl. THEISSEN/WINTER, Die Kriterienfrage in der Jesusforschung, 25;70-73; DU TOIT, Der unähnliche Jesus, 112 f.

410 Vgl. THEISSEN/MERZ, Der historische Jesus, 29; STROTMANN, Der historische Jesus, 31 f.

schichtlichen Kritik.[411] Erst diese helfen bei der Identifizierung der Tendenzen (theologische Interessen, Gemeindebedürfnisse, Anpassung an Erzählrahmen, sprachliche Veränderungsprozesse usw.), von denen in der Anwendung des Kriteriums differiert wird. Insbesondere das Differenzkriterium gegenüber dem Christentum wird auch heute noch als vielversprechendes Kriterium gewürdigt.[412] Man hat aber gelernt, die programmatische Beweislast und die Überschätzung seiner Leistungsfähigkeit abzulegen. Die Mehrheit relativiert also den Geltungsbereich und -anspruch des Differenzkriteriums. Allerdings gibt es auch weiterhin kritische Stimmen der Gegenwart.[413] Für die Mehrheit der Befürworter gilt, dass nur noch das Differenzkriterium gegenüber dem Christentum – und nicht mehr die Abgrenzung zum Judentum – akzeptiert wird.

2.3.2.1.2 *Kohärenzkriterium*

Selbst bei der Betrachtung der Befürworter des Differenzkriteriums drängt sich stets das Gefühl auf, dass diese es nur als Surrogat betrachten, da es keine besseren Alternativen gibt. Deshalb wird stets betont, dass es weiterer Kriterien bedarf, um die Reichweite des Differenzkriteriums zu erweitern. Nicht selten wird das *Kohärenzkriterium* als aussichtsreicher Kandidat für die Komplementierung des Differenzkriteriums verhandelt.[414] Norman Perrin führt dieses Kriterium folgendermaßen ein:

> „Wenn wir das Kriterium der Unähnlichkeit [Differenzkriterium] zu unserem Ausgangspunkt gemacht haben und die Ergebnisse der Anwendung dieses Kriteriums als die einzige Grundlage akzeptiert haben, auf der wir aufbauen können, muß als nächster Schritt ein Kriterium gefunden werden, mit dessen Hilfe wir vorsichtig in Überlieferungsbereiche eindringen können, in denen sich das erstgenannte Kriterium nicht anwenden läßt. Hier schlage ich ein zweites Kriterium vor, das ich das ‚*Kriterium der Kohärenz*' nennen möchte: Stoffe aus der ältesten Überlieferungsschicht können als echt angenommen werden, wenn sich nachweisen läßt, daß sie mit den Stoffen zusammenhängen, die mit Hilfe des Kriteriums der Unähnlichkeit als echt erwiesen wurden."[415]

Während mit dem Differenzkriterium *subtraktiv* tendenziöses Material aussortiert wird, soll mit Hilfe des Kohärenzkriteriums *additiv* der authentische Kern-

---

411 Vgl. THEISSEN/WINTER, Die Kriterienfrage in der Jesusforschung, 20; DU TOIT, Der unähnliche Jesus, 93, Anmerkung 22.

412 Vgl. HÄFNER, Das Ende der Kriterien?, 115 ff.

413 Vgl. DALE C. ALLISON, How to Marginalize the Traditional Criteria of Authenticity. In: TOM HOLMÉN/ STANLEY PORTER (Hg.), Handbook for the Study of the Historical Jesus. Vol. 1: How to Study the Historical Jesus, Leiden 2011, 3-30, hier 4 f.; PORTER, The Criteria of Authenticity, 710 ff.

414 Vgl. MEIER, A Marginal Jew, 176 f.; BORING, Criteria of Authenticity, 17 ff.; STEIN, The "Criteria" for Authenticity, 250 f.; LENTZEN-DEIS, Kriterien für die historische Beurteilung der Jesusüberlieferung in den Evangelien, 99 f.

415 PERRIN, Was lehrte Jesus wirklich?, 37.

bestand der Überlieferung erweitert werden. Auffällig ist die *inzestuöse* Verwendung. Perrin selbst und andere Vertreter wenden das Kohärenzkriterium auf bereits ausgeschiedenes Material durch das Differenzkriterium an. Zwar ist es richtig, dass die Wenigsten das Differenzkriterium negativ/exklusiv verwenden, um etwas als unecht einzustufen. Und trotzdem hat man kritisiert, dass die Anwendung des Kohärenzkriteriums *zirkulär* und *widersprüchlich* ist. Wie kann etwas, dass vorher als potenziell unecht eingestuft wurde im zweiten Schritt aufgrund seiner Kompatibilität als echt erwiesen werden? Tatsächlich besteht dieses Problem aber nur dann, wenn man vorher etwas *endgültig* als tendenziös unecht ausgewiesen hat.

Weitaus schwieriger ist aber die Frage, ob Kohärenz mit einem als echt ausgewiesenen Kern auch Authentizität beanspruchen kann.[416] Wie kann man ausschließen, dass die frühen Christen historisch authentische Aussagen von Jesus kohärent aufgrund bestimmter Interessen und Bedürfnisse erweitert haben?[417] Und ist die Kategorie der Kohärenz nicht subjektiv?[418] Was den Einen als kompatibel und zusammenhängend erscheint, wird von dem Anderen als widersprüchlich ausgewiesen? Um die Übernahme späterer Erweiterung der Jesusüberlieferung zu vermeiden – auch wenn diese zunächst als kompatibel mit authentischen Aussagen erscheint –, müssen immer stets die genauen Motive und Intentionen identifiziert werden, die zum Wachstum eines Kernbestandes an Aussagen und Fakten geführt haben.[419] Wo spätere Interpolation ausgeschlossen werden kann, lässt sich das Kohärenzkriterium in Anschlag bringen. Daneben kann die Kohärenz unterschiedlich ausgelegt werden. Sie kann *biographisch* auf den Rahmen des Leben Jesu bezogen sein oder *traditionsgeschichtliche Kontinuität* bezeichnen.[420] Im Einzelfall gibt es aber immer einen Spielraum der Plausibilität von Kohärenz, den jeder für sich selbst in seiner Evidenz ausloten muss. Es versteht sich von selbst, dass aufgrund der hypotaktischen Verwendungsweise des Kohärenzkriteriums die Ergebnisse seiner Anwendung von der Authentizität des bereits etablierten kritischen Minimums der Überlieferung abhängig sein werden. Man hat zu Recht davor gewarnt, dass mit dem Kohärenzkriterium auch einer Essentialisierung bestimmter Traditionen Vorschub geleistet werden kann.[421] Deshalb ist seine *Dependenz* vom Differenzkriterium und die *Fallibilität* vermeintlicher Grundwahrheiten stets ins Bewusstsein zu rufen.

416 Vgl. MEIER, A Marginal Jew, 176; STEIN, The "Criteria" for Authenticity, 251.

417 Vgl. WILLIAM O. WALKER, The quest for the historical Jesus: a discussion of methodology. In: CRAIG A. EVANS (Ed.), The Historical Jesus. Critical Concepts in Religious Studies. Vol. I, London 2004, 400-417, hier 407; STEIN, The "Criteria" for Authenticity, 251.

418 Vgl. PORTER, The Criteria of Authenticity, 713.

419 Vgl. THEISSEN/WINTER, Die Kriterienfrage in der Jesusforschung, 243-247.

420 Vgl. ebd., 18.

421 Vgl. STEIN, The "Criteria" for Authenticity, 251.

Geschichtsschreibung ist ohne die Schaffung von (sachlicher/chronologischer) Kohärenz und die Ausscheidung von Inkohärenzen nicht möglich. Jeder Historiograph ordnet historische Fakten nach bestimmten Darstellungsformen und konstituiert damit einen Sinnzusammenhang.[422] Das Kriterium der Kohärenz in der Jesusforschung versucht ein kritisches Minimum an authentischer Jesusüberlieferung zum *Ordnungs- und Erweiterungsprinzip* für echte Aussagen über den historischen Jesus zu machen. Freilich liegt die Überzeugungskraft seiner Anwendung in der *Validität* bestimmter Grunddaten und in der *Plausibilität* der konkreten Erweiterung dieses Kerns.

2.3.2.1.3 Mehrfachbezeugung und Gattungsinvarianz

Ein Kriterium, das auch unabhängig vom Differenzkriterium genannt und verwendet wird, ist die Mehrfachbezeugung.[423] Werden Aussagen über und von Jesus mehrmals unabhängig voneinander überliefert, dann können diese höhere Verlässlichkeit und Authentizität beanspruchen. Burkitt ist ein sehr früher Vertreter des Kriteriums der Mehrfachbezeugung[424]:

> „We need [...] a kind of starting-point for the consideration of our Lord's doctrine, some external test that will give us a general assurance that the Saying we have before us is really from Him, and is not the half-conscious product of one school of His followers. [...] It appeared to me that the starting-point we require may be found in those Sayings which have a real double attestation. The main documents out of which the Synoptic Gospels are compiled are (1) the Gospel of Mark and (2) [...] the source called Q. Where Q and Mark appear to report the same saying, we have the nearest approach that we can hope to get to the common tradition of the earliest Christian society about our Lord's words."[425]

Burkitt nennt 31 Aussagen und Erzählungen von Jesus, die doppelt und unabhängig voneinander bezeugt sind.[426] Ein Problem bleibt der Erweis der Unabhängigkeit. Da die Logienquelle nur rekonstruiert werden kann, ist es oftmals schwer zu entscheiden, ob eine Aussage aus Matthäus und Lukas nicht doch literarisch abhängig von Markus ist. Hier mag die Erweiterung des Kriteriums der Mehrfachbezeugung auf nichtchristliche Überlieferung Abhilfe schaffen.

John Dominic Crossan steht für eine umfassende und erweiterte Verwendung der Mehrfachbezeugung.[427] Dieser vergleicht die zeitgenössische Forschung mit

---

422 Droysen bezeichnet die unterschiedlichen Formen der Darstellung historischer Sachverhalte als „Topik" (DROYSEN, Historik, 445-450).

423 Vgl. PORTER, The Criteria of Authenticity, 712 f.; STEIN, The "Criteria" for Authenticity, 229-233; MEIER, A Marginal Jew, 174 f.

424 Vgl. BORING, Criteria of Authenticity, 8.

425 FRANCIS CRAWFORD BURKITT, The gospel history and its transmission, Edinburgh 1925, 147.

426 Vgl. ebd., 148-166.

427 Vgl. JOHN D. CROSSAN, Der historische Jesus. Aus dem Engl. von Peter Hahlbrock, München 1994.

sensationslüsterner „Schatzgräberei", die weit entfernt von wissenschaftlicher Nachvollziehbarkeit, Stringenz und Objektivität sei.[428] Angelehnt an der Methode der Stratigraphie möchte er die Überlieferungen zu Jesus in mehreren Schichten der zeitlichen Abfolge aufteilen.[429] Dazu soll man zunächst ein möglichst vollständiges „Inventar" vorhandener Quellen (kanonisch/nichtkanonisch/ christlich/ nichtchristlich) zusammentragen.[430] Dieses wird im zweiten Schritt unterschiedlichen zeitlichen Schichten zugeordnet (bei Crossan sind es vier Zeiträume).[431] Im dritten Schritt wird die mögliche Interdependenz der Quellen evaluiert[432]. Crossan gibt danach eine „Hierarchie" der Authentizität vor.[433] Er will nahezu ausschließlich Überlieferungen aus der ältesten Schicht verwenden – auch wenn er nicht ausschließt, dass spätere Quellen echt sein könnten.[434] Außerdem müssen einmal bezeugte Überlieferungen – mögen sie auch zur ältesten Schicht gehören – außen vor gelassen werden.[435] Crossan gibt zu, dass auch einmal Tradiertes authentisch sein kann, hält es aber für sehr unwahrscheinlich, dass bei zwei unabhängigen Überlieferungen derselbe Inhalt frei erfunden wäre. So werden von 522 Überlieferungen bei Crossan 342 aufgrund ihrer einmaligen Bezeugung aussortiert.[436] Man darf nicht außer Acht lassen, dass Crossan sein Verfahren der Stratifikation nur in Kombination mit der Verwendung sozialanthropologischer Ansätze und der unabhängigen historischen Forschung zur griechisch-römischen Geschichte (Archäologie usw.) verwenden möchte.[437] Wenn bestimmte Überlieferungen nicht in eines der beiden Pfeiler passen, dann sortiert er diese aus.[438] Letzteres wird in der Kritik an Crossan oftmals übergangen, obwohl dieser ausdrücklich darauf hinweist.

Was die generelle Kritik an das Kriterium der Mehrfachbezeugung anbelangt, so hat man wiederholt darauf hingewiesen, dass einfach bezeugte und spätere Überlieferung auch authentisch sein kann.[439] Deshalb wird die exklusiv/negative Anwendung dieses Kriteriums abgelehnt. Auch wird moniert, dass Mehrfachbezeugung zwar ein Indiz für wirkungsgeschichtlich dominierende Überlieferung ist, aber deshalb nicht historisch authentisch auf Jesus zurückgehen *muss*. Es können sich auch spätere Aussagen als wirkmächtig erwiesen haben.[440]

428 Vgl. ebd., 28.
429 Vgl. ebd., 31-34.
430 Vgl. ebd., 32.
431 Vgl. ebd.
432 Vgl. ebd.
433 Vgl. ebd., 33.
434 Vgl. ebd.
435 Vgl. ebd.
436 Vgl. ebd., 34.
437 Vgl. ebd., 29.
438 Vgl. ebd.
439 Vgl. MEIER, A Marginal Jew, 175; STEIN, The "Criteria" for Authenticity, 232.
440 Vgl. PORTER, The Criteria of Authenticity, 712.

Zu Recht wurde hier aber entgegnet, dass die prinzipielle Möglichkeit später Entstehung noch nicht ausreicht, um die Sinnhaftigkeit dieses Kriteriums zu negieren. Denn oftmals lässt sich die spätere Entstehung eines Stoffes auch nachweisen.[441] Dann ist natürlich das entsprechende Material aus dem Anwendungsbereich der Mehrfachbezeugung auszuschließen.

Insbesondere in Bezug auf Crossan wurde seine Datierung der Quellen (z.B. die frühe Ansetzung des Thomasevangeliums) kritisiert.[442] Tatsächlich spielt diese Kritik Crossan in den Karten. Er selbst empfindet es als Stärke seiner Methode, dass sie das Höchstmaß an Transparenz gewährleistet.[443] Er ist sich bewusst, dass an etlichen Stellen andere Autoren bezüglich der Datierung und Abhängigkeit der Quellen unterschiedliche Urteile fällen werden.[444] Crossan will aber, dass genau diese impliziten Entscheidungen zu Tage kommen. Mag sein, dass die Datierungen von Quellen bei Crossan nicht geteilt werden, aber der Dissens wird an seiner entscheidenden Stelle aufgehellt. Außerdem ist die Datierungsfrage von der Mehrfachbezeugung zu unterscheiden. Für die Identifizierung wirkmächtiger Traditionen scheint das Kriterium der Mehrfachbezeugung besonders geeignet zu sein.[445]

In seiner Anwendung ähnelt das Kriterium der Mehrfachbezeugung den Kriterien philologischer Textkritik. Auch dort werden Textvarianten danach bewertet, ob sie unabhängig voneinander in den Quellen bezeugt werden, ob sie alt sind und ob die ursprüngliche Textversion rekonstruierbar ist.[446]

Eine Variante des Kriteriums der Mehrfachbezeugung ist die „Gattungsinvarianz“[447] oder der „Querschnittsbeweis“[448] („Multiple Forms“).[449] Können bestimmte Inhalte und Motive in unterschiedlichen Traditionen und Überlieferungs*formen* nachgewiesen werden, dann sind diese als authentisch zu werten. Ein beliebtes Beispiel ist die Verkündigung vom Reich Gottes.[450] Diese ist in mehreren Gattungen (Gleichnisse, Wundererzählungen usw.) enthalten. Man kann also davon ausgehen, dass die Verkündigung des Reiches Gottes sehr früh als zentrale Botschaft des historischen Jesus galt und mit großer Sicherheit auf ihn selbst zurückgeht.

---

441 Vgl. THEISSEN/WINTER, Die Kriterienfrage in der Jesusforschung, 243-247.
442 Vgl. ECKHARD RAU, Jesus – Freund von Zöllnern und Sündern. Eine methodenkritische Untersuchung, Stuttgart 2000, 38 f.
443 Vgl. CROSSAN, Der historische Jesus, 35.
444 Vgl. ebd.
445 Vgl. THEISSEN/WINTER, Die Kriterienfrage in der Jesusforschung, 180-183.
446 Vgl. BECKER, Exegese des Alten Testaments, 33-37.
447 Vgl. THEISSEN/WINTER, Die Kriterienfrage in der Jesusforschung, 181.
448 Vgl. ebd., 181 f.
449 Vgl. STEIN, The "Criteria" for Authenticity, 232 f.; Vgl. CALVERT, An examination of the criteria for distinguishing the authentic words of Jesus, 434.
450 Vgl. STEIN, The "Criteria" for Authenticity, 233.

Für die Stärken und Schwächen der Gattungsinvarianz und des Querschnittsbeweises lassen sich dieselben Vorbehalte wie bei der Mehrfachbezeugung konstatieren. Wenn ein bestimmter Inhalt nur in einer spezifischen erzählerischen Form überliefert wird, kann es nicht weniger authentisch sein. Für die Bestimmung der wirkungsgeschichtlichen Konstanz und Beliebtheit einer Überlieferung sind die Gattungsinvarianz und der Querschnittsbeweis ein hilfreiches Instrument.

2.3.2.1.4 Sprachliche Kriterien und palästinensischer Kontext

Mit der wachsenden Kenntnis über die komplexe sprachliche Entwicklung christlicher Überlieferung hat man auch versucht, sprachliche Kriterien für die Bestimmung von Authentizität zu verwenden. Wenn Jesu Muttersprache aramäisch war, dann müssten doch Reste der ursprünglichen Verkündigung im griechischen Wortlaut merkbar sein. Entsprechende Semitismen deutete man als Fragmente eines ursprünglich aramäischen Wortlauts.[451] Dalman war einer der Ersten, der auf der Grundlage dieser sprachlichen Befunde ein Kriterium für Authentizität formuliert:

> „Wer wissen will, welches die aramäische Urgestalt eines Herrenwortes gewesen ist, wird ebenso sehr diese Graecismen als jene hellenistischen Hebraismen auszuscheiden haben, um zu einem Wortlaut zu gelangen, welcher im Munde Jesu wenigstens denkbar ist und der aramäischen Urüberlieferung der Apostel am nächsten steht."[452]

Dalman plädiert für eine Art sprachliches Differenzkriterium: Aussagen, die auf aramäische Idiome hinweisen, können mit großer Sicherheit als ursprüngliche Überlieferungen angesehen werden. Joachim Jeremias hat seine eigenen sprachlich-stilistische Kriterien explizit als Ergänzung zum Differenzkriterium verstanden:

> „Man muß geradezu sagen, daß die Art und Weise, wie heute vielfach das »Unähnlichkeitskriterium« als Schibboleth benutzt wird, eine schwerwiegende Fehlerquelle enthält und den historischen Tatbestand verkürzt und entstellt, weil sie die Zusammenhänge zwischen Jesus und dem Judentum nicht in den Griff bekommt. Um so wichtiger ist es, daß wir neben der religionsvergleichenden Methode noch ein anderes Hilfsmittel zur Ermittlung der vorösterlichen Überlieferung besitzen, nämlich *sprachlich-stilistische* Tatbestände."[453]

---

451 Vgl. CALVERT, An examination of the criteria for distinguishing the authentic words of Jesus, 433 f.; Vgl. STEIN, The "Criteria" for Authenticity, 233 ff.

452 GUSTAF DALMAN, Die Worte Jesu. Mit Berücksichtigung des nachkanonischen jüdischen Schrifttums und der aramäischen Sprache, Leipzig 1898, 15.

453 JOACHIM JEREMIAS, Neutestamentliche Theologie. Erster Teil: Die Verkündigung Jesu, Gütersloh 1971, 14.

Anhand dieser „sprachlich-stilistischen Tatbestände" glaubt Jeremias die *ipsissima vox* Jesu in Teilen rekonstruieren zu können.[454] Für die Art und Weise wie der historische Jesus das aramäische *'abba* als Gottes- und Gebetsanrede[455] und das *'amen* als „Bekräftigung der eigenen Rede"[456] verwendet hat, gäbe es keine Entsprechung im damaligen jüdischen Sprachgebrauch. Aus dieser *Differenz* wird also die Originalität und Authentizität dieser Ausdrücke beim historischen Jesus abgeleitet. Jeremias erweitert die *ipsissima vox* Jesu um die eigentümliche Verwendung von Gleichnissen, Rätselsprüchen usw.[457]

In der kritischen Jesusforschung hat man sprachliche Kriterien in der Mehrheit nur als Zusatzkriterium akzeptiert. Auch wenn ein griechischer Text auf ein aramäisches Original hinweist oder zurückübersetzt werden kann, so bedeutet das nicht, dass auch der historische Jesus der Urheber des Ausspruchs gewesen sein muss. Ebenso könne die frühe Gemeinde als Träger und Formgeber der Überlieferung identifiziert werden.[458] Einige Beispiele für die *ipsissima vox* Jesu, wie sie Jeremias bestimmt hat (z.B. die Verwendung von *'abba*), konnten relativiert oder widerlegt werden.[459] Auch können heute etliche Semitismen, für die man ein hebräisches und aramäisches Original vermutet hat, suffizient ohne die Annahme einer Übersetzung aus einer anderen Sprache erklären.[460] Sicherlich können manchmal Widersprüche und Inkohärenzen im griechischen Text auf einen semitischen Ursprung hinweisen, aber viele schwierigen Stellen können innerhalb des griechischen Sprachgebrauchs plausibilisiert werden.[461]

Überhaupt geht man heute von einer komplexen Sprachwelt im Wirkungsraum des historischen Jesus aus. Eine lineare Sprachentwicklung von isoliertem aramäischem Sprachgut, das übersetzt wurde, ist äußerst zweifelhaft.[462] Es ist nicht unwahrscheinlich, dass der historische Jesus und seine Anhänger griechisch zumindest verstanden haben.[463] Porter hat den Spieß umgedreht und meint, dass die Analyse des Spruchgutes in den Evangelien nach Szenarien griechischer Sprechkonstellationen (Protagonisten, raum-zeitlicher Kontext, Inhalt

---

454 Vgl. ebd., 38-45.

455 Vgl. JOACHIM JEREMIAS, Abba. Studien zur neutestamentlichen Theologie und Zeitgeschichte, Göttingen 1966, 145-148.

456 Vgl. ebd., 148-151.

457 Vgl. JEREMIAS, Neutestamentliche Theologie, 38-43.

458 Vgl. STEIN, The "Criteria" for Authenticity, 235; JOHN P. MEIER, Basic Methodology in the Quest for the Historical Jesus. In: TOM HOLMÉN/ STANLEY PORTER (Hg.), Handbook for the Study of the Historical Jesus. Vol. 1: How to Study the Historical Jesus, Leiden 2011, 323.

459 Vgl. TOBIAS NICKLAS, Alternatives to Form and Tradition Criticism in Jesus Research. In: TOM HOLMÉN/ STANLEY PORTER (Hg.), Handbook for the Study of the Historical Jesus. Vol. 1: How to Study the Historical Jesus, Leiden 2011, 715-742, hier 720 f.

460 Vgl. ebd., 722 f.

461 Vgl. ebd.

462 Vgl. ebd., 723.

463 Vgl. ebd., 723 f.; MEIER, Basic Methodology in the Quest for the Historical Jesus, 324.

usw.), ein zusätzliches Kriterium für Authentizität sein kann.[464] Freilich betont er selber, dass sein Kriterium der griechischen Sprache nur in Kombination mit den klassischen Kriterien der Authentizität verwendet werden darf.[465]

Die genannten sprachlichen Kriterien versuchen durch historische Kontextualisierung (Sprachgebrauch zur Zeit Jesu) die Echtheit von Überlieferungen zu beurteilen. Daran ist grundsätzlich nichts auszusetzen. Nur bedarf es im besten Fall der Kenntnisse vom Entwicklungsstand einer Sprache, die unabhängig von den zu analysierenden Quellen erhoben werden können. Derart lässt sich vielleicht der archaische Charakter von Aussagen feststellen. Doch das gewährleistet noch nicht, dass bestimmte Worte auch tatsächlich von Jesus und nicht von seinen Anhängern oder von seiner Umwelt stammen. Jeremias versucht durch den vermeintlich einmaligen Sprachstil den jesuanischen Ursprung zu erweisen. Hier muss sich im jeden Einzelfall entschieden werden, ob tatsächlich der Wunsch oder die Befunde dafürsprechen.

Das sprachliche Kontextkriterium hat man auch inhaltlich zu verallgemeinern versucht. Wenn der Kontext (Ökonomie, Gesellschaftsstruktur usw.) einer Erzählung oder Rede in das Palästina des ersten Jahrhunderts passt, dann könnte das entsprechende Quellenmaterial tatsächlich aus dieser Zeit stammen.[466] Ein Beispiel wäre der agrikulturelle Kontext von Gleichniserzählungen, der für bestimmte Regionen Palästinas typisch wäre.[467] Auch für dieses allgemeine Kontextkriterium gilt, dass es nur ein zusätzliches Kriterium zur Bestimmung von Authentizität sein kann.[468] Ebenso müssen die Informationen zum Kontext unabhängig von den zu analysieren Quellen zu bestätigen sein (Archäologie, nichtchristliche und zeitgenössische Quellen usw.). Ob die jeweilige Überlieferung dann tatsächlich archaisch ist, kann nicht immer gewährleistet sein, da auch Rückprojektionen möglich sind.

2.3.2.2 Systematisierung von Kriterien

In der Neuen Frage werden etliche Kataloge der Authentizitätskriterien für historisch zuverlässige Überlieferungen zu Jesus erstellt. Dabei wird in einigen Fällen eine *Systematisierung* und *Bewertung* von Einzelkriterien vorgenommen. Es besteht Konsens, dass sämtliche Kriterien nur inklusiv/positiv verwendet wer-

---

464 Vgl. Stanley E. Porter, The Role of Greek Language Criteria in Historical Jesus Research. In: Tom Holmén/ Stanley Porter (Hg.), Handbook for the Study of the Historical Jesus. Vol. 1: How to Study the Historical Jesus, Leiden 2011, 361-404.

465 Vgl. ebd., 382.

466 Vgl. Stein, The "Criteria" for Authenticity, 236 ff.; Vgl. Calvert, An examination of the criteria for distinguishing the authentic words of Jesus, 433 f.

467 Vgl. Theissen/Winter, Die Kriterienfrage in der Jesusforschung, 14.

468 Vgl. ebd.

den dürfen[469], da der hauptsächliche Impetus einer kriterienorientierten Analyse im Erweis eines kritischen Minimums an echter Überlieferung besteht. Es soll also kein Quellenbestand aufgrund von Authentizitätskriterien als unecht aussortiert werden. Ebenso wird darauf eingeschworen, dass kein Kriterium isoliert verwendet werden soll, sondern dass nur ein Pluralismus und eine Kombination unterschiedlicher Kriterien zum Ziel führt.[470] Hat man einmal einen sicheren Kern über Aussagen und Taten des historischen Jesus erarbeitet, so wird auch vorgeschlagen, dass diese in einem Gesamtrahmen eingefügt werden.[471] Dieser kann inhaltlicher Art sein und sich auf eine Intuition oder anderweitig verbürgte Fakten über die zentrale Botschaft (Reich Gottes Verkündigung) oder den Rahmen (palästinensisches Judentum des ersten Jahrhunderts) der Verkündigung bei Jesus beziehen.[472] Oder man geht von gewissen zeitlichen und geographischen Grunddaten aus, die als Orientierungspunkt für die Synthetisierung der fragmentarischen Resultate der Quellenkritik dienen. Als Beispiel für ein sicheres Faktum des Lebens Jesu wird z.B. die Kreuzigung angeführt.[473] Die Ergebnisse der historisch-methodologischen Kritik$_2$ müssen also dieses Ereignis plausibel integrieren können. Die Forderung nach einer Einordnung des kritischen Minimums zuverlässiger Aussagen in einem größeren Kontext scheint eine Variante des Kohärenzkriteriums zu sein. Nur orientiert sich diese Erweiterung nicht an dem Inhalt des sicheren Kerns, sondern an unabhängigen historischen Fakten. Es scheint aber in der Literatur nicht immer klar zu sein, wie der Gesamtrahmen zu erheben ist und woraus er besteht. Einige Vorschläge gehen dahingehend, dass man zuerst die sicheren *Taten* („activities") des historischen Jesus zu erheben hat, um dann möglich authentische *Aussagen* („sayings") von Jesus zu ermitteln.[474] Für die Bestimmung der Taten werden die klassischen Authentizitätskriterien verwendet. Andererseits wird von einem reziproken Verhältnis zwischen kritischen Einzelergebnissen und Gesamtrahmen ausgegangen.[475] Auch letzterer ist falsifizier- und erweiterbar. Es ist wohl davon auszugehen, dass das Verhältnis zwischen Gesamtbild und Einzelurteile einem hermeneutischen Zirkel entspricht. Es gibt keinen unabhängigen „starting-point" der Ana-

469 Vgl. CALVERT, An examination of the criteria for distinguishing the authentic words of Jesus, 435; LONGENECKER, Literary criteria in life of Jesus research: an evaluation and proposal, 456 f.

470 Vgl. ebd., 456; STEIN, The "Criteria" for Authenticity, 252; BORING, Criteria of Authenticity, 20.

471 Vgl. LENTZEN-DIES, Kriterien für die historische Beurteilung der Jesusüberlieferung in den Evangelien, 100 f.; SCHÜRMANN, Kritische Jesuserkenntnis, 20; WALKER, The quest for the historical Jesus, 411.

472 Vgl. JOHN S. KLOPPENBORG, Sources, Methods and Discursive Locations in the Quest of the historical Jesus. In: TOM HOLMÉN/ STANLEY PORTER (Hg.), Handbook for the Study of the Historical Jesus. Vol. 1: How to Study the Historical Jesus, Leiden 2011, 241-290, hier 276-278.

473 Vgl. WALKER, The quest for the historical Jesus, 411.

474 Vgl. CRAIG A. EVANS, Authenticating the Activities of Jesus. In: BRUCE CHILTON/ DERS. (Hg.), Authenticating the activities of Jesus, Leiden 1999, 3-29, hier 3-5.

475 Vgl. HAHN, Methodologische Überlegungen zur Rückfrage nach Jesus, 37-40.

lyse, der bedingungslos und sicher zu akzeptieren wäre.[476]Eine gängige Unterscheidungskategorie zwischen Kriterien ist die Kennzeichnung als *primär* oder *sekundär*.[477] Für primäre Authentizitätskriterien nimmt man an, dass sie jeweils die historische Zuverlässigkeit einer Überlieferung für sich oder in Kombination miteinander verbürgen können.[478] Hingegen können sekundäre Kriterien in ihrer isolierten Verwendung nie ein Indiz und Merkmal authentischer Traditionen sein. Erst wenn die Anwendung primärer Kriterien ergibt, dass man eine Aussage oder Erzählung mit großer Sicherheit als echt einstufen kann, können supplementär sekundäre Kriterien zur Verdichtung und Konkretisierung des Authentizitätsverdachts zu Rate gezogen werden.[479] Von den im Rahmen in dieser Arbeit besprochenen Kriterien gelten folgende als primär: Differenzkriterium, Kohärenzkriterium, Mehrfachbezeugung, Gattungsinvarianz und Querschnittsbeweis.[480] Sekundäre Kriterien sind sprachlich-stilistische Indizien und palästinensische Bedingungen.[481] Im Folgenden soll ausführlicher auf zwei elaborierte Versuche der Systematisierung von Authentizitätskriterien eingegangen werden.

Polkow analysiert fünf vormalige Kataloge und listet auf deren Grundlage insgesamt 25 Kriterien auf.[482] Indem er einige davon als unzulässig ausschließt und funktionale Äquivalente zusammenfasst, kommt er auf eine reduzierte Liste von acht Kriterien.[483] Um diese zu hierarchisieren, schlägt er eine „Zwiebelmodell" vor, das aus drei Schichten besteht:[484] Die äußerste Schicht steht symbolisch für die *Redaktion* der christlichen Überlieferung. Die mittlere Schicht verweist auf die Veränderungen im *Traditionsprozess*. Und die innerste Schicht enthält die *originalen Worte* oder *Fakten* Jesu, die sich historisch zuverlässig rekonstruieren lassen. Komplementär zu diesem „Zwiebelmodell" kategorisiert Polkow seine acht Kriterien als *präliminar*, *primär* und *sekundär*.[485] Während primäre und sekundäre Kriterien aus den bereits genannten klassischen Authentizitätskriterien bestehen, beinhalten die präliminaren Kriterien den „Ausschluss von Redaktion" („Discounting Redaction") und den „Ausschluss der tra-

476 Vgl. ebd.
477 Ich beziehe mich im Folgenden auf die Unterscheidung von Meier, da seine Differenzierungen am Stärksten rezipiert wurden (MEIER, Basic Methodology in the Quest for the Historical Jesus).
478 Vgl. ebd., 310.
479 Vgl. ebd.
480 Vgl. ebd., 310-323.
481 Vgl. ebd., 323-330.
482 Vgl. DENNIS POLKOW, Method and Criteria for Historical Jesus Research. In: KENT HAROLD RICHARDS (Ed.), Society of Biblical Literature. Seminar Papers 1987, Atlanta 1987, 336-356.
483 Vgl. ebd., 340-342.
484 Vgl. ebd., 346 f.
485 Vgl. ebd. 342.

ditionsbedingten Veränderungen" („Discounting Tradition").[486] Letztere sollen bei dem „Schälen" der ersten beiden Schichten der Quellen hilfreich sein.

Als Anwendungsbeispiel wird das Gleichnis vom Senfkorn (Mt 13,31-32; Mk 4,30-32; Lk 13-18-19; EvThom20) gewählt. Alles, was auf eine spezifische Redaktion zurückgeht, wird als spätere Erweiterung ausgeschlossen. Hierbei wird auf das Verfahren der Redaktionskritik zurückgegriffen.[487] Dazu müssen natürlich auch die Erkenntnisse der Literarkritik berücksichtigt werden, um die Abhängigkeit der Quellen und eine Redaktion als solche identifizieren zu können. Im zweiten Schritt werden anhand der Überlieferungs- und Traditionskritik diejenigen Tendenzen ausfindig gemacht, die im mündlichen und schriftlichen Traditionsprozess wirksam waren und die Überlieferung zu Jesus verändert haben.[488] Auch diese werden als späterer Zuwachs gekennzeichnet und ausgeschlossen. Erst nach der Anwendung dieser beiden präliminaren Kriterien möchte Polkow die Anwendung der klassischen Kriterien zulassen. Als primäre Kriterien dienen das Differenzkriterium, das Kohärenzkriterium und die Mehrfachbezeugung. Polkow expliziert in seiner Applizierung des Differenzkriteriums, dass das Gleichnis vom Senfkorn in seiner ursprünglichen Form geradezu paradox und überraschend für seine Hörer gewesen sein muss.[489] Zur damaligen Zeit war der Vergleich mit der Zeder üblich und nachvollziehbar.[490] Wenn Jesus nun das Reich Gottes mit einem Senfkorn vergleicht, dann konterkariert er die übliche Symbolverwendung. Die Analyse anhand der präliminaren Kriterien hatte ja ergeben, dass die früheste Variante des Gleichnisses nach Abzug der markinischen Redaktion zu rekonstruieren ist.[491] Die folgende Rezeption zeigt, dass schon die frühesten Hörer und Überlieferer durch die Hervorhebung und Vergrößerung der Senfpflanze als Baum die ursprüngliche Radikalität des Gleichnisses abschwächen.[492] Mit Hilfe der Mehrfachbezeugung weist Polkow nach, dass drei unabhängige Quellen (Q, Markus, EvThom) das Gleichnis bezeugen und dass das Motiv des Reiches-Gottes in unterschiedlichen literarischen Formen vorhanden ist.[493] Die Mehrfachbezeugung hätte nach der Anwendung der präliminaren Kriterien ausgereicht, um die Authentizität des Gleichnisses festzustellen – auch wenn das Differenzkriterium keine besondere Originalität im Kontext der damaligen Zeit hätte feststellen können.[494] Polkow wendet nun sekundäre Kriterien an, um die Authentizität des Gleichnisses zusätzlich zu bestätigen. Er verweist darauf, dass eine Analyse

486 Vgl. ebd.
487 Vgl. ebd., 343 f.
488 Vgl. ebd., 344 f.
489 Vgl. ebd., 349 f.
490 Vgl. ebd.
491 Vgl. ebd., 346.
492 Vgl. ebd., 349 f.
493 Vgl. ebd., 351.
494 Vgl. ebd.

des griechischen Textes nahelegt, dass es ein aramäisches Original gegeben haben muss.[495] Zudem ist die Verkündigung des Reiches Gottes ein durchgehender Topos der *ipsissima vox* Jesu.[496] So kommt Polkow insgesamt zu dem Schluss, dass das Gleichnis vom Senfkorn auf den historischen Jesus zurückzuführen ist und während seiner Überlieferung modifiziert wurde.

In der Bewertung dieses ersten Systematisierungsversuchs von Kriterien könnte man bemängeln, dass die Unterscheidung zwischen präliminaren und primären Kriterien wenig Sinn macht. Es bestand nie Zweifel daran, dass Literar-, Form-, Redaktions- und Überlieferungskritik die Grundlage sind, um die Differenz authentischer Quellen gegenüber den Tendenzen des christlichen Überlieferungsprozesses festzustellen.[497] Faktisch greift ja Polkow in der Anwendung des Differenzkriteriums auf eben jene Ergebnisse historisch-methodologischer Kritik$_2$ zurück, die er sich im präliminarischen Teil erarbeitet. Auch wendet er bereits dort die Mehrfachbezeugung an, indem er die Unabhängigkeit der Varianten bewertet.[498] Es bleibt also auch bei Polkow bei den klassischen Authentizitätskriterien, die man grundsätzlich als primär und sekundär differenziert.

Gerd Theißen und Dagmar Winter haben auch die *klassischen* Authentizitätskriterien systematisiert.[499] Freilich bedienen sie sich einer neuen Terminologie und zeigen auch als Erste die *sachlichen* Differenzen zwischen einzelnen Kriterien auf. Dazu wird zwischen drei *Funktionen* von Kriterien unterschieden: „Quellenwertargumente", „Besonderheitsindizien" und „Echtheitskriterien". Die Quellenwertargumente sind ein Indiz dafür, ob bestimmte *Grundvoraussetzungen* erfüllt sind, damit eine Quelle für eine historische Rekonstruktion genutzt werden kann.[500] Die mögliche Auswertung und Rekonstruktion geschieht erst in weiteren Schritten. Die Argumente für die historische Qualität einer Quelle können sich auf ihr „Alter" berufen.[501] Wenn bestimmte zeitgeschichtliche Ereignisse und ihre Chronologie unabhängig von der zu analysierenden Tradition feststehen (z.B.: Tempelzerstörung), dann können Verweise auf diese Ereignisse bei der Datierung der entsprechenden Quellen nutzbar gemacht werden. Je nachdem ob diese auf die Ereignisse verweist oder diese voraussetzt, lässt sich ein *terminus ad quem/post quem* für die Genese festmachen.[502] Das Alter der Überlieferung kann zwar den Wert der Quelle aber nicht die Echtheit einer Überlieferung garantieren. Auch spätere Texte können authentische Informationen enthalten

495 Vgl. ebd., 353.
496 Vgl. ebd., 353 ff.
497 Vgl. THEISSEN/WINTER, Die Kriterienfrage in der Jesusforschung, 20; DU TOIT, Der unähnliche Jesus, 93, Anmerkung 22.
498 Vgl. POLKOW, Method and Criteria for Historical Jesus Research, 343-346.
499 Vgl. THEISSEN/WINTER, Die Kriterienfrage in der Jesusforschung, 11-19.
500 Vgl. ebd., 12.
501 Vgl. ebd., 13.
502 Vgl. ebd.

und alte Quellen können auch tendenziös überformt sein.[503] Wenn jedoch historische Urkunden mit Sicherheit später entstanden sind und auch nur einen späteren Kontext reflektieren, dann können sie negativ als unecht qualifiziert werden.[504] In diesem Fall ist ausgeschlossen, dass man diese Quellen für die historische Rekonstruktion früherer Ereignisse sinnvoll auswerten kann.

Ein zweites Quellenwertargument ist „palästinensisches Lokalkolorit".[505] Dabei handelt es sich um das sekundäre Kriterium des palästinensischen Kontextes. Theißen sieht es nur als ein *Indiz* für die mögliche palästinensische Verortung der Quellen in den Wirkungsraum vom historischen Jesus an[506]. Es liefert damit nur eine größere Probabilität für die Echtheit. Dazu müssen aber weitere Kriterien angewandt werden.

Als ein drittes Quellenwertargument wird die „Unabhängigkeit" von Quellen aufgezählt.[507] Diese kann im Falle der Interdependenz bei der Bestimmung des *älteren* Materials helfen. Hätte man freilich zwei unabhängige Urkunden, die wie zwei Augenzeugenberichte von einem Ereignis berichten, dann würden diese nicht nur als Quellenwertargument, sondern auch als positives Echtheitskriterium dienen.[508] Da es aber nahezu ausgeschlossen ist, dass man auf solche „Protokolle" von Ereignissen zurückgreifen kann, ist die mehrmalige Darstellung von Ereignissen in späteren und unabhängigen Traditionen lediglich ein Quellenwertargument. Wenn sogar die Abhängigkeit einer Überlieferung von älteren Urkunden erwiesen ist, dann kann erstere als unecht aussortiert werden.[509]

Als eigentliche *Echtheitskriterien* werden das Differenz- und Kohärenzkriterium bestimmt.[510] Nur anhand ihrer Verwendung wird entschieden, ob eine Aussage oder ein Faktum als historisch zuverlässig zu erachten ist. Sie liefern also positive Merkmale für die Feststellung von Echtheit.

Die *Besonderheitsindizien* greifen auf die *Ergebnisse* der vorangehenden kritischen Analyse von Quellen zurück und nennen etablierte Merkmale der ursprünglichen Tradition, die man als ein zusätzliches Argument für den *Wert* einer Quelle nutzen kann.[511] Als Beispiel nennen Theißen und Winter die von Jeremias herausgearbeitete *ipsissima vox* Jesu.[512] Da die Besonderheitsindizien auf die Ergebnisse bereits erfolgter historischer $Kritik_2$ durch Echtheitskriterien angewiesen sind, steht und fällt ihre Bedeutung mit der Validität der vorherigen Ergebnisse.

503 Vgl. ebd.
504 Vgl. ebd.
505 Vgl. ebd., 14.
506 Vgl. ebd.
507 Vgl. ebd., 14 ff.
508 Vgl. ebd., 15.
509 Vgl. ebd., 15.
510 Vgl. ebd., 17 ff.
511 Vgl. ebd., 16 f.
512 Vgl. ebd.

Die Systematisierung klassischer Authentizitätskriterien bei Theißen und Winter zeigt genau ihre Unterschiede in *Funktion* und *Bedeutung* für die historische Rekonstruktion von Jesus auf. Die Mehrfachbezeugung und der palästinensische Kontext dienen als *Quellenwertargument* und können nicht die *Echtheit* einer Überlieferung in ihrer Isoliertheit nachweisen. Das sekundäre Kriterium der Sprache (Semitismen) könnte man auch zu dieser Gruppe hinzufügen. Nur das Differenz- und Kohärenzkriterium bleiben von den klassischen Authentizitätskriterien als *Echtheitskriterien* übrig.

2.3.2.3 Quo vadis Kriteriologie?

2.3.2.3.1 Der Begriff der Authentizität und die Objekte der Authentifizierung

Bisher wurden *Kriterien* der *Authentizität* ausführlich besprochen. Wie selbstverständlich wurde davon ausgegangen, dass unter Authentizität historisch zuverlässige Überlieferungen zu und von Jesus zu verstehen sind. Freilich kann die Qualifizierung von Quellen als *authentisch* ganz unterschiedliche Tatbestände ausdrücken.[513] Auch können die Objekte der Authentifizierung unterschiedlicher Art sein. Sowohl die *Bedeutung* von Authentizität, als auch die Bestimmung ihrer *Objekte* stehen in einem gewissen Zusammenhang. Bevor jedoch auf diese beiden Aspekte näher eingegangen wird, sollte die grundsätzliche Frage geklärt werden: Wer ist der *historische* Jesus? Was ist also damit gemeint, dass eine Überlieferung auf den historischen Jesus zurückzuführen und somit authentisch ist? Meier hat zwischen dem *historischen* und *realen* Jesus differenziert.[514] Die *Realität* einer Person ist im Sinne der *Totalität* der Informationen über einen Menschen zu verstehen.[515] Selbst heute, wo sich über einzelne Personen in nie dagewesener Form massenhafte Daten über Lebenslauf, Konsumverhalten, Neigungen usw. dokumentieren lassen, kann niemand behaupten, dass es er eine Person in seiner Totalität kennt.[516] Und doch gilt insbesondere für Personen aus dem Freundeskreis und der Öffentlichkeit, dass man von ihnen ein solides Gesamtbild ihrer Persönlichkeit wiedergeben kann, das man für gewöhnlich als *Zusammenfassung* der realen Persönlichkeit akzeptiert (auch wenn natürlich Dissens in der Bewertung und Charakterisierung einer Person immer möglich bleibt).[517] Eben jenes Gesamtbild lässt sich auch für einige wenige historische

513 Vgl. ROBERT H. STEIN, "Authentic" or "Authoritative"? What is the Difference? In: JETS 24 (2/1981) 127-130.
514 Vgl. MEIER, A Marginal Jew, 21-26.
515 Vgl. ebd., 21 f.
516 Vgl. ebd.
517 Vgl. ebd., 22.

Persönlichkeiten der Antike herstellen, die selbst auch autobiographische Werke hinterlassen haben (Cicero, Cäsar usw.).[518]

In der Mehrzahl der Fälle wird man aber für antike Persönlichkeiten kein biographisches Gesamtbild erarbeiten können, da die Quellenlage sehr dürftig ist[519]. Auch die Traditionen zu Jesus reichen nicht aus, um ein solides Grundportrait seiner realen Persönlichkeit zu erstellen, das von der Mehrheit akzeptiert werden würde. Der reale Jesus ist für immer verloren.[520] Der historische Jesus ist dagegen diejenige Person, die mittels historisch-methodologischer Kritik rekonstruieren werden kann.[521] Das rekonstruierte Bild bleibt dabei immer *fragmentarisch* und offen für unterschiedliche *Interpretationen*.[522] Denn der historisch rekonstruierte Jesus kann nur mögliche Bestandteile der realen Persönlichkeit enthalten, die durch wissenschaftliche Forschung falsifizierbar bleiben. Wenn also Authentizitätskriterien verwendet werden, um Überlieferungen als historisch zuverlässig einzustufen, dann ist damit gemeint, dass die authentische Tradition auf den *historischen* Jesus zurückzuführen ist oder glaubwürdig über diesen berichtet. Faktisch hat aber in der Forschung zum historischen Jesus der Begriff der Authentizität auch unerwünschte Konnotationen, die seine Verwendung erschweren.

Häufig unbeachtet bleibt der Unterscheid zwischen *authentisch* und *autoritativ*.[523] Die Autorität einer Überlieferung wird insbesondere durch seine Kanonizität zum Ausdruck gebracht.[524] Auch wenn eine Tradition als nicht authentisch eingestuft wird, kann sie trotzdem autoritativ bleiben.[525] Leider wurde diese Differenz nicht immer beachtet.[526] Grundsätzlich deutet dieser Sachverhalt auch auf das Problem des Verhältnisses von historischer Forschung zur Kanonizität Heiliger Schriften hin. Auch wenn mit historisch-methodologischer Kritik$_2$ nur die Authentizität der Überlieferung und nicht ihre Autorität als Kanon auf dem Spiel steht, kann historische Kritik$_2$ *nolens volens* in eine dezisionistisch-existentielle und pejorative Kritik$_{1;3}$ umschlagen. Was in der wissenschaftlichen Kritik$_2$ der Anspruch und die Voraussetzung ist – nämlich die kritische und künstliche Distanz zum Forschungsobjekt –, lässt sich zwar zu einem gewissen Grad einlösen, jedoch werden dadurch auch faktische Glaubens- und Lebensvollzüge tangiert, die durch den kanonischen Anspruch der Quellen begründet sind. Denn die Ergebnisse der Kritik$_2$ können die Resultate kanonischer

518 Vgl. ebd., 23.
519 Vgl. ebd.
520 Vgl. ebd., 22-23.
521 Vgl. ebd., 25 f.
522 Vgl. ebd.
523 Vgl. STEIN, "Authentic" or "Authoritative"?, 127-130.
524 Vgl. ebd., 128.
525 Vgl. ebd.
526 Vgl. ebd., 129.

Exegese konterkarieren. Hier bricht der grundsätzliche Problemhorizont zur theologischen Verhältnisbestimmung historischer Forschung zum Kanon auf. Dieser legitimiert aber nicht die Identifizierung von Authentizität mit Autorität. Die historische Authentizität ist lediglich eine Kennzeichnung von Überlieferung, für die man mit großer Sicherheit vermutet, dass sie uns über einen Aspekt und Fragment der realen Person von Jesus informiert. Worin genau dieser Aspekt besteht und was genau als authentisch charakterisiert werden kann, wurde in der kritischen Jesusforschung kontrovers diskutiert.

Als mögliche Objekte der Authentifizierung werden die Worte (*ipsissima verba*) und Taten (*ipsissima facta*) des historischen Jesus getrennt.[527] Während bei der Logienüberlieferung konzediert werden kann, dass es zumindest möglich ist, dass sie von Jesus gesprochene Worte enthält, ist bei der Tatüberlieferung eine Distanz zwischen Ereignis und seiner Wiedergabe gegeben.[528] Die klassischen Authentizitätskriterien werden sowohl zur Bestimmung der Worte, als auch zur Verifizierung von Taten des historischen Jesus verwendet.[529] Man hat auch versucht die *Überlieferungsmodalitäten* für Worte und Taten grundsätzlich zu differenzieren.[530] Nur lässt sich auf hermeneutischer Ebene keine sachliche Unterscheidung festhalten. Denn sowohl für Aussagen, als auch für Ereignisse gilt, dass sie interpretiert werden müssen, um ihre Authentizität beurteilen zu können.[531] Denn sie haben im Gegensatz zu einer Reliquie keine *materiale* Dimension, die unabhängig von der Interpretation feststehen würde.[532]

Ob also eine Tat oder Aussage tatsächlich auf Jesus zurückgeht, wird damit zusammenhängen, im welchen Sinne diese interpretiert wird. Es findet eine Bedeutungsverschiebung statt, je nachdem ob ich selbst den Inhalt einer Aussage oder eines Ereignisses an meinen Verständnishorizont angleiche, oder ob die Tradition diese in ihren Sinn erweitert oder vertieft hat oder ob Jesus selbst eine Aussage oder Handlung in einem bestimmten Kontext vorgenommen hat.[533] Da es keine schriftlichen Aufzeichnungen von Jesus selbst gibt, wird nur noch bei einem sehr geringen Teil der Logien versucht, sie als *ipsissima verba* des histori-

---

527 Vgl. FRANZ MUSSNER, Methodologie der Frage nach dem historischen Jesus. In: KARL KERTELGE (Hg.), Rückfrage nach Jesus. Zur Methodik und Bedeutung der Frage nach dem historischen Jesus, Freiburg im Breisgau 1974, 118-147, hier 122-128; BRUCE CHILTON/ CRAIG A. EVANS (Hg.), Authenticating the activities of Jesus, Leiden 1999.

528 Vgl. MUSSNER, Methodologie der Frage nach dem historischen Jesus, 122.

529 Vgl. ebd., 127 f. (Es wird in den meisten Kriterienkatalogen nur von einem kritischen Minimum authentischer Überlieferung gesprochen. Zwar besteht der Eindruck, dass sich die Authentizitätskriterien vor allem auf die Wortüberlieferung beziehen. Jedoch zeigen die Beispiele ihre Anwendung, dass niemand *verbatim* die Echtheit einer Aussage behauptet, sondern dass Überlieferungen über und *von* Jesus beurteilt werden, die sich auf Inhalte seiner Verkündigung, seiner Taten und Aussagen beziehen).

530 Vgl. ebd., 122-128.

531 Vgl. THEISSEN/WINTER, Die Kriterienfrage in der Jesusforschung, 198-201.

532 Vgl. ebd., 196.

533 Vgl. ebd., 198-201.

schen Jesus zu erweisen.[534] Dazu sind auch die sprachlichen Bedingungen der Überlieferung viel zu komplex. Neben Tatüberlieferung hat man sich auch bemüht, auf die *ipsissima vox* (eigentümlicher Sprachsstil) und *ipsissima intentio* (zentrale Motive und Ziele) des historischen Jesus zu konzentrieren.[535] Für die Verwendung des Authentizitätsbegriffs ist die Diversität seiner Objekte und ihre Rekonstruierbarkeit stets in Anschlag zu bringen:

> „Zusammenfassend läßt sich also sagen, daß die undifferenzierte Rede von Authentizität exegetisch problematisch und historisch wenig hilfreich ist. Vielmehr müssen wir zwischen der Authentizität einzelner Worte, allgemeiner Züge der Sprache Jesu und dem Richtungssinn seines gesamten Wirkens differenzieren […]. Dabei zeigt sich, daß wir bei den allgemeineren Aussagen über Wirken und Lehre Jesu sicherer sind als bei vielen Einzelurteilen."[536]

2.3.2.3.2 *Beweislastregel („Burden of proof")*

Die Neue Frage nach dem historischen Jesus hatte es nicht leicht, nach der Krisis der liberalen Forschung, einen erneuten Anstoß für die Rückfrage nach dem irdischen Jesus zu geben. Das Bewusstsein für die schwierige Ausgangslage wurde von Käsemann durch einen methodischen Imperativ zum Ausdruck gebracht, der symptomatisch für die Voraussetzung der damaligen Forschung war:

> „Aufgrund der formgeschichtlichen Arbeit hat sich unsere Fragestellung derart zugespitzt und erweitert, daß wir nicht mehr die etwaige Unechtheit, sondern gerade umgekehrt die Echtheit des Einzelgutes zu prüfen und glaubhaft zu machen haben. Nicht das Recht der Kritik, sondern ihre Grenze ist heute zu beweisen."[537]

Dieser pessimistischen Einschätzung Käsemanns scheint ein generelles Probabilitätsurteil über die historische Qualität christlicher Überlieferung zu Grunde zu liegen. Aufgrund der Ergebnisse der Formgeschichte kann nicht mehr die grundsätzliche Historizität der ältesten Schichten synoptischer Überlieferung insinuiert werden. Im Gegenteil, „[…] *es steht um die synoptische Tradition so, daß die Beweislast tragen muß, wer die Echtheit behauptet.*"[538] Man hat diesen Grundsatz als „Beweislastregel" („Burden of proof") bezeichnet, die in der Neuen Frage eine gewisse Konjunktur genossen hat.[539]

---

534 Vgl. ebd., 201.
535 Vgl. ebd., 201-203.
536 Ebd., 204 f.
537 KÄSEMANN, Das Problem des historischen Jesus, 203.
538 PERRIN, Was lehrte Jesus wirklich?, 32.
539 Vgl. DAGMAR WINTER, The Burden of Proof in Jesus Research. In: TOM HOLMÉN/ STANLEY PORTER (Hg.), Handbook for the Study of the Historical Jesus. Vol. 1: How to Study the Historical Jesus, Leiden 2011, 843-851, hier 846.

In den folgenden Jahrzehnten haben einige Forscher versucht, die „Beweislast" zugunsten ihrer Echtheit umzudrehen.[540] Es ist also die Unechtheit einer Aussage oder Tradition nachzuweisen. Schließlich wurde in der *Third Quest* die Beweislastregel gänzlich fallen gelassen.[541] Es macht wenig Sinn, ein generelles und präsupponiertes Urteil über die Authentizität großer Überlieferungskomplexe zu fällen. Vielmehr muss der Wissenschaftlicher in jedem Einzelfall für die Annahme von Echtheit *und* Unechtheit plausible Gründe vorweisen.[542] Die Beweislastregel erweckt den Eindruck, dass der Forscher entweder Anwalt oder Gegner der Tradition sein muss, und einen entsprechenden Richterspruch erzwingen möchte.[543] In Zweifelsfällen wird man dann entweder *in dubio pro* oder *contra traditione* sein (je nachdem wie man die Beweislastregel auslegt).[544] Tatsächlich hat die wissenschaftlich-historische Praxis nichts mit einer solchen Gerichtsverhandlung zu tun.[545] Hier schlägt wohl noch das Erbe der Aufklärung durch, die in der Totalität der Kritik$_{1\text{-}3}$ auch die Autorität von Traditionen hinterfragte und so Apologeten und Gläubige auf den Plan rief.

2.3.3 Kritik an der Kriteriologie

In der gegenwärtigen Forschung gibt es mittlerweile eine *grundsätzliche* Kritik$_{1\text{-}3}$ an ein historisches Forschungsmodell, das sich auf Kriterien der Rückfrage nach dem historischen Jesus stützt. Darin drücken sich weniger Vorbehalte gegen einzelne Kriterien, sondern an einer *Kriteriologie insgesamt* aus, die in Authentizitätskriterien fundiert ist. Es werden dabei auf unterschiedlichen Ebenen Schwächen eines kriteriologischen Ansatzes angemerkt.

Dale C. Allison moniert vor allem *anwendungsorientierte Probleme* der klassischen Authentizitätskriterien und legt deshalb nahe:

> „[…] my own judgment is that we should not be trying to refine our criteria but should rather be marginalizing them and experimenting with other methods."[546]

In der Anwendung von Kriterien sieht Allison erhebliche Schwierigkeiten, die nach seiner Ansicht nicht die *Erwartungen* an Authentizitätskriterien und ihrer Funktion erfüllen. So könne jedes Kriterium von dem Gegner *und* Befürworter der Echtheit einer Aussage oder einer Handlung des historischen Jesus verwen-

540 Vgl. ebd., 847 ff.
541 Vgl. ebd., 849 f.
542 Vgl. ebd., 851.
543 Vgl. Frank Holzbrecher, Paulus und der historische Jesus, Darstellung und Analyse der bisherigen Forschungsgeschichte, Tübingen 2007, 32 f.
544 Vgl. ebd.
545 Vgl. ebd., 33.
546 Allison, How to Marginalize the Traditional Criteria of Authenticity, 8.

det werden, ohne dass man wirklich entscheiden könne, wer Recht hat.[547] Es gibt oftmals gute Gründe für beide Positionen. Ebenso seien die Kriterien daran gescheitert, zu einem größeren *Konsens* in der wissenschaftlichen Forschung beizutragen.[548] Denn auch in sich seien die Kriterien widersprüchlich. Während ein bestimmtes Kriterium eine Überlieferung als authentisch ausgeben kann, so ist ein anderes in der Lage, eben jenes Traditionsgut als unecht nachzuweisen.[549] Überhaupt sei die Vorstellung falsch, dass eine strikt dichotome Unterscheidung zwischen echt und unecht der Verfasstheit von historischer Überlieferung gerecht wird.[550] Auch können Kriterien nicht implizite Vorstellungen des Forschers in Schach halten, sondern geben unbegründeten Vorannahmen eine vermeintlich wissenschaftliche Begründung.[551] Es sei vielmehr ratsamer, nicht von kleinen Einheiten authentischer Überlieferung auszugehen, sondern mit einem Gesamtrahmen zu beginnen, den man bei einer *kriterienorientierten* Analyse schnell vernachlässigt.[552]

Allisons Kritikpunkte lassen sich gut nachvollziehen und verdienen an manchen Stellen sogar noch mehr Gehör. Ist aber sein Rückschluss aus den anwendungsorientierten Problemen auf die Suspension des kriteriologischen Modells zu halten? Sind hier nicht vielmehr die falschen Erwartungen an die Leistungsfähigkeit und Applizierungsmöglichkeiten von Authentizitätskriterien zu revidieren? Sicherlich, historische Authentizitätskriterien können ganz unterschiedlich gebraucht werden und garantieren auch nicht den Konsens einer Forschungsgemeinschaft. Heißt es aber, dass man deshalb die Überzeugung verlieren muss, dass es immer Argumente für und gegen eine wissenschaftlich-historische Erkenntnis gibt und dass sich die besseren Argumente auch durchsetzen? Dagegen ist die Vorstellung nicht haltbar, dass Kriterien *an sich* die Stichhaltigkeit einer Argumentation entscheiden. Denn es ist immer ihre *plausible Anwendung*, die bewertet werden muss. Über die Plausibilität einer Argumentation lässt sich streiten, aber auch jeweils entscheiden. Hier scheint der erkenntnistheoretische Agnostizismus von Allison fehl am Platz, da dieser die historische Forschung und ihren Diskurs aufgrund ihrer uferlosen Vielfalt *ad absurdum* führen möchte.

Auch wenn die historische Jesusforschung sich in vielen Punkten uneins ist, so heißt das aber nicht, dass sie auf der Grundlage kriteriengestützter Begründung in vielen Kernfragen nicht zusammenfinden kann. Dabei ist es ein grundsätzlicher Sachverhalt historischer Forschung, dass es keine absolute Sicherheit und Gewissheit über vergangene Ereignisse geben kann. Deshalb wird man

547 Vgl. ebd., 9-12.
548 Vgl. ebd., 12 f.
549 Vgl. ebd.
550 Vgl. ebd., 13 ff.
551 Vgl. ebd., 18-21.
552 Vgl. ebd. 21 f.

auch Allison zustimmen, dass das einem naiven Realismus frönende Verständnis von Authentizität als absolute Gewissheit über echt und unecht nicht haltbar ist. Nur ist das kein Grund, auf Authentizitätskriterien zu verzichten. Denn historische Forschung kann in den meisten Fällen nur mögliche Szenarien für die Rekonstruktion der Vergangenheit anbieten, für die sie plausible Gründe ausweisen kann. Macht man dabei die verwendeten Kriterien transparent, so können sie unweigerlich bei der Bewertung des jeweiligen Szenarios helfen. Denn die klassischen Authentizitätskriterien sind fundiert an bewährten historischen Prinzipien, die Allison an keiner Stelle anzweifelt. Auch der bewusste und unbewusste Gebrauch von Kriterien als Rechtfertigung von bereits bestehenden Vorannahmen rechtfertigt nicht deren Negierung als methodisches Instrumentarium. Schließlich ist das „Hysteron-Proteron-Problem" ein grundsätzlicher Fallstrick bei der Anwendung von Methoden. Hier muss in jedem Einzelfall gezeigt und bewertet werden, ob eine Anwendung bestimmter methodischer Prinzipen und Kriterien in sich schlüssig ist oder unbegründeten Vorannahmen einen Schein von Plausibilität gibt. Es kann aber auch immer Intuitionen geben, die sich *ex post* als wahr erweisen.

Ein letztes Argument von Allison gegen ein kriteriologisches Modell der Analyse ist der Hinweis auf einen Gesamtrahmen, den jede Rekonstruktion des historischen Jesus im Blick behalten muss.[553] Dieses Desiderat ist bereits von den Befürwortern von Authentizitätskriterien gesehen worden. Daraus lässt sich aber keine kategorische Ablehnung von Kriterien ableiten. Dass auch Allison nicht ohne die klassischen Authentizitätskriterien auskommt, zeigt sein eigenes Beispiel für ein alternatives Modell der historischen Analyse:

> „The early Jesus tradition is not a collection of totally disparate and wholly unrelated materials. On the contrary, certain themes and motifs and rhetorical strategies are consistently attested over a wide range of material. Surely it is in these themes and motifs and rhetorical strategies, if it is anywhere, that we are likely to have some good memories. Indeed, several of these themes and motifs and strategies are sufficiently well attested [...]."[554]

Diese gut bezeugten Motive macht Allison zum Ausgangspunkt seiner Untersuchung:

> „If the isolation of major, recurring themes and motifs and rhetorical strategies is where the reconstruction of Jesus ought naturally to begin, [...] we will need to correlate those themes and motifs and rhetorical strategies with whatever circumstances about his life we can recover with assurance [...]."[555]

553 Siehe weiter oben, 93 f.
554 ALLISON, How to Marginalize the Traditional Criteria of Authenticity, 22.
555 Ebd., 26.

Was Allison hier vorschlägt, ist nichts anderes als die klassischen Authentizitätskriterien der Mehrfachbezeugung, Gattungsinvarianz und des Querschnittbeweises. Nur verwendet er diese *nicht* für Wort- oder Tatüberlieferungen an, sondern nur für Motive, rhetorische Ausdrucksformen und inhaltliche Themen. Auch setzt er das Kohärenzkriterium voraus, da er die mehrfach bezeugten Themen und Motive mit sicheren Fakten über den historischen Jesus abgleichen will.

Interessant ist nun, dass er bei seiner Argumentation für einen apokalyptischen Jesus des Differenzkriteriums bedarf:

> „So, as many have observed again and again, to reconstruct a Jesus who did not have a strong eschatological or apocalyptic orientation entails discontinuity not only between him and people who took themselves to furthering his cause but also between him and the Baptist, that is, discontinuity with the movement out of which he came as well as with the movement that came out of him."[556]

Diese Überlegungen scheinen zunächst das klassische Differenzkriterium umzukehren, da insbesondere die *Kontinuität* zwischen Jesus, Johannes dem Täufer und den Frühchristen betont wird, um auf den eschatologisch-präsentischen und apokalyptischen Charakter der ursprünglichen Jesusverkündigung schließen zu können. Allison verweist dazu auch auf die zahlreichen Vorgänger für seine Argumentation. Nur wird bei ihnen normalerweise das *Kriterium der Tendenzwidrigkeit* als Begründung verwendet. Denn die christliche Überlieferung hat ja gerade versucht, die Kontinuität zwischen Jesus und Johannes dem Täufer möglichst zu relativieren und in ein asymmetrisches Verhältnis zugunsten von Jesus umzukehren. Auch ist es eine Tendenz der christlichen Überlieferung, den apokalyptischen Charakter von der ursprünglichen Verkündigung abzuschwächen. So hat bereits Schweitzer für die Authentizität des fremden Jesus argumentiert, dessen Glauben an ein nahes Ende für die Gegenwart fremd sein muss.[557] Der Überzeugung vom apokalyptisch-eschatologischen Jesus liegt also ein Differenzkriterium zu Grunde. Insgesamt kann Allison also auf die klassischen Authentizitätskriterien selbst nicht verzichten. Diese liegen seinem Gesamtergebnis über die sicheren Fakten des historischen Jesus zu Grunde:

> „That Jesus was baptized by an eschatological prophet and had among his followers people who proclaimed a near end, that certain followers of Jesus proclaimed his resurrection soon after the crucifixion, that his passion and vindication were associated with eschatological motifs, that many first-century Jews expected an apocalyptic scenario to unfold in their near future, and that our sources compare Jesus with others who believed in such a scenario [...]."[558]

556 Ebd., 27.
557 Vgl. SCHWEITZER, Geschichte der Leben-Jesu-Forschung, 620-629; 402-450.
558 ALLISON, How to Marginalize the Traditional Criteria of Authenticity, 30.

Anders als Allison führt Eckhard Rau eher *geschichtstheoretische Bedenken* gegen das kriteriologische Modell der historischen Jesusforschung an.[559] Ausgangspunkt seiner Kritik bildet das Differenzkriterium als Nukleus der Authentizitätskriterien.[560] Rau wiederholt dabei die übliche Kritik an dem Differenzkriterium und stellt fest, dass die Mehrheit der Forscher mangels Alternativen an den Authentizitätskriterien festhält.[561] Er selbst bietet nun einen Ausweg, den er als „Historiografie kontra Kriteriologie" apostrophiert.[562] Die grundsätzliche Kritik an Authentizitätskriterien führt bei ihm zu einem negativen Befund:

> „Das Ergebnis des Durchgangs ist einigermaßen ernüchternd: Die Kriterien, die die Basis einigermaßen ‚gesicherter' Ergebnisse verbreitern sollen, erlauben keinerlei Aussage darüber, ob eine Überlieferung echt oder unecht ist. Für diese, ihrer Definition nach entscheidende Aufgabe sind sie selbst dann nicht zu gebrauchen, wenn man sich ihrer Schwierigkeiten, Grenzen, und Gefahren bewußt ist."[563]

Jedoch verwirft Rau die Kriterien nicht als Ganzes, sondern will weiterhin an den historischen Prinzipien festhalten, die etlichen Kriterien zu Grunde liegen:

> „Aus alledem folgt nun freilich keineswegs, daß die Kriterien ohne Wert sind. Das Gegenteil ist der Fall. Ihre produktive Funktion erweisen sie allerdings erst dann, wenn man sich von der Vorstellung löst, es handele sich um Kriterien, die eine Unterscheidung von echt und unecht ermöglichen. Ja, da die Rede von Kriterien gewollt oder ungewollt eine solche Möglichkeit suggeriert, sollte der Klarheit wegen prinzipiell auf sie verzichtet werden. Denn was als Kriterien diskutiert wird, läßt sich zurückführen auf eine Reihe von elementaren Gesichtspunkten allgemein historiografischer Art, die im Blick auf die Spezifika der Jesusüberlieferung zu konkretisieren sind. Sie setzen ununterschreitbare Maßstäbe für deren Interpretation, so daß ohne ihre Beachtung jede Jesusdarstellung auf Sand gebaut sein wird."[564]

Laut Rau liegt dem Differenzkriterium das historische Prinzip und die Herausforderung zu Grunde, die jesuanische Verkündigung zeitgeschichtlich zu kontextualisieren und zu profilieren.[565] Das Kohärenzkriterium ist prinzipientheoretisch als das Bemühen um Kohärenz zwischen unterschiedlichen Merkmalen und Charakteristika des Leben Jesu zu kennzeichnen.[566] Das Kriterium der Mehrfachbezeugung stellt dem historischen Sachverhalt Rechnung, dass es wirkungsgeschichtlich bedeutsamere und weniger relevante Überlieferungsstoffe zu Jesus gibt.[567] Rau sieht die Rückführung der Kriterien auf ihre prinzipienthe-

559 Vgl. RAU, Jesus – Freund von Zöllnern und Sündern.
560 Vgl. ebd., 10-27.
561 Vgl. ebd., 18.
562 Vgl. ebd., 27-31.
563 Ebd., 28.
564 Ebd., 29.
565 Vgl. ebd.
566 Vgl. ebd.
567 Vgl. ebd.

oretischen Ursprünge für erforderlich, weil die mechanische Handhabung von Authentizitätskriterien ein geschichtstheoretisch problematisches Realitätsverständnis von Vergangenheit als chirurgisch rekonstruierbare Wirklichkeit impliziert.[568] Die losen historischen Prinzipen verwendet er nun für ein neues Modell der Analyse, dass er als „Wegbeschreibung statt kriteriologische Annäherung" bezeichnet.[569]

Diese Wegbeschreibung ist inspiriert von Einsichten Albert Schweitzers, die er in der Einleitung zu seiner Leben-Jesu-Forschung bezüglich der Herausforderungen für einen Historiker der Jesusüberlieferung expliziert hat.[570] Rau verweist auf Schweitzers elementaren Beitrag für den Aufweis der „Subjektivität" und Konstruktivität bei der Bestimmung eines Leben Jesu.[571] Man habe diese aber nur im negativen Licht der unzulässigen Projektion von Überzeugungen in der liberalen Leben-Jesu gesehen. Man müsse aber bedenken, dass Schweitzer auch auf den „hohen heuristischen Wert"[572] von Subjektivität hingewiesen hat. So nimmt er zwei zentrale Begriffe von Schweitzers Befund über die Herausforderungen eines Historikers der Jesusforschung an und fokussiert diese in einem neuen Grundsatz:

> „Deswegen sind historische Intuition, historische Phantasie und fortgesetztes Experimentieren auch heute Kategorien, auf die eine Jesusdarstellung nicht verzichten kann."[573]

Diese drei Bestandteile bilden die Pfeiler für Raus Wegbeschreibung, die er mit seinen vorher aus den Authentizitätskriterien abgeleiteten historischen Prinzipien kombiniert. So sollte seiner Meinung nach eine jede historische Analyse zu Jesus mit einer starken Intuition über die Wirkmächtigkeit eines Wortes Jesu beginnen:

> „Der erste Schritt einer Zuweisung an den historischen Jesus verdankt sich einer Intuition, die aus der Kenntnis der Gesamtüberlieferung erwächst, letztlich aber nicht begründbar ist: Das Wort X geht auf den historischen Jesus zurück."[574]

Hat man eine mögliche Kernaussage des historischen Jesus gefunden, dann gilt es, diese anhand inhaltlicher und formaler Kohärenz zu erweitern:

> „Ist ein erstes der möglicherweise echten Worte für den historischen Jesus reklamiert worden, so konfrontiert der nächste Schritt mit der Aufgabe, zu diesem Ausgangspunkt eine möglichst große Anzahl derjenigen Worte Jesu in Beziehung zu setzen, die

568 Vgl. ebd., 29 ff.
569 Vgl. ebd., 41.
570 Vgl. ebd., 74 f.; SCHWEITZER, Geschichte der Leben-Jesu-Forschung, 52 f.
571 Vgl. RAU, Jesus – Freund von Zöllnern und Sündern, 74.
572 Ebd.
573 Ebd., 75.
574 Ebd., 76.

ebenfalls nicht als unecht erweisbar sind. Solches In-Beziehung-Setzen muß sich auf sprachlichen Berührungen, vor allem aber auf sachliche Überschneidungen und Entsprechungen berufen können, und der Zusammenhang, der so erkennbar wird, darf insbesondere dann den Anspruch erheben, einen Zusammenhang im Wirken Jesu selbst zu beleuchten, wenn er auf Worten aus mehreren Überlieferungsschichten basiert."[575]

Rau vergleicht sein analytisches Verfahren der Wegbeschreibung mit dem Knüpfen von Knoten:

„Intuition, Phantasie und fortgesetztes Experimentieren im Sinne Schweitzers haben für die Ausarbeitung [...] einen hohen heuristischen Wert. Sucht man nach einem Bild dafür, so [...] ist der Vergleich mit dem Knüpfen eines Netzes, bei dem jeder Knoten mit jedem anderen Knoten direkt oder indirekt verbunden ist [‚treffend]. Die Grenzen des Bildes werden hier erst durch die Regelmäßigkeit der Struktur und die Gleichheit ihrer Aufbauelemente markiert."[576]

Rau selbst problematisiert wie man bei seiner Methode die „Sachgemäßheit" einer Intuition, Phantasie und Experimentes beurteilen kann. Dazu folgt von ihm mehr ein Hinweis auf die Desiderata als auf die Lösung dieser Frage:

„Ich glaube, dies entscheidet sich letztlich ausschließlich daran, inwieweit es gelingt, eine möglichst große Zahl möglicherweise echter Jesusworte zu erfassen. Dem liegt die Voraussetzung zugrunde, daß bei den Worten Jesu, insofern es sich um die Worte einer historischen Person handelt, alles mit allem zusammenhängt, auch wenn dies immer nur partikular erkannt werden kann [...]."[577]

Das Gleichnis vom verlorenen Sohn (Lk 15, 11-32) ist nach der Intuition von Rau hervorragend geeignet, um als Ausgangspunkt für die Anwendung und Exemplifizierung seines exegetisches Verfahren zu dienen.[578]

Raus Kritik an das Differenzkriterium und seine geschichtstheoretischen Bedenken gegen ein Verständnis von Authentizitätskriterien als archäologische Werkzeuge zur abbildhaften Rekonstruktion von Wirklichkeit ist mehr als verständlich. Weniger ersichtlich bleibt, warum er aber eine Modifikation im Verständnis und in der Anwendung von Authentizitätskriterien zur Lösung dieser Probleme ablehnt. Er will nämlich gänzlich den kriteriologischen Schwerpunkt der historischen Diskussion aufgeben. Das kann er nur leisten, wenn seine alternative Methode tatsächlich einen Mehrwert gegenüber dem methodischen Schwerpunkt auf Kriterien darstellt. Darüber bestehen aber erhebliche Zweifel. So bleibt unklar, warum Rau die Wortüberlieferung für die Rekonstruktion der historischen Verkündigung von Jesus bevorzugt.[579] Es mag sein, dass *prinzipiell*

575 Ebd., 78.
576 Ebd., 79.
577 Ebd., 80.
578 Vgl. ebd., 96.
579 Vgl. ebd., 41 ff.

bei der Wortüberlieferung die Ursprünglichkeit einer Aussage im Falle ihrer Echtheit viel schwerer wiegt, als die Erzählung von Ereignissen aus dritter Perspektive. Da aber sowohl die Wort- als auch Tatüberlieferung nur in späterer christlicher Überlieferung vorhanden sind, lässt sich kein wesentlicher und grundsätzlicher Unterschied in ihrer historisch-methodologischen Kritik rechtfertigen.[580] Es drängt sich deshalb in der Bevorzugung von Wortüberlieferung der Eindruck auf, dass die nostalgische Aura von womöglich echten Jesusworten implizit als Beweislast für Authentizität verwendet wird. Auch zeugt das exegetische Verfahren der Wegbeschreibung, das intuitiv aus einem authentischen Aussagekern eine Matrix echter Jesusüberlieferung erarbeitet, von einer großen Überzeugung in der Zuverlässigkeit der vorhandenen Quellen. Tatsächlich versucht Rau mit viel Mühe den skeptischen Zeitgeist zu Beginn des 20. Jahrhunderts Lügen zu strafen, indem er zeigt, dass das Element der Neuschöpfungen und Tendenzen in der christlichen Überlieferung gar nicht so stark war und dass man hier viel eher von einem Selektionsprozess ausgehen muss.[581] Sein Vertrauen in die Quellen geht schließlich so weit, dass er die Beweislastregel so umdreht, dass die Unechtheit der Überlieferung bewiesen werden muss.[582]

Während man Rau zustimmen wird, dass die formgeschichtliche Skepsis in der Tat oftmals in ihrer Skepsis den Bogen überspannt hat[583], so ist man überrascht, wie problemlos und ohne allzu große Bedenken die frühesten Quellen für den historischen Jesus (synoptischen Evangelien) nahezu den Status von Tatsachenberichten wiedererlangen. Nur so lässt sich erklären, dass Rau die Intuition, Phantasie und Experimentieren zu Schlüsseltechniken historischer Exegese machen kann. Denn aus Luft lassen sich bekanntlich keine Schlösser bauen. Also muss er für die christliche Überlieferung ihre Echtheit zum Normalfall erklären. Allerdings hat man zu Recht in der Third Quest die Beweislastregel aufgegeben.[584] Statt ein generelles Urteil über die Authentizität komplexer Quellenbestände zu sprechen, sollte in jedem Einzelfall die mögliche Echtheit oder Unechtheit evaluiert werden. Unklarheiten bleiben auch bei der prinzipienorientierten Verwendung von den klassischen Authentizitätskriterien. Die Rückbesinnung auf die historischen Prinzipien, die diesen Kriterien vorausgehen, ist sicherlich zu befürworten, um einem mechanischem und somit falsch verstandenem Authentizitätsdenken den Riegel vorzuschieben. Nur kombiniert Rau die historischen Prinzipien in unglücklicher Weise mit den Idealen seiner „Wegbeschreibung". Statt einer religions- und wirkungsgeschichtlich begründeten Differenz als Sachverhalt dient Rau nun eine Intuition als kritisches Minimum sicherer Überlieferung. Anstelle des Kriterium der Mehrfachbezeugung, das die

580 Siehe weiter oben, 100 f.
581 Vgl. RAU, Jesus – Freund von Zöllnern und Sündern, 65 ff.
582 Vgl. ebd., 67 ff.
583 Vgl. HULTGREN, Form Criticism and Jesus Research, 649-671.
584 Vgl. WINTER, The Burden of Proof in Jesus Research, 849 f.

Wirkungsgeschichte von Traditionskomplexen untersucht, tritt die Phantasie des Historikers, die beliebig Zusammenhänge erstellen darf. Man möchte meinen, dass Rau durch die Aufgabe von Kriterien und ihre Ersetzung durch Intuition, Phantasie und Experimentieren eine nachvollziehbare methodische Begründung von seinen Analyseschritten überaus erschwert. Die klassischen Authentizitätskriterien werden durch Raus Verwendungsweise noch beliebiger und unkontrollierter in ihrer Anwendung. Es ist richtig, dass insbesondere die postmoderne Geschichtstheorie auf die Bedeutung und Wirksamkeit von konstruktiven und narrativen Elementen seitens der Historiker hingewiesen hat. Nur ist es fraglich, diese Konstruktivität zum alleinigen und wesentlichen Gestaltungsprinzip historischer Forschung zu machen, anstatt ihre unbewusste Wirksamkeit stets herauszuarbeiten und soweit es geht zu kontrollieren. Natürlich bedarf es historischer Phantasie, um aus isolierten Daten zuverlässiger Überlieferung einen Gesamtrahmen zu erstellen. Aber auch hier bedarf es der Kriterien der *Bewertung* eines Gesamtkonzeptes.

Noch tiefergehender als bei Rau ist die geschichtstheoretische Infragestellung des Authentizitätsmodells für Kriterien bei Jens Schröter[585] und David S. du Toit.[586] Beide mahnen den Abschied von Begriffen wie Rekonstruktion, Authentizität und Kriterien an. Angelehnt an die Ergebnisse des geschichtstheoretischen Diskurses der Gegenwart heben diese die Bedeutung von *Konstruktivität*[587], *Erinnerung*[588] und *Kontinuität*[589] als Reflexionskategorien für die historische Jesusforschung hervor. Schröter betont, dass die Vergangenheit als solches nicht wiederhergestellt werden kann. Der Historiker muss nämlich eine *Interpretation* von Quellen und eine *Konstruktion* von kohärenten Erzählungen leisten, sodass historische Quellen hörbar werden. Deshalb wird die Vorstellung von Rekonstruktion harter Fakten der vergangenen Wirklichkeit als naiver Realismus und Utopie zurückgewiesen:

> „Zu einer historischen ‚Quelle' wird ein Text deshalb erst dann, wenn er gelesen, interpretiert und mit anderen Materialien in Beziehung gesetzt wird. Historische Forschung stellt somit immer einen Prozeß der Interaktion dar, in dem Zeugnisse der Vergangenheit mit je gegenwärtigen Erkenntnisbedingungen vermittelt werden. Das Ziel historischer Forschung ist somit nicht *Rekonstruktion der Vergangenheit*, sondern *Konstruktion von Geschichte*: Sie erstellt ein Bild der Vergangenheit, das relative Gültigkeit besitzt, abhängig von den je geltenden Plausibilitäten der Wirklichkeitsdeutung,

585 Vgl. Jens Schröter, Von der Historizität der Evangelien. Ein Beitrag zur gegenwärtigen Diskussion um den historischen Jesus. In: Ders./ Ralph Brucker, Der historische Jesus. Tendenzen und Perspektiven der gegenwärtigen Forschung, Berlin 2002, 163-212.

586 Vgl. Du Toit Der unähnliche Jesus, 89-129.

587 Vgl. Schröter, Von der Historizität der Evangelien, 167, 190 f.; Du Toit, Der unähnliche Jesus, 123.

588 Vgl. Schröter, Von der Historizität der Evangelien, 173, 178, 185.

589 Vgl. ebd., 204; Du Toit, Der unähnliche Jesus, 124.

determiniert durch den Kenntnisstand der Forschenden und bestimmt durch die Sicht, die der Interpret anhand des bekannten Materials entwirft."[590]

Schröter versucht forschungsgeschichtlich nachzuweisen, wie sich ein Modell der historischen Jesusforschung etablieren konnte, dass von der Überzeugung geleitet ist, durch Rekonstruktion eines Kerns authentischer und somit wirklicher Worte des historischen Jesus und ihrer Erweiterung durch einen Gesamtrahmen die Vergangenheit wiederherstellen zu können.[591] Auch wenn Schröter es vermeidet von Authentizitäts*kriterien* zu sprechen, so ist klar, dass er das kriteriologische Forschungsmodell vor Augen hat.[592] Zu der Skepsis bezüglich der Verwendbarkeit der Evangelien sei es gekommen, weil sich zum einen in der Geschichte der kritischen Jesusforschung die „sachliche Diskrepanz" zwischen historischen Ereignissen und ihrer Repräsentation und zum anderen die „literarische Fiktion" der Evangelien mehr und mehr verfestigt hat.[593] Strauss, Wrede und Bultmann hätten dabei nachgewiesen, wie spätere Gemeindeüberzeugungen, mythische Ideen und alttestamentliche Vorstellungskategorien mit historischen Sachverhalten vermischt wurden.[594] Zudem sei später sogar auf formaler Ebene der literarische Rahmen der Evangelien als Ganzes in Frage gestellt wurden.[595] Während Schröter diese kritischen Einsichten für ihren bahnbrechenden Aufweis konstruktiver Elemente der Überlieferung lobt[596], so hält er den daraus gefolgerten Schluss auf die Nichtverwendbarkeit der Evangelien als historischer Quellen für verkehrt.[597] Denn das Verhältnis zwischen historischen Ereignissen und ihrer Repräsentation in den Evangelien ist nicht als unüberwindbarer Graben oder Unlösbarkeit eines Knoten zu verstehen. Man müsse vielmehr genauer kritisch analysieren in welcher Art und Weise in der christlichen Überlieferung auf historische Ereignisse Bezug genommen wird. Als „Erinnerungen" enthalten diese trotz ihrer konstruktiven Interpretationselemente gewirkte historische Informationen, die sich gut herausschälen lassen.[598] Schröter exemplifiziert anhand des Markusevangeliums wie sich trotz des Überbaus von theologischen Tendenzen und Interessen sichere historische Ergebnisse aus diesem Evangelium eruieren lassen.[599]

Will man insgesamt Schröters Vorgehensweise bewerten, so wird man zunächst feststellen, dass er nicht der einzige ist, der die Kategorie der Erinnerung

590 SCHRÖTER, Von der Historizität der Evangelien, 167.
591 Vgl. ebd., 169-188.
592 Vgl. HÄFNER, Das Ende der Kriterien?, 101.
593 Vgl. SCHRÖTER, Von der Historizität der Evangelien, 169-188.
594 Vgl. ebd., 169-184.
595 Vgl. ebd., 184 ff.
596 Vgl. ebd., 186 ff.
597 Vgl. ebd.
598 Vgl. ebd., 204.
599 Vgl. ebd., 189-203.

für die historische Jesusforschung fruchtbar machen will. Es wäre auch nicht verzeihbar, wenn man nach den Arbeiten von Halbwachs und Jan Assmann erinnerungs- und gedächtnistheoretische Geschichtsmodelle für die frühchristliche Tradition übergehen würde.[600] Nur muss man auch im Falle von Schröter warnen, dass die Kategorie der Erinnerung schnell zu einem Garanten für ein generelles und an sich unbegründetes historisches Vertrauen für Überlieferungskomplexe werden kann. Hier ist die Kritik von Häfner an Schröter mehr als berechtigt:

> „Er [Begriff der Erinnerung] hat trotz des Moments der Deutung einen starken Hang zur Dimension des Rückbezüglich-Bewahrenden. Und so kann man in Zweifelsfalle immer darauf rekurrieren, wie an Jesus erinnert wurde, um eine möglichst starke Anbindung an dessen Auftreten zu erreichen. [...] Hinter der Favorisierung der Kategorie der Erinnerung scheint also eine Entscheidung über die Kontinuität zwischen Jesus und christlichen Bekenntnis zu stehen."[601]

Dass Schröter angesichts der starken Rezeptionsgeschichte der formgeschichtlichen Skepsis mit der „Erinnerungskategorie" ein positives Gegengewicht setzen möchte, ist berechtigt und verständlich. Nur darf er selbst nicht unterschätzen, wie schnell und unkontrolliert durch das Erinnerungspostulat Kontinuitäten und Zuverlässigkeit suggeriert werden kann, wo keine besteht.

Ein anderes Problem ergibt sich mit Schröters Favorisierung des Begriffs der *Konstruktion* und der Ablehnung von *Rekonstruktion*. Postmoderne Geschichtstheorien haben die Tendenz, die Narrativität und Spontanität von Geschichtsschreibung derart zu betonen, dass *historische Referenz* mit dem Verweis auf reine „Fakten" und „Daten" der Geschichte begründet wird. Dem liegt aber ein empirischer Realismus bezüglich des Gegebenseins von Tatsachen vor, der eigentlich nicht haltbar ist und begründet werden müsste.[602] Um aber die historische Referentialität der Geschichtsschreibung nicht einfach zu übergehen, macht es sehr wohl Sinn von „Re-konstruktion" zu sprechen, um beide Momente von Historiographie auszudrücken:

> „Wenn es sich also nicht um eine *freie* Konstruktion handelt, sondern um eine, die angesichts des *Quellenmaterials* überprüfbar und kritisierbar ist; wenn sich die Konstruktion auf einen vergangenen Sachverhalt richtet, der aus den bewahrten Überresten der Vergangenheit aufgebaut wird, dann hat auch die Rede von Re-Konstruktion ihr Recht. In ihr ist einerseits das Moment der Konstruktion nicht getilgt, andererseits aber zum Ausdruck gebracht, dass diese Konstruktion in argumentativer, also in an-

600 Vgl. ALAN KIRK, Memory Theory and Jesus Research. In: TOM HOLMÉN/ STANLEY PORTER (Hg.), Handbook for the Study of the Historical Jesus. Vol. 1: How to Study the Historical Jesus, Leiden 2011, 809-842; JAMES D. G. DUNN, Remembering Jesus: How the Quest of the Historical Jesus Lost its Way. In: TOM HOLMÉN/ STANLEY PORTER (Hg.), Handbook for the Study of the Historical Jesus. Vol. 1: How to Study the Historical Jesus, Leiden 2011, 183-205.

601 HÄFNER, Das Ende der Kriterien?, 107.

602 Vgl. HÄFNER, Konstruktion und Referenz, 83-88.

hand von Sachargumenten diskutabler Weise auf die Vergangenheit bezogen ist. Dies wird vom Begriff der Konstruktion nicht eingefangen […].“[603]

Da Schröter Rekonstruktion in diesem Sinne auch befürworten wird – denn sein ganzer Ansatz richtet sich ja gegen die skeptische Beurteilung der Evangelien als historische Quellen – kann sein eigener Ansatz und Plädoyer für die Wertschätzung der frühesten christlichen Überlieferung als Erinnerung nicht dem kriteriologischen Modell historischer Forschung entgegengesetzt sein. Auch wenn er Begriffe wie Authentizität und Kriterien meidet, so zeigt seine Analyse des Markusevangeliums, dass er ohne das Kriterium der Mehrfachbezeugung (seine wiederholten Verweise auf Q als unabhängige Bezeugung) und ohne das Kohärenzkriterium für die konsistente Bestimmung der komplexen und divergenten Traditionsstoffe nicht auskommt.

Noch entschiedener als Schröter problematisiert du Toit die Verwendung von Authentizitätskriterien:

„Die Vorstellung, man könnte mittels Authentizitätskriterien auf die historische Gestalt Jesu […] zugreifen, beruht letztlich auf einem revisionsbedürftigen, dem Historismus entstammenden Verständnis von Geschichtsforschung. Denn das Authentizitätsmodell wird von der optimistischen Überzeugung getragen, man könne die historische Wirklichkeit rekonstruieren, d.h. wiedergewinnen – vorausgesetzt, man hat Zugriff auf authentische historische Überlieferung. Geschichtliche Überlieferungen und Artefakte sind jedoch Relikte *vergangenen* Geschehens, an das sie zwar erinnern, das sie aber niemals festhalten und unversehrt weitergeben können. Das Vergangene ist unwiderruflich vergangen. […] Eine hinter den Quellen verborgene Vergangenheit durch historische Rekonstruktion wirklichkeitsgetreu wiederauferstehen zu lassen, ist also eine Illusion – dem Historiker bleibt nur die Möglichkeit, in reflektierender Verantwortung angesichts der fragmentarischen Quellen Geschichte in einem kreativen Akt zu konstruieren.“[604]

Faktisch stimmt die Position du Toits mit Schröter vollkommen überein. Nur lokalisiert er geschichtlich den Ursprung des Authentizitätsmodells in der Epoche des Historismus. Das hier unweigerlich für die Verwendung des Differenzkriteriums starke und unerwünschte Einflüsse von überholten Vorstellungen zur Individualität und Originalität in Geschichtsprozessen auszumachen sind[605], wird niemand bestreiten. Jedoch gilt auch für du Toit, dass er durch die alleinige Betonung von Konstruktivität der Geschichtsschreibung ihre historische Referenz vernachlässigt. Gerade um letztere feststellen und beurteilen zu können, muss ein Zurück hinter die Quellen möglich sein. Ansonsten ist Geschichtsschreibung von Literatur und Fiktion nicht mehr zu trennen. Der Verweis auf den Erinnerungscharakter der Quellen reicht als schließende Lücke für historische Referenz nicht aus. Zudem wird man anzweifeln dürfen, dass die Verwendung

603 Ebd., 95.
604 Du Toit, Der unähnliche Jesus, 120 f.
605 Vgl. ebd., 108 f.

von historischen Echtheitskriterien immer das Authentizitätsmodell des Historismus insinuieren muss.[606] Du Toit bietet selbst keine Alternative zu einem kriteriologischen Ansatz. Seine Verweise auf die Tendenzen der Third Quest[607] können jedenfalls nicht als Ersatz für die *Verwendung von* und die *Begründung durch* Kriterien herhalten.[608]

Während die vorangehende Kritik$_2$ an der Verwendung von Authentizitätskriterien historisch-methodologisch begründet ist, wird auch auf dezisionistisch-existentieller Ebene Kritik$_3$ an die kriteriologische Methode formuliert. Elisabeth Schüssler-Fiorenza vertritt eine feministisch-emanzipatorische und befreiungstheologische Methode, die sie in Opposition zu sämtlichen Phasen der kritischen Jesusforschung bis zur Third Quest vorschlägt.[609] Ihren eigenen Ansatz entwickelt sie aus wissenschafts- und erkenntnistheoretischen Erwägungen heraus. So erklärt sie in Anlehnung an Habermas, dass Wissen empirisch-analytisch, historisch-hermeneutisch oder kritisch-emanzipatorisch sein kann.[610] Letztere Art von Erkenntnisse würden angestrebt, um das individuelle und kollektive Wissen von Realität so zu ändern, sodass menschliche Potenziale und Möglichkeiten für Freiheit und Gleichheit maximiert werden.[611] In den ersten beiden Phasen der modernen Wissenschaftsgeschichte war der kritisch-emanzipatorisch orientierte Erkenntnisdrang integrativer Bestandteil der wissenschaftlichen Forschung gewesen, um feudale und soziale Unterdrückung zu überwinden und einen allgemeinen sozialen Wohlstand zu ermöglichen.[612] Das gegenwärtige Wissenschaftsverständnis hat sich aber von den praktischen Zielen und sozialen Implikationen der Forschung verabschiedet und geriert sich als technisch-objektive Wissenschaft, die das Wissen um seiner selbst willen kultiviert und so seine Unabhängigkeit garantieren möchte:

> „This understanding of science goes hand in hand with value-neutrality, which captures what is real through impersonal, quantitative language; and *method*, understood as norms, rules, procedures, and scientific technologies. Scientific values are transhistorical human values; they are not particularistic, local, partial, or political. Historically and culturally specific values, emotions, and interests must be kept separated from de-politicized transcendental scientific practices. Abstract thinking, mathematical intelligibility, and mechanistic metaphors become the hallmarks of true science."[613]

606 Vgl. HÄFNER, Das Ende der Kriterien?, 124 f.
607 Vgl. DU TOIT, Der unähnliche Jesus, 122-125.
608 Vgl. HÄFNER, Das Ende der Kriterien?, 125 f.
609 Vgl. ELISABETH SCHÜSSLER FIORENZA, Critical Feminist Historical-Jesus Research. In: TOM HOLMÉN/ STANLEY PORTER (Hg.), Handbook for the Study of the Historical Jesus. Vol. 1: How to Study the Historical Jesus, Leiden 2011, 509-548.
610 Vgl. ebd., 514.
611 Vgl. ebd.
612 Vgl. ebd., 519 f.
613 Ebd. 520.

Schüssler-Fiorenza sieht dieses Wissenschaftsverständnis seit der neuen Rückfrage bis zur Third Quest wirksam.[614] Aufgrund des *linguistic-turn* und der hermeneutischen Erkenntnisse bezüglich der Konstruktivität von historischen Wissenschaften sei das technische Wissenschaftsverständnis in Frage zu stellen.[615] Es ermöglicht einen impliziten Eurozentrismus, Antijudaismus und Patriarchalismus[616], die aufgrund der mangelnden Reflexion über die sozialen, epistemologischen und machtkonstituierenden Bedingungen des wissenschaftlichen Diskurses bestehen bleiben. Deshalb sollte die kritische Jesusforschung als diskursive Formation verstanden werden:

> „In short, one needs to critically inquire into the politics of meaning-making that determine Historical-Jesus research and pay special attention to how much historical reconstructions of Jesus function either to undo or to continue the marginalization and erasure of wo/men and other non-persons from historical records and consciousness. Since Historical-Jesus research has served the interests of western colonization and hegemony, one must problematize the theories, theologies, or ideologies that have fostered colonization and domination and which are re-inscribed through biblical texts and interpretive discourses on Jesus. [...] Consequently it is important to investigate Historical-Jesus research as a discursive formation."[617]

Entsprechend müssten Rekonstruktionen des historischen Jesus nach ihren Erkenntnis-, Bewertungs- und Wahrheitsbedingungen befragt werden.[618] Ebenso müssten ihre freiheitstheoretischen und ethischen Implikationen bestimmt, sowie die emanzipatorischen oder stabilisierenden Tendenzen und Potenziale herausgearbeitet werden.[619] Schüssler-Fiorenza will dazu auch die grammatische Struktur von Sprachen wie Griechisch, Hebräisch, Lateins usw. analysieren, die androzentrisch sind und das Weibliche exkludieren.[620] Ihre Analyse zeige, welche Möglichkeiten und Alternativen der historischen Forschung durch unbewusste und sprachlich konditionierte Barrieren unentdeckt bleiben.[621] Dagegen werde die Verwendung von Authentizitätskriterien nicht dem Befund gerecht, dass historische Quellen in ihrer Sprachlichkeit bedeutungsproduzierende und rhetorische Elemente aufweisen, die durch eine faktensuchende Methode nicht berücksichtigt werden.[622]

Als Alternative zu den klassischen Authentizitätskriterien führt Schüssler-Fiorenza das Kriterium der „historical possibility" ein:

614 Vgl. ebd., 516-519.
615 Vgl. ebd., 533.
616 Vgl. ebd., 510.
617 Ebd., 515.
618 Vgl. ebd., 514 f.
619 Vgl. ebd.
620 Vgl. ebd., 530 ff.
621 Vgl. ebd.
622 Vgl. ebd., 532 f.

> „What is 'thinkable' or ‚possible' historically must be adjucated in terms of an emancipatory reconstructive model of early Christian beginnings and how it utilizes its source-information and materials. Instead of asking whether it is likely or plausible that wo/men shaped Jesus-traditions, one must ask if it is historically possible and thinkable that they did so."[623]

Im Zuge der Anwendung dieses Kriteriums ersetzt Schüssler-Fiorenza das beliebte Modell das Millenarismus durch die Analysekategorie der sozialen Befreiungsbewegung, um damit die jesuanische Reich-Gottes-Verkündigung und die daraus entstehenden christlichen Gruppierungen zu charakterisieren:

> „I have suggested a social-movements-for-change model as an alternative to Millennialism that allows one to reconstruct the movements gathered in Jesus' name that inspire political-religious change rather than spiritualizing and de-politicizing them. Social-scientific Historical-Jesus study would become more rather than less scientific and objective if it would engage critical feminist questions and methodologies. Critical feminist Jesus studies bring to the conversation their insistence on a hermeneutics of suspicion that scrutinizes the ideological frameworks and political functions of research in the discourses of domination as well as their engagement of a hermeneutics of re-construction that places wo/men in the center of attention."[624]

Schüssler-Fiorenzas feministisch-emanzipatorischer Ansatz verdeutlicht, dass die Verwendung von Authentizitätskriterien von Faktoren abhängig ist, die üblicherweise nicht genügend reflektiert werden. Die sozialen und hermeneutischen Bedingungen des wissenschaftlichen Diskurses bleiben oftmals unberührt vom technisch-objektiven Wissenschaftsverständnis. So gesehen ist diese emanzipatorische Kritik$_3$ als supplementäres Verfahren zur Überprüfung historisch-methodologischer Kritik auf restringierende hermeneutische Faktoren, die sozial, politisch, sprachlich usw. gewirkt sein können, nur zu begrüßen. Daraus lässt sich aber kein Verzicht auf historischen Kriterien zur Bewertung von historischer Forschung ableiten. Wie will Schüssler-Fiorenza seine eigene feministisch-emanzipatorische Re-konstruktion des historischen Jesus vor dem Vorwurf bewahren, dass diese einseitige Vorannahmen über den emanzipatorischen Charakter der jesuanischen Verkündigung in die ursprüngliche Jesusbewegung projiziert, wenn sie nicht über historische Kriterien verfügt, die als Indizien und Bewertung von Argumentationsschritten genutzt werden können? Auch in diesem Falle bestätigt sich also, dass man das Verständnis und die Anwendung von Authentizitätskriterien sehr wohl kritisieren kann, aber nicht ganz ohne diese auskommt. Konsequenterweise muss man dann natürlich fragen, wie nun ein zulässiges Verständnis des kriteriologischen Modells der historischen Forschung aussieht. Dazu soll der von Theißen und Winter unternommene Versuch zur Reformulierung der klassischen Authentizitätskriterien näher betrachtet werden.

623 Ebd., 535.
624 Ebd., 547 f.

2.3.3.1 Geschichtstheoretische Begründung und Reformulierung von Authentizitätskriterien – Das historische Plausibilitätskriterium als Metakriterium

Gerd Theißen und Dagmar Winter haben in ihrer Monographie „Die Kriterienfrage in der Jesusforschung" die ausführlichste und profundeste Studie zur Entwicklungs- und Wirkungsgeschichte des Differenzkriteriums vorgelegt. Sie haben dabei *in extenso* die zwei kriterialen Bestandteile der Differenz gegenüber Judentum und Christentum herausgearbeitet. Während das Differenzkriterium gegen das Christentum (DKC) in seiner Entstehungsgeschichte quellenkritisch fundiert (Literar-, Form-, Redaktionskritik)[625] und in der Kritik$_{1;3}$ gegen Dogma und Kirche motiviert war[626], ist das Differenzkriterium gegen das Judentum (DKJ) vor allem auf die geschichtstheoretischen Voraussetzungen des Historismus und einem impliziten Antijudaismus zurückzuführen.[627] Insbesondere die entstehungsgeschichtlichen Motive des Differenzkriteriums werden in der Third Quest jedoch nicht mehr geteilt.[628] Überhaupt hat es grundlegende Veränderungen in den paradigmatischen Voraussetzungen der kritischen Jesusforschung gegeben, die für die Verwendung des Differenzkriteriums und für Authentizitätskriterien nicht folgenlos bleiben können. Diesbezüglich wird der konsequent profanhistorische Anspruch, die Einbeziehung von sozialwissenschaftlichen Ansätzen, die konsequente Kontextualisierung von Jesus in das Judentum des ersten Jahrhunderts und die Verwendung von nichtkanonischen Quellen genannt.[629] Durch die Reformulierung der klassischen Authentizitätskriterien – mit besonderem Schwerpunkt auf das Differenzkriterium – wollen Theißen und Winter einerseits dem neuen Paradigma der Third Quest gerecht werden und so die Verwendung von historischen Kriterien daran anpassen und andererseits eine geschichtstheoretische und hermeneutische Begründung von Authentizitätskriterien liefern. Als *„point of departure"* dienen dabei die zwei Teilkriterien des Differenzkriteriums:

> „Das zweiseitige Differenzkriterium – mit einer einseitigen Abgrenzung zum Judentum hin – läßt sich in seiner traditionellen Form nicht halten. Für einen Historiker kann es nicht nur um ‚Abgrenzung' gehen. Ihn interessiert eine sachliche Verhältnisbestimmung Jesu zu seinem Kontext und zu seiner Wirkungsgeschichte, in der sowohl Übereinstimmungen als auch Nicht-übereinstimmungen, Kontinuitäten als auch Diskontinuitäten herausgearbeitet werden. Beides ist für eine methodisch nachvollziehbare Rekonstruktion des ‚historischen Jesus' wichtig."[630]

625 Vgl. THEISSEN/WINTER, Die Kriterienfrage in der Jesusforschung, 20.
626 Vgl. ebd., 23 f.
627 Vgl. ebd., 25.
628 Vgl. ebd., 157-162.
629 Vgl. ebd., 146 ff.
630 Ebd., 176.

Bevor nun die beiden Teilkriterien der Differenz umfunktionalisiert werden, relativieren Theißen und Winter den *Authentizitäts*begriff für historische Kriterien und Urteile, indem sie diesen durch den Terminus der *Plausibilität* ersetzen. Letzterer soll zum Ausdruck bringen, dass Urteile über die historische Zuverlässigkeit von Quellen für das Individuum und die Forschergemeinschaft (Intersubjektivität) *überzeugend* sein müssen.[631] Diese Überzeugungskraft können sie nicht in einem absoluten Sinne, sondern nur als Proposition für Wahrscheinlichkeiten haben. Plausibilitätsurteile sind also *„probabilistisch“*.[632] Und als drittes Merkmal von Plausibilität gilt ihr *„provisorischer* Charakter“.[633] Ein Einzel- und Gesamturteil über historische Sachverhalte kann also durch neue Quellen und Erkenntnisse modifiziert, geändert und negiert werden. Theißen und Winter betonen hierbei, dass nur ein „intelligenter Falsifikationismus“ sinnvoll ist.[634] Wenn also ein Einzelurteil über die Validität einer Überlieferung negativ ausfällt, heißt es noch lange nicht, dass das – darauf basierende – Gesamturteil über den historischen Jesus hinfällig wird. Erst wenn sich ein neues Gesamtbild ergibt, dass auch die als unecht erachtete Überlieferung aus ihrem Entstehungskontext heraus erklären kann, lässt sich ein Gesamturteil über Jesus ändern.[635] Theißen und Winter wollen ihre neuen Plausibilitätskriterien also nicht nur auf Wortüberlieferung beschränken. Sie betonen vielmehr, dass bereits vor einer historischen Untersuchung biographisch, sozial, und kulturell bedingte Intuitionen und Gesamturteile über Jesus bestehen.[636] Diese können im Rahmen historischer Forschung durch Einzelergebnisse erschüttert und durch ein neues Gesamtbild ersetzt werden. Ohnehin besteht zwischen Gesamt- und Einzelurteil eine gewisse Zirkularität und Reziprozität.[637]

Die klassischen Authentizitätskriterien werden von Theißen und Winter im Rahmen eines „historischen Plausibilitätskriteriums“ und seiner Unterkriterien adaptiert.[638] So wird das Differenzkriterium gegenüber dem Christentum als „Kriterium historischer Wirkungsplausibilität“ abgeändert.[639] Historisch bedeutsame Figuren und Ereignisse zeichnen sich durch eine *oszillierende* Wirkungskraft aus. Einerseits führen Interpretation und Deutung zu einer Modifikation, Änderung und Revision ihrer historisch ursprünglichen Gestalt.[640] Andererseits gewährleistet die Bedeutsamkeit und Strahlkraft einer Person oder eines Ereignisses, dass sie als Ursache ihrer Rezeption keine Fiktion darstellen, sondern er-

631 Vgl. ebd., 206.
632 Vgl. ebd., 207.
633 Vgl. ebd.
634 Vgl. ebd., 207 f.
635 Vgl. ebd.
636 Vgl. ebd., 204 f.
637 Vgl. ebd., 205.
638 Vgl. ebd., 175-217.
639 Vgl. ebd., 176-183.
640 Vgl. ebd., 176 f.

halten bleiben.[641] In diesem Spannungsfeld von historischer Wirkungsplausibilität können vergangene Ereignisse erst rekonstruiert werden. Beide Aspekte der Wirkungsplausibilität fangen Theißen und Winter durch die klassischen Authentizitätskriterien wieder auf.

Mit Hilfe des „Kriteriums der Tendenzwidrigkeit" lassen sich diejenigen Elemente einer Überlieferungstradition bestimmen, die gegen ihre Veränderungstendenzen immun sind und somit als ursprüngliches Relikt identifiziert werden können.[642] Als Beispiele werden von Theißen und Merz unter anderem die Aussagen der Evangelien über „vernünftige" Schriftgelehrte (Mk 12,28 ff.) gegen die später polemische Abgrenzungstendenz des Christentums oder über den Konflikt Jesu und seiner Familie (Mk 3,21) trotz des später positiven Familienethos genannt.[643] Natürlich können tendenzwidrige Elemente auch auf unterschiedliche Phasen der christlichen Überlieferung zurückführbar sein.[644] Wichtig ist, dass aufgrund der Vielfalt der innerchristlichen Tradition durch Abgleich der Quellen oftmals nachgewiesen werden kann, ob eine Aussage oder Bericht als eigentümliche Redaktion, als Gemeindebedürfnis, als spätere theologische Tendenz oder ursprüngliche Überlieferung zu kennzeichnen ist.[645] Dem zweiten Aspekt der Wirkungsplausibilität drücken Theißen und Winter durch die *klassischen Kriterien der (Quellen-)Kohärenz und der Mehrfachbezeugung* aus. Während diese in dem normalen Authentizitätsmodell vor allem zur Erweiterung des kritischen Minimums an echter Überlieferung dienten, soll im Rahmen des Kriteriums historischer Wirkungsplausibilität gezeigt werden, dass Quellenkohärenz ein eigenständiger Indikator für Wirkungsgeschichte sein kann.[646] Wenn auf inhaltlicher und formaler Ebene bestimmte Motive wie das Verwenden von Gleichnissen in unterschiedlichen und unabhängigen Quellen auftreten (Querschnittsbeweis), wenn durch diversen Gattungen hinweg bestimmte Themen wie die Reich-Gottes-Verkündigung wiederholt auftauchen (Gattungsinvarianz) und wenn dieselbe Aussage oder der derselbe Bericht wie das Gleichnis vom Senfkorn mehrmals unabhängig überliefert wird (Mehrfachbezeugung), dann sind das Indizien für die tatsächliche Wirkkraft von ursprünglichen Ereignissen und Personen, die sich in divergenten Quellen durchgehalten haben.[647]

Entscheidend für die Feststellung wirkungsgeschichtlicher Plausibilität ist, dass die zu untersuchenden Traditionen auch wirklich unabhängig sind. Dazu müssen sie auf der x-Achse eines kartesischen Koordinatensystems ähnlich genug sein, um sich auf dasselbe Ereignis zu beziehen, aber gleichzeitig auf der

641 Vgl. ebd.
642 Vgl. ebd., 177-180.
643 Vgl. ebd., 177 f.
644 Vgl. ebd., 178 ff.
645 Vgl. ebd.
646 Vgl. ebd., 180 f.
647 Vgl. ebd., 181 f.

y-Achse heterogen sein, damit sie als autonome Bezeugungen gelten können.[648] So lässt sich zum Beispiel bei bestimmten Gleichnissen sehr gut nachweisen, wie sie in der Überlieferung unterschiedlich interpretiert, kontextualisiert und abgeändert werden, um bestimmten theologischen Positionen Luft zu verschaffen. Zusammengefasst lautet die Formulierung des Kriteriums historischer Wirkungsplausibilität:

> „Das Kriterium wirkungsgeschichtlicher Plausibilität bezieht sich [...] auf die Nachwirkung Jesu im Urchristentum. Auch hier lassen sich zwei Aspekte unterscheiden: Tendenzsprödigkeit gegenüber allgemeinen Tendenzen im Urchristentum und gleichbleibende Kohärenz angesichts der jeweils verschiedenen Tendenzen in einem pluralistischen Urchristentum."[649]

Würde man das Kriterium wirkungsgeschichtlicher Plausibilität zum einzigen Maßstab historischer Forschung erheben, dann wären *ad hoc* berechtigte Zweifel an diese Praxis angebracht. Analysiert man die Rezeptions- und Wirkungsgeschichte einer Person auf inzestuöse Weise nur innerhalb einer bestimmten religiösen Tradition, dann ist nie ausgeschlossen, dass auch fiktive Elemente im Rahmen des Überlieferungsprozesses den Status von Realität errungen haben und dass es somit kein Kriterium zur Unterscheidung von Phantasie und wirkungsgeschichtlicher Imprägnation gibt.[650]

Deshalb bedarf es zusätzlich des „Kriteriums der historischen Kontextplausibilität".[651] Theißen und Winter stellen es dem Differenzkriterium gegenüber dem Judentum entgegen. Anders als die Abgrenzung des historischen Jesus gegenüber dem Judentum durch das DKJ, fordert die Kontextplausibilität die konsequente Einordnung von Jesus in das Judentum seiner Zeit und seine individuelle Profilierung im Rahmen dieses Kontextes.[652] Damit trägt man einem Sachverhalt Rechnung, der für jede Person der Gegenwart und Vergangenheit Geltung hat: Jeder Mensch ist ein Kind seiner Zeit, seiner Kultur und seiner kontingenten biographischen, sozialen und wirtschaftlichen Umstände.[653] Gleichzeitig kann sich jedes Individuum nur aufgrund seiner kontextuellen Verwurzelung eine Identität als Wahl und Entscheidung von Möglichkeiten der eigenen Existenz schaffen.[654] Würde man für Jesus – aufgrund theologischer und geschichtstheoretischer Motive – eine zeit- und kontextlose Identität behaupten, dann würde man unter einem anthropologischen Begründungsdruck geraten.[655] Kontextentsprechung und kontextuelle Individualität sind zwei Seiten dersel-

648 Vgl. ebd., 180.
649 Ebd., 216.
650 Vgl. ebd., 249 f.
651 Vgl. ebd., 183-191.
652 Vgl. ebd.
653 Vgl. ebd., 186.
654 Vgl. ebd., 188.
655 Vgl. ebd., 188 f.

ben Medaille historischer Kontextplausibilität. Der historische Jesus entspricht in vielen Dingen, die er getan hat, etlichen Zeitgenossen. So ist das Verbot der Ehescheidung kein absolutes Novum in der damaligen Zeit gewesen.[656] Und doch unterscheidet sich Jesus in der Nuancierung von Überlegungen, die der *communis opinio* von bestimmten Personen und Gruppen seiner Zeit entsprechen können. Um die kontextuelle Individualität vom historischen Jesus zu rekonstruieren, schlagen Theißen und Winter „Vergleichsprofile" mit Individuen seiner Gegenwart (Johannes der Täufer, Judas Galilaios usw.) und der Erhebung von „Besonderheitsindizien" vor, die zur Profilierung von Jesus als historische Persönlichkeit im Kontext seiner Zeit dienen.[657]

Aber auch das Kriterium der Kontextplausibilität muss durch die Wirkungsplausibilität reziprok korrigiert werden. Zwar ist es richtig, dass die Abgrenzungstendenzen des späteren Christentums zum Judentum, ein schwerwiegendes Argument für die Zuverlässigkeit von Überlieferungen ist, die Jesus *im* Judentum verorten. Aber nichtsdestotrotz ist Vorsicht bei der Analyse geboten, da auch judenchristliche Tendenzen für den jüdischen Charakter Jesu verantwortlich sein könnten.[658] Nur darf man letzteres – wie oft bei der Anwendung des DKJ geschehen – nicht als Normalfall erklären. Insgesamt ergibt sich folgende Formulierung für das Kriterium historischer Kontextplausibilität:

> „Das Kriterium (jüdischer) Kontextplausibilität umfaßt zwei Aspekte: Kontextentsprechung und kontextuelle Individualität. Gefordert wird zunächst ‚Kontextentsprechung': *Was Jesus gewollt und gesagt hat, muß mit dem Judentum in der ersten Hälfte des ersten Jahrhunderts in Galiläa vereinbar sein.* Komplementär zu ergänzen ist die Suche nach ‚kontextueller Individualität': *Was Jesus gewollt und getan hat, muß als eine individuelle Erscheinung im Rahmen des damaligen Judentums erkennbar sein.*"[659]

Sowohl historische Wirkungsplausibilität als auch historische Kontextplausibilität werden in ihrer Verbindung als „Kriterium historischer Gesamtplausibilität" festgehalten.[660] Sämtliche Urteile über die Wirkung und den Kontext jesuanischer Verkündigung kulminieren in ein Gesamtbild des historischen Jesus, das in seiner Gesamtheit plausibel sein sollte:

> „Alle Einzelurteile über Echtheit und Unechtheit von Jesusüberlieferungen sind durch mehr oder weniger explizite Gesamtbilder vom Wirken Jesu bestimmt, die mit jeder Einzelentscheidung überprüft werden. Diese Gesamtbilder stammen teils aus den Quellen, teils aus der Forschungsgeschichte, teils aus dem vorwissenschaftlichen Umgang mit christlicher Tradition. Solche Gesamtbilder unterliegen als ganze derselben Kombination von Kriterien wie einzelne Überlieferungen von Jesu Worten, Taten und seinem Geschick: *Was wir von Jesus insgesamt wissen, muß ihn als Individualität inner-*

656 Vgl. ebd., 190.
657 Vgl. ebd., 189 ff.
658 Vgl. ebd., 183.
659 Ebd., 216.
660 Vgl. ebd., 191-194.

> *halb des zeitgenössischen jüdischen Kontextes erkennbar machen und mit der christlichen (kanonischen und nicht-kanonischen) Wirkungsgeschichte vereinbar sein.* Wir sehen in dieser Formulierung eines Kriteriums historischer Gesamtplausibilität kein zusätzliches (drittes) Kriterium neben Wirkungs- und Kontextplausibilität, sondern eine in allen Kriterien, Quellenwertargumenten und Besonderheitsindizien wirksame regulative Idee."[661]

Die neue Systematisierung der traditionellen Authentizitätskriterien durch die Zuordnung und Anpassung an historische Plausibilitätsurteile soll die veränderten Rahmenbedingungen kritischer Jesusforschung in der Third Quest zum Ausdruck bringen. Zwar sind bereits bei der Formulierung der historischen Plausibilitätskriterien geschichtstheoretische Erwägungen maßgeblich, jedoch bieten Theißen und Winter eine zusätzliche *geschichtshermeneutische* Begründung für die Verwendung historischer Kriterien an. Letztere entspricht nämlich den „axiomatischen Überzeugungen" des historischen Bewusstseins, die sich seit der Aufklärung verfestigt haben.[662] Für die Beschreibung dieser Grundüberzeugungen historischer Forschungspraxis wird auf die lessingsche Metapher des „garstig breite[n] Graben" zurückgegriffen, die ursprünglich die Differenz zwischen zufälligen Geschichtswahrheiten und notwendigen Vernunftwahrheiten zum Ausdruck bringt.[663] Das moderne historische Geschichtsbewusstsein hat nach Theißen und Winter diesen Graben der Geschichte in drei axiomatische Überzeugungen ausgeweitet, denen eine immanente Dialektik innewohnt.

So zeigt erstens das „Problem historischer Quellenkritik", dass der Mensch fallibel ist und vergangene Ereignisse nie in ihrer Ganzheit weitergeben und reproduzieren kann.[664] Die sinngebende Natur des Menschen bedingt es, dass Ereignisse und Handlungen bereits bei ihrer ersten Wahrnehmung unterschiedlich interpretiert und wiedergegeben werden. Deshalb ist die Vergangenheit für immer in ihrer Totalität verloren. Allerdings gewährleistet die Fallibilität und Perspektivität allen menschlichen Wissens ebenso, dass historische Ereignisse und Personen nicht komplett erfunden werden können und somit historische Skepsis die Oberhand gewinnt.[665] Kein Mensch und keine Gruppe ist in der Lage, historische Realität ohne Wenn und Aber als Gewissheit zu konstruieren. Niemand kann alle materiellen und schriftlichen Dokumente seiner Zeit so arrangieren, dass sie einer intendierten Wiedergabe der Gegenwart entsprechen.[666] Deshalb ist es dem Historiker möglich, durch Archäologie und Geschichtswissenschaft plausible Urteile darüber zu fällen, ob eine Aussage oder ein Ereignis als reine Fiktion oder geschichtliche Wirklichkeit zu bewerten ist.

661 Ebd., 217.
662 Vgl. ebd., 235 f.
663 Vgl. ebd., 234-237.
664 Vgl. ebd., 240.
665 Vgl. ebd., 240 f.
666 Vgl. ebd.

Als zweite Grundüberzeugung verdeutlicht das „Problem historischer Relativität", dass es keinen kontextlosen Anfang und Ende von Ereignissen und Handlungen gibt.[667] Jede Person ist in einen sozialen, kulturellen und biographischen Kontext hineingeworfen, weshalb es nichts geben kann, das absolut isoliert und für sich Originalität beanspruchen kann.[668] Auch dieser Überzeugung zur historischen Relativität liegt aber eine innere Dialektik zu Grunde. Denn Relativität lässt sich nicht als absolute Indifferenz auffassen, die keine Individualität mehr zulässt.[669] Erst die Situierung eines Menschen in einem Kontext ermöglicht ihm, durch Wahrnehmung von Möglichkeiten eine eigene Identität zu konstituieren. Nur so ist auf synchroner Ebene eine Differenz von Phänomenen und auf diachroner Ebene ihre Entwicklung erkennbar.[670]

Die dritte Grundüberzeugung historischen Bewusstseins problematisiert die *Fremdheit* der Vergangenheit.[671] Bereits die zwischenmenschliche Begegnung mit Menschen aus anderen Ländern und Kulturkreisen steht immer unter besonderen hermeneutischen Herausforderungen (Sprache, Sitten usw.). Aus diachroner Perspektive wird der hermeneutische Graben zu vergangener Wirklichkeit umso größer sein. Der Verständnishorizont von Personen aus älteren Epochen bleibt *in toto* dem modernen Menschen verschlossen.[672] Wird damit aber ein Verstehen der Vergangenheit zur Unmöglichkeit? Auch im Falle des Problems historischer Fremdheit gibt es eine dialektische Spannung. Was jedes menschliche Individuum – der Gegenwart und Vergangenheit – eint, ist seine „sinngebende Aktivität".[673] Diese ermöglicht erst Sinnkonstituierung und -transfer, die zu kultureller Vielfalt führt. Ansonsten ließe sich zwischenmenschliche Interaktion gesetzesmäßig erklären. Die Auseinandersetzung mit der Vergangenheit ermöglicht dagegen eine Wahrnehmung der eigenen sinngebenden Aktivität und kann zur Vertiefung des eigenen Selbstverständnisses führen.[674] Dabei bleibt aber stets die Gefahr, dass man allzu schnell eigene Überzeugungen und Ideen in die Vergangenheit rückprojiziert und dem Fallstrick des Anachronismus erliegt.

Die drei axiomatischen Prinzipien des historischen Bewusstseins (historische Quellenkritik, Relativität und Fremdheit) deuten Theißen und Winter als nicht weiter begründbare Axiome, die der historischen Forschung inhärent sind.[675] Diese haben sich seit der Aufklärungszeit mehr und mehr verfestigt und begründen vielmehr selbst die Praxis geschichtlicher Analysen.[676] Dieses Ver-

---

667 Vgl. ebd., 250.
668 Vgl. ebd.
669 Vgl. ebd., 251 f.
670 Vgl. ebd., 251 f.
671 Vgl. ebd., 260 ff.
672 Vgl. ebd.
673 Vgl. ebd., 261 f.
674 Vgl. ebd.
675 Vgl. ebd., 237 f.
676 Vgl. ebd.

ständnis axiomatischer Prinzipen ähnelt den „grammatischen Überzeugungen" bei Wittgenstein.[677] Denn diese lassen sich nicht ohne weiteres aus theologischen Motiven oder anderen Erwägungen heraus übergehen.[678] Sie ermöglichen erst Gewissheit, da die Analysen der Vergangenheit im Rahmen dieser Überzeugungen erst Geltung erhalten.[679]

Theißen und Winter argumentieren nun, dass die von ihnen formulierten Plausibilitätskriterien den axiomatischen Überzeugungen historischen Bewusstseins gerecht werden. Das Kriterium der Wirkungsplausibilität dient zur Identifizierung von Aussagen und Handlungen, die sich trotz der tendenziösen Formung der Quellen als spröde Elemente erhalten haben (Tendenzwidrigkeit).[680] Ebenso wird nach einheitlichen und invarianten Spuren gesucht, die sich in unterschiedlichen und unabhängigen Quellen erhalten haben (Quellenkohärenz).[681] Insgesamt entspricht das Kriterium der Wirkungsplausibilität also mit der Feststellung der Tendenzwidrigkeit und Quellenkohärenz der Dialektik historischer Quellenkritik, die eine Unmöglichkeit der infalliblen Überlieferung der Vergangenheit oder ihrer reinen Erfindung postuliert.

Das Kriterium der Kontextplausibilität verlangt die Entsprechung einer historischen Person zu einem Kontext und ihre Individualisierung in diesem Kontext. Beide Aspekte der Kontextplausibilität korrespondieren mit der Dialektik des historischen Relativismus, die zwar alle Erscheinungen der Vergangenheit als zusammenhängend relativiert, aber zugleich ihre Individualisierung erst ermöglicht.[682]

Gemeinsam bilden Kontext- und Wirkungsplausibilität das regulative Kriterium der Gesamtplausibilität. Es drückt den Antagonismus zwischen dem jeweiligen kontextuellen und wirkungsgeschichtlichen Einzelurteil und dem Gesamtbild einer historischen Person aus.[683] Es gibt dabei nie einen ruhelosen Punkt der endgültigen Erkenntnis eines historischen Sachverhalts. In diesem Verständnis gleichen Theißen und Winter das Kriterium der Gesamtplausibilität mit der Überzeugung historischer Fremdheit ab.[684] Weil ich einerseits vergangene Ereignisse und Personen nie gänzlich verstehen kann und andererseits trotzdem als Mensch mit der Eigenschaft zu sinngebender Aktivität mit der Vergangenheit als Sinnprodukt geeint bin und dadurch meinen Sinnhorizont erweitern und vertiefen kann, entspricht diese Dialektik der regulativen Idee der

677 Vgl. STOSCH, Komparative Theologie, 176 f.
678 Vgl. THEISSEN/WINTER, Die Kriterienfrage in der Jesusforschung, 237 f.
679 Vgl. ebd.
680 Vgl. ebd., 247-250.
681 Vgl. ebd., 243-247.
682 Vgl. ebd., 254-260.
683 Vgl. ebd., 194.
684 Vgl. ebd., 260-265.

Gesamtplausibilität, in der stets Einzelurteile über Kontext- und Wirkungsplausibilität eine Gesamtplausibilität erzeugen und revidieren.[685]

Zusammenfassend lautet das Urteil über die geschichtshermeneutische Begründung von Plausibilitätskriterien: Ihre Verwendung zur Re-konstruktion der Vergangenheit ist bedingt durch axiomatischen Überzeugungen, die Einzelurteile und Gewissheit über historische Zuverlässigkeit erst ermöglichen:

> „Persönliche Gewißheit im Umgang mit dem historischen Jesus entsteht durch das Zusammentreffen axiomatischer Überzeugungen und zufälliger Quellen. Die axiomatischen Überzeugungen des modernen historischen Bewußtseins vertiefen zunächst den Graben zwischen uns und dem historischen Jesus. Die drei Prämissen – die Fehlbarkeit aller historischen Quellen, die historische Relativität aller Erscheinungen und die Fremdheit alles Historischen – führen zu historischer Skepsis, Relativierung und Distanz. Der historische Jesus scheint in einer unzugänglichen Vergangenheit zu versinken. Dieselben Prämissen enthalten aber eine innere Dialektik, die notwendigerweise das Gegenteil ihrer selbst umschließt. Konsequent durchdacht, begrenzt die Fehlbarkeit aller menschlichen Quellen auch unsere historische Skepsis, öffnet die Einordnung Jesu in geschichtlichen Zusammenhänge den Blick für seine Individualität, führt die Auseinandersetzung mit seiner provozierenden Fremdheit zu einer überraschenden Nähe. Der Graben, der uns vom historischen Jesus trennt, bleibt breit, lang und tief. Wir können ihn nicht überspringen."[686]

In der Gegenwartsforschung wird anerkannt, das Theißen und Winter die ausführlichste Studie zur Bedeutung und Funktion von historischen Kriterien in der Jesusforschung vorgelegt haben.[687] Dagegen wird ihr neues Arrangement klassischer Authentizitätskriterien als Plausibilitätskriterien auch hinterfragt. So heißt es, dass das grundsätzliche Problem der mangelnden Quellenbasis auch durch die Formulierung von Plausibilitätskriterien nicht überwunden wird.[688] Überhaupt seien die Kriterien der Kontext- und Wirkungsplausibilität geschichtstheoretische Binsenwahrheiten, denen jeder Historiker zustimmen wird.[689] Dabei schränkt ihre Allgemeinheit die konkrete Verwendbarkeit ein, da es nur wenige Fälle gibt, in denen sich ihre Applizierbarkeit trotz der schwierigen Quellenlage auch bewährt.[690] Auch seien die Bestandteile und Einsichten der Plausibilitätskriterien aus der älteren Forschung in Form von Authentizitätskriterien und ihrer angemessenen Anwendung bereits bekannt.[691] Schüssler-Fiorenza meint zudem, dass Plausibilität eine unglückliche Wahl zur Kennzeichnung von Krite-

685 Vgl. ebd.
686 Ebd., 265.
687 "Their [Theißen/Winter] very helpful work is surely the most extended and most judicious exploration of our criteria to date [...]" (ALLISON, How to Marginalize the Traditional Criteria of Authenticity, 7).
688 Vgl. Ebd., 8.
689 Vgl. ebd.
690 Vgl. ebd.
691 Vgl. HÄFNER, Das Ende der Kriterien?, 126 f.

rien sei, da nicht reflektierte Bedingungen des Forschungsdiskurses bestimmen und einschränken, was als plausibel zu gelten hat.[692] So würde man aufgrund der gängigen Überzeugung von der Stellung der Frau in der Antike nie auf die Idee kommen, dass auch Frauen gleichberechtigte Anhänger des historischen Jesus waren.[693] Deshalb schlägt Schüssler-Fiorenza ihr Kriterium der „historical possibility" vor, das die christlichen Quellen nach ihrem emanzipatorisch-befreiungstheologischen Potenzial durchsucht und befragt.

In der Gesamtheit hat man bezüglich der Kritik$_2$ an historische Plausibilitätskriterien den Eindruck, dass eine intensivere Lektüre von Theißen und Winters Monographie mehr zum Verständnis und Würdigung ihres Ansatzes beitragen würde. Dass die klassischen Authentizitätskriterien durch die Plausibilitätskriterien nicht gänzlich obsolet werden und integrativer Bestandteil der Quellenkritik bleiben, weisen Theißen und Winter im Rahmen ihrer Argumentation selbst aus.[694] Hier sollte man grundsätzlich die geschichtstheoretische und -hermeneutische Begründung der klassischen Authentizitätskriterien besser würdigen. Denn durch die Neuformulierung von historischen Kriterien als Plausibilitätsindikatoren ändert sich auch ihre Funktion und Verwendung (Anerkennung des Kohärenzkriteriums als eigenständiges Indiz für Wirkungsgeschichte/ Umkehrung des DKJ als Kriterium der jüdischen Kontextentsprechung usw.). Natürlich sind die Grundsätze der Wirkungs- und Kontextplausibilität sehr allgemein formuliert und drücken auch für den geschulten Historiker selbstverständliche Sachverhalte aus. Nur wird dabei übersehen, dass es gerade Aufgabe der Geschichtshermeneutik ist, das vermeintlich Selbstverständliche transparent zu machen. Und im Falle der Plausibilitätskriterien kommt dieser Aufgabe die Bedeutsamkeit hinzu, dass dadurch geschichtstheoretisch und ethisch unhaltbare Motive für die Verwendung von Authentizitätskriterien (Historismus, Antijudaismus usw.) überwunden werden und dass ihre geschichtshermeneutische Begründung eine heuristische Funktion besitzt: Es werden Regulative ausformuliert, die eine sinnvolle und nachvollziehbare Verwendung von historischen Kriterien fördern sollen. Dass die prinzipielle Natur der Plausibilitätskriterien nicht die bestehenden Vorrausetzungen der kritischen Jesusforschung (Quellenbestand, Dissens usw.) *ad hoc* zu lösen vermag, wird auch nur denjenigen wundern, der eine falsche Vorstellung von Kriterien und ihrer Funktion hat. Sie können nicht mechanisch und nach Art einer Formel sämtliche Herausforderungen historischer Urteilsbildung überwinden. Auch wird in der Kritik$_2$ an Theißen und Winter nicht dem Umstand Rechnung getragen, dass ihre Neuformulierung von Kriterien die veränderten Rahmenbedingungen der Third Quest zum Ausdruck bringen soll. Es macht natürlich einen Unterschied aus, wenn man das Differenzkriterium unter

---

692 Vgl. FIORENZA, Critical Feminist Historical-Jesus Research, 534 f.

693 Vgl. ebd.

694 Vgl. THEISSEN/WINTER, Die Kriterienfrage in der Jesusforschung, 215 ff.

vermehrter Bezugnahme von extrakanonischen Quellen und sozialhistorischer Erkenntnisse nutzt.

Schüssler-Fiorenzas Kritik an dem Begriff der Plausibilität ist verständlich, wenn man darunter den simplen Verweis auf den *common sense* versteht.[695] Das ist aber gerade nicht das Verständnis von Plausibilität, das von Theißen und Winter intendiert ist. Diese verstehen als Plausibilität die Vorläufigkeit, Wahrscheinlichkeit und Intersubjektivität von historischen Urteilen, die stets ins Bewusstsein zu rufen ist. Das lässt auch emanzipatorische Kritik$_{2;3}$ an unbegründeten und hegemonialen Voraussetzungen des Forschungsdiskurses zu, die geschichtliche Erkenntnisse relativieren und revidieren kann. Nicht umsonst betonten Theißen und Winter, dass das Kriterium der Gesamtplausibilität vor einer endgültigen Festlegung von historischen Einzel- und Gesamturteilen warnt und ihre unentwegte Selbstkorrektur, die eigenen Einsichten in Zaum hält. Hier kann also Diskurskritik ein zusätzliches Mittel zur Infragestellung und Validierung von Gesamtplausibilität sein.

2.3.4 Kriteriologie als methodisches Rückgrat der historischen Jesusforschung – Vorteile einer kriterienorientierten Fundierung historischer Methode

Als *Kriteriologie* wurde im Rahmen dieser Arbeit die Verwendung von Authentizitätskriterien als methodisches Instrumentarium für die historische Jesusforschung bezeichnet. Die vorangehenden Analysen haben zu dem Ergebnis geführt, dass Kriterien der Authentizität auf historisch-methodologische Prinzipien der Bibelkritik$_2$ zurückführbar sind und ein spezielles Anwendungsszenario für die Frage nach dem historischen Jesus darstellen. Faktisch wurde vor allem die Nutzung des Differenzkriteriums in seiner doppelten Form von motivgeschichtlich und geschichtstheoretisch fragwürdigen Prämissen begleitet, deren explizite und implizite Wirksamkeit stets verhindert werden sollte. Dabei dürfte klar geworden sein, dass das essentialistische Verständnis von Authentizität als faktische Rekonstruktion der tatsächlichen Vergangenheit nach dem *linguistic turn* und den geschichtstheoretischen Erkenntnissen der Postmoderne als obsolet zu gelten hat. Auf Authentizitätskriterien basierende Urteile über die historische Zuverlässigkeit einer Überlieferung können nur als *Plausibilitätsurteile* verstanden werden. Als bedeutendste Kriterien gelten das Differenzkriterium in Form der Tendenzwidrigkeit, das Kohärenzkriterium, die Mehrfachbezeugung und sprachliche-inhaltliche Kontextkriterien. Die Funktion von Authentizitätskriterien kann sich aber unterscheiden: Sie können als Echtheitskriterien, als Quellenwertargumente und Besonderheitsindizien aufgefasst werden. Entwick-

695 Vgl. FIORENZA, Critical Feminist Historical-Jesus Research, 534.

lungsgeschichtlich sind die einzelnen Authentizitätskriterien in der Mehrzahl der Fälle aus den Prinzipien historisch-methodologischer Kritik ableitbar. Letzteres sollte auch gewährleistet sein, da ansonsten ein Kriterium unter den Verdacht falscher methodischer Prämissen fallen könnte. So setzt das Kriterium der Tendenzwidrigkeit oder die Quellenkohärenz die Ergebnisse der Literar-, Form- und Redaktionskritik voraus, um Urteile über die Tendenzen und die Unabhängigkeit einer Überlieferung oder Quelle fällen zu können. In der kritischen Jesusforschung wurde immer betont, dass nie ein historisches Kriterium für sich, sondern nur eine Vielzahl an Kriterien bei der historischen Analyse in Anschlag gebracht werden sollten. Jedoch lassen sich die klassischen Authentizitätskriterien unterschiedlich systematisieren, was die Funktion und die Handhabe des jeweiligen Kriteriums auch beeinflusst. Als erfolgreichstes Modell der Systematisierung und Reformulierung von Kriterien kann die Arbeit von Theißen und Winter gelten. Diese haben nicht nur einzelne Kriterien in ihrer Funktion genau bestimmt, sondern mit ihrem Metakriterium historischer Plausibilität auch ein regulatives Modell zur korrekten Verwendungs- und Verständnisweise der klassischen Authentizitätskriterien geliefert und damit auch ihre überzeugende geschichtshermeneutische Begründung vorgenommen. Jedenfalls wäre es ein Trugschluss zu glauben, dass man – wie oft in der Neuen Frage behauptet – zunächst mit dem Differenzkriterium einen Kern historischer Vergangenheit rekonstruieren muss, um dann durch weitere Kriterien diese Wissensbasis zu erweitern. Das soll nicht ausschließen, dass man oft genug in der Forschung nur mit einem Nukleus an mit großer Wahrscheinlichkeit geschichtlich plausibler Tatsachen operieren kann. Vielmehr soll hier ausgeschlossen werden, dass Authentizitätskriterien isoliert und in einem mechanischen Sinne verwendet werden können. Eine solche Vorgehensweise läuft oft Gefahr, unbegründeten Vorannahmen ein pseudowissenschaftliches Gepräge zu geben und die vorausgesetzten Schritte historisch-methodologischer Kritik zu übergehen. Die kriteriologische Diskussion in der Jesusforschung hat nicht zuletzt gezeigt, dass historische Kriterien nicht *allein* für eine Bestimmung des historischen Jesus ausreichend sind. Ein (oftmals vorwissenschaftliches) Gesamtbild gehört ebenso dazu. Deshalb formulieren Theißen und Merz das Kriterium historischer Gesamtplausibilität, dass Einzel- und Gesamturteile in eine zirkuläre und reziproke Verhältnisbestimmung bringt, die der Komplexität historischer Urteilsbildung korrespondiert.

Wenn im Rahmen dieser Arbeit die kriteriologische Reflexionsebene – also die Verwendung, Identifizierung und Begründung von Authentiztitätskriterien – befürwortet wird, dann vor allem aus methodentheoretischen Erwägungen heraus. Die Angabe von historischen Kriterien verdichtet die methodischen Schritte historischer Kritik auf ihre entscheidende Schnittstelle der Urteilsfindung und macht so die Begründung von historischen Urteilen *transparent* und *nachvollziehbar*. Wo die Angabe von verwendeten Kriterien nicht freiwillig geschieht, können Kriterienkataloge bei der Identifizierung und Problematisierung *impli-*

ziter Kriterien helfen. Daneben kann die Aufschlüsselung von Verwendungsweisen methodischer Kriterien bei der Aufdeckung von *Paradigmata* einer Forschungsepoche dienlich sein. Die Arbeit von Theißen und Winter ist ein exzellentes Beispiel dafür. Ihr neues Arrangement und Bewertung von klassischen Authentizitätskriterien soll auch die *veränderten Rahmenbedingungen* kritischer Jesusforschung in der Third Quest ausdrücken. So können neue Forschungstendenzen und ihre *regulativen Voraussetzungen* bestimmt oder eingefordert werden. Der Proposition eines Systems von methodischen Kriterien kann also eine *heuristische* und *geschichtshermeneutische Funktion* zukommen.

3 Leben-Muhammad-Forschung

Das vorherige Kapitel hat die methodischen Grundlagen historischer Kritik und ihre Bedeutung für die Bibelkritik und Leben-Jesu-Forschung beleuchtet. Vor dem Hintergrund dieser Überlegungen soll nun eine Bestandsaufnahme der kritischen Muhammadforschung unternommen werden. Nach einem geschichtlichen Überblick über die bedeutendsten Etappen der Leben-Muhammad-Forschung sollen ihre methodischen und geschichtshermeneutischen Desiderata herausgearbeitet werden. Sind diese einmal identifiziert, dann gilt es, diese unter Berücksichtigung der Methodenreflexion in der Jesusforschung genauer auszuloten und Perspektiven für die Lösung methodentheoretischer Probleme aufzuzeigen (Kriteriologie).

3.1 Kritische Muhammadforschung – Methoden und Tendenzen

Wenn im Folgenden ein Überblick über die Geschichte der kritischen Muhammadforschung gegeben wird[1], dann kann nicht daran gelegen sein, einen vollständigen und umfassenden Aufriss ihrer Historie zu bieten. Es geht hier vielmehr um die Kennzeichnung der bedeutsamsten Entwicklungsschritte, der methodischen Neuerungen und der grundlegenden Tendenzen. Der Begriff der *kritischen Muhammadforschung* schließt nicht nur die im engeren Sinne *biographische* Literatur zur Person Muhammads ein. Ebenso fallen die historisch-kritischen Beiträge zu den *literarischen Quellen* für die Geschichte Muhammads und

1 Dieses Kapitel konzentriert sich auf die islamwissenschaftliche und orientwissenschaftliche Forschung zu Muhammad. Zweifelsohne wird man in der islamischen Welt Denker finden, bei denen Ansätze einer historisch-kritischen Forschung zur Frühgeschichte des Islams und zum Propheten Muhammad erkennbar sind (Nicolai Sinai, Hisham Djait über die „Geschichtlichkeit der Verkündigung Muhammads". In: Der Islam 86 (2011) 30-43). So gibt es muslimische Denker (Fazlur Rahman, Nasr Hamid Abu Zaid) und Strömungen (Ankeraner Schule), die der Geschichtlichkeit der muslimischen Tradition und ihrer Quellen auf den Grund gehen und dabei die modernen Wissenschaften in Anschlag bringen möchten (Fazlur Rahman, Islam & Modernity, Chicago 1982; Felix Körner, Revisionist Koran hermeneutics in contemporary Turkish university theology. Rethinking Islam, Würzburg 2005; Nasr Hamid Abu Zaid, Gottes Menschenwort. Für ein humanistisches Verständnis des Koran, Freiburg 2008). Es findet aber in der islamischen Welt keine grundsätzliche Reflexion über die historisch-kritische Methode und ihre konsequente Adaption für die Erforschung des Frühislams statt. Entsprechend wird man schwerlich eine theologische Reflexion über die Ergebnisse historischer Forschung für die eigene Glaubenslehre und -praxis finden, die über eine schroffe Ablehnung, apologetische Zurückweisung oder projektive Vereinnahmung hinausgehen.

die Frühgeschichte des Islams unter dieser Rubrik: Koran, Prophetenbiographie (*sīra, maġāzī*)[2], Hadith, Geschichte (*aḫbār*).

3.1.1 Kritische Anfänge

Im Rahmen dieser Arbeit wurde dafür plädiert, die „kritische" Leben-Muhammad-Forschung mit Ignaz Goldziher beginnen zu lassen[3]. Seine Arbeiten hatten eine ähnliche wirkungsgeschichtliche Relevanz und Bedeutung, wie das Werk von Reimarus für die Jesusforschung. Doch liegen die *kritischen Anfänge* der Muhammadforschung bereits vor Goldziher. Überhaupt zeichnet sich der ganze Zeitraum der hier behandelten Forschungsgeschichte dadurch aus, dass die unterschiedlichen *Prinzipien* historisch-kritischer Methode zunehmend in die Erforschung des Lebens Muhammads einsickern und die jahrhundealte Polemik gegen seine Person etwas relativieren. Dabei gebührt einem Vertreter der „Wissenschaft des Judentums"[4] das Verdienst, einen möglichst ungetrübten Blick auf die Person Muhammads zu wagen. Abraham Geiger versuchte in seiner Abhandlung von 1833 die Frage zu beantworten: „Was hat Mohammed aus dem Judenthume aufgenommen?"[5]. Darin scheint der polemische Topos von Muhammad als „Betrüger" und religiöser „Scharlatan" mitzuschwingen. Tatsächlich möchte Geiger eben diese Art von Polemik überwinden:

> „Indem nun diese Voruntersuchung grösstentheils eine Entwicklung dessen ist, was in Mohammed's Seele vorging oder vorgehn musste, so soll es nun nicht scheinen, als betrachteten wir ihn als einen mit völligem Bewusstsein und mit gehöriger Ueberlegung eines jeden Schrittes handelnden Betrüger, der Alles, bevor er es thut, genau er-

---

2 Es ist immer noch nicht endgültig gelungen, das entwicklungsgeschichtliche Verhältnis der Bezeichnungen *sīra* und *maġāzī* für die prophetenbiographische Gattung oder eines Teils davon historisch zu rekonstruieren. Es gibt unterschiedliche Standpunkte bezüglich der historischen Priorität des jeweiligen Begriffs als Bezeichnung für eine Sammlung von prophetenbiographischen Überlieferungen (W. Raven, Art. Sīra. In: Encyclopedia of Islam, Second Edition, BrillOnline Reference Works (http://referenceworks.brillonline.com/browse/encyclopaedia-of-islam-2); Martin Hinds, "Maghāzī" and "Sīra" in Early Islamic Scholarship. In: Uri Rubin, The Life of Muhammad, Aldershot 1998, 1-10; Maher Jarrar, Die Prophetenbiographie im islamischen Spanien. Ein Beitrag zur Überlieferungs- und Redaktionsgeschichte, Frankfurt am Main 1989). Sicher ist nur, dass sich der Begriff *sīra* zur Kennzeichnung der Prophetenbiographie insgesamt als Literaturgattung und der entsprechenden Traditionen durchgesetzt hat. *Maġāzī* bezeichnet dagegen die medinensische Phase der kriegerischen Auseinandersetzungen im engeren Sinne. In dieser Arbeit werden beide Begriffe gemäß dieser Nomenklatur verwendet (Für eine prägnante Begiffsgeschichte beider Termini siehe: Marco Schöller, Exegetisches Denken und Prophetenbiographie, Wiesbaden 1998, 37-49).

3 Siehe oben, 11.

4 Für den Einfluss der „Wissenschaft des Judentums" auf die Koranforshcung siehe: Dirk Hartwig u.a. (Hg.), „Im vollen Licht der Geschichte". Die Wissenschaft des Judentums und die Anfänge der kritischen Koranforschung, Würzburg 2008.

5 Abraham Geiger, Was hat Mohammed aus dem Judenthume aufgenommen? Bonn 1833.

wägt, ob Dies denn auch wirklich zu Erreichung seines trügerischen Zweckes förderlich sei [...]. Im Gegentheile müssen wir uns gegen diese Meinung ernstlich verwahren und sie bloss als ein Zeichen eingelebter Einseitigkeit und gänzlicher Verkennung des menschlichen Herzens betrachten."[6]

Den Ballast polemischer Motivation ablegend geht Geiger als erster Forscher systematisch der Frage nach, welche biblischen und nachbiblischen Traditionen des Judentums im Koran auffindbar sind. Damit liefert er ein Inventar von biblischen Intertexten, an denen der koranische Diskurs anschließt.

Allerdings gelingt es auch Geiger nicht, das Verhältnis vom Koran als gottinspiriertem Werk Muhammads und den biblischen Traditionen in Kategorien zu denken, die mehr als die Dependenz zum Ausdruck bringen. Zwar ist er bemüht, das Interesse Muhammads an das Judentum genauer zu begründen, sieht aber darin nur die Erfordernisse seiner Umstände (Präsenz jüdischer Stämme)[7] und den Versuch der Etablierung eines religiösen „Verschmelzungssystem[s]".[8] Und so werden auch die Diskrepanzen zwischen Koran und (nach-)biblischen Stoffen als „Unwissenheit" und „Irrtümer" Muhammads aufgefasst.[9] Dessen ungeachtet bleibt es das Verdienst Geigers, sich dem Koran und Muhammad unter Absehung einer durchgehend polemischen Motivation zu nähern und einen Fundus an biblischen Vorgängertraditionen als Synopse zum Koran zur Verfügung zu stellen.

Während Geigers Arbeit den Koran als ihren eigentlichen Gegenstand der Untersuchung hat, versucht Gustav Weil in seiner Untersuchung „Mohammed der Prophet, sein Leben und seine Lehre" *sämtliche* frühe Quellen der muslimischen Literatur historisch-kritisch zu analysieren:

„Es gehört zu den wesentlichen Fortschritten der neueren Zeit, daß die historische Kritik die überkommenen Anschauungen welthistorischer Charaktere aus den Quellen revidiert, berichtigt und sodann in ihrer Totalität von Neuem darstellt. Auffallend ist es, daß Mohammed, der Sohn Abd Allah's, dessen politische und religiöse Umwälzung so tief eingriff und so weit um sich griff, bis jetzt hierin so sehr vernachläßigt wurde.[...] Selbst in der neuesten Zeit wurden noch [...] historische Fakta mit fabelhafter Dichtung, welche schon der gesunde Menschenverstand verwerfen muss, bunt durch einander gemischt, sondern sogar Widersprüche aller Art, Anachronismen, welche kaum Arabern verziehen werden können, und sonstige geschichtliche Unmöglichkeiten in solcher Masse aufgehäuft, daß der Leser sogar über die wichtigsten Momente im Leben des arabischen Propheten vergebens eine Aufklärung sucht."[10]

Die hier beschriebene Motivation und das Vorgehen Weils bei der Abfassung seiner Biographie des Propheten Muhammads ist symptomatisch für die zweite Hälfte neunzehnten Jahrhunderts. Die *historische Kritik der Aufklärung* und das

6 Ebd., 35.
7 Vgl. ebd., 5-19.
8 Ebd., 34.
9 Vgl. ebd., 28f.
10 GUSTAV WEIL, Mohammed der Prophet, sein Leben und seine Lehre, Stuttgart 1843, VII-IX.

Geschichtsverständnis des Historismus geben hier die Werkzeuge für die Erschließung des Leben Muhammads an die Hand. Auf der Grundlage einer rationalistischen Kritik werden auf Muhammad bezogene Wunder und Legenden in den muslimischen Überlieferungen identifiziert und als historisch unzuverlässig eingestuft. Ebenso bemüht man sich, chronologische Widersprüche aufzudecken und Anachronismen als unhistorisch zu überwinden. In einem zweiten Schritt werden die ältesten Quellen zum Leben des Propheten mit den Geschichtskategorien des Historismus analysiert. Er tritt dabei als Protagonist zu Tage, der je nach Vorliebe des jeweiligen Historikers als Schwärmer, Epileptiker oder sozialer Reformer die Geschicke seiner Zeit bestimmt. An seiner Person manifestiert sich die Idee des Zeitgeistes und an seinen Handlungen lassen sich wie an einem Seismographen die ideengeschichtlichen und zeitgeschichtlichen Zerwürfnisse und Verschiebungen ablesen, die eine Art Kulminationspunkt oder Ventil historischer Entwicklungen bilden. Am Ende einer jeden Biographie dieser Zeit folgt ein abschließendes Urteil des Historikers über den „Charakter" des Propheten, der je nach den psychologischen Fertigkeiten und Vorlieben des Autors unterschiedlich ausfällt. Jeffry hat zu Recht diese Phase des Beginns der kritischen Muhammadforschung mit der von Schweitzer als „liberal" gekennzeichneten Jesusforschung verglichen. Je nach Vorliebe des Autors haben die Biographien des Propheten einen eschatologischen, pathologischen, apologetischen, sozialen und mystischen Schwerpunkt.[11]

Auch Weil folgt als Begründer des kritischen Beginns der Muhammadforschung diesem Muster. Er übernimmt grundsätzlich die traditionelle Darstellung zum Leben des Propheten und bereinigt sie rationalistisch. Der Koran gilt sämtlichen Forschern dieser Phase als eine Sammlung der *ipsissima verba* des Propheten. Eines der Verdienste der Arbeit von Weil besteht darin, dass er zum Zwecke der besseren historischen Auswertung des Korans eine neue Chronologie der Suren zu etablieren versucht.[12] Zum Abschluss bietet er eine zusammenfassende Charakterentwicklung des „Schwärmers" Muhammad.[13]

Weil standen nicht die ältesten muslimischen Überlieferungen zum Leben des Propheten zur Verfügung. Die Quellenlage ändert sich in den darauffolgenden Jahrzehnten. Bis zum Ende des 19. Jahrhunderts werden von Orientalisten wie z.B. Ferdinand Wüstenfeld und von Bibelforschern wie z.B. Julius Wellhausen zunehmend Textausgaben und Übersetzungen der ältesten Überlieferungen über Muhammad erschlossen. Für das Leben des Propheten sind hier insbesondere die prophetenbiographischen Traditionen von Ibn Isḥāq in der Rezension

11 Vgl. JEFFERY, The Quest of the historical Mohammed, 327f.; 333-348.
12 Vgl. WEIL, Mohammed der Prophet, 360-372.
13 Vgl. ebd., 340-402.

von Ibn Hišām[14], das *kitāb al-maġāzī* von al-Wāqidī[15], das *kitāb aṭ-ṭabaqāt al-kabīr* von Ibn Saʿd[16] und das Geschichtswerk von Ṭabarī zu nennen.[17] Neben dem Koran bleiben letztere – wenn man nur die frühesten Texte betrachtet – bis zur Mitte 20. Jahrhunderts die maßgeblichen literarischen Quellen für die kritische Muhammadforschung. Mit der zunehmenden Erschließung der ältesten Quellen wird ihre literar- und tendenzkritische Untersuchung immer wichtiger. Zwar bleiben die auf Weil folgenden Muhammadforscher seinem historisch-kritischen und historistischen Ansatz treu, jedoch gewinnt die Bestimmung des Quellenwertes der muslimischen Überlieferungen und ihres literarkritischen Verhältnisses zunehmend an Bedeutung.

Die materiale Fülle an literarischen Quellen zum Leben des Propheten hinterließ in ihrer Vielfalt und in ihrem Detailreichtum einen bleibenden Eindruck. Dieser veranlasst Ernest Renan[18], der 1851 unter anderem auch die Arbeiten von Weil und anderen Forschern zu Muhammad und den Koran analysiert[19], zu seinem berühmten Diktum über die Luzidität der Entstehung des Islams:

> „The birth of Islam is, in this respect, a unique and invaluable fact. Islam was the last religious creation of humanity, and, in many respects, the least original. In place of the mystery under which the other religions have covered their origins, this one was born in the full light of history; its roots are on the surface. The life of its founder is as well known to us as that of any sixtheenth-century reformer. We can follow year by year the fluctuations of his thought, his contradictions, his weaknesses. Elsewhere, the origins of religions are lost in dreams; the effort of the sharpest criticism is hardly enough to distinguish the real from under the misleading appearance of myths and legends. Islam, by contrast, born in the midst of advanced reflection, entirely lacks the supernatural."[20]

Hier spiegeln sich bereits zwei Sachverhalte wieder, die für Renans Sichtweise auf Muhammad und den muslimischen Überlieferungen maßgeblich sind. Der Islam ist unoriginell und nichts weiter als eine natürliche Religion, die sehr spo-

---

14 FERDIAND WÜSTENFELD (Hg.), Das Leben Muhammed's nach Muhammed Ibn Ishâk bearbeitet von Abd el-Malik Ibn Hischâm, Göttingen 1858-1860.

15 JULIUS WELLHAUSEN, Muhammed in Medina, das ist Vakidi's Kitab alMaghazi in verkürzter deutscher Wiedergabe, Berlin 1882.

16 MUḤAMMAD IBN SAʿD, kitāb aṭ-ṭabaqāt al-kabīr, hg. von Eduard Sachau, Leiden 1904-1940.

17 MICHAEL JAN DE GOEJE, Annales auctore Abu Djafar Mohammed Ibn Djarir at-Tabari, Leiden 1879-1901.

18 Renan hat 1863 auch ein romanhaftes Leben-Jesu geschrieben, das bereits im Erscheinungsjahr mehrmals aufgelegt wurde und aufgrund seines Stils zu heftigen Reaktion führte. Er selbst verlor deswegen seine Professur für semitische Sprachen (Vgl. SCHWEITZER, Geschichte der Leben-Jesu-Forschung, 207 ff.).

19 Vgl. ERNEST RENAN, Muhammad and the Origins of Islam (1851), übersetzt aus dem Französischen. In: IBN WARRAQ (Hg.), The quest for the historical Muhammad, New York 2000, 127-166.

20 Ebd., 128 f.

radisch monotheistische Züge übernommen hat.[21] Andererseits sind die ältesten Texte zum Leben des Propheten authentisch. So gilt Renan Ibn Hišām als überaus zuverlässiger Autor: „When based upon the Arab accounts of Ibn Hisham [...] the biography of Muhammad is plain and unaffected, almost without miracles."[22] Der Koran ist daneben das authentische Wort Muhammads:

> „The veritable monument of the early history of Islam, the Koran, remains absolutely impregnable, and suffices in itself, independently of any historical accounts, to reveal to us Muhammad. [...] It is a collection of preachings, and, if I may say so, of Muhammad's general orders, still showing the date and place where they were given and the circumstances that provoked them."[23]

Um die Authentizität und Historizität noch besser ins Relief zu setzen, vergleicht Renan die historische Nüchternheit der Araber mit der Phantasterei und Schwärmerei der Perser.[24] So seien die Wundererzählungen über den Propheten noch relativ natürlich und einfach.[25] Diese seien nicht mythisch und imaginativ, wie in der persischen Tradition, von der etwa Schiiten stark beeinflusst wurden.[26] Erst in der späteren Phase hat man sich der „trancendental fantasies"[27] mehr hingegeben. In den frühesten Quellen scheint dagegen Muhammad als normaler Mensch, mit all seinen Schwächen und Fehlern.[28] In der Beschreibung seines Werdegangs und der Entstehung des Islams greift Renan auf typische Erklärungsstrategien aus der Zeit des Historismus zurück. In Muhammads Wirken kulminieren die Entwicklungen aus der Vorzeit und er erscheint als Katalysator oder Ausdruck dieser Prozesse:

> „After having shown the founder of Islams's feet of clay, I should now show in what way his work was holy and legitimate, that is to say, how it fulfilled the deepest instincts of human nature, and in particular, how it answered the needs of seventh-century Arabia. [...] Now, far from starting with Muhammad, we can say that the Arab genius found in him its ultimate expression. [...] Muhammad was no more the founder of monotheism than of civilization and literature among the Arabs. It follows from the numerous facts, [...] that Muhammad only followed rather than anticipated the religious movement of his time."[29]

Dass aber für Renan der Islam und das Wirken Muhammads in ihrer Essenz primitiv und zu einfach bleiben, gibt er unverhohlen zu:

21 Vgl. ebd., 162f.
22 Ebd., 130.
23 Ebd., 130 f.
24 Vgl. ebd., 134 ff.
25 Vgl. ebd., 134.
26 Vgl. ebd., 137.
27 Ebd., 136.
28 Vgl. ebd., 140 f.
29 Ebd., 151 f.

> „Islam is obviously the result of an inferior, even mediocre, mixture of human elements. That is why it was triumphant only among mediocrities of human nature. The primitive races could not lift themselves up to its level; on the other hand, it did not suffice for the people who bore the germ of a more powerful civilization.“[30]

William Muirs Biographie Muhammads sticht in dieser Anfangsphase der kritischen Muhammadforschung durch seine Kenntnis und Kritik der ältesten Autoritäten im Bereich der *sīra* heraus. So werden frühe Sammler biographischer Tradition wie Zuhrī, Ibn Isḥāq usw. erkannt und in Betracht gezogen.[31] Auch für Muir bleibt der Koran die sicherste Quelle für eine Biographie des Propheten. Er bemüht sich sehr, die Authentizität des koranischen Textes und die Geschichte seiner Sammlung und Kodifizierung nach Darstellung der muslimischen Tradition als wahr zu erweisen.[32] Gegenüber der sonstigen muslimischen Überlieferung ist er sehr skeptisch. Mit seiner kritischen Quellenwertanalyse antizipiert er die Tendenzkritik der kommenden Jahrzehnte. So weist er das Bemühen um den Nachweis der Verdienste des eigenen Stammes, die religionspolitischen und dogmatischen Streitigkeiten der formativen Phase des Islams und die Verehrungstendenz der späteren Generationen als formgebende Elemente bei der Geschichtsbetrachtung der muslimischen Überlieferer nach.[33] Sein abschließendes Urteil über die ältesten Texte für das Leben Muhammads lautet entsprechend:

> „I have thus, as proposed, endeavoured to sketch the original sources for the biography of Muhammad. I have examined the Coran, and have admitted its authority as an authentic and contemporary record. I have inquired into the origin and history of Mahometan Tradition generally; acknowledged that it contains the elements of truth; and endeavoured to indicate some canons, by which that truth may be eliminated from the legend and fiction so closely commingled with it. I have enumerated the biographical compilations which can alone be regarded as worthy of attention, and have shown that no later authors are possessed of any original and independent authority.“[34]

Muir verfeinert hier die von Weil geforderte historische Kritik der muslimischen Tradition. Die ältesten Überlieferungen, die sich durch Klärung der Abhängigkeit ihrer Quellen (Literarkritik) und durch die Eliminierung späterer Tendenzen rekonstruieren lassen, bilden neben dem Koran die Pfeiler für eine Muhammadbiographie. Getrübt wird die darauffolgende Darstellung des Leben Muhammads durch die polemischen Motive Muirs. Er hält es für wahrscheinlich, dass der Teufel Muhammad inspiriert hat.[35] Zwar kann er der mekkanischen Phase seines Wirkens auch Positives abgewinnen, jedoch ist für ihn die

---

30 Ebd., 162.
31 Vgl. WILLIAM MUIR, The life of Mahomet, Vol.I, Cornhill 1861, lxxxvii-xciii.
32 Vgl. ebd., ii-xxvi.
33 Vgl. ebd., lix-lxxvii.
34 Ebd., cv.
35 Vgl. ebd., 90-95.

spätere Entwicklung des Propheten ein klares Indiz dafür, dass der Islam eine moralisch fragwürdige Religion ist.[36]

Zur selben Zeit wie Muir rügt Aloys Sprenger die historistischen Ansätze zur Entstehung des Islams. Er möchte nicht in Muhammad den Heroen oder einen – wie bei Muir – vom Teufel inspiriertes Individuum sehen.[37] Stattdessen orientiert er sich an einem geschichtsphilosophischen Ansatz der Aufklärungszeit:

> „Man verlangt vom Geschichtsschreiber, daß er frei sei von Tendenz und die Erzählung objectiv halte. Es ist jedoch nothwendig, daß er sich von einer philosophischen Idee leiten lasse; der Unterschied zwischen Wissenschaft und Empirik besteht ja eben darin, daß jene am Wesentlichen festhält, während diese sich mit Nebensachen befaßt, es ist aber das Geschäft der Philosophie zu bestimmen [...], was das Wesen der Sache ausmache. [...] So auch kann die Historiographie nur unter dem Einfluß einer vernünftigen Geschichtsphilosophie gedeihen. In diesem Fache bekenne ich mich zur Schule des Ibn Chaldun, und, wie dieser große Denker, arbeite ich darauf hin, allgemeine historische Gesetze festzustellen und die constanten von den variablen Factoren in der Geschichte zu unterscheiden."[38]

Dabei grenzt sich Sprenger bei der Bewertung der muslimischen Tradition von Muir ab. Man könne diese sehr wohl in ihren „Hauptzügen"[39] akzeptieren. Das befreit natürlich nicht von historischer Kritik. Nach Sprenger lässt sich im Vergleich zur Entwicklungsgeschichte anderer Religion aufzeigen, dass auch im Falle des Islams bestimmte Verehrungstendenzen und Prozesse der Mythisierung nachweisbar sind. Doch gründliche Quellenkritik schafft hier Abhilfe zur Rekonstruktion des historischen Kerns.[40] Die Ergebnisse seiner historischen Analysen sind jedoch zu sehr von der persönlichen Sichtweise und Perspektive von Sprenger geprägt. Als studierter Naturwissenschaftlicher und Mediziner *erklärt* er viele Handlungen und Entwicklungen des Propheten vor dem Hintergrund seiner psychologischen Verfasstheit.[41]

In der zweiten Hälfte des 19. Jahrhunderts, die hier als Phase des kritischen Beginns der Leben-Muhammad-Forschung aufgefasst wurde, sind noch zwei Forscher zu nennen, deren Arbeiten für die Bewertung der Quellen zum Leben Muhammads entscheidende Impulse geliefert haben. Theodor Nöldeke geht der Entstehungsgeschichte des Korans nach und versucht dabei auch das Grundproblem einer Chronologie der koranischen Offenbarungen zu lösen. Könnte man letztere genauer bestimmen, dann lässt sich anhand des Korans die psychologische Entwicklung des Propheten nachzeichnen. Nöldeke analysiert

36 Vgl. ebd., 302-324.
37 Vgl. Aloys Sprenger, Das Leben und die Lehre des Moḥammad, Zweite Ausgabe, Bd. 1, Berlin 1869, IX f.
38 Ebd., VIII f.
39 Ebd., XIV.
40 Vgl. ebd., XIV ff.
41 Vgl. Jeffery, The Quest of the historical Mohammed, 335 f.

zunächst Vorschläge für eine Chronologie der koranischen Suren aus der muslimischen Tradition, die der Tatsache Rechnung tragen, dass ihre Anordnung im kanonischen Kodex nicht nach genetischen Prinzipien erfolgt ist.[42] Jedoch fällt sein Urteil über diese Versuche negativ aus. Die einzelnen Ordnungsversuche widersprechen sich gegenseitig und es werden eindeutig frühere Suren mit späteren Offenbarungen vertauscht.[43] Zwar gesteht er der muslimischen Tradition auch eine höhere Form der Kritik ein, die auch inhaltliche Kriterien bei der Ordnung der Suren in Betracht zieht[44], jedoch sieht er hier den Bedarf eines neuen Ansatzes, der insbesondere auf formal-sprachlichen Kriterien basiert:

> „Wir haben aber noch ein zuverlässiges Hilfsmittel, das auch allein erst die Benutzung der Tradition für uns fruchtbar macht. Dies ist die genaue Beobachtung des Sinnes und der Sprache des Qorāns selbst. Die schon dem oberflächlichen Leser sich ergebende Beobachtung, daß die Stücke, in denen Sprache und Gedanken feurig bewegt sind, früher sein müssen, als die ruhig und breit gehaltenen, wird sich bei sorgfältiger Untersuchung immer mehr befestigen und genauer präzisieren. [...] Die Vergleichung von zwei Stellen, in denen derselbe Gegenstand behandelt wird, kann uns bisweilen, auch wenn sie nicht aus ganz verschiedenen Zeiten stammen, wahrscheinlich machen, daß die eine früher ist, als die andere. [...] Vermittelst der Beobachtung des Reims, der Sprache im weitesten Sinne und besonders des Gedankenzusammenhanges können wir dann weiter die einzelnen Stücke, aus denen oft eine Sūra besteht, auszuschneiden suchen."[45]

Nöldekes Chronologie der koranischen Suren basiert also auf folgenden Indizien und Voraussetzungen:

- *Formal-sprachliche Indizien:* Es wird der formale Aufbau der Sure und ihr sprachlicher Stil genauer untersucht. So können die Art und Weise der Verwendung von Reimen, die Länge der Verse usw. auf gemeinsame Typen von Suren hinweisen, die aus derselben Zeit stammen.
- *Inhaltliche Indizien:* Es werden die unterschiedlichen Themen des koranischen Diskurses untersucht, um bei Wiederholungen derselben inhaltlichen Topoi, Rückschlüsse auf mögliche Entwicklungsprozesse ziehen zu können.
- *Zeitgeschichtlicher und geographischer Rahmen der muslimischen Tradition:* Nöldeke ist sich bewusst, dass man die Angaben der muslimischen Überlieferungen zu Anlässen der Offenbarungen sehr vorsichtig genießen muss und dass diese oftmals widersprüchlich sind. Allerdings meint er, dass man die grobe Einteilung von Mekka und Medina und größere zeitgeschichtliche

42 Vgl. THEODOR NÖLDEKE, Geschichte des Qorāns. Teil 1: Über den Ursprung des Qorāns, Leipzig ²1909, 59 ff.
43 Vgl. ebd., 62.
44 Vgl. ebd., 64 f.
45 Ebd., 63 f.

Ereignisse, wie die Auswanderung nach Abessinien oder die größeren Schlachten als historische Voraussetzungen übernehmen kann.[46] Für ihn ist dabei klar, dass sichere Fakta für die mekkanische Periode Mangelware sind, weshalb er in Mekka noch eher auf formal-sprachliche Indizien zurückgreift und in Medina vor allem dem groben chronologischen Rahmen der muslimischen Tradition mehr vertraut.[47]

- *Die Einheit der Sure:* Nöldeke stellt fest, dass einzelne Suren von Muhammad später noch Erweiterungen erfahren haben. Trotzdem geht er von der grundsätzlichen Einheitlichkeit der Sure aus und hofft die späteren Zusätze kenntlich machen zu können.[48]

Auf der Grundlage dieser Indizien erstellt Nöldeke eine Typologie von Suren, die er zunächst chronologisch in zwei Verkündigungsphasen von Muhammad in Mekka und Medina einteilt. Die mekkanische Phase wird zudem in drei Phasen untergliedert. Nöldeke wird nicht müde zu betonen, dass die zeitliche Einordnung einer Sure innerhalb einer Phase willkürlich bleibt und dass man für etliche Suren, die zeitlich sehr nah beieinanderliegen, die Frage der Priorität nie klären kann.[49] Durch die Neuordnung der Suren gibt er nun die sprachlichen und inhaltlichen Charakteristika der Verkündigung Muhammads in den jeweiligen vier Phasen wieder. Insgesamt glaubt er, dass Muhammad ein „echter" Prophet war[50], dem jedoch eine größere Innovationskraft gefehlt hat.[51] Weitaus bedeutsamer als dieses Gesamturteil war der Versuch Nöldekes, anhand formal-sprachlicher und inhaltlicher Kriterien, die Suren des Koran chronologisch zu ordnen.

Neben Nöldekes Untersuchungen zum Koran dürfen die Analysen von Julius Wellhausen zur Frühgeschichte des Islams nicht fehlen. Im Anschluss an seine Arbeiten zur Geschichte des Judentums analysiert er die *nachprophetische* Phase des Frühislams. Ungeachtet dessen ist der methodische Ansatz von Wellhausen für die spätere Muhammadforschung trotzdem relevant, da die von ihm evaluierten Autoren (al-Wāqidī, Ibn Saʿd, Ṭabarī, Balāḏurī, Ibn Isḥāq usw.) ebenso wichtige „Werke" für das Leben des Propheten verfasst oder in ihren Sammlungen prophetenbiographische Überlieferungen zusammengeführt haben. Wellhausen fällt auf, dass diejenigen Überlieferungen zur Frühgeschichte des Islams, die bei Ṭabarī auf Saif b.ʿUmar zurückgeführt werden, in einem deutlichen Widerspruch zu Angaben bei Ibn Isḥāq, al-Wāqidī usw. stehen. Er erklärt diese Inkohärenzen durch die Existenz zweier Schulen der Geschichtsüberlieferung:

46 Vgl. ebd., 58.
47 Vgl. ebd., 58 f.
48 Vgl. ebd., 65.
49 Vgl. ebd., 66; 69 f.; 74; 91; 121.
50 Vgl. ebd., 2.
51 Vgl. ebd., 4 f.

> „Saif besticht zunächst sowol durch seinen zusammenhangenden Pragmatismus als auch durch die Fülle seines Details, an Sachen und Namen. Aber er steht vereinzelt den Anderen gegenüber, er ist der Vertreter einer spezifisch iraqischen gegenüber der alten higazischen d.h. medinischen Tradition."[52]

Um festzustellen, welche Tradition nun glaubwürdiger ist, greift Wellhausen auf den Vergleich mit den wenigen nichtmuslimischen Quellen zurück und kommt danach zu dem Schluss:

> „Dadurch wird nun ein starkes Vorurteil gegen Saif begründet. Wir sind berechtigt und verpflichtet, ihm von vornherein zu misstrauen und der higazischen Tradition den Vorzug einzuräumen."[53]

Im Bewusstsein dieser gegensätzlichen „Schultraditionen" analysiert Wellhausen insbesondere die frühislamischen Eroberungen und zeigt die Anachronismen und Widersprüche der Überlieferungen nach Saif im Gegensatz zu den higazischen Autoren auf. Ob dieser Ansatz zur Bewertung der Authentizität von Überlieferungen, den muslimischen Überlieferungen gerecht wird, soll zunächst nicht weiter analysiert werden. Später wird man die von Wellhausen angenommene Einheitlichkeit von schulmäßigen Traditionskomplexen in Frage stellen.[54]

3.1.2 Erste Hälfte des 20. Jahrhunderts: Wachsende Skepsis und „höhere" Kritik

Bis zum Ende 19. Jahrhunderts wird die literarische Quellenlage für das Leben des Propheten immer besser. Das ermöglicht in der ersten Hälfte des 20. Jahrhunderts eine Verfeinerung der „niederen" (Textkritik) und der „höheren" Kritik (Literarkritik usw.).[55] Die Überlieferungswege einzelner Traditionen und „Werke" stellen einen weitaus komplexeren Prozess dar, als erwartet. Man entwickelt nun komplexere literarkritische Hypothesen über das Verhältnis der unterschiedlichen Quellen (Hadith, *sīra*, *maġāzī*, Koran usw.). Ebenso schenkt man den einzelnen Literaturgattungen mehr Aufmerksamkeit, sodass ihre Charakteristika noch besser zum Ausdruck kommen. Insgesamt zwingt das Konglomerat von Traditionen, die in Werken aus unterschiedlicher Zeit vorhanden sind und sich selbst durch Angabe von Überliefererketten (*asānīd*) als Fragmente aus der Frühzeit des Islams ausweisen, nach dem Verhältnis von Schriftlichkeit und Mündlichkeit im Überlieferungsprozess zu fragen. Daneben treten in dieser

---

52 JULIUS WELLHAUSEN, Prolegomena zur ältesten Geschichte des Islams, Skizzen und Vorarbeiten, Sechstes Heft, Berlin 1899, 5 f.

53 Ebd., 6 f.

54 Vgl. Kapitel 3.1.3.4.

55 Für die Unterscheidung zwischen niederer und höherer Kritik siehe BECKER, Exegese des Alten Testaments, 15.

Phase der Leben-Muhammad-Forschung immer mehr die tendenziösen Motive und konstruktiven Elemente zu Tage, die den traditionellen Angaben über das Leben des Propheten zu Grunde liegen. All diese Entwicklungen führen zu vermehrt skeptischen Stimmen, die die Zuverlässigkeit der muslimischen Überlieferung in Frage stellen.

Initiiert wird die neue Phase der kritischen Muhammadforschung bereits zum Ende des 19. Jahrhunderts durch Ignaz Goldziher. Im zweiten Band seiner „Muhammedanische[n] Studien" analysiert er die Geschichte der Prophetenüberlieferungen (Hadith). Goldziher beginnt seine Ausführungen unter Vorwegnahme seines zentralen Ergebnisses, das ein Paukenschlag für die damalige Forschungssituation darstellt:

> „Das Hadith wird uns nicht als Document für die Kindheitsgeschichte des Islams, sondern als Abdruck der in der Gemeinde hervortretenden Bestrebungen aus der Zeit seiner reiferen Entwicklungsstadien dienen; es bietet uns ein unschätzbares Material von Zeugnissen für den Entwicklungsgang, den der Islam während jener Zeiten durchmacht, in welchen er aus einander widerstrebenden Kräften, aus mächtigen Gegensätzen sich zu systematischer Abrundung herausformt."[56]

Die Leben-Muhammad-Forscher vor Goldziher waren der Überzeugung, dass die historische Kritik dazu befähigt, einen historischen Kern wahrer Überlieferung aus den unterschiedlichen Traditionskomplexen rekonstruieren zu können. Dagegen wendet Goldziher kategorisch ein, dass man im Falle des Hadith mit etlichen Überlieferungen konfrontiert ist, die weitaus später im Rahmen von unterschiedlichen Entwicklungstendenzen entstanden sind und somit für das Leben des Propheten nur schwerlich brauchbar sind. Wie kommt er zu diesem Ergebnis?

Goldziher beginnt sehr optimistisch und meint, dass bereits die Prophetengenossen damit begonnen haben, Aussprüche und Handlungen des Propheten zu sammeln und schriftlich festzuhalten.[57] Um aber die Vermischung dieser echten Hadithe mit den später massenhaft erfundenen Überlieferungen zu erklären, greift er auf Hypothesen über den Charakter der ummayadischen und abbasidischen Herrschaft zurück. Die ummayadischen Kalifen waren – bis auf eine Ausnahme – durchgehend weltliche Herrscher, die wenig bis gar kein Interesse an das religiöse Erbe des Propheten zeigten und sich als Araber verstanden.[58] Bei ihren Handlungen setzten sie viel eher die „Sunna" ihrer Vorgänger als das Vorbild des Propheten voraus. Zu ihrer Zeit fristeten die Sammler des prophetischen Hadith ein Randdasein, wobei auch diese bereit waren, selbst Hadithe zu fälschen.[59] Überhaupt sei das religiöse Wissen der Muslime zu dieser

---

56 IGNAZ GOLDZIHER, Muhammedanische Studien, Zweiter Teil, Halle 1890, 5.
57 Vgl. ebd., 9.
58 Vgl. ebd., 31.
59 Vgl. ebd., 32 f.

Zeit sehr mangelhaft gewesen, sodass es großer Anstrengungen bedurfte, um etwas über die prophetische Sunna bezüglich der rituellen Pflichten in Erfahrung zu bringen.[60] Das abbasidische Kalifat zeichnete sich dagegen nach Ansicht von Goldziher durch seinen durchgehend religiösen Charakter aus.[61] Unter ihrer Herrschaft entwickelt sich eine richtige Hadithwissenschaft und -kritik.[62] Allerdings betont er, dass während beider Herrscherdynastien der Bedarf bestand, aufgrund von unterschiedlichen politischen und theologischen Interessen, Hadithe zu erfinden. Beide Dynastien mussten ihre Herrschaft religiös legitimieren.[63] Die Umayyaden versuchten die Loyalität zum Herrscherhaus trotz ihres nichtreligiösen Lebensstils durch prophetische Hadithe zu rechtfertigen. Die Abbasiden stellten die islamischen Verdienste ihres Stammvaters Abbas heraus, der eigentlich lange Zeit gegen den Propheten gekämpft hatte.[64] Die Umayyaden versuchten auch vereinzelt religiöse Praktiken und zu Zeiten des innermuslimischen Bürgerkriegs, religionspolitische Entscheidungen durch erfundene Hadithe zu rechtfertigen.[65] Ebenso waren schiitische Gruppierungen darum bemüht, proalidische Hadithe in Umlauf zu setzen.[66] Goldziher zeigt nun, dass die Muslime mit zunehmender Zeit die wuchernde Hadithfälschung problematisch empfunden haben[67], sodass sich viel später eine muslimische Hadithkritik entwickelt, die formalistisch war und nicht wirklich alle unechten Hadith aus den kanonischen Sammlungen heraushalten konnte.[68]

Der Jesuit und Orientalist Henri Lammens hat die Arbeit von Goldziher in mehreren Aufsätzen aufgegriffen und ein literarkritisches Modell für das überlieferungsgeschichtliche Verhältnis zwischen Hadith, *sīra* und Koran vorgeschlagen. Wie nicht wenige vor ihm, geht er von der chronologischen Priorität des Korans aus. Jedoch formuliert er eine Hypothese über die Entwicklung des Hadith und der *sīra* in Abhängigkeit zum koranischen Text:

> „The Koran provides the only historical basis for the sira. [...] As to the assertions found in the sacred text of the Muslims, the Tradition [the Hadith] is neither a confirmation nor does it provide additional information as was thought until now. It is an apocryphal development. On the fabric of the Koranic text, the Hadith has embroidered its legends, being satisfied with inventing names of additional actors presented or with

60 Vgl. ebd., 29 ff.
61 Vgl. ebd., 66 ff.
62 Vgl. ebd., 73 ff.
63 Vgl. ebd., 98 ff.
64 Vgl. ebd., 106 ff.
65 Vgl. ebd., 44 ff.; 88 ff.
66 Vgl. ebd., 110 ff; 115 ff.
67 Vgl. ebd., 131-145.
68 Vgl. ebd., 145-152.

> spinning out the original theme. Its work is limited to these embellishments, considerable and exceeding by far the invention of Christian apocryphal authors."[69]

Lammens glaubt also, dass die Hadithe nichts Anderes als Fabeln sind, die aus einem Deutungsbedürfnis koranischer Aussagen entstanden sind. Will man den historischen Wert eines Hadith verstehen, dann muss dieses als koranische Allusion expliziert werden.[70] Er gibt zwar zu, dass es auch in der medinensischen Verkündigungsphase des Propheten eine orale Tradition neben dem Koran gab.[71] Diese ist aber später mit dem Korantext so sehr zusammengewachsen, dass man sie kaum wiederherstellen kann.[72] Die einzelnen Hadithe waren dann die Grundlage für die Entstehung der prophetenbiographischen Werke.

Lammens zeigt anhand mehrerer Beispiele, wie aus einem koranischen Vers oder Ausdruck, ganze Erzählungen oder neue Sachverhalte entstehen. Aus einer koranischen Hyperbel habe man auf die vorislamische Praxis des lebendigen Begrabens von Mädchen geschlossen.[73] Aufgrund der Bezeichnung des Propheten als *ummī*, schloß man auf seine Illiteralität.[74] Oder es wurden aus wagen Zeitangaben im Koran, konkrete Zeiträume der Verkündigungsphasen des Propheten abgeleitet.[75] Lammens analysiert auch, wie in der späteren Tradition die Zahlenmystik und der Dissens zwischen unterschiedlichen Parteien die Überlieferung geprägt haben. Deshalb sind seiner Ansicht nach die muslimischen Angaben über das Alter des Propheten und über die Verkündigungsphasen mehr als zweifelhaft.[76] Bezüglich der Überlieferungen über die Töchter Muhammads möchte Lammens zeigen, wie widersprüchlich die Angaben über sie sind und von tendenziösen Streitigkeiten zwischen unterschiedlichen islamischen Gruppierungen geprägt werden. So kann Fatimas Verehrung und gleichzeitige Verunglimpfung vor dem Hintergrund des Zwists zwischen den Anhängern Abū Bakrs bzw. Umars und den proalidischen Schiiten verstanden werden.[77] Insgesamt hat jedoch Lammens den Hang, der seiner Meinung nach unzuverlässigen muslimischen Tradition dann zu vertrauen, wenn sie ein für den Prophe-

---

69 Henri Lammens, Koran and Tradition – How the Life of Muhammad Was Composed (1910), übersetzt aus dem Französischen. In: Ibn Warraq (Hg.), The quest for the historical Muhammad, New York 2000, 169-187, hier 169 f.

70 Vgl. ebd., 170 f.

71 Vgl. ebd., 170.

72 Vgl. ebd., 170 f.

73 Vgl. ebd., 174.

74 Vgl. ebd., 179

75 Vgl. ebd., 172 ff.

76 Vgl. Henri Lammens, The Age of Muhammad and the Chronology of the Sira (1911), übersetzt aus dem Französischen in: Ibn Warraq (Hg.), The quest for the historical Muhammad, New York 2000, 188-217.

77 Vgl. Henri Lammens, Fatima and the Daughters of Muhammad (1912), übersetzt aus dem Französischen in: Ibn Warraq (Hg.), The quest for the historical Muhammad, New York 2000, 218-329.

ten und seine Familie hässliches Bild zeichnet. Dann übersieht er oft selbst, den tendenziösen Charakter dieser Überlieferungen. Letzteres hat Carl Heinreich Becker an den Aufsätzen von Lammens beanstandet. Er würde der Tradition immer dann Recht geben, wenn sie die muslimischen Protagonisten in ein unglückliches Bild rücke.[78] Zwar habe das Kriterium der Tendenzwidrigkeit aufgrund der späteren Verehrungstendenzen seine absolute Berechtigung, nur ignoriert Lammens wider besseren Wissens spätere Konflikte, die zur Entstehung einer Überlieferung beigetragen haben, wenn die entsprechende Erzählung in das gewünschte negative Bild des Islams passt. Das von Lammens vorgeschlagene überlieferungsgeschichtliche Modell für die Abhängigkeit zwischen Koran, Hadith und *sīra* akzeptiert Becker. Nur besteht er darauf, dass der Koran tatsächlich auf historische Ereignisse wie die Schlacht von Badr Bezug nimmt und dass es auch authentische Überlieferungen über den Propheten gegeben hat, die man also solche nachweisen kann.[79] Es bedürfe dazu des „historische[n] Instinkt[es]".[80] So wird also von Becker moniert, dass Lammens von der tendenziösen Formgebung einiger Überlieferungen und ihrer Abhängigkeit von unterschiedlichen Literaturgattungen, auf die pauschale Falschheit sämtlicher muslimischer Traditionen zur Chronologie und zum Leben des Propheten schließt.

In der zweiten Hälfte des 19. Jahrhunderts wurde durch die Edition und Übersetzung der Prophetenbiographie von Muḥammad b. Isḥāq (gest. 767) – in der späteren Rezension von Ibn Hišām (gest. 834) – das älteste literarische Werk zum Leben des Propheten zugänglich gemacht, das zu einem großen Teil erhalten war. Es fehlten aber noch genauere Untersuchungen zu den Überlieferungsmodalitäten der prophetenbiographischen Traditionen und zur Rezeptionsgeschichte von Ibn Isḥāqs Biographie des Propheten. Letzterem geht Johann Fück in seiner Dissertation zu Ibn Isḥāq nach und sensibilisiert für die Komplexität der Überlieferungen von seinem Werk.[81] Dabei wird deutlich, dass diverse Personen die *sīra*-Traditionen von Ibn Isḥāq gehört und weiterüberliefert haben. So entstanden etliche Überlieferungswege (*riwāyāt*), die sich auch unterscheiden. Ibn Hišām greift in seiner Rezension auf die *riwāya* des al-Bakkāʾī zurück.

Der jüdische Orientalist Josef Horovitz (gest. 1931) hat die Untersuchung von Fück in seiner Habilitation dahingehend erweitert, dass er grundsätzlich nach den ältesten Überlieferern prophetenbiographischer Traditionen fragt. So legt er die Anfänge der Sammlung von Prophetenüberlieferungen in der Generation der Nachfolger von Prophetengenossen (*tābiʿūn*):

---

78 Vgl. C. H. Becker, Prinzipielles zu Lammens' Sīrastudien. In: Der Islam 4 (1/1913) 263-269, hier 267 ff.

79 Vgl. ebd., 264.

80 Ebd.

81 Vgl. Johann Fück, Muhammad ibn Ishâq. Literaturhistorische Untersuchungen, Frankfurt 1926.

„Already in the generation following that of the Companions of the Prophet (*aṣḥāb* or *ṣaḥāba*), that of the *tābiʿūn*, people began to collect the traditions of the sayings and doings of the Prophet that were current at the time. If the data for the *aḥādīth* of a number of the Companions of the Prophet recorded on leaves (*ṣaḥāʾif*) or in the books (*kutub*) is partly of uncertain worth, still there can be no doubt but that such written records were no longer a rarity in the generation of the *tābiʿūn*, who derived their knowledge from the Companions. Among the *tābiʿūn* there already existed persons who were deemed especially well informed concerning the *maghāzī* – an expression that means "campaigns" and therefore in a verbal sense should have been restricted to the warlike deeds of the Prophet and his Companions, but was very often applied to the whole life-story of the Prophet (*sīra*). In the sequel we shall have to speak of these peculiar experts in *maghāzī* among the *tābiʿūn*, and of their written records; [...]."[82]

Horovitz analysiert die Biographien von Experten im Bereich des *maġāzī*[83] bis zur frühabbasidischen Zeit. So bekommt man zum ersten Mal einen Überblick über die Überlieferergenerationen *vor* Ibn Isḥāq, Ibn Saʿd, al-Wāqidī usw. Die Werke von letzteren waren ja *grosso modo* erhalten. Interessant ist, dass Horovitz bereits für die Generation der *tābiʿūn* annimmt, dass man Nachrichten über den Propheten schriftlich fixiert hat. Durch die diachrone Gegenüberstellung der Autoritäten im Bereich des *maġāzī* zeigten sich auch gewisse „Schultraditionen" von Überlieferungen. So identifiziert Horovitz mit ʿUrwa b. az-Zubair (gest.712) einen der frühen Sammler von Prophetenüberlieferungen in der Nachfolgegeneration von Prophetengenossen.[84] Er war der Sohn eines berühmten Prophetengefährten. Seine Mutter war die Tochter des ersten Kalifen Abū Bakr, weshalb die Prophetenwitwe ʿĀʾiša zur Tante von ʿUrwa wird. Dieser hat auch auf briefliche Anfragen von umayyadischen Kalifen (ʿAbd al-Malik und al-Walīd) zum Leben des Propheten geantwortet. Diese Briefe sind in späteren Werken enthalten.[85] Anhand der prosopographischen Untersuchung von Horovitz erkennt man nun, dass sich eine Überlieferkette von ʿUrwa zu seinem Sohn Hišām (gest. 763) und zu seinem Schüler, Ibn Šihāb az-Zuhrī (gest. 742), und von letzterem zu seinen drei Schülern Mūsā b. ʿUqba (gest.135/141), Maʿmar b. Rāšid (gest. 153) und Muhammad b. Isḥāq (gest. 767) nachzeichnen lässt.[86] Im Falle der letzten drei, sind wir in der Generation angelangt, von der wir literarisch authentische Überlieferungen schon eher erfassen können.

Horovitz hat durch seine Habilitation die Diskussion über die Überlieferungsmodalitäten in der Frühzeit des Islams enorm bereichert. Diesbezüglich sind auch seine Aufsätze zu den Formprinzipien der Hadithe bedeutend, in

---

82 JOSEF HOROVITZ, The earliest Biographies of the Prophet and their Authors, hg. von LAWRENCE I. CONRAD, Princeton 2002, 4 f.

83 Hier wird *maġāzī* von Horovitz im erweiterten Sinne als prophetenbiographische Überlieferungen verwendet.

84 Vgl. HOROVITZ, The earliest Biographies, 15-29.

85 Vgl. ebd., 23 ff.

86 Vgl. ebd., 23; 67-90.

denen er nach dem „Ursprung und Alter des Isnād" fragt. Er stellt fest, dass spätestens in den letzten Jahrzehnten des ersten islamischen Jahrhunderts die Verwendung des Isnāds begonnen hat.[87] Zwar dauert es noch einige Jahrzehnte bis sich ein stringentes System seiner Anwendung etabliert – Ibn Isḥāq z.B. legte als Historiker nicht dieselben Maßstäbe späterer muslimischer Hadithkritik für die Angabe seiner Quellen zu Grunde[88] –, jedoch lässt sich bereits in der Gelehrtentradition von az-Zuhrī eine stärkere Verwendung des Isnāds belegen. Auch stößt man bei ihm auf das Phänomen des Sammelisnāds, bei dem mehrere Überlieferungen zum selben Ereignis zusammengefasst und mit einer kollektiven Überliefererkette versehen werden.[89] So wird zwar eine kohärente Erzählung ermöglicht, jedoch drohen dadurch auch die Unterschiede der einzelnen Traditionen verloren zu gehen. Horovitz erwägt auch mögliche religionsgeschichtliche Parallelen für die Applikation des Isnāds und wagt folgende These:

> „Der Ḥadīṯ verhält sich zum Qurān, wie im Judentum die mündliche Lehre zur schriftlichen. Und wie diese beiden als gleichwertig gelten, so ist auch im Islam früh eine Anschauung zum Ausdruck gekommen, welche dem Ḥadīṯ, wenigstens insoweit, als er Antworten des Propheten auf ihm zur Entscheidung vorgelegte Fragen enthält, göttlichen Ursprung vindiziert wie dem Qurān. Es liegt nahe, in dieser Gleichstellung den Einfluß der jüdischen Theorie zu vermuten, um so mehr als sich im Ḥadīṯ selbst Reminiszenzen an die Stellung erhalten haben, welche das Judentum der mündlichen Lehre zuerkennt."[90]

Horovitz vermutet hier keine blinde Übernahme einer Überlieferungstechnik. Derart beschreibt er, wie in der jüdischen Tradition gar nicht dieselbe Stringenz und Maßstäbe der chronologischen Perfektibilität nachzuweisen sind. Im Gegenteil, er vermutet, dass hier sogar eine reziproke Beeinflussung durch die muslimische Verwendungsweise des Isnāds auf die spätere jüdische Tradition wahrscheinlich ist.[91]

Für die Untersuchung der prophetenbiographischen Werke zu Muhammad waren in der ersten Hälfte des 20. Jahrhunderts etliche Aufsätze[92] und Monographien[93] bedeutsam, die eine noch stärkere Tendenzkritik als zuvor ermöglichten. Auf diese Art und Weise wurde die innermuslimische Selbstvergewisserung über die Fundamente und Grenzen des neuen Glaubens als formende Tendenz der Überlieferungen noch eindrücklicher herausgearbeitet und man

87 Vgl. Josef Horovitz, Alter und Ursprung des Isnād. In: Der Islam 8, Heft 1-2 (1917) 43 f.
88 Vgl. ebd., 42.
89 Vgl. ebd., 43.
90 Ebd., 44.
91 Vgl. ebd., 47.
92 Vgl. P. Jensen, Das Leben Muhammeds und die David-Sage. In: Der Islam 12 (1-2/1921) 84-97; Josef Horovitz, Zur Muhammadlegende. In: Der Islam 5 (1/1914) 41-61.
93 Vgl. Tor Andrae, Die Person Muhammeds in Lehre und Glauben seiner Gemeinde, Stockholm 1917.

bemerkte zunehmend das Einsickern biblischer Motive in der Erzählung vom Leben des Propheten. Nun musste geklärt werden, ob man es hier eher mit biblischen oder postbiblischen Motiven zu tun hat und welche Konsequenzen diese Einsichten für die Verhältnisbestimmung zwischen Koran und *sīra/maġāzī* haben.[94]

Zuletzt sind für diese zweite Phase der Leben-Muhammad-Forschung die Namen von Gotthelf Bergsträßer, Otto Pretzl und Arthur Jeffery zu nennen. Diese haben für die Textkritik des Korans entscheidende Weichen gestellt, indem sie die innermuslimische Überlieferungen über nichtkanonische Lesarten und Textabweichungen systematisch gesammelt haben und diese zusammen mit alten Handschriften für eine kritische Textedition des Korans nutzbar machen wollten.[95] Leider hat der Tod dieser Forscher zunächst zu einem abrupten Ende ihres Vorhabens geführt.

3.1.3 50er bis 80er Jahre des 20. Jahrhunderts: Konsolidierung und Revision der Frühgeschichte des Islams

Ab der zweiten Hälfte des 20. Jahrhunderts lassen sich grob zwei Strömungen innerhalb der Leben-Muhammad-Forschung unterscheiden. Zum einen wird die Forschungstradition in den von Horovitz vorgegebenen Bahnen fortgesetzt. Man untersucht die Überlieferungsmodalitäten der Prophetenüberlieferung und ist durch literarkritische Untersuchungen darum bemüht, den historisch authentischen Kernbestand der muslimischen Tradition zu rekonstruieren. Zum anderen gibt es eine wachsende Zahl von Forschern, die aus ganz unterschiedlichen Überlegungen heraus, eine grundsätzliche Revision der Frühgeschichte des Islams vorschlagen, die mit den Selbstzeugnissen der Muslime über das Leben des Propheten und über die Verbreitung des Islams nahezu gar nichts mehr gemein hat.

---

94 Vgl. JOSEF HOROVITZ, Biblische Nachwirkungen in der Sira. In: Der Islam 12 (3-4/1922) 184-189.

95 Vgl. GOTTHELF BERGSTRÄSSER, Plan eines Apparatus Criticus zum Koran. In: Sitzungsberichte der Bayerischen Akademie der Wissenschaften, Phil. -hist. Abt., (7/1930); GOTTHELF BERGSTRÄSSER, Koranlesung in Kairo. In: Der Islam 20 (1/1932) 1-42; GOTTHELF BERGSTRÄSSER, Koranlesung in Kairo. In: Der Islam 21 (1/1933) 110-140; OTTO PRETZL, Die Fortführung des Apparatus Criticus zum Koran. In: Sitzungsberichte der Bayerischen Akademie der Wissenschaften, Phil.-hist. Abt. (5/1934); NÖLDEKE, THEODOR, Geschichte des Qorāns, . Teil 3: Die Geschichte des Korantexts (von Bergsträßer, G./Pretzl, O.), Leipzig ²1938.

3.1.3.1 Joseph Schacht und die Entstehung des islamischen Rechts

Den Beginn dieser Phase der Muhammadforschung markiert eine skeptische Stimme. Der Orientalist Joseph Schacht beruft sich in seiner Arbeit zur Entstehung des islamischen Rechts auf die Tradition Goldzihers:

> „The importance of a critical study of legal traditions for our research into the origins of Muhammadan jurisprudence is therefore obvious. This will be found to confirm Goldziher's results, and to go beyond them in the following respects: a great many traditions in the classical and other collections were put into circulation only after Shāfiʿī's time; the first considerable body of legal traditions from the Prophet originated towards the middle of the second century, in opposition to slightly earlier traditions from Companions and other authorities, and to the 'living tradition' of the ancient schools of law; traditions from Companions and other authorities underwent the same process of growth, and are to be considered in the same light, as traditions from the Prophet; the *isnāds* show a tendency to grow backwards and to claim higher and higher authority until they arrive at the Prophet; […]."[96]

Schacht hat hier den Nukleus seiner Theorie von der Entstehung des islamischen Rechts wiedergegeben, die radikale Konsequenzen für die Authentizität von Hadithen in den kanonischen Hadithsammlungen hat. Er grenzt die Implikationen seiner Untersuchung zunächst dahingehend ein, dass sie nur für die juristisch relevanten Hadithe maßgeblich sind. Das Ergebnis seiner Analysen zur Entstehungsgeschichte der rechtlichen Prophetenüberlieferungen stellt den bis dato herrschenden Konsens über die Geschichte des Hadith in Frage: Bereits Horovitz – übrigens auch Goldziher – nahm an, dass man schon zu Lebzeiten des Propheten, Nachrichten von und über ihn sammelte, auch wenn hier die islamische Tradition diesen Prozess idealisiert hat. In der Generation nach den Prophetengenossen trugen einige Personen diese Überlieferungen systematisch zusammen. Danach sind die Mehrzahl der Forscher davon ausgegangen, dass die älteren Hadithe im Zuge innermuslimischer Konflikte tendenziös gewachsen und umformuliert wurden (Oder es wurden einfach neue Hadith erfunden). Man glaubte aber diese Änderungen an der ursprünglichen Überlieferung identifizieren zu können. Derart fühlte man sich also für die historische Rekonstruktion gewappnet. Gegen diesen Konsens der Forschung richtet sich nun Schacht mit seiner Untersuchung.[97] Er geht davon aus, dass ein Großteil der rechtlich relevanten Prophetenüberlieferungen erst nach der Zeit des Rechtsgelehrten Shāfiʿī (gest. 820) *in Umlauf gebracht worden sind.* Das würde bedeuten, dass diese Hadithe davor (ca. 150 Jahre nach der Hiǧra) aufkommen und damit in ihrer Gänze fiktiv sind. Um diese These zu belegen, zeichnet Schacht ein neues Bild von der Entstehung des islamischen Rechts. Die frühislamischen Rechts-

96 JOSEPH SCHACHT, The Origins of Muhammadan Jurisprudence, Oxford 1959, 4 f.
97 Vgl. ebd., 138.

schulen haben demnach eine eigene Rechtskultur entwickelt, die sich aus der gelebten Tradition und dem Konsens der Gelehrten speiste.[98] Mit *sunna* meinte man ursprünglich auch nicht den Usus des Propheten, sondern eben jene Rechtspraxis der eigenen Schule.[99] Erst ab der Zeit von Shāfiʿī werden vermehrt Stimmen nach der maßgeblichen Praxis des Propheten laut, sodass in der Folgezeit die prophetische Sunna zur Sunna *par excellence* wird.[100] Schacht legt dar, dass der Verweis auf den Propheten keineswegs selbstverständlich war und sich die Meinungen zu dessen Gunsten gegen die ältere Rechtspraxis durchsetzen musste. So zeige die Vehemenz, mit der Shāfiʿī für die Autorität der prophetischen Sunna und ihre Alternativlosigkeit eintritt, dass er gegen eine gegenteilige Mehrheitsmeinung anreden muss.[101] Doch bevor die gelebte Tradition der Rechtsschulen von der prophetischen Sunna verdrängt wurde, nimmt Schacht an, dass man in einem Zwischenschritt nicht auf den Usus des Propheten, sondern seiner Genossen und Nachfolger verwiesen hat.[102] Auf diese Weise lasse sich erklären, dass die älteren Hadithsammlungen wesentlich mehr Überlieferungen enthalten, die nicht auf den Propheten selbst, sondern auf seine Genossen und Nachfolger (Kalifen) zurückgeführt werden.[103]

Wichtige Indikatoren für die von Schacht vorgeschlagene Entwicklungsgeschichte der Rechtsschulen und ihrer -praxis sind die Hadithe und ihre Überlieferungsketten. Bezüglich der rechtlichen Prophetenüberlieferungen argumentiert Schacht, dass sie gar nicht existiert haben, wenn sie in einem rechtlichen Streitfall zu einem bestimmten Zeitpunkt nicht in Anschlag gebracht wurden.[104] Das ist – wie er selbst feststellt – ein „argumentum e silentio". So wird für etliche Fälle von ihm nachgewiesen, dass ein Hadith viel später entstanden ist, da es zu einem bestimmten Zeitpunkt in rechtlichen Debatten zum einschlägigen Thema gar nicht auftaucht.[105] Schacht legt in diesem Zusammenhang auch dar, dass diejenigen Hadithe, die nur auf eine spätere Autorität zurückgeführt werden, älter sein müssen, als dieselben Hadithe, die als prophetisch gelten.[106] Und selbst die Überlieferungen von Prophetengenossen wurden zu einem bestimmten Zeitpunkt in einem rechtlichen Diskurs als Argument erfunden.[107]

Die historische Analyse der Überliefererketten (*asānīd*) von Hadithen korrespondiert nach der Meinung von Schacht mit seinen Hypothesen zur Entstehung der rechtlichen Überlieferungen des Propheten. Zwar glaubt er – in Ableh-

98 Vgl. ebd., 58-81.
99 Vgl. ebd.
100 Vgl. ebd., 77ff.
101 Vgl. ebd., 20; 43; 57.
102 Vgl. ebd., 138.
103 Vgl. ebd., 22 ff.
104 Vgl. ebd., 140.
105 Vgl. ebd., 141-149.
106 Vgl. ebd.
107 Vgl. ebd., 150 ff.

nung der Position von Horovitz –, dass frühestens zu Beginn des zweiten islamischen Jahrhunderts die reguläre Verwendung des Isnāds beginnt[108] und dass man der formalistischen Kritik des Isnāds durch Muslime nicht trauen darf, da diese sich nur auf die Zuverlässigkeit der Überlieferer und chronologische Plausibilitäten stützt.[109] Jedoch erlaubt seiner Meinung nach die Analyse des Isnāds wertvolle Rückschlüsse auf die Entstehung der entsprechenden Hadithe. So versucht Schacht die *asānīd* – trotz ihrer Unzuverlässigkeit als Anzeige einer *durchgehend* genuinen Überlieferungsgeschichte – komparativ und strukturell zu untersuchen, um dadurch indirekt Aussagen über die Entstehung von Überlieferungen treffen zu können. Er kombiniert dazu die formale Analyse des Isnāds mit den Ergebnissen seiner vorhergehenden entwicklungsgeschichtlichen Untersuchung zur Entstehung der islamischen Rechtsschulen. Dabei prägt Schacht eine Reihe von Begriffen für die Beschreibung und Geschichte von *asānīd* („*common link*"; „*backward growth of isnāds*" usw.), die zu *termini technici* der späteren Hadithkritik werden.

Schacht geht ja davon aus, dass ab einem bestimmten Zeitpunkt die islamischen Rechtsschulen nicht mehr auf die gelebte Tradition und Expertise der eigenen Gelehrten vertrauen, sondern ihre Rechtsüberzeugungen zunächst im Rekurs auf Aussagen von Prophetengenossen und dann auf den Propheten selbst rechtfertigen. Dieses Phänomen – so Schacht – spiegelt sich auch in der Entwicklung der *asānīd* wieder. Diese wachsen nämlich retrospektiv und werden mit dem Verweis auf die ältere Autorität verlängert:

> „The gradual improvement of *isnāds* goes parallel with, and is partly indistinguishable from, the material growth of traditions which we have discussed in the preceding chapters; the backward growth of *isnāds* in particular is identical with the projection of doctrines back to higher authorities. Generally speaking, we can say that the most perfect and complete *isnāds* are the latest."[110]

Ebenso vermutet Schacht, dass zur Steigerung der Zuverlässigkeit einer Tradition zusätzliche *Überlieferungswege* durch die Nennung unabhängiger Überliefererketten erfunden werden:

> „Parallel with the improvement and backward growth of *isnāds* goes their spread, that is the creation of additional authorities or transmitters for the same doctrine or tradition."[111]

Das *formale* und *materiale* Wachstum der Hadithe (des Textes und der Überliefererkette) sind nach Meinung von Schacht ein klarer Beleg dafür, dass sowohl die auf den Propheten zurückgeführten rechtlichen Überlieferungen, als auch

108 Vgl. ebd., 37.
109 Vgl. ebd., 163.
110 Ebd., 165.
111 Ebd., 166.

diejenigen Traditionen, die nur auf einen Prophetengenossen zurückgeführt werden, größtenteils erfunden und fiktiv sind.[112] Die Rechtsschulen haben also auch den Verweis auf einen Prophetengenossen als *probans* für die eigene Rechtsmeinung fabriziert.

Schacht beschreibt auch ein weiteres Phänomen, dass er zur genaueren Datierung für die Entstehung einer Überlieferung anhand des *isnāds* nutzen möchte:

> „These results regarding the growth of *isnāds* enable us to envisage the case in which a tradition was put into circulation by traditionist whom we may call N.N., or by a person who used his name, at a certain time. The tradition would normally be taken over by one or several transmitters, and the lower, real part of the *isnād* would branch out into several strands. The original promoter N.N. would have provided his tradition with an *isnād* reaching back to an authority such as a Companion or the Prophet, and this higher, fictitious part of the *isnād* would often acquire additional branches by the creation of improvements which would take their place beside the original chain of transmitters, or by the process which we have described as spread of *isnāds*. But N.N. would remain the (lowest) common link in the several strands of *isnād* (or at least in most of them, allowing for his being passed by and eliminated in additional strands of *isnād* which might have been introduced later)."[113]

Rein formal ist der „common link" (CL) diejenige Person in einer Überliefererkette, die einen mehrfachen *Schnittpunkt* darstellt. Von dieser Person aus verlaufen also wie ein Bündel zahlreiche „Stränge" von Überliefererketten bis zu den Traditionen in den klassischen Hadithsammlungen. Dagegen gibt es vor dem CL normalerweise nur eine *isolierte* Überliefererkette bis zu einem Prophetengenossen oder zum Propheten selbst. Schacht vermutet, dass der CL diejenige Person ist, die eine Überlieferung zum ersten Mal in Umlauf gebracht hat. So erklären sich die Bündel an unabhängigen Hörern, die davon berichtet haben. Der CL hat entweder selber seine Überlieferung mit einem künstlichen und isolierten *isnād* zu einer früheren Autorität vor ihm ausgestattet oder spätere Überlieferer haben einfach angenommen, dass die Tradition früher sein muss und den *isnād* entsprechend verlängert. Es konnte aber später passieren, so Schacht, dass man zur Stärkung der Authentizität, weitere Überliefererketten hinzugefügt hat, die in den CL zusammenlaufen. Schacht zieht aus dem Phänomen des CL die Konsequenz, dass man von der Unechtheit der meisten rechtlichen Hadith ausgehen muss, die auf den Propheten oder einen seiner Genossen zurückgehen, da die Überliefererkette vor dem CL fiktiv ist.[114] Er schließt zwar nicht aus, dass mehrere Personen einem Prophetengenossen aus Überzeugung heraus einfach eine bestimmte Lehrmeinung unterstellt haben (dann wäre dieser Prophetengenosse der CL). Doch kann man – im Gegensatz zu den späteren CL – nachwei-

112 Vgl. ebd., 169.
113 Ebd., 171.
114 Vgl. ebd., 175.

sen, dass dieser CL unecht ist. Schacht zeigt diesen Sachverhalt anhand einer ganz bestimmten Überliefererkette auf (Mālik ← Nāfiʿ← Ibn ʿUmar).[115]

Aufgrund des CL-Phänomens und der Tatsache, dass etliche Überlieferungen nicht auf Prophetengenossen zurückgehen können, insinuiert Schacht, dass die erste Hälfte des zweiten islamischen Jahrhunderts als der *Beginn* des Entstehungszeitraumes etlicher rechtlicher Hadith anzusehen ist. Die CL, die aus dieser Zeit stammen, sind die Erfinder des Hadith, die es in Umlauf gebracht haben. Auch wenn Schacht die Ergebnisse seiner Hadithkritik für den Bereich des Rechts einschränkt, so hat er später versucht, seine entstehungsgeschichtlichen Hypothesen auf Überlieferungen anderer Gebiete zu übertragen.[116]

3.1.3.2 Komplementarität von Koran und Prophetenbiographie (*sīra*)

W. Montgomery Watt hat in den fünfziger Jahren eine zweibändige Muhammadbiographie verfasst[117], die in den darauffolgenden Jahrzehnten mehrmals aufgelegt wurde und sich einer großen Beliebtheit erfreute. Watt lässt sich von der Arbeit Schachts nicht weiter beeindrucken. Er leugnet nicht die Resultate seiner Analysen, hält diese aber für die Prophetenbiographie (*sīra/ maġāzī*) und die historischen Hadithe irrelevant.[118] Schacht hatte ja zunächst selber den eingeschränkten Rahmen seiner Untersuchungen für die juristischen Hadithe betont. Watt stellt diesbezüglich fest, dass die Muslime zu einem frühen Zeitpunkt zwischen den rein historisch interessierten Litergattungen (*sīra/maġāzī*) und den Hadithen als rechtsrelevante Prophetenaussprüche unterschieden haben. Deshalb sei die von Schacht beschriebene Entwicklung der *Hadithe* nicht für die Geschichtsüberlieferungen von Bedeutung.

Zu Beginn der Muhammadbiographie Watts folgt eine Enumeration seiner wichtigsten Quellen:[119] Er listet die Prophetenbiographie Ibn Isḥāqs (gest. 768) in der Rezension von Ibn Hišām (gest. 833), das monumentale Geschichtswerk Ṭabarīs (gest. 922), die kriegerischen Auseinandersetzungen des Propheten (*maġāzī*) in der Darstellung von al-Wāqidī (gest. 822), das Buch der Klassen (*ṭabaqāt*) von Ibn Saʿd (gest. 845), kanonische und nichtkanonische Hadithsammlungen (von al-Buḫārī, Muslim und Aḥmad b. Ḥanbal) und die *ʿilm ar-Riǧāl*-Werke von Ibn al-Aṯīr und Ibn Ḥaǧar auf. Daneben verweist Watt auch auf ältere Autoritäten zum Leben des Propheten, wie z.B. ʿUrwa b. Zubair und az-

115 Vgl. ebd., 176 ff.
116 Vgl. JOSEPH SCHACHT, On Mūsā b. ʿUqba's *Kitāb al-Maghāzī*. In: Acta Orientalia 21 (1953) 288-300.
117 Vgl. WILLIAM MONTGOMERY WATT, Muhammad at Mecca, Oxford 1953; WILLIAM MONTGOMERY WATT, Muhammad at Medina, Oxford 1956.
118 Vgl. WATT, Muhammad at Mecca, xiii.
119 Vgl. ebd., xi f.

Zuhrī[120], deren Überlieferungssammlungen als Buch oder abgeschlossener Korpus zwar nicht vorhanden sind, jedoch lassen sich die ihnen zugeschriebenen Überlieferungen in späteren Werken nachweisen.

Die genannten muslimischen Quellen glaubt Watt durch eine behutsame Tendenzkritik für die historische Analyse fruchtbar zu machen:

> „Once the modern student is aware of the tendencies of the early historians and their sources, however, it ought to be possible for him to some extent to make allowance for the distortion and to present the data in an unbiased form; and the admission of 'tendential shaping' should have as its corollary the acceptance of the general soundness of the material."[121]

Um genauer die Intentionen und Motive bestimmen zu können, die das Bild von der Vergangenheit trüben, unterscheidet Watt zwischen der äußeren Erscheinungsform einer Handlung („external acts") und der ihr zugrundeliegenden Motivation („alleged motives").[122] Während letztere durch doktrinale Interessen einer Person oder Gruppe oftmals verstellt werden, kann sich der Historiker auf den verbürgten äußeren Handlungsverlauf der Geschichte berufen und in der Gesamtbetrachtung sämtlicher Ereignisse ein mögliches Verständnisszenario des Geschichtsverlaufs bieten.[123] Ist man sich des tendenziösen Charakters der muslimischenTradition bewusst, dann spricht nach Meinung von Watt nichts dagegen, von der grundsätzlichen Zuverlässigkeit der Quellen auszugehen. So formuliert Watt die Beweislastregel zugunsten der muslimischen Tradition:

> „In dealing, then, with the background of Muhammads's career and his Meccan period, I have proceeded on the view that the traditional accounts are in general to be accepted, are to be received with care and as far as possible corrected where 'tendential shaping' is suspected, and are only to be rejected outright where there is internal contradiction."[124]

Auch den Koran sieht Watt trotz der schwierigen Frage nach der Chronologie der Suren als wichtige Quelle für das Leben des Propheten an. Er lehnt es jedoch ab, die Überlieferungen aus der *sīra* mit dem koranischen Text zu staffieren. Vielmehr sieht er beide Quellenbestände in einem komplementären Verhältnis:

> „What in fact Western biographers have done is to assume the truth of the broad outlines of the picture of the Meccan period given by the *Sīrah,* and to use this as a framework into which to fit as much Qur'anic material as possible. The sounder methodology is to regard the Qur'ān and the early traditional accounts as complementary sources, each with a fundamental contribution to make to the history of the period.

120 Vgl. ebd., 180 ff.
121 Vgl. ebd., xiii.
122 Vgl. ebd., xiv.
123 Vgl. ebd.
124 Ebd., xiv.

> The Qur'ān presents mainly the ideological aspect of a great complex of changes which took place in and around Mecca, but the economic, social, and political aspects must also be considered if we are to have a balanced picture and indeed if we are to understand properly the ideological aspect itself."[125]

Die Analyse der Isnāde ist nach Watt nur für die medinensische Verkündigungsphase des Propheten von Bedeutung.[126] Insgesamt zeigt die Art und Weise, wie er die Quellen bewertet, dass er die politischen und ökonomischen Entwicklungen zur Zeit Muhammads als entscheidenden Faktor für seine religiöse Verkündigung ansieht:

> „If we are to look for an economic change correlated with the origin of Islam, then it is here that we must look. [...] In the rise of Mecca to wealth and power we have a movement from a nomadic economy to a mercantile and capitalist economy. By the time of Muhammad, however, there had been no readjustment of the social, moral, intellectual, and religious attitudes of the community. These were still the attitudes appropriate to a nomadic community, for the most part. The tension felt by Muhammad and some of his contemporaries was doubtless due ultimately to this contrast between men's conscious attitudes and the economic basis of their life."[127]

Auch wenn sich Watt davor verwahrt, seine Überlegungen im Sinne marxistischer Ideologie zu deuten[128] und Muhammad einzig als sozialen Reformer zu verstehen, so erweckt seine Biographie trotzdem diesen Eindruck. Daran ändert auch nichts die Beteuerung, dass Muhammad primär von religiösen Zielen geleitet war.[129] Watt konstatiert nämlich, dass der Übergang von einer nomadischen zur sesshaften Lebensform zu einer schleichenden Krise der Gesellschaft geführt hat.[130] Die sozialen Tugenden, religiösen Überzeugungen und die Organisationsprinzipien einer tribalen Gesellschaft waren der nomadischen Lebensform angepasst. Da diese aber trotz der zunehmenden Sesshaftwerdung und der damit einhergehenden ökonomischen und politischen Veränderungen gleichblieben, führte das zu neuen Konflikten und Instabilität. Die religiöse Verkündigung Muhammads, so Watt, versucht die alten Werte, religiöse Überzeugungen und politische Organisationsprinzipien der neuen gesellschaftlichen Realität anzupassen.[131]

Rudi Paret verfolgt in seinen Beiträgen zur Leben-Muhammad-Forschung einen ähnlichen Ansatz wie Watt. Im Rahmen einer Festschrift würdigt er die Arbeiten von Goldziher, Schacht und Wensinck und geht resümierend von einer historischen „Lücke" für die Erforschung des Frühislams aus:

---

125 Ebd., xv.
126 Vgl. ebd., xv.
127 Ebd., 19 f.
128 Vgl. ebd.
129 Vgl. ebd., 99.
130 Vgl. ebd., 1-30.
131 Vgl. WATT, Muhammad at Medina, 261.

„Das eine ist so oder so klar: Die Zeit, die dem Ende der Omaijadenherrschaft vorausgeht, ist, was die rechts- und dogmengeschichtliche Überlieferung betrifft, ein unbeschriebenes Blatt. Soweit Isnāde wesentlich über das Jahr 100 d.H. (718 n.Chr.) zurückreichen, haben sie für uns nicht die geringste Beweiskraft. Am Anfang der Überlieferung über den Urislam klafft eine Lücke. Wenn wir die Zeitgeschichte Mohammeds und der urislamischen Gemeinde rekonstruieren wollen, müssen wir also versuchen, diese Lücke in der Überlieferung ohne Zuhilfenahme von Ḥadīṯmaterial zu schließen."[132]

Diesbezüglich wägt Paret zwei Möglichkeiten ab. Den Koran betrachtet er als authentisches Wort von Muhammad. Nur sei dieser aufgrund seines Charakters als Kerygma und Paränese für die Erfassung historischer Ereignisse schwer geeignet.[133] Als zweite Möglichkeit greift Paret einen Gedanken von Horovitz auf:

„Es bleibt das zweite Hilfsmittel zur Rekonstruktion der Zeitgeschichte Mohammeds, die im engeren Sinn historische Literatur. Hier liegen die Verhältnisse wesentlich günstiger als im Bereich der von SCHACHT so eingehend und kritisch untersuchten Literatur des islamischen Rechts. Schon die bibliographischen Daten führen in eine verhältnismäßig frühe Zeit zurück. Das „Leben Mohammeds" von Ibn Isḥāq ist uns zwar nur in der Überarbeitung von Ibn Hišām (gest. 834) und Ṭabarī (923) erhalten, aber doch zu einem großen Teil rekonstruierbar. Ibn Isḥāq ist 768 gestorben [...]. Wir wissen nun, daß Ibn Isḥāq den Stoff zu seiner Mohammedbiographie von einer früheren Gelehrtengeneration übernommen hat. Dabei handelt es sich um ein echtes Schüler-Lehrer-Verhältnis, nicht um eine nachträgliche Aufstockung von Isnāden. Männer wie Zuhrī (gest. 742) und ʿUrwa ibn az-Zubair (um 712) können ihrerseits schon als eine Art von Mohammedbiographen bezeichnet werden. Der zuletzt Genannte war immerhin der Sohn eines der ersten Anhänger des Propheten, hatte also wenigstens mittelbar Anschluß an Mohammeds Zeitgeschichte."[134]

Paret folgt also der Analyse von Watt und meint, dass die Ergebnisse von Schachts Arbeit für die historischen Überlieferungen nicht relevant sind. Vielmehr betont er die Tatsache, dass es neben den fiktiven Isnād und Hadithen auch authentische Überlieferungen gibt, die durch ein echtes Lehrer-Schüler-Verhältnis gekennzeichnet sind und bis zu den Nachkommen der Prophetengefährten reichen. Dieser Umstand garantiere zwar nicht die Echtheit der historischen Überlieferungen bei Ibn Isḥāq, al-Wāqidī, Ibn Saʿd usw. Jedoch sei in ihren Werken auch historisch zuverlässiges Material enthalten.[135]

Der Koran und die authentische Überlieferung der *sīra* bilden für Paret die komplementären Stützen (*qurʾān-cum-sīra*) für seine Muhammadbiographie. Bei ihm ist jedoch ein stärkerer Schwerpunkt auf die Korananalyse zu erkennen. Er hat später die Prinzipien seiner historischen Auswertung des Korans in einem Aufsatz zusammengefasst:

---

132 Rudi Paret, Die Lücke in der Überlieferung über den Urislam. In: F. Meier (Hg.), Westöstliche Abhandlungen. R. Tschudi zum siebzigsten Geburtstag, Wiesbaden 1954, 147-153, hier 149 f.

133 Vgl. ebd., 150.

134 Ebd., 150 f.

135 Vgl. ebd., 151.

> „Es ist auffallend und doch auch wieder verständlich, daß man aus dem Koran über den äußeren Geschichtsablauf so gut wie gar nichts in Erfahrung bringen kann. [...] Dafür werden wir umso reichlicher entschädigt durch die Lebendigkeit, mit der Mohammeds religiöse Weltanschauung, seine innere Einstellung zum Zeitgeschehen wie auch zur Geschichte früherer Generationen und Völker und zu allem, was es in der Natur an Alltäglichem und Wunderbarem zu beobachten gibt, zum Ausdruck kommt. Wir lernen dadurch den arabischen Propheten als einen durch und durch frommen Menschen, als den homo religiosus kennen, und zwar unmitellbarer und eindrücklicher, als wenn ihn ein noch so guter Biograph uns darstellen würde."[136]

Dem Koran als *ipssima verba* des Propheten liegt also eine intentionale Struktur zu Grunde, die sich genau bestimmen lässt. So sind die koranischen Erinnerungen an vormalige prophetische Warner aus der Bibel als Projektion des Innenlebens von Muhammad zu verstehen:

> „Mohammad hat sich eben in der Zeit, in der er von der Mehrzahl seiner Landsleute so bitter enttäuscht wurde, in diese Geschichten im wahrsten Sinn des Wortes hineingelebt, und so mehr und mehr von seinem eigenen Erleben in ihnen wiedergefunden."[137]

Die Renitenz der Mekkaner und ihr Spott und Hohn überträgt Muhammad auf die Zeitgenossen vormaliger Propheten.[138] Ein weiteres Indiz für den intentionalen Subtext des Korans sind nach Paret die „selbstkritischen" Passagen.[139] Der Koran ermahnt den Propheten zur Geduld (Q 20:114; 75:16-18) und erinnert an die „Versuchungen" des Propheten, der sich fast zu einem falschen Zugeständnis an die Ungläubigen verleiten lassen hat (Q 17:73f.).

In seiner Muhammadbiographie orientiert sich Paret über weite Strecken an die Chronologie des Korans nach Nöldeke und zeichnet die inhaltliche Entwicklung der Verkündigung Muhammads nach (eschatologische Botschaft, Gerichtsgedanke, Schöpfergott usw.). Zum anderen gibt er die wesentlichen Stationen aus dem Leben des Propheten nach der *sīra* wieder (Berufungserlebnis, Verkündigung im familiären Kreis usw.). Die arabische Halbinsel stellt er als geopolitische und kulturelle *tabula rasa* dar.[140] Die „Fehler" in der Beschreibung biblischer Geschichten seien auf diesen Sachverhalt zurückzuführen.[141] Das prophetische „Sendungsbewußtsein" Muhammads sei aber authentisch gewesen.[142]

Als eine methodische Verdichtung der historischen Auswertungsprinzipien des Korans bei Paret kann man den Ansatz von Alford Welch auffassen, der unter Suspension der späteren Wahrnehmung des Propheten in der *sīra* einzig

136 Rudi Paret, Der Koran als Geschichtsquelle. In: Der Islam 37 (1-3/1961) 24-42, hier 33 f.
137 Ebd., 36.
138 Vgl. ebd., 36 ff.
139 Vgl. ebd., 40 ff.
140 Vgl. Rudi Paret, Mohammed und der Koran. Geschichte und Verkündigung des arabischen Propheten, Stuttgart ^{7}1991, 11.
141 Vgl. ebd., 64 f.
142 Vgl. ebd., 58 ff.

den Koran als Quelle für den inneren Kampf, die Entwicklung von Überzeugungen und die Selbstvergewisserung des Propheten ansieht:

> „I have dared to ask of the Koran the question: What was Muhammad's understanding of himself? And I have not been disappointed. If the Koran contained only a few verses relevant to this question, then it might be difficult to reach firm conclusions. But this is not the case. In fact, there are several hundred verses that speak to the question I have posed. Furthermore, when I began collecting these verses, it immediately became clear that the answers they give are radically different from some of the views presented by the Sira and Hadith literature, which seems to answer a different question, that question being: What was the early Muslim community's understanding of Muhammad? [...] I have limited this study to the Koranic data, thus leaving the second stage of the inquiry for another occasion."[143]

In der Analyse koranischer Verse versteht Welch die Anrede des Korans an eine zweite Person Singular als durchgehende Kommunikation Gottes mit dem Propheten Muhammad. So seien alle Verse, in denen zur Geduld angesichts der erlittenen Verfolgung und des Spotts angemahnt wird, als direkte Anrede an Muhammad zu verstehen.[144] Im Koran würde auch an die vormalige Lebenssituation des Propheten erinnert und wie Gott diese zunehmend verbessert hat und verbessern wird. Ebenso betone der Koran die Menschlichkeit (*bašar*) des Propheten und sein beschränktes Wissen angesichts der Forderungen nach Wunder durch seine Gegner.[145] Auch familiäre Fragestellungen bezüglich der Frauen des Propheten sind Gegenstand der Offenbarung und er wird zunehmend zum Sprachrohr göttlicher Rechtleitung in rechtlich-religiösen Fragestellungen. Insgesamt explizieren die Koranverse das Selbstverständnis Muhammads als Warner, Prophet und Offenbarungsempfänger.[146] An einigen Stellen vermutet Welch, dass die spätere Tradition bestimmte Koranverse in einem ganz anderen Sinne verstanden hat. Zum Beispiel betone der Koran die Partikularität der Botschaft Muhammads (sein Stamm und die Araber als Adressaten), während die muslimische Tradition die Universalität seiner Verkündigung in den Versen hineinliest.[147]

143 Alford T. Welch, Muhammad's Understanding of Himself: The Koranic Data. In: Richard G. Hovannisian u. a. (Hg.), Islam's Understanding of Itself, California 1983, 15-52, hier 16.
144 Vgl. ebd., 17-22.
145 Vgl. ebd., 22ff.; 33 ff.
146 Vgl. ebd., 41-47.
147 Vgl. ebd., 47-51.

3.1.3.3 Die Entstehung arabisch-islamischer Geschichtsschreibung – Das Modell einer kontinuierlich-stabilen Überlieferung

In den 50er und 60er Jahren schlagen einige Forscher, wie z.B. Nabia Abbott[148], ʿAbd al-ʿAzīz al-Dūrī und Fuat Sezgin, ein Entstehungsmodell für die historischen Literaturgattungen der muslimischen Tradition vor, dass von einer sehr *frühen, kontinuierlichen* und *stabilen* Überlieferung über die frühislamische Geschichte ausgeht.

ʿAbd al-ʿAzīz al-Dūrī hat seine Arbeit zur Entstehung der arabischen Geschichtsschreibung Anfang der 60er Jahre verfasst. Seine arabische Monographie hat Lawrence I. Conrad ins Englische übersetzt.[149] Duris Analysen ähneln sehr der Arbeit von Horovitz zu den frühesten Autoritäten im Bereich der *sīra/maġāzī*, die er selbst kannte. Allerdings erweitert er den Gegenstand der Untersuchung, indem er allgemein auf die Entstehung und Entwicklung des geschichtlichen Denkens seit den Anfängen des Islams eingeht. Als Ausgangspunkt für dieses Denken benennt Duri zwei wirkungsgeschichtlich bedeutsame Tendenzen:

> „Considering these views and factors, and surveying the rise of historical studies, we notice that the first manifestations of such writing originated from two fundamental perspectives: the Islamic perspective, which arose among the scholars of *ḥadīth*, and the tribal perspective, or that of the *ayyām*. These two outlooks reflect the two great currents in early Islamic society: the tribal current represented by the enduring persistence of the tribal heritage, and the Islamic current embodied in spiritual principles and activities. Each of these two perspectives had a cultural center in which it was predominant: the Islamic perspective thrived in Medina, the abode of prophetic *sunna*, and the tribal perspective in Kufa and Basra, the two new garrison towns which were centers of tribal activity.“[150]

Genau wie vormals Wellhausen unterscheidet Duri zwei „Schultraditionen“ geschichtlichen Denkens, die jeweils in Medina und Kufa/Basra verortet waren. Er geht dabei intensiver der Frage nach, wie man die Entstehungsgeschichte und die Charakteristika dieser beiden Traditionen unterscheiden kann. Während die medinensische Schule insbesondere der religiösen Entstehung des Islams und den zentralen Ereignissen der Offenbarung des Korans und der Verkündigung des Propheten verpflichtet ist, pflegt die irakische Schule den vorislamisch-tribalen Erinnerungsmodus. Beide Schulen haben also heterogene Formen der Traditionsvermittlung. In der medinensischen Tradition hat man bereits zur Zeit der *tābiʿūn* die Überlieferungen in Lehrer-Schüler-Zirkeln weiter gegeben:

148 Vgl. Nabia Abbott, Studies in Arabic literary papyri, Chicago 1957-1972.

149 Vgl. A. A. Duri, The Rise of Historical Writing Among the Arabs. Edited and Translated by Lawrence I. Conrad, Princeton 1983.

150 Ebd., 21 f.

„Studies both historical and otherwise began as common endeavors represented by academic circles, or ḥalaqāt, each gathered around a teacher, and when a superior student had surpassed a certain academic level it was possible for him to establish his own circle. Instruction was available to anyone who sought it, and the teacher's lecture, or riwāya, circulated from one student to the next. In this way, and with the passage of time, there arose a school of history, *ḥadīth*, and jurisprudence. The first school of history was the *maghāzī* school of Medina, the growth and orientation of which was closely linked to the efforts of two authorities on jurisprudence and *ḥadīth*: 'Urwa ibn al-Zubayr and his student al-Zuhrī."[151]

Derart geht Duri der medinensischen Überlieferungslinie von 'Urwa b. az-Zubair zu seinem Schüler az-Zuhrī und wiederum zu dessen Schülern, wie z.B. Ibn Isḥāq, nach. Bereits Horovitz und Paret haben diese Überliefererkette als *grosso modo* authentisch und zuverlässig anerkannt. Duris Analysen bestechen durch die Tatsache, dass er nicht nur biographische Angaben über die *aṣḥāb al-maġāzī* macht, sondern auch durch die Analyse von Überliefererketten und *matn* ein inhaltliches und formales Profil der ihnen zugeschriebenen Traditionen erstellt. In der Mehrzahl der Fälle geht er von einer zuverlässigen und stabilen Überlieferung in Vorlesungszirkeln aus. Die Experten im Bereich der *sīra/maġāzī* seien selbst auch Vorreiter in der aufkommenden Hadithwissenschaft gewesen und haben entsprechend sehr hohe Maßstäbe an ihre Überlieferungen gestellt (23f.).[152] Nur zu einem geringen Teil hätten volkstümliche Erzählungen der öffentlichen Geschichtserzähler (*quṣṣāṣ*) die Traditionen der *aṣḥāb al-maġāzī* beeinflusst. Letzteres sei in höherem Maße nur für spätere Autoren, wie z.B. Ibn Isḥāq, der Fall.[153]

Charakteristisch für 'Urwa b. az-Zubair als früheste Autorität zum Leben des Propheten ist, dass er mit unterschiedlichem Detail über die basalen Ereignisse aus dem Leben des Propheten berichtet hat (81).[154] Diese waren bei ihm nur grob chronologisch geordnet, sodass man von seinen Traditionen nicht die Vorstellung eines biographischen Werkes im Sinne der späteren *sīra*-Literatur haben darf.[155] Wenn er einzelne Episoden zu einem kontinuierlichen Narrativ zusammengefasst hat, dann hat er oftmals kein Isnād angegeben.[156] Als früher Hadithgelehrter hat 'Urwa seine Überlieferungen sehr vorsichtig zusammengetragen, nur waren die Regeln zur Verwendung des Isnāds noch nicht endgültig festgelegt. 'Urwa hatte Kontakte zu bedeutenden *ṣaḥāba* und zu regierenden Herrschern der Umayyadendynastie, sodass er sehr frühe Überlieferungen sammeln konnte.[157] Das endgültige Fazit Duris zu 'Urwa lautet:

151 Ebd., 76.
152 Vgl. ebd., 23 f.
153 Vgl. ebd., 33 f.
154 Vgl. ebd., 81.
155 Vgl. ebd.
156 Vgl. ebd., 92.
157 Vgl. ebd.

> „We can see from the foregoing that historical studies began with very close ties to the study of *ḥadīth*, even derived from it, and that in both form and structure the style of the historical account was that of the *ḥadīth*. It can be said that ʿUrwa offered us a vital realistic image, without exaggeration, of Muslim experiences and accomplishments. It appears that the historical conception behind such study was to set out the important historical circumstances and events in the lives of the Prophet and the early Muslims, and involved a recognition of the importance of both the *sīra* and the experience of the *umma*. [...] ʿUrwa's work was extremely important, for by gathering so many historical *ḥadīths* into the *maghāzī*, laying part of the groundwork for historical studies, and articulating a historical conception of considerable influence, he placed the study of history on its own form and independent foundation."[158]

ʿUrwas Schüler az-Zuhrī hat die Arbeit seines Lehrers fortgesetzt und neue Maßstäbe für die Prophetenbiographie und Geschichtsschreibung gesetzt. Er hat die von ihm gesammelten Hadithe und die Notizen zu seinen Vorträgen auf unterschiedlichen Materialien niedergeschrieben.[159] Das ermöglichte ihm eine unglaubliche Produktivität in der „Konservierung" und Vermittlung von Überlieferungen. Zu seinen Lebzeiten wurden die Bedeutung und die Verwendung des Isnāds immer wichtiger. Ein besonderes Novum bei az-Zuhrī ist die Zusammenführung unterschiedlicher Berichte zum selben Ereignis und die Verknüpfung der jeweiligen Überliefererketten in einem kollektiven Isnād.[160] Das ermöglichte eine kontinuierliche und ununterbrochene Wiedergabe von Ereignissen, ohne dass diese durch eine überlieferungskritische Verortung unterbrochen wurde.[161] Die Analyse der von az-Zuhrī überlieferten Traditionen ergibt, dass er als erster einen chronologischen und biographischen Grundrahmen des Leben Muhammads vorgibt:

> „It is clear from this summary review that az-Zuhrī provided the *sīra* with its first distinct framework and clearly sketched out the lines it would follow, leaving his successors to fill out this framework in detail only."[162]

Auch nennt az-Zuhrī für etliche Ereignisse aus dem Leben des Propheten ein genaues Datum.[163] Als Anhänger und Mitbegründer der Schule von Medina gilt auch er als ein sehr zuverlässiger Überlieferer früher Traditionen:

> „It is clear from the above that az-Zuhrī established the outlines and structure for writing the biography of Muḥammad, and played an important role in stabilizing the *ḥadīths* and accounts of Medina. If ʿUrwa ibn al-Zubayr was the forerunner of historical writing, then it was al-Zuhrī who founded the historical school of Medina. We can say with certainty that the foundations for the *maghāzī* were laid by his serious stud-

158 Ebd., 94 f.
159 Vgl. ebd., 96.
160 Vgl. ebd., 111.
161 Vgl. ebd., 111.
162 Ebd., 110.
163 Vgl. ebd., 110.

ies, and were not engendered by the *qiṣaṣ* tales of storytellers like Wahb ibn Muabbih, as some have believed. His students, such as Mūsā ibn ʿUqba and Ibn Isḥāq, traveled in the path he had laid out; and although Ibn Isḥāq, at the expense of historical balance, took much of his material from popular *qiṣaṣ* lore and the *Isrāʾīlīyāt*, the accounts of al-Zuhrī remained the fundamental core of his Sīra."[164]

Während Duri Mūsā b. ʿUqba (gest. 758) in seiner Arbeitsweise gänzlich der medinensischen Schule und seinem Lehrer az-Zuhrī verpflichtet sieht[165], identifiziert er in der Prophetenbiographie Ibn Isḥāqs eine starke Beeinflussung durch biblische Traditionen (*Isrāʾīlīyāt*) und eher volkstümlichen Erzählungen (*qiṣaṣ*). Insbesondere die Überlieferungen zu der Zeit vor Muhammad (*mubtadaʾ*) seien durch diese beeinflusst worden.[166] Dagegen beruft sich Ibn Isḥāq in den Teilen zum prophetischen Wirken (*mabʿaṯ/maġāzī*) auf die medinensischen Traditionen. Duri geht mit Ibn Isḥāq nicht allzu hart ins Gericht. Dieser sei sich selber der problematischen Herkunft einiger Gedichte und Erzählungen bewusst gewesen und lasse durch seine Redeweise oftmals erkennen, dass er seinen Informanten nicht traut.[167]

Bei der nachfolgenden Generation der medinensischen Schule konstatiert Duri eine stärkere Rigorosität bei der Verwendung des Isnāds und der chronologischen Genauigkeit. Exemplarisch nennt er dafür al-Wāqidī, der sehr systematisch vorgeht, selbst die Orte von kriegerischen Auseinandersetzungen besucht und auf Poesie und *qiṣaṣ* in weiten Teilen verzichtet.[168] Mit zunehmender Zeit, so Duri, kommt es jedoch zu einer Anreicherung der Prophetenbiographie durch legendarische und volkstümliche Erzählungen, die sich mit den medinensischen Überlieferungen vermischen, und aus einer dezidiert islamischen Perspektive systematisiert werden (*šamāʾil/dalāʾil*) (39 f.).[169] Letzteres sei etwa bei Ibn Saʿd der Fall.

Die Anfänge der irakischen Schule vermutet Duri bei der tribalen Erinnerungskultur, die mündlich und poetisch geprägt war.[170] Sie diente in der vorislamischen Zeit der Vergegenwärtigung von besonderen Schlachten (*ayyām*), zur Herausstellung der eigenen Herkunft (*nasab*) und der Betonung beduinischer Tugenden in ihrer Gesamtheit (*muruwwa*).[171] Diese Erinnerungen waren das kollektive Eigentum der Stämme und Stammesverbünde und man pflegte diese in Zusammenkünften (*maǧālis*) oder sie wurden durch *quṣṣāṣ* verbreitet.[172]

164 Ebd., 120 f.
165 Vgl. ebd., 32 f.
166 Vgl. ebd., 34.
167 Vgl. ebd., 35.
168 Vgl. ebd., 38.
169 Vgl. ebd., 39 f.
170 Vgl. ebd., 18 f.
171 Vgl. ebd., 18.
172 Vgl. ebd., 19.

Diese Erinnerungskultur wurde auch mit der Entstehung des Islams weiterhin gepflegt. Insbesondere in den Garnisonsstädten wie Kufa und Basra kamen unterschiedlichste Stämme zusammen, die die *ayyām* der islamischen Eroberungen jeweils aus ihrer Perspektive in Gedächtnis behielten. Tatsächlich ist diese Art der Erinnerungskultur weniger an chronologischer Genauigkeit und harten historischen Fakten interessiert. Es geht vielmehr um die je eigene Sichtweise auf die Vergangenheit. Derart sind diese kollektiven Erinnerungen eher rhapsodisch und man ist hier nicht um eine ernste Überlieferungskritik bemüht.[173] Etliche Tendenzen, wie spezifische Stammesinteressen (Verdienste, Vorzügigkeit usw.) oder die mit der arabischen Expansion und der Formation des Islam verbundenen Konflikte haben diese volkstümlichen Überlieferungen (*qiṣaṣ/aḫbār*) geprägt.[174] Ab der Mitte des zweiten islamischen Jahrhunderts – also zu der Zeit, wo auch die ersten umfassenden schriftlichen Zusammenstellungen von Traditionen zum Leben des Propheten entstehen – haben Personen wie Abū Miḫnaf (gest. 774), Saif b. ʿUmar (gest. 796) usw. diese Überlieferungen systematisch gesammelt und schriftlich zusammengestellt.[175] Diese *aḫbāriyyūn* waren an der Bedeutung der tribalen und familiären Erzählungen für die *umma* insgesamt und für die jeweilige Region interessiert.[176] Mit zunehmender Zeit erhält dann auch die überlieferungskritische Methode der Hadithwissenschaft immer mehr Einzug in den historischen Sammlungen der *aḫbāriyyūn*.[177] In den monumentalen Geschichtswerken der islamischen Historiker des dritten und vierten Jahrhunderts (al-Balāḏurī, al-Yaʿqūbī, al-Ṭabarī usw.) laufen die irakisch und medinensisch geprägten Überlieferungen zusammen.[178] Duri geht davor auch nicht von zwei durchgehend isolierten Traditionen aus; mit zunehmender Zeit gibt es schon davor reziproke Beeinflussungen.

Neben den beiden dargestellten Überlieferungslinien frühislamischer Geschichte erklärt Duri den Ursprung biblischer Stoffe in der muslimischen Tradition, indem er auf den Jemeniten Wahb ibn Munabbih (gest. 732) verweist. Dieser habe maßgeblich zur Verbreitung biblischer und postbiblischer Traditionen beigetragen. So können spätere muslimische Autoren aus dem Alten Testament zitieren, weil Wahb die entsprechenden Fragmente zugänglich gemacht hat.[179] Er konnte wohl hebräisch und syrisch sprechen und hat auch Überlieferungen zu der *maġāzī*-Periode des Propheten gesammelt. Jedoch sind seine Werke nur aus späteren Zitaten bekannt. Zu den *maġāzī* gibt es lediglich eine Abschrift in

173 Vgl. ebd.
174 Vgl. ebd., 153 f.
175 Vgl. ebd., 139 f.
176 Vgl. ebd., 140 f.
177 Vgl. ebd., 144.
178 Vgl. ebd., 149.
179 Vgl. ebd., 125.

Form von Papyri in Heidelberg.[180] Insgesamt zweifelt Duri an der Historizität der Überlieferungen nach Wahb:

> „Wahb ibn Munabbih was, as we have seen, a storyteller, or *qāṣṣ*, who in his *Mubtadaʾ* and in his narratives on Yemen set forth folktales and legends which he cited as if they were history. In this way he introduced the folkloric element into the discipline of history, as is clear from the accounts quoted from him, for the pre-Islamic period, in Ibn Isḥāq, al-Yaʿqūbī, Ibn Qutayba, al-Ṭabarī, and al-Masʿūdī."[181]

Fuat Sezgin geht in seiner „Geschichte des arabischen Schrifftums" wie Duri von einer sehr stabilen und zuverlässigen Überlieferung der Hadithe aus und stellt sich damit gegen Schacht und Goldziher. An letzterem stört Sezgin, dass er bereits für die Prophetengenossen und ihre Nachfolger die schriftliche Aufzeichnung der Aussprüche des Propheten annimmt, jedoch unmittelbar danach eine lange Phase der Mündlichkeit von Hadithen unterstellt, die tendenziös beeinflusst und zu einem großen Teil erfunden wurden.[182] Auf diesen Pool problematischer Hadithe hätten dann nach Goldziher die systematischen Hadithsammler zum Ende des zweiten islamischen Jahrhunderts in mündlicher Form zurückgegriffen.[183] Sezgin teilt dagegen die Genese des Hadithmaterials in drei Phasen ein, die eine kontinuierliche Entwicklung darstellen:

> „a) *Kitābat al-ḥadīṯ*, die Aufzeichnung der Ḥadīṯe in der Zeit der *ṣaḥāba* und frühesten *tābiʿūn* in einfachen Heften, die *ṣaḥīfa* oder *ǧuzʾ* hießen. b) *Tadwīn al-ḥadīṯ*, das Zusammenstellen der zerstreuten Aufzeichnungen im letzten Viertel des ersten und im ersten Viertel des zweiten Jahrhunderts der Hiǧra. c) *Taṣnīf al-ḥadīṯ*, das Anordnen der Ḥadīṯe nach inhaltlich gegliederten Kapiteln etwa ab 125 H. Gegen Ende des zweiten Jahrhunderts der Hiǧra tritt eine andere Art der Anordnung der Ḥadīṯe neben die erste, nämlich nach den Namen der Prophetengenossen in sog. *musnad*-Büchern. Im dritten Jahrhundert der Hiǧra bearbeitet man die früheren systematischen Bücher und läßt Zusammenfassungen schreiben, die in der modernen Literatur [...] kanonische Sammlungen genannt werden und die Goldziher als die ersten systematisch aufgebauten Ḥadīṯbücher betrachtet."[184]

Diese einzelnen Entwicklungsphasen haben nach Meinung von Sezgin seine Vorgänger nicht erkannt, weil sie die *termini technici* der muslimischen Überlieferungskritik und des Wissenserwerbs (*taḥammul al-ʿilm*) nicht kannten.[185] Die entsprechenden Werke zur Methodologie der Traditionsvermittlung (*uṣūl al-ḥadīṯ*) hätten Forscher wie Goldziher gar nicht konsultiert. Die Komplexität der Vermittlung von Hadithen im Lehrbetrieb verdeutlicht Sezgin, in dem er acht Arten der Verbreitung und des Erwerbs von Traditionen differenziert (*samāʿ*,

180 Vgl. Raif Georges Khoury, Wahb B. Munabbih, Wiesbaden 1972.
181 Duri, The Rise of Historical Writing Among the Arabs, 133 f.
182 Vgl. Fuat Sezgin, Geschichte des arabischen Schrifttums. Bd. 1, Leiden 1967, 54.
183 Vgl. ebd., 54.
184 Ebd., 55.
185 Vgl. ebd., 58 ff.

qirā'a, iğāza, munāwala, kitāba/mukātaba, waṣīya, wiğāda), die sich darin unterscheiden, ob man persönlich direkt beim *šaiḫ* etwas gehört und niedergeschrieben hat, ob man seine Niederschrift autorisiert hat, ob man nur eine Abschrift von jemand anderem kopiert hat usw. Für Sezgin ist entscheidend, dass selbst die bevorzugte mündliche Weitergabe der eigenen Traditionen an Hörer, die diese auswendig gelernt, vorgetragen und autorisert haben, mit Hilfe schriftlicher Notizen erfolgte. Derart existierte also von Anfang an eine schriftliche Weitergabe von Hadithen.[186] Für die Analyse der Isnāde zieht Sezgin daraus weitreichende Konsequenzen:

> „Wenn man also die Materialien über die beiden ersten Jahrhunderte in den erhaltenen Quellen mit Hilfe des Isnāds auswerten will, muß man sich von den Ansichten, daß die Nachrichten zunächst 150 Jahre mündlich in Umlauf waren oder daß die Isnāde erst am Ende des 2. Jahrhunderts der Hiğra oder sogar im 3. Jahrhundert von den Traditionariern für die Nachrichten erfunden und dann erst schriftlich niedergelegt wurden, freimachen und die Werke als Kompilationen aus schriftlichen Quellen ansehen, die ihrerseits auf schriftliche Quellen zurückgehen. Die Namen in den Isnāden geben insgesamt oder zum großen Teil Autoren oder mehrere Überlieferer und den Autor an. Auf jeden Fall stehen wir bei jeder Nachricht mindestens einer schriftlichen Quelle gegenüber."[187]

Da die Isnāde *ab ovo* eine schriftliche Überlieferung widerspiegeln, glaubt Sezgin anhand ihrer Analyse verlorene Werke älterer „Autoren" rekonstruieren zu können.[188] Wenn unterschiedliche Überlieferer dieselbe Autorität als ihre Quellen angeben, dann lassen sich die ihr zugesprochenen Traditionen als Teil eines Werkes wiederherstellen. Im günstigen Fall kann man dieses Verfahren bis zu den frühesten Autoritäten erweitern. Wenn das so rekonstruierte Werk auch unabhängig in seiner ursprünglichen Form erhalten ist, kann man die Ergebnisse dieser Methode validieren.

3.1.3.4 Die formal-konstruktiven Elemente im Überlieferungs- und Redaktionsprozess

In der Bibelkritik wurde die form- und gattungsgeschichtliche Methode in der ersten Hälfte des 20. Jahrhunderts entwickelt und ausgearbeitet.[189] Sie konnte sich also zu dieser Zeit großer Beliebtheit erfreuen. In der Erforschung der Frühgeschichte des Islams gibt es erst in der zweiten Hälfte des 20. Jahrhunderts Forschungsarbeiten, die den Ansätzen der Form- und Gattungskritik ähneln. Freilich waren es bei Eckart Stetter literaturwissenschaftliche Arbeiten, die ihn zu

186 Vgl. ebd., 60.
187 Ebd., 241.
188 Vgl. ebd., 82 f.
189 Siehe oben 48 f.

einer formkritischen Untersuchung der Hadithe motivierten. Lange Zeit hätte man sich bei der Interpretation von künstlerischen Werken an romantisch-individualisierenden Konzepten orientiert, die den Blick für Traditionsverbundenheit und eine Geschichte der verwendeten Formensprache verstellt haben.[190] Die Kategorie des „Topos" habe hier geholfen, ein neues Gegengewicht zu setzen.[191] Stetter bemüht sich nun um eine Formanalyse der Hadithe:

> „Die vorliegende Arbeit möchte deshalb den Versuch machen, an einem begrenzten Stück des Ṣaḥīḥ von al-Buḫārī exemplarisch für die Traditionsliteratur des Islams klischeehafte Elemente und Schematisierungen innerhalb einzelner Ḥadīṯ-berichte herauszuarbeiten."[192]

Er unterscheidet bei seinen Analysekategorien zwischen *Topoi* und *Schemata*. Erstere bezeichnen sich wiederholende *inhaltliche* Motive, während letztere sich auf *sprachlich-formale* Stilmittel beziehen.[193] Im Falle beider Phänomene geht Stetter der Frage nach, ob die Häufigkeit und die Diversität von bestimmten Motiven und Stilmitteln ein Ausdruck redaktioneller Bearbeitung sein kann und welche formgeschichtlichen Parallelen in benachbarten Traditionen nachweisbar sind.

Um bestimmte Inhalte als Topoi im Sinne eines konstruktiv-kompositionellen Elements eines Hadith auszuweisen, orientiert sich Stetter an zwei syntaktischen Phänomenen: Der durch die Verbindungspartikel *wa* eingeleitete Zustandssatz und der asyndetische Relativsatz. Beide ermöglichen es, die Motivation und die Umstände einer Handlung genauer zu bestimmen.[194] Für die Prophetenaussprüche vermutet Stetter, dass diese syntaktischen Bausteine als Topoi verwendet werden:

> „Im Ḥadīṯ finden sich nun aber viele Situationsangaben, die keine derartige Funktion bei der Entwicklung des Erzählvorgangs haben, sondern scheinbar überflüssige Glossen bilden. Die meisten von ihnen treten am Anfang des eigentlichen Traditionstextes, des Matn, auf."[195]

Als einfachste Form des Topos gilt die kurze Ortsangabe: Der Prophet saß in der Moschee, war auf einer Zusammenkunft oder stand auf der Minbar.[196] Die Häufigkeit derselben Ortsbeschreibung ist für Stetter ein schweres Indiz für den kompositionellen Charakter dieses Topos und damit für seine historische Unzuverlässigkeit:

190 Vgl. ECKART STETTER, Topoi und Schemata im Ḥadīṯ, Tübingen 1965, 1.
191 Vgl. ebd.
192 Ebd., 2.
193 Vgl. ebd., 3.
194 Vgl. ebd., 4.
195 Ebd., 4.
196 Vgl. ebd., 5.

> „Das häufige Auftreten solcher dürftiger Situationsschilderungen legt den Verdacht nahe, daß es sich hier um Verlegenheitswendungen späterer redaktioneller Beflissenheit handelt, zu denen man Zuflucht nahm, um das wahre oder erdichtete Reden und Tun des Propheten mit einem Minimum an Atmosphäre zu umgeben. [...] Irgendeine typische Lokalität oder Verhaltensweise, die dem Alltag des Propheten entnommen ist, verleiht einer Tradition schon in dürftigster Erwähnung einen gewissen wirklichkeitsnahen Hintergrund, der den Anschein des persönlich Erlebten erweckt. [...] Diese Beglaubigung des angeblichen Augenzeugen ist die technische Funktion der Situationsbeschreibungen."[197]

Diese Situationsbeschreibungen können weitaus ausführlicher werden, sodass Stetter auch von „Genrebildern" spricht.[198] So wird geschildert wie der Prophet mit dem Stock auf den Boden kratzte oder etwas aß usw. als etwas sich ereignete.[199] Diese Genrebilder haben nach Stetter eine formgeschichtliche Parallele in den vorislamisch-altarabischen Erzählungen zu den *ʾayyām* („Schlachttagen"). Ob diese auch dort eine technisch-kompositionelle Funktion wie in der Hadithliteratur haben, kann er im Rahmen seiner Untersuchung nicht beantworten.[200] Er zählt einige weitere „Genrebilder" auf, die sich in der Hadithliteratur wiederholen (Der Prophet befindet sich in einer bestimmten Ruhelage oder es kommt zur Entblößung eines bestimmten Körperteils oder es wird wiederholt auf das „Weiße" der Achselhöhlen des Propheten hingewiesen oder die Verwendung von Zeichensprache usw.) und vermutet folgende Tendenzen für die Verwendung von Topoi:

> „Erstens das vorwiegend künstlerische Bedürfnis nach Ausschmückung und Belebung der spröden Geschehnisschilderung. Zweitens eine aus dem schon früh beginnenden Persönlichkeitskult erwachsende Vorliebe für Sittenbilder und allgemeine biographische Einzelheiten aus dem Leben Mohammeds. Drittens der Wunsch frommer Epigonen, bis ins kleinste Detail hinein im Alltag den idealisierten Vorbildern nachzuleben. Viertens nicht zuletzt die Tendenz, den Gewährsmann und damit den Gehalt des ganzen Berichts durch die Erwähnung solcher Momentbilder zu beglaubigen. Besonders wenn man auf die letzten, sehr ausführlichen Beispiele schaut, scheinen sich die vier redaktionellen Tendenzen in vorzüglichster Weise zu ergänzen. Es wäre schließlich denkbar, daß die tendenziöse Historiographie im Wunsch, die Frühzeit des Islams zu idealisieren, indem die Dürftigkeit der Hofhaltung Mohammeds und der ersten Kalifen der raffinierten Kultur an den Höfen der Byzantiner und Sassaniden gegenübergestellt wurde, letztens zur Fabrizierung solcher Situationsdetails beigetragen hat."[201]

Stetter betont stets, dass das Vorhandensein von Situationsbeschreibungen und Genrebildern an sich noch nicht auf Topoi verweist.[202] Sie sind Teil der „grammatischen" Möglichkeiten der Sprache. Erst die besondere Häufigkeit der Ver-

197 Ebd., 6 f.
198 Vgl. ebd., 11.
199 Vgl. ebd., 10.
200 Vgl. ebd., 11.
201 Ebd., 23 f.
202 Vgl. ebd., 33.

wendung desselben Motivs und seine tendenziöse Verwendungsweise erlaubt es, von Topoi sprechen.[203]

Das zweite Mittel zur Komposition und Redaktion von Überlieferungen sind Schemata:

> „Eine auch nur oberflächliche Lektüre des Ḥadīṯ führt zur Feststellung nicht allein inhaltlicher Klischees, sondern auch formaler Gesetzmäßigkeiten. Weite Teile des Hadith zeigen Schematisierungen im Ausdruck, und zwar sowohl in einzelnen Sätzen, wie auch in Sprüchen, Gebeten und ganzen Berichten. Ihr wesentliches Merkmal ist die Mehrgliedrigkeit und Formelhaftigkeit innerhalb begrenzter Teile. Die Schematisierung trägt zur weitgehenden Stilisierung der Traditionsberichte bei und läßt das Wirken gewisser redaktioneller Einflüsse vermuten, wie sie schon im ersten Teil festgestellt wurden."[204]

Insgesamt identifiziert Stetter folgende Schemata: Geminationen, Triplikationen, Reihungen, unterschiedliche Spruchformen (Aussagen, Zahlensprüche, Mahnworte, Fragen), Gebete und Hymnen. In jedem Fall untersucht er formgeschichtliche Parallelen des einzelnen Schematyps und die Gründe für seine Herausbildung in der Hadithliteratur. Während Geminationen als Mittel zur Emphase und des Nachdrucks Grundbestandteil jeder Sprache sind, kommen Triplikationen vor allem in sakraler Sprache vor.[205] Letztere seien aber im Hadith insgesamt seltener als die Doppelungen, die in ihrer Häufigkeit und im Gesamtkontext auf eine schematische Verwendungsweise hinweisen.[206]

Auch Reihungen und Aufzählungen sind Schemata, denen oft keine historischen Fakten zugrunde liegen.[207] In der Schematisierung von Erzählungen in parallele Glieder erkennt Stetter die Erfordernisse eines langen mündlichen Überlieferungsprozesses. Hier zwangen also „mnemotechnische(n) Erfordernisse" zu der schematischen Konservierung des Inhalts.[208] Dass die Dreizahl (der Glieder) und bestimmte Arten des Parallelismus auch einen orientalischen Ursprung haben oder rabbinisch/althebräischer Beeinflussung geschuldet sein können, schließt Stetter nicht aus.[209] Für bestimmte SpruchArten wie Kettensatz-, Bedingungs- und Zahlensprüche ist aber die Übernahme aus rabbinischer Tradition sehr wahrscheinlich.[210] Bei etlichen Schemata wie Mahnworten, Fragen und Gebeten/Hymnen verweist Stetter auf die Divergenz zum Koran. Vor allem die Art ihrer Anwendung unterscheidet sich.[211]

---

203 Vgl. ebd.
204 Ebd., 35.
205 Vgl. ebd., 36 f.
206 Vgl. ebd., 39.
207 Vgl. ebd., 49 f.
208 Vgl. ebd., 50.
209 Vgl. ebd.
210 Vgl. ebd., 66; 71.
211 Vgl. ebd., 80; 87; 89; 97.

Im Resümee seiner formkritischen Untersuchung kommt Stetter zu dem Schluss, dass seine Arbeit nur einen kleinen Blick in die konstruktiv-kompositionelle Vielfalt von Topoi und Schemata und ihres möglichen Sitzes im Leben von „Redaktoren" gegeben hat.[212] Es bedarf nach seiner Meinung weitreichender Untersuchungen des gesamten Hadithmaterials, um die gesamte Formenvielfalt der Komposition und mögliche „Redaktionsschichten" herauszuarbeiten.

Albrecht Noth hat den formkritischen Ansatz auf die Geschichtswerke zur nachprophetischen Zeit übertragen. Ihn quält das pragmatische Problem nach den archimedischen Punkt, von dem aus man das Amalgam an Überlieferungen zur Frühzeit des Islams nach seiner Authentizität befragen kann.[213] Er lobt die Ansätze von Sezgin und Abbott, die den Schwerpunkt ihrer Analysen auf den Überlieferungsprozess und seine Modi gelegt haben.[214] Noth ist aber weniger an den Umständen und der Genese der Traditionen interessiert. Letztere sind nur dann von Bedeutung, wenn man sie für die Frage nach der historischen Authentizität verwerten kann. Dazu muss man aber Form und Inhalt gemeinsam betrachten.[215] Vormalige Forscher wie Wellhausen und Duri hatten eine „Schultheorie" zur Bewertung der muslimischen Geschichtswerke zur Frühgeschichte des Islams vorgeschlagen. Gemäß dieser kann man ab der Mitte des 8. Jahrhunderts zwei Schulen von Sammlern historischer Überlieferungen unterscheiden: Die medinensische (Ibn Isḥāq usw.) und die irakische Schule (Saif b. ʿUmar usw.). Beide Traditionen hatten bestimmte Tendenzen, die für die Lösung der Authentizitätsfrage als eminent erachtet werden. Noth stuft diese Vorgehensweise in mehrerlei Hinsicht als problematisch ein. So seien die Proponenten dieser Methode selbst zu sehr bemüht gewesen, eine eigene Geschichtsdarstellung zu bieten.[216] Dies habe sich negativ auf ihre eigene Quellenkritik ausgewirkt. Man lehnte diejenigen Traditionen ab, die der eigenen Position nicht passten.[217] Des Weiteren habe man Geschichtsmodelle und -konzepte der europäischen Historiographie ohne weiteres auf die muslimischen Werke übertragen.[218] Man sei einfach davon ausgegangen, dass die frühen Sammler historischer Überlieferungen einheitliche Werke mit einheitlichen Tendenzen geschaffen haben und dass sie zu einer bestimmten Schule einer Region gehörten. Das war aber nach Noth ein *proton pseudos*. Eine Analyse der erhaltenen Traditionen zeige, dass es keine einheitlichen Schultendenzen gibt und dass etliche Überlieferungen, die einer

212 Vgl. ebd., 124.

213 Vgl. ALBRECHT NOTH, Quellenkritische Studien zu Themen, Formen und Tendenzen frühislamischer Geschichtsüberlieferung, Teil I: Themen und Formen, Bonn 1973, 9.

214 Vgl. ebd., 10.

215 Vgl. ebd.

216 Vgl. ebd., 11.

217 Vgl. ebd.

218 Vgl. ebd., 12.

Person oder Schule zugeschrieben werden, in sich widersprüchlich sind und quer durch die angeblichen „Schulgrenzen“ hinweg auffindbar sind:

> „Es ließ sich zeigen, daß fast alle die Charakteristika, die Wellhausen [...] als typisch für die ‚irakische Schule‘ und besonders ihren ‚Exponenten‘ Saif b.ʿUmar namhaft gemacht haben, wie Betrachtung des frühislamischen Staates als straff zentralisiertes Gebilde, Systematisierung und Schematisierung der Ereignisse, Vorliebe für Anekdoten, Betrachtung der ersten Eroberungen unter religiösen Aspekten, den Hang, möglichst viele Personen namentlich aufzuführen, und die starke Herausstreichung des Irak, in anderen Sammlungen – in mehr oder weniger starkem Maße – ebenfalls anzutreffen sind.“[219]

Noth gibt einige Beispiele für seine These.[220] Er selbst schlägt vor, die frühen *Sammler* im veritablen Sinne des Wortes als reine Zusammensteller von Überlieferungen zu verstehen, die bereits einen Prozess der tendenziösen Umformung und Umgestaltung hinter sich hatten.[221] Damit schließt er nicht aus, dass auch die Sammeltätigkeit den zusammengetragenen Traditionen ein spezifisches Gepräge gegeben hat und dass es auch regionale Tendenzen gab.[222] Nur lehnt er diese regionalen Tendenzen in ihrer Exklusivität ab. Die ersten Sammler historischer Nachrichten waren Teil eines langen Prozesses der Veränderungen und Genese historischer Nachrichten.[223]

Noth favorisiert für seine eigene Arbeit einen formkritischen Ansatz wie bei Stetter. Er durchleuchtet einige Überlieferungen zur Frühgeschichte nach *Inhalten*, *Formen* und *Tendenzen*, die sich über einzelne Werke und angebliche Schulen hinweg wiederholen und persistent zeigen.[224] Im Anschluss daran fragt Noth nach ihrem *konstruktiv-kompositionellen Charakter*, der auf eine spätere Entstehung hinweisen kann. Bevor er jedoch mit seiner formkritischen Analyse beginnen kann, unterscheidet er zwei Arten von Themengruppen in der Frühgeschichte des Islams:

> „[...] ursprüngliche und sekundäre. Zum Verständnis dieser Unterscheidung genügt eine Definition der sekundären Themen. Darunter werden solche Fragestellungen von Tradenten begriffen, die nur zu einer neuen Anordnung oder Auswertung schon vorhandenen, ursprünglich anderen Themenkreisen zugehörigen Überlieferungsstoffes geführt haben.“[225]

Diese Differenzierung wird von Noth vorgenommen, um eine Quellenkritik zu vermeiden, die Fragen an die Quellen stellt, auf die sie keine Antwort geben

219 Ebd., 16 f.
220 Vgl. ebd., 14 ff.
221 Vgl. ebd., 13.
222 Vgl. ebd., 22 f.
223 Vgl. ebd., 13.
224 Vgl. ebd., 28.
225 Ebd., 29.

können.[226] Zwar können auch die ursprünglichen Themen in einem langen Prozess umgeschrieben und verändert worden sein, jedoch kann man die sekundären Themen definitiv einem späteren Entstehungskontext zuweisen.[227] Wichtige Indizien für die Einordnung der Themen in die jeweilige Gruppe sind für Noth die Angaben zu frühen Abhandlungen in bibliographischen Werken, die thematische Analyse von erhaltenen Geschichtswerken und Plausibilitätserwägungen zur möglichen Chronologie der Ereignisse. Als die ursprünglichen Themen gelten unter anderem:[228] *ridda* (Bekämpfung der Zerfallsprozesse der muslimischen *umma* nach dem Tod des Propheten und die Einigung der Araber), *futūḥ* (Eroberungen außerhalb der Arabischen Halbinsel), *fitna* (innermuslimische Kämpfe, die auch zu Schismen führen), Administration (Pensionslisten und Lage in den Garnisonsstädten), *ansāb* (Genealogische Fragestellungen). Sekundäre Themen sind unter anderem:[229] Chronologische Ordnung nach islamischer Zeitrechnung (Dazu bedurfte es trotz der Initiative ʿUmars einiger Jahrzehnte bis man die neue Zeitrechnung konsequent anwendete)[230], Annalistik, Anordnung der Geschichte nach den Regierungsjahren der einzelnen Kalifen, Recht und Verwaltung (Hat sich erst in seiner geschlossenen Form nach dem Abschluss der Eroberungen ergeben), Kausale Verknüpfungen (Ursprüngliche Überlieferungen waren sehr fragmentarisch und nicht konsequent chronologisch geordnet).

Nach dem Noth diese „hermeneutische" Trennung von zwei Gruppen vorgenommen hat, geht er zur eigentlichen Formkritik über:

> „Die frühislamische Geschichtsüberlieferung ist durch eine Fülle formaler Eigentümlichkeiten gekennzeichnet […]. Charakteristika und Funktionen dieser Überlieferungsformen zu kennen, ist deswegen wichtig, weil es erst dadurch möglich wird, die unter einem Wust von Formalem und Formelhaftem verdeckten individuellen Züge der Nachrichten zu erkennen und damit dem wirklich Geschehenen näherzukommen. Die Kenntnis der Formen ist damit eine unerläßliche Voraussetzung für den Quellenkritiker."[231]

Noth teilt die formalen Bestandteile in drei Gruppen ein: *Literarische Formen*, *Topoi* und *Schemata*.[232]

Als literarische Formen gelten: Vertragsurkunden, Briefe, Reden, Listen und *awāʾil* (Wer hat was, als erster getan?). Nach einer Analyse der jeweiligen Form kommt Noth zu unterschiedlichen Schlüssen zu ihrer Authentizität. Die Briefe von Kalifen und die Verträge mit der Bevölkerung eroberter Gebiete haben, da

226 Vgl. ebd., 29.
227 Vgl. ebd., 29 f.
228 Vgl. ebd., 30-38.
229 Vgl. ebd., 40-58.
230 Vgl. ebd., 40 f.
231 Ebd., 59.
232 Vgl. ebd., 59.

man diese materiell im Original nicht zur Verfügung hat, keinen dokumentarischen Wert. Bei den Vertragsurkunden vermutet Noth, dass sie nicht rein fiktiv sind, sondern nach einem langen mündlichen Prozess schriftlich fixiert wurden.[233] Die Briefe haben in der Mehrheit eine starke Tendenz, die zentrale Planung und Durchführung der Eroberungen nachzuweisen.[234] Doch es kann im Einzelfall nachgewiesen werden, dass ein Brief doch authentisch ist.[235] Die Reden (von Kalifen) haben ganz unterschiedliche Funktionen, die auf ihre spätere Entstehung hinweisen.[236] Die Listen von Toten in einer Schlacht sind wohl authentisch[237], während die Angaben über Teilnehmer und vorzügliche Leistungen einzelner Personen bezüglich ihrer Echtheit schwierig einzuschätzen sind.[238] Die Fragen nach denjenigen, die etwas als erster in einer Schlacht gemacht haben usw. sind sehr tendenziös und in vielen Fällen spätere Spekulationen.[239]

Als zweites formales Element gelten nach Noth die *Topoi*:

> „Wenn wir jetzt von den häufig wiederkehrenden Erzählmotiven handeln, dann wollen wir folgendermaßen vorgehen: Zunächst ist ausgehend von der genauen Beschreibung ihrer Form der Nachweis zu erbringen, daß sie Gemeinplätze sind oder auch nur sein können. Ferner ist ihre Funktion im Textzusammenhang zu charakterisieren. [...] Die meisten Topoi dürften ursprünglich einmal einen konkreten Sachbezug gehabt haben, bevor sie, davon losgelöst, an den verschiedenen anderen Stellen eingesetzt wurden."[240]

Noth ordnet diese nach den jeweiligen Tendenzen und ihrer Funktion. Als erste Gruppe nennt er „Topoi, die mit der Erwähnung von Personennamen verbunden sind."[241] Darunter finden sich wiederholende Motive, die mit der Denomination der Führer der Heeresteile, der Töter von bestimmten Gegnern, der Nachfolger eines Führers im Todesfall usw. zu tun haben.[242] Die einzelnen Angaben sind jedoch in sich widersprüchlich und können in manchen Fällen gar nicht im Kenntnisbereich der Überlieferer gelegen haben.[243] Als die entscheidende Tendenz für diese Topoi veranschlagt Noth eine „Namensmanie", die sich oftmals durch gekünstelte Erklärungen, ätiologische Motive und das Bemühen

233 Vgl. ebd., 67 f.
234 Vgl. ebd., 78 f.
235 Vgl. ebd., 79.
236 Vgl. ebd., 89.
237 Vgl. ebd., 93.
238 Vgl. ebd., 93 f.
239 Vgl. ebd., 97 ff.
240 Ebd., 101.
241 Ebd., 101.
242 Vgl. ebd., 101-117.
243 Vgl. ebd., 103; 105.

von Stämmen und Familien, den Verdienst der eigenen Gruppe bei Schlachten zu betonen, entlarvt.[244]

Zur zweiten Gruppe gehören „Topoi, die die Wichtigkeit bestimmter kriegerischer Ereignisse der Frühzeit besonders betonen".[245] So gibt es sich wiederholende Floskeln zur Bedeutung einer Schlacht und wiederkehrende Kriegsmotive (Elefanten, Ablauf, Ketten usw.)[246], die durch ihre Hervorhebung einer Schlacht der Ausdruck von Gruppen- und Parteieninteressen sein können, die ihre eigenen Verdienste herausstellen.[247] Die willkürliche und zusammenhangslose Verwendung dieser Topoi weist nach Noth auf ihren fiktiven Charakter hin.

Drittens nennt Noth „Topoi, die der Glorifizierung der Frühzeit dienen".[248] Darunter fallen stereotype Handlungsweisen der Kalifen, wie z.B. Befehle zur Kriegsführung am Anfang einer Schlacht oder die Art und Weise der Beratung zur Verwaltung und Recht.[249] Dadurch sollte im Nachhinein der Eindruck einer durch das Kalifat kontrollierten und zentral geplanten Eroberung erweckt werden.[250] Man konnte derart auch die Bedeutung von Prophetengefährten als Berater und die juristische Relevanz ihrer Rechtsmeinung herausstellen.[251] Auch Personen, die das Martyrium absichtlich suchten, können unter dieser Kategorie des Glorifizierungstopos fallen.[252] Daneben zählt Noth einige Topoi auf, die nicht einer bestimmten Gruppe zugeordnet werden können.[253]

Neben den literarischen *Formen* und *Topoi* gibt es als drittes Formelement *Schemata*, die mehreren Erzählungen Kohärenz, Kontinuität und Konsistenz verleihen.[254] So führen durch unterschiedliche Arten der „Übergangsfloskeln" auch zeitlich weiter weg liegende Geschehnisse zusammen.[255] Es kann zwar sein, dass die Sequenz der Ereignisse oftmals stimmt, aber es kommt durch die Übergangsfloskeln zu einer „chronologische[n] Kontraktion"[256], die das komplexe Verhältnis der Ereignisse nivelliert. Des Weiteren geben „Pseudo-causae" als fiktive Ursachen den Geschehnissen eine logische Konsistenz und können unangenehme Zusammenhänge verdecken.[257] Noth zählt noch weitere Schemata auf und erarbeitet sich einen idealen Typus der Eroberung einer Stadt, der

244 Vgl. ebd., 116 f.
245 Ebd., 118.
246 Vgl. ebd., 118-123.
247 Vgl. ebd., 123.
248 Ebd., 124.
249 Vgl. ebd., 124-130.
250 Vgl. ebd., 126.
251 Vgl. ebd., 127.
252 Vgl. ebd., 129 f.
253 Vgl. ebd., 150-154.
254 Vgl. ebd., 154.
255 Vgl. ebd., 155.
256 Ebd., 157.
257 Vgl. ebd., 158.

die dominanten Formalelemente der muslimischen Geschichtsüberlieferung zu der arabischen Expansion augenscheinlich werden lässt.[258]

Durch den Aufweis der ursprünglichen Themen und der konstruktiven Formelemente der Traditionen zur Frühzeit des Islams, glaubt Noth den Leser für die bedachte und ausgewogene Quellenkritik sensibilisiert zu haben.

3.1.3.5 Revision der Frühgeschichte des Islams

In den 70er Jahren des 20. Jahrhunderts treten etliche Forscher aus dem angloamerikanischen Raum hervor, die durch die Anwendung neuer methodischer Ansätze die bisherige Forschung auf den Kopf stellen. Es sind vor allem die *Ergebnisse* ihrer Arbeiten, die das traditionelle Bild der muslimischen Überlieferungen über die Frühzeit komplett *revidieren* und zu einer Neubewertung der bedeutendsten literarischen Quellen zur Frühgeschichte des Islams führen.

Der Historiker John Wansbrough gilt mit zwei einschlägigen Monographien zum Koran und seiner Entstehungsgeschichte als „Vater" der revisionistischen Schule. Er sympathisiert mit den Thesen von Schacht zur Entwicklung des islamischen Rechts und man kann seine eigene Arbeit als konsequente Erweiterung der Thesen von Schacht verstehen. Hatte doch letzterer behauptet, dass sich erst sehr spät das Konzept einer prophetischen Sunna entwickelt und durchgesetzt hat. Wansbroughs Analysen legen den Schluss nahe, dass der Koran und die *sīra-maġāzī*-Literatur der Ausdruck eines langen Entstehungsprozesses sind, der um die zwei Jahrhunderte andauerte.

Seine erste Monographie zum Koran beginnt er gleich mit einer provokativen These:

> „Once separated from an extensive corpus of prophetical logia, the Islamic revelation became scripture and in time, starting from the fact itself of literary stabilization, was seen to contain a logical structure of its own."[259]

Der Koran, so wie wir ihn aus der muslimischen Tradition als kanonischen Text kennen, hat also eine längere Entstehungsgeschichte hinter sich und entstammt aus ehemals disparaten prophetischen Spruchsammlungen. Den gesamten Prozess bis zur Kanonisierung des Korans in seiner uns bekannten Form taxiert Wansbrough mit mindestens 200 Jahren. Denn frühestens ab dem Ende des zweiten islamischen/achten nachchristlichen Jahrhunderts kann man die Autorität des Korans als kanonisches Wort Gottes belegen.[260] Nicht nur die Entstehungszeit des Korans wird revidiert, sondern auch der Entstehungsort. Wansbrough vermutet Mesopotamien und nicht die arabische Halbinsel als den

258 Vgl. ebd., 191.
259 JOHN WANSBROUGH, Quranic Studies, 1.
260 Vgl. ebd., 49.

Ursprung der prophetischen *logia* und ihrer allmählichen Konklusion als koranischer Text.[261] Er geht dabei von einem organischen Wachstum der *logia* in unterschiedlichen Gemeinden aus, die in einer konfessionell „explosiven" und polemischen Atmosphäre stattfand:

> „Proposed as alternative was the concept of an organic development exhibiting gradual juxtaposition of originally separate collections of *logia*. The failure to eliminate repetition in the canon might be attributed to the status which these *logia* had already achieved in the several (!) communities within which they originated and by whose members they were transmitted. Here 'community' need not be understood as a regional specification, though such is not impossible. I should be inclined to postulate the growth of *logia* collections in environments essentially sectarian but within the mainstream of oriental monotheism. Such an environment could be inferred from the evidence of parallels proposed by Rabin between Islamic terminology and that of the Qumran sect."[262]

Der repetitive Stil des Korans ist also ein Indiz für das Herauswachsen des Textes aus mehreren „Spruchsammlungen", die von monotheistisch geprägten Gemeinden wie in Qumran gepflegt wurde. Parallel zu diesem „Amalgamierungsprozess" entsteht für Wansbrough das muhammedanische Evangelium, worunter er die *sunna* und die *sīra* des Propheten versteht[263]:

> „Indeed, from the point of view of a literary analysis, it can be argued that the principal difference between the text of scripture and the Muhammadan *evangelium* lies merely in the canonical status of the former. Thematic and exemplary treatment of prophethood in the Qur'ān was reformulated in the evangelium (sunna/sīra) as the personal history of Muhammad."[264]

Die Entstehung des Korans und des Lebens Muhammads sind also langwierige und simultane Prozesse, an dessen Ende der Koran als Kodex fixiert wurde. Zu diesem Resultat gelangt Wansbrough in „Quranic Studies" durch die vergleichende Analyse des koranischen Textes[265], der frühen exegetischen Literatur und der Entstehung der arabischen Sprache.[266] Ein Großteil seiner ersten Studie ist darum bemüht, den Charakter koranexegetischer Literatur vor dem Hintergrund der Geschichte christlich-jüdischer Bibelexegese besser zu verstehen.[267] Dazu überträgt er zahlreiche *termini technici* der Bibelexegese aus der jüdischen Tradition auf die muslimische *tafsīr*-Tradition.

---

261 Vgl. ebd., 50.
262 Ebd., 50.
263 Vgl. ebd., 56; 66; 71.
264 Ebd., 65.
265 Vgl. ebd., 53-84.
266 Vgl. ebd., 85-118.
267 Vgl. ebd., 119-246.

Das Verhältnis von Koran und *sīra-maġāzī* wird von Wansbrough in seiner zweiten Monographie „The Sectarian Milieu" näher beschrieben. Hier erläutert er auch genauer seinen methodischen Ansatz:

> „My purpose in these chapters is not historical reconstruction, but rather, source analysis. For the several varieties of documentation produced by the early Muslim community I have selected the term 'salvation history' for a number of what seem to me fairly cogent reasons. These are derived from a comparison with literary types generated by the Biblical paradigm, a procedure which appeared, at least to me, not merely desirable but unavoidable. The analysis is, however stylistic and not productive of strictly historical conclusions. For a literary assessment, on the other hand, questions of facticity are of rather less significance than structural features."[268]

Wansbrough ist also primär gar nicht an der historischen Auswertbarkeit des Korans und der frühen muslimischen Überlieferung interessiert. Er möchte diese einer strukturellen Analyse unterziehen und greift dabei auf Kategorien zurück, die sich aus einer Betrachtung von biblischen Geschichtsdiskursen ergeben. Stellenweise wird deutlich, dass Wansbrough den zu seiner Zeit in der Bibelexegese stark gewordenen literaturkritischen – nicht literarkritischen! – Konzepten folgt, die an den Text in seiner Ganzheit und weniger an seine Genese interessiert sind.[269] Auch macht er zu Beginn seiner Arbeit deutlich, dass er Geschichtsmodelle ablehnt, die glauben, klar zwischen historischen Fakten und den fiktiven Überbau der literarischen Quellen unterscheiden zu können.[270] Wansbrough spricht deshalb von muslimischer „Heilsgeschichte", um damit dem Sachverhalt Ausdruck zu verleihen, dass zeitliche Ordnungsmuster und Erinnerungsmodi selbst mythische Erfahrungskategorien sein können, die man nicht so ohne weiteres von der historischen Realität trennen kann.[271] Damit positioniert sich Wansbrough selbst in der Nähe narrativer und konstruktivistischer Geschichtstheorien, die die Frage nach historischen Tatsachen für obsolet und sinnlos erklären.[272] Dass aber seine strukturellen Quellenanalysen eine schwerwiegende Revision der Frühgeschichte des Islams bedeuten, wird ihm wohl klar gewesen sein; denn er spricht die alternativen Szenarien der von ihm angenommenen historischen Prozesse unverhohlen aus.

Um das komplexe Verhältnis von Koran und *sīra-maġāzī* zu bestimmen, unterscheidet Wansbrough vier Erzähltechniken in der Prophetenbiographie, die er in Anlehnung an die jüdische Tradition als „haggada" bezeichnet:

> „In my study of the Muslim haggadah I drew attention to two characteristic narrative techniques employed in the *Sīra*: exegetical, in which extracts (serial and isolated)

268 John Wansbrough, The Sectarian Milieu, IX.
269 Vgl. ebd., 31 f.
270 Vgl. ebd., 1.
271 Vgl. ebd.
272 Siehe oben 39.

from scripture provided the framework for extended *narratio*; and parabolic, in which the *narratio* was itself the framework for frequent if not continuous allusion to scripture."[273]

Im Falle der „exegetischen" Erzähltechnik wird also der kanonisch gewordene Text des Korans zum Anlass genommen, genauer auszuführen, was sich im Leben des Propheten ereignet hat. Dagegen enthält die parabolische Erzählweise aber keinen direkten Verweis auf eine heilige Schrift, sondern drückt sich in einer kontinuierlichen Andeutung von der Bilder- und Sprachwelt eines kanonischen Textes aus. Um diese Erzählweise zu erklären, greift Wansbrough auf die prophetischen *logioi* zurück, die einen semi-kanonischen Status vor ihrem Eingang in den Koran hatten und auch die *sīra*-Literatur beeinflusst haben.[274] Daraus erklärt sich der andeutende Charakter der parabolischen Erzählweise. Diese ist dem gemeinsamen Ursprung des Korans und der *sīra*-Literatur geschuldet. Noch klarer lässt sich diese Entwicklungsgeschichte anhand der dritten Erzählweise nachweisen:

„Yet another narrative technique is illustrated in passages containing scriptural extracts int[r]oduced by paraphrastic versions of scripture in the form of anecdote. The literary unit is characterized by the distribution of keywords (Leitworte) linking both parts of the composition in a tidy stylistic balance with remarkable economy of imagery. That style, which is neither exeg[et]ical nor parabolic, can generate considerable narrative movement in time and space, and might thus be described as 'dynamic'."[275]

Bei der dynamischen Erzählweise ist der koranische Text derart im Erzählfluss des *sīra*-Überlieferung integriert, dass man gar nicht sagen kann, welcher Bestandteil eine zeitliche Priorität hat. Die Kohärenz kommt durch „Leitworte" zustande, die eine Dissoziation unmöglich machen. In dieser Erzählweise sieht Wansbrough seine eigene These von der simultanen Entstehung von Koran und *sīra-maġāzī* am stärksten bestätigt, da nur gemeinsame Impulse dafür verantwortlich sein können. Die vierte Erzähltechnik bezeichnet er als „ornamental"[276], da hier im Nachhinein der koranische Text als Staffage zu einer bestehenden und für sich abgeschlossenen Erzählung zum Leben des Propheten hinzugefügt wird.

Wansbrough versucht die einzelnen Erzähltechniken durch ausführliche Belege nachzuweisen. Er beobachtet dabei die Tendenz, dass in den Überlieferungen zu der medinensischen Phase weitaus öfter die ornamentale Verwendung koranischer Zitate nachweisbar ist. Für die Geburt des Propheten und die mekkanische Phase seines Wirkens lassen sich dagegen die dynamische und parabolische Erzählform viel häufiger belegen.[277]

273 Ebd., 2.
274 Vgl. ebd., 2.
275 Ebd., 3.
276 Vgl. ebd., 3.
277 Vgl. ebd., 27.

Um die Entstehung des „muhammedanischen Evangeliums“ und des Korans besser nachzuvollziehen, orientiert sich Wansbrough stärker an der älteren Erzähltechnik, bei der sich Korantext und die Überlieferung zum Leben des Propheten nicht ohne weiteres dissoziieren lassen. Wansbrough hatte ja von „Leitworten“ gesprochen, die für die Kohärenz der Erzählung verantwortlich sind. In ihnen sieht er gewissermaßen den hermeneutischen Schlüssel zum Verständnis der Entstehung des Korans und der *sīra-maġāzī*-Werke.[278] Man müsse nämlich von zentralen Konzepten und Topoi ausgehen, die aus der biblischen und nachbiblischen Tradition bekannt sind, und einen interkonfessionellen Diskurs vermuten lassen:

> „Of more value, and perhaps of more interest, is the next step: to detect a pattern in these keywords (*topoi*) which could shed some light both on their origins and on the motives in their selection. [...] In anticipation of my conclusions in this chapter I would suggest, with due reservation, that the origin of these *topoi* was interconfessional polemic and that their selection was imposed upon the early Muslim community from outside.“[279]

Wansbrough gibt eine lange Liste von 23 Topoi wieder, die z.B. aus der jüdischen Ablehnung der Offenbarung des Propheten, den muslimischen Vorwurf der Schriftfälschung, der Frage nach der Gebetsrichtung, sektiererischer Christologie, Exil usw. bestehen[280], und einen polemischen Diskurs vermuten lassen, der dazu geführt hat, dass judenchristliche Streifragen und Topoi in die arabische Sprache und in die Topographie der arabischen Halbinsel transferiert wurden. Ein Vergleich der Topoi in *sīra-maġāzī*-Werken und im Koran bestätigt nach Meinung von Wansbrough die These von einem langwierigen „Entstehungsprozess“:

> „Comparison of all this material with the basic themes of the Quranic theodicy provokes and/or confirms the impression that Muslim scripture is a torso. There, the imagery is limited (retribution, sign, exile, covenant), and the concept of a ‘saving history’ absent. Here, in the *sīra-maġāzī* literature, the former is expanded, the latter supplied. The relation between the two is, however, not exegetical. I should rather describe it as complementary: two versions of Judaeo-Christian polemic adapted to the Arabic language and the Ḥijāzī environment.“[281]

Das zentrale Ergebnis der Forschungen Wansbroughs ist die *Gleichzeitigkeit* des langen Entstehungsprozesses von Koran, *sīra-maġāzī* und prophetischer *sunna*. Letztere hatte ja Schacht als spätere Entwicklung gesehen und Wansbrough stimmt seiner These uneingeschränkt zu.[282]

278 Vgl. ebd., 11.
279 Ebd., 14.
280 Vgl. ebd., 40-44.
281 Ebd., 45.
282 Vgl. ebd., 33.

Insgesamt besteht die Brisanz der Forschungsergebnisse von Wansbrough darin, dass diese diametral zu den Erkenntnissen der meisten Vorgänger sind. Die chronologische Priorität des Korans als authentische Verkündigung Muhammads stand eigentlich fest, auch wenn man sich nicht einigen konnte, wie man sich dann genau das Verhältnis zu den späteren *sīra-maġāzī*-Werken vorzustellen hat. Auch waren Wansbroughs Thesen eine große Herausforderung für all diejenigen Forscher, die durch eine bedachte und ausgewogene Quellenkritik die Frühgeschichte des Islams rekonstruieren wollten. Für Wansbrough muss das ein aussichtsloses Unterfangen sein, da diese Forscher die „heilsgeschichtliche" Dimension der muslimischen Tradition gar nicht begriffen haben. Sie glauben einfach dem späteren Konstrukt einer Verkündigung des arabischen Propheten, dem das Wort Gottes offenbart wurde und der die Araber vereint hat.

Wansbrough hat in seinen Studien ein starkes Augenmerk auf die muslimischen Quellen gelegt und eine alternative Genese des Islams vermutet, ohne selbst ein positives Bild der islamischen Anfänge zu zeichnen. Patricia Crone und Michael Cook füllen diese Lücke, indem sie vor allem nichtmuslimische Quellen heranziehen und ein neues Erklärungsszenario für die Entstehung des Islams anbieten. Gleich zu Beginn ihrer Studie fassen sie die Grundsätze ihrer Arbeit zusammen:

> „In making the attempt we have adopted an approach which differs appreciably from that of more conventional writing in the field. First, our account of the formation of Islam as a religion is radically new, or more precisely it is one which has been out of fashion since the seventh century: it is based on the intensive use of a small number of contemporary non-Muslim sources the testimony of which has hitherto been disregarded. Secondly, we have expended a good deal of energy, both scholastic and intellectual, on taking seriously the obvious fact that the formation of Islamic civilization took place in the world of late antiquity, and what is more in a rather distinctive part of it."[283]

Beide Forscher möchten also die Entstehung des Islams im epochalen Rahmen der *Spätantike* verorten und *ausschließlich* jüdisch-christliche Quellen aus dem siebten Jahrhundert für ihre Rekonstruktion der islamischen Frühgeschichte verwenden. Eine Lektüre der entsprechenden Texte zeigt ihrer Meinung nach, dass Muhammad zur Zeit der Eroberung Palästinas am Leben war[284] und dass die arabischen Eroberer eigentlich eine jüdisch-messianische Bewegung waren.[285] Der Prophet habe das Kommen des Messias verkündet[286] und der Beiname des Kalifen ʿUmar, *al-farūq*, der im Aramäischen ursprünglich „Erlöser" bedeutet, ist ein starker Beleg für den messianischen Charakter dieser Bewe-

283 Patricia Crone/ Michael Cook, Hagarism. The Making of the Islamic World, Cambridge 1977, vii.
284 Vgl. ebd., 4.
285 Vgl. ebd., 5.
286 Vgl. ebd., 4.

gung. Später hat man den Beinamen einfach umgedeutet.[287] Auch spricht die Mehrheit der zeitgenössischen Quellen von den Arabern als „Magaritai", „Maghre" oder „Mahgraye"[288], was auf den arabischen Begriff der *muhāǧirūn* hinweist, der normalerweise die Anhänger des Propheten bezeichnet, die von Mekka nach Medina ausgewandert sind. Eigentlich – so Crone und Cook – sollen diese Bezeichnungen die genealogische Abstammung der Araber von Abraham durch Hagar und den messianisch motivierten Exodus der jüdischen Araber von der arabischen Halbinsel ins gelobte Land herausstellen.[289] Dass sich die Bewohner als Abkömmlinge Abrahams ausgaben, belegt ja auch der Koran.[290] Nur vermuten beide Forscher, dass dieser erst viel später als Wort Gottes schriftlich fixiert wurde.[291] Erst zum Ende des siebten Jahrhunderts seien die ersten Koranzitate im Felsendom nachweisbar und man muss wohl in den Jahrzehnten danach mit einer Fixierung des Korantextes rechnen.[292] Warum kam es aber dazu? Cook und Crone gehen davon aus, dass die Araber ihre jüdische Identität nach der Eroberung Palästinas allmählich ablegten und zur Zeit des Kalifen ʿAbd al-Malik den Mythos vom arabischen Propheten Muhammad geschaffen haben, der in Mekka und Medina gewirkt hat und dem der Koran offenbart wurde.[293] Man hat den Propheten nach mosaischem Vorbild gedacht und verwendete bei der Schaffung der neuen Religion ähnliche Deutungsmuster und Strategien, wie sie auch bei den Samaritanern nachzuweisen sind: Das jüdische Heiligtum in Palästina wird abgelehnt und auf die arabische Halblinsel verlegt.[294] Der Exodus (*hiǧra*) wurde zunächst nach Irak verlegt und dann von Mekka nach Medina.[295] Die Offenbarung hat der Prophet wie Moses auf einem Berg erhalten.[296] Crone und Cook bemühen sich im weiteren Verlauf ihrer Studie den ganzen Entwicklungsprozess zur Entstehung des Islams als Zivilisation durch vergleichende Analysen zu anderen Kulturen zu beschreiben. Beide Forscher haben in den folgenden Jahrzehnten auch Analysen zu den muslimischen Überlieferungen vorgelegt. Dabei gehen sie davon aus, dass es nicht – wie etwa Horovitz, Duri usw. annehmen – eine kontinuierliche Überlieferung zum Leben des Propheten nach seinem Tod gab. Das Überlieferungsmaterial, von dem die Historiker aus dem achten Jahrhundert schöpfen, stammt von den *quṣṣāṣ*, die allmählich damit begannen, in populärer Weise vom Leben des angeblich arabi-

287 Vgl. ebd., 5.
288 Vgl. ebd., 8.
289 Vgl. ebd., 9.
290 Vgl. ebd., 16.
291 Vgl. ebd., 18.
292 Vgl. ebd.
293 Vgl. ebd., 19.
294 Vgl. ebd., 21.
295 Vgl. ebd., 24.
296 Vgl. ebd., 25.

schen Propheten in der Öffentlichkeit zu erzählen.[297] Der Koran ist für beide Autoren nicht als Verkündigung des Propheten verwertbar. Überhaupt sei der historische Ertrag eines solchen Versuches überaus mager.[298] Für die Fixierung des Korans als Kanon hat Crone später die Halbzeit der umayyadischen Herrschaft (710-720) vorgeschlagen.[299] Sie möchte dadurch zwei Phänomene aus der Frühzeit des Islams erklären: Die augenscheinliche Unkenntnis früher Exegeten bezüglich der Bedeutung von bestimmten Wörtern im Koran und die praktische Irrelevanz rechtlicher Bestimmungen aus dem Koran für die Rechtspraxis.[300] Am besten erklären sich diese Sachverhalte nach Crone, wenn man davon ausgeht, dass der Koran als fixierter Kodex erst viel später entstanden ist.

Der methodische Ertrag der wegen ihrer Arbeitsergebnisse als Revisionisten bezeichneten Forscher liest sich wie folgt:

- Geographische und religiös-kulturelle Einordnung der islamischen Frühgeschichte in die Spätantike.
- Spätdatierung der Entstehung des Korans und die damit einhergehende neue Verhältnisbestimmung zu anderen literarischen Quellen wie *sīra-maġāzī*.
- Die Einbeziehung zeitgenössischer Quellen von Nichtmuslimen.
- Die radikale Infragestellung des muslimischen Selbstbildes zur Entstehung der eigenen Religion.

3.1.3.6 Quellenkritische Studien zur Prophetenbiographie von Ibn Isḥāq

Bereits die einschlägige Untersuchung von Johann Fück hatte zu Beginn des 20. Jahrhunderts die Komplexität der prophetenbiographischen Überlieferungen nach Muhammad Ibn Isḥāq vor Augen geführt. Es folgen nun in den 50er bis 80er Jahren weitere Arbeiten, die nicht nur Ibn Hišāms Rezension in der *riwāya* von al-Bakkāʾī untersuchen, sondern auch alternative Rezeptionslinien seiner *sīra*-Traditionen nachgehen und grundsätzlich nach der ursprünglichen Gestalt und der Authentizität seines „Werkes“ fragen.

Rudolf Sellheim konzentriert sich auf die *sīra* Ibn Isḥāqs, wie sie in der Rezension von Ibn Hišām erhalten ist, und ordnet sein historisches Gesamtwerk zunächst in den politischen Kontext seiner Zeit ein. Der abbasidische Kalif al-Manṣūr (gest. 775) hatte Ibn Isḥāq mit der Abfassung der Prophetenbiographie

297 Vgl. Michael Cook, Muhammad, Oxford 1983, 66 f.; Patricia Crone, Two legal problems bearing on the early history of the Qurʾān. In: Jerusalem Studies in Arabic and Islam 18 (1994) 1-37, hier 14; 20.

298 Vgl. Cook, Muhammad, 69 f.

299 Vgl. Crone, Two legal problems, 37.

300 Vgl. ebd., 3-21.

im Rahmen einer Weltgeschichte beauftragt.[301] Um die Bedeutung dieses Auftrages zu verstehen, verweist Sellheim auf die Herausforderungen des abbasidischen Kalifats. Es musste vor allem die Spannungen zwischen Arabern und Nichtarabern überwinden und dabei eine genuin islamische Identität aufrechterhalten, die den vorislamischen Hochkulturen in nichts nachstand.[302] Die viergliedrige Komposition von Isḥāqs ursprünglichem Werk erklärt sich aus diesem Sachverhalt. Indem er die vorislamische Zeit (*mubtada'*), die mekkanische Lebensphase des Propheten und seine Auswanderung (*mab'aṯ*), die medinensische Periode bis zum Tod des Propheten (*maġāzī*) und die Kalifenzeit bis zu seiner Gegenwart (*ḫulafā'*) in ein kontinuierliches Verhältnis setzt[303], ordnet er das Wirken des Propheten Muhammad im großen heilsgeschichtlichen Plan Gottes als den zentralen Kulminationspunkt ein.[304] Das abbasidische Kalifat bewahrt dabei das genuine Erbe des Propheten. Ibn Hišāms Rezension enthält die nahezu vollständigen Teile zum *mab'aṯ* und zu den *maġāzī*, die er als *sīra* des Propheten zusammengefasst hat.[305] Die Überlieferungen aus dem ersten und letzten Teil des ursprünglichen Werkes findet man teilweise bei späteren Autoren.

Wie bereits Duri nimmt auch Sellheim an, dass Ibn Isḥāq auf ganz verschiedene Quellen für sein Geschichtswerk zurückgreift: Er kennt nicht nur die medinensische Schultraditionen, sondern auch etliche mündliche Überlieferungen, die unterschiedlichen Ursprungs waren.[306] Zwar hat Ibn Isḥāq den von ihn gesammelten Traditionen einen übergeordneten chronologischen Rahmen verliehen[307], jedoch stellt dieser keinen Prokrustesbett dar. Man merkt, dass er unterschiedliche Überlieferungen auch stehen lässt und oft die Überlieferungswege nennt.[308] Auch scheut er sich nicht, seinen Zweifel über eine bestimmte Erzählung zum Ausdruck zu bringen (etwa durch die Verwendung bestimmter Verben wie *za'ama*) oder die Fragwürdigkeit einer Quelle durch Anonymisierung anzuzeigen.[309] Diese Arbeitsweise ist nach Sellheim ein starkes Indiz dafür, dass Ibn Isḥāq ganz unterschiedliche Quellen für sein Werk zur Verfügung hatte, sodass eine *literarkritische* Untersuchung bei der Bestimmung dieses Materials unabdinglich scheint.[310] Er schlägt selbst ein *Schichtenmodell* zur Kennzeichnung der von Ibn Isḥāq verarbeiteten Überlieferungen vor:

---

301 Vgl. RUDOLF SELLHEIM, Prophet, Chalif und Geschichte. Die Muhammed-Biographie des Ibn Isḥāq. In: Oriens 18/19 (1965/1966) 33-91, hier 39.
302 Vgl. ebd., 36 f.
303 Vgl. ebd., 43.
304 Vgl. ebd., 40 f.
305 Vgl. ebd., 43.
306 Vgl. ebd., 44.
307 Vgl. ebd., 77.
308 Vgl. ebd., 45.
309 Vgl. ebd.
310 Vgl. ebd., 46.

> „Im grossen und ganzen lassen sich die folgenden Hauptschichten feststellen: eine Grundschicht, welche uns mehr oder weniger unmittelbar in das historische Geschehen des Propheten und seiner Umgebung führt und welche mit dem Milieu der beiden Prophetenstädte fest verknüpft ist. Sodann eine erste Schicht, welche auf der Grundschicht lagert: sie lässt uns Muhammad überhöht erscheinen, seine Persönlichkeit tritt in der Verklärung aus jenem menschlichen Kreise, in welchem er sich stets selber sah, deutlich stehen jüdische, christliche und auch persische Legenden, internationale Erzählstoffe und Motive Pate. [...] Dann eine zweite Schicht, sie hat sich über alledem im Laufe der beiden Nachfolgergenerationen abgelagert, und zwar infolge, parteipolitischer, bezw. dogmatischer Auseinandersetzungen innerhalb der islamischen Gemeinde."[311]

Zur Grundschicht gehören für Sellheim zunächst einige Quellen, die einen „dokumentarischen Wert"[312] haben. Dazu zählen die sogenannte „Gemeindeordnung von Medina"[313], Muhammads „Briefe" an Stämme und Fürsten, diverse Koranverse[314] und bestimmte Gedichte.[315] Daneben weist Sellheim folgende Materialen der Grundschicht zu: Listen von Teilnehmern an unterschiedliche Unternehmungen, von Neumuslimen, Toten usw.[316], zentrale kriegerische Ereignisse aus der medinensischen Periode[317], „Familienerinnerungen"[318] an kleinere Ereignisse und rechtliche Bestimmungen des Propheten. Die Grundschicht konstituiert sich also aus Überlieferungen, die Dokumente, medinensische Schultraditionen (Stichwort: „Prophetenstädte") und Erinnerungen einzelner Familien wiedergeben.

Nach Sellheim wird die Grundschicht von etlichen Traditionen einer weiteren Ebene überlagert, die der Verehrung des Propheten geschuldet ist.[319] Derart wird er zu einem Übermenschen, der zahlreiche Wunder vollbringt und um dessen Leben sich Weissagungen und übernatürliche Ereignisse ranken. Überhaupt nimmt sein ganzes Leben einen nicht überbietbaren Platz in der von Gott bestimmten Heilsgeschichte an.

Als zweite Schicht benennt Sellheim Traditionen, die Ausdruck der innerislamischen Konflikte sind. Letztere hätten die Überlieferungen tendenziös umgeformt. Dass Ibn Isḥāq seine Prophetenbiographie im Auftrag eines abbasidischen Kalifen schrieb, bestätigt sich auf der Ebene dieser zweiten Schicht. So versucht Ibn Isḥāq den „Stammvater" der Abbasiden, ʿAbbās, der mit den Mekkanern auch gegen den Propheten gekämpft hatte, in einem eher günstigen

311 Ebd., 48.
312 Ebd., 46.
313 Vgl. ebd., 46 f.
314 Vgl. ebd., 47.
315 Vgl. ebd., 47 f.
316 Vgl. ebd., 73 f.
317 Vgl. ebd., 75.
318 Vgl. ebd., 76.
319 Vgl. ebd., 53 ff.

Licht darzustellen.[320] Die Vorfahren der Umayyaden, wie z.B. Abū Sufyān, werden dagegen in negativer Weise beschrieben. Bezüglich ʿAlī bleibt Ibn Isḥāq eher gleichgültig.[321]

Sellheim exemplifiziert sein „Drei-Schichten-Modell" anhand einer Überlieferung über den Tod des Propheten[322] und trennt derart zwischen dem Faktum über die tödliche Erkrankung des Propheten und dessen Umstände (Zeit/Ort), den verehrenden Elementen (Antizipation und Anzeichen seines Todes usw.) und den parteipolitischen Tendenzen (Nachfolgeregelung).

Sadun Mahmud Al-Samuk hat in seiner Dissertation eine persönliche Anregung von Sellheim aufgenommen und die *Rezeptions- und Überlieferungsgeschichte* von Ibn Isḥāqs historischen Traditionen genauer untersucht.[323] Seine Arbeit soll zum einen die Frage beantworten, ob sich das Drei-Schichten-Modell von Sellheim auch in den unterschiedlichen Überlieferungsströmen und Rezeptionen bewährt und zum anderen die Möglichkeit ausloten, ob man den ursprünglichen „[...] Umfang, Form und Inhalt"[324] der in Auftrag gegebenen Sammlung von Ibn Isḥāq wiederherstellen kann.

Al-Samuk stellt zunächst in einer Auswahl die auf Ibn Isḥāq zurückgeführten Erzählungen zum selben Ereignis *synoptisch* gegenüber. Er unterscheidet zwischen den ersten Hörern und Rezipienten (*rāwūn*) der historischen Überlieferungen (z.B. Ziyād al-Bakkāʾī, Yūnus b. Bukair, Salam b. al-Faḍl usw.), der Generation nach Ibn Isḥāq, die diese Überlieferungen von den ersten Hörern in ihren Werken wiedergeben (Ibn Hišām, al-Azraqī, Ibn Saʿd) und den Gelehrten der darauffolgenden Generationen (al-Buḫārī, al-Balāḏurī, Ibn Kaṯīr usw.), die auch Ibn Isḥāqs Traditionen anführen. In der Synopse werden die unterschiedlichen Versionen einer Erzählung zum selben Ereignis verglichen. Al-Samuk gibt die Quelle des Werkes, aus dem die jeweilige Überlieferung stammt, und den *rāwin* an, auf den diese zurückgeführt wird. Im Zuge der Gegenüberstellung werden auf drei Ebenen Differenzen festgestellt: „Äußere Umstände"[325] (d.h. Ort und Zeit einer Handlung und die Akteure), „Inhalt oder Tendenz der Darstellung"[326] (d.h. inhaltliche Divergenzen), „Stil der Überlieferungen"[327] (unterschiedliche Arten der Verknüpfung und Darstellung von Ereignissen). In jedem Einzelfall (z.B. die Partizipation von ʿAbbās an der Schlacht von Badr) geht Al-Samuk der Frage nach, ob die jeweiligen Unterschiede auf Ibn Isḥāq oder die späteren

320 Vgl. ebd., 49 ff.
321 Vgl. ebd., 53.
322 Vgl. ebd., 86.
323 Vgl. Sadun Mahmud Al-Samuk, Die historischen Überlieferungen nach Ibn Ishaq. Eine synoptische Untersuchung, Frankfurt am Main 1978, 1.
324 Ebd., 16.
325 Ebd., 19.
326 Ebd., 20.
327 Ebd., 23.

Überlieferer zurückzuführen sind und welche möglichen Motive die Ursache für eine Auslassung oder Ergänzung waren.

In einem zweiten Schritt untersucht Al-Samuk die jeweilige Quelle, bei der Überlieferungen nach Ibn Isḥāq auffindbar sind und bemüht sich um eine Bestimmung der Charakteristika und Tendenzen bei dem jeweiligen Autor einer Sammlung. Insgesamt stellt er fest, dass Ibn Hišāms Rezension der *sīra* (in der *riwāya* des al- Bakkā'ī)[328] und die Traditionen bei Ṭabarī[329] die bedeutendsten Quellen für die Prophetenbiographie Ibn Isḥāqs bleiben. Daneben gibt er auch eine ausführliche Liste der ersten „Schüler" oder „Hörer" von Ibn Isḥāq wieder.[330] Bezüglich der zentralen Fragestellungen der Arbeit kommt Al-Samuk zu dem Schluss, dass das „Drei-Schichten-Modell" von Sellheim auch für die späteren Überlieferungen nach Ibn Isḥāq Bestand hat[331] und dass es nie einen abgeschlossenen Text von Ibn Isḥāq zur *sīra* gegeben hat.[332] Dieser hat wohl zu unterschiedlichen Zeiten Vorlesungen zu der vom Kalifen in Auftrag gegebenen historischen Sammlung gehalten, die von den Schülern später auf unterschiedliche Weise schriftlich fixiert wurde.[333] Es gibt also kein finales Werk Ibn Isḥāqs, das man rekonstruieren könnte:

> „Angesichts der zahllosen Varianten in den Überlieferungen nach Ibn Isḥāq müßte eine solche Rekonstruktion, wollte man sie versuchen, zu einer verwirrenden Uneinheitlichkeit führen."[334]

Damit soll aber nicht ausgeschlossen werden, dass es einen sicheren Kern an historischen Fakten (Ereignisse, Chronologie usw.) gibt, die auf die Autorität des Ibn Isḥāqs zurückführbar sind – das steht für Al-Samuk als Anhänger der Theorie von Sellheim schon fest. Er schließt nur aus, dass man *materialiter* sämtliche historische Überlieferungen, die Ibn Isḥāq bis zu seinem Lebensende zusammengetragen, sortiert und vorgetragen hatte, wortwörtlich wiederherstellen kann. Das von al-Manṣūr in Auftrag gegebene Werk (*al-kitāb al-kabīr*) steht also nicht mehr zur Verfügung.[335] Nur die Vorlesungen zu diesem Werk hat man in

328 Vgl. ebd., 157. Al-Samuk ist sich auch bewusst, dass Ibn Hišām einige Überlieferungen von Ibn Isḥāq weggelassen hat. Da Ibn Hišām aber in der Einleitung seines Werkes die Prinzipien seiner Selektion erläutert (Vgl. ebd., 85) und man die ausgeschiedenen Traditionen bei anderen Autoren wie Ṭabarī nachweisen kann, kann man davon ausgehen, dass im Großen und Ganzen die von Ibn Hišām wiedergegebenen Teile des Geschichtswerkes von Ibn Isḥāq zuverlässig sind.

329 Vgl. ebd., 158.

330 Vgl. ebd., 141 ff.

331 Vgl. ebd., 163.

332 Vgl. ebd., 162.

333 Vgl. ebd.

334 Ebd., 165.

335 Vgl. ebd., 149.

unterschiedlichen *riwāyāt* erhalten, die vor allem die Lebensphasen des Propheten Muhammad abdecken.[336]

Auch W. Montgomery Watt sieht sich Anfang der 80er Jahre nach dem Erscheinen der revisionistischen Arbeiten von Wansbrough, Cook und Crone gezwungen, die Authentizität und Zuverlässigkeit der sīra-Überlieferungen nach Ibn Isḥāq wieder auf dem Prüfstand zu stellen. Er wiederholt seine Thesen, dass man die juristischen Hadithe nicht mit den historischen Überlieferungen vermischen darf[337] und dass die *sīra* nicht – wie etwa von Lammens behauptet – auf koranischen Allusionen zurückgeht, sondern historischen Ereignissen geschuldet ist.[338] Watt möchte die heterogene Natur der prophetenbiographischen Traditionen (bei Ibn Isḥāq) genauer bestimmen. Dazu differenziert er – ähnlich wie Sellheim – *materialiter* die unterschiedlichen Quellen, die Ibn Isḥāq für seine Traditionssammlung zur Verfügung standen. Zunächst geht Watt von einem chronologischen und ereignisgeschichtlichen Grundrahmen („basic framework", „the *maghāzī*-material") von Muhammads Leben aus, der seiner Meinung nach in seinen groben Zügen authentisch ist.[339] Darunter fallen insbesondere die bedeutendsten kriegerischen Unternehmungen (Badr, Uḥud usw.), deren Teilnehmer, Ablauf und Chronologie.[340] Als Motor für die Weitergabe der basalen Ereignisse vermutet Watt das Erinnerungsbewusstsein der Araber, das die eigenen Errungenschaften bewahren wollte, und Familienerinnerungen, die über Generationen weitergegeben wurde.[341] Dass es dabei auch zur tendenziösen Fort- und Umschreibungen gekommen ist, wird aber nicht bestritten. Während die wichtigsten Ereignisse selbst historisch sind, kann aber die jeweilige Sichtweise auf diese differenzieren. Als zweite Quelle für die *sīra* Ibn Isḥāqs gelten Materialien mit einem dokumentarischen Wert, wie z.B. Listen von Teilnehmern an Kriegen und die Verträge, die der Prophet in Medina mit den dortigen Stämmen abgeschlossen hatte.[342] Insgesamt werden diese „Dokumente" von Watt *grosso modo* als authentisch eingestuft. Auch *genealogische* Angaben zum Propheten und seinen Zeitgenossen erachtet er im Großen und Ganzen als zuverlässig.[343] Die Araber hätten schon in vorislamischer Zeit ein ausgeprägtes Bewusstsein für die eigene Abstammung gehabt. Als vierte Quelle kennzeichnet Watt den Koran und die dazugehörige exegetische Literatur.[344] Der koranische Text selbst könne in seiner Isoliertheit für die

336 Vgl. ebd.
337 Vgl. W. Montgomery Watt, The Reliability of Ibn Isḥāq's Sources (1983). In: Andreas Görke (Hg.), Muḥammad, Vol. I, Oxon 2015, 240-249, hier 241 f.; 246.
338 Vgl. ebd., 240.
339 Vgl. ebd., 241 f.
340 Vgl. ebd., 241.
341 Vgl. ebd., 242.
342 Vgl. ebd., 243.
343 Vgl. ebd., 243 f.
344 Vgl. ebd., 244 ff.

historische Rekonstruktion der Ereignisse nur wenig beitragen.[345] Es bedürfe immer eines vom Koran unabhängigen Rahmens, der als hermeneutische Brille für das historische Verständnis des Korans fungiert und bei Watt aus dem *sīra*-Material ableitbar ist.[346] Im Falle der exegetischen Literatur werden die von der biblischen und postbiblischen Tradition adaptierten Erzählungen für die Deutung des Korans genannt (*isrāʾīlīyāt*), jedoch nicht weiter analysiert, da der vorislamische Teil der *sīra* Ibn Isḥāqs in Ibn Hišāms Rezension ohnehin nicht erhalten ist.[347] Die Literatur zu den Offenbarungsanlässen (*asbāb an-nuzūl*) könne zuverlässige Angaben zur Datierung des Korans enthalten, sei jedoch mit Vorsicht zu genießen.[348] Für die exegetische Hadithe stellt Watt nochmals fest, dass die Skepsis gegenüber den juristischen Überlieferungen nicht ohne weiteres auf die historischen Traditionen übertragen werden kann.[349] Hier sei ein pauschales Urteil über ihre Fabrikation unangemessen.

Bezüglich des Verhältnisses zwischen Koran und *sīra* wird Watt nicht müde zu betonen, dass die Autoren der Prophetenbiographie unabhängig vom Koran über den Rahmen der Ereignisse verfügten und dass sie erst im Nachhinein die koranischen Versen einfügten.[350]

Nach dieser Quellenscheidung erweitert Watt seinen „basic framework" an prophetenbiographischen Überlieferungen um drei weitere Ebenen:

> „The main narrative sections of Ibn-Isḥāq's *Sīra* may be said to contain three types of material: (*a*) the main outline of events, usually given without *isnād* of any kind; (*b*) fuller accounts of certain events (such as the battle of Uḥud), given on the authority of certain previous scholars jointly but without assigning specific sections to each; (*c*) minor anecdotes, for which an *isnād* is given, though this is not always complete. The first type is roughly what was described as the basic framework, and the second type might be called extensions of that. The third type, on the other hand, consists mostly of accounts of minor incidents of the sort which men involved in the events would have liked to tell their descendants."[351]

Der grobe ereignisgeschichtliche Rahmen wird also durch Detailberichte ergänzt, die mehrfach durch Gelehrte bezeugt sind. Dazu gesellen sich anekdotenhafte Mikroereignisse, die in der Familienerinnerung bewahrt wurden.[352] Watt bestreitet nicht, dass gerade auf der dritten Ebene tendenziöse Übertreibungen und Fabrikationen möglich gewesen sind. Insgesamt nimmt er aber an, dass alle drei Ebenen mehr oder weniger authentisch sind, sodass ein Pauschalurteil

345 Vgl. ebd., 244.
346 Vgl. ebd., 246.
347 Vgl. ebd., 244.
348 Vgl. ebd., 244 f.
349 Vgl. ebd., 246.
350 Vgl. ebd., 245.
351 Ebd., 246.
352 Vgl. ebd., 247.

über die grundsätzliche Unzuverlässigkeit der historischen Überlieferungen zum Propheten nicht angemessen scheint.[353] Watt formuliert hier eine Beweislastregel zu Gunsten der muslimischen Überlieferungen zur Frühzeit und beruft sich dabei auf ein bewährtes Prinzip der Historiographie:

> „[...] it is worth reminding ourselves of a general principle of all historical research, namely, that the ostensible sources for any series of events are always to be accepted unless some grounds can be shown for their rejection or partial rejection."[354]

Den Revisionisten setzt er entgegen, dass ihre Hypothesen zur Entstehung des Islams eine Verschwörung von unglaublicher Tragweite voraussetzt:

> „The Crone-Cook rejection of the Muslim sources for the early history of Islam thus appears to be contrary to sound historical methodology. When one further considers the vast amount of material involved – many thousands of interlocking items – it is incredible that some person or group about the eighth century could have invented all these details and got them universally accepted. It is also incredible that some one at that date should have been so sophisticated as to realize that invented material tends to be wholly consistent and then to introduce discrepancies and corrections in order to put 20th-century investigators off the scent!"[355]

Während Watt dem literarkritischen Ansatz von Sellheim folgt, hat M. Muranyi die überlieferungsgeschichtlichen Analysen von Al-Samuk fortgesetzt. Muranyi arbeitet aber nicht mit unterschiedlichen *riwāyāt*, sondern widmet sich einer ganz bestimmten Überlieferungstradition von Ibn Isḥāqs *sīra*, die bis dato vernachlässigt wurde: Die *riwāya* des Yūnus b. Bukair, die in unterschiedlichen Manuskripten erhalten ist.[356] Er stellt die jeweiligen Überlieferungen bei Yūnus der Rezension von Ibn Hišām gegenüber und kommt zu demselben Ergebnis, wie bereits Al-Samuk:

> „Im Zusammenhang mit Ibn Isḥāq's *maġāzī*-Buch erweist sich die Annahme als richtig, daß es einen einheitlichen Grundtext [...] zu Ibn Isḥāq's Zeit überhaupt nicht gab. Mündlich und schriftlich überliefertes Traditionsgut – insbesondere zum Thema Prophetenbiographie – liefen in ihrer Wechselwirkung aufeinander nebeneinander her; mehrfach vorgetragenes Material hat seine Homogenität in verschiedenen Schülerkreisen und zu anderen Zeiten nicht bewahren können."[357]

Zwar schränkt Muranyi diese Feststellung für die von ihn betrachteten Traditionen ein, jedoch scheint er hier von der Verallgemeinbarkeit dieses Sachverhalts auszugehen. Die Komplexität der Rezeptionsgeschichte von Ibn Isḥāqs *sīra* wird

353 Vgl. ebd.
354 Ebd., 241.
355 Ebd., 242 f.
356 Vgl. M. Muranyi, Ibn Isḥāq's *Kitāb al-maġāzī* in der *riwāya* von Yūnus b. Bukair. Bemerkungen zur frühen Überlieferungsgeschichte. In: Jerusalem Studies in Arabic and Islam 14 (1991) 214-275, hier 216 ff.
357 Ebd., 267.

durch Muranyi auch dadurch verdeutlicht, dass Yūnus b. Bukair als *rāwin* der ersten Generation nicht nur Überlieferungen nach Ibn Isḥāq weitergegeben hat, sondern diese durch weitere Traditionen ergänzt hat, die oftmals als solche auch gekennzeichnet wurden (*ziyādāt al-maġāzī*).[358] Diese Ergänzungen werden von ihm gesondert untersucht, da diese auch Überlieferungen von Zeitgenossen Ibn Isḥāq's enthalten können.[359]

In der Zusammenfassung seiner Ergebnisse bleibt Munranyi sehr skeptisch gegenüber Ansätzen (z.B. Sezgin), die anhand des Isnāds komplette Werke rekonstruieren möchten.[360] Die muslimische Isnādkritik habe sich viel später etabliert und sei noch lange Zeit im Fluss gewesen. Die Ergebnisse der „synoptischen Textkritik"[361] zeigen sehr deutlich, wie unterschiedlich die Rezeptionslinien der Prophetenbiographie Ibn Isḥāq's sind.[362] Man ist also erstmal gezwungen, in stringenter textkritischer Arbeit zu bestimmen, welche *riwāya* in welchem Werk vorhanden ist, und sämtliche Stellen derselben Überlieferungstradition gegenüberzustellen.[363] Inwiefern und ob man aber einen sicheren Kern an Traditionen auf Ibn Isḥāq zurückführen kann (z.B. durch Mehrfachbezeugung usw.), beantwortet Muranyi im Rahmen seines Aufsatzes nicht.

3.1.3.7 Erweiterung der Thesen von Schacht

G.H.A. Juynboll hat Anfang der 80er Jahre Schachts Thesen zur Entstehung des islamischen Rechts bzw. der juristischen Hadithe aufgegriffen und diese für die Genese der Prophetenüberlieferungen insgesamt weiter entwickelt. Im Rahmen seiner weiteren Arbeiten und Aufsätze hat er auch die von Schacht eingeführte Terminologie der Isnādkritik um weitere Konzepte und Termini bereichert.

In „Muslim Tradition" lehnt sich Juynboll explizit an den kritischen Geist von Goldziher und Schacht an[364] und weist die Konzepte einer sehr frühen und kontinuierlichen Übermittlung von Überlieferungen (wie etwa bei Sezgin, Abbott usw.) zurück.[365] Letztere setzen einfach voraus, dass man den Angaben der *asānīd* in den frühesten Quellen blind vertrauen darf und ignorieren somit die Tatsache, dass eine große Masse an Überliefererketten fingiert und frei erfunden wurde.[366] Dagegen schlägt Juynboll bereits im ersten Kapitel seiner Arbeit ein

358 Vgl. ebd., 222 ff.
359 Vgl. ebd., 237 ff.
360 Vgl. ebd., 247.
361 Ebd., 268.
362 Vgl. ebd., 232 f.
363 Vgl. ebd., 248 f.
364 Vgl. G.H.A. Juynboll, Muslim tradition. Studies in chronology, provenance and authorship of early ḥadīth, Cambridge 1983, 3.
365 Vgl. ebd., 4 ff.
366 Vgl. ebd., 4.

Gegenmodell der Entstehung des Hadiths vor, das in den wesentlichen Aspekten die Thesen von Schacht bestätigt.[367] So kommt er auch zu dem Ergebnis, dass das Konzept einer prophetischen Sunna nicht zur Zeit des Propheten selbst und in den unmittelbaren Jahrzehnten danach Bestand gehabt haben kann.[368] In der Frühzeit hätte es vielmehr – wie bereits Schacht argumentiert hat – einen starken Regionalismus der juristischen Meinungen gegeben.[369] Zu diesen Resultaten gelangt Juynboll, indem er insbesondere biographische Werke zu den ältesten Überlieferern (auch die ersten Kalifen) analysiert[370] und in etlichen Fällen durch ein *argumentum e silentio* auf das Bestehen oder Nichtbesehen einer Praxis schließt. Insgesamt beschreibt er auf der Grundlage seiner Analysen das folgende Bild der Genese des Hadiths:[371] Unmittelbar nach dem Tod des Propheten gab es zum einen die Gruppe der (Rechts-)Gelehrten (*fuqahāʾ/ʿulamāʾ*), die ihre eigene Rechtspraxis etablierten. Daneben haben populäre Geschichtenerzähler (*quṣṣāṣ*) ihre Berichte über den Propheten verbreitet. Von Anfang an – vielleicht sogar schon zu Lebzeiten des Propheten – hat es eine Fälschung von Überlieferungen gegeben. Anfang der 8. Jahrhunderts (700-720 n.Chr.) verwendet man systematisch Hadithe und man bemüht sich durch das Konzept einer prophetischen Sunna, sämtliche Traditionen auf den Propheten zurückzuführen.[372] Die dann einsetzende Hadithkritik war aufgrund ihres formalistischen Verfahrens der Kritik von Überlieferern nicht mehr in der Lage, die bis dato gefälschten Hadithe auszusortieren.[373] Gemäß dieser Chronologie ist es zu Beginn des 8. Jahrhunderts die Generation der Nachfolger von Prophetengefährten (*tābiʿūn*), zu dessen Lebzeiten ein Großteil der Hadithe entstehen.[374] Ob ein Hadith bereits zu Lebezeiten eines Prophetengefährten entstanden ist, kann man nicht mehr feststellen, da diese bis zur systematischen Verwendungsweise von Überlieferungen schon tot waren und man später Traditionen fiktiv auf sie zurückgeführt hat.[375] Will man also wissen, in welcher Region und wann eine Überlieferung entstanden ist, dann muss man sich im Isnād an die Nachfolgegeneration von Prophetengefährten orientieren, wobei nach Meinung von Juynboll auch nach ihrem Tod in der Mitte des achten Jahrhunderts etliche Hadithe frei erfunden wurden.[376] Dieses Bild der Entstehungsgeschichte von Überlieferungen führt auch zu einer Erweiterung von Schachts Theorie des „common link":

367 Vgl. ebd., 9-76.
368 Vgl. ebd., 30 f.
369 Vgl. ebd., 39 ff.; 66 ff.
370 Vgl. ebd., 23 ff.
371 Vgl. ebd., 74 f.
372 Vgl. ebd., 72.
373 Vgl. ebd., 75.
374 Vgl. ebd., 72 f.
375 Vgl. ebd., 71.
376 Vgl. ebd., 73.

„A common link (hence abbreviated as cl) is a transmitter who hears something from (seldom more than) one authority and passes it on to a number of pupils, most of whom pass it on in their turn to two or more of their pupils. In other word, the cl is the oldest transmitter mentioned in a bundle who passes the *ḥadīth* on to more than one pupil, or again in other terms: where an *isnād* bundle first starts fanning out, there is its cl. Transmitters who receive something from a cl [...] and pass it on to two or more of their pupils are called in this study 'partial common links' (hence abbreviated as pcl)."[377]

Wenn also in der muslimischen Tradition systematisch Hadithe überliefert wurden, dann muss es nach Meinung von Juynboll Tradenten gegeben haben, die ihre Berichte auch an mehrere Personen weitergegeben haben.[378] Entsprechend müssen dann bei einer zuverlässigen Überlieferung auch nach dem CL weitere *partial common links* (PCL) existieren, die jeweils ihrerseits das Hadith an mehrere Personen überliefern. Bei einer historisch authentischen Überlieferung muss es also sowohl einen CL, als auch mehrere PCL geben. Die isolierte Überliefererkette über dem CL erachtet Juynboll wie Schacht als fiktiv.[379] Die CL's können gemäß seinem Bild von der Genese des Hadiths nur die Nachfolgegeneration von Prophetengefährten sein.[380] Historisch sicher kann man eigentlich nur über diese Generation sein, dass sie eine Überlieferung zum ersten Mal verbreitet hat. Überliefererketten, die einen CL überspringen (sogenannte „dives"), sind späteren Ursprungs.[381]

3.1.4 Zunehmende Diversifikation der Forschung bis zur Gegenwart

Die vierte Phase der Leben-Muhammad-Forschung lässt sich vom letzten Viertel des 20. Jahrhunderts bis zur Gegenwart terminieren. In dieser Zeit ist es zunehmend zu einer Diversifikation in der thematischen Orientierung und in den methodischen Herangehensweisen zur Frühgeschichte des Islams gekommen. Die seit der vorherigen Phase der Muhammadforschung bestehende Dichotomie zwischen *revisionistischen* Ansätzen, die grundsätzlich die Angaben der muslimischen Tradition zur Frühzeit verwerfen, und *traditionskritischen* Ansätzen, die durch eine historische Kritik der literarischen Quellen der Muslime den authentischen Kern der islamischen Frühgeschichte herausarbeiten möchten, bleibt weiterhin bestehen, auch wenn sich die Grenzen zwischen beiden Lagern mehr und mehr aufweichen. Ein weiteres Charakteristikum dieser Phase ist die

---

377 G.H.A. Juynboll, Some Isnād – Analytical Methods Illustrated on the Basis of Several Women – Demeaning Sayings form Ḥadīth Literature. In: Al-Qantara, Revista de Estudios Árabes 10 (2/1989) 343-384, hier 351 f.

378 Vgl. ebd., 352 f.

379 Vgl. ebd., 353.

380 Vgl. ebd., 369.

381 Vgl. ebd., 369 ff.

wachsende Einbeziehung der Spätantike als kulturhistorische und religiöse Epoche, in deren Kontext die Entstehung des Islams nun gesehen wird.

3.1.4.1 Die revisionistischen Ansätze in der Nachfolge von Wansbrough, Crone und Cook

Die 70er Jahre des 20. Jahrhunderts stellten für die Forschung zur Frühgeschichte des Islams eine bedeutende Zäsur dar. Die Arbeiten von Wansbrough, Crone und Cook hatten den Quellenwert der muslimischen Tradition radikal in Frage gestellt und setzten stattdessen auf nichtmuslimische Quellen oder auf die rein *literarische* Analyse des muslimischen Quellenbestandes. Die Prämissen der revisionistischen Forschungstradition wurden nicht nur kritisiert, sondern auch von etlichen Forschern geteilt und haben bis zur Gegenwart die Anlage und Voraussetzungen einiger Untersuchungen bestimmt.

Yehuda Nevo und Judith Koren argumentieren in ihrer Studie „Crossroads to Islam", dass die ältesten muslimischen Quellen zur Frühzeit 100-150 Jahre alt seien[382] und als literarische Zeugnisse nur die selektive Wahrnehmung der Vergangenheit aus späterer Perspektive wiedergeben.[383] Deshalb müsse man für ein historisches Verständnis der Anfänge des Islams zum einen auf materiale Evidenzen (Numismatik/Epigraphik/Archäologie) und zum anderen auf kontemporäre literarische Quellen setzen.[384] Erstere haben den Vorteil, dass man klar zwischen der zu analysierenden „Materie" und den Prinzipien der Untersuchung trennen kann, während letzteres bei der Interpretation von Schriften nicht so klar möglich ist.[385] Nevo und Koren erklären das *argumentum e silentio* als bedeutendes Methodenkriterium ihrer Untersuchung.[386] Zwar lassen sich aufgrund der Nichtexistenz bestimmter Sachverhalte keine Schlüsse über die *Modi* einer geschichtlichen Entwicklung gewinnen, jedoch sei hier ein Schluss bezüglich der *Faktizität* eines Ereignisses sehr wohl erlaubt.[387] Wenn also die Segensformel für den Propheten Muhammad auf Grabinschriften und Münzen erst ab einem bestimmten Zeitpunkt nachweisbar ist, dann muss man davon auszugehen, dass davor (aufgrund der Nichtexistenz des Propheten Muhammad) auch nicht das Erfordernis dazu bestand.

382 Vgl. YEHUDA D. NEVO/ JUDITH KOREN, Crossroads to Islam. The Origins of the Arab Religion and the Arab State, New York 2003, 1.
383 Vgl. ebd., 6 ff.
384 Vgl. ebd., 8 ff.
385 Vgl. ebd., 9.
386 Vgl. ebd., 12 f.
387 Vgl. ebd., 12.

In der Summe fühlen sich Nevo und Koren aufgrund der Arbeiten von Goldziher, Schacht, Wansbrough, Crone usw. in ihren präliminarischen Vorüberlegungen zum Quellenwert der unterschiedlichen Materialien bestätigt.[388]

Auf der Grundlage ihrer methodischen Prämissen kommen Nevo und Koren zu folgenden Ergebnissen in ihrer Studie:[389] Die Eroberung der östlichen Provinzen des byzantinischen Reiches geschah ohne größere kriegerische Auseinandersetzungen, da man schon vor dem Eindringen der Araber die entsprechenden Gebiete verlassen hatte. Die Araber waren während der Inbesitznahme dieser Gebiete pagan. Ein Großteil der arabischen Elite nahm daraufhin eine einfache Form des Monotheismus an, der judenchristliche Züge hatte. Aus dieser religiösen Haltung entstand in 100-150 Jahren der Islam. Jedoch blieben etliche Araber dem paganen Kult über das ganze erste islamische Jahrhundert treu. Erst in der zweiten Hälfte des zweiten islamischen Jahrhunderts haben die Abbasiden die frühere pagane Religionspraxis, wie sie etwa aufgrund materialer Funde in der Wüste von Negev nachweisbar ist, abgeschafft. Muhammad selbst ist keine historische Figur. Erst ab 690 wurde nachweislich über eine solche Person gesprochen. Frühere historische Angaben seien lediglich spätere Interpolationen. Auch wurde der Koran nicht vor dem Ende des zweiten bzw. Anfang des dritten islamischen Jahrhunderts als Kanon fixiert.

Die Arbeit von Nevo und Koren hat auch im deutschen Sprachraum ihr Pendant gefunden[390]. Andere Untersuchungen, die revisionistisch orientiert waren, haben den Schwerpunkt darauf gelegt, den Koran sprachlich und religionsgeschichtlich zu dekonstruieren, sodass der „Urkoran" aus einer Mischsprache[391] oder aus einem Lektionar „christlicher Strophenlieder" bestand.[392] Es können hier nicht sämtliche Forschungsarbeiten, denen ein revisionistischer Impetus inhärent ist, aufgezählt werden. Jedoch sei hier auf eine neuere Studie von Shoemaker verwiesen, der sich bewusst in die Tradition von Crone und Cook stellt. Seine Untersuchung soll später zum Gegenstand dieser Arbeit gemacht werden.

388 Vgl. ebd., 4 ff.

389 Vgl. ebd., 10 f.

390 Vgl. KARL-HEINZ OHLIG, Die dunklen Anfänge. Neue Forschungen zur Entstehung und frühen Geschichte des Islam, Berlin 2005.

391 Vgl. CHRISTOPH LUXENBERG, Die syro-aramäische Lesart des Koran. Ein Beitrag zur Entschlüsselung der Koransprache, Berlin 2000.

392 Vgl. GÜNTHER LÜLING, Über den Ur-Quran, Erlangen 1972.

3.1.4.2 Quellenrekonstruktion und Überlieferungsgeschichte – Die *isnād-cum-matn*-Analyse als neuer methodischer Königsweg

Mit der *isnād-cum-matn*-Analyse wird ein methodisches Instrumentarium der Quellenkritik bezeichnet, zu dessen Herausbildung und Verbreitung gleich mehrere Personen wesentlich beigetragen haben. Gregor Schoeler, Harald Motzki und Andreas Görke haben mit jeweils unterschiedlichen Schwerpunkten zur Hadithüberlieferung gearbeitet. Über die Jahrzehnte haben sich diese Arbeiten zu einer quellenkritischen Methode verdichtet, die von allen drei Forschern als *isnād-cum-matn*-Verfahren apostrophiert wurde. Auf die jeweiligen Untersuchungen zu Hadithüberlieferungen soll im Folgenden eingegangen werden.

3.1.4.2.1 Das Medium und die Modi der Überlieferung

Gregor Schoeler hat Ende der 80er Jahre mehrere Aufsätze verfasst, in denen er intensiver der Frage nachgeht, ob das religiöse Wissen der Muslime (Hadith, *sīra* usw.) mündlich oder schriftlich tradiert wurde. Im ersten Anlauf geht es ihm um das Problem, ob die Überliefererketten (*asānīd*) in den muslimischen Werken vom 8-10. Jahrhundert der Ausdruck eines mündlichen oder schriftlichen Überlieferungsweges sind.[393] Die damalige Forschungssituation zu dieser Fragestellung fasst Schoeler in eine Art Pattsituation zusammen: Die Arbeiten von Abott und Sezgin hätten die vormalige Annahme einer langen mündlichen Überlieferung durch das Modell einer sehr frühen Schriftlichkeit des muslimischen Traditionswesens abgelöst.[394] Neuere Untersuchungen würden dagegen auf den mündlichen Entstehungscharakter von Werken wie z.B. Ibn Isḥāqs Prophetenbiographie hinweisen.[395] Schoeler will diese widersprüchliche Spannung beider Möglichkeiten in seinem ersten Aufsatz auflösen, indem er die Wissensvermittlung im Islam mit einem Vorlesungsbetrieb vergleicht.[396] Dazu verweist er wie Sezgin auf die Vielfalt der Erwerbsformen von Wissen: Neben den bevorzugten Formen der *samāʿ* (auswendig oder durch Notizen und Skripte gestützter Vortrag eine Lehrers, den die Schüler durch das Gedächtnis und Notizen zu bewahren versuchen) und *qirāʾa* (Vortrag des auswendig gelernten oder in Notizen bewahrten Wissens durch einen Schüler, der vom *šaiḫ* begleitet und korrigiert wird) pflegte man auch die Abschrift eines Notizheftes oder des Skriptes von einem Vortrag oder Werk (*wiǧāda, kitāb*).[397] In Kombination mit dem Vorlesungsbetrieb kommt derart eine sehr dynamische Überlieferung zustande. Schoeler weist diesbezüglich

393 Vgl. Gregor Schoeler, Die Frage der schriftlichen oder mündlichen Überlieferung der Wissenschaften im frühen Islam. In: Der Islam 62 (2/1985) 201-230, hier 201.
394 Vgl. ebd., 201 ff.
395 Vgl. ebd., 202 f.
396 Vgl. ebd., 204.
397 Vgl. ebd., 204 f.

auf ganz unterschiedliche Gepflogenheiten des Lehrbetriebs hin, von denen die muslimische Tradition berichtet: Diejenigen Sitzungen (*maǧālis*) oder Lehrzirkel (*ḥalaqāt*), in denen der *samāʿ* bevorzugt wurde, sodass die ganze Konzentration auf dem „Hören" bestand, bezeichnet Schoeler als „Vorlesungen".[398] Jedoch gab es auch Zusammenkünfte, bei denen die schriftliche Abschrift des Vortrages durch den Schüler auch gewünscht und gewollt war. Schoeler spricht hier vom „Diktatkolleg" (*imlāʾ*).[399] Diese gewollten und nichtgewollten Kollegnachschriften wurden auch ausgetauscht, ergänzt und weiterüberliefert, sodass die Varietät der muslimischen Überlieferung ganz unterschiedliche Gründe haben kann: Sie kann durch abweichende Vorträge, durch unterschiedliche Diktate, durch Ergänzungen des Schülers usw. bedingt sein.[400] Etliche Gelehrte haben vom 7-9. Jahrhundert ihren Wissensbestand nicht im Sinne eines abgeschlossenen Buches fixiert.[401] Und selbst wenn ein Gelehrter wie Ibn Isḥāq im Rahmen einer Auftragsarbeit des Khalifen ein Buch verfasst hat, so gab er dieses oder Teile davon auch weiterhin im Rahmen von Vorlesungen weiter.[402] Schoeler vermutet, dass man es in der muslimischen Tradition noch lange Zeit bevorzugt hat, die Überlieferungen vormaliger Gelehrter selber zu hören oder zumindest Kollegdiktate zu erwerben. Das gilt auch für die Kompilatoren großer Sammlungen, wie z.B. al-Buḫārī, Ṭabarī usw.[403] Im neunten Jahrhundert werden zwar zunehmend abgeschlossene Werke verfasst.[404] Doch auch diese werden in Vorlesungen exzerpiert, sodass der Vorlesungsbetrieb und das Abfassen und Kopieren von abgeschlossenen Büchern gleichzeitig bestehen.[405] Erst im zehnten Jahrhundert gibt es mehr „Bücher" im eigentlichen Sinne.[406] Diese Dynamik in der Wissensvermittlung verbietet es auch nach Meinung von Schoeler, für die ersten islamischen Jahrhunderte strikt zwischen *Verfasser* und *Überlieferer* zu trennen.[407] Sezgin glaubte im Rahmen seiner Methode zur Quellenrekonstruktion durch Analyse des *isnād* klar zwischen beiden Kategorien von Personen unterscheiden zu können.[408] Doch die Lehrpraxis und der Wissenserwerb in den ersten Jahrhunderten war zu dynamisch, als dass diese exklusive Trennung möglich wäre.[409] Ein reiner Sammler von Traditionen konnte sich die Freiheit nehmen, Überliefe-

398 Vgl. ebd., 209.
399 Vgl. ebd., 208 f.
400 Vgl. ebd., 210.
401 Vgl. ebd.
402 Vgl. ebd., 211 f.
403 Vgl. ebd., 219 f.
404 Vgl. ebd., 213.
405 Vgl. ebd., 213 ff.
406 Vgl. ebd., 216.
407 Vgl. ebd., 215 ff.
408 Vgl. ebd.
409 Vgl. ebd., 216 ff.

rungen zu ergänzen, die seiner Meinung nach noch fehlten.[410] Ein Schüler hat unterschiedliche Kollegnotizen für seine Abschrift einer Vorlesung genutzt. Und ein Lehrer konnte im Verlauf seines Lebens unterschiedliche Vorlesungen zum selben Thema halten oder ein fest umrissenes Werk hinterlassen, das wiederum in Vorlesungen unterschiedlich exzerpiert wurde.[411] Aufgrund dieser Komplexität des Überlieferungswesens mahnt Schoeler an, die exklusive Trennung zwischen Mündlichkeit und Schriftlichkeit für die ersten islamischen Jahrhunderte aufzugeben und von einem dynamischen Lehr- und Vorlesungsbetrieb auszugehen, der sowohl schriftliche, als auch mündliche Elemente kennt.[412] Als entstehungsgeschichtliches Pendant zu der islamischen Praxis der Wissensvermittlung nennt er neben den bereits von Horovitz genannten Parallelen zur jüdischen Tradition, die Weitergabe der Dichtung in vor- und frühislamischer Zeit und die spätantike Lehrpraxis[413].

In Rahmen eines weiteren Aufsatzes versucht Schoeler Erkenntnisse aus dem Bereich der Judaistik für das Problem der Medialität in der islamischen Überlieferung in Anschlag zu bringen. Er erinnert diesbezüglich an der von Horovitz proponierten Entsprechung von Koran und Hadith mit der schriftlichen und mündlichen Tora.[414] Goldziher hatte diese Idee aufgrund des Befundes von zahlreichen muslimischen Überlieferungen zur Verschriftlichung von Überlieferungen in früher Zeit und wegen des intensiv geführten muslimischen Diskurses über die Angemessenheit der Niederschrift von Hadithen verworfen. Schoeler merkt hier nun an, dass Goldziher in seiner ablehnenden Haltung noch ein starres Bild von der mündlichen und schriftlichen Tora hatte.[415] In der neueren Forschung gehe man davon aus, dass bereits vor der endgültigen Redaktion und Ver-

410 Vgl. Gregor Schoeler, Weiteres zur Frage der schriftlichen oder mündlichen Überlieferung der Wissenschaften im Islam. In: Der Islam 66 (1/1989) 38-67, hier 39.

411 Vgl. ebd.

412 Vgl. Schoeler, Die Frage der schriftlichen oder mündlichen Überlieferung, 225 ff.

413 Vgl. ebd., 228 f. Schoeler hat in einer Fortsetzung seiner Untersuchung die genauen Parallelen zwischen den spätantiken Formen der Lehre bzw. Überlieferung und der muslimischen Vermittlung von Wissen herausgearbeitet (Vgl. Schoeler, Weiteres zur Frage der schriftlichen oder mündlichen Überlieferung). Grundsätzlich lassen sich im spätantikem Lehrbetrieb ähnliche Formen der Entstehung von Werken aus Vorlesungsskripten (Vgl. ebd., 40f.) und die Ausgestaltung der Lehre als mündlicher Kommentar zu bestehenden Werken, der später selbst zu einem abgeschlossenen Korpus wird, nachweisen. Schoeler vermutet hier eine mögliche Vermittlung dieser Lehrkultur durch das persisch-hellenistische Erbe (Vgl. ebd., 44f.). Aber auch die von den Muslimen entwickelte Lehrpraktiken haben wiederum das Studium der Medizin von Nichtmuslimen beeinflusst, die im Herrschaftsgebiet der Muslime lebten (Vgl. ebd., 66f.). Im Zuge seiner weiteren Überlegungen hat Schoeler auch für die Überlieferung und Lehre von Wissen in der Tradition der arabischen Grammatik und Lexikographie ähnliche Phänomene der Wissensvermittlung und Entstehung von Korpora wie bei der Hadithüberlieferung nachgewiesen (*qirāʾa; samāʿ* usw.) (Vgl. ebd., 47-63).

414 Vgl. Gregor Schoeler, Mündliche Thora und Ḥadīṯ: Überlieferung, Schreibverbot, Redaktion. In: Der Islam 66 (2/1989) 213-251, hier 213.

415 Vgl. ebd., 214 f.

schriftlichung der mündlichen Tora eine schriftlich gestützte Überlieferung der Mischna stattfand.[416] Diesbezüglich habe man in der Judaistik zwischen dem zum öffentlichen Gebrauch bestimmten Buch (*gr. ekdosis/syngramma*) und den lediglich für die private Nutzung bestimmten Notizen und Abschriften (*gr. hypomnēmata*) unterschieden.[417] Letztere hat man für die Tradierung der mündlichen Lehre der Tora verwendet. Hier sieht Schoeler ein Vergleich zu der von ihm dargestellten Wissensvermittlung im muslimischen Lehrbetrieb (Kollegnachschriften und Notizen zum privaten Gebrauch). Es zeigen sich also bei der Überlieferung der mündlichen Tora und der Hadithe ähnliche Phänomene (Verwendung von *hypomnēmata*, Problemstellungen bei der Bewertung eines Überlieferers).[418] Durch den Vergleich beider Überlieferungstraditionen glaubt Schoeler auch die widersprüchlichen Angaben der muslimischen Tradition über die Erlaubnis oder das Verbot zur Verschriftlichung der Hadithe besser einordnen zu können. Denn bei allen Ähnlichkeiten hat es in der jüdischen Geschichte nicht einen derart profunden Diskurs über die Verschriftlichung der mündlichen Tora gegeben, wie im Falle der muslimischen Auseinandersetzung mit den Hadithen.[419] Für die ersten Sammlungen von thematisch eingeteilten Überlieferungen (ab Mitte des 8. Jahrhunderts), die nach Kapiteln geordnet waren (*muṣannaf*), stellt Schoeler fest, dass man sich diese vor allem als *hypomnēmata* und nicht als abgeschlossene Werke vorzustellen hat.[420] Vor allem die *muṣannifūn* aus dem Irak haben die mündliche Wieder- und Weitergabe der eigenen Überlieferungen bevorzugt und die eigenen Notizen nicht für den öffentlichen Gebrauch genutzt.[421] Erst zu späterer Zeit (Anfang des abbasidischen Kalifats) wurde aufgrund der Masse an Überlieferungen der Usus zur gedächtnismäßigen Widergabe der eigenen Traditionen mehr und mehr verdrängt.[422]

Schoeler geht im nächsten Schritt der Frage nach, wieso man auch in der muslimischen Tradition für einige Zeit die Bedeutung *einer* Schrift (Koran/Bibel) und die mündliche Weitergabe einer dazugehörigen Lehre (Mischna/Hadithe) betont hat.[423] Die jeweiligen theologischen Begründungen der muslimischen und jüdischen Tradition überschneiden sich teilweise (Wissen darf nicht in falsche Hände geraten; es darf nur eine Heilige Schrift, deren Autorität nicht durch eine zusätzliche Schrift in Frage gestellt werden darf usw.).[424] Allerdings sei die Mehrheit der Judaisten der Meinung, dass die jüdischen Gelehrten die mündliche

416 Vgl. ebd., 215.
417 Vgl. ebd.
418 Vgl. ebd., 216 f.
419 Vgl. ebd., 217.
420 Vgl. ebd., 219 f.
421 Vgl. ebd.
422 Vgl. ebd., 220.
423 Vgl. ebd., 221 ff.
424 Vgl. ebd., 222-225.

Überlieferung aufgrund der damit einhergehenden Flexibilität der Lehre bevorzugt haben (Bessere Anpassungsmöglichkeiten usw.).[425] Dasselbe vermutet Schoeler auch für die muslimische Tradition und nennte einige Belege dafür.[426]

In der islamischen Geschichte hat man aber den implizit oder explizit vorhandenen Konsens zur möglichst mündlichen Überlieferung der Hadithe aufgebrochen. Als einschneiendes Ereignis für den Beginn dieses Prozesses nennt die muslimische Tradition die Bemühungen des umayyadischen Kalifen ʿUmar II (717-720).[427] Schoeler geht dem Wahrheitsgehalt dieser Aussage und den möglichen Widerständen gegen diesen Prozess nach.[428] Nachdem er die in der muslimischen Tradition berichteten Vorbehalte gegen eine Niederschrift der Hadithe auf ihre möglichen Motive hin untersucht hat (antiumayyadische Tendenzen, Wahrung der Identität der umma usw.)[429], analysiert er sämtliche Hadithe für und gegen die Verschriftlichung von Überlieferungen mit Hilfe der von Schacht und Juynboll etablierten Isnādkritik.[430] Dabei macht er insbesondere von dem Phänomen des *common link* gebrauch, der nach Schacht und Juynboll den frühest möglichen Zeitpunkt der Entstehung eines Hadith nennt. Die Ergebnisse von Schoelers inhaltlichen Analysen der Hadithe werden an einigen Stellen durch seine Isnādanalyse bestätigt und er gelangt damit insgesamt zum folgenden zeitlichen Verlauf der Debatte um die Verschriftlichung von Hadithen:

> „Als hypothetische chronologische Abfolge ergibt sich also (wir sehen im Folgenden vom 7. Jh., dem 1.Jh. der Hiǧra, ab, in welchem es vielleicht schon eine geringe Diskussion über das Thema gegeben hat):
> (1) Nachfolger führen auf Gefährten Ḥadīṯe pro Schriftlichkeit zurück (erstes Viertel des 8. Jh.s; bes. Mekka, Jemen), zunächst wohl als Reaktion auf den weitgehend geltenden (theoretischen) Konsensus, die Traditionen nicht (zur öffentlichen Benutzung) niederzuschreiben, bald auch in Auseinandersetzung mit (2).
> (2) Im gleichen Zeitraum führen andere Nachfolger auf Gefährten Ḥadīṯe contra Schriftlichkeit zurück (Basra, Kufa; auch Mekka), zunächst wohl als Reaktion auf die immer mehr sich durchsetzende Praxis, Traditionen zur Unterstützung des Gedächtnisses niederzuschreiben, bald auch in Auseinandersetzung mit (1) und – vor allem – als Reaktion auf die Kodifizierungsbestrebungen der Umaiyaden.
> (3) Prophetenḥadīṯe pro Schriftlichkeit (erstes und zweites Viertel des 8. Jh.s; bes. Mekka); als Reaktion auf (2).
> (4) Prophetenḥadīṯe contra Schriftlichkeit (zweites und drittes Viertel des 8. Jh.s; Medina , Basra); als Reaktion auf (3), besonders aber auf die immer mehr sich durchsetzende öffentliche Verwendung von schriftlichen Sammlungen durch Traditionarier, vor allem in Damaskus, Mekka und Ṣanʿāʾ."[431]

425 Vgl. ebd., 225.
426 Vgl. ebd., 226 f.
427 Vgl. ebd., 227.
428 Vgl. ebd., 227 ff.
429 Vgl. ebd., 231 ff.
430 Vgl. ebd., 244-249.
431 Ebd., 249.

3.1.4.2.2 Das Korpus des ʿUrwa b. az-Zubair – Eine authentische Lehrtradition

Hatte sich Schoeler in seinen ersten Aufsätzen auf den Zeitraum vom 8-10. Jahrhundert für seine Fragestellung nach den Überlieferungsmodalitäten in der muslimischen Tradition beschränkt, so erweitert er in den 90er Jahren den Rahmen seiner Untersuchungen, indem er das erste islamische Jahrhundert in den Blick nimmt.[432] Ihm geht es um die frühesten systematischen Sammler von Überlieferungen, die in der Generation der *tābiʿūn*, also in der zweiten Hälfte des ersten islamischen Jahrhunderts, gewirkt haben, und als die identifizierbaren Initiatoren des muslimischen Überlieferungswesens anzusehen sind.[433] Mit dieser neuen Fokussierung – insbesondere auf die Hadithe zum Leben Muhammads – möchte Schoeler auch einen Beitrag zur Frage nach der „Authentie" der muslimischen Angaben zur Frühzeit leisten[434]. Die Dringlichkeit seiner Untersuchung begründet er aus der forschungsgeschichtlichen Situation heraus. Schon zu Beginn des 20. Jahrhunderts standen sich „Skeptiker" bezüglich der Auswertbarkeit der muslimischen Quellen (Goldziher, Lammens, Caetani usw.) und die „gemäßigten" Forscher (Becker, Fück usw.) mit ihrer historischen Kritik derselben gegenüber.[435] Die Position der letzteren behielt lange Zeit die Oberhand[436], bis schließlich die Revisionisten (Wansbrough, Crone, Cook) der skeptischen Stimme in den siebziger Jahren eindrücklich Gehör verschafften.[437] Die Abwehr der skeptischen Ansätze seitens der moderaten Forscher sieht Schoeler nicht wirklich geglückt. Watts Konzept eines glaubwürdigen „Grundgerüsts" des *maġāzi*-Materials hält er zwar für vielsprechend, jedoch müsse es vor dem Hintergrund neuerer Erkenntnisse relativiert werden.[438] So könne man etwa die Chronologie der Ereignisse – insbesondere zur medinensischen Phase – nicht zum Grundbestand rechnen, da diese nachweislich später entstanden sei. Auch müsse im Einzelnen *nachgewiesen* werden, was zum authentischen Kern gehört. Ebenso löse die Schichtentheorie Sellheims nicht das Problem, *was* und *warum* etwas zur authentischen Schicht gehört.[439] Hier ist natürlich die Meinung der „Skeptiker" eine andere, als die der gemäßigten Forscher. Allen skeptischen und revisionistischen Stimmen hält Schoeler zu Gute, dass sie in erheblichem Maße für die Veränderungsprozesse und Tendenzen im Überlieferungsprozess sensibilisiert und viele Einzelfragen

432 Vgl. GREGOR SCHOELER, Charakter und Authentie der muslimischen Überlieferung über das Leben Muhammeds, Berlin 1996, 5.
433 Vgl. ebd., 5 f.
434 Den Begriff der Authentie definiert Schoeler in einer Fußnote auf vielfältige Weise: „Unter Authentie wird im Folgenden wowohl Echtheit, Glaubwürdigkeit, Zuverlässigkeit als auch Genauigkeit der Wiedergabe verstanden" (Ebd., 5).
435 Vgl. ebd., 9 f.
436 Vgl. ebd., 10.
437 Vgl. ebd., 13 f.
438 Vgl. ebd., 15 f.
439 Vgl. ebd., 17 f.

(wie z.B. Chronologie und Quellenwert des Isnād) neu verhandelt haben.[440] Im Widerstreit beider Lager sieht Schoeler einen Ausweg, indem er einen Gedanken aufgreift, den auch Horovitz, Paret und seiner Schüler Stülpnagel[441] formuliert hatten.[442] Es gibt eine spezifisch medinensische Lehrer-Schüler-Tradition, die es eventuell ermöglicht, bestimmte Hadithe in das erste islamische Jahrhundert zurückzuführen: ʿUrwa bin az-Zubair (gest. 712) hat seine Traditionen systematisch verbreitet und diese sind u.a. durch seinen Schüler az-Zuhrī (gest. 742) und dessen Schüler Ibn Isḥāq und wiederum über dessen Schülers Schüler bis hin zu den großen kompilatorischen Werken nachweisbar.[443] Könnte man diese Traditionslinie als authentisch nachweisen und die ʿUrwa zugeschriebenen Überlieferungen rekonstruieren, dann wäre die Lücke zu den Ereignissen selbst auf vier bis fünf Jahrzehnte geschrumpft.[444] Und ʿUrwa selbst hatte Kontakt zu den Prophetengefährten und zu seiner Tante, der Prophetenwitwe ʿĀʾiša. Damit verfügte er über eine „rezente mündliche Überlieferung"[445], die oftmals nur wenige Veränderungen erfährt. Diesen neuen Ansatz eines kritischen Rekonstruktionsversuches setzt Schoeler den Revisionisten und ihrer hyperskeptischen Haltung entgegen, die in Bausch und Bogen die ganze muslimische Tradition verwerfen und derart gegen einem historischem „Grundsatz gesunder Methodik"[446] verstoßen.

Schoeler exemplifiziert den von ihm vorgeschlagenen Weg in zwei Schritten:

(1) Er analysiert zunächst die biographische Literatur der Muslime zu ʿUrwa bin az-Zubair und den bedeutendsten Überlieferern seiner Traditionen (→az-Zuhrī→Ibn Isḥāq→Überliefer von Ibn Isḥāqs Traditionen→Redaktoren von Ibn Isḥāqs Überlieferungen).[447] Diese Analyse nutzt er, um ein Profil des jeweiligen Überlieferers (Biographie) und seiner Hadithe (Inhalt, Struktur usw.) zu erstellen. Letzteres hatten bereits Horovitz und ʿAbd al-ʿAzīz al-Dūrī ausgeführt. Die Vorgehensweise Schoelers unterscheidet sich von seinen Vorgängern dahingehend, dass er auch seine vormaligen Untersuchungen zu den Überlieferungsmodalitäten im Tradierungsprozess nutzbar macht. Er fragt also nach der jeweiligen Arbeitsweise (Lernen, Lehren, Sammeln) eines Überlieferers und der Verfasstheit seiner Traditionen (schriftlich/mündlich). Als einer der ersten systematischen Sammler hat ʿUrwa für seine Vorlesungen wohl schriftliche Notizen als *hypomnemata* für das eigene Gedächtnis und seine Vorträge genutzt.[448] Diese Schriftstücke waren aber nur für seinen privaten Gebrauch gedacht. Sein Schü-

---

440 Vgl. ebd., 23 f.
441 Vgl. J. VON STÜLPNAGEL, ʿUrwa Ibn az-Zubair. Sein Leben und seine Bedeutung als Quelle frühislamischer Überlieferung (Dissertationsschrift), Tübingen 1957.
442 Vgl. SCHOELER, Charakter und Authentie, 19-22.
443 Vgl. ebd., 19 f.
444 Vgl. ebd., 21.
445 Ebd., 22.
446 Ebd., 23.
447 Vgl. ebd., 27-58.
448 Vgl. ebd., 6; 29 f.

ler az-Zuhrī hatte dann nach einer gewissen Zeit damit begonnen, seine eigenen Vorlesungsskripte und Kollegnotizen den Schülern zur Abschrift zu überlassen, ohne dass sie diese Überlieferungen bei ihm gehört haben mussten.[449] Die Generation nach az-Zuhrī (z.B. Ibn Isḥāq) hat den gesammelten Traditionen eine gewisse Struktur gegeben (*taṣnīf*), sodass auf dieser strukturellen Ebene ihre Sammlungen mehr und mehr eine *syngrammatische* Gestalt (abgeschlossen und für einen Teil der Öffentlichkeit bestimmt) bekamen.[450] Nichtsdestotrotz waren die jeweiligen Sammlungen im Wesentlichen für den Lehrbetrieb vorgesehen und sollten im besten Falle durch Vorlesungen weiter überliefert werden.[451] Als einen wichtigen Katalysator für die Entwicklung von der Mündlichkeit hin zur Schriftlichkeit nennt Schoeler den „Impuls des Hofes"[452]: So hatte der Kalif ʿAbd al-Malik ʿUrwa Fragen zur Prophetenbiographie gestellt, die dieser in Briefform beantwortet hatte.[453] Ein Teil dieser Antworten ist in den späteren kompilatorischen Werken erhalten geblieben.[454] Auch az-Zuhrī wurde vom Kalifen ʿUmar II zum Erstellen einer Hadith-Sammlung beauftragt[455] und Ibn Isḥāq hat sein großes Geschichtswerk im Auftrag des Kalifen al-Manṣūr redigiert.[456] Die Auftragsarbeiten der letzteren sind nicht mehr erhalten, zumal sie nur für einen bestimmten Leserkreis am Hof adressiert waren[457]; anders als die Sammlungen, die für die Tradierung im Lehrbetrieb genutzt wurden. Für die Frage nach der Schriftlichkeit und Mündlichkeit der Überlieferung kommt also Schoeler zum selben Ergebnis, wie in seinen vorherigen Aufsätzen: Schriftliche Notizen werden sehr früh als Gedächtnisstütze im Lehrbetrieb verwendet.[458] Jedoch sollte es neben dem Koran keine weitere Schrift geben, sodass man die mündliche Weitergabe von Überlieferungen bevorzugte.[459] Allmählich wurden die Vorlesungsskripte aus der Hand gegeben und man redigierte diese als Kollegnotizen zur Weiterüberlieferung in Vorlesungen.[460] Schließlich ist es gerade durch Anfrage von Herrscherseite zur Herausgabe größerer Sammlungen für einen Laienkreis gekommen.[461]

(2) Der erste Arbeitsschritt Schoelers war wichtig, damit er etliche Phänomene und Befunde erklären kann, die sich in der Anwendung seiner Methode

449 Vgl. ebd., 6; 34 f.
450 Vgl. ebd., 6; 41 f.
451 Vgl. ebd., 41.
452 Vgl. ebd., 46 ff.
453 Vgl. ebd., 47.
454 Vgl. ebd.
455 Vgl. ebd., 48.
456 Vgl. ebd., 42 f.
457 Vgl. ebd., 48.
458 Vgl. ebd., 58.
459 Vgl. ebd., 57.
460 Vgl. ebd., 58.
461 Vgl. ebd.

zur Rekonstruktion und Datierung von Überlieferungen ergeben werden. Er stellt sein Verfahren folgendermaßen dar:

> „Zu Beginn jeder Untersuchung einer Tradition werden deren mannigfache in den Isnāden angegebenen Überlieferungswege in einem Diagramm dargestellt – angefangen vom (wirklichen oder angeblichen) ursprünglichem Berichterstatter bis hin zu den verschiedenen Kompilatoren, die die Traditionen in ihr Werk aufgenommen haben. Von jenem Überlieferer, bei dem alle Stränge zusammenlaufen (dem ‚gemeinsamen Glied', *common link*, der Tradition) wird vorläufig hypothetisch angenommen, dass er die betreffende Tradition schulmässig verbreitet hat – nicht mehr und nicht weniger. Diese hypothetische Annahme, die damit steht und fällt, dass die Quellenangaben in den Isnāden stimmen, wird erst dann als erwiesen angesehen, wenn sie durch die anschliessende Untersuchung der Texte (*mutūn*) der Überlieferungen bestätigt wird. Etwas allgemeiner ausgedrückt lässt sich sagen: Bei Vorliegen einer längeren Tradition in mehreren Weiterüberlieferungen (Rezensionen, Versionen) lassen sich sehr oft die Abhängigkeitsverhältnisse durch Vergleich der Texte (*mutūn*) – also unabhängig von der Berücksichtigung der Isnāde – klären; und das Stemma, das durch den Isnād gegeben ist, kann nur dann als richtig gelten, wenn es mit dem Stemma, das die Untersuchung der einzelnen Texte (*mutūn*) ergibt, übereinstimmt."[462]

Schoeler möchte also zunächst sämtliche Überlieferungen zu einem Thema, die auf eine bestimmte Autorität – in diesem Falle ʿUrwa bin az-Zubair – zurückgeführt werden, sammeln und die jeweiligen Isnāde in einem Diagramm darstellen. Den *common link*, der sich möglicherweise dabei ergibt, versteht er anders als Juynboll und Schacht gemäß seinem Überlieferungsmodell als den ersten systematischen Verbreiter einer Tradition und nicht als Erfinder oder fiktiver Autor eines Hadithes. Schoeler führt nun ein *Kohärenz- oder Korrespondenzkriterium der Wahrheit* ein. Er analysiert die Überlieferungswege, die sich aus den Isnāden ergeben und vergleicht sie mit den jeweiligen Texten. Wenn diese korrespondieren, dann lässt sich mit großer Sicherheit die Entstehungsgeschichte eines Hadithes und seine Rezeption bestimmen: Denn wenn diejenigen Versionen eines Hadithes, die laut dem Isnād über einen bestimmten Überlieferer tradiert wurden, dieselben individuelle Merkmale haben, die bei anderen Überlieferern nicht vorhanden sind, dann lässt sich datieren, wann und durch wen diese Merkmale hinzugefügt wurden. Der jeweilige Textvergleich von unterschiedlichen Versionen muss zeigen, ob sie unterschiedlich genug sind, damit sie nachweislich unabhängig überliefert wurden und ob sie doch ähnlich genug sind, sodass sie von derselben Quelle stammen.

Schoeler exemplifiziert seine Methode anhand von zwei Beispielen zum Leben Muhammads. Zunächst befasst er sich mit den „Berichte[n] über Mohammeds erstes Offenbarungserlebnis".[463] Er verweist auf die vormaligen For-

462 Ebd., 24 f.
463 Ebd., 59.

schungen zu diesem Thema[464] und glaubt durch die Anwendung seines vorgestellten Verfahrens neues Licht auf die betreffenden Berichte werfen zu können. Diesbezüglich werden von ihm sämtliche Überlieferungen zur ersten Offenbarung, die über diverse Tradenten auf ʿUrwa b. az-Zubair zurückgeführt werden, gesammelt und sowohl auf der Ebene des Isnāds, als auch auf der Ebene des Textes, analysiert. Eine erste Übersicht der unterschiedlichen Überlieferungswege im Isnād[465] verdeutlicht, dass ʿUrwas Schüler az-Zuhrī der *Common-Link* ist, und somit wesentlich zur Verbreitung von ʿUrwas Bericht zur ersten Offenbarung beigetragen hat. Schoeler vergleicht nun die auf az-Zuhrī zurückgehenden Traditionen, um genauer zu bestimmen, ob es unterschiedliche Versionen des Berichts zur ersten Offenbarung gibt und wie es um den Inhalt und die Form der jeweiligen Version bestellt ist.[466] Ihm gelingt es zu zeigen, dass es mehrere Fassungen gibt, die unterschiedlich genug sind, um sich als unabhängige Überlieferungswege auszuweisen. Andererseits haben diese auch einen gemeinsamen Kern, der auf eine Quelle zurückgeht: az-Zuhrī. Jedoch sind die auf az-Zuhrī zurückgeführten Versionen zu verschieden, als dass man die *wörtliche* Ursprungsversion bei ihm rekonstruieren könnte. Nur inhaltlich lässt sich bestimmen, was az-Zuhrī zum ersten Offenbarungserlebnis überliefert hat.[467] Entscheidend ist, dass Schoeler die Rezeptionsgeschichte von az-Zuhrīs Version durch den Vergleich der Isnāde und Texte genauer darlegen kann.[468] Wo laut Isnād mehre Überlieferer unabhängig voneinander eine Version der Erzählung auf einen bestimmten Tradenten zurückführen (z.B. ein Schüler az-Zuhrīs) und sich bei der Textanalyse zeigen lässt, dass bei all diesen Versionen ein individuelles Profil (Wortwahl usw.) vorhanden ist, dann kann der jeweilige Tradent als der „Urheber" der Veränderung des Hadiths bestimmt werden. Somit ist eine ungefähre Datierung der Veränderungsprozesse möglich.

Nachdem also die bisherige Analyse gezeigt hat, dass es eine auf az-Zuhrī zurückgehende Version vom ersten Offenbarungserlebnis gegeben hat, die dieser wiederum nach ʿUrwa überlieferte, muss nun geprüft werden, ob tatsächlich ʿUrwa der Urheber des Berichts ist und ob er diesen auch in dieser Form weitergegeben hat.[469] Dazu betrachtet Schoeler weitere Überlieferungen, die unabhängig von az-Zuhrī bis zu ʿUrwa zurückreichen.[470] Tatsächlich haben ein leiblicher Sohn (Hišām b.ʿUrwa)[471] und ein gewisser Ibn Lahīʿa (über einen Adoptivsohn

464 Vgl. ebd., 60 f.
465 Vgl. ebd., 65.
466 Vgl. ebd., 62-70.
467 Vgl. ebd., 79.
468 Vgl. ebd., 70-75.
469 Vgl. ebd., 79.
470 Vgl. ebd., 79-86.
471 Vgl. ebd., 79 ff.

ʿUrwas)[472] jeweils eine Tradition zum ersten Offenbarungserlebnis nach ʿUrwa bin az-Zubair tradiert. Beide Varianten ähneln (vor allem im inhaltlichen Grundbestand) der Version von az-Zuhrī und haben jeweils ihr individuelles Profil, sodass sie als unabhängige Überlieferungsbezeugungen gelten können.[473] Die Version nach Hišām ist auch deshalb höchstwahrscheinlich authentisch, da diese im Gegensatz zu az-Zuhrīs Varianten, nicht von ʿUrwa weiter zur Prophetenwitwe ʿĀʾiša reicht.[474] Dass es doch teilweise größere Unterschiede in den drei Versionen gibt, führt Schoeler auf die Tatsache zurück, dass man zurzeit ʿUrwas noch stärker mündlich überliefert hat und es nur *hypomnemata* des Scheichs für seinen Eigengebrauch gab.[475] Auch könnte ʿUrwa seine Geschichte vom ersten Offenbarungserlebnis in längeren und kürzeren Versionen gelehrt haben.[476]

Die mehrfachen Bezeugungen ermöglichen es nun Schoeler, mit großer Sicherheit zu sagen, dass ʿUrwa b. az-Zubair in der zweiten Hälfte des ersten islamischen Jahrhunderts einen Bericht über Muhammads frühestes Offenbarungserlebnis verbreitet hat. Bevor Schoeler diesen nun seinem Inhalt nach rekonstruiert, fragt er sich, ob man ʿUrwas Überlieferung noch eine Generation weiter zurückdatieren kann. Etliche Versionen nach az-Zuhrī enden ja nicht bei ʿUrwa, sondern bei seiner Tante, der Prophetenwitwe, ʿĀʾiša. In diesem Fall gibt es eine von ʿUrwa unabhängige Überlieferung zur ersten Offenbarung, die bis zu ʿĀʾiša zurückreicht.[477] Allerdings enthält diese einen defekten Isnād (ein anonymes Glied).[478] Zudem spricht nach Schoeler die Tatsache, dass nicht alle Überlieferungen nach ʿUrwa bis zu ʿĀʾiša zurückgehen, gegen die Vermutung, dass tatsächlich sie die Informantin ʿUrwas gewesen ist.[479] Es kann also gut sein, dass spätere Überlieferer einfach angenommen haben, dass ʿUrwa womöglich seine Tante zu diesem Thema befragt hat und somit das Alter der Überlieferung bewusst oder unbewusst vergrößert haben.

Um eine andere mögliche Quelle ʿUrwas zu identifizieren, untersucht Schoeler eine Version des ersten Offenbarungserlebnisses, die Ibn Isḥāq überliefert hat.[480] Er führt sie über Wahb b.Kaisān auf den volkstümlichen Geschichtenerzähler (*qāṣṣ*) ʿUbaid b. ʿUmair zurück.[481] Wahb soll ein Klient der Zubairiden gewesen sein.[482] Gemäß dem Bericht hat der *qāṣṣ* auf dem Hofe des Gegenkalifen ʿAbdallah b. az-Zubair (Bruder ʿUrwas) vom ersten Offenbarungserlebnis

472 Vgl. ebd., 81 ff.
473 Vgl. ebd., 85.
474 Vgl. ebd., 80.
475 Vgl. ebd.
476 Vgl. ebd.
477 Vgl. ebd., 87.
478 Vgl. ebd., 87 f.
479 Vgl. ebd., 89.
480 Vgl. ebd., 89-100.
481 Vgl. ebd., 89.
482 Vgl. ebd., 90.

berichtet.[483] Die inhaltliche Analyse der entsprechenden Erzählung zeigt, dass diese typische Züge einer *qāṣṣ*-Erzählung enthält (Ausschmückungen usw.).[484] Es ist möglich, so Schoeler, dass auch ʿUrwa seinen Bericht vom *qāṣṣ* erhalten und diesen nach den strengeren Kriterien für ein Hadith abgeändert hat.[485] Gesichert ist das aber nicht, da es keine mehrfach unabhängigen Überlieferungen der Version des *qāṣṣ* gibt, und keine Überliefererkette von ʿUrwa zu ihm führt.

Schoeler rekonstruiert nun die von ʿUrwa in der zweiten Hälfte des ersten islamischen Jahrhunderts verbreitete Version zum ersten Offenbarungserlebnis in ihrem inhaltlichen Kern, indem er die drei unabhängig auf ʿUrwa zurückreichenden Überlieferungen vergleicht und den Grundbestand herausarbeitet.[486] Er versucht auch die möglichen Abänderungen des jeweiligen Erstüberlieferers zu explizieren (Individuelles Profil). Ob nun ʿUrwas Version aus früherem *qāṣṣ*-Material stammt, ist zwar wahrscheinlich, aber nicht gesichert.

In der Zusammenfassung des ersten Beispiels bestätigt sich auch Schoelers Überlieferungsmodell im Sinne eines Lehrbetriebes und die sukzessive Entwicklung von der Mündlichkeit hin zur Schriftlichkeit.[487] Die Veränderungen, die ʿUrwas Bericht in der jeweiligen Generation erfahren haben, korrespondiert mit den Überlieferungsmodalitäten der jeweiligen Zeit (kleinere Veränderungen am Textbestand in später Phase, große Unterschiede am Anfang usw.).[488]

Als zweites Beispiel für die Erprobung seiner Methode analysiert Schoeler die u.a. auch auf ʿUrwa b. az-Zubair zurückgeführte „Geschichte vom ʿĀʾiša-Skandal (*ḥadīṯ al-ifk*)". Im Grunde handelt es sich bei diesem Bericht um eine Verleumdung gegen ʿĀʾiša, die bei einem nächtlichen Halt des Heeres von Muhammad zurückgeblieben war (sie hatte ihren Schlafplatz zur Notdurft verlassen und ihre Halskette verloren). Später wurde ʿĀʾiša von einem Nachzügler nach Medina gebracht .[489] Wie beim ersten Beispiel inventarisiert Schoeler sämtliche Überlieferungen, die in der Tradition von ʿUrwa b. az-Zubair weitergegeben wurden und erstellt zunächst ein zusammenfassendes Diagramm der Überlieferungswege auf der Grundlage der Isnāde.[490] Wieder tritt dabei az-Zuhrī als *common link* hervor, der ʿUrwas Bericht zum Skandal maßgeblich verbreitet haben soll. Um diesen Isnādbefund zu überprüfen, werden die von unterschiedlichen Schülern az-Zuhrīs verbreiteten Versionen des Berichtes in Verhältnis zueinander gesetzt.[491] Diese zeigen beim jeweiligen Schüler eigentümliche Merkmale. Gleich-

483 Vgl. ebd.
484 Vgl. ebd., 92.
485 Vgl. ebd., 100.
486 Vgl. ebd., 100-103.
487 Vgl. ebd., 116.
488 Vgl. ebd.
489 Vgl. ebd., 120 f.
490 Vgl. ebd.
491 Vgl. ebd., 120-124.

zeitig sind sie zum Teil wörtlich identisch, sodass man az-Zuhrī als die gemeinsame Quelle dieser Überlieferungen betrachten kann.[492] Die entsprechende Version seiner Tradition zum Skandal ist teilweise wörtlich rekonstruierbar.

Um den Überlieferungsweg von az-Zuhrīs Variante zu ʿUrwa zu schließen, muss Schoeler wieder eine unabhängig von az-Zuhrī auf ʿUrwa zurückgeführte Version zur Skandalgeschichte nachweisen. Tatsächlich kann er anhand seiner bisherigen Kriterien (Korrespondenzkriterium) eine über Hišām b.ʿUrwa tradierte Version als unabhängige Überlieferung identifizieren[493], sodass er auf der Grundlage der zwei selbständigen Varianten ʿUrwas ursprünglich verbreiteten Bericht in seinem inhaltlichen Kern rekonstruieren kann.[494]

Wie beim ersten Anwendungsbeispiel fragt Schoeler, ob ʿUrwas Bericht – wie in den Isnāden verzeichnet – auf ʿĀʾiša selbst zurückgeht.[495] Dafür spricht dieses Mal, dass auch in der Version von ʿUrwas Sohn Hišām die Prophetenwitwe als Ursprung der Überlieferung genannt wird. Da ʿUrwa in einem Verwandtschaftsverhältnis zu ʿĀʾiša stand und seine Version einen verteidigenden Charakter hat, ist es nicht unwahrscheinlich, dass ʿĀʾiša selbst seine Informantin war. Aber als gesichert kann dieser Sachverhalt nicht gelten.[496] Der Skandal selbst war wohl so bekannt, dass ʿUrwa lieber eine apologetische Variante des Ereignisses erzählt hat, statt dieses einfach zu übergehen.

Schoeler vergleicht die Ergebnisse seiner Untersuchung zur Skandalgeschichte mit Wansbroughs Analysen zum selben Überlieferungskomplex[497] und kann dabei nachweisen, dass die von Wansbrough vorgenommenen Datierungen der unterschiedlichen Versionen nicht stimmen können.[498] Das ist nach Schoeler ein Resultat der mangelnden Quellengrundlage seines Datierungsversuches und der blinden Übernahme eines formkritischen Ansatzes aus der Bibelwissenschaft.[499]

---

492 Vgl. ebd., 123 f.

493 Vgl. ebd., 145-150.

494 Vgl. ebd., 152 f.

495 Vgl. ebd., 153 f.

496 Vgl. ebd., 153.

497 Schoeler hat in späteren Aufsätzen mit seiner neuen Methode auch andere Forschungsarbeiten zur Datierung von Hadithen kritisiert (Gregor Schoeler, Mūsā b. ʿUqba's Maghāzī. In: Harald Motzki (Hg.), The Biography of Muḥammad. The Issue of the Sources, Leiden 2000, 67-97). Schacht hatte die in einer Handschrift Mūsā b.ʿUqba zugeschriebenen Traditionen anhand seiner eigenen Methode der Isnādkritik in den Blick genommen, um seine Thesen von der sehr späten Entstehung der Hadithliteratur zu belegen (fiktive Isnāde, das Rückwartswachen der Überliefererketten usw.). Schoeler konnte jedoch durch Erweiterung der Quellenbasis und der Anwendung seines zweigliedrigen Verfahrens (Analyse der Isnāde *und* der jeweiligen Texte) überzeugend darlegen, dass etliche Thesen von Schacht zum fiktiven Charakter der Überlieferketten nicht haltbar sind.

498 Vgl. ebd., 142 f.

499 Vgl. ebd., 143.

Dass die Angaben in den Isnāden nicht immer stimmen müssen, belegt Schoeler durch die Untersuchung der Hadithe, die al-Wāqidī zur Skandalgeschichte überliefert.[500] Für diesen Fall kann er darlegen, dass die Quellenangaben im Isnād nicht stimmen können und dass al-Wāqidī von Ibn Isḥāq und az-Zuhrī bewusst abgeschrieben und seine Quellen verschleiert hat.[501] Denn es lassen sich bei az-Zuhrī und Ibn Isḥāq nachgewiesene Eigenheiten wortwörtlich bei al-Wāqidī identifizieren[502], sodass Schoeler aufgrund der Häufigkeit der Verschleierungsversuche ein System dahinter vermutet.[503] In einem anderen Fall bringt Schoeler den Erweis, dass eine auf Hišām b. ʿUrwa zurückgeführte Tradition nicht authentisch sein kann, da diese als eigenständige Überlieferung eines anderen Tradenten bereits nachgewiesen wurde.[504]

In der abschließenden Zusammenfassung seiner Studie zum „Charakter und [zur] Authentie der muslimischen Überlieferungen über das Leben Mohammeds" betont Schoeler, dass er mit seinem Ansatz die von den Revisionisten oftmals beschworene Kluft von 150-200 Jahren zwischen den Ereignissen und ihrer nachgewiesenen Verschriftlichung in bestimmten Werken überbrücken konnte.[505] Aber selbst wenn man eine Überlieferung in groben Zügen bis in die zweite Hälfte des ersten islamischen Jahrhunderts zurückdatieren kann, so muss diese auch inhaltlich auf mögliche Tendenzen und konstruktive Elemente aus späterer Zeit hin untersucht werden.[506] Wenn letztere ausgeschlossen werden können und der früheste Überlieferer aus der ersten oder zweiten Generation der Muslime stammt, dann kann die Tradition in ihren Grundzügen als historisch authentisch gelten.[507] Schoeler spricht hier in Anlehnung zur einschlägigen Forschung von „rezente[r] mündliche[r] Überlieferung"[508], die bis zu zwei Generation relativ zuverlässig sein kann. Stammt der früheste Überlieferer aus der dritten oder vierten Generation, dann lassen sich keine Aussagen über den historischen Wahrheitsgehalt mehr machen.[509]

Andreas Görke hat in seiner Magisterarbeit ein weiteres Fallbeispiel für Schoelers Ansatz geliefert. Er widmet sich den muslimischen Überlieferungen zum Vertrag von Ḥudaibiya[510] und stellt fest, dass die bis dato erfolgte Forschung zu

500 Vgl. ebd., 134-142.
501 Vgl. ebd., 138.
502 Vgl. ebd.
503 Vgl. ebd., 139 f.
504 Vgl. ebd., 151.
505 Vgl. ebd., 165.
506 Vgl. ebd., 165 f.
507 Vgl. ebd., 166.
508 Ebd., 164.
509 Vgl. ebd., 166.
510 Im Kern geht es bei dieser Episode um den Versuch Muhammads, die kleine Pilgerfahrt in Mekka zu unternehmen, nachdem er bereits nach Medina ausgewandert und es zu kriegerischen Auseinandersetzungen mit den Mekkanern gekommen war. Muhammad wird nach

diesem Ereignis sehr unübersichtlich ist, da im Wesentlichen nur „Plausibilitätsüberlegungen" bei den Rekonstruktionsversuchen eine Rolle spielen.[511] Dadurch würde aber kein zufriedenstellender Beitrag zu der Frage geleistet, wann und wie die *unterschiedlichen* Versionen entstanden sind und wie die genaue Rezeptionsgeschichte der zu bestimmenden ältesten Überlieferung zu Ḥudaibiya ausgesehen haben muss.[512] Wie Schoeler inventarisiert Görke sämtliche Berichte zur Ḥudaibiya-Episode, die auf ʿUrwa b. az-Zubair zurückgeführt wurden.[513] Um diesen Überlieferungsweg zu authentifizieren, wird zunächst geprüft, ob ʿUrwa – wie die Isnāde es angeben – seinen Bericht an seine Schüler weitergegeben hat und welche Form er bei Ihnen hatte. Durch die Analyse der Texte und der jeweiligen Isnāde kann Görke nachweisen, dass sowohl ʿUrwas Sohn Hišām[514] als auch az-Zuhrī[515] unabhängig voneinander zum Vertrag von Ḥudaibiya überliefert haben. Die von ihnen jeweils verbreiteten Versionen sind mehrfach unabhängig voneinander tradiert worden und lassen sich bei Hišām fast wörtlich und bei az-Zuhrī im inhaltlichen Kernbestand rekonstruieren.[516] Görke vergleicht nun die von beiden Schülern tradierten Berichte und kann auch hier überzeugend darlegen, dass den unabhängigen Versionen tatsächlich eine gemeinsame Quelle vorausgeht: Der Bericht von ʿUrwa bin az-Zubair. Auch dieser wird nun in seinem nachweisbaren Kernbestand von Görke wiederhergestellt.[517] Damit ist eine Datierung und ungefähre inhaltliche Bestimmung derjenigen Überlieferung zu Ḥudaibiya gelungen, die in der zweiten Hälfte des ersten islamischen Jahrhunderts im Umlauf war. Ob diese aber den tatsächlich historischen Verlauf wiederspiegelt, überprüft Görke durch eine inhaltliche Analyse. Es lassen sich dabei konstruktive Elemente (Topoi, Schemata), legendarische Überhöhungen des Propheten und Parallelen zur biblischen und postbiblischen Tradition bestimmen, die späteren Datums sein müssen und schon bei ʿUrwa nachzuweisen sind.[518] Als gesichert kann gelten, dass der Prophet einen – für ihn ungünstigen

---

Eintretung in dem Weihzustand durch die Nachricht alarmiert, dass die Mekkaner eine Reitertruppe in Richtung seiner Pilgergruppe geschickt haben. Er ändert daraufhin seine Route nach Mekka und macht Halt in Ḥudaibiya. Es kommt nach einigen Zwischenereignissen zu einem Friedenvertrag zwischen Muhammad und den Quraiš, der unter anderem besagt, dass Muhammad und seine Anhänger zurückkehren müssen und im nächsten Jahr die kleine Pilgerfahrt unternehmen dürfen. Auch wird beschlossen, dass kein Muslim, ohne Erlaubnis seines Vormundes nach Medina gehen darf und bei Verletzung dieser Regel zurückgeschickt werden muss (Für die wesentlichen Punkte der Ḥudaibiya-Episode siehe Andreas Görke, Die frühislamische Geschichtsüberlieferung zu Ḥudaibiya. In: Der Islam 74(2/1997) 193-237, hier 194 f.).

511 Görke Die frühislamische Geschichtsüberlieferung zu Ḥudaibiya, 193.

512 Vgl. ebd., 195.

513 Vgl. ebd., 196.

514 Vgl. ebd., 215 ff.

515 Vgl. ebd., 198-215.

516 Vgl. ebd., 222.

517 Vgl. ebd.

518 Vgl. ebd., 223 ff.

Vertrag – mit den Mekkanern abgeschlossen hat (Kriterium der Tendenzwidrigkeit).[519] Die genauen Einzelheiten und Abläufe und die chronologische Einordnung des Vertrages bleiben unsicher. Görke vermutet, dass bereits ʿUrwas Version aus Berichten zu unterschiedlichen Ereignissen zusammengesetzt wurde und versucht u.a. durch Rückgriff auf andere Arbeiten zu diesem Themenkomplex, die einzelnen Ereignisse und ihr mögliches Verhältnis zu bestimmten koranischen Versen zu explizieren.[520]

In einem mehrjährigen Forschungsprojekt haben Schoeler und Görke in systematischer Art und Weise zentrale Ereignisse aus dem Leben Muhammads bearbeitet, die auf ʿUrwa bin az-Zubair zurückgeführt werden.[521] Beider Forscher waren darum bemüht, einen ganzen *Korpus* von Berichten zu rekonstruieren, die ʿUrwa bin az-Zubair auf dem Gebiet der *maġāzī* im ersten islamischen Jahrhundert überliefert hat. In der damaligen Forschungslandschaft zum Leben Muhammad ordnen Görke und Schoeler ihr Projekt denjenigen Ansätzen zu, die weder einer Hyperskepsis folgend sämtliche muslimische Überlieferungen verwerfen, noch diese ohne einer historischen Kritik vertrauen.[522] Durch ihr Forschungsprojekt glauben Schoeler und Görke einen wichtigen Beitrag für die historische Muhammadforschung und die Frage nach der Authentizität der muslimischen Quellen zur *sīra* leisten zu können.[523] Sie verweisen auch auf vormalige Versuche einer Charakterisierung der prophetenbiographischen Überlieferungen nach ʿUrwa, die durch Duri und Stülpnagel vorgenommen wurden. Allerdings gäbe es mittlerweile eine wesentliche größere Quellenbasis, sodass hier noch bessere Ergebnisse zu erwarten wären.[524]

In der Auswahl der zu behandelnden Überlieferungen beschränken sich Görke und Schoeler im Wesentlichen auf die im engeren Sinne prophetenbiographischen Berichte.[525] Formal-sprachlich konzentrieren sie sich auf mehrere Sendeschreiben ʿUrwas, die in späteren Werken in Auszügen erhalten sind, auf längere Berichte und kurze Versionen, die in direkter Abhängigkeit zu den Langversionen stehen oder denselben ereignisgeschichtlichen Bezug haben.[526] Anhand dieser Auswahlkriterien ergeben sich acht Ereignisse aus dem Leben Muhammads, die zum Gegenstand der Untersuchung werden (erste Offenbarung, Hiǧra und ihre Umstände, Bericht über den Zug nach Badr, Schlacht von Uḥud, Skandalgeschichte bezüglich ʿĀʾiša, Grabenschlacht, Vertrag von Ḥudaibiya, Er-

519 Vgl. ebd., 225.
520 Vgl. ebd., 225-232.
521 Vgl. ANDREAS GÖRKE/ GREGOR SCHOELER, Die ältesten Berichte über das Leben Muḥammads. Das Korpus ʿUrwa ibn az-Zubair, Princeton 2008, X f.
522 Vgl. ebd., 7 f.
523 Vgl. ebd., X f.
524 Vgl. ebd., 12.
525 Vgl. ebd., 15 f.
526 Vgl. ebd., 17 f.

oberung von Mekka).[527] In Anlehnung an ihre Vorarbeiten beschreiben Görke und Schoeler ihre Analysemethode folgendermaßen:

> „Zu den acht genannten Traditionskomplexen sollte dann ermittelt werden, inwieweit das Traditionsmaterial tatsächlich mit Sicherheit oder großer Wahrscheinlichkeit auf ʿUrwa zurückgeht. Dazu musste jeweils untersucht werden, inwieweit von dem Material verschiedene, unabhängige Überlieferungen von mehreren Schülern ʿUrwas vorliegen. Wenn sich dabei alle Überlieferungen zu einem Thema, die auf einen Schüler A zurückgeführt werden, im Wortlaut von den Überlieferungen, die auf einen Schüler B zurückgeführt werden, charakteristisch unterscheiden, andererseits die Überlieferungen, die jeweils auf denselben Schüler zurückgeführt werden (also etwa alle auf Schüler A zurückgehenden Überlieferungen), sich im Wortlaut ähnlich sind, kann von einer Unabhängigkeit der Überlieferungen A und B voneinander ausgegangen werden. Gleiches gilt entsprechend für die Schüler von A und von B. Umgekehrt spricht ein sehr ähnlicher Wortlaut bei unterschiedlichen Überlieferungswegen für eine Abhängigkeit der jeweiligen Traditionen voneinander."[528]

Die Ergebnisse der jeweiligen Einzeluntersuchungen fallen unterschiedlich aus. Die acht Ereignisse aus dem Leben Muhammads sind in unterschiedlichem Maße in ihrer inhaltlichen Gestalt rekonstruierbar.[529] Ebenso ergeben sich unterschiedliche Wahrscheinlichkeiten bezüglich ihrer Rückführbarkeit auf ʿUrwa b. az-Zubair (von sicher bis ausgeschlossen).[530] Die mit großer Sicherheit auf ʿUrwa zurückgeführten Ereignisse und ihre Beschreibungselemente weisen eher sachliche und weniger legendarische Züge aus.[531] Auch enthalten seine Berichte wenig Verweise auf Koranverse.[532] Die Rezeptionsgeschichte von ʿUrwas Überlieferungen zeigt, dass mit der Zeit in stärkerem Maße Wundergeschichten und tendenziöse Erweiterungen zugenommen haben.[533] Gleichzeitig bestätigt sich bezüglich der Traditionen, die nicht in Briefform gewesen sind, dass sie aufgrund ihrer Diversität im Kollegtrieb weitergegeben wurden.[534]

Wie bereits in den Vorarbeiten von Schoeler und Görke stellen sich ʿUrwas Sohn Hišām und sein Schüler az-Zuhrī als bedeutendste Überlieferer von Hadithen nach ʿUrwa b. az-Zubair heraus.[535]

Im Rahmen der Einzeluntersuchungen hatten Schoeler und Görke eine genaue zeitliche Bestimmung von Veränderungsprozessen in der Rezeptionsgeschichte der Einzelüberlieferungen und deren Ursachen vornehmen können. Eine Gegenüberstellung mit den prophetenbiographischen Traditionen anderer

527 Vgl. ebd., 19.
528 Ebd., 20.
529 Vgl. ebd., 256 f.
530 Vgl. ebd., 258-263.
531 Vgl. ebd., 264.
532 Vgl. ebd., 256 f.
533 Vgl. ebd., 264.
534 Vgl. ebd.
535 Vgl. ebd., 248 ff.

Überlieferer führt zu dem Ergebnis, dass es wohl zwei Arten von *maġāzī* gegeben hat:

> „Seit der Generation Mūsā b. ʿUqbas, Ibn Isḥāqs und Maʿmars gibt es also zwei Typen von *Kutub al-Maġāzī*: den Typus des selbständigen *Maġāzī*-Werks, vertreten durch die Bücher von Mūsā b. ʿUqba, Ibn Isḥāqs, al-Wāqidī [...] und den Typus des in ein *Muṣannaf*-Werk (inhaltlich geordnete *Ḥadīṯ*-Sammlung) eingefügten *Kitāb al-Maġāzī* [...] innerhalb der Werke ʿAbdarrazzāqs, Maʿmars [...] usw. Die ersteren enthalten Überlieferungen verschiedener Qualität; neben Traditionen von anerkannten Überlieferern (mit „starken" *isnāden*) finden sich auch lange (anonyme) (Mūsa) oder unter Sammelisnāde gestellte Berichte (Ibn Isḥāq, al-Wāqidī). [...] man kann annehmen, dass viel Material von *quṣṣāṣ* in diese Werke eingeflossen ist. Die Kompilatoren der Werke des zweiten Typs sind kritischer, sie bemühen sich, in ihre *Maġāzī*-Kapitel, wie auch in ihr übriges Werk, nur Traditionen von anerkannten Überlieferern (möglichst mit „starken" *isnāden*) aufzunehmen."[536]

Zum Ende der Darstellung ihres Forschungsprojektes können Schoeler und Görke ein Fazit ziehen, das für die kritische Muhammadforschung angesichts der Herausforderungen revisionistischer Ansätze sehr vielversprechend klingt:

> „Die mit Sicherheit ʿUrwa zuzuschreibenden Überlieferungen sind [...] 30 bis 60 Jahre nach dem Tode des Propheten, also im 1. Jahrhundert der Hiǧra, zusammengestellt worden; da sie zudem teilweise von Augenzeugen der Ereignisse, durchweg aber von Personen stammen, die in nahem Kontakt zu Muḥammad standen, werden sie das Grundgerüst der Ereignisse noch im Wesentlichen richtig wiedergeben. Wir können also mit Sicherheit annehmen, dass es – um nur diese Beispiele zu bringen – eine Hiǧra Muḥammads von Mekka nach Medina gegeben hat und dass der Prophet mit den Mekkanern in al-Ḥudaibiya einen Vertrag geschlossen und bald danach Mekka erobert hat. [...] Damit müssen die Thesen, dass die *isnāde* generell ein pseudowissenschaftliches Instrument sind und dass die muslimische Überlieferung als historische Quelle für das Leben Muḥammads nahezu unbrauchbar ist, und erst recht die noch weitergehende These, dass Muhammad keine historische Figur war und seine offizielle Biographie ausschließlich ein Produkt jener Zeit ist, in der sie geschrieben wurde, als widerlegt gelten."[537]

3.1.4.2.3 Rekonstruktion früherer Quellen

Während Schoeler und Görke daran interessiert waren, die Entstehungs- und Rezeptionsgeschichte *einzelner Überlieferungen* zu bestimmen und auf diesem Wege auch mehrere Traditionen desselben Sammlers namhaft zu machen, verwendet Harald Motzki[538] eine ähnliche Methode, um aus den erhaltenen musli-

---

536 Ebd., 278.

537 Ebd., 280.

538 Dass Harald Motzkis Arbeiten nach der Methodik von Schoeler und Görke besprochen werden, soll nicht auf die zeitliche Priorität der letzteren hindeuten. Vielmehr haben Motzki und Schoeler ihre Methodik gleichzeitig und unabhängig voneinander entwickelt.

mischen Werken ältere *Quellen* zu rekonstruieren[539]. Er schließt sich damit bewusst den Arbeiten von Wellhausen und Sezgin an, die den *asānīd* größtenteils vertraut hatten und anhand dieser die Sammlungen und Werke älterer Autoren wiederherstellen wollten.[540] Motzki gesteht ein, dass diese „überlieferungsgeschichtliche" Schule oftmals zu optimistisch bezüglich der Zuverlässigkeit der muslimischen Überlieferungsangaben gewesen ist.[541] Jedoch will er zeigen, dass die in seiner Zeit dominierende Meinung, nach der primär die *Inhalte* der Überlieferungen und nicht die *asānīd* (Überliefererketten) für die Datierung relevant sind (Schacht usw.), nicht gerechtfertigt ist.[542]

Als Anwendungsbeispiel für seine Quellenrekonstruktion und Datierung einzelner Überlieferungen wählt Motzki die frühe Hadithsammlung (*muṣannaf*) des jemenitischen Gelehrten ʿAbd ar-Razzāq as-Sanʿānī (gest. 826).[543] Auch wenn es einzelne Probleme in Bezug auf die genaue Überlieferungsgeschichte (*riwāya*) seiner Sammlung gibt, so könne der größte Teil des Textbestandes und die Autorschaft ʿAbd ar-Razzāqs als sicher gelten.[544]

Motzki analysiert nun die *asānīd* der von ʿAbd ar-Razzāq gesammelten Hadithe, um festzustellen, welches die jüngsten Glieder dieser Ketten sind. Dadurch möchte er klären, bei wem und wessen Überlieferungen ʿAbd ar-Razzāq nach den Gepflogenheiten seiner Zeit erworben hat (Besuch von Vorlesungen, Erwerb von Kollegnachschriften usw.). Als die häufigste direkte Quelle ergeben sich vier Personen: Maʿmar (32%), Ibn Ǧuraiǧ (29%), aṯ-Ṯaurī (22%), Ibn ʿUyaina (4%).[545] Die restlichen 13 % der Hadithe stammen von ca. 90 Personen.[546] Wie lässt sich aber prüfen, ob ʿAbd ar-Razzāq tatsächlich die jeweiligen Hadithe von den genannten Personen (mündlich/schriftlich) erworben hat? Das Szenario einer konspirativen Fälschungswut wurde ja von Skeptikern, wie Schacht und Juynboll, angenommen.[547] Wie lassen sich nun die Quellenangaben von ʿAbd ar-Razzāq kontrollieren? Motzki greift– wie Schoeler und Görke – auf ein *Kohä-*

539 Motzki hat sein eigenes Verfahren der Quellenrekonstruktion im Rahmen seiner Habilitationsschrift *in extenso* dargelegt (Harald Motzki, Die Anfänge der islamischen Jurisprudenz. Ihre Entwicklungen in Mekka bis zur Mitte des 2./8: Jahrhunderts, Stuttgart 1991). Später hat er in einem englischen Aufsatz die wesentlichen Charakteristika seines überlieferungsgeschichtlichen Ansatzes *in nuce* expliziert. Da sich seine Habilitationsschrift mehr den inhaltlichen Implikationen seiner Quellenrekonstruktion für die Entstehung des islamischen Rechts widmet, werde ich mich im Folgenden größtenteils auf den Aufsatz beziehen, der die bedeutendsten methodischen Schritte seiner Habilitationsschrift zusammenfasst.

540 Vgl. Harald Motzki, The Muṣannaf of ʿAbd al-Razzāq al-Sanʿānī as a Source of Authentic Aḥādīth of the First Century A. H. In: Journal of Near Eastern Studies 50 (1/1991) 1-21, hier 1 f.

541 Vgl. ebd., 2.

542 Vgl. ebd., 1 f.

543 Vgl. ebd., 2.

544 Vgl. ebd.

545 Vgl. ebd., 2 f.

546 Vgl. ebd., 3.

547 Vgl. ebd.

renz- oder Korrespondenzkriterium der Authentizität zurück. Demgemäß wird kontrolliert, ob die in den *asānīd* wiedergegebene Überlieferungsgeschichte dem Textbestand der bei ʿAbd ar-Razzāq gesammelten Traditionen entspricht. Dazu formuliert Motzki „Äußere formale Authentizitätskriterien“[548] und „Innere formale Authentizitätskriterien“[549]. Erstere beziehen sich auf den „Umfang“ (diverser Quellen) und die (verwendete) „Gattung“ der überlieferten Texte, deren Analyse als Kriterium der Authentizität dienen soll. Letztere konzentrieren sich auf die individuelle Repräsentation von Traditionen bei einem bestimmten Überlieferer und sollen wiederum einen Rückschluss auf die Echtheit der Überlieferungsangaben ermöglichen.

Der „Umfang“ der direkten Quellen ʿAbd ar-Razzāqs ist ein erstes Indiz dafür, dass er kein systematischer Fälscher seiner Überlieferungsangaben war. Motzki untersucht nämlich die Verteilung der Informanten bei den vier bedeutendsten Quellen ʿAbd ar-Razzāqs. Diese stellen sich in ihrer prozentualen Verteilung und den jeweiligen Überlieferern als sehr heterogen heraus.[550] Nach Motzki müssten die Angaben in den *asānīd* weitaus homogener sein, wenn ʿAbd ar-Razzāq seine Quellen frei erfunden hätte.[551] Sollte er sich wirklich die Mühe machen, seine direkten Vorgänger in so heterogener Weise als Quelle einer Tradition zu verteilen und wiederum deren Informanten ganz unterschiedlich zu benennen? Für Motzki ist das sehr unwahrscheinlich. Er hält es dagegen für naheliegender, dass die Überlieferungsangaben weitaus vertrauenswürdiger sind als gedacht. Überprüft man nämlich die Biographien der eminenten Quellen ʿAbd ar-Razzāqs, dann zeigt sich, dass deren Lebensläufe sich tatsächlich mit seinen Lebensdaten kreuzen (Lebenszeit, Aufenthaltsort usw.).[552] Die prozentuale Verteilung der Informanten ʿAbd ar-Razzāqs deckt sich sehr gut mit den biographischen Angaben zu den Kontakt- und Erwerbsmöglichkeiten.[553]

Neben dem äußeren Authentizitätskriterium des Umfangs der Quellen, appliziert Motzki auch seine inneren Authentizitätskriterien:[554] So gesteht ʿAbd ar-Razzāq oftmals ein, dass er sich bei einer Überlieferungslinie nicht sicher ist. Oder es finden sich bei ihm Überlieferketten, in denen zwei direkte Quellen hintereinander auftauchen. Auch nennt ʿAbd ar-Razzāq anonyme Informanten für seine Hadithe. Diese Tatbestände (Eingeständnis der eigenen Unsicherheit, in-

548 Vgl. MOTZKI, Die Anfänge der islamischen Jurisprudenz, 70-75.

549 Vgl. ebd., 75-87. Oftmals verwendet Motzki seine Authentizitätskriterien, ohne genau darzulegen, welches Kriterium er wann appliziert. Auch erfolgt seine explizite Formulierung von inneren und äußeren Authentizitätskriterien im Rahmen eines konkreten Beispiels (Überlieferung von ʿAṭāʾ b. Abī Rabāh nach Ibn Ǧuraiğ). Jedoch kommen diese Authentizitätskriterien durchgehend bei ihm zum Einsatz.

550 Vgl. MOTZKI, The Muṣannaf of ʿAbd al-Razzāq al-Sanʿānī, 3 f.

551 Vgl. ebd., 4.

552 Vgl. ebd., 5.

553 Vgl. ebd.

554 Vgl. ebd.

direkte Überlieferung über zwei direkte Quellen und Verwendung anonymer Informationsgeber) dienen Motzki als innere Authentizitätskriterien. Denn diese laufen einer möglichen Fälschungstendenz von ʿAbd ar-Razzāq entgegen. Als systematischen Fälscher seiner Quellenangaben hätte ʿAbd ar-Razzāq auf derlei Eingeständnisse verzichtet.

Anhand der äußeren und inneren Authentizitätskriterien ist es nach Meinung von Motzki erwiesen, dass die vier bedeutendsten Quellen ʿAbd ar-Razzāqs den tatsächlichen Ursprung der von ihm gesammelten Überlieferungen widerspiegeln.

Nun geht Motzki einen Schritt weiter und überprüft, ob die direkten Informationsgeber ʿAbd ar-Razzāqs auch authentische Hadithe weitergegeben haben und nicht ihrerseits falsche Angaben zur Überlieferung gemacht haben. Das lässt sich nur durch die Analyse der jeweiligen Quelle genauer bestimmen. Motzki wählt für seine weitere Untersuchung Ibn Ǧuraiǧ (gest.767) als einen der bedeutendsten Informanten ʿAbd ar-Razzāqs aus.[555] Es kommen nun wieder die äußeren und inneren Authentizitätskriterien zur Prüfung der Authentizität zum Einsatz. Die direkten Quellen Ibn Ǧuraiǧs sind sehr divergent verteilt.[556] Von ʿAṭāʾ b. Abī Rabāh (gest.733) stammen mit Abstand die meisten Überlieferungen (39%). Motzki hält es auch in diesem Falle für kontraintuitiv, bei diesem unterschiedlichen Umfang der Quellen von dem Handwerk eines Fälschers auszugehen. Es sei vielmehr naheliegend, dass z.B. ʿAṭāʾ b. Abī Rabāh der erste und längste Lehrer Ibn Ǧuraiǧs gewesen ist.[557] Die Lebensdaten beider Personen legen diesen Schluss nahe. Die geographische Streuung der Quellen Ibn Ǧuraiǧs könnte sich zudem aus dem Sachverhalt erklären, dass er als Mekkaner bei der *ḥaǧǧ* etliche Pilger befragen konnte.[558]

Aber auch die inhaltliche Analyse der direkten Informanten Ibn Ǧuraiǧs zeigt, dass diese sehr heterogen sind und jeweils ein individuelles Profil haben:[559] So ist der Anteil von eigenen Meinungen (*raʾy*), der Gebrauch des *isnāds* und die Quote der Propheten-, Gefährten- oder Nachfolgerhadithe bei den jeweiligen Quellen sehr unterschiedlich. Dieser Sachverhalt macht es sehr unwahrscheinlich, dass Ibn Ǧuraiǧ ein systematischer Fälscher von Überlieferungen gewesen ist.[560]

Um die Zuverlässigkeit der Überlieferungsangaben bei Ibn Ǧuraiǧ weitergehend zu prüfen, konzentriert sich Motzki auf seinen Hauptinformanten ʿAṭāʾ b. Abī Rabāh.[561] Dazu unterscheidet er bei ihm zwei Gattungen von Überlieferungen:[562]

555 Vgl. ebd., 6.
556 Vgl. ebd.
557 Vgl. ebd., 6 f.
558 Vgl. ebd.
559 Vgl. ebd., 7 f.
560 Vgl. ebd., 8 f.
561 Vgl. ebd., 9 ff.
562 Vgl. ebd., 10.

Zum einen bestehen diese aus *Antworten* auf Fragen, die ʿAṭāʾ gestellt worden sind („*responsa*"). Zum anderen gibt es Traditionen von ʿAṭāʾ, die keinen Frage-Antwort-Kontext haben („*dicta*"). Die Verteilung beider Gattungen bei ʿAṭāʾ ist 50:50. Stellt man dieses Resultat dem Verhältnis beider Gattungen bei anderen direkten Informanten ʿAṭāʾs gegenüber, dann zeigt sich, dass dieses sehr stark schwankt. Hätte Ibn Ǧuraiǧ seine Quellen nach Maßgabe einer authentischen und idealen Überlieferung konstruiert, dann wäre diese Diversität bei der Verteilung der Gattungen sehr unwahrscheinlich gewesen.[563] Auch spricht die Tatsache, dass Ibn Ǧuraiǧ indirekte und fremde Fragen an ʿAṭāʾ und die jeweiligen Antworten tradiert, gegen die Arbeit eines Fälschers. Wieso sollte Ibn Ǧuraiǧ wissentlich einen schwächeren Überlieferungsweg wählen, wenn er doch einen besseren fiktiven *isnād* hätte verwenden können?

Aber auch die Art und Weise, wie Ibn Ǧuraiǧ die Traditionen nach ʿAṭāʾ wiedergibt, deuten auf einen authentischen Überlieferungsweg hin:[564] So gesteht Ibn Ǧuraiǧ oftmals seine Unsicherheit über die genaue Aussage seines Lehrers ein oder nennt auch mögliche Textvarianten von anderen Schülern ʿAṭāʾs. Auch gibt es Kommentare und Erweiterungen zu ʿAṭāʾs Traditionen durch Ibn Ǧuraiǧ. Diese können manchmal auch im Widerspruch zu der Rechtsmeinung seines Lehrers stehen. All diese Sachverhalte bestätigen den Eindruck, dass Ibn Ǧuraiǧ nicht willkürlich von ʿAṭāʾ überliefert hat.[565]

Da ʿAṭāʾ im letzten Viertel des ersten islamischen Jahrhunderts gelebt hat, will Motzki wissen, ob dieser auch Überlieferungen des Propheten oder seiner Gefährten empfangen und weitergegeben hat.[566] Grundsätzlich bestehen die *responses* und *dicta* ʿAṭāʾs zu einem großen Teil aus seinen eigenen Rechtsmeinungen.[567] Die auf *ṣaḥāba* zurückgeführten Traditionen machen einen sehr geringen Teil seines Korpus aus.[568] Anhand innerer Authentizitätskriterien versucht Motzki zu zeigen, dass die wenigen Gefährtenhadithe, wie z.B. von Ibn ʿAbbās, authentisch sind:[569] ʿAṭāʾ überliefert sowohl direkt, als auch indirekt von Ibn ʿAbbās. Er widerspricht auch manchmal der rechtlichen Meinung von Ibn ʿAbbās und er scheint es nicht für nötig gefunden zu haben, seine eigenen Ansichten regelmäßig durch Hadithe zu belegen. Ansonsten würden diese bei ihm einen viel größeren Anteil ausmachen.

Die Prophetenhadithe sind bei ʿAṭāʾ noch seltener.[570] Hier beobachtet Motzki – ebenso wie bei den Gefährtenhadithen – ein Phänomen, das er für

563 Vgl. ebd., 10.
564 Vgl. ebd., 11 f.
565 Vgl. ebd., 12.
566 Vgl. ebd.
567 Vgl. ebd., 12 f.
568 Vgl. ebd., 13.
569 Vgl. ebd., 13 f.
570 Vgl. ebd., 16.

die mögliche Datierung von einzelnen Überlieferungen für relevant hält. ʿAṭāʾ scheint oftmals ein Hadith zu kennen, ohne dass er es in seiner Gesamtheit zitiert. In einem Fall zeigt die Nachfrage eines Schülers, dass seine Rechtsmeinung mit einem Prophetenhadith übereinstimmt.[571] Motzki nutzt nun dieses Phänomen, um Überlieferungen genauer zu datieren. Sind nämlich bestimmte Prophetenhadithe aus anderen Werken bekannt und lässt sich zeigen, dass auch ʿAṭāʾ auf diese in einer gekürzten Form verweist, dann kann sein Todesdatum (733) als *terminus ante quem* für die Entstehung des Hadith gelten.[572] In einem Beispiel widerlegt Motzki die Datierung eines Hadith durch Schacht, der auf der Grundlage seiner Isnādanalysen und Hypothesen zur Entstehung des islamischen Rechts, eine sehr späte Entstehung eines angeblichen Prophetenhadith annimmt.[573] Doch kann Motzki diese späte Datierung durch eine Überlieferung nach ʿAṭāʾ widerlegen.

Insgesamt gelingt es Motzki durch seinen überlieferungsgeschichtlichen Ansatz der Quellenrekonstruktion, die übertriebene Skepsis gegenüber den *asānīd* und die These von einem konspirativen Ausmaß an Konstruktion von fiktiven Überliefererketten („Rückwartswachsen der Isnāde") zu relativieren. Er bestreitet nicht, dass es auch zu Fälschungen von Hadithen in der muslimischen Tradition gekommen ist.[574] Nur lehnt er die *generelle* und *pauschale* Behauptung dieses Tatbestandes ab. Zudem verwendet Motzki – wie Schoeler und Görke – eine Kohärenz- und Korrespondenzkriterium zur Bestimmung der Authentizität der Überlieferungsangaben und der dazugehörigen Texte. Freilich nutzt er dieses nicht in Bezug auf die Rezeptions- und Entstehungsgeschichte einer konkreten Überlieferung, sondern für die Analyse eines einzelnen Werkes und der Rekonstruktion seiner Quellen.

3.1.4.2.4 Kritik der Hadīṯ-Forschung

Harald Motzki hat in Anschluss seiner Habilitationsschrift mehrere Aufsätze verfasst, in denen er eine kritische Bestandsaufnahme der Hadithforschung seiner Gegenwart vorgenommen und die von Schoeler und Görke vorgeschlagene Methode zur überlieferungsgeschichtlichen Analyse und Rekonstruktion eines einzelnen Hadithes als aussichtsreiche Alternative propagiert hat.

In seiner ersten Untersuchung überprüft Motzki die methodischen Voraussetzungen und Vorannahmen der von Juynboll entwickelten Isnādanalyse und diskutiert eines seiner Anwendungsbeispiele. Juynboll hatte Schachts Theorie

571 Vgl. ebd.
572 Vgl. ebd., 14.
573 Vgl. ebd., 17 f.
574 Vgl. ebd., 9.

des *common link* (CL) und die darauf basierende Isnādkritik weiterentwickelt.[575] Seiner Meinung nach hat man erst in den 80er – 90er-Jahren des ersten islamischen Jahrhunderts das Bedürfnis verspürt, die Informanten der eigenen Quelle genau zu benennen.[576] Motzki gibt hier zu bedenken, dass diese Datierung nicht mit Juynbolls Verständnis des CLs korrespondiert.[577] Letztere sollen ja auch die entsprechenden Überlieferungen erfunden und in Umlauf gebracht haben, weil sich die Isnādketten bei ihnen auffächern. Die isolierte Überliefererkette („*single strands*") oberhalb des CL, die bis zu den Propheten reicht, gilt dabei als fiktiv. Besonders viele Personen aus der Nachfolgergeneration (*tābiʿūn*) müssten demnach CLs gewesen sein. Aber genau das bestreitet Juynboll. Nach Motzki widersprechen sich dadurch die chronologischen Hypothesen Juynbolls zur Entstehung des Isnāds und seine Erklärung von CLs und *single strands*.[578] Er schlägt dagegen ein alternatives Verständnis des CL vor, dass den Befunden auf der Ebene der Überliefererketten besser gerecht wird. Die CL waren – wie bereits Schoeler und Görke argumentiert haben – die ersten systematischen Sammler und Verbreiter einer Überlieferung.[579] Deshalb fächern sich nach Ihnen die Überlieferungslinien auf. Die CLs hatten wohl nur eine einfache und isolierte Überlieferung bis zum Propheten als ihre Quelle genannt. Das war aber nur eine mögliche Überlieferungslinie und nicht die einzige.[580] Davor gab es ja nicht viele systematische Sammler von Traditionen. Deshalb lehnt Motzki die *pauschale* Unechtheit der isolierten Überliefererketten vor den CLs ab.[581]

Neben Juynbolls Verständnis von CL und *single strand* kritisiert Motzki auch eine weitere Vorannahme seiner Isnādanalysen. Ein von Juynboll eingeführter *terminus technicus* der Isnādkritik ist der *partial common link* (PCL). Damit bezeichnet er einen CL, der in den Generationen nach dem ersten CL auftritt.[582] Die ideale Überlieferungssituation stellt sich nach Juynboll folgendermaßen dar: Jemand, der seine Traditionen weitergegeben hat, war darum bemüht, diese nicht nur an einen, sondern an mehreren Personen zu tradieren, die diese wiederum an eine Mehrzahl von Adressaten weiter überliefert haben. Eine authentische Überliefererkette muss demnach in jeder Generation nach dem CL *partial common links* enthalten. Das formuliert Juynboll als *Regel*.[583] Genau diese Bestimmung hält Motzki für fragwürdig. In den Generationen nach dem CL

575 Vgl. Harald Motzki, Quo vadis, Ḥadīṯ-Forschung? Eine kritische Untersuchung von G.H.A. Juynboll: „Nāfiʿ the mawlā of Ibn ʿUmar, and his position in Muslim Ḥadīṯ Literature". In: Der Islam 73 (1/1996) 40-80, hier 43 ff.

576 Vgl. ebd., 44.

577 Vgl. ebd.

578 Vgl. ebd.

579 Vgl. ebd., 45.

580 Vgl. ebd.

581 Vgl. ebd., 46.

582 Vgl. ebd., 48.

583 Vgl. ebd.

müsste nach Juybnolls idealem Überlieferungsszenario die Anzahl der Überlieferer mit jeder Generation *exponentiell* wachsen.[584] Dadurch wird aber auch die Wahrscheinlichkeit, dass zwei Adressaten derselben Generation dieselbe Quelle haben, mit zunehmender Zeit geringer. In der Generation unmittelbar nach dem CL ist die Wahrscheinlichkeit noch am Größten.[585] Die Überliefererketten etlicher Hadithe und ganzer Werke bestätigen diesen Gedanken Motzkis.[586] Juynboll wirft er ein falsches Verständnis der *asānīd* vor.[587] Diese spiegeln nicht eine ideale oder fiktive Überliefererkette wieder, sondern eines der erhaltenen Überlieferungslinien, die in den wenigen kompilatorischen Werken noch nachweisbar sind.[588] Für Juynboll ist dagegen ein CL, dem keine PCL folgen (er nennt diese Isnādbündel „*spider*"), nur eine fiktive Erweiterung der Überliefererkette, da es nicht sein kann, dass die Hörer des CLs die Hadithe nicht an mehrere Personen weitergegeben haben.

Motzki prüft die isnādkritischen Regeln Juynbolls zusätzlich, indem er eines seiner Beispiele genauer untersucht. Juynboll stellt fest, dass die Prophetenhadithe, die über Nāfiʿ zum *ṣaḥāba* Ibn ʿUmar zurückgeführt werden, nicht wirklich so tradiert wurden, sondern von Mālik b. Anas stammen, der in der Generation nach Nāfiʿ (gest.735)[589] gelebt hat.[590] Auch seien alle anderen Überlieferungen, die vermeintliche Schüler neben Mālik von Nāfiʿ berichten, spätere Fälschungen.[591] Wie kommt Juynboll zu diesem Ergebnis? Die Isnādanalyse einer Überlieferung nach Nāfiʿ zeigt, dass er nach den isnādkritischen Regeln Juynbolls kein wirklicher CL ist. Denn in der Generation nach ihm gibt es außer bei Mālik keinen PCL. Also ist letzterer der eigentliche CL der entsprechenden Tradition.[592] Dieser hat die Überlieferung erfunden und als erster überliefert. Motzki widerlegt diesen Schluss durch seinen Hinweis, dass Juynboll für seine Isnādanalyse nicht sämtliche Hadithkompilationen *systematisch* ausgewertet hat.[593] Dies sei angesichts der schwerwiegenden Schlüsse, die er auf der Grundlage seiner Auswertung zieht, sehr fahrlässig. So könne oftmals die Einbeziehung sämtlicher (insbesondere vorkanonischer) Quellen dazu führen, dass es doch weitere Überlieferungslinien gibt, sodass die Isnāddiagramme nicht mehr

584 Vgl. ebd., 49 f.
585 Vgl. ebd., 49.
586 Vgl. ebd., 52.
587 Vgl. ebd., 51.
588 Vgl. ebd.
589 Juynboll zweifelt sogar an der Historizität von Nāfiʿ. Diese versucht er durch die Untersuchung der biographischen Angaben zu ihm und aus Plausibilitätserwägungen heraus zu belegen. Jedoch kann Motzki nachweisen, dass Juynboll sehr tendenziös bei der Analyse der muslimischen Quellen vorgeht (Vgl. ebd., 54-68).
590 Vgl. ebd., 42 f.
591 Vgl. ebd., 43.
592 Vgl. ebd., 69.
593 Vgl. ebd., 70.

stimmen.[594] Zum anderen argumentiert Motzki mit Hilfe seiner inneren Authentizitätskriterien, dass neben Mālik nicht alle Überlieferer von Nāfiʿ fiktiv sein können.[595] Diesen Tradenten können oftmals individuelle Merkmale zugeschrieben werden, die auf eine authentische Überlieferungslinie hinweisen.

Als eine wesentliche Schwäche der Isnādkritik Juynbolls identifiziert Motzki die mangelnde Einbeziehung der Texte (*mutūn*) der jeweiligen Überlieferungen.[596] So entgehen Juynboll die Varianten einer Tradition, die sich nicht ohne weiteres als Produkt eines Fälschungswahns erklären lassen.[597] Auch wird die Frage vernachlässigt, ob es sich bei den Traditionen um denselben Überlieferungskomplex handelt. Motzki wendet nun die von Schoeler und Görke etablierte Methode der Hadithanalyse auf Juynbolls Beispiel an. Er apostrophiert dieses Verfahren als „matn-cum-isnād-Analyse“[598], da sämtliche Varianten des konkreten Hadithes nach Nāfiʿ zusammengetragen und mit den jeweiligen Überliefererketten abgeglichen werden. Motzki prüft nun, ob eine Korrespondenz zwischen den Texten und den Überliefereketten, die Unabhängigkeit und Individualität einzelner Überlieferungswege belegen kann. Er untersucht dazu die Hadithe, die über die unterschiedlichen – nach Juynboll fiktiven – Schüler Nāfiʿs laufen, um ihre Echtheit zu prüfen und insgesamt mögliche Rückschlüsse über die Authentizität von Nāfiʿ ziehen zu können.[599] Seine Analysen können die Thesen von Juynboll widerlegen und führen zu folgendem Ergebnis:

> „Die Überlieferungen, die in den ‚vorkanonischen' und ‚kanonischen' Sammlungen von dem angeblich durch Nāfiʿ von Ibn ʿUmar tradierten Propheten-*ḥadīṯ* […] zu finden sind, gehen nach Auskunft ihrer *asānīd* angeblich auf elf verschiedene Tradenten von Nāfiʿ zurück. Die Analyse der Texte, die jedem dieser Tradenten zugeschrieben werden, und der Vergleich mit den Texten der Parallelüberlieferer hat ergeben, daß die Texte von acht dieser elf Personen mit großer Wahrscheinlichkeit wirklich von ihnen stammen. […] Die Texte der einzelnen Tradenten sind untereinander deutlich verschieden, während die Varianten der Überlieferungen von ein und demselben Tradenten sehr große Übereinstimmungen und charakteristische Merkmale aufweisen. Die Tradenten von Nāfiʿ, zu denen mehrere Überlieferungswege von den Sammlungen her führen, sind daher aufgrund der individuellen Texttraditionen als echte *common links* anzusehen, auch dann wenn ihre *isnād*-Bündel nur aus *single strands* oder *spiders* bestehen. […] Die Untersuchung der Texte der verschiedenen Überlieferer von Nāfiʿ hat ergeben, daß sie zwar deutlich voneinander verschieden sind, aber auch mehr oder weniger große inhaltliche Übereinstimmungen miteinander aufweisen. […] Da deutlich geworden ist, daß die Texte nicht voneinander abhängig sein können […], liegt es

594 Vgl. ebd., 70-77.

595 Vgl. ebd., 73-77.

596 Vgl. ebd., 77 f.; Harald Motzki, Quo vadis, Ḥadīṯ-Forschung? Eine kritische Untersuchung von G.H.A. Juynboll: „Nāfiʿ the mawlā of Ibn ʿUmar, and his position in Muslim Ḥadīṯ Literature“, Teil 2. In: Der Islam 73 (2/1996) 193-231, hier 193 f.

597 Vgl. Motzki, Quo vadis, Ḥadīṯ-Forschung?, Teil 2, 194.

598 Ebd., 202.

599 Vgl. ebd., 194-221.

> auf der Hand anzunehmen, daß die Gemeinsamkeiten mehrer Texttraditionen auf eine gemeinsame Quelle zurückgehen, d.h. Nāfiʿ selbst."[600]

Motzki versucht die von Nāfiʿ überlieferte Variante der Überlieferung zu rekonstruieren.[601] Er warnt aber wie Schoeler und Görke davor, dass aufgrund der Modalitäten der muslimischen Hadithüberlieferung (Kollegbetrieb statt Abschrift von Handschriften usw.) eine wörtliche und finale Rekonstruktion unmöglich ist.[602]

Motzki hat die von ihm als *matn-cum-isnād* oder *isnād-cum-matn* getaufte Methode der Hadithkritik in mehreren Aufsätzen beschrieben und in kritischer Auseinandersetzung mit alternativen Ansätzen auf diverse Beispiele angewendet.[603] Bezüglich der Entstehung des von ihm bevorzugten Analyseverfahrens betont er, dass die Prätendenten seiner Anwendung bereits vor Schoeler und Görke zu finden sind.[604] Hervorzuheben ist ein Aufsatz, indem Motzki sämtliche Datierungsmethoden der Hadithe in der westlichen Hadithkritik auf ihre Funktion, Prämissen, Anwendung und logische Konsistenz hin befragt.[605] Er nimmt zunächst eine grobe Unterscheidung der vorhandenen Verfahren in vier Gruppen vor:[606] Datierung auf der Grundlage der inhaltlichen Analyse der Texte (*mutūn*); Datierung auf der Grundlage ihres Vorkommens in bestimmten Hadithkompilationen; Datierung auf der Grundlage der *asānīd* und Datierung auf der Grundlage der *mutūn* und *asānīd*. Letztere Gruppe beinhaltet die von ihm bevorzugte Vorgehensweise, sodass er eine kritische Bestandsaufnahme der drei übrigen Methoden vornimmt.

Als bedeutendste Beispiele für eine textorientierte Datierung nennt Motzki Goldziher und Schacht. Ersterer hat eine generelle Datierung für einen Großteil der Hadithe vorgenommen, die aufgrund späterer Tendenzen und Entwicklungen der frühislamischen Geschichte entstanden sind.[607] Als wichtigste Etappenschritte werden von Goldziher die politischen Interessen der umyyadischen und abbasidischen Khalifate, die Entstehung einer anfänglich marginalisierten Gelehrtenkultur, theologische Streitfragen und die Genese des islamischen Rechts hervorgehoben.[608] Motzki stört sich an der genauen Begründung von Goldzihers Entwicklungsgeschichte und der damit verbundenen Pauschalurteile. Dieser verwende meistens nicht die Hadithe selbst für seine Schlüsse, son-

600 Ebd., 221-223.
601 Vgl. ebd., 223.
602 Vgl. ebd., 223 f.
603 Vgl. u.a. Harald Motzki, Der Prophet und die Schuldner. Eine ḥadīṯ – Untersuchung auf dem Prüfstand. In: Der Islam 77 (1/2000) 1-83.
604 Vgl. Harald Motzki, Dating Muslim Traditions: A Survey. In: Arabica52 (2/2005) 204-253, hier 250.
605 Vgl. ebd., 206.
606 Vgl. ebd., 205 f.
607 Vgl. ebd., 206 f.
608 Vgl. ebd., 207 f.

dern biographische Angaben über Tradenten.[609] Diejenigen Hadithe, die er heranzieht, haben den Charakter von Anekdoten und man wird diese nicht in den kanonischen Sammlungen wiederfinden, da sich die Muslime selbst der Tatsache von Fälschungsversuchen bewusst waren.[610] Motzki bestreitet nicht, dass tatsächlich die von Goldziher genannten Tendenzen eine gewichtige Rolle bei der Entstehung und Fabrikation von Hadithen gespielt haben. Nur sei der pauschale Schluss auf die spätere Entstehung eines Großteils der Prophetentraditionen nicht gerechtfertigt, zumal Goldziher in seiner Beurteilung der muslimischen Quellen sehr selektiv vorgehe.[611]

Auch die von Goldziher vorgenommene Datierung von *einzelnen* Hadithen wird von Motzki kritisch nach ihren Prinzipien befragt. So sei zwar der Hinweis auf Anachronismen ein sicheres Indiz für die spätere Genese einer Tradition.[612] Jedoch könne die *elaborierte* Diskussion eines Sachverhaltes kein sicheres Kriterium für die sekundäre Entstehung eines Hadiths sein, da man diesbezüglich eine sichere und profunde Kenntnis der Entwicklungsgeschichte eines Diskurses haben müsste, die unabhängig von der behandelten Quelle ist.[613] Aber auch einzelne Angaben, die gegen die Verehrungstendenz eines Werkes sind oder einen polemischen Kontext widerspiegeln, sind aufgrund des subjektiven Bewertungsspielraums keine sichere und regelhafte Handhabe für die Datierung einzelner Traditionen.[614]

Neben Goldziher hat auch Schacht eine generelle Datierung der Hadithe vorgeschlagen, die er auf der Grundlage seiner Rekonstruktion der Frühgeschichte des islamischen Rechts vornimmt. Die chronologische Einordnung der jeweiligen Tradition erfolgt durch die Zuweisung im Entstehungskontext des islamischen Rechts.[615] Die dabei verwendeten Sekundärkriterien (Traditionen, die die Form kurzer juristischer Maximen haben, sind älter, als lange narrative Erzählungen; Anonyme Maximen sind älter, als diejenigen, die bestimmten Personen zugeordnet werden usw.) sind abhängig von Schachts Rekonstruktion der Frühgeschichte des islamischen Rechts.[616] Insgesamt beanstandet Motzki, dass die textorientierten Datierungen bei Schacht von seiner Geschichtsrekonstruktion und Sekundärprinzipien abhängen, die jedoch nicht unabhängig begründet und manchmal sogar nach anderen Kriterien abgeleitet wurden. Derart mache sich Schacht einer zirkulären Argumentation schuldig.[617]

609 Vgl. ebd., 208.
610 Vgl. ebd.
611 Vgl. ebd., 209.
612 Vgl. ebd., 210.
613 Vgl. ebd.
614 Vgl. ebd.
615 Vgl. ebd., 211.
616 Vgl. ebd.
617 Vgl. ebd.

Das zweite Verfahren der Datierung basiert nach Motzki auf einem *argumentum e silentio*.[618] So haben etwa Schacht und Juynboll aufgrund der Abwesenheit eines Hadithes in einem bestimmten juristischen Diskurs darauf geschlossen, dass es zu der Zeit noch nicht existiert hat. Wenn einem Gelehrten eine bestimmte Rechtsposition und eine passende Überlieferung dazu als Tradenten zugeschrieben wurde, dann muss das entsprechende Hadith auch in der Hadithkompilation des Gelehrten oder seinem Traktat nachweisbar sein. Ist letzteres nicht der Fall, dann muss die Zuschreibung falsch sein. Aber auch unabhängig von der konkreten Zuschreibung eines Hadithes an einen Überlieferer, argumentieren Schacht und Juynboll, dass wenn ein rechtliches Hadith in einem bestimmten Meinungsstreit über rechtliche Fragen noch nicht erwähnt wurde, es zu der Zeit auch noch nicht existiert hat. Motzki lehnt dieses *argumentum e silentio* aus mehreren Gründen ab. Dass ein Hadith nicht zu einem bestimmten Zeitpunkt verwendet wird, kann mehrere Gründe haben, von denen seine Nichtexistenz nur eine Möglichkeit darstellt. Andere Erklärungen bestünden beispielsweise darin, dass diese Hadithe noch nicht weit im Umlauf waren oder ihre Nennung nicht dem Zweck der Sammlung entspreche.[619] Auch hat man etliche Hadithkompilationen nicht mehr in ihrer ursprünglichen Form zur Verfügung, sodass man gar nicht mit Sicherheit sagen kann, ob ein bestimmtes Hadith Teil dieser Sammlung war oder nicht.[620] Daneben war der Überlieferungsmodus der muslimischen Tradition als Kollegtrieb derart fluide und flexibel, dass man nicht von *der* kanonischen Variante eines Hadithes sprechen kann, die von einem Gelehrten überliefert wurde.[621] Auch sei der Zweck der Sammlung von rechtlichen Hadithen sehr unterschiedlich gewesen und man wisse nicht, nach welchen Prämissen die Kompilatoren bei ihrer Zusammenstellung vorgegangen sind.[622] All diese Faktoren machen die Datierung auf der Grundlage der Nachweisbarkeit oder Nichtnachweisbarkeit eines Hadithes in einer bestimmten Kompilation mehr als fraglich.

Die dritte Möglichkeit der Datierung von Hadithen beruht auf der Analyse des Isnāds. Joseph Schacht hatte trotz seiner Überzeugung vom dubiosen und fiktiven Charakter der *asānīd* etliche Möglichkeiten erwogen, wie man diese für die Datierung von einzelnen Traditionen nutzen kann. Dabei hat er entwicklungsgeschichtliche Phänomene des Isnāds beschrieben, deren Anerkennung eine chronologische Einordnung des Hadiths erleichtern kann (220):[623] Da die *asānīd* mit der Zeit gewachsen sind, müssen diejenigen *asānīd*, die auf eine jüngere Autorität zurückgeführt werden, älter sein. Auch seien die – nach der Vor-

618 Vgl. ebd., 214 f.
619 Vgl. ebd., 215.
620 Vgl. ebd., 219.
621 Vgl. ebd., 217.
622 Vgl. ebd.
623 Vgl. ebd., 220.

stellung der späteren Hadithkritik – äußerst „kompletten" *asānīd* in späteren Kompilationen jüngeren Datums, da man versucht hat, diese nach den strikten Kriterien der muslimischen Isnādkritik auszubessern. Beide Phänomene sind laut Motzki bereits aus der muslimischen Tradition bekannt. Man wusste, dass die Überliefererketten erweitert wurden (*rafʿ*) und man war sich auch bewusst, dass man insgesamt ganze Isnādketten ausbesserte.[624] Jedoch können die nachweisbaren Beispiele für derartige Phänomene nicht zu einer generellen Regel erhoben werden.[625] Motzki zweifelt an der induktiven Beweiskraft eines solchen Vorgehens.

Auch das Vorkommen von *common links* wird von Schacht zur Datierung von Hadithen herangezogen. Diese seien die Schnittstelle zwischen dem fiktiven und echten Teil der Überliefererkette.[626] Erst zur Zeit des CL werde ein Hadith in Umlauf gebracht. Die isolierte Überlieferungslinie dafür sei dagegen fiktiv.[627] Nach Meinung von Motzki wird aber dieses klare Konzept des CL dadurch verwässert, dass Schacht gleichzeitig annimmt, dass spätere Überlieferer eine Tradition dem CL fiktiv zugesprochen haben, sodass das der CL den frühest möglichen Zeitpunkt für die Entstehung einer Tradition angibt (*terminus post quem*).[628] Die regelhafte Anwendung dieses Datierungsverfahren ist nach Motzki mehr als fragwürdig. Wie kann Schacht ausschließen, ob ein CL tatsächlich seine Quelle genannt hat und somit das Hadith viel älter ist? Jedenfalls scheint der Verdacht nahe, dass Schacht um jeden Preis sein Modell der Entstehungsgeschichte der Hadithe in das muslimische Überlieferungsmaterial hineinprojiziert. Motzki schlägt dagegen eine Interpretation des CL-Phänomens vor, die ihn als ersten systematischen Sammler und Verbreiter von Traditionen versteht (ab der Generation der Nachfolger), sodass sein Todesdatum als *terminus ante quem* der Entstehung der einzelnen Überlieferung gelten kann.[629] Dieses Verständnis entspricht eher den Befund literarischer Quellen und der muslimischen Überlieferungstradition wie ihn Schoeler beschrieben hat und schließt nicht *a priori* aus, dass einzelne Traditionen auch älter sein können.

Juynboll hat die Isnādkritik Schachts um weitere Regeln erweitert. Da Motzki hier im Wesentlichen seine Kritik aus vorherigen Aufsätzen wiederholt[630], die bereits dargestellt wurde, wird hier auf ihre Darlegung verzichtet.

Die Analyse der *asānīd* kann auch zur Rekonstruktion von ganzen Quellen genutzt werden. Motzki diskutiert etwas ausführlich das Beispiel von Sezgin, dessen Ansatz er bereits in seiner Habilitation modifiziert, indem er innere und

624 Vgl. ebd.
625 Vgl. ebd.
626 Vgl. ebd., 222.
627 Vgl. ebd.
628 Vgl. ebd.
629 Vgl. ebd., 227 f.
630 Vgl. ebd., 223 ff.

äußere Authentizitätskriterien einführt, und dessen hermeneutischen Voraussetzungen er korrigiert hatte (Kollegtradition statt rein schriftlicher Rezeption; Rekonstruktion des möglichen Überlieferungsstoffes statt des ursprünglichen „Werkes" usw.).[631]

Die Schwächen der vorangehenden Versuche einer Datierung der Hadithe bestärken Motzki in seiner Überzeugung, dass eine gleichzeitige Analyse der *asānīd* und *mutūn* (*isnād-cum-matn*) zu besseren Ergebnissen führt, auch wenn dieses Verfahren seine Limitationen hat.[632] Es wird nicht in jedem Fall eine Datierung ermöglichen und seine Akzeptanz hängt wiederum mit den Vorannahmen bezüglich der Überlieferungsmodalitäten der muslimischen Tradition zusammen.[633]

3.1.4.2.5 Überwindung der skeptischen und revisionistischen Ansätze

Schoeler, Görke und Motzki haben im Wesentlichen zwei Verfahren weiterentwickelt und propagiert, die beide auf einem Kohärenzkriterium basieren und kombiniert werden können: Die *isnād-cum-matn*-Analyse dient der Datierung und rezeptionsgeschichtlichen Verortung eines einzelnen Hadithkomplexes. Dagegen zielt das Verfahren der Quellenrekonstruktion auf die Inventarisierung eines früheren Korpus durch die Analyse späterer Werke. Görke und Schoeler haben beide Ansätze kombiniert, indem sie einzelne Ereignisse aus dem Leben des Propheten nach ʿUrwa b. az-Zubair zusammengetragen haben. Im Falle beider Verfahrensschritte wird geprüft, ob die Angaben der Überliefererketten einzelner Hadithe oder der Überlieferungsgeschichte eines Werkes mit den Texten korreliert. Motzki hat insbesondere für die Quellenrekonstruktion wertvolle Authentizitätskriterien formuliert.

In der Forschungslandschaft zur Frühgeschichte des Islams sollen die von Schoeler, Görke und Motzki entwickelten Methoden zur Überwindung der skeptischen und revisionistischen Ansätze beitragen. Diese lehnen es ab, dass die 150-200 Jahre späteren literarischen Quellen der Muslime ein authentisches Bild darüber geben können, was in der Frühzeit des Islams passiert ist.[634] Auch seien die Angaben der Überliefererketten größtenteils fiktiv.[635] Entgegen dieser Haltung lassen sich durch die *isnād-cum-matn*-Analyse und durch die Quellenrekonstruktion, Ereignisse aus dem Leben des Propheten (inhaltlich und meistens nicht wörtlich) rekonstruieren, die im ersten islamischen Jahrhundert im Umlauf waren (mit einem Abstand von 40-60 Jahren zu den Ereignissen). Zwar

631 Vgl. ebd., 244 ff.
632 Vgl. ebd., 250 ff.
633 Vgl. ebd., 252 f.
634 Vgl. ANDREAS GÖRKE/ GREGOR SCHOELER, Reconstructing the Earliest sīra Texts: the Hiǧra in the Corpus of ʿUrwa b. al-Zubayr. In: Der Islam 82(2/2005) 209-220, hier 209.
635 Vgl. ebd., 210.

handelt es sich nicht um Augenzeugenberichte, aber durch weitere Analysen lassen sich so mit großer Wahrscheinlichkeit die Grundfakten („general otulines") über das Leben des Propheten zusammentragen, an dessen Historizität man nur schwerlich wird zweifeln können (einzelne Schlachten, Eroberung Mekkas usw.), da diese in den Jahrzehnten nach dem Tod des Propheten schon im Umlauf waren.[636] Zumindest ist damit die Hyperskepsis der skeptischen Forscher überwunden, die ein „Zurück" ins erste islamische Jahrhundert anhand der muslimischen Quellen für unmöglich hielten. Schoeler, Görke und Motzki sind sich auch der Grenzen ihres Ansatzes bewusst (keine wörtliche Rekonstruktion, großer Aufwand, keine Augenzeugenberichte und wenig Anwendungsmöglichkeiten aufgrund der spärlichen Quellenlage). Doch sehen sie den Weg für eine differenzierte und solide Quellenkritik der muslimischen Tradition bereitet.

3.1.4.2.6 Kritik der Quellenrekonstruktion und isnād-cum-matn-Analyse

Der von Motzki, Schoeler und Görke eingeschlagenen Wege der Quellenrekonstruktion und der *isnād-cum-matn*-Analyse sind nicht unwidersprochen geblieben. Die ausführlichste Kritik dieser Ansätze hat Stephen J. Shoemaker in einem Artikel vorgenommen[637]. Er verfolgt die forschungsgeschichtliche Genese der neuen Verfahren und möchte prüfen, ob diese wirklich eine Alternative zu den skeptischen Stimmen von Lammens, Schacht, Juynboll und Crone usw. darstellen.[638] Bereits zu Beginn seines Aufsatzes formuliert Shoemaker das zentrale Ergebnis seiner Untersuchung: Die Ansätze von Schoeler, Görke und Motzki können nicht leisten, was sie versprechen. Mehr noch, die wenigen sicheren Resultate des neuen Verfahrens, lassen sich viel einfacher durch eine inhaltliche Analyse der Texte (*mutūn*) gewinnen.[639]

Als Textgrundlage für seine Untersuchung dienen Shoemaker die von Görke und Schoeler vorgenommenen *isnād-cum-matn*-Analysen zu ʿUrwa-Traditionen zur Hiǧra, zur ersten Offenbarung, zum ʿĀʾiša-Skandal und zu Ḥudaibiya. Shoemaker bezieht sich hier nicht auf die einschlägige Monoragphie beider Forscher zum Korpus des ʿUrwa bin az-Zubair, in der sie weitere Ereignisse aus dem Leben des Propheten als genuine Traditionen nach ʿUrwa systematisch analysiert haben. Diese stand ihm bei der Annahme seines Artikels zur Publikation nicht zur Verfügung. Jedoch würden sich auch keine neuen Sachverhalte daraus

636 Vgl. ebd., 211 ff.; 220.

637 Im Rahmen dieser Arbeit können nur die bedeutendsten Kritikpunkte Shoemakers und die Replik darauf genannt werden.

638 Vgl. STEPHEN J. SHOEMAKER, In Search of ʿUrwa's Sīra: Some Methodological Issues in the Quest for "Authenticity" in the Life of Muḥammad. In: Der Islam 85 (2/2011) 257-344, hier 257-269.

639 Vgl. ebd., 269.

ergeben und es ändere sich nichts an seinen zentralen Kritikpunkten.[640] Des Weiteren evaluiert Shoemaker eine Studie von Motzki bezüglich eines Auftragsmordes des Propheten, die auch auf der *isnād-cum-matn*-Analyse basiert.

Ein wesentlicher Kritikpunkt Shoemakers besteht darin, dass etliche Hadithe gar nicht bis zu ʿUrwa zurückdatiert oder rekonstruiert werden können. In den meisten Fällen sei, wenn überhaupt, eine sichere Rekonstruktion bis zu ʿUrwas Schüler az-Zuhrī möglich.[641] Oft würden Görke, Motzki und Schoeler den Anschein erwecken, dass eine mehrfache und unabhängige Überlieferung von ʿUrwas Traditionen vorhanden sei, obwohl dies durch die jeweiligen Überliefererketten und Traditionen nicht gestützt werden kann. Es würden sogar vermeintliche *asānīd* zu bestimmten Traditionen erfunden.[642] Als Beispiel für diese Anschuldigungen nennt Shoemaker etwa die Analysen zur Hiǧra. Hier würden mehrere Ereignisse (Flucht nach Äthiopien, Flucht Abū Bakrs, eigentliche Hiǧra usw.) in ein Narrativ zusammengefügt und auf ʿUrwa zurückgeführt, obwohl diese Ereignisse in den Kompilationen und Texten gar nicht zusammengehören.[643] Wenn überhaupt lasse sich lediglich ein kleiner Teil der eigentlichen Hiǧra-Erzählung mit gewisser Wahrscheinlichkeit zu ʿUrwas Zeit zurückdatieren.[644] Aber die Erzählung der Hiǧra von Zeitgenossen ʿUrwas (Wahb ibn Munabbih) zeige, wie unterschiedlich und widersprüchlich die Wahrnehmung dieses Ereignisses sein kann, sodass wir es nicht mit einer zuverlässigen Wiedergabe der Begebenheiten selbst zu tun haben.[645]

Auch die Untersuchung zur ersten Offenbarung suggeriert nach Shoemaker eine Mehrfachbezeugung und Komplexität des Ereignisses, die in dieser Form nicht mit Sicherheit durch ʿUrwa verbreitet wurde.[646] Die von Schoeler beschriebenen Bestandteile und Komplexe dieses Ereignisses seien in ihrer Ganzheit späteren Datums. Nur ein kleiner Teil des ursprünglichen Erlebnisses der Offenbarung kann seinen Ursprung bereits bei ʿUrwa gehabt haben.[647] Aber zu diesem Ergebnis komme man auch durch eine Analyse der Texte selbst, da nachweislich das ursprünglich angenommene Ereignis der Offenbarung mit der Zeit durch weitere Elemente (Einbeziehung koranischer Zitate usw.) erweitert wurde.[648] Ebenso sei im Falle der Bestandsaufnahme der Tradition zum ʿĀʾiša-Skandal zwar wahrscheinlich, dass ʿUrwa den Kern dieses Berichts geschildert hat und dass er dieses womöglich auch von seiner Tante selbst gehört hat.[649]

640 Vgl. ebd., 268 f.
641 Vgl. ebd., 269.
642 Vgl. ebd., 299.
643 Vgl. ebd., 270; 284-292.
644 Vgl. ebd., 293 ff.
645 Vgl. ebd., 300 f.
646 Vgl. ebd., 303 ff.
647 Vgl. ebd., 320 f.
648 Vgl. ebd., 309 ff.
649 Vgl. ebd., 321 ff.

Nur gelange man zu dieser Erkenntnis auch durch die reine Anwendung des Differenzkriteriums, da die Verleumdung ʿĀʾišas gegen die spätere Verehrungstendenz der muslimischen Tradition sei.[650] Dieselbe Diagnose stellt Shoemaker für Görkes Untersuchung zu Ḥudaibiya. Dessen relevanten Ergebnisse seien in ihrem Kernbestand – wie Görkes Reflexionen selbst belegen – auch durch die Anwendung des Differenzkriteriums zu erreichen, indem man die späteren Tendenzen identifiziert.[651]

Im Falle der Studie Motzkis zum Auftragsmord von Ibn Abī al-Ḥuqayq versucht Shoemaker nachzuweisen, dass eine Datierung vor dem *common link* az-Zuhrī zurück zu ʿUrwa nicht überzeugend ist.[652] Motzki habe ein zu optimistisches Verständnis vom *common link* und würde unrechtmäßig die Regeln der Isnādkritk von Juynboll und Schacht übergehen und erkenne gar nicht den dubiosen Charakter von az-Zuhrīs vermeintlichen Quellen.[653]

Zu den fragwürdigen Voraussetzungen der *isnād-cum-matn*-Analysen von Görke und Schoeler zählt Shoemaker ihr Vertrauen von vermeintlichen Briefen ʿUrwas, die dokumentarischen Charakter haben und eine Korrespondenz mit den Khalifen ʿAbd al-Malik belegen sollen.[654] Der Vergleich mit dem dokumentarischen Quellenwert der sogenannten Konstitution von Medina sei aber mehr als fraglich. So seien die Briefe nur in Exzerpten bei einer Quelle (Ṭabarī) erhalten, sodass die entsprechenden Ereignisse aus dem Leben des Propheten bis auf einer Ausnahme nur einmalig in späterer Zeit bezeugt sind.[655] Dagegen ist die Konstitution von Medina zweifach bezeugt. Auch seien die Angaben im Isnād sehr verdächtig. Ṭabarī gebe hier zwei unterschiedliche Überliefererketten in seinen Werken an und lasse den Brief einmal sogar auf den Sohn des Khalifen als Adressaten zurückgehen.[656] Anders als bei der Konstitution von Medina seien die Inhalte der Briefe in Übereinstimmung mit der späteren muslimischen Tradition, sodass das Kriterium der Differenz nicht in Anschlag für die Authentizität der angeblichen Briefe gebracht werden kann.[657] Überhaupt sei die Briefform – wie Noth nachgewiesen hat – nicht nur in der Antike, sondern auch in der muslimischen Tradition ein beliebtes *literarisches* Mittel der Wiedergabe.[658] Auch sei die Tatsache verwunderlich, dass vor Ṭabarī keine Autorität im Bereich der *sīra* von diesen Briefen berichtet.[659] Die enorme Zuversicht in diesen angeblichen Briefen ʿUrwas an ʿAbd al-Malik sei somit nicht begründet.

---

650 Vgl. ebd., 325 f.
651 Vgl. ebd., 330 f.
652 Vgl. ebd., 331 ff.
653 Vgl. ebd., 333 ff.
654 Vgl. ebd., 272 ff.
655 Vgl. ebd., 275.
656 Vgl. ebd., 277 f.
657 Vgl. ebd., 275 f.
658 Vgl. ebd., 279 ff.
659 Vgl. ebd., 283.

Insgesamt moniert Shoemaker die mageren Ergebnisse der jeweiligen *isnād-cum-matn*-Analysen, die nicht wirklich Neues zum Leben des historischen Muhammad beitragen und somit dem Standpunkt der skeptischen Forscher nichts Neues und Konterkarierendes hinzufügen.[660]

Schoeler, Görke und Motzki haben in einem Artikel auf die Kritik von Shoemaker reagiert. Sie weisen darauf hin, dass Shoemaker an etlichen Stellen offene Türen einrennt, da er die Konzeption ihrer Methode und die Thesen in den jeweiligen Einzeluntersuchungen falsch darstellt und derart gegen einen fiktiven Standpunkt ankämpft.[661]

In der Replik auf Shoemaker wird zunächst verdeutlicht, dass es nicht das Ziel der Untersuchungen von Schoeler und Görke war, ein ursprüngliches Buch der *sīra* von ʿUrwa zu rekonstruieren. Es ging lediglich, um einzelne Traditionen zum Leben Muhammads, die in ihrer Gesamtheit gewisse Grundfakten zur Prophtenbiographie sichern können.[662] Auch wird gezeigt, dass Shoemaker nicht konsequent seine eigenen Maßstäbe der historischen Kritik einhält. Je nach Gusto folgt er den isnādkritischen Regeln Juynbolls oder favorisiert auch gegenteilige Ansätze.[663] Es sei überhaupt verwunderlich, wie viele Konzessionen Shoemaker als offensichtlicher Befürworter der skeptischen Ansätze gegenüber den Ergebnissen der *isnād-cum-matn*-Analysen macht.[664]

Es werden sodann die von Shoemaker analysierten Einzeluntersuchungen und deren Kritik geprüft. Bezüglich des Erzählungskomplexes zur Hiǧra verdeutlicht Görke, dass Shoemaker ihnen Thesen insinuiert, deren Gegenteil sie *expressis verbis* formuliert haben.[665] Auch weist er nach, dass der Vorwurf der Erfindung von *asānīd* nach Bedarf nicht stimmt und dass Shoemaker es hier versäumt hat, die Quellen besser zu lesen.[666] Insgesamt sei ein viel größeres Narrativ zur Hiǧra auf ʿUrwa zurückführbar, als Shoemaker bereit ist einzugestehen.[667] Dass es auch andere zeitgenössische Schilderungen der Hiǧra geben kann, die sich von dem Bericht ʿUrwas unterscheiden (z.B. bei Wahb ibn Munabbih), ist für Görke nur ein Beleg ihrer These, dass sich nach einiger Zeit zwei verschiedene Arten der *sīra*-Überlieferung herauskristallisiert hatten, die unterschiedliche Schwerpunkte hatten und nicht gleichwertig in Bezug auf ihre historische Authentizität waren.[668]

660 Vgl. ebd., 339-344.
661 Vgl. Andreas Görke/ Gregor Schoeler/ Harald Motzki, First Century Sources for the Life of Muḥammad? A Debate. In: Der Islam 89 (1-2/2012) 2-59, hier 4.
662 Vgl. ebd., 4 f.
663 Vgl. ebd., 5.
664 Vgl. ebd., 4.
665 Vgl. ebd., 7 ff.
666 Vgl. ebd., 15.
667 Vgl. ebd., 9-15.
668 Vgl. ebd., 22.

Im Rahmen der Studie zur Hiǧra hatte Shoemaker auch die Authentizität der vor allem bei Ṭabarī erhaltenen Briefe ʿUrwas an Abd al-Malik in Frage gestellt. Görke unterzieht auch diese Kritik einer Überprüfung. Es sei nicht richtig, das ausschließlich Ṭabarī Teile aus den Briefen überliefert. Man könne sehr wohl in manchen Fällen die Briefe ein bis zwei Generationen vor Ṭabarī datieren.[669] Auch spricht die Art und Weise, wie Ṭabarī diese Briefe exzerpiert, gegen die These, dass er diese frei erfunden hat.[670] Wieso sollte er diese so stümperhaft und durch verschiedene Adressaten ausweisend fälschen? Er hätte diese angeblichen Briefe auch seinem üblichen Duktus der Darstellung anpassen können. Daneben sei zu betonen, dass man es bei den Überlieferungen aus den Briefen ʿUrwas nicht mit wörtlichen „Zitaten" mit dokumentarischem Charakter zu tun hat.[671] Es sei wahrscheinlich, dass ʿUrwa zu diesen Briefen befragt wurde und dass er manchmal auf Notizen zurückgreifend Teile derselben exzerpierte, wobei es nicht um die wörtliche Zitierung, sondern um die Lehre des Inhalts ging. Es verwundert dann nicht, dass man sonst in der muslimischen Tradition diese Briefe als solche nicht erwähnt hat, sondern vielmehr ihren Inhalt. Ein weiterer Schwachpunkt der Kritik Shoemakers bestehe darin, dass er Noths Befunde zur literarischen Fiktion einiger Briefe aus der Eroberungszeit in Bausch und Bogen auf den Bereich der *sīra* übertragt, ohne die differenzierte Haltung Noths vollständig in Anschlag zu bringen.[672] Dieser nennt nämlich etliche Gründe, die auf den fiktiven Charakter einiger Briefe aus der Eroberungszeit schließen lassen. Letztere kann Shoemaker für ʿUrwas Briefe nicht überzeugend benennen. Schließlich enthalten die Briefe entgegen der Einschätzung von Shoemaker doch formale Elemente, die den späteren Tendenzen der Erweiterung von Berichten entgegenstehen (Ausschmückung, phantastische Elemente usw.).[673]

Auch die Kritik Shoemakers an den Untersuchungen zu der ersten Offenbarung wird durch Schoeler wiederlegt. Er kann insbesondere durch Rückgriff auf die von Shoemaker nicht mehr konsultierte Gesamtstudie zum Korpus des ʿUrwa b. az-Zubair nachweisen, dass es doch mehrere unabhängige Überlieferungsstränge gibt, die nahe legen, dass bereits ʿUrwa entgegen der Ansicht von Shoemaker eine längere Version zur ersten Offenbarung überliefert hat.[674]

Bezüglich des Berichts zur Verleumdung ʿĀʾišas hatte Shoemaker zwar größtenteils den Ergebnissen Schoelers zugestimmt, jedoch betont, dass man zu diesen Resultaten auch durch rein inhaltliche Analysen der Texte hätte gelangen können, die weniger aufwendig wären. Schoeler expliziert dagegen, dass der Mehrwert der *isnād-cum-matn*-Analyse nicht nur in der Rekonstruktion einzel-

669 Vgl. ebd., 17.
670 Vgl. ebd., 17 f.
671 Vgl. ebd., 18 f.
672 Vgl. ebd., 19 f.
673 Vgl. ebd., 20 f.
674 Vgl. ebd., 25 f.

ner Überlieferungen bestehe, sondern auch in der Verfolgung der *Rezeptionsgeschichte* einer Tradition.[675] Außerdem zeige erst die *isnād -cum-matn*-Analyse, dass es ʿUrwa in der zweiten Hälfte des ersten islamischen Jahrhunderts war, der über die Skandalgeschichte berichtet hat. Es liege in der Natur der Sache, dass die Ergebnisse der *isnād -cum-matn*-Analyse sehr mager ausfallen würden. Nichtsdestotrotz ermöglichen sie es, extrem revisionistische Ansichten, wie die geographische Verlegung der Hiǧra usw., zu überwinden.[676]

Görke arbeitet auch die Kritik an seiner Studie zu den auf ʿUrwa zurückgeführten Traditionen bezüglich Ḥudaibiya auf. Shoemaker habe es versäumt zu verstehen, dass die *isnād-cum-matn*-Analyse aus einem Vergleich der Überlieferketten und der Texte besteht. Dieser komparative Ansatz ermöglicht die Widerlegung etlicher Schlussfolgerungen Shoemakers[677], dessen Vorliebe für die isolierte Verwendung des Kriteriums der Differenz nur ein beschränktes Bild zur Frühgeschichte des Islams liefern kann.[678]

Motzki kontert schließlich Shoemakers Darstellung seiner Auseinandersetzung mit der Isnādkritik bei Juynboll, Schacht usw. Dieser übergehe einfach wesentliche Kritikpunkte Motzkis bezüglich der früheren Hadithkritik und zählt nicht die Argumente Motzkis für sein Verständnis des *common link* auf.[679] Das Fallbeispiel zu einem Auftragsmord des Propheten kann Motzki früher als den *common link* az-Zuhrī datieren, da es mehrere glaubwürdige Quellen gibt, die unabhängig sind.[680] Letzteres hatte Shoemaker aus diversen Gründen abgestritten.

Neben Shoemaker hat auch Tilman Nagel den methodischen Mehrgewinn und die Sinnhaftigkeit der *isnād-cum-matn*-Analyse in Frage gestellt. Er subsumiert diese Methode wie den Aufweis von Topoi durch Noth unter den „formalistischen" Verfahren der Quellenkritik.[681] Nagel erkennt eine große Diskrepanz zwischen dem, was die Befürworter dieser Methode versprechen und dem, was sie eigentlich leistet oder vielmehr nicht leistet. So würde Schoeler insbesondere in seiner ersten Monographie zur Leben-Muhammad-Forschung nicht klar definieren, was er unter „Authentizität" versteht und derart einen vermeintlichen Fortschritt in der historischen Muhammadforschung vorspielen:

> „‚Authentie', durch Schoeler als ‚Echtheit, Glaubwürdigkeit, Zuverlässigkeit' und ‚Genauigkeit in der Wiedergabe' definiert, meint demnach gar nicht die Aussagekraft für die Prophetenvita, sondern lediglich die ‚echten (d.h. tatsächlich überkommenen, überlieferten) Traditionen', die […] in den Hauptzügen wahre Ereignisse wiedergeben

675 Vgl. ebd., 35 f.
676 Vgl. ebd., 36 f.
677 Vgl. ebd., 40 f.
678 Vgl. ebd., 42.
679 Vgl. ebd., 42-46.
680 Vgl. ebd., 46-53.
681 Vgl. Tilman Nagel, „Authentizität" in der Leben-Mohammed-Forschung. In: Arabica 60 (5/2013) 516-568, hier 523-530.

> sollen. Darum heißt es dann wieder doch, der – rekonstruierte – Bericht des frühesten Sammlers sei zwar noch nicht grundsätzlich eine ‚sachliche Darstellung realer Begebenheiten'; es könne sich erweisen, daß er von Topoi, Tendenzen, Umstilisierungen usw. „gereinigt" werden müsse. Danach wird offenbar die Historizität des Berichteten zu akzeptieren sein. Liege das Berichtete allerdings mehrere Generationen vor dem ältesten Tradenten, dann habe es, ‚wenn nicht andere Anhaltspunkte dafür gefunden werden können', immerhin noch einen Wert als Hypothese."[682]

Diese Mehrdeutigkeit in der Verwendung des Begriffs „authentisch", ermöglicht es nach Meinung von Nagel, dass Schoeler bei seinen Lesern Erwartungen evoziert, die nicht eingehalten werden können. Dasselbe gelte auch für die *isnād-cum-matn*-Analysen von Motzki.[683] Schlussendlich würden die Voraussetzungen für die Anwendung dieses Verfahrens nicht gegeben sein. So könne man aus heutiger Sicht gar nicht feststellen, ob das erhaltene Material an Überlieferungen zu den frühesten Erinnerungen der muslimischen Tradition gehört, da wir über diese Traditionen hinaus keine archimedische Perspektive einnehmen können, um eine zuverlässige Aussage über die Begrenztheit oder Zuverlässigkeit der erhaltenen Überlieferung zu stellen.[684] Zudem hänge die Glaubwürdigkeit der Isnādanalysen von den Angaben in den biographischen Werken über die Tradenten ab, die in ihrer Gesamtheit arbiträr und wenig zuverlässig seien.[685] Ein weiterer Schwachpunkt der Methode bestehe in der inhaltlichen Analyse der Textvarianten einer Überlieferung. Wie könne man von dem kleinsten gemeinsamen Nenner der Varianten eines Hadithes auf den ursprünglich echten Bericht schließen?[686] Zumal die Anwender der *isnād-cum-matn*-Analysen selbst nach der Datierung eines Hadithes eine weitere Überprüfung des rekonstruierten Berichts für nötig halten.[687] Letztendlich schlägt sich Nagel hier auf die Seite der Isnādkritik von Juynboll und Schacht, deren Verständnis des *common links* er teilt und so auch eine Datierung von Überlieferungen zurück in das erste islamische Jahrhundert für unmöglich hält.[688] Daran ändere auch die Kritik Motzkis an Juynboll und Schachts nichts.[689] Auch die umfassende Studie von Schoeler und Görke zum Korpus des ʿUrwa b, az-Zubair könne trotz der Relativierung des eigenen Begriffs der Authentizität die fragwürdigen Voraussetzungen der *isnād-cum-matn*-Analyse nicht überwinden.[690]

Nagel entwirft ein eigenes Szenario zur Entstehung des Hadiths (einschließlich der Überlieferungen zur *sīra*), das seiner Funktion in der muslimischen

---

682 Ebd., 526.
683 Vgl. ebd., 526-529.
684 Vgl. ebd., 530.
685 Vgl. ebd., 530 f.
686 Vgl. ebd., 531.
687 Vgl. ebd.
688 Vgl. ebd., 531-534; 550.
689 Vgl. ebd., 534.
690 Vgl. ebd., 534 f.

Rechts- und Frömmigkeitspraxis gerecht wird. Die auf diese Weise entstehende Chronologie zur Genese des *isnāds* konterkariert die Prämissen der Befürworter der *isnād-cum-matn*-Analyse und stärkt die Thesen von Juynboll und Schacht. Nagel analysiert zunächst die Maßstäbe zur Perfektibilität des *isnāds* bei al-Ḥākim al-Naysābūrī (gest.1014) und schließt daraus auf die Funktion des Haditherwerbs:

> „Blickt der Gelehrte des 10. Jahrhunderts auf die Zeit Mohammeds und seiner Genossen zurück, dann scheint es ihm, daß es schon in jener frühen Zeit ratsam war, sich wie jener Beduine zu verhalten: Man hatte unbedingt das Wort Mohammeds zu hören, wenn dies möglich war. Und später war es sogar für einen Prophetengenossen ersprießlich, ein Wort des Propheten, dessen Inhalt er durchaus kannte, von dem einen Genossen zu hören, der es unmittelbar von diesem vernommen hatte. Sowohl der Beduine als auch der auf Reisen gehende Genosse dürfen dessen gewiß sein, daß ihnen die anderen Gefährten des Gottesgesandten die Wahrheit gesagt haben. Sie gewinnen durch das Hören von Mohammed oder von dem Genossen, der selber die betreffende Äußerung Mohammeds gehört hat, weder zusätzliches Wissen noch zusätzliche Gewißheit. Sie gewinnen indessen die Gegenwärtigkeit der durch Allah in Mohammed gewirkten Rechtleitung."[691]

Derart ergibt sich auch ein anderer Zweck des Isnāds:

> „Der Isnad, der im frühen 8. Jahrhundert üblich wird, ist nun keinesfalls ein Werkzeug einer Zertifizierung geschichtlicher Wahrheit, das außerhalb dieses Vorganges der Herausbildung der an seine Person gebundenen Heilsvermittlung ersonnen worden wäre. Er ist vielmehr selber eine der Erscheinungsformen jenes tiefgreifenden Vorganges, der die Erinnerung an die Lebenssituationen Mohammeds in eine beherzigenswerte und nachzuahmende Verdeutlichung der hier und jetzt sowie im Jenseits Wirkung entfaltenden Heilszusage Allahs umschmilzt."[692]

Diese Rekonstruktion der Entstehungsgeschichte des Hadiths und seiner Etablierung in der muslimischen Rechts- und Frömmigkeitspraxis passt nicht zu dem Verständnis des *common link* bei Schoeler, Görke und Motzki.[693] Diese gingen vielmehr dem Geschichts- und Muhammadbild des sunnitischen Islams auf den Leim.[694] Gemäß Nagel haben die Verfechter der *isnād-cum-matn*-Analyse ein naives Geschichtsverständnis, wenn sie glauben, klar zwischen echten und unechten Überlieferungen trennen zu können und aus den Bruchstücken wahrer Traditionen ein Bild des historischen Muhammads rekonstruieren zu können.[695] Dagegen schlägt er eine nie zu erreichende Annäherung an dem historischen

691 Ebd., 537 f.
692 Ebd., 539.
693 Vgl. ebd., 542; 557.
694 Vgl. ebd., 549.
695 Vgl. ebd., 551.

Muhammad vor, dessen Ausgangspunkt der Koran und die darin enthaltene Entwicklungsgeschichte der Verkündigung Muhammads ist[696]:

„Entscheidend für die Auswertung sind allein inhaltliche Gesichtspunkte, d.h. die Plausibilität der betreffenden Aussage innerhalb eines Geflechts zahlreicher weiterer Aussagen, die in einer organischen Verbindung mit den im Koran dokumentierten Grundzügen des Werdegangs und der Person des Gottesgesandten und Propheten Mohammed stehen. Vollkommene ‚Authentizität' ist prinzipiell nie zu erreichen, aber eine immer weiter zu treibende asymptotische Annäherung an seine Gestalt ist möglich und bleibt eine Aufgabe der Forschung."[697]

Nagel untersucht die Validität der Ergebnisse von Schoeler und Görkes Arbeit mit der Hilfe seiner Analysemethode des Korans und der muslimischen Tradition.[698] Auch zeigt er anhand einzelner Beispiele für sein eigenes Verfahren auf, dass ein inhaltlich orientierter Ansatz der formalistischen *isnād-cum-matn*-Analyse überlegen ist.[699]

Görke, Schoeler und Motzki haben in zwei Aufsätzen auf die Kritik von Nagel reagiert. Die grundsätzlichen Vorbehalte gegen das Verfahren selbst hat Görke überprüft. Nagel behaupte, dass die *isnād-cum-matn*-Analyse auf direktem Wege historischen Fakten über das Leben des Propheten sichern könne.[700] Das würde schließlich der Begriff der Authentizität bei Schoeler implizieren.[701] Tatsächlich unterstellt Nagel einfach, dass die Anwender der *isnād-cum-matn*-Analyse beide Verwendungsweisen von Authentizität (historische Gewissheit über die berichteten Ereignisse/zuverlässiger Überlieferungsprozess bzw. Datierung des Entstehungszeitpunktes einer Überlieferung) propagieren und insbesondere Fakten aus dem Leben des Propheten direkt rekonstruieren möchten.[702] Dieser Vorwurf steht aber nach der Meinung von Görke den Selbstbekundungen der jeweiligen Befürworter der *isnād-cum-matn*-Analyse entgegen. In erster Linie geht es vielmehr um die Prüfung des *Überlieferungsweges* und um die Rekonstruktion der *frühesten Version einer Tradition.*[703] Erst in einem zweiten Schritt könne man fragen, was die frühesten Erzählungen zum Leben des Propheten über die eigentlichen Ereignisse verraten.[704] Entgegen der Meinung von Nagel fragen alle Anwender des quellenkritischen Verfahrens nach dem historischen Gehalt des Berichteten, wenn sie den Überlieferungsprozess soweit es geht überblicken

696 Vgl. ebd., 551; 566.
697 Ebd., 567 f.
698 Vgl. ebd., 543.
699 Vgl. ebd., 552 ff.
700 Vgl. Andreas Görke/ Harald Motzki, Tilman Nagels Kritik an der Isnad-cum-matn-Analyse. Eine Replik. In: ASIA 68 (2/2014) 497-518, hier 499.
701 Vgl. ebd.
702 Vgl. ebd., 499 f.
703 Vgl. ebd., 500 f.
704 Vgl. ebd.

können und die früheste Version eines Berichtes rekonstruiert und datiert haben.[705] Auch sei Nagels Unterstellung, dass man mit dem Verfahren der *isnād-cum-matn*-Analyse der klassischen Hadithkritik der Muslime folge, nicht zu halten.[706] Letztere interessiert sich im Besonderen für die Bewertungen der Überlieferer in den biographischen Werken. Auf diese Angaben würde man im Rahmen einer *isnād-cum-matn*-Analyse gar nicht zurückgreifen.[707] Vielmehr geht es um einen Abgleich der Überlieferungsinformationen im Isnād mit den jeweiligen Textvarianten.

Motzki wehrt sich gegen etliche Detailbeschreibungen seiner Arbeit, die von Nagel vorgenommen wurden und nicht den eigenen Schilderungen entsprechen.[708] Allein die heterogenen Zeitspannen, die im Rahmen der *isnād-cum-matn*-Analyse als Entstehungszeitpunkt für eine Tradition festgestellt wurden, verbieten die falsche Behauptung einer direkten Datierung und Rekonstruktion von Fakten aus dem Leben des Propheten durch das quellenkritische Verfahren.[709] Auch sei die Kategorisierung der *isnād-cum-matn*-Analyse als „formalisitisch" irreführend, da es ja gerade um den Abgleich eines Formelements (Überliefererkette) mit dem Inhalt der jeweiligen Überlieferung geht.[710]

Schoeler geht in seiner Replik auf Nagel stärker auf dessen eigene Methodik ein, die nicht einem basalen Grundsatz der Quellenkritik entspricht: Verwende die ältesten Quellen![711] Nagel übergehe einfach neu editierte Texte, die früher oder simultan zu den von ihm verwendeten Material sind.[712] Auch sei bei ihm die eigene „Intuition" oftmals das eigentliche „Echtheitskriterium".[713] Die von ihm herausgearbeitete zentrale Funktion des Hadiths als Garant für die Präsenz des heilsrelevanten Handelns Muhammads erlaube nicht den weitreichenden Schluss auf die Bedeutungslosigkeit der muslimischen Geschichtserinnerung für den Profanhistoriker.[714] Insgesamt verkenne Nagel, dass Schoelers Analysen vor dem Hintergrund der skeptischen Ansätze in der zweiten Hälfte des 20. Jahrhunderts zu verstehen sind und hier einiges bewirkt haben.[715] Ebenso seien die Urteile Schoelers über die Authentizität möglicher Traditionen sehr differen-

705 Vgl. ebd., 503 f.
706 Vgl. ebd., 506 f.
707 Vgl. ebd.
708 Vgl. ebd., 510-516
709 Vgl. ebd., 509 f.
710 Vgl. ebd., 510.
711 Vgl. Gregor Schoeler, Tilman Nagels „‚Authentizität' in der Leben-Mohammed-Forschung". Eine Antwort. In: ASIA 68 (2/2014) 469-496, hier 475.
712 Vgl. ebd., 473 f.
713 Vgl. ebd., 475 ff.
714 Vgl. ebd., 485-488.
715 Vgl. ebd., 478 ff.

ziert und transparent, sodass der Vorwurf der Irreführung nicht aufrechterhalten werden kann.[716]

3.1.4.3. Die spätantiken Zeugnisse für die Frühgeschichte des Islams

Zweifelsohne war es das Verdienst revisionistischer Ansätze der siebziger Jahre, dass man in der anschließenden Zeit zunehmend auf nichtmuslimische Quellen zur Rekonstruktion frühislamischer Ereignisse zurückgriff, da diese oftmals kontemporär oder früher als die muslimischen Zeugnisse waren. Da die entsprechenden Materialien sprachlich und kulturell sehr heterogen sind, konnte man ihren Wert und ihre Bedeutung für die frühislamische Geschichte als Außenstehender nicht ohne weiteres einschätzen. Umso bedeutsamer ist deshalb die Arbeit von Robert G. Hoyland, der in einer Studie sämtliche spätantike Zeugnisse aus dem Zeitraum von 630-780 systematisch inventarisiert hat.[717] Er teilt die Quellen dabei grob in direkte und indirekte Referenzen zu islamischen Ereignissen ein, gibt jeweils eine englische Übersetzung und ordnet sie in ihrem geschichtlichen Kontext ein. Zwar waren, wie Hoyland selbst betont[718], ein Großteil der von ihm zusammengetragen Angaben bereits aus Einzeluntersuchungen bekannt, jedoch ist seine systematische Gegenüberstellung für den Forscher zur Frühgeschichte des Islam von unschätzbarem Wert. Hoyland hat es nicht bei dieser Mammutaufgabe belassen, sondern auch wichtige methodische Grundsätze für die Verwendung der nichtmuslimischen Quellen reflektiert. Er formuliert drei Fragen, die sich der jeweilige Forscher bei jedem einzelnen Bericht stellen sollte: Woher stammt die Information der Quelle (Augenzeugenbericht, Gerüchte, Kontakt mit einem Informanten usw.)?[719] Welche hermeneutischen Kategorien werden zur Beschreibung des Geschehenen herangezogen (biblische Motive, polemische Topoi usw.)?[720] Welche Rolle spielte die Information für den Berichtenden (War er selbst von den Ereignissen betroffen? Verfolgte er bestimmte Ziele?)?[721] Insgesamt glaubt Hoyland, dass man – anders als die Revisionisten – auch die Kontinuitäten und Korrespondenzen zwischen muslimischen und nichtmuslimischen Quellen in Augenschein nehmen sollte. Denn bei einer Konvergenz könne man schwerlich argumentieren, dass beide Seiten bewusst etwas falsch dargestellt haben.[722] So stellt Hoyland in der allgemeinen Einordnung der nichtmuslimischen Materialien fest, dass es in etlichen

716 Vgl. ebd., 480-484.
717 Vgl. Robert G. Hoyland, Seeing Islam as Others Saw It. A Survey and Evaluation of Christian, Jewish and Zoroastrian Writings on Early Islam, Princeton 1997, 4.
718 Vgl. ebd., 6.
719 Vgl. ebd., 592 ff.
720 Vgl. ebd., 594 f.
721 Vgl. ebd., 595 ff.
722 Vgl. ebd., 591.

Bereichen (Rolle der Religion, staatliche Herausforderungen, Selbstvergewisserung der religiösen Identität, apokalyptische Vorstellungen usw.) sowohl Kontinuitäten als auch Wandlungsprozesse zwischen den Entwicklungen in der Spätantike und dem frühen Islam gibt.[723]

Bei der Analyse historischer Quellen muss man sich nach Hoyland auch stets ihrer Beschaffenheit und Struktur bewusst werden: Hat man es also mit dem Text eines Autors oder mehrerer fortgeschriebener Textschichten zu tun?[724] Welche Rolle spielen Oralität und Schriftlichkeit bei der Entstehung und Überlieferung eines Berichtes?[725] Und in welchen Diskursen ist ein Text eingebettet (Apologetik, Häresie usw.) und welcher entsprechenden Gattung ist er zugehörig (polemischer Traktat, Streitgespräch usw.)?[726] Hoyland zählt die häufigsten Erklärungsmuster und Topoi der nichtmuslimischen Quellen für die frühislamischen Ereignisse auf (Zorn oder Bestrafung Gottes, biblisch-apokalyptische Deutungsmuster, polemische Topoi wie die „Weltlichkeit" und Primitivität der neuen Religion usw.).[727] Ist man für die Beschaffenheit und Modalitäten der nichtmuslimischen Zeugnisse sensibilisiert, dann lassen sich durch ihre komparative Betrachtung mit materialen und muslimischen Quellen sehr kontroverse Fragen zur Frühgeschichte des Islams beantworten. So glaubt Hoyland zeigen zu können, dass die expandierenden muslimischen Araber trotz ihres religiös inklusiven Charakters auch eine eigenständige Gruppe mit distinkter religiöser Identität bildeten und dass der Mangel an frühen materialen Evidenzen für den Koran und Muhammad plausibel erklärt werden können, ohne dass man gleich auf ihre Nichtexistenz schließen muss.[728] Ein anderes Anwendungsbeispiel ist die Frage nach der Gebetsrichtung im frühen Islam, für dessen Schwanken Hoyland eine überzeugende Lösung präsentiert, die ohne die Dekonstruktion und Revision der Frühgeschichte des Islams auskommt.[729]

3.1.4.4 Die Genese der muslimischen Geschichtsschreibung

Die muslimische Tradition zeugt in den unterschiedlichsten Literaturgattungen von einer reichen Erinnerungskultur zu den Anfängen und der Entstehung der eigenen Religion. Doch wann genau und warum haben die Muslime angefangen, Geschichte zu schreiben? Und wie haben sie damit begonnen? Fred M. Donner, der auch Duris Untersuchung zur Entstehung der islamischen Ge-

723 Vgl. ebd., 11-31.
724 Vgl. ebd., 34-40.
725 Vgl. ebd., 40-44.
726 Vgl. ebd., 44-49.
727 Vgl. ebd., 523-544.
728 Vgl. ebd., 545-559.
729 Vgl. ebd., 560-573.

schichtsschreibung der westlichen Forschungswelt zugänglich gemacht hatte, macht diese Fragen zum Ausgangspunkt einer Studie.[730] Bevor er jedoch zu seiner eigenen Analyse übergeht, unterscheidet Donner vier Forschungsansätze zur Auswertung der Quellen für die Frühgeschichte des Islams („Descriptive Approach“, „Source-Critical Approach“, „Tradition-Critical Approach“, „Skeptical Approach“).[731] Angesichts der radikalen Thesen der revisionistischen Variante des skeptischen Ansatzes, sieht er sich gezwungen, diese kritisch zu hinterfragen. Unter anderem wegen der Distanz von mehr als einem Jahrhundert zwischen den Ereignissen selbst und deren Verschriftlichung haben einige Revisionisten die muslimischen Quellen verworfen. Diese würden vielmehr die „heilsgeschichtliche“ Wahrnehmung der späteren Zeit wiederspiegeln.[732] Die muslimische Selbstdarstellung der eigenen Anfänge wurde dann oftmals als Fiktion aus der Warte der späteren dogmatischen und formativen Entwicklungen angesehen. Donner moniert zunächst, dass es zwar sehr wohl Indizien für eine tendenziöse Darstellung der Vergangenheit in den muslimischen Quellen gibt, nur sei der pauschale Schluss auf den fiktiven Charakter der gesamten Tradition damit nicht zu begründen.[733] Auch sei eine ganzheitliche Durchsetzung der dogmatisch konstruierten Genese des Islams kontrafaktisch, und pragmatisch gesehen, gar nicht möglich gewesen.[734] Schließlich gab es nur wenige Jahrzehnte nach Muhammads Tod mehrere religiös-politische und theologische Strömungen, die trotz der zahlreichen Differenzen und heftig geführten Auseinandersetzungen, bezüglich des Grundrahmens der Genese des Islams einig waren.[735] Auch können revisionistische Darstellungen nicht die Gruppen oder Personen identifizieren, die die Macht gehabt hätten, eine komplette Neukonstruktion der eigenen Geschichte faktisch durchzusetzen.[736] Wie hätte man jegliche materiale Evidenz für die eigentlichen historischen Prozesse und Ereignisse auslöschen können?[737] Es sei vielmehr wahrscheinlicher, dass es in der muslimischen Überlieferung sehr heterogenes Material gibt und dass weniger überzeugende Ideen sich nicht durchsetzten, während andere religiöse und theologische Vorstellungen sich eher wirkungsgeschichtlich entfaltet haben.[738] Statt die eigentliche Genese des Islams für immer verloren zu erklären, sei hier eine kritische Haltung gegenüber den Quellen angebracht, die anhand einer profunden Analyse, Re-

730 Vgl. Fred M. Donner, Narratives of Islamic Origins. The Beginnings of Islamic Historical Writing, Princeton 1998, xi.

731 Vgl. ebd., 5-25.

732 Vgl. ebd., 23.

733 Vgl. ebd., 25 f.

734 Vgl. ebd., 26 f.

735 Vgl. ebd.

736 Vgl. ebd., 27.

737 Vgl. ebd., 27 f.

738 Vgl. ebd., 28.

likte früherer Zeugnisse herausarbeitet.[739] Zwar sei es angesichts der Natur der muslimischen Quellen generell zu begrüßen, dass gerade bei revisionistischen Ansätzen Methoden aus der Bibelkritik eine eminente Rolle gespielt haben.[740] Nur hat man unzulässiger Weise auch die Ergebnisse der kritischen Bibelexegese ohne eindringlicher Bestandsaufnahme der Qualität muslimischer Zeugnisse übernommen.[741]

Die zweite Hypothese, die in ihrer Radikalität Donners eigene Voraussetzungen der Untersuchung konterkariert, ist die Annahme einer über zwei Jahrhunderte dauernden Genese und Konstitution des Korans, die außerhalb des Ḥiğāz stattfand und mit der endgültigen Kodifizierung des koranischen Textes endete. Gegen diese Hypothese spricht nach Donner das Verhältnis des Korans zur Hadithliteratur.[742] Zwischen beiden bestehe oftmals eine inhaltliche Diskrepanz, die eine synchrone Entstehungsgeschichte beider Textsorten ausschließt.[743] So spiegeln sich die unmittelbar nach dem Tod des Propheten einsetzenden politischen und theologischen Streitigkeiten über Autorität, Nachfolge und Rechtschaffenheit nicht im Koran wieder.[744] Ebenso sind die Prophetengefährten in der Hadithliteratur von besonderer Relevanz, während sie im koranischen Diskurs keine Erwähnung finden.[745] Die in den muslimischen Überlieferungen nachweisbaren Anachronismen, Erzählungen über Propheten, Wahrnehmungen der Rolle Muhammads, Bestimmungen zum Ritus und der Sprachgebrauch unterscheiden sich charakteristisch von den koranischen Angaben.[746] Diese Divergenzen deuten demnach auf eine diachrone Entwicklung hin. Das von Koren und Nevo vorgebrachte Argument, dass es archäologisch in den ersten Jahrzehnten des islamischen Jahrhunderts keine materialen Nachweise für den Koran in der Wüste Negev gibt, hält Donner für einen Zirkelschluss, da die Verortung der Islamgenese in Negev/Syrien eine unbegründete Vorannahme sei und die frühe Schriftlichkeit des Korans voraussetze.[747]

Nachdem Donner den Koran als älteste muslimische Quelle für die Frühzeit gesichert hat, analysiert er diesen auf inhaltlicher Ebene, um das Geschichtsverständnis des Propheten und seiner Anhänger in den ersten Jahrzehnten nach seinem Tod zu rekonstruieren. Er unterteilt den koranischen Stoff aufgrund der Form und des Inhalts in drei Kategorien: *Paränetisch*, *legislativ* und *narrativ*.[748] Alle drei Kategorien verkörpern im Grunde eine bestimmte Form der Frömmig-

739 Vgl. ebd., 28 f.
740 Vgl. ebd., 29.
741 Vgl. ebd.
742 Vgl. ebd., 35-61.
743 Vgl. ebd., 39.
744 Vgl. ebd., 40-46.
745 Vgl. ebd., 46 f.
746 Vgl. ebd., 47-61.
747 Vgl. ebd., 62 f.
748 Vgl. ebd., 64-67.

keit, die auch militante Züge annimmt, um Böses in der Welt aktiv zu verhindern.[749] Im Kern bestehe die essentielle Botschaft des Korans darin, an den einen Gott als Schöpfer zu glauben und ihm zu gehorchen.[750] Man solle Gott und das Endgericht fürchten und Gutes tun.[751] Deshalb warnt der Koran paränetisch vor dem jüngsten Gericht, schreibt dem Menschen die göttlichen Gebote vor und schildert die Vorbildlichkeit früherer Gläubiger.[752] Oft überschneiden sich die Frömmigkeitsvorstellungen des Korans mit den spätantiken Frömmigkeitsidealen und relativieren diese auch an einigen Stellen.[753] Typisch für den Koran sei ein moralischer Rigorismus, der die Welt und die Menschen strikt zwischen Gut und Böse teilt.[754] Das führe zu einem ahistorischen Geschichtsverständnis des Korans.[755] Sämtliche Geschichte der Menschheit wird vor dem Hintergrund der moralischen Polarisierung gesehen (Entweder ist man gläubig und gehorsam oder ungläubig und ungehorsam), sodass kein Platz für die Darstellung des individuellen Kampfes des Einzelnen um religiöse Wahrheit und für die Komplexität der Welt ist.[756] Anders als in der Bibel entbehren die koranischen Erzählungen über Joseph oder Adam und Evas Vergehen jegliche emotionale Dramatik und Dialektik.[757] Die Botschaft ist immer dieselbe: Die Gläubige gehorcht Gott, der barmherzig ist und die Verfehlungen seiner Diener auch entschuldigt.[758] Die renitenten Widersacher der Gläubigen und die Ungehorsamen gegenüber Gott werden dagegen bestraft.[759] Insgesamt liest sich Donners Urteil über die geschichtlichen Implikationen des koranischen Welt- und Frömmigkeitsverständnis folgendermaßen:

> „[…] In this sense, the Qur'ān can be seen to be profoundly ahistorical, it is simply not concerned with history in the sense of development and change, either of the prophets or peoples before Muhammad, or of Muhammad himself, because in the Qur'ān view the identity of the community to which Muhammad was sent is not *historically* determined, but *morally* determined."[760]

Die urmuslimische Gemeinde um Muhammad war gar nicht an einer historischen Form der Selbsverortung interessiert:

> „We can conclude, then, that historical narration – the conscious effort to explain a specific human situation by relating how it resulted from a sequence of earlier events – was

749 Vgl. ebd., 74 f.
750 Vgl. ebd., 67.
751 Vgl. ebd.
752 Vgl. ebd., 69 f.
753 Vgl. ebd., 70-74.
754 Vgl. ebd., 75 ff.
755 Vgl. ebd., 80.
756 Vgl. ebd., 77 f.
757 Vgl. ebd., 77-82.
758 Vgl. ebd., 76.
759 Vgl. ebd.
760 Ebd., 84.

> not particularly important to the early community of Believers, either in Muhammad's time or for at least a generation thereafter. Their overwhelming concern for piety had simply obliterated any sense of history as having significance."[761]

Donner sieht sein Urteil durch materiale und literarische Zeugnisse bestätigt.[762] Doch warum hat sich in der muslimischen Tradition das Bedürfnis zur historischen Verortung später herausgebildet? Donner legt dar, dass Frömmigkeit eine Form von Legitimität der eigenen Gruppenidentität ist, die jedoch auch genealogisch, theokratisch und historisch erfolgen kann.[763] Letzteres ist dann tatsächlich in späterer Zeit geschehen, sodass Donner die genauen Phasen der Entstehung muslimischer Geschichtsschreibung von der Indifferenz der Urgemeinde hin zu den monumentalen Geschichtswerken der klassischen Zeit expliziert.[764]

Die genauen Implikationen von Donners historiographischer Studie für das Bild des historischen Muhammads und seiner Anhänger hat er später in einer Monographie genauer erörtert: Die ursprünglichen Mitglieder der Bewegung Muhammads verstanden sich weniger als Muslime, sondern als „Gläubige" (*muʾminūn*), die das Endgericht Gottes unmittelbar erwartet haben und sich durch eine rigorose Frömmigkeitspraxis darauf vorbereiteten.[765] Man nahm sich selbst nicht als neue und eigenständige Konfession war. Vielmehr konnten auch Juden und Christen Teil der Bewegung der „Gläubigen" sein.[766] Letztere durften sogar ihre eigenen Gesetze und kultische Praktiken verfolgen, während Muhammad und seine Anhänger den Koran als Referenz für das eigene Handeln hatten. Die „Gläubigen" einte das gemeinsame Frömmigkeitsverständnis. In den letzten Lebensjahren Muhammads nahm seine Bewegung zunehmend militante Züge zur Verbreitung der göttlich gewollten und gewünschten Ordnung vor dem nahendem Gericht Gottes an.[767] Die Expansion der Araber hatte in Wirklichkeit einen religiösen Impetus.[768] Erst allmählich entstand die Religion des Islams als eigenständige Konfession. Zur Regierungszeit ʿAbd al-Maliks wurde dieser Prozess katalysiert (685-705).[769]

Als Beleg für diese Darstellung der Frühgeschichte stützt sich Donner auf den Koran, auf authentische „Dokumente" der muslimischen Tradition (sogenannte „Konstitution von Medina"), literarische Quellen muslimischen und nichtmuslimischen Ursprungs.

761 Ebd., 96.
762 Vgl. ebd., 85-94.
763 Vgl. ebd., 98-114.
764 Vgl. ebd., 275-282.
765 Vgl. Fred M. Donner, Muhammad and the Believers. At the Origins of Islam, Harvard 2012, 57 ff.
766 Vgl. ebd., 68-74.
767 Vgl. ebd., 82-86.
768 Vgl. ebd., 106-118.
769 Vgl. ebd., 194-203.

3.1.4.5 Koranforschung

Die Koranforschung hat sich in den letzten Jahrzehnten überaus diversifiziert. Der Genese- und Rezeptionsprozess des koranischen Textes hat sich dabei als komplexes Phänomen erwiesen, für dessen Rekonstruktion es der Lösung und Einordnung etlicher Sachverhalte seiner Entwicklungsgeschichte bedarf. Eine um ein bis zwei Jahrhunderte verspätete Endredaktion des koranischen Textes – wie sie noch Wansborugh vorgeschlagen hatte – ist zunehmend fragwürdig, wenn nicht gar haltlos geworden. Die kodikologische Forschung hat in den letzten Jahrzehnten immense Fortschritte gemacht, sodass sich jetzt schon bedeutende Implikationen für ein Verständnis der Korangenese abzeichnen lassen. Auch die archäologischen Erkenntnisse zur weiteren Umwelt des prophetischen Verkündigungskontextes versprechen ein tieferes Verständnis der unmittelbaren Sprach- und Kulturwelt von Muhammad. Die Epoche der Spätantike als „religiöser Denkraum"[770] erweist sich immer mehr als eminenter Diskurskontext für eine Entschlüsselung des koranischen Textes. Insgesamt bleiben die Ergebnisse der Koranforschung weiterhin von zentraler Bedeutung für die Rekonstruktion der Frühgeschichte des Islams und der historischen Person Muhammads.

Die bedeutendste Untersuchung zur Struktur der mekkanischen Suren und Verse hat Angelika Neuwirth im Rahmen einer Habilitationsschrift vorgelegt. In der zweiten Auflage der dazugehörigen Publikation hat sie eine umfangreiche Verortung der eigenen Arbeit im forschungsgeschichtlichen Kontext vorgenommen. Hier formuliert Neuwirth schon zu Beginn einen wichtigen Grundsatz des eigenen Ansatzes:

> „Der Koran ist heuristisch zunächst in seiner überlieferten Form ernst zu nehmen, bevor er zum Gegenstand textueller Experimente werden kann, wie sie in neueren Studien, etwa zum Erweis hypothetischer präislamischer Vorlagen, gängig geworden sind."[771]

Neuwirth hat hier die Arbeiten von Lüling, Luxenberg und Wansbrough im Sinn. An letzterem schätzt sie zwar die Art und Weise, wie er vermeintliche Selbstverständlichkeiten in Frage gestellt und wertvolle Beobachtungen bezüglich des Korans und der frühislamischen Natur gemacht hat, die tatsächlich einer Erklärung bedürfen.[772] Jedoch könne man nicht *ab ovo* die Frage nach der literarkritischen Integrität des Korans übergehen und den Text nach formkritischen Gesichtspunkten auseinanderziehen.[773] Lüling und Luxenberg haben dagegen

770 Vgl. Nora Schmidt/ Angelika Neuwirth, Denkraum Spätantike. Reflexionen von Antiken im Umfeld des Koran, Wiesbaden 2016.

771 Angelika Neuwirth, Studien zur Komposition der mekkanischen Suren. Die literarische Form des Koran – ein Zeugnis seiner Historizität? Berlin [2]2007, 1*.

772 Vgl. ebd., 11* ff.

773 Vgl. ebd., 13*.

über die christlichen Vorlagen des koranischen Textes spekuliert.[774] Ihre Arbeiten sensibilisieren zwar für die Schnittpunkte des koranischen Diskurses mit den Vorgängertraditionen, würden jedoch ihre jeweilige (christliche) Ursprungshypothese einseitig dem Koran aufpfropfen und den Blick für die Eigenheiten des koranischen Textes sperren.[775] Neuwirth möchte mit ihrem eigenen Ansatz nicht nur den revisionistischen Ansätzen Paroli bieten, sondern auch die durch die Muhammadforschung bestimmende Perspektive auf den Koran als Text eines Autors hinterfragen.[776] Deshalb hat sie ein Modell inauguriert, nach dem sie zwischen dem Status des Korans als kanonischer Text (im extensionalen Sinne) nach seiner Endredaktion und dem Koran als Zeugnis einer „Gemeindebildung" unterscheidet. Im ersten Falle gerät er als abgeschlossener Kanon in den Fokus, der als direkter Niederschlag der göttlichen Botschaft an Muhammad gilt und gewissermaßen in Stein gemeißelt ist.[777] Im zweiten Falle wird der genetische Prozess wahrnehmbar, der dem koranischen Text unterliegt.[778] Demgemäß spiegeln sich die Prozesse einer Identitätsbildung, Kultentwicklung und religionspolitischen Auseinandersetzung wieder, die nicht allein von Muhammad als Adressaten einer göttlichen Ansprache, sondern auch von seinen Mitstreitern und Zuhörern getragen werden. Hier konstituiert sich eine Interaktion zwischen Gott, Muhammad, seinen Anhängern und seiner Umwelt, dessen Niederschlag und Echo sich im Koran findet. Natürlich bleibt dieses Verständnis des Korans als Zeugnis einer Gemeindebildung nur eine Hypothese, solange nicht am Text selbst starke Indizien für ein derartiges Szenario explizieren lassen. Tatsächlich hat sich bei Neuwirth diese Perspektive auf den Koran im Zuge ihrer eigenen Arbeiten und Analysen herauskristallisiert und verfestigt.

In ihrer Habilitationsschrift beruft sie sich auf den bewährten Methodenkanon der Bibelexegese und dessen Adaption für die Analyse der koranischen Sure und ihrer Struktur:

> „Sie [die Studien der Habilitationsschrift] folgten dem Muster der in der Biblistik üblichen Methodenschritte: 1) Literarkritik, 2) Formkritik, 3) Gattungskritik und 4) Redaktionskritik. Von der Prämisse ausgehend, dass die Einheit Sure bereits vorkanonisch Realität besaß, wurde die Sure zum primären Untersuchungsgegenstand erhoben. Daraus ergab sich folgendes Verfahren: eine Sure ist zunächst einmal als in sich geschlossener Text zu interpretieren, literarkritisch auf ihre Einheitlichkeit hin, formkritisch auf ihre funktionale und ornamentale Form hin. Gattungskritisch kann darauf aufbauend aus dem Vergleich einer Mehrzahl von Suren und der in ihnen reflektierten Textsorten auf die Realität einer gemeinsamen oder mehrerer verschiedener Gattun-

774 Vgl. ebd., 13*-15*.
775 Vgl. ebd., 14*;16*.
776 Vgl. ebd., 7*ff.
777 Vgl. ebd., 23* f.
778 Vgl. ebd., 24*-27*.

gen geschlossen werden. Schließlich ist das Gesamtcorpus auf Spuren seiner Redaktion hin zu untersuchen [...].“[779]

Bevor die Struktur der mekkanischen Suren expliziert werden kann, geht Neuwirth einen Schritt zurück und prüft die Versabteilungen der muslimischen Tradition. Dazu erarbeitet sie sich zunächst Kriterien, die insbesondere auf der Versstruktur und den Reimen basieren.[780] Dabei erweist sich die von Neuwirth analysierte dominante kufische Versabteilung an einigen Stellen als korrekturbedürftig.[781] Gleichzeitig kann gezeigt werden, dass die Einteilung der Suren in Verse (nicht deren Zählung) ursprünglich zur Genese des Textes gehört hat. Es folgt darauf eine eingehende Erhebung und Klassifikation der Reime in den mekkanischen Suren und deren statistische Verteilung.[782] Dieser Schritt ist die nötige Voraussetzung, damit Neuwirth die unterschiedlichen Arten von Versen und deren Struktur inventarisieren kann.[783] Nach dieser Analyse der mikrostrukturellen Bausteine der Suren fragt Neuwirth nach der Komposition der mekkanischen Suren und ihrer Einheitlichkeit.[784] Dabei versucht sie nachzuweisen, dass die Reim- und Versstruktur in einem reziproken Konstitutionsverhältnis zur Komposition der Sure stehen. Die Verse wurden also nicht nachträglich in Suren zusammengefasst, sondern scheinen in den mekkanischen Suren kompositionelle Bausteine zu sein. Neuwirth erarbeitet sich die unterschiedliche Struktur der Suren in drei mekkanischen Perioden. Für die zweite und dritte Periode kann sie sogar feste Rahmenteile der Suren identifizieren, deren jeweiligen Sitz im Leben sie zu bestimmen versucht.[785]

Im Rahmen dieser Arbeit lässt sich die Gelehrsamkeit und die Bedeutung von Neuwirths koranischen Studien in den folgenden Jahrzehnten nicht erschöpfend würdigen. Fest steht, dass sie entschieden für die inklusive Wahrnehmung des Korans als bedeutende Stimme im Kontext spätantiker Religionsdiskurse geworben[786] und auch maßgebliche methodische Weichenstellungen für ein Verständnis der Genese, Struktur und der inhaltlichen Stoßrichtung des koranischen Textes gestellt hat. Ihr in mehrbändigen Teilen erscheinender Kommentar zu den mekkanischen Suren[787] ist ein Zeugnis ihres Gespürs dafür, wie sich

779 Ebd., 37*.
780 Vgl. ebd., 14-20.
781 Vgl. ebd., 21-63.
782 Vgl. ebd., 65-115.
783 Vgl. ebd., 117-174.
784 Vgl. ebd., 175-321.
785 Vgl. ebd., 238-321.
786 Vgl. ANGELIKA NEUWIRTH, Der Koran als Text der Spätantike. Ein europäischer Zugang, Berlin 2010.
787 Vgl. ANGELIKA NEUWIRTH, Der Koran. Bd. I: Frühmekkanische Suren. Poetische Prophetie, Berlin 2011.

der klassische Methodenkanon der Bibelkritik für die Analyse des Korans adaptieren lässt, ohne dass man den Blick für die Integrität des Textes selbst verliert.

Der Koranforscher Nicolai Sinai hat für die Textgenese und frühislamische Exegese des Korans das Phänomen der *Kanonizität* heiliger Schriften in Anschlag gebracht. Wie die Befürworter des *canonical approach* in der Bibelwissenschaft versteht er den Begriff des Kanons nicht nur im extensionalen, sondern auch im intensionalen Sinne.[788] Ein Text erlangt sukzessive den Rang einer kanonischen Schrift, indem bestimmte Interpretationstechniken bei ihrer Konstitution und Verwendung eine Rolle spielen. Und der Status als Kanon kann auch nur aufrechterhalten werden, indem diese Interpretationsverfahren und deren Voraussetzungen weiterhin bestehen bleiben. Da Sinais Reflexionen zum Begriff des Kanons bereits Gegenstand dieser Arbeit waren[789], möchte ich im Folgenden auf diejenigen Teile seiner Untersuchung kurz eingehen, die für den Quellenwert des Korans im Rahmen der Leben-Muhammad-Forschung von Relevanz sind.

Sinai setzt sich im Zuge seiner eigenen Studie zum Koran mit den revisionistischen Ansätzen zur Frühgeschichte des Islams auseinander. Als entscheidend für die mit Wansbrough beginnende revisionistische oder „heilsgeschichtliche" Schule erachtet er zwei zentrale Hypothesen: Die topographische Loslösung des Korans vom Ḥiǧāz und die Spätdatierung seiner Endredaktion (frühestens 800), sodass sich eine entstehungsgeschichtliche Simultanität zwischen Prophetenbiographie, frühem Korankommentar und dem Koran selbst ergibt.[790] Gegen diese Annahmen argumentiert Sinai, indem er darauf hinweist, dass sich das Leben Muhammads im Gegensatz zu etlichen heilsgeschichtlichen Legenden auch in rein profanen Kategorien beschreiben lässt.[791] Das spreche für die Tatsache, dass Muhammad keine rein fiktive Person gewesen ist und dass man doch zwischen legendarischem Überbau und historischen Abläufen unterscheiden kann. Auch verweist er auf die Ergebnisse der *isnād-cum-matn*-Analysen, die etliche Ereignisse nur wenige Jahrzehnte später zum eigentlichen Geschehen datieren lassen, sodass hier eine reine Fiktion der Ursprünge des Islams schwerlich vorstellbar ist.[792] Auch führt Sinai ein bedeutendes Argument vor, dass Donner *in extenso* ausformuliert hatte: Wirkungsgeschichtlich wäre ein hohes Maß an Verschwörungswillen und Macht von Nöten gewesen, um eine rein fiktive Kreation des arabischen Propheten und seiner Religion gegen jeglichen Widerstand durchzusetzen und sämtliche Indizien dafür zu eliminieren.[793] Hier ver-

788 Vgl. Sinai, Fortschreibung und Auslegung, 1-22.
789 Siehe oben 41 ff.
790 Vgl. Sinai, Fortschreibung und Auslegung, 23 f.
791 Vgl. ebd., 30 f.
792 Vgl. ebd., 31 f.
793 Vgl. ebd., 29 f.

blüfft über alle theologischen Einzeldifferenzen hinweg der Konsens sämtlicher muslimischer Gruppierungen bezüglich des Rahmens der Frühgeschichte.

Gegen die um fast zwei Jahrhunderte verspätete Datierung des Korans spricht hingegen, dass er nicht die Struktur eines Textes aufweist, der über eine solch lange Überlieferungsgeschichte verfügt.[794] Die Dissonanzen, die zwischen dem Koran und der übrigen Tradition oftmals noch nachweisbar sind und die Tatsache, dass die politischen und theologischen Zerwürfnisse der späteren Zeit keinen Niederschlag im koranischen Text gefunden haben, müssen angesichts einer sehr langen Entstehungszeit verwundern.[795] Ein Vergleich mit dem Verhältnis zwischen Evangelien und der Logienquelle zeige zudem, dass die Hypothese von der entstehungsgeschichtlichen Simultanität zwischen Koran und Prophetenbiographie so nicht aufrechterhalten werden kann .[796]

Einige Revisionisten haben die Probleme einer sehr späten Datierung gesehen. So hat Crone eine frühere Endredaktion vorgeschlagen (Mitte der umayyadischen Herrschaft), hält jedoch aufgrund von zwei Problemen an der Revision der muslimischen Selbstwahrnehmung der eigenen Ursprünge fest.[797] Denn es lässt sich ansonsten schwer erklären, wieso die frühe Koranexegese sehr unbeholfen in Bezug auf die Bedeutung einiger koranischer Begriffe war und wieso dem Koran nicht von Beginn an die unumstrittene Funktion als kardinale Quelle der Rechtsprechung zukam.[798] Sinai erklärt diese Phänomene damit, dass dem Koran nach dem Tod des Propheten und seiner Endredaktion primär eine „rituell-devotionale" Funktion zukam.[799] Angesichts der Vielzahl an Neumuslimen und der Expansionsbewegung stand der koranische Text weniger als kanonisches Objekt der *Exegese* im Fokus, sondern war mehr ein „Symbol der Identität" und so wurden Suren auch als Schlachtlieder verwendet.[800] Sinai vermutet, dass es hier nach dem Tod des Propheten zu einem „Funktionsverlust" des Korans gekommen ist.[801] Er hat nun primär einen rituellen Sitz im Leben gehabt. Als „phatische Rede" steht nicht die profunde Durchdringung der Semantik des Textes im Mittelpunkt.[802] Das schließt nicht aus, dass auch in theologischen und rechtlichen Fragen bereits in der Frühzeit Koranverse eine bedeutende Rolle gespielt haben.[803] Nur hat sich die Kanonizität des Korans im vollen Umfange erst mit der Zeit wiedereingestellt.[804] Deshalb unterscheidet Neuwirth auch

794 Vgl. ebd., 32-35.
795 Vgl. ebd., 33.
796 Vgl. ebd., 34 f.
797 Vgl. ebd., 35.
798 Vgl. ebd., 36 f.
799 Vgl. ebd., 39.
800 Vgl. ebd., 42 f.
801 Vgl. ebd., 43.
802 Vgl. ebd., 40.
803 Vgl. ebd., 44-50.
804 Vgl. ebd., 53.

zwischen dem Koran als Zeugnis eines Gemeindebildungsprozesses und der späteren Wahrnehmung des *muṣḥaf* als vollständige und direkte Offenbarung an Muhammad.

Bezüglich der Textchronologie hält sich Sinai an Neuwirth und geht von der Sure – insbesondere für die mekkanische Phase – als ursprünglich intendierte Einheit bei der Genese des Korans aus.[805] Als entscheidendes Indiz für die Diachronie der mekkanischen Surentypen nennt er das Vorhandensein von Zwischentypen, die sich sinnvoll nur im Rahmen eines Entwicklungsprozesses erklären lassen.[806] Für die Verortung der entsprechenden Surentypen setzt er die chronologischen und topographischen Grunddaten der muslimischen Tradition weiterhin voraus.[807] Das Wachstum des koranischen Textes beschreibt er als „kanonischen Prozess", im Zuge dessen es unter anderem zu einer interpretativen Fortschreibung früherer Verse und Suren durch neue Suren und Verse kommt, wobei dieser Prozess reziprok abläuft.[808] Sinai zeigt hier auch die Unterschiede zu Fortschreibungsphänomenen in der Bibel auf.[809] An einem Beispiel exemplifiziert er sein Modell der Textgenese.[810]

Neuwirth und Sinai haben gemeinsam mit dem Kodikologen Michael Marx das Projekt *Corpus Coranicum* an der Berlin-Brandenburgischen Akademie der Wissenschaften Anfang 2007 ins Leben gerufen.[811] Das Vorhaben ist in drei Teile gegliedert.[812] Es wird zunächst ein kritischer Textapparat des Korans erarbeitet, der die kanonischen und nichtkanonischen Lesarten der muslimischen Tradition, die tradierten kanonischen und nichtkanonischen Textvarianten und die ältesten Manuskripte synoptisch gegenüberstellt. Dieser Teil steht in der Tradition der textkritischen Arbeit von Gotthelf Bergsträsser, Otto Pretzl und Arthur Jeffery.[813] Als zweite Säule des Projektes gilt die Sammlung von Texten aus der Umwelt des Korans, die direkt oder indirekt Anschlusspunkte des koranischen Diskurses darstellen.[814] Der dritte Teil besteht aus einem historisch-kritischen und literaturwissenschaftlichen Kommentar, der den Prinzipen der koranischen Studien nach Neuwirth und Sinai folgt.[815] Sämtliche Ergebnisse des Vor-

---

805 Vgl. ebd., 61-65.
806 Vgl. ebd., 65-71.
807 Vgl. ebd., 71 ff.
808 Vgl. ebd., 75-85.
809 Vgl. ebd., 79 f.
810 Vgl. ebd., 86-96.
811 Vgl. Michael Josef Marx, Ein Koran-Forschungsprojekt in der Tradition der Wissenschaft des Judentums: Zur Programmatik des Akademievorhabens *Corpus Coranicum*. In: Dirk Hartwigu.a. (Hg.), „Im vollen Licht der Geschichte". Die Wissenschaft des Judentums und die Anfänge der kritischen Koranforschung, Würzburg 2008, 41-53, hier 41.
812 Vgl. ebd., 44.
813 Vgl. ebd., 41 ff.
814 Vgl. ebd., 44; 47 ff.
815 Vgl. ebd., 44 ff.

habens werden über eine Webseite publiziert und zur Verfügung gestellt. In der Gesamtanlage stellt das *Corpus Coranicum* das derzeit ambitionierteste und bedeutendste Projekt im Bereich der Koranforschung dar.

Die kodikologische Untersuchungen zum Koran haben in den letzten Jahrzehnten eminente Ergebnisse für die Textgenese hervorgebracht. Mehrere Handschriften, die man sonst aufgrund paläographischer Kriterien ins 8. Jahrhundert gehörig vermutet hatte, wurden mit Hilfe der Radiokarbonmethode ins 7. Jahrhundert datiert.[816] Durch die gute Textdokumentation des Korans im 7. Jahrhundert ist eine revisionistische Spätdatierung des Korans und die Entstehung des Islams im 8. Jahrhundert nahezu ausgeschlossen.[817]

Auch für die Konstitution und den Modus der koranischen Textgenese können nun kodikologische Argumente ins Feld geführt werden. Sadeghi und Bergmann haben ein Koranpalimpsest aus Ṣanaʿā' untersucht und konnten die untere Koranschicht anhand der Radiokarbonmethode mit hoher Wahrscheinlichkeit vor der angenommenen uthmanischen Redaktion (ca. 650) datieren. Sie vermuten eine Genese des älteren Korankodex zum Ende von Muhammads Lebenszeit.[818] Eine Analyse der unteren Textschicht zeigt, dass man zum ersten Mal materiale Evidenzen für die Existenz nichtuthmanischer Kodizes hat, von der die muslimische Tradition berichtet.[819] Es gibt Überschneidungen der älteren Textschicht mit den Überlieferungen zu anderen nichtuthmanischen Kodizes.[820] Insgesamt hat aber der ältere Koran des Palimpsests ein eigenes Gepräge, das die muslimischen Angaben bezüglich der Existenz von Gefährtenkodizes bestätigt.[821]

Auch könne man nun mit ziemlicher Sicherheit sagen, dass die Suren ein ursprünglicher Bestandteil der Genese des Korans gewesen sind und nicht später dem Text oktroyiert wurden.[822]

Sadeghi und Bergmann meinen, dass die Ergebnisse ihrer Analyse der unteren Koranschicht auch im Falle einer späteren Datierung durch die Radiokarbonmethode gültig gewesen wären.[823] Dieser Sachverhalt ergibt sich durch die formale und inhaltliche Struktur des Textes selbst.

Neben seiner kodikologischen Studien hat Sadeghi auch das Verfahren der Stilometrie zur Klärung der Chronologie und Genese des koranischen Textes verwendet. Anhand der dezidierten Verwendung dieses neuen Ansatzes glaubt

---

816 Vgl. Michael Josef Marx/ Tobias J. Jocham, Zu den Datierungen von Koranhandschriften durch die ^{14}C-Methode. In: Frankfurter Zeitschrift für islamische Theologie (2/2015) 9-43, hier 33 f.

817 Vgl. ebd., 11 f; 35 f.

818 Vgl. Behnam Sadeghi/ Mohsen Goudarzi, Ṣanʿā' 1 and the Origins of the Qur'ān. In: Der Islam 87 (1-2/2012) 1-129, hier 8 f.

819 Vgl. ebd., 17 ff.

820 Vgl. ebd., 19 f.

821 Vgl. ebd., 20 ff.

822 Vgl. ebd., 22 f.

823 Vgl. ebd., 18.

er einen Beitrag zu Beantwortung von drei Fragen leisten zu können:[824] Gibt es einen oder mehrere „Autoren“ des Korans? Was ist die kompositorische Grundeinheit des Korans (Verse, Sure usw.)? Wie lässt sich eine relative Chronologie der koranischen Textgenese entwerfen? Bevor Sadeghi jedoch sein eigenes stilometrisches Analyseverfahren vorstellt, greift er auf die Vorarbeiten des Iraners Mehdi Bazargan zurück.[825] Dieser hatte beobachtet, dass die durchschnittliche Verslänge im Koran mit der Zeit immer größer wird und diesen Sachverhalt mit der thematischen Entwicklung der Suren abgeglichen. Um hier eine hundertprozentige Korrespondenz zwischen der wachsenden Verslänge und der thematischen Entwicklung zu sichern, sah er sich gezwungen, etliche Suren (nicht alle: 59 Suren bleiben davon unberührt) in Blöcke zu teilen und so in eine Chronologie zu überführen, die durch die Angaben der Tradition gestützt wird.[826] Die einzelnen Blöcke wurden wiederum insgesamt 22 Gruppen oder Phasen zugeordnet, die jeweils einen chronologischen Entwicklungsschritt darstellen.[827] Bazargan hat selbst festgestellt, dass seine Chronologie sich an einigen Stellen auch mit der von Nöldeke vorgenommenen Typologie der Suren deckt.[828] Sadeghi entwickelt nun den Ansatz von Bazargan weiter. Er verzichtet auf die Angaben der muslimischen Tradition gänzlich und will allein formal-stilistische und statistische Indikatoren in Betracht ziehen.[829] Auch lässt er von Beginn an die Frage offen, ob es tatsächlich eine unumkehrbare Entwicklung der Textchronologie von Mekka nach Medina gab.[830] Insgesamt glaubt Sadeghi durch den Rückgriff auf die verfeinerten Methoden der Stilometrie das Ergebnis von Bazargans Studie prüfen und verbessern zu können. So verwendet er multivariable Parameter, wie z.B. die Häufigkeit von bestimmten Morphemen usw., um möglichst genaue und überzeugende Ergebnisse zu liefern. Denn im Falle mehrerer Parameter, die statistisch erhoben werden, und gemeinsam den Stil einer Gruppe von Koraneinheiten bestimmen, ist die Zufälligkeit ihrer gemeinsamen Charakteristik wesentlich geringer. Wenn also die Variation mehrerer stilistischer Eigentümlichkeiten über eine bestimmte Phase stabil bleibt und sich kontinuierlich über mehrere Phasen weiterentwickelt, deutet das auf eine diachrone Entwicklung hin. Sadeghi spricht hier vom „Criterion of Concurrent Smoothness“:

> „In sum, the principle underlying my study is that if different, independent markers of style vary in a relatively continuous fashion over a particular ordering, then that se-

824 Vgl. Behnam Sadeghi, The Chronology of the Qur'ān: A Stylometric Research Program. In: Arabica 58 (3/2011) 210-299, hier 211.

825 Vgl. ebd., 228-238.

826 Vgl. ebd., 229-232.

827 Vgl. ebd., 238.

828 Vgl. ebd., 215; 229 f.

829 Vgl. ebd., 212.

830 Vgl. ebd., 213.

quence reflects the chronological order. The point is that while it is easy to find many orderings of a corpus over which one particular marker of style varies smoothly, it is highly unlikely that an ordering will yield smooth variation simultaneously for different, independent markers of style ('concurrent smoothness'). This is so because if one reorders the corpus to make one marker of style vary smoothly, usually this reordering will disturb the smoothness of other markers."[831]

Während also die nach einem einzelnen Parameter vorgenommene Ordnung eines Textes oftmals dazu führt, dass für einen anderen Parameter eine kontinuierliche Entwicklung nicht mehr nachweisbar sein wird, ist bei mehreren und unabhängigen Parametern die stilistische Eigentümlichkeit der Variation über eine bestimmte Phase und dessen kontinuierliche Entwicklung über mehrere Phasen hinweg, weniger dem Verdikt des Zufalls ausgeliefert. Sadeghi überprüft Bazargans 22 Phasen der Chronologie mit Hilfe einzelner (Durchschnittliche Verslänge usw.) und multivariabler Parameter (Kombination bestimmter Morpheme)[832] und kommt zu dem Schluss, dass sich Bazargans Phasen auf sieben reduzieren lassen[833] und ansonsten sehr überzeugend eine *relative* Chronologie der Textgenese widerspiegeln, die sich zu einem großen Teil auch mit der chronologischen Klassifikation bei Nöldeke deckt und diese verfeinert.[834] Zudem wird auch klar, dass nicht kleinere Verse die ursprünglichen Einheiten des Korans gebildet haben, sondern dass einige Suren tatsächlich als Ganzes konzipiert wurden[835] und in ihrer Gesamtheit auf einen „Autor" hinweisen.[836] Da Sadeghi im Rahmen seiner stilistisch-statistischen Studie auf chronologische und topographische Angaben der muslimischen Tradition verzichtet, sieht er zum ersten Mal die Möglichkeit gegeben, die Daten der *sīra* unabhängig zu prüfen.[837]

---

831 Ebd., 218 f.
832 Vgl. ebd., 239-281.
833 Vgl. ebd., 282.
834 Vgl. ebd., 281 ff.
835 Vgl. ebd., 268 f.
836 Vgl. ebd., 288.
837 Vgl. ebd., 289.Sadeghi hat mit der stilometrischen Analyse dem Methodenkanon der Koranforschung ein neues innovatives Instrumentarium hinzugefügt. Als möglicher Schwachpunkt lässt sich vielleicht die Selektion und Optimierung der Analyseparameter auf der Grundlage sicher geglaubter Texteinheiten nennen (Vgl. ebd., 256-266). Sadeghi weiß natürlich um die Zirkularität der Argumentation an dieser Stelle, glaubt aber die Vorbehalte überzeugend kontern zu können (Rückkopplung an alternative Verfahren der Optimierung und Plausibilität der Ergebnisse usw.) (Vgl. ebd., 266f.).

3.1.4.6 Das literarkritische Verhältnis von Koran, *sīra*, *ḥadīṯ*, *tafsīr* und *asbāb an-nuzūl*

Für die Evaluierung des Quellenwertes des Korans, der *sīra*, des *tafsīr* usw. bleibt die literarkritische Bestimmung ihres Verhältnisses eine notwendige Bedingung. In der gegenwärtigen Phase der Leben-Muhammad-Forschung oder der Forschung zur Frühgeschichte des Islams haben sich wie bereits zuvor neue Studien dieser Fragestellung direkt oder indirekt gewidmet.

Uri Rubin kommt vor dem Hintergrund der ihm vorangehenden Forschungstradition zu neuen Ergebnissen über die genetische Beziehung zwischen Koran und *sīra*, obwohl er sich in seiner Untersuchung „The Eye of the Beholder" bewusst dafür entscheidet, die Frage der historischen Auswertbarkeit des von ihm analysierten *sīra*-Materials und des Korans außen vor zu lassen:

> „THIS BOOK IS ABOUT TEXTS, and the texts are about Muḥammad, the prophet of Islam. The texts – found in the earliest Islamic sources which have come down to us – are studied in this book for the sake of the stories recorded in them, not for the sake of the events described in these stories. The question 'what really happened' in Muḥammad's times is not the one asked in this book, which instead is concerned with the manner in which the texts tell the story of Muḥammad's life, and is aimed to discover how the various evolving versions of this story tell us about the image of the Prophet as perceived by the believers among whom these texts were created and circulated."[838]

Rubin ist dagegen an die Konstitution der muslimischen Wahrnehmung über die *mekkanische* Lebensphase des Propheten Muhammad interessiert.[839] Welche Rolle haben dabei biblische Motive gespielt? Schließlich war den Muslimen inmitten ihres Zusammenlebens mit Christen und Juden sehr daran gelegen, dass die Biographie ihres eigenen Propheten der von Jesus und Moses in ihrer (heilsgeschichtlichen) Bedeutung und Tragweite nicht nachstand.[840] Rubin analysiert die motiv- und ideengeschichtlichen Anknüpfungspunkte des entstehenden Lebens Muhammads und wie diese allmählich dem arabischen Wirkungskontext und dem Koran angeglichen wurden. In diesem Zuge will er auch bestimmen, welche wirkungsgeschichtliche Bedeutung das jeweilige Element zum Leben des Propheten hatte.[841]

Rubin unterteilt das von ihm analysierte *sīra*-Material in fünf Themenbereiche zum Leben des Propheten in Mekka bis zu seiner Auswanderung: Ankündigung, Vorbereitung/Initiation, Offenbarung, Verfolgung und Rettung/Erlösung

---

838 Uri Rubin, The Eye of the Beholder. The Life of Muḥammad as viewed by the early Muslims. A textual Analysis, Princeton 1995, 1.

839 Vgl. ebd., 3.

840 Vgl. ebd., 3 f.

841 Vgl. ebd., 4.

(Attestation, Preparation, Revelation, Persecution, Salvation).[842] Für jedes Thema überprüft er, ob es vorislamische Motive gibt, die entscheidend die Konstitution des Leben Muhammads geprägt haben. Des Weiteren untersucht er, wie die entsprechenden Erzählungen später rezipiert und möglicherweise an den altarabischen Kontext und den koranischen Diskurs angepasst wurden. Derart kann Rubin etwa für das Offenbarungserlebnis des Propheten nachweisen, dass hier zunächst biblische Motive den jeweiligen Bericht bestimmt haben und wie man diese Erzählungen später durch Eintragung von Koranversen modifiziert hat.[843] Im Falle der Initiation Muhammads durch ein Reinigungsritual in der Kindheit lässt sich nach Rubin ein nicht-muslimischer Topos annehmen.[844] Erst nachdem man diesen Bericht im Kontext des Selbstzeugnisses des Propheten und seines späteren Lebens gestellt und den Anschluss zu einem Koranvers konstruiert hatte, konnte diese Erzählung auch Eingang in kanonische Hadithsammlungen finden.[845] Rubin legt auch systematisch dar, welche Rolle numerische Erwägungen in Bezug auf vorislamische Zahlsymbole bei der Erstellung der Chronologie des Leben-Muhammads gespielt haben.[846]

Insgesamt macht Rubin folgende entwicklungsgeschichtliche Tendenz der Adaption biblischer Motive für das Leben Muhammads aus:

> „In sum, our study of the above universal (biblical) themes has revealed some basic patterns of adaption to Islamic models which, when successful, gained these themes entrance into the canonical *ḥadīth* compilations. Such adaption proceeded on two levels: that of the literary structure of the themes, and that of their dogmatic and political message."[847]

Auf *literarischer* Ebene konnten die biblisch inspirierten Ereignisse aus dem Leben Muhammads an den mekkanischen Gegebenheiten (Protagonisten, Szenerie usw.) oder durch Adaption an koranische Modelle (Einfügung von Versen) „islamisiert" werden.[848] Auf *dogmatischer* Ebene glich man die Ereignisse an das Ideal des arabischen Propheten und Anführers an und versuchte auch *politisch* die Verdienste der eigenen Vorfahren dabei historisch einzuschreiben.[849]

Rubin schweigt sich bewusst in seiner Studie dazu aus, welche Implikation seine Ergebnisse für die historische Forschung zu Muhammad haben. Jedoch versucht er zum Ende hin, einen Beitrag zum literarkritischen Verhältnis zwischen Koran und *sīra* zu leisten. Lange Zeit habe man dafür plädiert, dass die Berichte der *sīra* nichts Anderes als exegetische Erweiterungen zum Koran

842 Vgl. ebd.
843 Vgl. ebd., 103-112.
844 Vgl. ebd., 59 ff.
845 Vgl. ebd., 67-72.
846 Vgl. ebd., 189-214.
847 Ebd., 224.
848 Vgl. ebd., 224.
849 Vgl. ebd.

seien, um u.a. Offenbarungsanlässe (*asbāb an-nuzūl*) zu liefern.[850] Rubin argumentiert hingegen, dass erst durch den Eingang der *sīra*-Berichte in die *tafsīr*-Literatur, die *asbāb an-nuzūl* als Genre entstanden sind.[851] Die Ergebnisse seiner Analysen würden zeigen, dass das *sīra*-Material unabhängig vom Koran entstanden sei (Anlehnung an biblischen Traditionen) und später dem koranischen Kontext angepasst wurde.[852]

Rubin kann anhand der Ergebnisse seiner Studie, auch ein propagiertes Phänomen im Bereich der Isnādkritik widerlegen. Etliche Forscher haben die Hypothese formuliert, dass kürzere Überliefererketten mit der Zeit gewachsen sind und sukzessive auf Prophetengefährten und dann auf den Propheten selbst zurückgeführt wurden.[853] Wenn also eine Tradition nur auf einen Nachfolger oder Prophetengefährten zurückgeführt wird und gleichzeitig auf den Propheten selbst, dann ist erstere Überliefererkette die frühere und authentisch. Im Gegensatz dazu verdeutlicht Rubin anhand der von ihm analysierten Überlieferungen, dass es zwar sehr oft vorkommt, dass eine Überlieferung sowohl auf den Propheten, als auch auf den Gefährten oder seinen Nachfolger zurückgeführt wird. Nur sei eine entwicklungsgeschichtliche Tendenz zum Propheten hin nicht nachweisbar. Denn Traditionen die neben dem Nachfolger auch von einem Prophetengefährten überliefert werden, enthalten immer einen anderen Nachfolger in der Überliefererkette, als bei der Tradition, die nur bis zu dem Nachfolger reicht.[854] Dasselbe gilt für Prophetentraditionen: Diese enthalten andere Namen von Prophetengefährten als die ausschließlich auf Gefährten zurückgeführten Traditionen.[855] Deshalb meint Rubin, dass von Anfang an im ersten islamischen Jahrhundert Propheten-, Gefährten- und Nachfolgerhadithe nebeneinander existiert haben.[856] Damit schließt er das Phänomen des Wachsens der *asānīd* nicht gänzlich aus. Jedoch müsse man dies in jedem Einzelfall dann auch belegen können und nicht als allgemeines Gesetz voraussetzen.[857]

Auch Marco Schöller nimmt in seiner Dissertation mit dem Titel „Exegetisches Denken und Prophetenbiographie" Abstand davon, eine historische Rekonstruktion der Ereignisse aus dem Leben des Propheten anzustreben.[858] Seine „quellenkritische Untersuchung der *Sīra*-Überlieferung" widmet sich vielmehr dem genauen Verständnis der unterschiedlichen Arten von Quellen für

850 Vgl. ebd., 226 f.
851 Vgl. ebd., 227.
852 Vgl. ebd., 227-233.
853 Vgl. ebd., 234 f.
854 Vgl. ebd., 235 ff.
855 Vgl. ebd., 236 f.
856 Vgl. ebd., 260.
857 Vgl. ebd., 238.
858 Vgl. SCHÖLLER, Exegetisches Denken und Prophetenbiographie, 1.

die *sīra* und ihres gegenseitigen Verhältnisses.[859] Die dabei angewendete Analysemethode fasst Schöller folgendermaßen zusammen:

> „Den qur'ānischen Wortlaut sowie die aus der *Sīra*, *Fiqh* und *Tafsīr*-Tradition bekannten Überlieferungen miteinander in Beziehung zu setzen, um dadurch den Tendenzen der *Sīra*-Tradition sowie den dahinter sichtbar werdenden Motivationen der islamischen Gelehrten auf die Spur zu kommen, steht deshalb im Zentrum der Quellenanalyse."[860]

Um die komparative Auswertbarkeit der Überlieferungen zu gewährleisten, versucht Schöller zunächst die Funktionen und Charakteristika der *sīra* und ihr Verhältnis zu *tafsīr* und *fiqh* zu bestimmen. Schöller geht etymologisch und wirkungsgeschichtlich den für die Prophetenbiographie kennzeichnenden Termini nach (*sīra, siyar, maġāzī*) nach.[861] Er beschreibt zudem die Entstehungsgeschichte der prophetenbiographischen Überlieferungen/Werke und die Rezeptionsgeschichte, die sie innerhalb der muslimischen Tradition hatten.[862] Er kann dabei etliche Funktionen der *sīra*-Überlieferung explizieren und zusammenfassen:

> „- gute Nachricht von der Offenbarung im Sinne der Evangelien. – heilsgeschichtliche Konzeption der Weltgeschichte, die im Prophetentum Muḥammads gipfelt, worin sich das erneute Heilswirken Gottes an und mit den Menschen offenbart. – Kontextualisierung des qur'ānischen Texts in der Person Muḥammads, woraus sich die Beziehungen der *Sīra*-Überlieferung zum *Tafsīr* ergeben. -für die islamische Gemeinde mittels der zentralen Person des Propheten identitätsstiftender Text, der zu einem Gutteil durch die Konkurrenzsituationen gegenüber Juden- und Christentum geprägt ist. – Möglichkeit, die eigene Genealogie durch die Rolle der Vorfahren im Umfeld Muḥammads hervorzuheben bzw. zu glorifizieren. – chronologisch angeordnete Sammlung der Aussprüche und Taten Muhammads (*sunnat an-nabī*), die für den Bereich des *Fiqh* ab dem Ende des 2./8. Jahrhunderts bei der Rechtsfindung eine dominierende Stellung einnehmen. – Vorbildfunktion des Prophetenlebens für den einzelnen Gläubigen [...]. – Betonung der *ʿurūba* des Propheten, da die arabischen Elemente der islamischen Kultur dem starken Einfluß des Wirkens nichtarabischer Muslime ausgesetzt sind. – Darstellung des Lebens Muḥammads mit literarischem Anspruch, auch mit einem nicht zu gering zu bewertenden Unterhaltungswert."[863]

Nach dieser Inventarisierung der Funktionen der *sīra*-Überlieferung geht Schöller auf die Rolle des Koran in der textorientierten Kultur des Islams ein.[864] Er bestimmt exegetisches Denken „als eine grundlegende Bedingung der menschlichen Verstehens- und Handlungsmöglichkeiten"[865] und beschreibt die damit

859 Vgl. ebd.
860 Ebd., 6.
861 Vgl. ebd., 37-49.
862 Vgl. ebd., 50-78.
863 Ebd., 35 f.
864 Vgl. ebd., 79-90.
865 Ebd., 90.

einhergehenden Mechanismen der Auslegung.[866] Um nun darauf basierend das Verhältnis von Koran und *sīra* zu klären, bespricht Schöller Wansbroughs These von der entstehungsgeschichtlichen Simultanität der beiden Textsorten.[867] Er verneint diese Hypothese, da etliche Elemente der biblischen Topoi, die Wansbrough als ursprünglich ansieht, bereits im Koran nachweisbar sind, weshalb die umständliche Erklärung einer dritten Textbasis von prophetischen *logia* vor Koran und *sīra* sehr unwahrscheinlich erscheint.[868] Auch hatte Rubin die Unabhängigkeit der *sīra* vom Koran und ihre nachträgliche Verquickung behauptet. Schöller moniert, dass Rubin nur die mekkanische Lebensphase des Propheten in Augenschein genommen hat, weshalb sein verallgemeinerndes Urteil nicht Gültigkeit beanspruchen kann.[869] Er schlägt dagegen ein typologisches Verhältnis zwischen Koran und *sīra* vor:

> „Viele Episoden des Lebens Jesu und ihre jeweilige Darstellung in den Evangelien lassen sich nur dahingehend deuten, daß in ihnen ein typologischer Bezug auf alttestamentliche Textstellen vorliegt, oder anders ausgedrückt: viele Überlieferungen in den Evangelien erweisen sich als Wideraufnahmen alttestamentarischer Themen und Topoi im Gewand historischer Nachrichten. Dieser Vorgang macht die Evangelien-Überlieferung als Parallele zur Entstehung der *Sīra*-Überlieferung aus den Vorgaben des qur'ānischen Wortlauts außerordentlich interessant, mögen auch die hinter beiden Überlieferungen stehenden Motivationen gänzlich verschieden gewesen sein. Den eigentlichen Vergleich gestattet dabei die Technik, eine bereits vorliegende, oft nicht klar zu deutende Textstelle (AT/Qur'ān) als Ausgangspunkt einer sich nicht als Exegese dieser Stelle, sondern formal narrativ-historisch gebenden Überlieferung (Evangelien/ *Sīra*) zu verwenden."[870]

Exegetisches Denken hat also bei der Konstitution der prophetenbiographischen Überlieferungen eine entscheidende Rolle gespielt. Schöller geht auch auf das Verhältnis der *sīra* zum *asbāb an-nuzūl*-Genre und dem *Fiqh* ein. Aufgrund seiner Analysen setzt Schöller die entstehungsgeschichtliche „[...] Priorität der *Tafsīr*- und *Fiqh*-Tätigkeit gegenüber den ersten einflußreichen *Sīra*- und *Maġāzī*-Werken."[871] voraus. In einem Anwendungsbeispiel bespricht Schöller die Überlieferungen zu den Auseinandersetzungen des Propheten Muhammad mit den Juden im Hiǧāz[872] und kann nachweisen, dass sich je nach unterschiedlichem Zugriff und Erfordernissen des *tafsīr*, des *fiqh* und der *sīra*, die Berichte und Ereignisse zu diesem Themenkomplex in ihrer Darstellung, Chronologie

866 Vgl. ebd., 90-106.
867 Vgl. ebd., 114-127.
868 Vgl. ebd., 121-124.
869 Vgl. ebd., 118 f.
870 Ebd., 123.
871 Ebd., 133.
872 Vgl. ebd., 171-461.

und Kohärenz unterscheiden, wobei die prophetenbiographische Sicht wohl die historisch spätere Entwicklungsstufe darstellt.[873]

Schöllers Untersuchung folgt der bereits im Rahmen dieser Arbeit dargestellten „historisch-philologischen Diskursanalyse", die um ein inhärentes Verständnis der Quellen bemüht ist, das ohne konzeptuelle Vorannahmen der historistischen und rationalistischen Kritik der Geschichte von außen auskommt. Ist man für die Funktion der jeweiligen muslimischen Zeugnisse aus den unterschiedlichen Bereichen sensibilisiert, dann lassen sich die Traditionen zu einem Thema komparativ betrachten und inhaltlich in ihrer Variabilität und ihrem Beziehungskomplex analysieren.[874] Die dabei resultierenden Ergebnisse, die historisch Implikationen haben, betrachtet Schöller als ein Nebenprodukt.[875] Jedoch können historisch interessierte Forscher auf seine Vorarbeiten auch nicht verzichten.[876]

Anders als die prophetenbiographischen Überlieferungen und Werke scheinen die Traditionen zu den *asbāb an-nuzūl* („Anlässe der Herabsendung") in einem direkten Verhältnis zum koranischen Text zu stehen. Sie geben die Modalitäten (Zeit, Ort, Kontext usw.) der Herabsendung einzelner Teile des Korans an. Das ist zumindest die Definition der *asbāb an-nuzūl*-Überlieferungen, wie man sie in der muslimischen Tradition und in der westlichen Forschung zu dieser Literaturgattung wiederfindet.[877] Für die historische Auswertbarkeit des Korans hätte man somit ein Vehikel zur entstehungsgeschichtlichen Kontextualisierung einzelner Suren und Verse gefunden. Hans-Thomas Tillschneider hat sich in seiner Dissertation mit den „Formen, Funktionen und Genese des *asbāb an-nuzūl*-Materials" auseinandergesetzt. Zu Beginn seiner Untersuchung hinterfragt er die Definition dieses Überlieferungstypus, wie sie nicht nur in der muslimischen Tradition, sondern auch in der westlichen Forschung dazu propagiert wurde und wird.[878] Tillschneider erkennt hier eine Differenz zwischen dem eigentlichen Konzept des *asbāb an-nuzūl* und den entsprechenden Überlieferungen, die man darunter subsumiert und gesammelt hat:

> „Die Korrelation des Begriffs *asbāb an-nuzūl* und der von ihm erfaßten Überlieferungen ist geprägt von der Diskrepanz zwischen einem Überlieferungsgeschehen, das bis in das erste islamische Jahrhundert hinabreicht, und einem theoretischen Konzept, das erst im dritten islamischen Jahrhundert einen feststehenden Begriff erhält und wiederum einige Jahrhunderte später erst ausführlichere Explikation erfährt."[879]

---

873 Vgl. ebd., 463-468.
874 Vgl. ebd., 14 ff.
875 Vgl. ebd., 9.
876 Vgl. ebd.
877 Vgl. Hans-Thomas Tillschneider, Typen historisch-exegetischer Überlieferung. Formen, Funktion und Genese des *asbāb an-nuzūl*-Materials, Würzburg 2011, 14-17.
878 Vgl. ebd., 11-20.
879 Ebd., 18.

Tatsächlich sei man in der westlichen Forschung der muslimischen Tradition auf den Leim gegangen, da man gar nicht geprüft hat, ob die als *asbāb an-nuzūl* gekennzeichneten Traditionen auch der konzeptuellen Titulierung als „Offenbarungsanlässe" entsprechen.[880] Letzteres holt nun Tillschneider nach. Er untersucht das Überlieferungsmaterial in al-Wāḥidīs (gest.1076) „*Kitāb asbāb an-nuzūl*" und versucht unabhängig von der gängigen Definition, eine Typologie der Funktion und Formen der darin enthaltenen Traditionen zu erstellen. Im ersten Schritt überprüft er, welche Funktion der „Sinnzuweisung" auf struktureller Ebene vorliegt. Es werden grob vier Arten differenziert: „Historische Referenzen", „Koranapplikationen", „Versbegründungen", „Offenbarungsberichte".[881] Sodann analysiert Tillschneider, wie die einzelnen Überlieferungen formal-stilistisch eingebettet werden.[882] Nach der Fertigstellung der Typologie geht er der Frage nach, ob man eine diachrone Entwicklung erkennen kann.[883] Tatsächlich formuliert er eine entwicklungsgeschichtliche Hypothese, die allerdings durch die weiteren Untersuchungen überprüft wird. Dazu werden die Überlieferungen in der Prophetenbiographie Ibn Isḥāqs, aus frühen Exegesewerken, aus juristischen Abhandlungen zur Abrogation (*nasḫ*) und aus kanonischen Hadithsammlungen auf ihren Sinngehalt als *asbāb an-nuzūl* durchgesehen.[884] Letzten Endes lassen sich erst in den kanonischen Hadithsammlungen Entsprechungen zum eigentlichen Konzept des *asbāb an-nuzūl* nachweisen.[885] Sodann erwägt Tillschneider, ob die Struktur des koranischen Textes überhaupt die Erklärung und den Zugriff durch *asbāb an-nuzūl* nahelegt.[886] Hier fällt das Urteil negativ aus. Den eigentlichen Grund für die Entstehung des *asbāb an-nuzūl*-Konzeptes vermutet Tillschneider im Bereich der Hadith- bzw. Rechtswissenschaft. Bestimmte (juristische) Argumentations- und Reflektionsmuster wurden auf Koranverse übertragen und haben später eine eigene Kategorie gebildet.[887] Entgegen der bisherigen Forschung liegt also der Ursprung des *asbāb an-nuzūl*-Konzepts nicht in der Exegese. Tillschneider bemüht sich um eine genaue Darlegung der Art und Weise, wie die heterogenen Traditionen an das *asbāb an-nuzūl*-Konzept angeglichen wurden.[888]

Ein weiteres literarkritisches Problem stellt die Beziehung zwischen *sīra/maġāzī* und dem Hadithmaterial dar. Andreas Görke hat sich in einem Aufsatz dieser Verhältnisbestimmung gewidmet und die dominierenden Erklärungsver-

880 Vgl. ebd., 14-17.
881 Vgl. ebd., 35-82.
882 Vgl. ebd., 82-107.
883 Vgl. ebd., 107-127.
884 Vgl. ebd., 129-239.
885 Vgl. ebd., 215-228.
886 Vgl. ebd., 241-316.
887 Vgl. ebd., 317-381.
888 Vgl. ebd., 383-495.

suche gegenübergestellt: Entweder entstanden die prophetenbiographischen Überlieferungen, indem juristische oder exegetische Hadith um ein narratives Element erweitert und neu kontextualisiert wurden oder es haben umgekehrt die Hadithgelehrten das *sīra*-Material gemäß ihren (theologischen und juristischen) Bedürfnissen angepasst und gekürzt.[889] Görke vertritt dagegen die These, dass beide Disziplinen gleichzeitig entstanden sind und jeweils unterschiedliche Ziele und Voraussetzungen hatten. Die Überlieferungen zum Leben des Propheten richteten sich eher nach den Erfordernissen der narrativen Erzählweise[890], während die Hadithgelehrten aufgrund der normativen Funktion der Überlieferungen andere Maßstäbe für die Sammlung hatten.[891] Das schließt aber nicht aus, dass in vielen Fällen ein Bericht aus der Prophetenbiographie vollständig oder angepasst in den kanonischen Hadithsammlungen zu finden ist[892] oder umgekehrt ein Hadith seinen Weg in die *sīra*-Werke fand.[893] Beide Disziplinen haben sich während ihrer Entstehung reziprok beeinflusst.[894]

3.1.4.7 *Canonical Approach* – Die Enstehung der klassischen Hadithsammlungen als Kanon

Die Frage nach der Authentizität der Prophetenüberlieferungen hat die Forschung manchmal blind für die Eigenarten der Überlieferung von Hadithen und ihrer Stellung in der Lebenswelt der Muslime gemacht. Die Arbeiten von Jonathan Brown zeichnen sich geradezu dadurch aus, dass er auf die Anachronismen hinweist, die entstehen, wenn Forscher die falschen Fragen an die muslimische Hadithtradition stellen. Browns bedeutendste Studie ist über die Kanonisierung der beiden bedeutendsten Hadithsammlungen von Muslim (gest. 875) und Buḫārī (gest. 870). Sein Ausgangspunkt ist die Forschung zur Kanonisierung von Texten und deren Funktion und Status als Kanon:

> „Canons form at the nexus of text, authority and communal identification. Their formation, however, is neither a random nor an inevitable process. Canonization involves a community's act of authorizing specific books in order to meet certain needs. It entails the transformation of texts, through use, study, and appreciation, from nondescript tomes into powerful symbols of divine, legal or artistic authority for a particular audience."[895]

889 Vgl. Andreas Görke, The relationship between *maghāzī* and *ḥadīth* in early Islamic scholarship. In: Bulletin of SOAS 74(2/2011) 171-185, hier 172 f.
890 Vgl. ebd., 174 f.
891 Vgl. ebd., 174.
892 Vgl. ebd., 177.
893 Vgl. ebd., 178-181.
894 Vgl. ebd., 183-185.
895 Jonathan Brown, The Canonization of al-Bukhārī and Muslim. The Formation and Function of the Sunnī Ḥadīth Canon, Leiden 2007, 5.

Kanonische Texte stiften eine Gruppenidentität[896], dienen als autoritativer Referenzpunkt für Wahrheit[897] und schaffen eine Kultur der Pflege des kanonischen Textes (canonical culture), die mit bestimmten hermeneutischen Regeln der Textinterpretation einhergeht.[898] Die beiden Hadithsammlungen von Muslim und Buḫārī (*ṣaḥīḥain*) haben ihren kanonischen Status mit der Zeit erlangt. Brown beschreibt die Geschichte ihrer Kanonisierung. Beide Hadithgelehrte waren zu ihren Lebzeiten aufgrund ihrer Hadithkritik umstritten.[899] Erst allmählich erwiesen sich ihre Sammlungen in den rechtlichen Auseinandersetzungen als akzeptierter Referenzpunkt für Autorität.[900] Brown expliziert, wie sich danach eine „Kultur des Kanons" für beide Hadithsammlungen entstanden ist[901], die immer wieder auch in Frage gestellt wurde.[902] Als kanonische „Texte" haben die *ṣaḥīḥain* die Lebenswelt der Muslime entschieden mitgeprägt.[903]

3.1.4.8 Tilman Nagels Leben-Muhammad-Forschung

Die vielleicht bedeutendste wissenschaftliche Muhammadbiographie der letzten Jahrzehnte hat Muhammad Nagel verfasst.[904] Sie stellt – wie er selbst im Anhang darlegt – den Kulminationspunkt und das Kondensat seiner jahrzehntelangen Forschung zum Koran und den geschichtlichen Erscheinungsformen des muslimischen Glaubens dar.[905] Unabhängig von den Einzelergebnissen stellt Nagels Leben Muhammad ein beeindruckendes Zeugnis seiner Quellenkenntnis und Gelehrsamkeit dar. Freilich soll nun auf die methodischen Prämissen von Nagels Muhammadforschung eingegangen werden, die er in Aufsätzen vor und nach der Erscheinung seiner Muhammadbiographie publiziert hat.

In der forschungsgeschichtlichen Verortung seiner Biographie spricht Nagel von einem „Schleier des Ungeschichtlichen"[906], der sich zum Ende des siebten Jahrhunderts über die historischen Nachrichten über den Propheten gelegt hat. Diesen Prozess hatte er bereits in einem Aufsatz zur Genese des Prophetenhadiths beschrieben. Entscheidend für die Entstehung der Prophetenüberlieferung war seine *sakramentale* Funktion:

896 Vgl. ebd., 39 f.
897 Vgl. ebd., 41 f.
898 Vgl. ebd., 42-46.
899 Vgl. ebd., 47-98.
900 Vgl. ebd., 154-206.
901 Vgl. ebd., 209-300.
902 Vgl. ebd., 300-334.
903 Vgl. ebd., 335-359.
904 Vgl. TILMAN NAGEL, Mohammed. Leben und Legende, München 2008.
905 Vgl. ebd., 843-846.
906 Ebd., 842.

> „Der Isnad [...] ist [...] nur eines von mehreren Indizien für eine tiefgreifende Umwandlung dessen, was man allgemein als im Lichte des Glaubens getroffene Aussagen zu Erbauung und Belehrung bezeichnen könnte. Charakteristisch für diese Umwandlung [...] ist das Streben nach Verlebendigung und Vergegenwärtigung, nach Überwindung der Distanz zu der immer stärker idealisierten Zeit ‚am Anfang' [...]. Die skizzierte Umwandlung von Sentenzen in verlebendigte Szenen entspringt [...] dem Verlangen nach steter Gegenwärtigkeit des Heilszustandes; ihr Zweck ist die Vernichtung der Geschichte, die als ein Prozeß der Entfremdung vom Heilszustand begriffen wurde."[907]

Als solches hat die Prophetenüberlieferung eine *integrative* und identitätsstiftende Funktion:

> „‚Ḥadīṯ' ist [...] das die sich von der Anfangszeit entfernende Gemeinde integrierende Mittel; vermöge des Ḥadīṯ versichert sie sich immer auf neue des anfänglich gegebenen Heilszustandes und tritt überhaupt erst als spezifisch religiös-bestimmte Glaubensgemeinschaft den Bekennern der konkurrierenden Hochreligionen gegenüber."[908]

Nagel exemplifiziert seine entstehungsgeschichtliche Hypothese anhand von Beispielen, in denen *sīra*-Material aufgrund der Erfordernisse des Hadith enthistorisiert und auf seine heilsichernden und heilwirkenden Implikationen reduziert wird.[909]

Nagel glaubt den Schleier der enthistorisierenden Hadithe überwinden zu können, indem er den Koran als Primärquelle für Muhammads persönliche Entwicklung und seiner Verkündigung versteht.[910] Dazu nutzt er auch die muslimischen Angaben über die medinensischen Einschübe in mekkanischen Suren. Flankiert wird dieses Vorgehen durch einen kritischen Rückgriff auf historische Nachrichten über die vorislamische Zeit, auf Stadtchroniken und auf frühes prophetenbiographisches Material wie z.B. bei Ibn Iṣḥāq, al-Wāqidī usw.[911] Letzteren hält Nagel für besonders authentisch, da er noch zu seinen Lebzeiten die enthistorisierende Verfestigung der Prophetenüberlieferung miterlebte.[912]

Im Kern greift Nagel für seine Muhammadbiographie auf die beschriebene methodische Vorgehensweise zurück, wobei er zusätzlich auch religionsgeschichtliche Entwicklungen und Kontextualisierungen in Anschlag bringt.

Gregor Schoeler hat Tilman Nagels Leben Muhammad aufgrund der methodischen Vorannahmen kritisiert. Die enthistorisierende Tendenz der Hadithe

---

907 Tilman Nagel, Ḥadīṯ – oder: Die Vernichtung der Geschichte. In: ZDMG 10 (1994) 118-128, hier 125-127.

908 Ebd., 127.

909 Vgl. Tilman Nagel, Verstehen oder nachahmen? Grundtypen der muslimischen Erinnerung an Mohammed. In: Jahrbuch des Historischen Kollegs (2007) 73-94, hier 80-84.

910 Vgl. Tilman Nagel, Der Weg zum geschichtlichen Mohammed. In: ASIA 68 (2/2014) 453-468, hier 457 f.

911 Vgl. ebd., 459.

912 Vgl. Nagel, Verstehen oder nachahmen? 73-76; 88 f.

und ihr Verhältnis zum *sīra*-Material lasse sich nicht verallgemeinern.[913] Vielmehr hätte etwa die Untersuchung von Görke gezeigt[914], dass die Hadithwissenschaft und Prophetenbiographie distinkte Disziplinen waren, die synchron entstanden sind und sich gegenseitig beeinflusst haben.

Ein zweites Problem erkennt Schoeler in der Verwendung relativ späterer Werke der muslimischen Tradition. Nagel interessiere sich gar nicht für die mögliche Rekonstruktion früherer Überlieferungen und würde nicht umfassend sämtliche Traditionen zu einem Ereignis vergleichen, sodass seine Ergebnisse nicht aussagekräftig blieben.[915] Auch sei das Vertrauen Nagels in al-Wāqidī angesichts der Forschungsergebnisse zu seiner plagiativen Arbeitsweise verwunderlich.[916] Zudem fänden auch neuere Studien zu Einzelfragen in Nagels Biographie keine Beachtung.[917]

3.2 Forschungsgeschichtliche und methodentheoretische Selbstverortung in der Forschung zur Frühgeschichte des Islams

Das vorangehende Kapitel diente zur Darstellung der bedeutendsten methodischen und forschungsgeschichtlichen Entwicklungen zur Leben-Muhammad-Forschung und zur Frühgeschichte des Islams. Bevor nun ein Vergleich zur Leben-Jesu-Forschung vorgenommen werden kann, soll im Folgenden expliziert werden, in welcher Art und Weise innerhalb der Forschung zur islamischen Frühgeschichte und zum historischen Muhammad die eigene Forschungsgeschichte, die methodischen Desiderate und Rahmenbedingungen reflektiert wurden.

3.2.1 Die methodentheoretischen Voraussetzungen unterschiedlicher Forschungsansätze

Judith Koren und Yehuda Nevo haben Anfang der neunziger Jahre des 20.Jahrhunderts eine Entzweiung der Forschungsansätze zur Frühzeit des Islams festgestellt. Der von ihnen als „traditional approach" bezeichnete Ansatz beruhe auf der ausschließlichen Verwendung literarischer Quellen der muslimischen Tra-

913 Vgl. Gregor Schoeler, Grundsätzliches zu Tilman Nagels Monographie „Mohammed, Leben und Legende". In: Asiatische Studien: Zeitschrift der Schweizerischen Asiengesellschaft 65 (2011) 193-210, hier 195-201.
914 Vgl. ebd., 197.
915 Vgl. ebd., 201-204.
916 Vgl. ebd., 205 f.
917 Vgl. ebd., 206-209.

dition.[918] Diese würden gemäß den methodischen Prämissen muslimischer Gelehrsamkeit analysiert. Dagegen gebe es einen „revisionist approach", der die Angaben der muslimischen Tradition quellenkritisch („source-critical") überprüft und mit nichtmuslimischen Textzeugnissen und materialen Evidenzen (Archäologie, Numismatik usw.) abgleicht.[919] Koren und Nevo sind überzeugt, dass beide Forschungsansätze aufgrund unterschiedlicher methodischer Prämissen nicht miteinander vereinbar sind und dass nicht beide gleichzeitig ihre Validität beanspruchen können.[920] Sie explizieren deshalb genau die jeweiligen methodologischen Voraussetzungen und befürworten entschieden den revisionistischen Ansatz.

Als ein grundsätzliches Kennzeichen des „traiditional approach" nennen Koren und Nevo die nicht existente Methodenreflexion.[921] Normalerweise hätten die Befürworter dieses Verfahrens gar kein Interesse, die eigene Methodik und deren Voraussetzungen zu problematisieren. Demgemäß würden die literarischen Quellen der muslimischen Tradition ab Mitte des zweiten islamischen Jahrhunderts historische Fakten über die Frühzeit des Islams enthalten, die man extrahieren kann.[922] Bei Widersprüchen reiche u.a. die Überprüfung der Überliefererketten aus, um herauszufinden, welche Tradition authentisch sei.[923] Auf andere Quellen (nichtmuslimische Zeugnisse, Archäologie usw.) würde verzichtet, da sie lediglich die muslimischen Angaben stützen, aber nicht widerlegen können.[924] Das *arugmentum e silentio* wird nicht akzeptiert, da das Schweigen von Quellen, die Nichtexistenz eines Phänomens nicht beweisen kann.[925] Der Koran wird gemäß dem Verständnis und der Exegesetradition der Muslime untersucht.[926] Auch bei der semantischen Analyse würde man exklusiv auf die muslimische Tradition vertrauen, ohne dass man moderne linguistische Verfahren heranzieht.[927] Koren und Nevo führen keinen einzigen Forscher und keine einzige Arbeit als Beispiel für den „traditional approach" an.

Nach Meinung der „revisionistischen" Forscher geben schriftliche Quellen nicht wieder, was wirklich geschehen ist, sondern was der jeweilige Autor glaubte oder glauben machen wollte, dass es geschehen war.[928] Deshalb müsse man zunächst das Wissen und die Intentionen eines Autors kennen, bevor man

918 Vgl. J. Koren/ Y.D. Nevo, Methodological Approaches to Islamic Studies. In: Der Islam 68(1/1991) 87-125, hier 87.
919 Vgl. ebd.
920 Vgl. ebd., 88.
921 Vgl. ebd.
922 Vgl. ebd.
923 Vgl. ebd.
924 Vgl. ebd., 89.
925 Vgl. ebd.
926 Vgl. ebd.
927 Vgl. ebd.
928 Vgl. ebd.

seine Texte begutachten kann. Überhaupt seien nur Augenzeugenberichte oder kontemporäre Quellen für die Rekonstruktion von Ereignissen zu verwenden.[929] Diese müssten jeweils in Verhältnis zueinander gesetzt und anhand von materialen Zeugnissen (Epigraphie, Archäologie, Numismatik usw.) überprüft werden.[930] Zwar bedürfen auch Inschriften, Münzen usw. der Interpretation, jedoch könne hier klar das *Objekt* der Analyse vom *Subjekt* des Interpreten getrennt werden, was bei Texten nicht möglich ist.[931] Wenn materiale Zeugnisse als Bestätigung für die Informationen aus den schriftlichen Quellen fehlen, dann dürfe man auf die Falschheit der Textangaben schließen.[932]

Die Überlieferungsgeschichte eines Textes kann zu bewussten und unbewussten Veränderungen am Textbestand führen, die man bei Verlust der ursprünglichen Quellen nicht mehr nachweisen kann.[933] Da die muslimischen Quellen mindestens 150 Jahre nach den berichteten Ereignissen entstanden sind, kann man diese nach Meinung der Revisionisten für die Rekonstruktion der frühislamischen Ereignisse nicht mehr verwenden.[934] Der Koran wird mit denselben Methoden untersucht, wie die Bibelkritik des Alten Testaments.[935]

Als eine Sondermeinung der Revisionisten gelte die Ansicht Wansbroughs, dass literarische Quellen grundsätzlich die Ereignisse selbst nicht mehr darstellen und dass es zum Vergleich keine materialen Zeugnisse gibt, die das eigentlich Geschehene *neutral* wiedergeben.[936]

Koren und Nevo listen etliche Untersuchungen auf, die dem revisionistischen Ansatz verpflichtet sind (Goldziher, Schacht, Wansbrough, Cook usw.)[937] und geben einen Überblick zu der Bedeutung numismatischer, epigraphischer und archäologischer Quellen.[938]

Fred Donner hat in seiner Studie zur Entstehung der muslimischen Geschichtsschreibung vier Herangehensweisen an den literarischen Quellen zur Frühgeschichte des Islams beschrieben. Er sieht diese einerseits in einem diachronen Verhältnis zueinander, weil sie nacheinander entstanden sind.[939] Andererseits kann man den jeweiligen methodischen Ansatz nicht immer exklusiv bestimmen, da einige Merkmale sich überschneiden können und etliche Forscher mehreren Herangehensweisen verpflichtet gewesen sind.[940]

929 Vgl. ebd., 89 f.
930 Vgl. ebd., 90 f.
931 Vgl. ebd., 92.
932 Vgl. ebd.
933 Vgl. ebd., 90.
934 Vgl. ebd.
935 Vgl. ebd., 92.
936 Vgl. ebd., 90 f.
937 Vgl. ebd., 93-100.
938 Vgl. ebd., 100-106.
939 Vgl. DONNER, Narratives of Islamic Origins, 5.
940 Vgl. ebd.

Den frühesten Ansatz bezeichnet Donner als deskriptiv („descriptive approach"). Dieser sei eigentlich noch „unkritisch" gewesen.[941] Jedoch liege die Bedeutung des deskriptiven Ansatzes darin, dass man nach einer jahrhundertelangen Polemik gegenüber der muslimischen Tradition, zum ersten Mal darum bemüht war, die literarischen Zeugnisse selbst zu betrachten und möglichst genau wiederzugeben.[942] Bezüglich des Quellenwertes war man sich sicher, dass der Koran einen dokumentarischen Wert für das Leben und die Lehre des Propheten hat.[943] Zudem ging man von der Zuverlässigkeit der historischen Angaben über Chronologie, Ereignisketten und Zusammenhänge in den muslimischen Geschichtsüberlieferungen aus (*aḫbār*).[944] Die Hadithe ließ man aufgrund ihres religiösen und theologischen Charakters außen vor.[945] Das Ergebnis der deskriptiven Verfahrensweise war eine grobe Zusammenfassung der muslimischen Angaben über die eigene Frühgeschichte, die je nach Geschmack des Forschers eine eigene Note hatte.[946]

Die zunehmende Diversifikation der vorhandenen muslimischen Quellen führte zu einem unübersichtlichen und widersprüchlichen Bild der Frühgeschichte des Islams.[947] Das war die Geburtsstunde des quellenkritischen Ansatzes („source-critical approach"). Man war davon überzeugt, dass die muslimischen Überlieferungen sichere Angaben über die eigene Geschichte erhielten.[948] Nur müssten die unabsichtlichen Fehler bei der Textüberlieferung, die unzuverlässigen Informationen aus fragwürdigen Quellen („populäre Geschichtserzähler") und die Interpolationen aufgrund politischer und theologischer Interessen identifiziert und bereinigt werden.[949] Der Koran galt weiterhin als authentische Quelle, während die Hadithe ignoriert wurden.[950] Bekannte Beispiele für den quellenkritischen Ansatz sind Wellhausen und de Goeje.[951]

Die Quellenkritik wurde schließlich durch einen traditionskritischen Ansatz („tradition-critical approach") abgelöst. Kennzeichnend für diesen war die Annahme, dass es ein sehr langwieriger Prozess von den frühislamischen Ereignissen bis zu deren Erstverschriftlichung war und dass die mündliche Überlieferung dabei eine eminente Rolle gespielt hat.[952] Man muss also viel schwerwiegendere Veränderungs- und Formungsprozesse für die muslimischen Überlieferungen

941 Vgl. ebd.
942 Vgl. ebd., 5 f.
943 Vgl. ebd., 6.
944 Vgl. ebd.
945 Vgl. ebd.
946 Vgl. ebd., 6 ff.
947 Vgl. ebd., 8.
948 Vgl. ebd., 9.
949 Vgl. ebd.
950 Vgl. ebd., 10.
951 Vgl. ebd., 18 ff.
952 Vgl. ebd., 15.

annehmen. Hervorzuheben sind hier die Arbeiten von Goldziher, Noth, Sellheim usw.[953]

Schließlich zählt Donner skeptische Ansätze auf, die zwar den Annahmen der traditionskritischen Methode folgen, jedoch verneinen, dass man den historischen Kern der Ereignisse wieder rekonstruieren kann.[954] Als Befürworter dieses Ansatzes werden u.a. Lammens und Schacht genannt.[955]

Nach Donner stellen die revisionistischen Arbeiten ab den siebziger Jahren des 20. Jahrhunderts eine Variante der skeptischen Herangehensweise dar.[956] Diese gehen von einem langwierigen Prozess der Kodifikation des Korans aus und sehen in den muslimischen Beschreibungen zur eigenen Genese nichts anderes als „Heilsgeschichte", die kein dezidiert profangeschichtliches Interesse hat und somit für die Frühgeschichte des Islams wertlos ist.[957] Eine weitere Annahme der Revisionisten ist die exegetische Natur der Berichte über das Leben des Propheten, die nicht unabhängig vom Koran entstanden sind.[958]

Uri Rubin hat in einer Aufsatzsammlung zur kritischen Muhammadforschung die Forschungstendenzen auf der Grundlage unterschiedlicher Gegenstände unterteilt.[959] Eine Gruppe von Forschern bemühe sich um die Rekonstruktion des *historischen* Muhammads (z.B. Weil, Muir, Watt usw.).[960] Diese benutzen Kriterien zur Unterscheidung der fiktiven und authentischen Überlieferungen. Das *Tendenzkriterium* („political criterion") helfe bei der Kennzeichnung derjenigen (politischen) Interessen und (theologischen) Konflikte, die historische Nachrichten umgeformt haben.[961] Nach deren Isolation könne man die zuverlässigen Nachrichten bestimmen. Auch wird ein *chronologisches Kriterium* verwendet, das die medinensischen Überlieferungen für weitaus authentischer einstuft.[962] Denn die mekkanische Lebensphase des Propheten sei viel stärker durch legendarisches Material geformt worden, da man sich erst *ex post* für die jungen Lebensjahre Muhammads interessierte. Ein weiteres Kriterium („dogmatic criterion") wird herangezogen, um diejenigen Traditionen zu identifizieren, die gegen die Verehrungstendenz der muslimischen Überlieferung sind.[963] Wenn also Muhammad in seinem frühen Leben noch Götzen anbetet oder Fehler macht, dann haben sich hier tendenzwidrige Elemente erhalten, die

953 Vgl. ebd., 16 ff.
954 Vgl. ebd., 20.
955 Vgl. ebd., 20 ff.
956 Vgl. ebd., 22 f.
957 Vgl. ebd., 23.
958 Vgl. ebd.
959 Vgl. Uri Rubin (Hg.), The Life of Muḥammad, Aldershot 1998, XV.
960 Vgl. ebd., XV ff.
961 Vgl. ebd., XVI f.
962 Vgl. ebd., XVII.
963 Vgl. ebd., XVII ff.

wohl authentisch sind. Neben der Analyse des eigentlichen *sīra*-Materials wird auf den Koran als Dokument der Entwicklung Muhammads zurückgegriffen.[964]

Die zweite Gruppe von Leben-Muhammad-Forschern interessieren sich für den *idealisierten* Muhammad.[965] Sie beschreiben, wie das Bild von Muhammad sich herauskristallisiert und welche unterschiedliche Formen es angenommen hat. Auch gehen sie detaillierter den Fragen nach, welche Ziele die Überlieferer prophetenbiographischer Traditionen verfolgten und welche religionsgeschichtlichen Anknüpfungspunkte und Anleihen es zum Bild des Propheten gab. Einige Forscher dieser Gruppe glauben, dass man zwischen dem idealisierten und historischen Muhammad unterscheiden kann (Tor Andrae, Jensen, Horovitz)[966], während für andere Historiker in der muslimischen Überlieferung lediglich der idealisierte Muhammad auffindbar ist (Wansbrough, Rubin).[967]

Unabhängig von dieser Unterscheidung der zwei Forschungsgruppen erläutert Rubin, wie heterogen das *sīra*-Material in seiner Zusammensetzung ist[968] und wie unterschiedlich die Überlieferungsangaben der muslimischen Tradition bewertet werden.[969]

Unter dem Pseudonym Ibn Warraq wurde eine Aufsatzsammlung für die Leben-Muhammad-Forschung herausgegeben, die überwiegend revisionistische Beiträge und deren Übersetzung ins Englische enthält. Der Herausgeber kritisiert vor allem eine islamfreundliche Forschung zur Frühgeschichte des Islams, die allzu sehr auf die Befindlichkeiten der Muslime achtet und deshalb nicht konsequent genug in der kritischen Analyse der muslimischen Quellen ist.[970] Ibn Rawandi – ebenfalls ein Pseudonym – gibt in dem einleitenden Teil der Aufsatzsammlung einen Überblick der bedeutendsten revisionistischen Arbeiten. Er unterteilt dabei die Ansätze in der westlichen Forschung zum Islam in zwei Gruppen:

> „There are in fact two broadly opposed ways in which westerners approach Islam. The first, which might be described as rational-analytic, retains an overtly western point of view, be it religious – Jewish/Christian, or secular – rational/humanist/skeptical/atheist. The second, which might be described as mystical-romantic and often leads to conversion, adopts an antiwestern posture and styles itself traditionalist, a kind of universalist religiosity that regards Islam as the final and most complete of a host of divine revelations. [...] The rational-analytic group study Islam from the outside and seek to know how it came to be the way it is. They look critically at the evidence, or lack of evidence, for the traditional account of Islamic origins, and as a result see Islam as a series of problems in need of solution. The solutions tend to be favorable or unfa-

964 Vgl. ebd., XIX.
965 Vgl. ebd., XIX ff.
966 Vgl. ebd., XX f.
967 Vgl. ebd., XXI.
968 Vgl. ebd., XXI-XXV.
969 Vgl. ebd., XXVII.
970 Vgl. Ibn Warraq (Hg.), The quest for the historical Muhammad, New York 2000, 20 ff.

> vorable to Islam in direct proportion to the sympathy for religion as such; […] The mystical-romantic group study Islam from the inside and accept it at its own estimation; they refuse to consider anything which might undermine faith and treat the traditional explanations as divinely guided.“[971]

Ibn Rawandi beschreibt die revisionistischen Arbeiten innerhalb der rational-analytischen Gruppe so, als ob sie das letzte Wort bezüglich der Entstehung des Islams wären und endet sein Aufsatz in einem triumphalistischen Ton gegenüber Muslimen. Diese hätten angesichts der Ergebnisse der Revisionisten nur zwei Möglichkeiten:

> „Faced with all this argument and evidence Muslims have two options. They can avert their eyes, denounce it all as the work of Shaitan and the enemies of Islam and go on believing the traditional account as literally true (fundamentalism), or they can adopt the posture of the mystical-romantic school. These, too will regard the critics as the agents of Shaitan, but will go on to say that even if the criticisms are correct, which of course they are not, this cannot affect the claims of Islam since those claims do not depend on historical origins but on an inner knowledge of God, the accompaniment and reward of piety. What makes Islam true is the spiritual life of Muslims, not religious history but religious experience. This is the realm of Sufism or Islamic mysticism […].“[972]

Eine umfangreiche Standortbestimmung zur Methodik in der Forschung zur islamischen Frühgeschichte hat Herbert Berg in einer Studie zur Genese der ältesten Koranexegese vorgenommen. Wie die juristischen Hadithe sind die exegetischen Überlieferungen erst in Manuskripten ab Ende des zweiten islamischen Jahrhunderts erhalten.[973] Auch werden diese mit Hilfe von Überliefererketten auf frühe Exegeten zurückgeführt.[974] Der Inhalt und die Tradenten der juristischen und exegetischen Traditionen überschneiden sich oftmals.[975] Diese Übereinstimmungen veranlassen Berg dazu, die Geschichte der nichtmuslimischen Hadithkritik im Allgemeinen zusammenzufassen.

Als Anhänger einer skeptischen Evaluation der Hadithüberlieferung werden Goldziher, Schacht und Stetter genannt.[976] Auf diese pessimistischen Stimmen haben u.a. Sezgin und Abbott mit der Annahme einer langen schriftlichen und zuverlässigen Überlieferung in der muslimischen Tradition reagiert.[977] Jedoch gab es auch vermittelnde Standpunkte, die den Horizont der muslimischen

---

971 Ibn Rawandi, Origins of Islam: A Critical at the Sources. In: Ibn Warraq (Hg.), The quest for the historical Muhammad, New York 2000, 89-124, hier 106 f.

972 Ebd., 120.

973 Vgl. Herbert Berg, The Development of Exegesis in Early Islam. The Authenticity of Muslim Literature from the Formative Period, Richmond 2000, 65.

974 Vgl. ebd.

975 Vgl. ebd.

976 Vgl. ebd., 8-17.

977 Vgl. ebd., 18-26.

Überlieferungsmodalitäten erweitert haben.[978] Zu dieser Mittelposition rechnet Berg u.a. Juynboll, Schoeler, Motzki, Horovitz, Rubin usw.

Neben dieser allgemeinen Hadithkritik befasst sich Berg mit der Geschichte zur Rekonstruktion früher Exegesewerke auf der Grundlage des Isnād. Auch hier erkennt er Ansätze, die den muslimischen Angaben großes Vertrauen schenken[979] oder diese gänzlich hinterfragen.[980] Daneben gibt es auch Forscher, die versuchen, eine Mittelposition einzunehmen.[981]

Berg selbst kommt zu dem Schluss, dass es eigentlich unabhängig von dem jeweiligen thematischen Bereich nur zwei disjunktive Herangehensweisen an den muslimischen Hadithüberlieferungen gibt:

> „As I have shown, whether one is spekaing of *ḥadīths* in general or exegetical *ḥadīths* more specifically, the understanding of the value of *isnāds* is sharply divided. On the one side stand the sceptics, with Goldziher at their head. He questions both the provenance and chronology of *ḥadīths* given by *isnāds*. [...] On the other side of the debate are those scholars who place a great deal of trust in the reliability of the *isnād*."[982]

Berg argumentiert, dass der Unterschied zwischen Skeptikern („sceptics") und Optimisten („sanguines") grundsätzlicher Natur ist und in ihren unterschiedlichen Prämissen begründet ist.[983] Akzeptiert man die Angaben der Überliefererketten, dann ergeben sich daraus in evidenter Weise die methodischen Schlussfolgerungen der Optimisten, die um eine Rekonstruktion früherer Quellen bemüht sind.[984] Wirft man aber als Skeptiker die Angaben des Isnād über Bord, dann müssen nichtmuslimische Traditionen als Vergleich herhalten und man geht von einem langen Entstehungsprozess der Literatur aus.[985] Eine historische Rekonstruktion scheint unmöglich. Derart scheinen die Argumentationsweisen beider Lager *zirkulär* zu sein.[986] Die methodische Herangehensweise ist durch die jeweiligen Prämissen bestimmt, die jedoch nicht unabhängig begründet werden können.

Berg ist nicht daran interessiert, anhand seiner eigene Studie zur frühen Koranexegese zwischen beiden Positionen zu vermitteln. Denn seiner Meinung nach gibt es keine Mittelposition.[987] Vielmehr versucht er über die Überzeugungskraft des jeweiligen Ansatzes zu entscheiden, indem er die Methoden beider Lager kombiniert und auf die Übernahme der jeweiligen Prämissen verzichtet.

---

978 Vgl. ebd., 26-42.
979 Vgl. ebd., 65-78.
980 Vgl. ebd., 78-83.
981 Vgl. ebd., 83-91.
982 Ebd., 219 f.
983 Vgl. ebd., 222.
984 Vgl. ebd., 222 f.
985 Vgl. ebd.
986 Vgl. ebd., 223 f.
987 Vgl. ebd., 226.

Als Beispiel für seine Untersuchung wählt Berg in Ṭabarīs *tafsīr* enthaltene exegetische Überlieferungen nach Ibn ʿAbbās. Er grenzt dazu eine repräsentative Menge an Traditionen ein, die Ibn ʿAbbās zugeschrieben werden[988] und untersucht deren stilistisch-exegetisches Profil („stylistic profiles"/„exegetical devices"). Für letztere beruft er sich auch auf exegetische Kategorisierungen, die Wansbrough vorgenommen hatte (Lesevarianten, grammatikalische Erläuterungen, Analogie, Abrogation usw.) [989] und erweitert diese um weitere Formen.[990] Berg erhebt nun das prozentuale Vorkommen der jeweiligen Arten von Exegese in Traditionen, die Ibn ʿAbbās zugeschrieben werden.[991] Gleichzeitig untersucht er das stilistisch-exegetisches Profil von Überlieferungen nach Ibn ʿAbbās, die Schüler von ihm tradiert und direkte Informanten von Ṭabarīs *tafsīr* überliefert haben.[992] Berg stellt nun die Ergebnisse der jeweiligen Profile gegenüber[993] und erläutert, welche Szenarien der Übereinstimmung und Nichtübereinstimmung es gibt, die jeweils divergente Urteile über die mögliche Authentizität der Ibn ʿAbbās zugeschriebenen Traditionen erlauben.[994] Der Befund der Gegenüberstellung führt zu dem Ergebnis, dass die Überliefererketten unbrauchbar sind.[995] Es gab weder eine Übereinstimmung zwischen dem stilistisch-exegetischen Profil von Ibn ʿAbbās und seinen Schülern, noch zwischen den Schülern von Ibn ʿAbbās und Ṭabarīs Informanten.[996] Daraus schließt Berg, dass die untersuchten exegetischen Hadithe, die in Ṭabarīs *tafsīr* nach Ibn ʿAbbās überliefert werden, nicht von diesen und seinen Schülern stammen können.[997] Damit bewahrheitet sich auch nach Meinung von Berg die skeptische Position bezüglich der Unbrauchbarkeit des Isnāds. Man müsse wie bei den juristischen Überliefererketten eine Rückprojektion der *asānīd* bei den exegetischen Überlieferungen annehmen.[998]

Berg hatte in seiner Analysemethode als Konzession an die optimistischen Forscher die Überliefererketten untersucht. Von den Skeptikern hat er die stilistisch-exegetische Untersuchungsmethode übernommen. In der kombinierten Anwendung seines Verfahrens hat sich der skeptische Ansatz als wahrscheinlicher erwiesen. Berg muss jedoch am Ende zugeben, dass auch er für seine Untersuchung auf implizite Prämissen nicht verzichten konnte. Die Skeptiker werden – unabhängig von den Ergebnissen Bergs – seine Inanspruchnahme der

988 Vgl. ebd., 141 ff.
989 Vgl. ebd., 148-155.
990 Vgl. ebd., 155 f.
991 Vgl. ebd., 174 ff.
992 Vgl. ebd., 174-191.
993 Vgl. ebd., 191-208.
994 Vgl. ebd., 137-141.
995 Vgl. ebd., 228.
996 Vgl. ebd.
997 Vgl. ebd.
998 Vgl. ebd., 209 f.

Überliefererketten ablehnen, während die „Optimisten“ die Indikatoren für eine Fabrikation negieren werden.[999]

Harald Motzki hat Bergs Kategorisierungen von Forschungsansätzen und seine Untersuchung zur frühen Koranexegese in einem Aufsatz kritisch evaluiert. An erster Stelle bemängelt er Bergs vage Definition von Begrifflichkeiten wie „skeptisch“ oder „optimistisch“.[1000] Das führe dazu, dass man in einigen Fällen die Zuordnung von Forschern gemäß den Parametern von Berg (Zuverlässigkeit der Überliefererketten wird von Skeptikern nicht akzeptiert) in eine andere Gruppe hätte vornehmen müssen.[1001] Erschwerend käme hinzu, dass Bergs Beschreibung der unterschiedlichen Arbeiten oft fragwürdig sei. Er konsultiert nicht sämtliche Studien eines Autors und gibt öfters einen wissenschaftlichen Standpunkt nur verkürzt oder ungenau wieder.[1002]

Motzki moniert auch Bergs disjunktive Teilung von skeptischen und optimistischen Forschern, die keinen Platz für eine Mittelposition lässt.[1003] Ist Bergs Beschreibung wirklich nachvollziehbar, dass sich die Forscher zur Frühgeschichte des Islams für eine der beiden Prämissen implizit oder explizit entscheiden und dass ihre Ergebnisse dadurch determiniert sind?.[1004] Tatsächlich entspricht es doch der normalen wissenschaftlichen Praxis, dass man Hypothesen formuliert und diese überprüft und je nach Ergebnis verwirft oder modifiziert.[1005] Demgemäß sind auch abgestufte Hypothesen über die Zuverlässigkeit der Überlieferketten in der muslimischen Tradition möglich (Alle/Ein Teil/Traditionen nach der Person X sind zuverlässig usw.).[1006]

Bergs eigene Studie lobt Motzki dahingehend, dass der Abgleich von Überliefererketten und die Verteilung stilistischer Profile tatsächlich brauchbare Ergebnisse liefern kann. Nur seien die *generellen* Schlüsse Bergs auf der Grundlage seiner *partikularen* Ergebnisse nicht nachvollziehbar.[1007] Wenn ein Teil der exegetischen Überlieferungen nach Ibn ʿAbbās nicht zuverlässig ist, heißt es noch lange nicht, dass alle ihm zugeschriebenen Traditionen fiktiv sind und dass der Isnād im Falle exegetischer Hadithe grundsätzlich irreführend ist. Berg hat gar nicht geprüft, ob der *ganze* Isnād gefälscht ist. Auch habe er die Ergebnisse von Motzkis Studie ignoriert, in der dieser für einen kleinen Teil der Traditionen

999 Vgl. ebd., 229.
1000 Vgl. Harald Motzki, The Question of the Authenticity of Muslim Traditions Reconsidered: A Review Article. In: Herbert Berg (Hg.), Method and Theory in the Study of Islamic Origins, Leiden 2003, 211-258, hier 213.
1001 Vgl. ebd., 213-215.
1002 Vgl. ebd., 216-223; 226 f.
1003 Vgl. ebd., 224 f.
1004 Vgl. ebd., 224.
1005 Vgl. ebd., 224 f.
1006 Vgl. ebd., 225.
1007 Vgl. ebd., 251.

nach Ibn ʿAbbās nach einer bestimmten Überlieferungstradition die hohe Wahrscheinlichkeit ihrer Authentizität nachweisen konnte.[1008]

Motzki hat im selben Jahr des Erscheinens von Bergs Studie eine Aufsatzsammlung herausgegeben, die sich den Quellen für das Leben Muhammads widmet. In der Einleitung zu diesem Band gibt er eine kurze Zusammenfassung der kritischen Muhammadforschung[1009] und beschreibt ein Dilemma bezüglich der damaligen Forschungssituation:

> „At present, the study of Muḥammad, the founder of the Muslim community, is oviously caught in a dilemma. On the one hand, it is not possible to write a historical biography of the Prophet without being accused of using the sources uncritically, while on the other hand, when using the sources critically, it is simply not possible to write such a biography."[1010]

Als Grund für dieses Dilemma nennt Motzki mangelnde quellenkritische Untersuchungen zu den prophetenbiographischen Traditionen, sodass man sehr selektiv mit den Quellen umgeht.[1011] Auch fehle eine profunde methodische Diskussion darüber, wie man die Zuverlässigkeit der Hadithtexte (*matn*) und deren Überliefererketten (*isnād*) bestimmen kann.[1012] Aufgrund der beschriebenen Versäumnisse wird die Diskussion über die Authentizität der Hadithe auf einer abstrakten Ebene geführt und man hat unberechtigter Weise aus wenigen Einzeluntersuchungen weiterreichende Schlussfolgerungen vorgenommen.[1013] Auch das Verhältnis der unterschiedlichen muslimischen Überlieferungen zum Koran blieb unbeantwortet.[1014] Insgesamt fußen die bisherigen Biographien zum Leben des Propheten auf relativ wenige Quellen.[1015]

Nach Motzki können die von ihm genannten Desiderata der Leben-Muhammad-Forschung überwunden werden. Seine Aufsatzsammlung enthält Einzeluntersuchungen, die sich der Text- und Rezeptionsgeschichte („*Textual history*") einzelner und mehrerer Überlieferungen widmen, überlieferungsgeschichtlich nach der ursprünglichen Version einer Tradition fragen („*Transmission history*")[1016], aus späteren Kompilationen frühere Quellen rekonstruieren („*Reconstruction of sources*")[1017] und allgemein den Quellenwert der muslimischen Angaben zu bestimmen versuchen („*Determining the historical value of*

1008 Vgl. ebd., 248.
1009 Vgl. Harald Motzki, The Biography of Muḥammad. The Issue of the Sources, Leiden 2000, XI-XIV.
1010 Ebd., XIV.
1011 Vgl. ebd.
1012 Vgl. ebd.
1013 Vgl. ebd., XV.
1014 Vgl. ebd.
1015 Vgl. ebd.
1016 Vgl. ebd.
1017 Vgl. ebd., XV f.

traditions").[1018] Zudem werden in einigen Aufsätzen apokryphe und seltene muslimische Traditionen analysiert, um die Diversität der Quellen zu verdeutlichen („Unearthing unorthodox traditions").[1019]

Jonathan Brown hat insbesondere die Funktion des Hadith in der religiösen Lebenswelt der Muslime untersucht. In diesem Rahmen beleuchtet er auch die Authentizitätsfrage in der westlichen Islamwissenschaft. Seiner Meinung nach trägt zwar grundsätzlich das Bemühen nichtmuslimischer Wissenschaftler um die historische Analyse der Hadithe und ihrer Überlieferung zum Verständnis der frühislamischen Geschichte bei und ist als solches auch zu begrüßen.[1020] Brown betont aber, dass die Annäherung an die Hadithüberlieferung durch Prämissen des jeweiligen Weltbildes der nichtmuslimischen und muslimischen Kultur bestimmt ist.[1021] Hierbei spielen dann aus der Perspektive der Diskurskritik auch Fragen der Macht, Autorität und Wahrheitsansprüche eine Rolle.[1022] Jedenfalls könne man nicht wirklich zwischen beiden Herangehensweisen eine Entscheidung treffen, weshalb sich Brown für eine deskriptive Wiedergabe der Ansätze zur Frühgeschichte des Islams entscheidet:

> „Instead of approaching the Authenticity Question from a teleological perspective, where we assume that native ‚Muslim' vision of the hadith tradition is wrong and that Western scholars have awakened it from its millennial slumber and are guiding it gradually forwards, we will assume what I think is a more accurate approach: the hadith tradition is so vast and our attempts to evaluate its authenticity so inevitably limited to small samples, that any attitudes towards its authenticity are necessarily based more on our critical worldview than on empirical fact. Because we ultimately cannot know empirically whether Muhammad was a prophet or a character formed by history, or whether or not God played any role in preserving his words for posterity, we will not look at the Authenticity Question as one to which there is a right and wrong answer. Instead, we will identify what the various schools of thought on this question have taken as their basic assumptions and how they have built on them. We will examine how some schools of thought reacted to others and how their assumptions cast doubt on those of others."[1023]

Als eine Voraussetzung der westlich-islamwissenschaftlichen Forschung zur Hadithüberlieferung nennt Brown die historisch-kritische Methode.[1024] Er fast konzis die Geschichte ihrer Entstehung und Anwendung zusammen[1025] und reduziert diese auf ihre basalen Vorannahmen und Voraussetzungen: Ein anfänglicher

1018 Vgl. ebd., XVI.
1019 Vgl. ebd.
1020 Vgl. Jonathan Brown, Hadith. Muhammad's Legacy in the Medieval and Modern World, Oxford 2009, 198.
1021 Vgl. ebd.
1022 Vgl. ebd.
1023 Ebd., 198 f.
1024 Vgl. ebd., 200.
1025 Vgl. ebd., 200-203.

Zweifel gegenüber die Authentizität eines historischen Textes und das Infragestellen orthodoxer Narrative („othodox narratives") in diesen.[1026] Ebenso ist man der Überzeugung, dass man durch Aufweis der Motive für die Genese eines Textes, die zuverlässigen Informationen von den unechten Angaben trennen kann.[1027] Daneben wird das Prinzip der Analogie („Principle of Analogy") zur Erklärung von historischen Prozessen verwendet, das durch das Prinzip der Differenz gegenüber die orthodoxe Tradition ergänzt wird („Principle of Dissimilarity").[1028]

Brown differenziert nun chronologisch und thematisch vier Ansätze zur Authentizitätsfrage in der westlichen Forschung zum Frühislam.[1029]

Der orientalistische Ansatz („*The Orientalist Approach*") folgt der historisch-kritischen Methode und hinterfragt die muslimischen Angaben zur Entwicklung des Rechts und der eigenen Geschichtsschreibung.[1030] Jedoch wird die Grundstruktur der muslimischen Überlieferung akzeptiert. Als Beispiel für diese Herangehensweise gelten Goldziher, Schacht usw.[1031]

Der islamfreundlich-apologetische Ansatz („*The Philo-Islamic Aplogy*") ist eine Reaktion auf die orientalistischen Arbeiten.[1032] So haben etwa Abbott und Azami die Voraussetzungen und Ergebnisse der historisch-kritisch verfahrenden Orientalisten kritisiert.[1033]

Der dritte Ansatz umfasst die revisionistischen Ansätze (*The Revisionist Approach*) von Wansbrough, Crone und Cook, die radikaler als die Orientalisten die Frühgeschichte des Islams und die Genese des Korans hinterfragen.[1034]

Die letzte Phase oder Einschätzung bezeichnet Brown als erneute Evaluation des Westens (*The Western Revaluation*).[1035] Zwar folgt man immer noch der historisch-kritischen Methode. Jedoch hätten etwa die Arbeiten von Harald Motzki verdeutlicht, wie komplex die muslimische Tradition ist und dass die radikale Skepsis der Orientalisten und Revisionisten zu weitaus phantastischeren Ergebnissen geführt haben als die muslimischen Selbstzeugnisse.[1036] Jedenfalls scheint eine Hyperskepsis gegenüber den literarischen Quellen der Muslime nicht mehr angebracht. Der muslimische Diskurs zur Frühgeschichte muss viel stärker in den Fokus gerückt und diffizil untersucht werden.

1026 Vgl. ebd., 203.
1027 Vgl. ebd.
1028 Vgl. ebd.
1029 Vgl. ebd., 204.
1030 Vgl. ebd.
1031 Vgl. ebd., 205-217.
1032 Vgl. ebd., 204.
1033 Vgl. ebd., 217-220.
1034 Vgl. ebd., 204; 220-224.
1035 Vgl. ebd., 204.
1036 Vgl. ebd., 224-235.

3.2.2 Was kann ich wissen? – Überblicksdarstellungen zu Methoden und Quellen

Patricia Crone hat in einem Artikel programmatisch die Frage gestellt: „What do we actually know about Mohammed?“. Auch wenn die muslimischen Quellen für das Leben Muhammads relativ spät beginnen, so könne man über den historischen Muhammad wahrscheinlich mehr wissen, als über den historischen Jesus.[1037] Dass er existiert hat, wird von einer nichtmuslimischen Quelle zwei Jahre nach seinem Tod bezeugt.[1038] Nimmt man sogar eine nicht unwahrscheinliche Revision seines Todesdatums um zwei Jahre vor, dann wäre er der erste Begründer einer Weltreligion, dessen Existenz von einer kontemporären Quelle direkt bezeugt ist.[1039] Daneben wird Muhammad auch direkt im Koran und in der archaischen „Gemeindeordnung von Medina“ erwähnt.[1040]

Auch wenn es noch keine direkten materialen Evidenzen dafür gibt, so ist es sehr wahrscheinlich, dass ein arabischer Prophet in den ersten Jahrzehnten des siebten Jahrhunderts vor der Expansion der Araber gelebt und gewirkt hat.[1041]

Der Koran enthält mit ziemlicher Sicherheit die Verkündigung des Propheten Muhammad, die er glaubte, von Gott zu empfangen.[1042] Jedoch weiß man nicht, ob dieser sämtliche Offenbarungen und Aussagen Muhammads enthält. Die Anordnung des Korans wurde erst nach Muhammads Tod vorgenommen. Alternative Szenarien, die eine Existenz des Propheten und des ihm zugeschriebenen Korans anzweifeln, verursachen angesichts der Quellenlage mehr Probleme, als sie lösen könnten.[1043] Die Struktur und der Inhalt des Korans werfen einige Fragen bezüglich seines genauen Kontextes und seiner Bedeutung auf.[1044] Man könne aber sicher sein, dass die Hörer Muhammads biblisch geprägt und arabische Monotheisten waren.[1045] Zentrale Botschaft von Muhammads Verkündigung war ein strikter Monotheismus und der Glaube an der Wiederauferstehung und das Endgericht.[1046]

Crone hält es für wahrscheinlich, dass man den Lebens- und Wirkungskontext von Muhammad an die nördlichen oder südlichen Grenzen Saudi-Arabiens verlegen muss, da die zeitgenössischen Quellen nur über diese Bereiche berich-

---

1037 Vgl. PATRICIA CRONE, What do we actually know about Mohammed? In: ANDREAS GÖRKE (Hg.), Muḥammad, Vol. II, Oxon 2015, 339-346, hier 339.
1038 Vgl. ebd.
1039 Vgl. ebd.
1040 Vgl. ebd., 340.
1041 Vgl. ebd.
1042 Vgl. ebd.
1043 Vgl. ebd.
1044 Vgl. ebd., 340 f.
1045 Vgl. ebd., 341 f.
1046 Vgl. ebd., 342 f.

ten.[1047] Es sei wahrscheinlich, dass die Muslime Muhammad in einem rein paganen Umfeld gestellt haben, um – wie mit der Behauptung seines Analphabetentums – die vertikale Offenbarungswahrheit zu beweisen und zu bekräftigen.[1048]

Die Kontextualisierung des Frühislams innerhalb der Spätantike[1049] und Fortschritte in der archäologischen Forschung sind für Crone die erfolgversprechendsten Mittel zur Erhellung des Leben Muhammads.[1050]

Angesichts der Tatsache, dass Crone neben Wansbrough in den siebziger Jahren maßgeblich zur Etablierung revisionistischer Ansätze beigetragen hat, sind ihre neuerlichen Stellungnahmen zum Leben Muhammad sehr überraschend und verdeutlichen, dass sie von etlichen Prämissen ihrer frühen Forschung abgerückt ist.

Andreas Görke hat in einem Aufsatz die Möglichkeiten und Grenzen der Leben-Muhammad-Forschung ausgelotet. Er bespricht zunächst die vorhandenen Quellen für die historische Rekonstruktion von Muhammad. Archäologische Forschungen in seinem Wirkungsgebiet (Mekka und Medina) gibt es nicht.[1051] Die sonstigen Grabungen in Saudi-Arabien können vielleicht einen allgemeinen Eindruck davon liefern, wie der damalige kulturelle Hintergrund war.[1052] Auch Inschriften und Münzen, die aus Muhammads Zeit stammen und auf ihn bezogen sind, gibt es nicht.[1053] Die literarischen Quellen von Nichtmuslimen beziehen sich nur indirekt auf seine Person und sind widersprüchlich.[1054] Auch diese lassen sich nicht eindeutig interpretieren. Die muslimischen Überlieferungen stammen auch nicht aus dem ersten islamischen Jahrhundert.[1055] Eine Ausnahme bildet zwar der Koran, jedoch wurde auch dieser von Revisionisten später datiert.[1056] Selbst wenn man ihn nach der muslimischen Tradition als das Wort Gottes an Muhammad versteht, liefert er fast gar keine direkten Informationen zu seinem Leben.[1057]

Es bleiben dann die literarischen Quellen der Muslime übrig, die aber problematisch sind: Sie stammen aus späterer Zeit (mindestens 150 Jahre Abstand zu den Ereignissen) und sind teilweise der exegetischen Interpretation des Korans

---

1047 Vgl. ebd., 343.

1048 Vgl. ebd., 343 f.

1049 Zum selben Ergebnis gelangt Hoyland in einer Bestandsaufnahme der Methoden und Quellen für das Leben Muhammads: ROBERT HOYLAND, Writing the Biography of the Prophet Muhammad: Problems and Solutions. In: History Compass 5/2 (2007) 581-602.

1050 Vgl. CRONE, What do we actually know about Mohammed? 345.

1051 Vgl. ANDREAS GÖRKE, Prospects and Limits in the Study of the Historical Muḥammad. In: NICOLET BOEKHOFF-VAN DER VOORT u.a. (Hg.), The Transmission and Dynamics of the Textual Sources of Islam. Essays in Honour of Harald Motzki, Leiden 2011. 135-151, hier 137.

1052 Vgl. ebd.

1053 Vgl. ebd.

1054 Vgl. ebd., 138.

1055 Vgl. ebd., 137.

1056 Vgl. ebd., 137 f.

1057 Vgl. ebd., 138.

geschuldet.[1058] Auch enthalten sie offensichtlich spätere politische, theologische und juristische Tendenzen[1059] und sind oftmals in ihrem Inhalt widersprüchlich.[1060] Des Weiteren darf man nicht übersehen, dass Überlieferer und Autoren nicht immer das Interesse hatten, historische Ereignisse als profane Historiographie wiederzugeben, sondern Muhammads Status als Prophet in der von Gott geleiteten (Heils-)Geschichte aufzuzeigen.[1061] Diese quellenkritischen Probleme zwingen nach Meinung von Görke nicht zu einem revisionistischen Ansatz, der die muslimischen Zeugnisse weitestgehend über Bord wirft.[1062] Es ist von vornherein nicht ausgeschlossen, dass man frühere Überlieferungen rekonstruieren kann und dass zuverlässige historische Nachrichten noch auffindbar sind.[1063] Bei aller Skepsis dürfe man auch nicht vergessen, dass sich die muslimische Tradition bezüglich der Grundfakten zum Leben des Propheten einig ist (geb. in Mekka, Auswanderung nach Medina usw.).[1064]

Görke bespricht nun die vier aussichtsreichsten Methoden zur Analyse der literarischen Quellen der Muslime. Die erste Methode besteht in der Identifizierung derjenigen Berichte, die gegen die orthodoxen Tendenzen aus späterer Zeit sind.[1065] Wenn etwa von einem Fehler oder einer Schwäche Muhammads in muslimischen Überlieferungen berichtet wird, dann ist das gegen die spätere Verehrungstendenz und voraussichtlich authentisch. Wieso sollte man freiwillig als Muslim darüber berichten? Offensichtlich war es nicht möglich, diese Berichte zu unterdrücken. Görke hält die isolierte Anwendung dieser Methode für falsch, da diese – aus der Perspektive der Muslime – ausschließlich ein negatives Bild des Propheten liefern kann.[1066]

Als zweites aussichtsreiches Verfahren stellt Görke die *isnād-cum-matn*-Analyse vor.[1067] Diese beruhe vor allem auf die Identifikation von *common links*, die auf frühe systematische Sammler von Überlieferungen hinweisen, und auf die Korrelation zwischen den Texten und ihren Überliefererketten.[1068] Das Verfahren ermöglicht die Datierung von Veränderungsprozessen in der Überlieferung einer Tradition und kann den verantwortlichen Tradenten ausfindig ma-

1058 Vgl. ebd., 139.
1059 Vgl. ebd.
1060 Vgl. ebd., 140.
1061 Vgl. ebd.
1062 Vgl. ebd.
1063 Vgl. ebd.
1064 Vgl. ebd.
1065 Vgl. ebd., 141.
1066 Vgl. ebd., 141 f.
1067 Vgl. ebd., 142.
1068 Vgl. ebd.

chen.[1069] Ebenso lassen sich fiktive Zuschreibungen aufdecken und man kann nachweisen, welche Hadithe tatsächlich von einem *common link* stammen.[1070]

Allerdings hat die Anwendung der *isnād-cum-matn*-Analyse auch ihre Hürden:[1071] Man braucht möglichst viele Varianten einer Überlieferung, damit man belastbare Ergebnisse hat. Aufgrund der Heterogenität der Varianten ist die wörtliche Rekonstruktion der ursprünglichen Überlieferung nicht möglich. Und da die frühesten *common links* 40-60 Jahre nach den berichteten Ereignissen lebten, ist ein Zurück zu den Augenzeugenberichten nicht möglich. Nur in seltenen Fällen gelangt man weiter zurück. Ein weiteres Manko der *isnād-cum-matn*-Analyse ist der sehr hohe Zeitaufwand.

Als dritte Methode beschreibt Görke die Rekonstruktion von frühen Korpora, die man auch mit Hilfe der *isnād-cum-matn*-Analyse erreichen kann.[1072] Hier fasst er seine Arbeit mit Schoeler zum Korpus des ʿUrwa b. az-Zubair zusammen.

Das vierte Verfahren besteht nach Görke in der Untersuchung seltener und apokrypher Traditionen (*ġarīb al-ḥadīṯ*), die aufgrund ihres archaischen Charakters sehr frühe Überlieferungen enthalten können.[1073]

Zusammenfassend bemerkt Görke, dass man noch weit davon entfernt ist, eine ausführliche Biographie des Propheten Muhammad schreiben zu können. Jedoch können die von ihm beschriebenen Ansätze und weitere Fortschritte in den benachbarten Disziplinen (Archäologie usw.) dabei helfen, die Forschungssituation in den kommenden Jahrzehnten zu verbessern.[1074]

3.2.3 Vergleich der Leben-Muhammad-Forschung und Leben-Jesu-Forschung

Es gab auch kleinere Aufsätze, die sich dem Vergleich der historischen Muhammad- und Jesusforschung hinsichtlich ihrer Methoden und Quellen gewidmet haben.

F. E. Peters fragt sich, warum die Ergebnisse beider Disziplinen so unterschiedlich sind.[1075] Zunächst scheinen die Voraussetzungen einer historischen Rekonstruktion Muhammads besser zu sein.[1076] Es gibt kein Ereignis wie Ostern, das die Perspektive auf seine Person theologisch verformt hat[1077]. Andererseits

1069 Vgl. ebd.
1070 Vgl. ebd., 143.
1071 Vgl. ebd.
1072 Vgl. ebd., 144-147.
1073 Vgl. ebd., 147 f.
1074 Vgl. ebd., 148 f.
1075 Vgl. F. E. Peters, The Quest of the Historical Muhammad, 291.
1076 Vgl. ebd., 291 f.
1077 Peters sieht zwar in der frühislamischen Expansion ein ähnliches Ereignis, das die Perspektive auf das Leben Muhammads entschieden mitgeprägt hat. Nur wird diesem kein dezidiert

besitzt man für die historische Kontextualisierung von Jesus weitaus mehr nicht-christlich-historiographische Quellen.[1078] Letztere wird man für Muhammad und seinen Wirkungskontext vergeblich suchen.[1079] Die Verkündigung beider Personen ist jeweils in den Evangelien und dem Koran enthalten.[1080] Die genauen Worte des historischen Jesus sind in der Beschreibung seiner Handlungen verwoben.[1081] Theologisch ist Jesus selbst die Offenbarung und die Evangelien zeugen nur von dem Offenbarwerden Gottes.[1082] Der Koran ist dagegen das offenbarte Gotteswort an Muhammad.[1083] Es enthält auch deshalb keine direkte Beschreibung von Muhammads Lebensweg und seiner Geschichte. Nicht zuletzt die unterschiedliche theologische Bedeutung der Evangelien und des Korans führen dazu, dass hier die *Form- und Redaktionskritik* zu unterschiedlichen Ergebnissen kommt. Die formkritische Analyse der Evangelien erlaubt die Kontextualisierung des Verkündigungsprofils von Jesus und dessen Inhalt in einer historisch verbürgten Umwelt.[1084] Auch lässt sich nachweisen, welche Rolle unterschiedliche Jesusüberlieferungen im Sitz des Lebens früher christlicher Gemeinden gespielt haben.[1085] Die formkritische Analyse des Korans liefert dagegen eine magere Ausbeute. Der Kontext von Muhammads Verkündigung bleibt relativ dunkel. Zwar weist der Koran unterschiedliche Formen der Rede (Schwüre, Reime usw.) auf und enthält vielfach Anspielungen auf biblische Narrative, nur ist hier eine historische Kontextualisierung nur schwerlich möglich.[1086] Glaubt man den muslimischen Überlieferungen, dann kann man eine pagan-altarabische Umwelt von Muhammad annehmen und eine mögliche Entwicklung seiner Botschaft im Groben nachzeichnen (Mekka/Medina usw.).[1087] Da die Muslime den Koran als Wort Gottes an Muhammad bewahrt und aufgrund dieser Dignität des Textes nichts an ihm geändert haben, lässt sich auch nicht genau sagen, welchen Sitz im Leben die Suren zur Zeit Muhammads hatten.

Die Redaktionskritik der Evangelien hat verdeutlicht, dass die „Autoren“ oder „Redaktoren“ der Evangelien auch eigene theologische Konzepte hatten, die bei der Beschreibung des Leben Jesu eine eminente Funktion gespielt haben.[1088] Der Koran als Wort Gottes hat nur nach dem Tod von Muhammad eine einfache redaktorische Bearbeitung im Sinne der Fixierung des Konsonantenbestandes

theologischer Wert beigemessen. Es hinterlässt auch keine Spuren in dem Korantext.

1078 Vgl. ebd., 292.
1079 Vgl. ebd., 292 f.
1080 Vgl. ebd., 293 ff.
1081 Vgl. ebd., 293 f.
1082 Vgl. ebd., 294 f.
1083 Vgl. ebd., 294 ff.
1084 Vgl. ebd., 295.
1085 Vgl. ebd., 297.
1086 Vgl. ebd., 295 ff.
1087 Vgl. ebd., 297 f.; 300.
1088 Vgl. ebd., 298.

und seiner Anordnung erhalten.[1089] Folgt man hingegen Wansbrough, dann hat der koranische Text eine sehr lange Redaktionsgeschichte hinter sich.[1090]

Will man mehr über Muhammad erfahren, muss man auf die späteren muslimischen Textgattungen des Hadith und der *sīra* zurückgreifen. Insbesondere die prophetenbiographischen Werke zeigen in ihrer Beschreibung und Kontextualisierung des Leben Muhammads im Heilsplan Gottes eine Parallele zu den Evangelien.[1091] Jedoch ist die Skepsis bezüglich der Glaubwürdigkeit der *sīra* und der Hadithe innerhalb der nichtmuslimischen Islamwissenschaft sehr groß gewesen.[1092] Hier ist die mühsame Arbeit der Quellenkritik und des religionsgeschichtlichen Vergleichs der muslimischen Quellen noch am Anfang.[1093]

Herbert Berg und Sarah Rollens haben die Quellen, Methoden und Ergebnisse der Leben-Muhammad- und Leben-Jesu-Forschung verglichen. Aus ihrer Gegenüberstellung folgt, dass die kritische Jesusforschung über mehrere Quellen für ihre historische Rekonstruktion von Jesus verfügt: Literarische Zeugnisse aus der christlichen Tradition, historische Werke von Nichtchristen zum Verkündigungskontext des historischen Jesus und materiale Quellen (Archäologie, Numismatik usw.).[1094] Man ist bemüht, diese in ein Verhältnis zueinander zu bringen und kritisch durch die Anwendung von Authentizitätskriterien zu prüfen.[1095] Ebenso kommen allgemeine Methoden der Bibelkritik (Textkritik, Formkritik usw.) zur Anwendung.[1096]

Die Quellen zum Leben Muhammads stammen fast ausschließlich aus der muslimischen Tradition.[1097] Aus der Warte des Muslims ist der Koran das Wort Gottes, das Muhammad empfangen hat. Sein Leben wird in den prophetenbiographischen Werken und juristischen Überlieferungen wiedergegeben.[1098] Allerdings sei der Quellenwert des Korans für Muhammads Leben angesichts der Befunde von Wansbrough anzuzweifeln.[1099] Zudem sei die Unzuverlässigkeit der Hadithe durch die westliche Hadithkritik nachgewiesen worden (Goldziher, Schacht usw.).[1100] Da die Prophetenbiographien auch aus Hadithüberlieferun-

1089 Vgl. ebd., 297 ff.
1090 Vgl. ebd., 298 f.
1091 Vgl. ebd., 301-303.
1092 Vgl. ebd., 302 f.
1093 Vgl. ebd., 307.
1094 Vgl. Herbert Berg/ Sarah Rollens, The historical Muḥammad and the historical Jesus: A comparison of scholarly reinventions and reinterpretations. In: Studies in Religion/Sciences Religieuses 37 (2/2008) 271–292, hier 272.
1095 Vgl. ebd., 272 f.
1096 Vgl. ebd., 273.
1097 Vgl. ebd.
1098 Vgl. ebd.
1099 Vgl. ebd.
1100 Vgl. ebd.

gen zusammengesetzt wurden, seien sie auch nicht für die historische Rekonstruktion Muhammads hilfreich.[1101]

Bezüglich des komparativen Vergleichs der Quellen steht für Berg und Rollens fest, dass sowohl die kritische Muhammadforschung, als auch die kritische Jesusforschung hauptsächlich literarische Quellen aus der eigenen religiösen Tradition verwenden.[1102] Darin sehen beide Forscher ein großes Manko. Denn die Hauptquellen zum Leben von Jesus und Muhammad sind *theologischer* Natur.[1103] Sie haben nicht das Interesse, eine profane Wiedergabe historischer Ereignisse zu liefern, sondern begründen vielmehr die besondere Rolle von Jesus und Muhammad im Heilsplan Gottes. Derart kann es nach Meinung von Rollens und Berg nur naiv erscheinen, diese literarischen Quellen historisch auszuwerten. Die Historizität der ursprünglichen Ereignisse ist in ihnen für immer verloren.[1104]

Auf methodologischer Ebene vergleichen Rollen und Berg die literarkritische Untersuchungen zu den Evangelien (Rekonstruktion der Logienquelle)[1105] und die Quellenrekonstruktion mit Hilfe der *isnād-cum-matn*-Analyse (Korpus des ʿUrwa b. az-Zubair).[1106] Beide Forschungstraditionen glauben mit Hilfe quellenkritischer Verfahren den Abstand zu den eigentlichen Ereignissen zu verkürzen. Das ändert nach Einschätzung von Berg und Rollens nichts daran, dass die literarischen Quellen aus der religiösen Tradition der Muslime und Christen keine profanen Geschichtswerke sind, sondern theologische Literatur. Deshalb läuft die Rekonstruktion früher Quellen ins Leere.[1107] Denn der grundsätzliche Charakter der Literatur bleibt der gleiche.

Berg und Rollens resümieren ihren Vergleich mit der Feststellung, dass die Leben-Jesu-Forschung bezüglich ihres Bemühens, Detailreichtums und ihrer Bestimmtheit der Leben-Muhammad-Forschung voraus ist.[1108] Doch ist die Situation, wenn es um die Schlüsse aus der Anwendung der jeweiligen Methoden geht, umgekehrt.[1109] Das liegt vor allem an der Tatsache, dass die kritische Forschung zu Jesus von Christen betrieben wird, während überwiegend Nichtmuslime kritisch zur Frühgeschichte des Islams arbeiten.[1110] Das führt dazu, dass in der Leben-Jesu-Forschung das theologische Interesse an Jesus als Gottessohn die historischen Untersuchungen stark beeinflusst und zu optimistischen Einschätzungen führt.[1111] Zwar sei die Methodenreflexion hier weitaus profunder als

1101 Vgl. ebd., 274.
1102 Vgl. ebd.
1103 Vgl. ebd.
1104 Vgl. ebd., 275.
1105 Vgl. ebd., 275 f.
1106 Vgl. ebd., 276 f.
1107 Vgl. ebd., 277 f.
1108 Vgl. ebd., 278.
1109 Vgl. ebd.
1110 Vgl. ebd.
1111 Vgl. ebd., 279 f.

in der Leben-Muhammad-Forschung.[1112] Jedoch können Methoden nach den gewünschten Ergebnissen modifiziert werden, sodass sie ersehnte Resultate liefern (Problem der Zirkularität).[1113] Zudem laufe jegliche historische Methodologie der theologischen Natur religiöser Quellen entgegen.[1114] Die nichtmuslimischen Leben-Muhammad-Forscher seien hier weitaus ausgewogener und bedachter in ihrer Bewertung der muslimischen Literatur gewesen. Berg und Rollens wünschen sich, dass die Leben-Jesu-Forschung in diesem Fall von der benachbarten Disziplin lernt und warnen davor, dass die kritische Muhammadforschung sich zu sehr von der kritischen Jesusforschung beeinflussen lässt.[1115]

3.3 Desiderata einer Kriteriologie

Stellt man die forschungsgeschichtliche Darstellung der kritischen Muhammad- und Jesusforschung gegenüber, dann bestätigen sich die im Eingang dieser Arbeit angenommenen Gemeinsamkeiten in den methodischen Herausforderungen beider Forschungstraditionen. Jesus und Muhammad gelten als Begründer einer neuen religiösen Bewegung, die jeweils den Rang einer Weltreligion angenommen hat. Beiden Personen wurde und wird aufgrund ihrer theologischen und religionsstiftenden Bedeutung für die jeweilige Gemeinschaft eine enorme Verehrung und Wertschätzung innerhalb der jeweiligen Tradition zu Teil. Denn ihr geschichtliches Wirken spiegelt das entscheidende Ereignis im Heilsplan Gottes wieder. Fragt man nach der historischen Wirklichkeit von Muhammad und Jesus, dann stehen vor allem die literarischen Quellen der christlichen und islamischen Tradition zur Verfügung, die die Erinnerung an beide Persönlichkeiten aus einer heilsgeschichtlichen Perspektive bewahrt haben. Leider stammen die entsprechenden Überlieferungen der jeweiligen Tradition nicht unmittelbar aus der Zeit von Muhammad und Jesus selbst, weshalb sie keinen direkten dokumentarischen Wert für die Arbeit eines Profanhistorikers haben. Hier muss der historisch Interessierte eine umfassende Quellenkritik der literarischen Quellen vornehmen und weitere Materialen von nichtmuslimischen/nichtchristlichen Quellen mit einbeziehen. Auch ist es unabdingbar, materiale Zeugnisse (Archäologie/Numismatik usw.) zu berücksichtigen. Aus dieser problemhistorischen Perspektive scheint klar, dass die Leben-Muhammad- und Leben-Jesus-Forschung vor ähnlichen Schwierigkeiten stehen. Natürlich sind aufgrund der kontingenten Ausgangslage beider Forschungstraditionen die Aussichten auf eine historische Rekonstruktion von Muhammad und Jesus unterschiedlich. Es wurde bereits in den vergleichenden Überblicksdarstellungen

1112 Vgl. ebd., 278.
1113 Vgl. ebd., 279.
1114 Vgl. ebd.
1115 Vgl. ebd., 280.

von Peters und Berg/Rollens deutlich, dass man für den historischen Jesus auch nichtchristliche Quellen hat, die uns über seinen Wirkungskontext informieren. Für Muhammad haben wir indes keine nichtmuslimischen Zeugnisse, die über seinen direkten Wirkungskontext im Hiǧāz berichten. Dagegen stellt der Koran die Aussicht auf einen Text, der die Verkündigung des arabischen Propheten enthält und somit einen dokumentarischen Wert hat. Etwas Vergleichbares wird man für Jesus trotz des Bemühens um die Rekonstruktion seiner ursprünglichen Verkündigungsworte nicht finden, da er keine Sammlung seiner Aussagen selbst autorisiert und hinterlassen hat.

Des Weiteren kann man davon ausgehen, dass Muhammad in der arabischen Sprache verkündigt hat und die muslimische Tradition mehr oder weniger mit derselben Sprache „gewachsen" ist. Anders ist es im Falle von Jesus, der wohl hauptsächlich in aramäisch gesprochen hat, während die Evangelien in Griechisch verfasst sind. Allerdings verdeutlicht die archaische Form des koranischen Arabisch, dass seine Nähe zu anderen semitischen Sprachen auch auf einen polyglotten Kontext hindeuten könnte, den man ebenso für die Zeit von Jesus annehmen kann.

Es ist nicht das Anliegen dieser Arbeit, die Erfolgsaussichten der Leben-Muhammad- und Leben-Jesu-Forschung zu taxieren. Entscheidend für den *methodentheoretischen Vergleich* ist der Sachverhalt, dass beide Forschungstraditionen dieselbe problemtheoretische Ausgangslage haben. Nun zeigt eine Gegenüberstellung der bisher zusammengefassten Tendenzen und Methoden der jeweiligen Forschungsgeschichte, dass für die kritische Muhammadforschung das *Desiderat einer kriteriologischen Reflexion* besteht. Dieser Schluss wird aufgrund mehrerer Befunde bezüglich der methodentheoretischen Reflexion in der kritischen Muhammadforschung nahegelegt. Allein die Kennzeichnung „Leben-Muhammad-Forschung" oder „kritische Muhammadforschung" täuscht eine einheitliche Forschungstradition vor, die so gar nicht besteht. Die hier vorgenommene Übersicht zu den Methoden und Tendenzen verdeutlicht, dass es keine historische Muhammadforschung im eigentlichen Sinne gibt. Ein Indiz dafür ist auch die Tatsache, dass im Rahmen der forschungsgeschichtlichen Übersicht oftmals von der Forschung zur Frühgeschichte des Islams gesprochen wurde. Da sich innerhalb der muslimischen Tradition ganz unterschiedliche Literaturgattungen und Textsorten mit historischen Nachrichten und dokumentarischem Wert für die Frühgeschichte des Islams im Allgemeinen herausgebildet haben (Koran, *sīra*/*maġāzī*, *aḫbār*, Hadith usw.), liegt aus der Perspektive einer historisch interessierten Muhammadforschung eine gewisse Fragmentierung der Forschungsfelder vor. Natürlich reflektieren die Spezialisten im Bereich des Hadith, des Korans, der islamischen Frühgeschichte usw. die Auswertbarkeit ihrer Quellen für den historischen Muhammad und wagen dabei mal auch einen Blick auf die benachbarten Forschungsfelder. Nur gibt es keine „historische Muhammadforschung" als eigenständige Disziplin, die aus einer Metaperspektive die Forschungsergebnisse der jeweiligen Felder zusammenführt und nach den Bedingungen der Möglichkeit einer Rekonstruktion des historischen Muhammads fragt. Die kurzen Aufsätze von Crone, Görke, Berg und Peters bilden hier eine Ausnahme. Jedoch legen ihre Übersichtsdarstellungen auch den Schwerpunkt auf die eigene Forschungsdisziplin und gehen nur ganz kurz auf die relevanten Forschungen der Nachbardisziplinen ein (Koran und Spätantike bei Crone, Hadith bei Görke, „heilsgeschichtliche Perspektive" bei Berg, komparative Betrachtung der Forschungsergebnisse bei Peters aus christlicher Perspektive). Und wenn ein Experte im jeweiligen Forschungsbereich eine Monographie zu Muhammad verfasst, dann gibt es im besten Falle eine Übersicht über die wichtigsten historischen Forschungsergebnisse zu den unterschiedlichen muslimischen Quellen, während man sich – aufgrund der Komplexität und Fülle der Quellen – eher damit begnügt, die muslimische Selbstwahrnehmung Muhammads und seiner Bedeutung in der muslimischen Tradition wiederzugeben.[1116] Anders sieht es bei den frühen Muhammadbiographien in der zweiten Hälfte des 20. Jahrhunderts aus. Muir, Sprenger, Weil usw. bemühen sich darum, sämtliche zur Verfügung stehenden Quellen aus der muslimischen Tradition für ihre Rekonstruktion des historischen Muhammads heranzuziehen. Jedoch sind die dabei verwendeten kritischen Auswertungsprinzipien noch zu sehr dem aufklärerischen Rationalismus und den Analyseprinzipien des Historismus verpflichtet. In den kommenden Jahrzehnten zeigt sich dagegen die Komplexität der muslimischen Quellen, die sich nicht durch einfache literarkritische Hypothesen auflösen lässt. So gesehen ist die darauffolgende Spezialisierung auf den Bereichen des Hadith, Korans, *sīra* usw. nur richtig und konsequent gewesen. Auch hat es – wie aus der forschungsgeschichtlichen Übersicht deutlich geworden sein sollte – nicht an komplexeren Hypothesen zum literarkritischen Verhältnis der jeweiligen Literaturgattungen gefehlt. Doch hat man die unterschiedlichen Forschungsfelder nicht synergetisch in einer methodentheoretischen Reflexion und historischen Rekonstruktion von Muhammad aus der systematischen Perspektive einer Leben-Muhammad-Forschung zusammengeführt. Natürlich ist letzteres angesichts der noch zu analysierenden Masse an muslimischen Handschriften und der zu leistenden Forschung in den unterschiedlichen Feldern (inklusive der Archäologie, Numismatik usw.) ein waghalsiges Unterfangen. Doch kann eine systematische Metaperspektive manchmal auch reziprok bei der Einordnung, Infragestellung und Neubewertung der Einzelergebnisse und Auswertungsprinzipien in den jeweiligen Spezialgebieten behilflich sein. Sicherlich hat es hier die Leben-Jesu-Forschung etwas einfacher gehabt, da lange Zeit die kanonischen Evangelien die ausschließliche und bedeutendste Quelle für den historischen Jesus waren. Des-

1116 Vgl. Marco Schöller, Mohammed, Frankfurt am Main 2008; Jonathan Brown, Muhammad. A Very Short Introduction, Oxford 2011.

halb konnte man die unterschiedlichen methodischen Instrumentarien historisch-kritischer Exegese und ihre Ergebnisse weitaus besser systematisieren und gegenüberstellen.

Neben der Inexistenz einer kritischen Muhammadforschung als eigenständige Disziplin fällt die mangelnde Diskussion von *historischen Authentizitätskriterien* für die Rekonstruktion von Muhammads Leben auf. Natürlich werden etliche historische Kriterien verwendet.[1117] Nur werden diese vereinzelt benannt (Kriterium der Tendenzwidrigkeit bei Görke, Differenzkriterium bei Shoemaker). Rubin hat als einziger mehrere Kriterien in der Einleitung seines Sammelbandes genannt und diese nicht weiter diskutiert oder problematisiert. Ansonsten werden keine *Kataloge von Authentizitätskriterien* wie bei der Jesusforschung inventarisiert. Entsprechend versucht man sich auch nicht in einer *Systematisierung von Kriterien* und reflektiert auch nicht aus kriteriologischer Perspektive, wie man historischer Authentizitätsurteile fällen sollte (Kriterien), *was mit Authentizität wirklich gemeint ist,* und welche *geschichtshermeneutischen Voraussetzungen einzelne Methoden* oder Rekonstruktionen von Muhammad haben. Das alles hängt mit dem zuerst genannten Problem des Fehlens einer Leben-Muhammad-Forschung in der Moderne zusammen. Wenn einzelne Versuche der Methodenreflexion als Beiträge zur Leben-Muhammad-Forschung unternommen werden, dann scheinen die Proponenten der jeweiligen Methode aneinander vorbeizureden, statt eine gemeinsame Reflexionsebene als kritische Grundlage des Diskurses zu verwenden. Ein gutes Beispiel ist die *isnād-cum-matn*-Analyse und die Diskussion über ihren Wert für eine historische Rekonstruktion von Muhammad. Die Befürworter und Gegner *scheinen* auf den ersten Blick in je eigenen wissenschaftlichen „Sprachspielen" beheimatet zu sein, ohne dass man den jeweiligen Diskurs zusammenführen könnte.

Die beschriebenen methodentheoretischen und forschungsgeschichtlichen Selbstverortungen in der bisherigen Forschung zur Frühgeschichte des Islams und zum historischen Muhammad erwecken den Eindruck, dass diese oftmals nur auf das *jeweilige Fachgebiet Bezug nehmen* (Hadith, Koran, *sīra* usw.), *tendenziös sind* und gemäß dem eigenen Interesse *unterschiedliche Kategorisierungen* verwenden. Die methodentheoretischen Reflexionen bei Nevo und Koren beziehen sich auf die Entstehung des Islams als eigenständige Religion, Donner nimmt vor allem Bezug auf die Frühgeschichte Islams (Muhammad und die frühe Expansion) und die Entstehung des muslimischen Geschichtsdenkens, Rubin interessiert sich eigentlich nur für den „idealisierten Muhammad", Berg analysiert die Hadithforschung und die in Form des Hadith erhaltenen exegetischen Überlieferungen, Brown und Motzki beziehen sich vor allem auf die kriti-

1117 Für die beschriebenen Positionen siehe oben das Kapitel „Forschungsgeschichtliche und methodentheoretische Selbstverortung in der Forschung zur Frühgeschichte des Islam".

sche Hadithforschung und Ibn Warraq/Ibn Warrandi geht es um die historische Person von Muhammad und die Entstehung des Islams als Ganzes.

Eine stark tendenziöse Darstellung enthalten die methodentheoretischen Reflexionen bei Berg, Nevo/Koren und Ibn Warraq/Ibn Rawandi. Letztere betrachten insbesondere die revisionistischen Arbeiten als der Weisheit letzter Schluss und sehen einen Überzeugungskampf zwischen den naiven Muslimen, die zu historischer Kritik nicht fähig sind, den islamfreundlichen Forschern, die nur deskriptiv arbeiten oder die historischen Implikationen ihrer Forschung nicht aussprechen, und den revisionistischen Ansätzen, die im eigentlichen Sinne ohne Tabus und Rücksicht auf Verluste wissenschaftlich arbeiten.

Nevo und Koren konstruieren einen Gegensatz zwischen unkritischen Forschern, die dem muslimischen Diskurs (samt der innermuslimischen Hadithkritik) verpflichtet bleiben und den Revisionisten, die in Wirklichkeit den Prinzipien historischer und literaturwissenschaftlicher Kritik folgen. Beide Forscher haben jedenfalls Recht, dass gerade zu ihrer Zeit, materialen Zeugnissen und der literaturwissenschaftlichen Interpretationstheorie nicht viel Aufmerksamkeit geschenkt wurde. Nur scheinen sie hier zwei Forschergruppen zu *konstruieren*, die es so nie gegeben hat. Für die erste Gruppe nennen sie kein einziges Beispiel und innerhalb der Revisionisten können sie nur mühevoll ein einheitliches Konzept etablieren, da hier Wansbrough oftmals aus den Rahmen fällt. Auch die entschiedene Verwendung des *argumentum e silentio* als Kriterium der Faktizität bleibt mehr als fraglich. Seine Anwendung in der Hadithkritik hat Motzki zu Recht kritisiert.

Wie Nevo und Koren ist auch die methodengeschichtliche Darstellung von Berg (als Sympathisant der revisionistischen Schule) tendenziös. Motzki konnte hier überzeugend explizieren, dass seine zwei Gruppen von Optimisten („sanguines") und Skeptikern („skeptics") eigentlich fiktiv sind und sein Trennungskriterium (Glaubwürdigkeit der Überliefererketten) nicht aufrechterhalten werden kann. Auch der mit Rollens vorgenommene Vergleich der Leben-Muhammad- und Leben-Jesu-Forschung ist mehr als fragwürdig. Bergs Hauptargument gegen beide Forschungstraditionen ist sein „heilsgeschichtliches" Argument: Die muslimische und christliche Literatur zu der jeweiligen Frühgeschichte ist eigentlich „Heilsgeschichte" und kann deshalb nicht historisch ausgewertet werden. Dass das aber in Wirklichkeit nur ein „Totschlagargument" ist, wird sich noch zeigen.

Motzki und Donner kennzeichnen anhand ihrer Kategorisierungen genauer die methodischen Prinzipien und Ziele, die den jeweiligen Ansätzen zugrunde liegen (Donner: ‚Descriptive Approach', ‚Source-Critical Approach', ‚Tradition-Critical Approach', ‚Skeptical Approach'; Motzki: ‚Textual history', ‚Transmission history'. ‚Reconstruction of sources', ‚Determining der historical value of traditions'). Browns Darstellung der westlichen Hadithkritik ist eher um die diskurskritische Gegenüberstellung von Methoden bemüht, die sich nicht wirklich im Vergleich bewerten lassen, sondern gewissermaßen von historischen Prinzipien eines Weltbildes abhängen. Dieser Ansatz kommt in den Kategorisierungen von Brown zum Ausdruck (‚The Orientalist Approach', ‚The Philo-Islamic Aplogy', ‚The Revisionist Approach', ‚The Western Revaluation'). Brown unterstellt zwischen der westlichen Forschung, die der historisch-kritischen Methode verpflichtet ist, und der muslimischen Tradition, die ganz eigene Erinnerungs- und Kritikmechanismen entwickelt hat, einen Machtkampf um Deutungshoheiten, der sich eigentlich nicht entscheiden lässt. Dass dieser „Machtkampf" auch innerchristlich ausgefochten wurde und vielleicht doch auch zu einer Konvergenz führen kann, fragt sich Brown aber nicht.

Da es keine eigenständige Disziplin der Leben-Muhammad-Forschung gibt, wundert es auch nicht, dass es keine forschungsgeschichtliche und geschichtshermeneutische Reflexion von Paradigmata gibt. Ganz grob lässt sich vielleicht die hier dargebotene Übersicht der kritischen Muhammadforschung mit der Leben-Jesu-Forschung parallelisieren.[1118] Die „Kritischen Anstöße zur Jesusforschung" (Reimarus, Strauß) entsprechen vielleicht den „kritischen Anfängen" in der Muhammadforschung des zweiten islamischen Jahrhunderts. Die Aufklärung liefert in beiden Fällen wichtige Impulse für die jeweilige Kritik. Die „liberale Jesusforschung" teilt mit der hier dargestellten zweiten Phase (Erste Hälfte des 20. Jahrhunderts) die literarkritische Arbeitsweise. Der „Zusammenbruch der Leben-Jesu-Forschung" hatte eine ähnlich destruktive Wirkung wie der Revisionismus in den siebziger Jahren des 20. Jahrhunderts. Und die „Neue Frage" nach dem historischen Jesus teilt womöglich mit der revisionistischen Schule die mechanische und problematische Verwendung eines Differenzkriteriums. Zudem lässt sich vielleicht die gegenwärtige Forschung zur Frühgeschichte des Islams als „Third Quest" für den historischen Muhammad begreifen. Allerdings fällt bei diesen Parallelisierungen ein wichtiger Unterschied auf: Die Forscher zum historischen Jesus waren größtenteils Christen, weshalb der Impetus und die Problemstellungen der jeweiligen Forschungstradition unterschiedlich sein können. Inwiefern man unterschiedliche Paradigmata in der Forschungsgeschichte beider Traditionen wirklich vergleichen kann, wird sich im Verlauf dieser Arbeit noch konkretisieren.

Die vorangehenden Überlegungen haben verdeutlicht, dass für die kritische Muhammadforschung und ihrer Konstitution als eigenständiges Unternehmen das Desiderat einer kriteriologischen Reflexion besteht. Wie asymmetrisch die Diskussionslage im Vergleich beider Disziplinen ist, kann etwa ein Vergleich von zwei vierbändigen Aufsatzsammlungen konkretisieren, die in derselben Reihe jeweils zum historischen Jesus und Muhammad erschienen sind. Während im ersten Band zu Jesus ein ganzes eigenständiges Kapitel der *Kriterienfrage* gewid-

1118 Für die Geschichte der Leben-Jesu-Forschung siehe oben das Kapitel 2.3.1.

met ist[1119], stellt Görke in seinem ersten Band die *unterschiedlichen Quellen* zum historischen Muhammad und die entsprechen Aufsätze gegenüber.[1120] Erst im zweiten Band werden auch die methodischen Reflexionen zum historischen Muhammad durch die Auswahl von vier Aufsätzen repräsentiert.[1121] Das ist keine Kritik an der exzellenten Auswahl von Görkes Sammlung. Er gehört mit Schoeler und Motzki zu den methodentheoretisch reflektiertesten Forschern. Nur spiegelt Görkes Aufsatzsammlung zu Muhammad einfach die Forschungssituation wieder.

3.4 Versuch einer Systematisierung von Kriterien

Dem Fehlen einer kriteriologischen Reflexion als Teil einer historischen Muhammadforschung soll nun durch den Aufweis von *impliziten* und *expliziten* Authentizitätskriterien entgegengetreten werden. Dazu werden die ab der zweiten Hälfte des 20. Jahrhunderts verwendeten Methoden zur historischen Rekonstruktion der islamischen Frühgeschichte nach ihren historisch-kritischen *Prinzipien* befragt. Sodann wird expliziert, wie das jeweilige Verfahren sich in der Anwendung von impliziten und expliziten Authentizitätskriterien manifestiert. Da im Rahmen dieser Arbeit das Verständnis von Authentizitätsurteilen als Plausibilitätsurteilen im Sinne von Theißen und Winter befürwortet wird[1122], soll in jedem Fall geprüft werden, welches Verständnis von Authentizität in dem jeweiligen Einzelfall wirksam ist. Die jeweiligen Authentizitätskriterien in der Muhammadforschung sollen nach den Kategorisierungen von Theißen und Winter systematisiert werden (Quellenwertargumente, Echtheitskriterien und Besonderheitsindizien).[1123] Letzteres dient dem Aufweis der *Funktion* und des *Potenzials* des jeweiligen Kriteriums und hilft bei dem Verständnis dessen, was jeweils mit Authentizität gemeint ist.

3.4.1 Quellenwertargumente

Authentizitätsurteile und -kriterien können als Argument für den Wert einer Quelle dienen. Ihre Anwendung ist eine Vorbedingung für den Erweis von Authentizität, da sie das *hohe Alter* und die *Unabhängigkeit* eines Zeugnisses be-

1119 Vgl. Craig A. Evans (Hg.), The Historical Jesus. Critical Concepts in Religious Studies, Vol. I, London 2004.

1120 Vgl. Andreas Görke (Hg.), Muḥammad. Critical Concepts in Religious Studies, Vol. I (The Sources on the Life of Muḥammad), New York 2015.

1121 Vgl. Andreas Görke (Hg.), Muḥammad. Critical Concepts in Religious Studies, Vol. II (Aspects of Muḥammad's Life and the Question of historical Muḥammad), New York 2015.

1122 Siehe oben, 121.

1123 Siehe oben, 98 f.

stimmen sollen. Lässt sich eine Überlieferung oder Tradition als relativ spät zum berichteten Ereignis erweisen und kann gezeigt werden, dass die enthaltenen Informationen von einem anderen Zeugnis direkt abhängig sind, dann ist die Wahrscheinlichkeit, dass sich historisch zuverlässige Informationen aus der jeweiligen Quelle entnehmen lassen, wesentlich geringer. Derjenige, der nichtsdestotrotz auf die Validität der Angaben in einer späteren und von anderen Zeugnissen abhängigen Quellen besteht, der muss schon schwerwiegende Argumente und Indizien für die Zuverlässigkeit vorbringen. Andererseits erhöhen möglichst frühe und unabhängige Berichte die Wahrscheinlichkeit, dass die darin enthaltenen Informationen zuverlässig sein können.

Authentizitätskritieren als *Quellenwertargumente* können normalerweise die historische Korrektheit der Angaben nicht endgültig nachweisen. Nur in den seltensten Szenarien hat man unabhängige Zeugnisse zu einem Ereignis, die einen „dokumentarischen" Wert als Augenzeugenbericht haben. Selbst ein Teilhaber an einer historischen Unternehmung nimmt das Berichtete selektiv war.

Das Alter eines Zeugnisses als Quellenwertargument lässt sich durch die Kontextualisierung zu historisch gesicherten Ereignissen bestimmen. Dann können nämlich ein *terminus ad/post quem* der Quelle oder in ihr enthaltene Anachronismen nachgewiesen werden. Zwei unabhängige Berichte, die in der Darstellung übereinstimmen, sind auch ein Quellenwertargument.

Die Anwendung von Quellenwertargumenten als Authentizitätskriterien kann exklusiv oder inklusiv sein. Ein spätes und abhängiges Zeugnis wird entweder als unecht verworfen (exklusiv) oder man lässt die Validität offen, bis vielleicht weitere Indizien hier eine Entscheidung ermöglichen (inklusiv).

Einige der in der Forschung zur Frühgeschichte des Islams verwendeten Methoden können im Sinne von Quellenwertargumenten für authentische Berichte über den historischen Muhammad verwendet und verstanden werden. Das von Eckart Stetter und Albrecht Noth herausgearbeitete Verfahren zur Identifizierung von Topoi, Schemata und Formen lässt sich als Quellenwertargument nutzbar machen.[1124] Die Ansätze beider Forscher folgen dem formkritischen Prinzip der historisch-kritischen Methode, das im Rahmen dieser Arbeit folgendermaßen formuliert wurde: „Korrespondieren bei einer sprachlichen Äußerung wiederholt ihre Form (Stil, Syntax, Komposition, Struktur usw.) mit ihrem Inhalt, dann kann diese Kongruenz auf einen funktionalen Zusammenhang der sprachlichen Form hinweisen. Die Funktion kann einen sozio-realen (Sitz im Leben) und einen literarischen (Sitz im Text) Kontext haben. Ersteres bezieht sich auf einen sozialen Verwendungszusammenhang (Liturgie, Polemik, Missionierung usw.). Letzteres verweist auf Struktur- und Stilmerkmale innerhalb eines literarischen Textes. In diesem zweiten Falle kann derselben inhaltlichsprachlichen Form eine ordnende und narrative Absicht zugrunde liegen, die

1124 Siehe oben Kapitel 3.1.3.4.

auf die textimmanenten Geschehnisse und weniger auf eine außertextliche Realität Bezug nimmt."[1125] Eckart Stetter vermutet, dass die von ihm herausgearbeiteten Topoi und Schemata in ihrer Häufigkeit und Anwendung einen möglichen Sitz im Leben von späteren Redaktoren haben und womöglich unterschiedlichen Zwecken dienten. Auch Noth kann für etliche Themen, Topoi, Schemata und Formen nachweisen, dass diese später einem ganz bestimmten Zweck gedient haben. Derart kann die Identifizierung von Topoi, Schemata usw. ein Quellenwertargument sein, da diese konstruktiv-formalen Elemente eines Berichts wahrscheinlich auf einen späteren Entstehungs- und Verwendungszusammenhang hinweisen. Sowohl Stetter und Noth haben betont, dass einige sprachliche Formen auch einen historischen Ursprung haben können und somit keine Topoi und Schemata sind. So kann Noth etwa belegen, wie ein wiederholtes Formprinzip doch im Einzelfall historisch zuverlässige Informationen enthält. Nur muss dann jeweils genau bestimmt werden, was auf eine historisch zuverlässige Nachricht zurückgeht und was nicht. Dagegen ist nach Noth und Stetter für zahlreiche literarische Formelemente eine konstruktive Funktion wahrscheinlich, die auf einen „Gemeinplatz" oder einen redaktionellen „Sitz im Leben" hinweist. Letztere sind dann, wenn etwa auf ein typisches „Genrebild" zur Beschreibung einer Handlung von Muhammad zurückgegriffen wird, ein Argument für die spätere Konstruktion und geben wahrscheinlich keine historische Nachricht über Muhammads Leben wieder. Das betrifft vor allem die Topoi, Schemata, die Form und das Thema. Ein „Genrebild" ist z.B. nicht historisch. Jedoch könnte die darin enthaltene Aussage Muhammads immer noch authentisch sein. Hier muss wiederum anhand von Kriterien geprüft werden, ob die Aussage zuverlässig ist (Form, andere Arten von Kriterien). Wichtig ist, dass ein Quellenwertargument im inklusiven Sinne nicht die Unechtheit von einem Thema, einem Motiv und einer Ausdrucksweise beweist. Allerdings kann es helfen, möglichst diejenigen Berichte zu identifizieren, die auf ein hohes Alter hinweisen (weil sie eben keine Topoi usw. erhalten). So gesehen ist auch Nagels Kritik an Noths Methode Fehl am Platz.[1126] Es ist tatsächlich nie ausgeschlossen, dass bestimmte literarische Formen oder Themen doch kein konstruktives Element aus späterer Zeit sind. Doch müssen dann im Einzelfall weitere Indizien dafür festgemacht werden. Und selbst wenn man sicher Topoi und Schemata herausgearbeitet hat, die ein Quellenwertargument gegen das hohe Alter sind, so ist das noch kein endgültiger Nachweis von Unechtheit, sondern hilft bei der Kennzeichnung und heuristischen Aussortierung von möglicherweise späterem Material.

Bezüglich der *isnād-cum-matn*-Analyse hat es in den letzten beiden Jahrzehnten einen kontroversen Diskurs über ihren Wert für die Leben-Mu-

1125 Siehe oben, 49.
1126 Vgl. NAGEL, „Authentizität" in der Leben-Mohammed-Forschung, 521 ff.

hammad-Forschung gegeben. Während die Befürworter dieses Verfahren als einen eminenten Beitrag für die kritische Muhammadforschung begreifen und in ihm einen Ausweg aus der revisionistischen Skepsis sehen, zweifeln Kritiker an ihrem methodischem Potenzial und glauben diese durch alternative Herangehensweisen überbieten zu können. Ein Kernpunkt der Kritik seitens Shoemaker und Nagel war, dass die *isnād-cum-matn*-Analyse eine „Mogelpackung" ist, da sie zur Bestimmung der „Authentizität" von Überlieferungen nichts beiträgt. Denn einerseits würde „Authentizität" gar nicht die Zuverlässigkeit historischer Aussagen über Muhammad meinen, andererseits sei durch diese Methode ein Zurück in die unmittelbaren Jahrzehnte nach Muhammads Ableben gar nicht möglich. Schoeler, Görke und Motzki haben überzeugend diese Anschuldigungen widerlegen können. Allerdings ist die Kritik von Nagel und Shoemaker ein exzellentes Beispiel dafür, dass es keine gemeinsame methodische und kriteriologische Reflexionsebene zur Leben-Muhammad-Forschung gibt und wie schnell deshalb Unklarheiten und Unschärfen entstehen können. Auch im Fall der *isnād-cum-matn*-Analyse kann deshalb ihre kriteriologische Einordnung bei der Evaluation und Profilierung dieses Verfahrens hilfreich sein.

Die *isnād-cum-matn*-Analyse basiert auf mehreren Prinzipien der historisch-kritischen Methode. Sie folgte zunächst dem *textkritischen Prinzip*.[1127] Schoeler, Görke und Motzki haben selbst auf die Parallele ihres Analyseverfahrens zur Textkritik hingewiesen.[1128] Schließlich versuchen sie die ursprüngliche Textversion einer Hadithüberlieferung zu rekonstruieren und verwenden dabei etliche textkritische *Kriterien*. Dazu zählt etwa der Nachweis der Unabhängigkeit einer Hadithvariante und ihre Verhältnisbestimmung zu anderen Überlieferungsvarianten. Andererseits hat sich bei der *isnād-cum-matn*-Analyse gezeigt, dass einige textkritische Kriterien nicht ohne weiteres bei der Hadithüberlieferung anwendbar sind (*Manuscripta ponderantur non numerantur, Lectio difficilior probabilior, Lectio brevior potior*). Das hängt damit zusammen, dass anders als in der klassischen Textkritik der Bibel nicht allein Handschriften gewichtet werden, sondern auch die überlieferten Varianten innerhalb der muslimischen Tradition. Deshalb kommt in der *isnād-cum-matn*-Analyse ein weiteres Prinzip der historisch-kritischen Methode zur Anwendung: *Überlieferungskritik*.[1129] Vor allem Schoeler konnte für die Überlieferungsmechanismen innerhalb der muslimischen Tradition ein dynamisches Modell des Schul- und Lehrbetriebs nachweisen, der die Überlieferungsvarianten und ihre Gestalt in den erhaltenen Texten am besten erklärt. Vor diesem Hintergrund wird es erst möglich die beim

1127 Siehe oben, 44 f.
1128 Vgl. GÖRKE/ SCHOELER, Reconstructing the Earliest sīra Texts, 212; MOTZKI, Quo vadis, Ḥadīṯ-Forschung?, 223 ff.
1129 Siehe oben, 50 f.

Abgleich der Überlieferungsketten und Überlieferungstexte beobachtenden Differenzen als Produkt einer zuverlässigen Traditionsvermittlung oder einer Fälschung erklären zu können. Diese Herausbildung der *isnād-cum-matn*-Analyse als methodisches Verfahren ist ein exzellentes Beispiel dafür, dass man die *Prinzipien* der historisch-kritischen Methode auch für die historische Analyse der muslimischen Tradition verwenden sollte, jedoch muss sich ihre Konkretisierung in *Kriterien* und methodischen Schritten aus dem Quellenbestand selbst ergeben.

Die quellenkritische Version der *isnād-cum-matn*-Analyse basiert auf dem *redaktionskritischen Prinzip*.[1130] Die Rekonstruktion früherer Quellen ermöglicht die Erstellung von Profilen der frühen Sammler von Traditionen, die auch unterschiedliche Urteile über die historische Zuverlässigkeit ihrer Überlieferungen ermöglichen. ʿUrwa bin az-Zubair, Ibn Isḥāq und Wahb ibn Munabbih erweisen sich als unterschiedliche „Sammler" von Traditionen, die divergente Kriterien für ihre Sammeltätigkeit hatten und auch verschieden in der Präsentation, Darstellung und Modifikation der Texte verfahren sind.

Insgesamt stellt sich die *isnād-cum-matn*-Analyse als *Quellenwertargument* heraus. Denn mit ihr werden frühe und unabhängige Überlieferungen/Quellen rekonstruiert (dem Inhalt nach). Das ist eine Voraussetzung, um echte und authentische Überlieferungen über Muhammad zu finden. Es ist schon erstaunlich wie Shoemaker gnadenlos die *isnād-cum-matn*-Analyse kritisiert hat, aber in seiner Argumentation dem methodischen Paradigma dieses Verfahrens schon selbst verpflichtet ist, indem er gewissermaßen die Texte und Überlieferungsketten vergleicht und für oder gegen die Zuverlässigkeit eines Berichts räsoniert. Wenn also Schoeler, Motzki und Görke von Authentizität sprechen, dann meinen sie berechtigterweise das Verständnis von Echtheit im Sinne des Quellenwertargumentes. Alle drei haben in ihren Arbeiten selbst dargelegt, dass man nach der Rekonstruktion früher Überlieferungen weitere Kriterien zur Bestimmung der Zuverlässigkeit einer Tradition anwenden muss.

Al-Samuks und Muranyis Arbeiten zu der Rezeption von Ibn Isḥāqs prophetenbiographischen Überlieferungen folgen dem textkritischen und überlieferungskritischen Prinzip. Ihre synoptische Gegenüberstellung der unterschiedlichen Überlieferungsvarianten hat deutlich gemacht, dass Ibn Isḥāq keine Prophetenbiographie als geschlossenes Werk verfasst hat und eine wörtliche Rekonstruktion all seiner Traditionen zum Leben des Propheten unmöglich ist. Ebenso konnten beide Forscher den Nachweis für Veränderungen im Überlieferungsprozess erbringen und teilweise sogar die Eigenheiten bestimmter Rezeptionslinien herausarbeiten. Die Ergebnisse ihrer Arbeiten können in etlichen Fällen auch als negatives Quellenwertargument in Anschlag gebracht werden,

1130 Siehe oben, 53 f.

da spätere Änderungen an einer Überlieferung wahrscheinlich nicht den historischen Tatsachen entsprechen.

Hans-Thomas Tillschneiders Untersuchungen zum *asbāb-an-nuzūl*-Konzept beruhen auf einer *formkritischen* Erhebung der Überlieferungen in al-Wāḥidīs (gest.465/1076) „*Kitāb asbāb an-nuzūl*" und ihrer *literarkritischen* Verhältnisbestimmung zu anderen Literaturgattungen in der muslimischen Tradition. Die Ergebnisse seiner Arbeit verdeutlichen die spätere Entstehung des *asbāb-an-nuzūl*-Konzepts und eine Angleichung von früheren Traditionen an diesem neuen Rahmen der Offenbarungsanlässe. Derart ist die Formulierung von negativen Quellenwertargumenten möglich: Überlieferungen, die an dem *asbāb-an-nuzūl*-Konzept angeglichen wurden, können in dieser Form nicht für die Rekonstruktion des historischen Muhammad verwendet werden.

3.4.2 Echtheitskriterien

Quellenwertargumente sind im idealen Szenario der erste Schritt für die Bestimmung der Authentizität eines Berichts. Mit ihrer Hilfe lassen sich diejenigen Quellen selektieren, die mit größter Wahrscheinlichkeit historisch zuverlässige Informationen enthalten. Um in einem zweiten Arbeitsschritt die Vertrauenswürdigkeit der frühen und unabhängigen Zeugnisse endgültig zu evaluieren, werden *Echtheitskriterien* angewendet. So wird ein finales Urteil darüber ermöglicht, ob man eine Überlieferung oder Tradition als historisch akkurate Wiedergabe vergangener Ereignisse einordnen kann. In der Leben-Jesu-Forschung wurden das Kriterium der Tendenzwidrigkeit (als Differenzkriterium) und das Kohärenzkriterium als Echtheitskriterien verwendet. Dass man diese jeweils inklusiv und exklusiv applizieren kann und welche geschichtstheoretisch und theologiegeschichtlich problematischen Voraussetzungen das zweischneidige Differenzkriterium hatte, wurde bereits diskutiert.[1131] An sich sind das Tendenz- und Kohärenzkriterium wertvolle Instrumentarien zur Bestimmung von Authentizität, wenn ihre Anwendung auf Prinzipien der historisch-kritischen Methode gründet und wenn sie sich nicht als mechanistische Kriterien verselbstständigen. Etliche Methoden in der Forschung zur Frühgeschichte des Islams haben implizit und explizit als Differenzkriterium oder Kriterium der Tendenzwidrigkeit gedient und sollen im Folgenden dargestellt und kriteriologisch bewertet werden.

Montgomery Watt und Rudolf Sellheim haben literarkritisch die heterogenen Materialien in Ibn Isḥāqs prophetenbiographischen Überlieferungen freigelegt.[1132] Sie enthalten Zeugnisse von dokumentarischem Wert (Gemeindeordnung von Medina), Teilnehmerlisten an Schlachten, Dichtungen usw. Die Sensi-

1131 Siehe oben, 79 ff.
1132 Siehe oben das Kapitel 3.1.3.6.

bilisierung für diese Bestandteile unterschiedlicher Provenienz setzt zum einen die Leistung Ibn Isḥāqs ins Relief, der aus ihnen eine kohärente Zusammenstellung erstellt hat, und enthält zum anderen eine Warnung an all diejenigen, die ein *generelles Authentizitätsurteil* über die Zuverlässigkeit von Ibn Isḥāqs *prophetenbiographischer Sammlung* fallen. Nun haben sowohl Watt als auch Sellheim aus ihrer literarkritischen Textscheidung Echtheitskriterien für die Authentizität der unterschiedlichen Materialien abgeleitet. Watts Grundgedanke bezüglich seines generellen Authentizitätsurteils über bestimmte Materialien („basic framework", Genealogien, Listen) beruht auf seiner geschichtstheoretischen These, dass man klar zwischen historischen Ereignissen und ihrer intentionalen Wiedergabe differenzieren kann. Bei demjenigem Material, das er im Kern als generell authentisch einstuft, erkennt er keine Tendenzen, die einer bestimmten Intention zugewiesen werden können. Deshalb spiegeln sie historische Tatsachen wieder. Watt geht sogar so weit, dass er die Beweistlastregel zugunsten der muslimischen Tradition formuliert.

Watts Authentizitätsurteile über ganze Quellentypen sind nicht überzeugend. Seine geschichtstheoretische Prämisse ist aus der Perspektive hermeneutischer Geschichtskonzepte mehr als fraglich: Gibt es historisch Fakten, die nicht immer schon sprachlich, kulturell und kontextuell geprägt sind? Wenn Watt diese Frage verneinen würde, dann müsste man ihm einen naiven Realismus historischer Fakten unterstellen. Dieser ist die Grundlage seiner geschichtstheoretischen Vorannahme. Sodann besteht das Problem, dass Watt für einige Materialien behauptet, dass sie *im Grunde* authentisch seien, auch wenn es zuweilen zu einer späteren tendenziösen Umarbeitung gekommen sein könnte. Hier bleibt Watt dem Leser eine Antwort zur genauen Scheidung von echten und unechten Informationen innerhalb einer Quellengruppe schuldig, was seine pauschalen Authentizitätsurteile sehr ungenau erscheinen lässt. Bis auf die *Faktizität* einzelner Ereignisse und deren chronologischer Rahmung, für die er außer seiner fragwürdigen geschichtstheoretischen Prämisse keine Begründung ihrer Zuverlässigkeit gibt, kann Watt keine genauen Angaben darüber machen, *wie* sich zuverlässige Informationen schlussendlich identifizieren lassen. Ihre Kategorisierung zu einer Quellengruppe (Dichtung, Genealogie usw.) kann ja nicht ausreichend sein, wenn diese nur im Kern wahre Inhalte enthalten. Auch die Formulierung einer Beweislastregel zugunsten der muslimischen Tradition ist problematisch. Dagegen sollte – wie es mittlerweile auch Usus in der Leben-Jesu-Forschung ist[1133] – im jeden Einzelfall genau belegt werden, warum etwas historisch wahrscheinlich ist.

Sellheim überführt die Ergebnisse seiner literarkritischen Textscheidung in ein Schichtenmodell. Die „Grundschicht" gilt als historisch authentisch und enthält etliche Materialien (Dokumente: Gemeindeordnung, Briefe, Koran usw./

1133 Siehe oben, 103 f.

Listen/bestimmte Gedichte usw.). Diese wird überlagert durch eine „erste Schicht", die der *Verehrungstendenz* von Muhammad geschuldet ist. Die „zweite Schicht" ist aufgrund *dogmatischer und politischer Konflikte* entstanden. Anders als die Grundschicht sind die überlagernden Schichten nicht authentisch und ein Zeugnis für die spätere Zeit.

Auch Sellheims „Schichtenmodell" zur Bestimmung von Authentizität ist problematisch. Inwiefern ist hier das Bild mehrerer „Schichten" wirklich repräsentativ dafür, was Sellheim meint? Denn er will eigentlich das *Kriterium der Tendenzwidrigkeit* anwenden und explizieren, dass dogmatische, politische und theologische Tendenzen Traditionen umgeformt oder zur Bildung neuer Überlieferungen geführt haben. Diese Feststellung ist richtig. Doch wieso ergeben sich daraus tatsächlich separate „Schichten"? (synchrone Perspektive!). Muss man nicht dann vielmehr ein eher *organisches Wachstum* annehmen und in jedem Einzelfall nachweisen, wie eine Tendenz zur Bildung und Abänderung einer konkreten Tradition oder eines Zeugnisses führt? (diachrone Perspektive!). Des Weiteren kann man anzweifeln, dass bei der Überlieferung von Listen, Briefen usw. keine Tendenzen eine Rolle gespielt haben. Letzteres haben etwa die Arbeiten von Stetter und Noth verdeutlicht.

Die generellen Authentizitätsurteile von Watt und Sellheim über die Echtheit eines „basic framework" oder einer „Grundschicht" können nicht als *Echtheitskriterien* dienen. Sie werden der Komplexität der Überlieferungsbestände nicht gerecht, da in den meisten Fällen für jeden Einzelfall der Nachweis erbracht werden muss, wieso man ein authentisches Zeugnis vorliegen hat. Die Zuweisung zu einer Schicht oder einem Kern muss also immer im Einzelnen begründet werden.

John Wansbrough hat in seiner Studie zu den frühislamischen Quellen entstehungsgeschichtliche und literarkritische Hypothesen für das Verhältnis von Koran, *sīra* und früher Exegese abgeleitet, die ihren Quellenwert für die historische Rekonstruktion des Frühislams stark einschränken. Er gelangt zu diesem Ergebnis durch die Anwendung eines *heilsgeschichtlichen Differenzkriteriums* und eines *religionsgeschichtlichen Korrespondenzkriteriums*. Bereits zu Beginn seiner Untersuchung in „The Sectarian Milieu" bezeichnet er die muslimischen Überlieferungen zur Frühzeit als „Heilsgeschichte". Sie bilden nicht historische Wirklichkeit ab. Zu diesem Urteil gelangt Wansbrough, weil er selbst *postmodernen und narrativen Geschichtstheorien* zu folgen scheint. Dieser Sachverhalt kommt insbesondere in einem späteren Vortrag von Wansbrough zum Ausdruck. Er versteht die Geschichtswissenschaft als narrativ, die sich nicht groß von dem Verfassen einer Novelle unterscheidet.[1134] Demnach sollte die Literaturkritik auch das beste Mittel zur Analyse von literarischen Quellen wie der mus-

1134 Vgl. JOHN WANSBROUGH, Res Ipsa Loquitur: History and Mimesis. In: HERBERT BERG (Hg.), Method and Theory in the Study of Islamic Origins, Leiden 2003, 3-20, hier 5.

limischen Überlieferung sein.[1135] Da letztere nicht von nichtmuslimischen Zeugnissen und archäologischen Funden bestätigt werden, fühlt sich Wansbrough in seiner Vermutung bestätigt, dass die Entstehung des Islams von einer langen Entwicklung zeugt, in der bestimmte Exegeseverfahren und literarische Abgrenzungsprozesse stattfanden. Die genauen Mechanismen dieses Prozesses deckt er durch ein religionsgeschichtliches Korrespondenzkriterium auf. Die Entstehung des Islam verdankt sich dem Rückgriff auf universale Topoi der biblischen Tradition, die arabisiert wurden. Was historisch wirklich geschehen ist, können die muslimischen Überlieferungen gar nicht beantworten.[1136] Aber auch im Falle des extremen Gegenbeispiels, dass man für eine historische Stadt wie Ugarit nur archäologische Funde hat, glaubt er, dass die Geschichtswissenschaft hier nur durch literarische Techniken Konsistenz und Historizität erzeugen kann und letzten Endes sich in einem Zirkel befindet. Die literarischen Quellen der Muslime als narrative Konstruktion entsprechen den Versuchen moderner Historiker die archäologischen Funde von Ugarit zu verstehen, während umgekehrt die muslimischen Überlieferungen wie Artefakte gehandhabt werden, die historische Faktizität enthalten:

> „[…] a mildly interesting convergence of method is discernible: while the artifacts of Ugarit have been translated into a narrative pattern of events, the literary account of Hijaz has gradually assumed the status of an archaeological site. The element common to both is stratigraphic analysis. Its purpose is identification of something tangible that can in turn be called 'fact'. On a dig, this imaginary is naturally persuasive; in a chronicle it is in danger of missing the point. But it does indicate selection of a paradigm that generates not merely the appropriate question but also the type of answer expected. Once uttered that expectation is rarely disappointed. It is after all in the nature of things that it should not be. And that is what one might, perhaps uncharitably, call the 'tyranny of history'."[1137]

Zwar haben insbesondere Wansbroughs Untersuchungen zu Form und Inhalt des Korans wichtige Fragen zu seiner Komposition, Struktur und seinen religionsgeschichtlichen Parallelen aufgeworfen. Doch kann man sein methodisches Vorgehen in Frage stellen. Zunächst sind die postmodernen Geschichtstheorien nicht jeglicher Kritik erhaben und es gibt gute Gründe, warum man klar zwischen Literaturwissenschaft und Geschichtswissenschaft unterscheiden sollte.[1138] Aber gerade weil Wansbrough mit den Prämissen der postmodernen Geschichtstheorie und Literaturwissenschaft zu sympathisieren scheint, wundert es, dass seine Studien letzten Endes ein alternatives Szenario von der *Geschichte* islamischer Literaturgattungen zeichnen. Ein heilsgeschichtliches Differenzkriterium, das auf den Annahmen postmoderner Geschichtstheorie basiert, ist aber höchst proble-

1135 Vgl. ebd., 10.
1136 Siehe dazu auch oben das Kapitel 3.1.3.5.
1137 Ebd., 16.
1138 Siehe oben, 39.

matisch. Wansbrough hätte gemäß den typischen Methodenschritten der historisch-kritischen Bibelkritik prüfen sollen, ob der Koran überhaupt literarkritisch integer ist oder nicht und welche innerkoranischen Formen sich bestimmen lassen, ohne dass er *ab ovo* mit Hilfe biblischer Exegesekategorien und Topoi die frühislamischen Literaturgattungen von außen in ein dynamisches Verhältnis zwängt. Statt den *Prinzipien* historisch-kritischer Methode in ihrer Ganzheit zu folgen, steht am Anfang von Wansbroughs Untersuchung ein *heilsgeschichtliches Differenzkriterium* und ein *religionsgeschichtliches Korrespondenzkriterium*, die das Ergebnis der folgenden Untersuchung in eine vorgegebene Richtung lenken. Übertrage ich biblische Topoi und jüdische Exegesekategorien auf die Entstehung der frühislamischen Literaturgattungen und kombiniere dies mit einer literaturkritischen Formanalyse, dann habe ich auch das Ergebnis der Untersuchung vorgegeben (z.B. langer Entwicklungsprozess), ohne vorher die *Prinzipien* historisch-kritischer Methode an den Texten der muslimischen Tradition bewährt zu haben. Dass im Koran und in der *sīra*-Überlieferung biblische Motive und Topoi enthalten sind, wird niemand verneinen. Nur muss man in Frage stellen, wenn diese von außen in ein unbestimmtes System von literarischen Exegesetechniken gezwängt werden und man jede Antwort schuldig bleibt, wer die *konkreten* Subjekte und Träger dieser Texte gewesen sind. Letzten Endes lassen sich im *geschichtsleeren Raum* ganz unterschiedliche Hypothesen zum literarkritischen Verhältnis von Koran, *sīra*, Exegese usw. formulieren. Zu einer seriösen historischen Kritik, die auch Rechenschaft über ihre Urteile liefern muss, führt das nicht. Wansbrough kann als Anhänger postmoderner Geschichtstheorien im Zweifelsfalle auf den experimentellen Charakter seiner Studien verweisen: „My own experiment, in terms of structural features and formulaic phraseology, was never intended to be more than that: an experiment."[1139] Das klingt wie der Abgesang seriöser Geschichtswissenschaft und Geschichtsschreibung. Abgesehen von dieser Kritik aus einer kriteriologischen Perspektive wurden bereits einige kritische Auseinandersetzungen mit den Thesen von Wansbrough beschrieben, die wertvolle Argumente gegen seine Methode und Ergebnisse enthalten.

Während das religionsgeschichtliche Korrespondenzkriterium bei Wansbrough aufgrund seines allgemeinen Verweises auf biblischen Motive und Topoi sehr vage bleibt, haben Patricia Crone und Michael Cook in *Hagarism* ganz konkret eine religionsgeschichtliche Kontextualisierung der Entstehung des Islams in der Welt der *Spätantike* vorgenommen. Zweifelsohne ist es das Verdienst beider Forscher, dass sie dem historischen Prinzip religionsgeschichtlicher Kritik folgend die Frühzeit des Islam aus der vermeintlich hochreligiösen und kulturellen *tabula rasa* der arabischen Halbinsel befreit haben. Es ist deshalb auch folgerichtig, dass sie insbesondere nichtmuslimische Quellen für die Rekonstruktion der frühislamischen Ereignisse heranziehen. Allerdings verwenden sie

1139 Wansbrough, Res Ipsa Loquitur, 10.

diese *exklusiv*. Den muslimischen Angaben trauen sie aufgrund von mehreren *Quellenwertargumenten* nicht über den Weg:

> „Virtually all accounts of the early development of Islam take it as axiomatic that it is possible to elicit at least the outlines of the process from the Islamic sources. It is however well-known that these sources are not demonstrably early. There is no hard evidence for the existence of the Koran in any form before the last decade of the seventh century, and the tradition which places this rather opaque revelation in its historical context is not attested before the middle of the eighth. The historicity of the Islamic tradition is thus to some degree problematic: while there are no cogent internal grounds for rejecting it, there are equally no cogent external grounds for accepting it. [...] The only way out of the dilemma is thus to step outside the Islamic tradition altogether and start again."[1140]

Die Entscheidung für die ausschließliche Analyse der nichtmuslimischen Quellen geschieht aus einer Verlegenheit heraus. Das religionsgeschichtliche Korrespondenzkriterium zur Spätantike wird mit einem islamischen Differenzkriterium gekoppelt. Die Analyse der nichtmuslimischen Quellen vollzieht sich nach folgendem Muster: Die inhaltliche Wiedergabe einer nichtmuslimischen Quelle (literarisch/materiell) wird mit dem Standardmodell der muslimischen Angaben zur Frühgeschichte kontrastiert. Sodann wird innerhalb der muslimischen Tradition nach Berichten Ausschau gehalten, die den allgemeinen Tendenzen der muslimischen Tradition widersprechen und mit den nichtmuslimischen Quellen und religionsgeschichtlichen Entwicklungen innerhalb der Spätantike übereinstimmen. Das religionsgeschichtliche Korrespondenzkriterium zur Spätantike und das islamische Differenzkriterium fungieren also als Echtheitskriterien. Welches Bild der Anfänge des Islams dabei entsteht, wurde bereits zusammengefasst.[1141]

Das methodische Vorgehen von Crone und Cook ist aus heutiger Perspektive korrekturbedürftig. Beide Forscher haben zu Beginn ihrer Arbeit expliziert, dass sie vielleicht an einigen Stellen sehr „draufgängerisch" und überzogen argumentiert haben.[1142] Das scheint bei der Etablierung eines neuen Forschungsparadigmas auch manchmal erforderlich zu sein. Doch gibt es gute Gründe, warum ihr neues Forschungsparadigma modifiziert werden sollte. In der Tat, die Entstehung des Islams hat sich innerhalb der Spätantike vollzogen. Diese Genese einer neuen Religion kann man aber nicht exklusiv auf der Grundlage von Zeugnissen außerhalb der entstandenen religiösen Tradition konstruieren. Auch nichtmuslimische Quellen hatten ihre tendenziöse Perspektive auf die Ereignisse. Eben jene theologisch und religionsgeschichtlich konditionierte Sichtweisen werden von Cook und Crone nicht eindringlich genug thematisiert, sodass hier ein sehr verzerrtes

1140 CRONE/ COOK, Hagarism, 3.
1141 Siehe oben das Kapitel 3.1.3.5.
1142 Vgl. CRONE/ COOK, Hagarism, vii.

Bild der Anfänge des Islams entsteht. Auch sind die Quellenwertargumente gegen die Verwendung der muslimischen Tradition aufgrund der Jahrzehnte an Forschung nach der Veröffentlichung von Hagarism obsolet. Es verwundert dann auch nicht, dass Crone in ihrer aktuellen Darstellung der Methoden und Quellen in der Leben-Muhammad-Forschung den Koran als die Verkündigung des historischen Muhammads akzeptiert hat.[1143]

Sicherlich kann das *Kriterium der Tendenzwidrigkeit* ein wertvolles *Echtheitskriterium* sein und ohne Frage ist die Kontextentsprechung zur Spätantike ein entscheidendes Kriterium zur Rekonstruktion der frühislamischen Geschichte, nur ist es fahrlässig, wenn man die Tendenzen der nichtmuslimischen Quellen innerhalb des spätantiken Kontexts nicht wahrnimmt und die islamische Frühgeschichte ausschließlich auf der Grundlage tendenzwidriger Elemente konstruiert. Hier wird es *nolens volens* zu einer Verzerrung der historischen Realität kommen. Wie man auch die Tendenzen der nichtmuslimischen Quellen aus der Spätantike mit Bezug auf den Frühislam herausarbeiten kann, hat Hoyland eindrucksvoll dargelegt.[1144] Derart zeigt er auch die Kontinuitäten zwischen den religionsgeschichtlichen Entwicklungen in der Spätantike und der Entstehung des Islams auf, ohne dass man eine große Revision der muslimischen Überlieferungen vornehmen muss.

Ein weiteres Echtheits- bzw. Unechtheitskriterium ist das *argumentum e silentio*, das etwa für die Untersuchungen von Schacht, Juynboll, Koren und Nevo eine eminente Rolle gespielt hat. Joseph Schacht hatte angenommen, dass das Konzept einer prophetischen Sunna und das Erfordernis zur Sammlung rechtlicher Überlieferungen des Propheten viel später entstanden sind. Deshalb sei ein großer Teil der rechtlichen Hadithe auch später erfunden worden. Da die Sammlungen von Hadithüberlieferungen aus wesentlich späterer Zeit sind, ist eine einfache materiale Prüfung von Schachts Revision und der muslimischen Sichtweise nicht möglich. Um die eigene entwicklungsgeschichtliche Hypothese zur Entstehung des islamischen Rechts zu belegen, greift nun Schacht auf das *argumentum e silentio* zurück.[1145] Wenn es tatsächlich schon in früher Zeit Prophetenüberlieferungen gegeben hat, dann *müssen* die Überliefererketten eine bestimmte Struktur aufweisen. Wenn ein rechtliches Hadith zu einer bestimmten Zeit existiert hat, dann *muss* es in den entsprechenden rechtlichen Debatten oder einem Überlieferer zugeschriebenen Werk auch zu finden sein. Sind die genannten Bedingungen nicht erfüllt, dann sind diejenigen Überlieferungen, die auf einem bestimmten Tradenten oder dem Propheten zurückgeführt werden nicht authentisch (enthalten also nicht zuverlässige Informationen von und über Muhammad oder sind nicht in die Zeit des frühen Tradenten datier-

1143 Siehe oben, 287 f. (Kapitel 3.2.2.).
1144 Siehe das Kapitel 3.1.4.3.
1145 Siehe das Kapitel 3.1.3.1.

bar) und sind später entstanden. Diese Verwendung des *argumentum e silentio* als negatives Echtheitskriterium beruht auf zweifelhaften Prämissen. Denn das *argumentum e silentio* setzt einen absoluten und exklusiven *Imperativ der Faktizität* voraus, der angesichts der *historischen Distanz* zu der Vergangenheit und der *Kontingenz der erhaltenen Quellen* sehr problematisch ist. Gibt es wirklich nur eine Erklärung für das Nichterhaltensein einer bestimmten Aussage oder eines materiellen Relikts? Und wie alternativlos ist das Idealbild einer „authentischen" Überliefererkette bei Schacht und Juynboll? Es ist das Verdienst von Motzki, dass er für etliche Schlüsse von Juynboll und Schacht, die mit Hilfe des *argumentum e silentio* gefallen wurden, mehrere alternative Erklärungszenarien für die Nichtauffindbarkeit einer Überlieferung oder die Struktur der Überliefererketten aufgezeigt hat.[1146] Mag sein, dass man zuweilen das *argumentum e silentio* supplementiv als *Quellenwertargument* verwenden kann. Nur ist seine dezidierte Anwendung als negatives Echtheitskriterium zur Ableitung pauschaler Authentizitätsurteile über einzelne Überlieferungen und ganze Literaturgattungen methodisch nicht haltbar.

3.4.3 Besonderheitsindizien

Im günstigen Fall kann eine historische Rekonstruktion von Jesus aufzeigen, was ihn in seinem Leben und in seiner Verkündigung ausgezeichnet hat: Was ist seine Besonderheit und sein individuelles Profil in seiner Zeit gewesen? Das klassische Differenzkriterium fokussiert ja die historische Analyse von Jesus auf seine spezifischen Charakteristika. Abgesehen von der Gefahr, dass zirkulär die Differenz als Genialität, Einzigartigkeit usw. immer schon vorentschieden ist, kann man zu Recht für jede historische Person fragen, was sie individuell ausgezeichnet hat. Die Jesusforschung hat durch historische Kritik einige *spezifische Merkmale jesuanischer Verkündigung* explizieren können (*ipsissima vox Jesu*). Aus kriteriologischer Perspektive lassen sich diese als Quellenwertargumente für die Authentizität von anderen Materialien nutzen (*Besonderheitsindizien*). Ihre Verwendung als *Echtheitskriterium* ist deshalb nicht zulässig, da man davon ausgehen muss, dass der „Stil" von Jesus schon früh nachgeahmt wurde, weshalb hier besondere Vorsicht geboten ist.[1147] Außerdem steht und fällt die Bedeutung der Besonderheitsindizien mit der Validität ihrer historischen Rekonstruktion als Spezifika des historischen Jesus. Hätte man ein authentisches Dokument aus der Zeit von Jesus, das seine Verkündigung enthält, dann würde ihm als Besonderheitsindiz eine viel größere Bedeutung zukommen und es könnte eher als

1146 Siehe das Kapitel 3.1.4.2.4.
1147 Vgl. THEISSEN/WINTER, Die Kriterienfrage in der Jesusforschung, 16f.

Echtheitskriterium dienen. Freilich müsste ein solches „Dokument“ erstmal *verstanden* werden.

Dieser Sachverhalt wird durch einen Vergleich mit der kritischen Muhammadforschung deutlich. Die Bedeutung des Korans wurde in der bisherigen Systematisierung von Kriterien gar nicht berücksichtigt. Dabei galt er schon immer als eine der bedeutendsten Quellen für den historischen Muhammad. Zwar haben die revisionistischen Arbeiten der 70er Jahre die Authentizität des Korans als Dokument der Verkündigung von Muhammad teilweise abgestritten, jedoch ist diese These nie mehrheitsfähig gewesen und ist angesichts der Forschungsergebnisse der darauffolgenden Jahrzehnte geradezu widerlegt worden.[1148] Einige Handschriften des Korans sind bis zum letzten Lebensjahrzehnt von Muhammad und den Jahrzehnten danach datierbar. Es gibt sogar die materiale Evidenz der „Gefährtenkodizes“. Anhand von formkritischen und stilometrischen Analysen ist die Etablierung einer relativen Chronologie der koranischen Suren möglich, die nicht notwendigerweise zirkulär sein muss. Diese kann mit der Rekonstruktion der frühesten Erinnerungen an den zentralen Ereignissen aus Muhammads Leben (isnād-cum-matn-Analyse) ins Verhältnis gesetzt, überprüft und kontrolliert werden (Hiğra, Schlachten usw.). Mit größter Wahrscheinlichkeit enthält also der Koran die Verkündigung des historischen Muhammad und ist demnach die wichtigste Quelle für eine Rekonstruktion seiner Botschaft (*risāla*) und dessen Besonderheiten. Lange Zeit hat man den Koran deshalb als *ipsissima verba* Muhammads verstanden. Man müsse psychologisch die *Intentionen* seines „Werkes“ herausarbeiten. Dieses Modell des Verstehens bringt aber mehrere Schwierigkeiten mit sich. Erstens sollte man spätestens seit Gadamer die Anwendbarkeit eines intentionalen Interpretationsverfahrens hinterfragen.[1149] Die Intentionen eines „Autors“ sind keine Artefakte, die sich „archäologisch“ wieder auffinden lassen. Zweitens gerät man durch das Verständnis von Muhammad als Autor schnell in die Verlegenheit, ohne historisch eingehende Kritik auf die biographischen Informationen aus der muslimischen Tradition zurückzugreifen, da es keine ausgiebigen nichtmuslimischen Zeugnisse gibt. Drittens sollte erst eine literatur- und diskurskritische Analyse des Korans nachweisen, dass wir es beim Koran mit einem Text zu tun haben, der wirklich als „Autorentext“ verstanden werden will. Angesichts der Tatsache, dass der Koran zum ersten „arabischen Buch“ geworden ist, verwundert die Vorstellung, dass Muhammad als Buchautor an einem Schreibtisch saß und den Koran „verfasst“ hat.

Doch wie ist dann der Koran als Dokument der Verkündigung Muhammads zu verstehen? Angelika Neuwirth schlägt das Konzept eines dynamischen Interaktions- und Kommunikationsszenarios vor.[1150] Der koranische Text dokumen-

1148 Siehe dazu das Kapitel 3.1.4.5.
1149 Siehe das Kapitel 2.2.1.4.
1150 Siehe das Kapitel 3.1.4.5.

tiert die Bildung der urmuslimischen Gemeinde. Muhammad ist tatsächlich der zentrale Akteur in diesem Prozess, da er Mediator der göttlichen Botschaft ist. Nur gehören die Zuhörer und Anhänger Muhammads ebenso zu den Adressaten der göttlichen Rede und tragen zu dessen Verständnis bei. Die *verba Dei* manifestieren sich im Koran als Prozess eines identitätsstiftenden und interaktiven Kommunikationsszenarios. Dieses hermeneutische Modell zur Entschlüsselung der koranischen Komposition, Struktur und Genese ist das Resultat der Koranstudien Neuwirths. Entscheidend für ihre Arbeit ist, dass sie die *Prinzipien* historisch-kritischer Methode und der Literaturkritik für den Koran in Anschlag bringt und dabei eine konkrete *Methode* zur Analyse des Korans adaptiert. Es wird also keine einzelne *Methode* der Bibelkritik samt deren Kriterien und Ergebnissen auf den Koran blind übertragen. Dabei folgt sie auch einer „historisch-philologischen Diskursanalyse", die davor bewahrt, dass man Konzepte, konkrete Methoden und Fragen an den Text heranträgt, die den koranischen Diskurs verfehlen. Hier hat auch die kanonische Kritik von Nicolai Sinai geholfen, die Prozesse des innerkoranischen Textwachstums und deren Mechanismen nachzuvollziehen. Derart wird es möglich die Inhalte der Verkündigung (*qurʾān*) Muhammads und ihr Profil/ihre Besonderheit zu bestimmen. Letzteres wäre dann aus kriteriologischer Perspektive als Besonderheitsindiz für authentische Überlieferungen über und von Muhammad nutzbar. So beruht etwa Donners Argumentation, dass der Koran und die Hadithüberlieferungen nicht gleichzeitig entstanden sein können, auf den Besonderheitsindizien des Korans, die sich den Tendenzen der Haditheliteratur nicht gebeugt haben. Die bisherigen quellenkritischen Arbeiten zum Frühislam machen deutlich, dass das literarkritische Verhältnis vom Koran zu den muslimischen Literaturgattungen sehr komplex ist. Doch ist der Koran als integre Einheit immer isolierbar und kann als Besonderheitsindiz im Sinne eines Quellenwertargumentes genutzt werden. Wenn die spätere Tradition theologische Fragen diskutiert, die im innerkoranischen Diskurs keine Rolle spielen (Fragen der Stellung der Prophetengefährten, der Legitimität der Herrscher usw.), dann ist der Verweis auf eine entsprechende Prophetenüberlieferung zu dieser Frage zumindest mit Vorsicht zu genießen.

3.4.4 Zusammenfassung

Die Formulierung und Identifizierung von Authentizitätsurteilen kann dabei helfen, historische Kritik an der entscheidenden Stelle der Urteilsbildung zu markieren. Dadurch wird die Argumentation einer historischen Rekonstruktion transparenter. Deshalb wurde in dem vorangehenden Abschnitt versucht, die gängigen Methoden in der Forschung zur Frühgeschichte des Islams als Kriterien zu explizieren und zu systematisieren. Dadurch wurden explizite und implizite Authentizitätskriterien kenntlich gemacht und in ihrer Funktion bestimmt. Für einige Kriterien wurde argumentiert, dass sie kein geeignetes Mittel für die Rekonstruktion des historischen Muhammads sind und trotzdem eine bedeutende Rolle bei einigen Untersuchungen gespielt haben (heilsgeschichtliche Differenzkriterium). Zudem konnte die Einordnung von Methoden in ein System von Kriterien helfen, den Streit über das Potenzial und die Berechtigung eines methodischen Verfahrens möglicherweise zu lösen (isnād-cum-matn-Analyse). Jedenfalls bewahrt die kriteriologische Perspektive davor, dass man Forschergruppen (Skeptiker, Optimisten, Revisionisten usw.) konstruiert, die in ihrer Allgemeinheit schwerlich der Vielfalt der verschiedenen Ansätze gerecht werden und den Blick für die einzelne Argumentation und Analyse versperren. Die aussichtsreichsten Authentizitätskriterien ergeben folgenden Überblick:

Quellenwertargumente	Echtheitskriterien	Besonderheitsindizien
– Identifizierung von Topoi, Schemata und Formen – Isnād-cum-matn-Analyse (zur Analyse einer Einzelüberlieferung/ zur Quellenrekonstruktion) – *argumentum e silentio* (nur supplementiv zu weiteren Indizien)	– Kriterium der Tendenzwidrigkeit – Kontextualisierung der Frühgeschichte des Islams im Rahmen der Spätantike	– Der Koran als Verkündigung des historischen Muhammad und Zeugnis einer Gemeindebildung

Die in dieser Übersicht dargestellten Authentizitätskriterien sollten immer zur Bildung von *Plausibilitätsurteilen* für die Authentizität einer Überlieferung, Tradition usw. führen. Erst die Kombination mehrerer Methoden und der entsprechenden Kriterien verleiht der historischen Rekonstruktion eines Ereignisses oder Sachverhaltes seine Stärke. Für den historischen Muhammad kann man die historische Wahrscheinlichkeit von bestimmten Ereignissen bestimmen (*ipsissima facta Muhammads*). Die isnād-cum-matn-Analyse ermöglicht nur in den seltensten Fällen die wörtliche Rekonstruktion früher Überlieferungen, sodass sich *mit Sicherheit* keine *ipsissima verba von Muhammad* rekonstruieren lassen. Der Inhalt und das Profil von Muhammads Verkündigung ist vor allem durch die Analyse des Korans zu explizieren. Die Formulierung von pauschalen Beweislastregeln für oder gegen die Zuverlässigkeit der muslimischen Überlieferung sollten zugunsten der Abwägung von jedem Einzelfall abgelöst werden.

3.5 Versuch eines Transfers von Kriterien und Methoden aus der Forschung zur Frühgeschichte des Christentums – Stephen J. Shoemaker und sein „The Death of a Prophet"

Die methodische Gegenüberstellung der kritischen Muhammad- und Jesusforschung hat gezeigt, dass sich insbesondere auf kriteriologischer Ebene das Profil und die Problemstellungen in den Untersuchungen zum historischen Muhammad besser begreifen lassen. Nun gibt es eine Monographie zur Leben-Muhammad-Forschung, die sich auf die Fahne geschrieben hat, die verwendeten Kriterien und Methoden in der Leben-Jesu-Forschung auch für die Frühgeschichte des Islams nutzbar zu machen. Vor dem Hintergrund der bisherigen methodentheoretischen Reflexion soll dieser Versuch eines Transfers von Methoden und Kriterien genauer unter die Lupe genommen werden.

Stephen J. Shoemaker, der im Rahmen dieser Arbeit auch als Kritiker der *isnād-cum-matn*-Analyse in Erscheinung getreten ist[1151], nimmt als Ausgangspunkt für seinen Beitrag zur Leben-Muhammad-Forschung die aus den siebziger Jahren („Hagarism") des 20. Jahrhunderts stammende Studie von Crone und Cook. Diese sei aufgrund der dezidierten Verwendung nichtmuslimischer Quellen für die Rekonstruktion der Frühgeschichte des Islams und seiner Kontextualisierung im größeren Rahmen der Spätantike bahnbrechend gewesen.[1152] Nichtsdestotrotz hatte die Arbeit von Crone und Cook auch ihre Schwächen. Diese hätten unter anderem den Tendenzen der verwendeten nichtmuslimischen Zeugnisse nicht genügend Rechnung getragen.[1153] Mittlerweile – so Shoemaker – gebe es ohnehin in Anschluss an Wansbrough und Hoyland die Meinung, dass nichtmuslimische Quellen *allein* nicht zum Verständnis des Frühislams beitragen und dass die muslimischen Überlieferungen selbst aufgrund ihrer heilsgeschichtlichen Tendenz höchst problematisch sind.[1154] Doch all das müsse nicht zwangsweise zu einem „historischen Agnostizismus" führen.[1155] So betont Shoemaker, dass man zuweilen weitaus mehr nichtmuslimische Quellen bezüglich des Frühislams zur Verfügung hat und dass etwa Hoyland wichtige Kriterien für deren Analyse und Tendenzkritik formuliert hat.[1156] Doch als entscheidende neue Weichenstellung für die Erforschung des Frühislams gelten nach Shoemaker die methodischen Verfahren zur Analyse der kanonischen Evangelien, die man für die Rekonstruktion des historischen Jesus verwendet.[1157] Im Besonderen denkt Shoe-

---

1151 Siehe ob das Kapitel 3.1.4.2.6.

1152 Vgl. Stephen J. Shoemaker, The Death of a Prophet. The End of Muhammad's Life and the Beginnings of Islam, Pennsylvania 2012, 1.

1153 Vgl. ebd., 2.

1154 Vgl. ebd.

1155 Vgl. ebd.

1156 Vgl. ebd., 3 f.

1157 Vgl. ebd., 2.

maker hier an zwei klassische Authentizitätskriterien der Leben-Jesu-Forschung. Zum einen zählt er das *Kriterium der Mehrfachbezeugung* auf, dass er für die *nichtmuslimischen Quellen* in Anschlag bringen möchte:

> „As biblical scholars have long recognized, a higher degree of historical probability inheres in observations attested by several independent sources, since this pattern makes it highly unlikely that a particular writer has invented a given report. When a particular tradition from the non-Islamic sources meets all of these criteria, there is a significant probability that such a report reflects genuine information about the formative period of Islam.“[1158]

Shoemaker betont nochmal, dass die nichtmuslimischen Zeugnisse durch mehrfach unabhängige Bezeugung nicht automatisch die historische Wahrheit wiederspiegeln und auch mit den muslimischen Angaben abgeglichen werden müssen.[1159] Er versteht also die Mehrfachbezeugung zu Recht als Quellenwertargument. Zum anderen möchte Shoemaker das Differenzkriterium für die Analyse *muslimischer Überlieferungen* nutzen:

> „When there is sharp disagreement with the canonical narratives of Islamic origins, as is the case with the circumstances of Muhammad's death, one must also subject the relevant Islamic sources to a similar scrutiny, in order to determine if the difference reflects the influence of later theological, political, literary, or other interests within the Islamic tradition. This process will involve bringing the full toolkit of historical criticism to bear on the traditions of the Qur'ān and the earliest narratives of Islamic origins, including elements of form criticism, tradition criticism, *Tendenz* criticism, and whenever possible, source criticism and redaction criticism. Likewise, in such circumstances it will be important to look for any anomalies within the Islamic tradition that might corroborate the reports of the non-Islamic sources. Here the criterion of embarrassment or dissimilarity (that is, dissimilarity from the later tradition) is particularly valuable. According to this cornerstone of historical Jesus studies, material sharply at odds with received tradition is unlikely to have been invented by the later community; such divergences from established belief and practice are instead likely remnants of an older formation, preserved in spite of their deviance on account of their antiquity.“[1160]

Dieses Differenzkriterium gegen die Tendenzen der muslimischen Tradition verbindet Shoemaker mit den mehrfachen und unabhängigen Angaben der nichtmuslimischen Zeugnisse.[1161] Korrespondieren die tendenzwidrigen Elemente der muslimischen Überlieferungen mit den nichtmuslimischen Informationen, dann stößt man womöglich auf authentisches Material.

1158 Ebd., 4.
1159 Vgl. ebd., 4.
1160 Ebd., 4 f.
1161 Vgl. ebd., 5.

Mit seiner Untersuchung will Shoemaker auch einen Beitrag dazu leisten, die Genese des Islams im Kontext der Spätantike zu verorten.[1162] Seine zentrale These lautet, dass nichtmuslimische Quellen darauf hinweisen, dass Muhammad wohl nicht im Jahr 632 gestorben ist, sondern selbst die Expansion der Araber in den Nahen Osten (Palästina) angeführt hat.[1163] Dass man später diese Tatsache in der muslimischen Erinnerung verdrängt hat, hängt mit der Entstehung der religiösen Bewegung von Muhammad zusammen. Diese sei offen gegenüber anderen monotheistischen Konfessionen gewesen und von einer imminenten Eschatologie geprägt. Vor dem Hintergrund der Erwartung des nahen Endes dieser Welt wird auch verständlich, warum Muhammads Bewegung expandiert ist und dabei erfolgreich war. Man hat gar nicht eine kriegerische Auseinandersetzung gesucht, sondern bemühte sich im Bewusstsein der eschatologischen Erwartungen in das Heilige Land einzuziehen, das auch im Judentum und Christentum das Zentrum eschatologischer Hoffnungen und Szenarien war. Erst später, nachdem sich der Islam als eigenständige Konfession konstituiert hat, ließ man Muhammad bereits 632 in Medina sterben. Seine religiöse Bewegung wurde als rein arabisches Phänomen konstruiert. Diese Gesamthypothese zur Genese des Islams hat – wie Shoemaker auch selbst feststellt[1164] – etliche Übereinstimmungen mit den Ergebnissen von Cook und Crones „Hagarism".

Im ersten Kapitel seiner Untersuchung konzentriert sich Shoemaker auf die nichtmuslimischen Quellen. Er macht insgesamt elf literarische Zeugnisse aus dem siebten und achten Jahrhundert ausfindig (zehn nichtmuslimische und eine muslimische Quelle), die mehr oder weniger explizit bezeugen, dass Muhammad anfänglich die Expansion der Araber nach Palästina mit angeführt hat und wahrscheinlich zwei bis drei Jahre nach der üblichen Datierung seines Todes (632) gestorben ist.[1165] Shoemaker betont, dass es zwar sein kann, dass sich eine Quelle irrt, jedoch wäre es sehr unwahrscheinlich, dass gleich elf unabhängige Bezeugungen kollektiv falsch sind.[1166] Er macht auch deutlich, dass jede Angabe in unterschiedlicher Art und Weise ein Indiz für Muhammads Teilnahme an der Einnahme Palästinas ist. Jedoch sei die Summe der Quellen ein sehr belastbares Argument für diese Hypothese.[1167] Auch seien die einzelnen Zeugnisse unterschiedlicher konfessioneller Herkunft, was eine einseitig-tendenziöse Wahrnehmung unwahrscheinlich mache.[1168] Soweit klingt die Argumentation Shoemakers sehr plausibel und nachvollziehbar.

1162 Vgl. ebd., 8.
1163 Vgl. ebd., 12-16; 250 ff.; 267.
1164 Vgl. ebd., 16.
1165 Vgl. ebd., 18.
1166 Vgl. ebd., 19.
1167 Vgl. ebd.
1168 Vgl. ebd.

Bei näherem Hinsehen zeigt sich jedoch, dass der Quellenbefund nicht wirklich dem entspricht, was er behauptet. Die beiden frühesten Quellen nennen nicht explizit den Namen von Muhammad („Doctrina Iacobi nuper Baptizati [634]"/„The Apocalypse of Rabbi Shimʿōn Yoḥai [635-645?]"). Im Falle des zweiten Zeugnisses, der Apokalypse des Rabbi Shimʿōn Yoḥai, muss Shoemaker eine Übersetzungsmöglichkeit favorisieren, die Muhammad und nicht Gott zum Akteur der Handlung macht.[1169] Bei der vierten Quelle („Jacob of Edessa, Chronological Charts [691/92]) fehlen die relevanten Jahre der Geschichtsübersicht, die für die Betrachtung entscheidend sind (631-692).[1170] Zudem datiert die Quelle den Tod Muhammads fünf bis sechs Jahre vor der muslimischen Darstellung.[1171] Trotz dieser Ungereimtheiten und mangelnden Quellenlage schließt Shoemaker aus einem Vermerk (dass die Araber mit Raubzügen nach Palästina begannen, dessen Zuweisung in Muhammads oder Abū Bakrs Regierungsjahre nicht eindeutig ist), dass hier die späteren Schlachten gemeint sind und dass Muhammad diese mit geleitet hat.[1172] Die achte Quelle gibt als Jahr der palästinensischen Eroberungszüge 618/19 an, was – wie Shoemaker selbst bemerkt – nicht sein kann.[1173] Sechs der elf Quellen von Shoemaker bestehen nicht aus den erhaltenen Werken, sondern müssen aus späteren Werken rekonstruiert werden.[1174] Letzteres sei auch deshalb betont, da Shoemaker besonders kritisch gegenüber den Verfahren zur Quellenrekonstruktion in der muslimischen Tradition ist und man den Eindruck hat, dass er bei nichtmuslimischen Quellen eher wohlgesonnen ist, was den Quellenwert rekonstruierter Werke angeht. Macht man sich nun zusätzlich bewusst, dass die von Shoemaker genannten Zeugnisse, die Ereignisse aus der Frühgeschichte des Islams in der Mehrheit nur am Rande erwähnen, teilweise grobe Zeiträume einordnen und die frühislamischen Ereignisse aus unterschiedlicher Perspektive beschreiben (Polemik: Muhammad als falscher Prophet; die gewaltvolle Bewegung des Islams/ Muhammads Gruppe als messianische Bewegung usw.), dann wundert es, wie man darin eine elffache und unabhängige Bezeugung des Sachverhalts ableiten möchte, dass Muhammad später gestorben ist und die frühislamische Expansion nach Palästina geleitet hat. Das Kriterium der Mehrfachbezeugung ist besonders dann stark, wenn man den *identischen Sachverhalt* mehrmals und unabhängig in *frühen Quellen* nachweisen kann. Dass Jesus das Reich Gottes verkündet hat und in Gleichnissen gesprochen hat, ist mehrfach und unabhängig bezeugt, ohne dass man diesen Sachverhalt noch in den Quellen selbst hineininterpretieren muss. Dagegen leitet Shoemaker aus der *Zusammenführung* der Quellen, einen Sach-

1169 Vgl. ebd., 29 f.
1170 Vgl. ebd., 17.
1171 Vgl. ebd.
1172 Vgl. ebd., 17 f.
1173 Vgl. ebd., 53.
1174 Vgl. ebd., 2; 5; 6; 7; 10; 11.

verhalt ab, der angeblich in allen elf Werken bezeugt ist. Nun sprechen immerhin acht der späteren literarischen Zeugnisse explizit von Muhammad im Zusammenhang der Eroberung des Heiligen Landes. Hat also Shoemaker nicht Recht? Um die eigene Analyse zu begründen, verwendet Shoemaker eine Argumentation, die man als umgekehrte Variante des *argumentum e silentio* ansehen kann. Es wurde bereits dargelegt, dass einige Revisionisten das *argumentum e silentio* unter fragwürdigen Voraussetzungen als alternativlose Erklärung für die *Nichtexistenz* eines Sachverhalts verwenden. Shoemaker argumentiert unter umgekehrten Vorzeichen, dass das *Bestehen* eines Sachverhaltes alternativlos ist. Diese Begründungsform sei hier als *argumentum de facto* apostrophiert. Wie beim *argumentum e silentio* setzt diese Argumentationsform einen exklusiven oder absoluten Imperativ der Faktizität voraus, der auch in diesem Falle aufgrund der historischen Distanz der Ereignisse und der Kontingenz der Quellen nicht haltbar ist. Das *argumentum de facto* funktioniert im Idealfall derart, dass man für einen bestimmten Analysebefund nur eine Erklärungsmöglichkeit zulässt. In abgeschwächter Form werden disjunktiv zwei Erklärungsvarianten genannt, von denen die eine suggestiv als absurd erscheint. Letzteres ist auch bei Shoemaker zu beobachten. Er kreiert zwei Deutungsmöglichkeiten der von ihm zusammengetragenen Quellen: Entweder zeugen sie in ihrer Gesamtheit von dem späteren Tod Muhammads und seiner aktiven Teilnahme bei der Eroberung Palästinas oder sie irren sich kollektiv.[1175] Natürlich wird jeder mit gesundem Menschenverstand die zweite Option fallen lassen. Doch stimmt überhaupt, dass es nur diese zwei Alternativen gibt (*tertium non datur*)? Zumindest lohnt es sich, die Quellen nochmals genauer zu betrachten.

Beschränkt man sich nicht auf die von Shoemaker genannten elf Zeugnisse, sondern zieht auch die unzähligen Verweise aus Hoylands Sammlung zu den nichtmuslimischen Quellen heran, dann fällt auf, dass die Mehrzahl der Bezüge zur frühislamischen Geschichte nur am Rande geschehen und dass man die Araber als Kollektiv wahrnimmt, das unterschiedlich bezeichnet wird (Ismaeliten, Sarazenen usw.). Auch kommt es zu einer gewissen *historischen Kontraktion der Wahrnehmung*, da man im Rahmen einer Chronologie oder groben Bezugnahme eine Gesamteinschätzung abgibt. Zieht man etwa den ersten expliziten Verweis auf Muhammad in einer nichtmuslimischen Quelle heran (die in Shoemakers Auflistung fehlt), dann wird verständlich, was in der Mehrzahl der von Shoemaker inventarisierten Zeugnisse gemeint ist. So heißt es in dem ca. 640 geschriebenem Werkausschnitt:

> „In the year 945, indiction 7, on Friday 4 February (634) at the ninth hour, there was battle between the Romans and the Arabs of Muḥammad (*ṭayyāyē d-Mḥmṭ*) in Pales-

1175 Vgl. ebd., 18 f.

tine twelve miles east of Gaza. The Romans fled, leaving behind the patrician *bryrdn*, whom the Arabs killed. [...].“[1176]

Die Araber werden hier als von Muhammad initiierte Bewegung betrachtet. Es geht nicht darum, dass Muhammad selbst bei diesen Eroberungen dabei ist, sondern, dass er der Initiator einer religiösen Bewegung war, die sich nun ausbreitet. So wundert es nicht, dass in vier der von Shoemaker genannten (nichtmuslimischen) Quellen Muhammad nicht als handelnder Akteur genannt wird, sondern im Kollektiv von Muhammad und den Arabern (usw.) die Rede ist (im Plural).[1177] Wenn die erobernden Araber sich auch selbst als Anhänger einer religiösen Bewegung ausgegeben haben, die von Muhammad gegründet wurde (und z.B. die *šahāda* und den Lobpreis Muhammads ausgesprochen haben), dann ist es nicht verwunderlich, dass die nichtmuslimischen Zeugnisse von einer Bewegung von Muhammad sprechen. Letzteres konnte – sicherlich auch in polemischer Motivation – in einer Weise geschehen, dass Muhammad schließlich in den späteren Zeugnissen als gewaltbereiter Akteur dieser Eroberungen beschrieben wurde. Angesichts der mehrheitlichen Wahrnehmung der Muslime als einer Bewegung, die von einem Propheten namens Muhammad initiiert wurde, und deren *grundsätzlicher und grober Einordnung* in den nichtmuslimischen Quellen, mag man nicht nachvollziehen, wie Shoemaker daraus eine aktive Teilnahme Muhammads selbst ableiten will. Zumal es bei der kontrahierenden Beschreibung der nichtmuslimischen Quellen fahrlässig wäre, sich darüber zu streiten, ob Muhammad zwei bis drei Jahre später gestorben ist. Auch sollte man sich klarmachen, dass mehr als die Hälfte der von Shoemaker verwendeten literarischen Angaben von christlichen Autoren stammt, die sehr wohl ein Interesse hatten, den Propheten selbst und die muslimische Bewegung in einem negativen Licht darzustellen. Zumindest ist das nun beschriebene Erklärungsszenario für die Angaben in den von Shoemaker genannten Quellen, eine plausible Alternative zu seinen Schlussfolgerungen. Der Umstand, dass die nichtmuslimischen Quellen mehrheitlich im Kollektiv von den Arabern sprechen und dabei keinen Bezug zu Muhammad selbst nehmen (vergleiche alleine die griechischen Zeugnisse in Hoylands Auflistung, die mehrheitlich nur Sarazenen und Araber beschreiben[1178]), macht die hier vorgeschlagene Lesart auch wahrscheinlicher. Zumindest könnte man nun argumentieren, dass die Mehrfachbezeugung von nichtmuslimischen Quellen, dass Muhammad selbst nicht Akteur und Teil der Eroberungszüge im byzantinischen und persischen Reich war, gegen seine Teilnahme spricht.

Die elfte Quelle in Shoemakers Aufzählung ist muslimischen Ursprungs und enthält einen Brief des Kalifen ʿUmar II (680-720) an den byzantinischen Kaiser

1176 HOYLAND, Seeing Islam as Others Saw It, 120.
1177 Vgl. SHOEMAKER, The Death of a Prophet, 34 f.; 45; 53; 56.
1178 Vgl. HOYLAND, Seeing Islam as Others Saw It, 53-115.

Leo III (717-741). Wahrscheinlich handelt es sich um einen literarisch-fiktiven Brief in einem polemischen Kontext, der kurz vor dem Ende des achten Jahrhunderts entstanden ist.[1179] Nur nebenbei sei erwähnt, dass Shoemaker im Fall dieses Briefes die Überliefererkette akzeptiert, da sie auch nicht auf den Kalifen selbst zurückgeführt wird.[1180] Das ist angesichts der sonstigen Zweifel von Shoemaker an dem Isnād und an ähnlichen Argumentationsweisen überraschend. Der Brief selber ist apologetisch und verteidigt Muhammad als authentischen Propheten.[1181] Dieser habe auch seine Anhänger gelehrt, diejenigen, die nicht an Gott glauben und ihm andere Götter zur Seite stellen, zu bekämpfen, bis sie schließlich gläubig werden oder die *ǧizya* zahlen[1182]. In diesem Sinne seien die Muslime hinausgegangen und haben die unterdrückenden byzantinischen und persischen Reiche bekämpft.[1183] Aus der arabischen Ausdrucksweise für die Beschreibung der Expansion schließt Shoemaker auf die Teilnahme Muhammads an dieser (*fa-ḫarağnā m'ahu taṣdīqan bihi wa 'īqānan bihi*). Shoemaker übersetzt diesen Teilsatz folgendermaßen: „In this way, with him in whom trust, and in whom we believe, we sent off […].“[1184] Das Personalpronomen beziehe sich auf Muhammad, der mit hinausgezogen ist.[1185] Shoemaker bemerkt, dass man angesichts der Tatsache, dass wir hier eine *muslimische* Quelle haben, nicht Hoylands Kriterien der Quellenwertbestimmung anwenden muss (eine bemerkenswerte Aussage für einen entschiedenen Verfechter der Quellenkritik muslimischer Überlieferungen).[1186] Es sei unwahrscheinlich, dass im polemischen Kontext der Verweis auf Muhammads Teilnahme eine Tendenz bedient habe.[1187] Diese Feststellung Shoemakers muss etwas verwundern. Wie er selbst beschreibt, gibt es eine apologetische Tendenz des Briefes, die Muhammad als genuinen Propheten beschreibt.[1188] In diesem Rahmen ist es mehr als verständlich, dass man die Entstehung und Verbreitung des Islams als Fortbestand von Muhammads Erbe beschreiben möchte (gerade aus der Perspektive des muslimischen „Staates“). Dieses ließe sich natürlich durch die Behauptung der Teilnahme Muhammads an den Eroberungszügen selbst nochmal belegen. Aber letzteres scheint gerade nicht der Tenor des Briefes zu sein. Es geht vielmehr um die grundsätzliche Kontinuität zwischen Muhammads Botschaft und ihrer Umsetzung. Auf diesen Sachverhalt verweisen auch die adverbialen Akkusative (*taṣdīqan bihi wa 'īqānan bihi*), die spezifizieren, in welchem Sinne man mit Muhammad hinaus-

1179 Vgl. SHOEMAKER, The Death of a Prophet, 62.
1180 Vgl. ebd.
1181 Vgl. ebd., 63.
1182 Vgl. ebd.
1183 Vgl. ebd.
1184 Ebd.
1185 Vgl. ebd.
1186 Vgl. ebd.
1187 Vgl. ebd.
1188 Vgl. ebd.

gezogen ist. Es ist der Glauben und die Überzeugung an Muhammad und seine Botschaft gewesen, die zur Expansion geführt hat. Die Tatsache, dass hier *ex post* in der ersten Person Plural gesprochen wird und dass allgemein vom Kampf gegen das persische und byzantinische Reich die Rede ist, bestärkt die These, dass es hier nicht um die Teilnahme Muhammads an den Eroberungen im Nahen Osten geht, sondern um die Kontinuität der späteren Ereignisse mit seiner Botschaft (*argumentativer Kontext!*).

Im zweiten Kapitel seiner Untersuchung widmet sich Shoemaker den frühesten muslimischen Quellen zum Tod des Propheten.[1189] Er prüft, inwiefern sich Überlieferungen von frühen Autoritäten vor oder zurzeit von Ibn Isḥāq (Maʿmar b. Rāšid, Mūsā b. ʿUqba usw.) rekonstruieren lassen und inwiefern hier auch frühere Hadithsammlungen (Muṣannaf von ʿAbd ar-Razzāq al-Sanʿānī und Ibn Abī Šaiba) behilflich sein können.[1190] Diesbezüglich kommt er auch auf die *isnād-cum-matn*-Analyse zu sprechen, die er – wie in dem bereits besprochenen Aufsatz – im Grunde ablehnt.[1191] Stattdessen stellt er sich auf die Seite von Schacht, Juynboll usw. und vermutet, dass die Überliefererketten größtenteils fiktiv sind.[1192] Da bereits zuvor die Kritik von Shoemaker an die *isnād-cum-matn*-Analyse besprochen wurde, sollen hier nicht noch einmal seine Thesen dargestellt werden. Es bleibt nun bei der Feststellung Shoemakers, dass Ibn Isḥāq und vielleicht noch az-Zuhrī die frühesten Berichte über den Tod des Propheten überliefern. Deren Analyse liefert aber ein sehr mageres Ergebnis.[1193] Der Prophet sei plötzlich erkrankt und gestorben, wobei je nach Tendenz die Umstände unterschiedlich dargestellt werden.

Um die Zuverlässigkeit der chronologischen Angaben zum Leben des Propheten innerhalb der muslimischen Tradition zu bewerten, verweist Shoemaker u.a. auf die Arbeiten von Lammens und Rubin, die deutlich gemacht hätten, dass die zeitlichen Informationen zur Prophetenvita widersprüchlich, tendenziös und willkürlich sind.[1194] Vor diesem Hintergrund sei auch die einheitliche Nennung des Jahres 632 als Todesjahr des Propheten alles andere als vertrauenswürdig.[1195] Zudem gäbe es eine Tradition, nach der die Verkündigungsphase in Medina doch länger war, sodass der Prophet auch später gestorben sein kann.[1196] Diese Schlussfolgerung Shoemakers ist alles andere als nachvollziehbar. Er selbst nimmt zur Kenntnis, dass Lammens, der als erster die Zuverlässigkeit der chronologischen Angaben in der *sīra* radikal hinterfragt hat, das Jahr 632 als

1189 Vgl. ebd., 75-80.
1190 Vgl. ebd., 78 ff.
1191 Vgl. ebd., 87 ff.
1192 Vgl. ebd., 80-87.
1193 Vgl. ebd., 90-99.
1194 Vgl. ebd., 99 ff.
1195 Vgl. ebd., 104 ff.
1196 Vgl. ebd., 104.

korrekt einstuft.[1197] Das verwundert auch nicht. Dass es geradezu eine Tendenz in der Prophetenbiographie gibt, die Lebensdaten des Propheten nach unterschiedlichen Gesichtspunkten zu modifizieren, hat nicht zuletzt Rubin verdeutlicht.[1198] Je nachdem, ob man das Prophetenleben nach biblischen Muster oder nach altarabischen Vorstellungen gestalten wollte, hat man auch die chronologischen Rahmendaten demgemäß angepasst. Dass aber die muslimische Tradition einstimmig und ohne Widerspruch das Jahr 632 als Todesjahr nennt, ist ein *tendenzwidriges* Element zu den sonstigen chronologischen Konstruktionen. Es muss ja geradezu verwundern, dass niemand in der muslimischen Tradition versucht hat, das Todesjahr doch aus unterschiedlichen Motiven heraus zu verschieben. Da Shoemaker sonst die Anwendung des Kriteriums der Tendenzwidrigkeit bevorzugt, ist es seltsam, dass er angesichts der sonstigen Widersprüchlichkeit der chronologischen Daten diese Einstimmigkeit bezüglich des Todesjahres als tendenzwidrige „Anomalie" nicht erkennt. Es ist mehr als verständlich, dass man in der Jugendzeit des Propheten keinen Grund hatte, seine Geburt in besonderer Weise zu erinnern. Deshalb hat man auch genügend Raum gehabt, insbesondere die frühe Lebensphase des Propheten gemäß unterschiedlichen Interessen und Motiven zeitlich zu terminieren. Aber zum Lebensende war der Prophet zur historisch bedeutsamen Persönlichkeit geworden, von dessen Existenz man über die Grenzen der arabischen Halbinsel hinweg Kenntnis hatte (Zeugnis nichtmuslimischer Quellen). Dass man deshalb sein Todesjahr genau im Gedächtnis behielt, weniger aber die Rahmendaten zu seinem ganzen Leben, ist mehr als verständlich.

Neben der möglichen Revision des Todesjahres des Propheten analysiert Shoemaker mehrere Fälle einer Expansion der frühen Muslime in Richtung Byzanz/Palästina, die womöglich auf einer „Kampagne" in Richtung des Heiligen Landes hinweisen könnten.[1199] Die Schlacht von Mu'ta (629) ist die erste Auseinandersetzung mit byzantinischen Streitkräften im südlichen Palästina.[1200] Muhammad selbst nahm nicht an dieser Unternehmung teil.[1201] Um diese Angabe aus der muslimischen Tradition mit den Informationen aus nichtmuslimischen Quellen zu harmonisieren, spekuliert Shoemaker, ob in diesem Falle eine frühere Überlieferung umgeschrieben wurde, die auch Muhammads eigenen Plan der Invasion Palästinas und Muhammads Partizipation an der Schlacht beinhaltete.[1202] Einige Sonderbarkeiten in der Chronologie der Ereignisse sind für Shoemaker ein Indiz für diese Hypothese.[1203]

1197 Vgl. ebd.
1198 Vgl. RUBIN, The Eye of the Beholder, 189-214.
1199 Vgl. SHOEMAKER, The Death of a Prophet, 106-113.
1200 Vgl. ebd., 107.
1201 Vgl. ebd.
1202 Vgl. ebd., 109.
1203 Vgl. ebd., 108 f.

Eine zweite Auseinandersetzung tief in byzantinischem Gebiet fand eineinhalb Jahre vor Muhammads Tod in Tabūk statt.[1204] Muhammad selbst nahm an dieser Unternehmung teil.[1205] Man hörte von einer Mobilisation byzantinischer Truppen gegen Muhammad, woraufhin man präventiv zuschlagen wollte.[1206] Allerdings stieß man in Tabūk auf keine Armee und die Einnahme geschah ohne Widerstand. Muhammad zog sich daraufhin zurück.[1207] Shoemaker glaubt, dass auch dieser Bericht über Tabūk wahrscheinlich auf eine frühere Überlieferung zurückgeht, in der Muhammad vielleicht doch nicht unverrichteter Dinge zurückgegangen und in Richtung des Heiligen Landes gezogen ist.[1208]

Zuletzt weist Shoemaker auf den prophetenbiographischen Bericht hin, laut dem der Prophet Usāma b. Zayd vor seinem Tod beauftragt hat, zwei Städte in Palästina anzugreifen.[1209] Vielleicht vertusche diese Überlieferung eine frühere Erinnerung über Muhammads Teilnahme an einer Invasion in Palästina.[1210]

Man kann sich nun zu Recht fragen, ob es tatsächlich sinnvoll ist, die Berichte der muslimischen Tradition so „umzuschreiben", dass sie mit der Lesart nichtmuslimischer Zeugnisse nach Shoemaker korrespondieren. Schließlich formuliert Shoemaker hier literarkritisch schwerwiegende Hypothesen, für die es bis auf die „Intuition" Shoemakers keine wirklichen Indizien gibt. Lässt sich die Darstellung der muslimischen Überlieferungen über Auseinandersetzungen mit byzantinischen Streitkräften in Richtung Palästina zur Lebenszeit Muhammads nur derart verstehen? Wenn die muslimische Tradition hier etwas „verschleiert", dann das Muhammad vielleicht doch nicht so viel mit der späteren Expansion der Araber zu tun hatte. Dass Muhammad Usāma b. Zayd vor seinem Tod mit einer Unternehmung nach Palästina beauftragt hat, wirkt wie die *ex eventu* Rechtfertigung oder Verbindung eines Ereignisses mit dem Propheten selbst. Shoemaker bemerkt selbst, dass die Auseinandersetzung von Tabūk nach mosaischem Muster konstruiert scheint und einer historischen Grundlage vielleicht entbehrt.[1211] Kann es etwa sein, dass man im Nachhinein bemüht war, die Expansion des islamischen Reiches im Sinne eines Auftrages oder einer Intention Muhammads zu deuten? Hätten die muslimischen Herrscher nicht einer solchen Rechtfertigung ihres eigenen Vorgehens bedurft? Eine solche Hypothese kommt wenigstens ohne das Postulat vermeintlich früherer Traditionen aus, die mit der Intention der Verdrängung von Muhammads Teilnahme an der Eroberung Palästinas umgeschrieben wurden. Wenn es hier wirk-

1204 Vgl. ebd., 109 f.
1205 Vgl. ebd., 110.
1206 Vgl. ebd.
1207 Vgl. ebd.
1208 Vgl. ebd., 111.
1209 Vgl. ebd.
1210 Vgl. ebd., 112.
1211 Vgl. ebd., 114 f.

lich um einen Vertuschungsversuch ging, gab es denn keine besseren Alternativen, als die spätere Eroberung Palästinas als „Vorahnung" oder „Präfiguration" in Muhammads Lebenszeit zu beschreiben? Die Quellen erwecken eher den Eindruck, dass man darum bemüht war, die spätere Expansionsbewegung in Kontinuität mit Muhammads eigenen Intentionen und Lebensweg zu bringen.

Wenn die nichtmuslimischen Quellen tatsächlich frühere Traditionen bewahren, nach denen Muhammad selbst die Invasion Palästinas initiiert und daran teilgenommen hat und wenn die muslimischen Überlieferungen derartige Berichte umgeschrieben oder verdrängt haben, dann stecken nach Meinung von Shoemaker dahinter größere Veränderungsprozesse in der Genese des Islams, die mit der eigenen konfessionellen Identität, der ursprünglich eschatologischen Botschaft und der Orientierung an einer bestimmten sakralen Topographie zu tun haben.[1212] Da seiner Meinung nach die prophetenbiographischen Überlieferungen das später verfestigte Bild von Muhammad und von den Anfängen des Islams propagieren, kann der koranische Text als einziges literarisches Dokument aus dem ersten islamischen Jahrhundert ein möglicher Weg hin zu den ursprünglichen Entwicklungen der Frühzeit sein.[1213] Zwar erweist sich der Koran als äußerst spröde, wenn es um die Entnahme konkreter historischer Informationen geht, jedoch erhofft sich Shoemaker eine methodische Abhilfe durch die Anwendung des Differenzkriteriums/Kriterium der Tendenzwidrigkeit:

> „Rather, the aim is to locate instances where the text of the Qur'ān appears to stand in tension with the traditional accounts of Islamic origins, while searching for parallel anomalies in the early Islamic tradition that similarly resist interpretive closure. By finding such hermeneutic gaps between the sacred text and tradition, we disclose a space that invites the potential discovery of a different sort of Islam at these earliest stages, a religious movement perhaps not completely discontiguous from what would follow but which has a distinctive character nonetheless."[1214]

Die Spannung oder Divergenz koranischer Inhalte oder einzelner Überlieferungen zur späteren muslimischen Tradition sind für Shoemaker ein eminenter Schlüssel, um die Konturen des frühen Islams historisch zu ergründen. Ein Blick in die Leben-Muhammad-Forschung zeige, dass frühe Arbeiten den eschatologischen Charakter des Korans und der Verkündigung von Muhammad erkannt hätten.[1215] Besonders die Untersuchung von Paul Casanova Anfang des 20. Jahrhunderts steche in ihrer Bedeutung heraus.[1216] Dieser vermutete, dass Muhammad ein eschatologischer Prophet war, der das imminente Ende der Welt erwartete.[1217] Shoemaker sieht eine Parallele zwischen den Thesen von Casa-

1212 Vgl. ebd., 116.
1213 Vgl. ebd., 118.
1214 Ebd., 118 f.
1215 Vgl. ebd., 121-127.
1216 Vgl. ebd., 123.
1217 Vgl. ebd.

nova und der Arbeit von Reimarus, der auch den eschatologischen Charakter der Verkündigung Jesu betont hatte.[1218] Leider sei aber Casanova nicht dieselbe wirkungsgeschichtliche Bedeutung zuteilgeworden wie Reimarus.[1219] Überhaupt sei es bedauernswert, dass man in der Forschung zur Frühgeschichte des Islams nicht die Methoden und Ansätze zur Erforschung des Neuen Testaments gewürdigt hat.[1220] Frühe Studien von Nöldeke und Wellhausen seien zu sehr von der Semitistik und der alttestamentlichen Wissenschaft geprägt gewesen.[1221] Insbesondere bei Nöldeke merke man, dass er zu sehr nach den Prinzipen des Historismus an Muhammad als große geschichtliche Persönlichkeit festhält, dessen Werk der Koran ist.[1222] Diese Wahrnehmung Nöldekes hätte lange Zeit die Erforschung der frühislamischen Geschichte gelähmt.[1223] Der eschatologische Prophet wurde in den Jahrzehnten danach von dem nichteschatologischen Propheten ersetzt, der eine Art sozialer und ethischer Reformer war.[1224] Dabei sei die eschatologische Botschaft nach der Doktrin über Gott das bedeutendste Thema des Korans.[1225] Nun ist auch Shoemaker sich bewusst, dass etliche Forscher aufgrund der Chronologie nach Nöldeke die eschatologischen Elemente der frühen Verkündigung zuordnen und in Medina einen neuen Schwerpunkt sehen.[1226] Er lässt diesen Einwand nicht gelten. Schließlich beruhe die Chronologie Nöldekes auf den Daten der muslimischen Tradition.[1227] Sie sei zwar hilfreich, um unterschiedliche Formen an Suren zu typologisieren, könne jedoch nicht garantieren, wie sich diese diachron herausgebildet haben.[1228] Shoemaker will dagegen einen formkritischen Ansatz für die Analyse des Korans nach den Standards der Exegese des Neuen Testaments anwenden:

> „Perhaps a more generally useful approach would involve an extensive form critical and tradition critical investigation of the Qur'ānic text, initially aimed at classifying the different types of material present in the Qur'ān, followed by an effort to determine the Sitz im Leben of individual traditions as well as their possible development during the process of oral transmission. [...] The particular advantage of such an approach is that it would not rest on traditional Islamic materials, as does Nöldekes's schema, but would instead be grounded in the methods of modern biblical studies."[1229]

1218 Vgl. ebd., 123 f.
1219 Vgl. ebd., 124.
1220 Vgl. ebd.
1221 Vgl. ebd., 125.
1222 Vgl. ebd., 126.
1223 Vgl. ebd.
1224 Vgl. ebd., 127-136.
1225 Vgl. ebd., 137.
1226 Vgl. ebd., 137 f.
1227 Vgl. ebd., 138.
1228 Vgl. ebd.
1229 Ebd.

Nun haben eine Vielzahl an Forschern die konsequente Anwendung formkritischer Verfahren auf den Koran aufgrund seines Verständnisses als Werk Muhammads verhindert.[1230] Dass es keine ähnlichen Textvarianten des Korans wie bei den kanonischen Evangelien gibt, sei kein Argument gegen die Applizierung von Formkritik.[1231] Da es im Islam sehr früh eine zentrale politische Autorität gab, die bei der Standardisierung des koranischen Textes die nötigen Mittel für dessen Durchsetzung verfügte, verwundert es nicht, dass wir keine Masse an großen Textvarianten haben.[1232]

Angelika Neuwirths „literary approach to the Qur'ān"[1233] kritisiert Shoemaker, weil sie die muslimische Sichtweise auf den Koran als bewahrte Verkündigung des Gotteswortes durch Muhammad in Mekka und Medina und Nöldekes traditionskonforme Chronologie der Suren übernimmt.[1234] Shoemaker stößt sich besonders an Neuwirths Darstellung der mekkanischen Suren als poetisch und theologisch vom Propheten Muhammad selbst komponierte Texte:

> „These artful compositions now survive as the "Meccan" *sūras* of the Qur'ān, whose authorship Neuwirth assigns to Muhammad not just in terms of general content but even at the level of the individual sūras. Such poetic expressions of Muhammad's religious vision, as Neuwirth interprets them, reveal a prophet of some literary skill, who already in Mekka sought to refine his message into elaborate theological hymns. Yet it is somehow difficult to imagine Muhammad as the deliberate poet-theologian that Neuwirth's study seems to envision. While on certainly need not accede to the Islamic tradition's characterization of Muhamad as illiterate, which is probably an apologetic invention in any case, Neuwirth's image of Muhammad nonetheless seems somewhat improbable. [...] Indeed, it is not entirely clear how Neuwirth and others adopting her hypothesis would reconcile this image of Muhammad with the somewhat different portrait of the traditional biographies."[1235]

Shoemaker wirft Neuwirth auch vor, dass ihre Annahme der literarischen Integrität des Korans eine konsequente Anwendung bibelwissenschaftlicher Methoden verhindert.[1236] Es sei nicht verständlich, wie sie ihren Vorgängern einen Fehler vorwirft, wenn diese nicht den Koran literarkritisch auf seine Integrität untersucht haben.[1237] Denn Literarkritik sei doch normalerweise mit der Identifizierung früherer schriftlicher Überlieferungen beschäftigt.[1238] Die Formkritik untersucht dagegen die Oralität und den Sitz im Leben der Texte[1239] und bietet,

1230 Vgl. ebd., 139 ff.
1231 Vgl. ebd., 140 f.
1232 Vgl. ebd., 141.
1233 Ebd.
1234 Vgl. ebd., 142.
1235 Ebd., 142.
1236 Vgl. ebd.
1237 Vgl. ebd., 143.
1238 Vgl. ebd.
1239 Vgl. ebd.

auch wenn sie keine neue Chronologie der Suren liefern kann, ganz neue Möglichkeiten:

> „While a form critical analysis after the model of New Testament studies would unquestionably fail to produce a chronology of the Qur'ānic text [...], parsing the building blocks of Qur'ānic tradition according to different forms of discourse and considering their Sitz im Leben and the impact of the process of oral transmission would afford an avenue for investigating the history of this material prior to its compilation in the *textus receptus*."[1240]

Die endgültige Standardisierung und Fixierung des koranischen Textes terminiert Shoemaker in die Regierungszeit von ʿAbd al-Malik (685-705). Er gibt einen Überblick über sämtliche Studien, die diese These bestätigen[1241] und stellt genügsam fest, dass auch Angelika Neuwirth diese Periode als *terminus ad quem* der Kodifizierung akzeptiert. Jedoch weist er ihre These zurück, dass in dieser Zeit keine nennenswerte inhaltliche Änderung am Textbestand vorgenommen worden sein kann.[1242] Der Vergleich mit den synoptischen Evangelien, die wohl auch wenige Jahrzehnte nach dem Tod von Jesus entstanden sind, verdeutliche, dass nur in weniger Zeit theologische Tendenzen zur Entstehung unauthentischer Überlieferungen in den kanonischen Evangelien geführt haben.[1243]

Als eine bedeutende Stimme für die Fixierung des Korans vor der Regierungszeit von ʿAbd al-Malik setzt sich Shoemaker mit den Argumenten von Fred Donner auseinander.[1244] Dieser hatte ja versucht, Wansbroughs Hypothese von der simultanen Entstehung von Koran und Hadith zu widerlegen, indem er auf ihre Heterogenität hingewiesen hat.[1245] Der Koran enthalte anders als die Hadithliteratur keine Wahrsagungen oder Anachronismen. Shoemaker gibt zu, dass der Koran wohl entstehungsgeschichtlich früher als die Hadithliteratur ist, nur könne man aus dem Fehlen von Anachronismen und Prophezeiungen nicht auf die vollständige Authentizität des Korans als Muhammads Werk und seiner frühen Fixierung schließen.[1246] Das wäre so, als würde man argumentieren, dass das Johannesevangelium authentischer sei, weil es Jesus keine Prophezeiungen zuschreibt.[1247] Dabei sei es das späteste Evangelium im Kanon.[1248] Man könne lediglich die These vertreten, dass bei der Entstehung und Redaktion des Korans historisch konkrete Aussagen und Prophezeiungen keine Rolle gespielt ha-

1240 Ebd., 145.
1241 Vgl. ebd., 146-150.
1242 Vgl. ebd., 150 f.
1243 Vgl. ebd., 151.
1244 Vgl. ebd., 152 ff.
1245 Siehe oben das Kapitel 3.1.4.4.
1246 Vgl. SHOEMAKER, The Death of a Prophet, 152 f.
1247 Vgl. ebd., 153.
1248 Vgl. ebd.

ben.[1249] Donners These einer „Verschwörungstheorie“ und die Nichtdurchsetzbarkeit einer groß angelegten Redaktion des koranischen Textes lehnt Shoemaker ab.[1250] Redaktionelle Änderungen am Textbestand müssen nicht bewusst ablaufen und die politische Zentralmacht des Kalifats hatte die nötigen Mittel, die eigene Fixierung des koranischen Textes – auch bei größeren Änderungen – durchzusetzen.[1251]

Shoemaker gesteht ein, dass er für seine eigene Lektüre des Korans keine konsequente Form- und Traditionskritik vornehmen konnte.[1252] Stattdessen habe er sich an ihren „Prinzipen“ und den eschatologischen Aussagen orientiert, deren „Sitz im Leben“ er stellenweise eruiert hat.[1253] Als eminente Kriterien der Form- und Traditionskritik der Korananalyse dienen Shoemaker das Differenzkriterium oder das Verlegenheitskriterium:

> „Moreover, it will apply many of the basic form and tradition critical criteria of dating traditions, including especially the important criterion of dissimilarity or criterion of embarrassment, not only to the Qurʾān but also in the following section to certain eschatological *ḥadīth*. This approach will make it possible to isolate elements of the early Islamic tradition that probably belong to the earliest layer of the tradition, presumably originating with even Muhammad himself as core elements of his religious movement.“[1254]

Vorab stellt Shoemaker klar, dass es sicherlich stimmt, dass man die eschatologischen Verse vor allem in den mekkanischen Versen findet, während in Medina eine Konzentrierung auf rechtliche und realgeschichtliche Ereignisse zu dominieren scheint.[1255] Selbst wenn man die darauf basierte Chronologie der Suren akzeptiert, würde das nach Shoemaker keinen Widerspruch implizieren. Denn das Bewusstsein vom nahen Ende der Welt kann auch zu einer besonderen Sensibilität für das individuelle und kollektive Handeln führen.[1256] Aber es sei auch nicht auszuschließen, dass man später einige Verse dem koranischen Text hinzugefügt hat, die die eschatologische Dimension abschwächen.[1257]

Shoemaker inventarisiert nun sämtliche koranischen Verse mit eschatologischem Bezug. Dazu zählen Verweise auf die Unmittelbarkeit der eschatologischen „Stunde“[1258], auf astronomische Ereignisse von spektakulärem Ausmaß, die das Ende der Welt und den Beginn des Gerichts markieren[1259], auf Verse, die

1249 Vgl. ebd., 156.
1250 Vgl. ebd., 156 ff.
1251 Vgl. ebd.
1252 Vgl. ebd., 158.
1253 Vgl. ebd.
1254 Ebd., 159.
1255 Vgl. ebd.
1256 Vgl. ebd., 159 f.
1257 Vgl. ebd., 160.
1258 Vgl. ebd.
1259 Vgl. ebd., 161.

eine genaue Datierung der Endzeit verneinen[1260] und auf Verse, die doch auf eine Verzögerung der eschatologischen Zeit hindeuten.[1261] Shoemaker vergleicht diese koranische Eschatologie mit der Reich-Gottes-Verkündigung bei Jesus und erkennt etliche Parallelen, wenn nicht gar eine nahezu identische Botschaft.[1262] Das zusammenfassende Fazit zur Eschatologie im Koran lautet:

> „In sum, the Qur'ān affords considerable evidence that imminent eschatology stood as one of the primary tenets of earlier Islam. Most likely this belief in impending divine judgment and destruction goes back to Muhammad himself, whom we may rightly characterize as an eschatological prophet. Like many other religious visionaries before him, including Jesus in particular, Muhammad seems to have preached that the end of time had arrived, and he and his followers expected the *eschaton* to break in at any moment bringing history to a close, seemingly within their own lifetime.“[1263]

In einem zweiten Schritt wendet Shoemaker das Differenzkriterium auf die Hadithüberlieferung an, um diejenigen Traditionen zu identifizieren, die Muhammad in Verbindung mit einer imminenten Eschatologie bringen. Er kann hier einige Hadithe ausfindig machen, die Muhammad als Propheten der Endzeit explizieren und auf die Vorstellung eines nahen Endes der Welt zu Muhammads Lebenszeit oder unmittelbar danach hinweisen.[1264] Es sei gut möglich, dass diese Hadithe und koranische Verse später verdrängt und durch andere Traditionen ersetzt oder modifiziert wurden, die der Verzögerung des Weltendes Rechnung trugen.[1265]

Zum Ende des dritten Kapitels diskutiert Shoemaker folgenden koranischen Vers:

> „Mohammed ist nichts als ein Gesandter, dem andere Gesandte vorausgegangen sind. Wenn er nun stirbt oder getötet wird, macht ihr dann etwa auf eurem Absatz kehrt? Wer auf seinem Absatz kehrtmacht, der wird Gott keinen Schaden antun. Den Dankbaren jedoch wird Gott vergelten.“ (Q 3:144).[1266]

Wenn es stimmt, dass der Tod Muhammads vor dem Weltende überraschend kam, dann scheint dieser Koranvers dagegen zu sprechen.[1267] Shoemaker geht auf eine prophetenbiographische Überlieferung ein, die den Kontext des Verses spezifiziert.[1268] Nach dem Tod des Propheten wollte ʿUmar nicht an sein Abscheiden glauben. Erst als Abū Bakr den entsprechenden Koranvers zitierte, ließ

1260 Vgl. ebd., 162.
1261 Vgl. ebd., 163.
1262 Vgl. ebd., 167 f.
1263 Ebd., 169.
1264 Vgl. ebd., 172 ff.
1265 Vgl. ebd., 177 ff.
1266 Zitate aus dem Koran sind – wenn nicht anders angegeben – nach der Übersetzung von Hartmut Bobzin wiedergegeben (Der Koran, Neu übertragen von Hartmut Bobzin, München [2]2015).
1267 Vgl. SHOEMAKER, The Death of a Prophet, 179.
1268 Vgl. ebd., 179 f.

sich ʿUmar überzeugen. Laut dem Bericht hätten die Muslime diesen Vers zum ersten Mal gehört und erst danach war er in aller Munde.[1269] Shoemaker argumentiert, dass wir es hier mit einem alten Bericht zu tun haben, laut dem Q 3:144 später hinzugefügt wurde. ʿUmar steht wohl für diejenigen Gläubigen, die gar nicht mit dem Tod des Propheten rechneten und glaubten, dass zuerst das Ende der Welt kommen würde.[1270]

Shoemaker resümiert dieses vorletzte Kapitel dahingehend, dass die Leben-Muhammad-Forschung in einer ähnlichen Situation ist, wie die Leben-Jesu-Forschung zurzeit von Albert Schweitzer: Entweder man akzeptiert die quellenkritische Skepsis und dekonstruiert den sozial-ethischen Reformer Muhammad oder man rekonstruiert den historischen Muhammad als eschatologischen Propheten, der uns heute fremd erscheinen muss.[1271]

Die erste Lektüre des beschriebenen dritten Kapitels von Shoemakers Studie hinterlässt tatsächlich den Eindruck, dass Muhammad ein eschatologischer Prophet war und dass die kritische Bestandsaufnahme der muslimischen und nichtmuslimischen Quellen diese Tatsache bestätigt. Eine genauere Analyse der Argumente und Schlussfolgerungen Shoemakers zeigt jedoch, dass er an einigen Stellen in methodisch fragwürdiger Weise argumentiert.

Wie ein roter Faden zieht sich die Anwendung des Differenzkriteriums durch die Argumentation von Shoemaker. Er wird nicht müde zu betonen, dass es längst schon Zeit gewesen wäre, dass man die Kriterien und Methoden aus der Leben-Jesu-Forschung auch für die Frühgeschichte des Islams anwendet. Das Differenzkriterium sieht er als bewährtes Kriterium in der kritischen Jesusforschung und erklärt dessen Anwendungsweise gewissermaßen zum grundlegenden methodischen Paradigma seiner Untersuchung. Bei dieser Bedeutung des Differenzkriteriums für die ganze Studie Shoemakers wundert es, dass er der Geschichte und Bedeutung dieses Kriteriums an keiner Stelle nachgeht. Man hat bei seiner Darstellung den Eindruck, dass die Leben-Jesu-Forschung in der „Neuen Frage" stehen geblieben ist und dass die Anwendung des Differenzkriteriums der methodische Königsweg zur Rekonstruktion des historischen Jesus ist. Im Rahmen dieser Arbeit wurde die Geschichte des Differenzkriteriums ausgiebig beschrieben und diskutiert.[1272] Es hat eine lange Wirkungsgeschichte und nicht selten waren fragwürdige theologische und geschichtstheoretische Prämissen mit seiner Applizierung verbunden. Deshalb hat man auch mittlerweile in seiner Anwendung gegenüber dem Judentum Abstand genommen und verwendet mit großer Vorsicht das Differenzkriterium gegenüber dem Christentum. Denn gerade eine mechanistische Handhabe dieses Kriteriums losgelöst

1269 Vgl. ebd., 180.
1270 Vgl. ebd., 187 f.
1271 Vgl. ebd., 189 ff.
1272 Siehe oben das Kapitel 2.3.2.1.1.

von jeglicher Text-, Literar-, Form- und Redaktionskritik ist besonders gefährlich. Auch die *exklusive* Verwendung des Differenzkriteriums wird abgelehnt. Das vermeintliche *kritische Minimum,* was bei einer isolierten Verwendung des Differenzkriteriums übrigbleibt, wird *nolens volens* immer ein Zerrbild sein. Dass Shoemaker diese neuen Rahmenbedingungen der „Third Quest" und die damit verbundene Relativierung des Differenzkriteriums völlig außer Acht lässt, ist mehr als unverständlich. Zumal seine eigene Verwendungsweise des Differenzkriteriums vor diesem Hintergrund mehr als fragwürdig erscheint. Shoemaker versteht das Differenzkriterium in *Abgrenzung zur muslimischen Tradition* und koppelt es mit einem *religionsgeschichtlichen Korrespondenzkriterium.* Letzteres führe dazu, dass Muhammad und der Frühgeschichte des Islams jegliches individuelle Profil weggenommen werde. Muhammad und der frühe Islam seien eigentlich epigonal, weil nur die Korrespondenz zu bereits vorhandenen religiösen Ideen und die Differenz zur Darstellung der muslimischen Tradition die historische Wahrheit verbürgen. Ironischerweise stellt diese Anwendung des Differenzkriteriums das exakte Pendant zum Verständnis der „Differenz" bei christlichen Autoren als das Besondere, Einzigartige, Geniale und Unnachahmliche an Jesus dar. Auf der einen Seite haben wir den einzigartigen Jesus, der historisch von jeglichem Kontext herausgehoben ist. Auf der anderen Seite verschwindet Muhammad in seiner Korrespondenz zu bereits vorhandenen historischen Ideen und Phänomenen als eigenständige historische Persönlichkeit.

Besonders problematisch ist bei Shoemaker, dass er das Differenzkriterium auch mechanisch und losgelöst von einer profunden Text-, Literar-, Form- und Redaktionskritik verwendet. Das wird bei der kritischen Bestandaufnahme seines dritten Kapitels besonders deutlich.

Shoemaker beschreibt die Anwendung seines Differenzkriteriums als Teil einer dringend notwendigen Form- und Traditionskritik. Er fordert dabei vehement ein, dass man eine Formkritik *wie in der Exegese des Neuen Testaments* braucht und grenzt diese Methode strikt von einer Literarkritik ab. Dieses formkritische Programm Shoemakers ist aber erklärungsbedürftig. Die ausführliche Besprechung der historisch-kritischen Methode zu Beginn dieser Arbeit hat zu dem Ergebnis geführt, dass es grundsätzlich keinen Unterschied macht, ob man von der Form-, Literar-, Redaktionskritik usw. in der Exegese des Neuen Testaments oder der Hebräischen Bibel spricht. Die *Prinzipien* sind dieselben. Jedoch haben sich die jeweiligen Methoden aufgrund des Textbestandes unterschiedlich verfeinert und man ist zu differenzierten Ergebnissen bezüglich der Genese einzelner biblischer Bücher gekommen. Auch hat sich mittlerweile etabliert, dass die unterschiedlichen Methoden der Bibelkritik (Literarkritik, Formkritik usw.) integrativ verwendet werden müssen. So gesehen ist das Insistieren von Shoemaker, dass die frühe Koranforschung von der alttestamentlichen Wissenschaft beeinflusst sei und dass man sich die kritische Exegese des Neuen Testaments zum Vorbild nehmen soll, sehr verdächtig. Was will Shoemaker hier genau übertragen? Die *Prinzipien, Methoden* oder *Kriterien* der Formkritik? Es sind wohl eher die *Ergebnisse* der Exegese des Neuen Testaments, die Shoemaker auch für den Koran und den Frühislam übernehmen möchte. Weil die eschatologische Reich-Gottes-Verkündigung bei den Evangelien eine zentrale Rolle spielt, muss sie auch gemäß dem religionsgeschichtlichen Korrespondenzkriterium von Shoemaker für den Koran und Muhammad das entscheidende Element sein. Weil die Formkritik des Neuen Testaments auch die Veränderungen in der gemeindlichen Wahrnehmung der Eschatologie von Jesus transparent gemacht haben, kann man auch bei der Formkritik des Korans ein ähnliches Ergebnis erzielen.

Die methodentheoretische Einordnung von Nöldeke und Neuwirth ist bei Shoemaker von der Unklarheit und dem Missverständnis geprägt, was eigentlich Form- und Literarkritik bedeuten. Die Chronologie Nöldekes beruht *nicht* ausschließlich auf den muslimischen Angaben.[1273] Er hat ja gerade einen Weg gesucht, wie man anhand formal-sprachlicher Kriterien eine Chronologie etablieren kann, die zunächst unabhängig von der kanonischen Anordnung der Suren ist. Zwar konkretisiert Nöldeke seine Typologie mit Hilfe der Informationen aus der muslimischen Tradition, doch folgt sein neuer Ansatz den Prinzipen der Formkritik. Er versucht sich geradezu an einer formkritischen Erhebung von Surentypen und deren Einordung im Sitz im Leben von Muhammad. Auch wenn Shoemaker die Angaben der muslimischen Tradition komplett verwirft, so muss er doch den Textbefund erklären, der sich bei einer formal-sprachlichen Untersuchung von Surentypen ergibt und *wieso* dieser seiner Meinung nach nicht auf eine diachrone Entwicklung hindeutet.

Auch Neuwirths Koranforschung wird von Shoemaker falsch beschrieben. Entgegen seiner Darstellung betont Neuwirth, dass man den Koran *nicht* als auktoriales Werk von Muhammad verstehen kann.[1274] Und es verwundert, dass Shoemaker – der ja immer den Sitz im Leben in der frühislamischen Gemeinde sucht – einfach ignoriert, dass Neuwirth den Koran als Text eines Gemeindebildungsprozesses versteht. Er kann es auch nicht akzeptieren, dass der Koran aufgrund der Analysen von Neuwirth möglicherweise ein Muhammadbild ergibt, das ihm ein eigenes theologisches Profil gibt. Der Grund dafür liegt in dem religionsgeschichtlichen Korrespondenzkriterium und dem traditionskritischen Differenzkriterium, die Shoemakers Urteilsbildung bestimmen. Man muss dann auch schmunzeln, wenn er konstatiert, dass er sich nicht „vorstellen“ kann, dass Muhammad als eigenständiger Theologe diffizile Reimprosa verfasst haben soll. Ebenso ist es irreführend, wenn Shoemaker die Literarkritik als quellenkritische Suche nach schriftlichen Vorlagen eines Textes definiert und damit Neuwirths Hinweis auf eine eigenständige Untersuchung zur literarischen Integrität des

1273 Siehe oben, 142 ff.

1274 Vgl. NEUWIRTH, Der Koran als Text der Spätantike, 107 ff.

Korans kontern möchte. Dabei ist es in der Exegese der Bibel üblich geworden, dass man keine Formkritik betreibt, die losgelöst von der literarkritischen Einordnung einzelner Form- und Gattungselemente im Text selbst ist. Shoemaker schwebt hier eine fragmentarisierende Formkritik im Sinne von Wansbroughs Arbeit vor. Doch keiner würde heute einzelne Formelemente der Evangelien (Gleichnisse, Mahnworte usw.) isolieren und die Frage übergehen, welchen *Sitz im Text* der Evangelien sie haben und ob sie zum ursprünglich intendierten Bestand gehörten. Es mag sein, dass hier die ursprüngliche Formkritik eine starke Tendenz hatte, die biblischen Texte zu fragmentieren und mündliche Vorstufen und deren Sitz im Leben der Gemeinde zu explizieren. Eine derartige Formkritik hat sich aber als äußerst problematisch erwiesen, da sie auf fragwürdigen Prämissen beruht und zu einer höchst spekulativen und fragmentierenden Rekonstruktion dessen führt, was tatsächlich eine eigenständige Gattung war und welche mögliche Funktion sie in einer Gemeinde hatte.[1275]

Dass Shoemaker mehr an einer Übertragung der *Ergebnisse* aus der neutestamentlichen Forschung interessiert ist und weniger deren Methodik übernimmt, wird auch aus seiner vehementen Betonung deutlich, dass religiöse Überlieferung sich in wenigen Jahrzehnten entscheidend ändern kann. Wenn letzteres für die Jesusüberlieferung der Fall sei, dann gelte das erst Recht für den Koran, der wohl 50-60 Jahre nach dem Tod des Propheten fixiert worden sei. Die mangelnden Textvarianten des Korans, die eher gegen eine Redaktions- und Bearbeitungstätigkeit sprechen, sind nach Shoemaker ein Indikator für die zentralisierte Durchsetzung eines offiziellen Kodex zurzeit von ʿAbd al-Malik. Man würde sich aber bei dieser Argumentation von Shoemaker wünschen, dass er doch mal klar benennt, was sich in den wenigen Jahrzehnten des frühen Christentums so dramatisch geändert hat. Sind damit wirklich biographische und historische Fakten gemeint, oder geht es um eine veränderte theologische Perspektive (Ostern)? Keiner würde heute daran zweifeln, dass Jesus in Galiläa und Jerusalem gewirkt hat und gekreuzigt wurde.[1276] Zwar sind die chronologischen Einzelheiten nicht geklärt, aber der Grundrahmen wird von der Mehrheit der Forscher akzeptiert.[1277] Dieser Vergleich soll nicht – in der Art und Weise wie Shoemaker argumentiert – ein Plädoyer dafür sein, dass man von vorherein die muslimische Wahrnehmung von Muhammad als Propheten, der in Mekka und Medina gewirkt hat, akzeptieren muss. Wichtig ist, dass der Textbefund selbst analysiert wird und die eigene Hypothese daran gekoppelt ist. Eigentlich führt Shoemaker seine eigene Hypothese bezüglich des eschatologischen Charakters des Frühislams und der Veränderung des koranischen Textes *ad absurdum*, in dem er hier die Geschichte des frühen Christentums als Vergleich heranzieht.

1275 Siehe oben, 49 f.

1276 Vgl. THEISSEN/MERZ, Der historische Jesus, 148.

1277 Vgl. ebd.

Weil Gemeindebedürfnisse und theologische Tendenzen sehr früh die Jesusüberlieferung beeinflusst haben, gibt es heute mehrere kanonische und nichtkanonische Evangelien, die ein heterogenes Profil von Jesus zeichnen. Wenn Shoemaker einen ähnlichen Sitz im Leben des koranischen Textes wie im Christentum vermutet, dann muss er erklären, warum es nicht mehrere kanonische und nichtkanonische Kodizes des Korans gibt, die ganz unterschiedliche theologische „Handschriften" tragen? Die Vermutung, dass hier eine politische Zensur seitens der Umayyaden dafür verantwortlich ist, kann keineswegs überzeugen. Denn Shoemaker vermutet bereits in den 50-60 Jahren bis zur Fixierung des Kanons einen sehr flexiblen Umgang mit den koranischen Texten. Jedoch hatte ʿAbd al-Malik zu seinen eigenen Lebzeiten mit einem Gegenkalifat zu kämpfen. Hatte seine Herrschaft tatsächlich die Reichweite, sämtliche Kodizes und Varianten des Korans zu vernichten, die die eigentliche Frühgeschichte des Islams enthalten? Sitzt hier Shoemaker nicht dem Bild der muslimischen Tradition auf, dass die Expansion des Islams von Anfang an zentralisiert gesteuert wurde? Es muss doch verwundern, dass diejenigen koranischen Handschriften, die man bis zum Ende der Lebenszeit des Propheten datieren kann, tatsächlich bestätigen, dass der Koran sehr früh stabilisiert war und nur die Anordnung und kleinere Varianten am Text vorhanden sind, die theologisch meistens nicht relevant sind. Wie ist das möglich? Welche Funktion muss dann der koranische Text gehabt haben, wenn er solange einigermaßen stabil weitergegeben wurde? Hier liefert Shoemaker keine Erklärung. Die vermeintliche Zensur durch das umayyadische Kalifat muss deshalb als eine Art „Verschwörungstheorie" wirken, denn allein die materialen Evidenzen, wie z.B. Münzen, machen deutlich, dass die muslimische Herrschaft sehr lange gebraucht hat, bis sie die eigenen religiösen Überzeugungen auch in der gesellschaftlichen und politischen Struktur Ausdruck verleihen konnten[1278]. Wieso haben wir keine materialen Evidenzen für die nichtkanonischen Koranvarianten, die Shoemaker vermutet? Angesichts der innermuslimischen Streitigkeiten über politische und theologische Fragen muss es doch wundern, dass wir keinen Koran der unterschiedlichen Strömungen haben (Sunniten, Schiiten/Qadariten usw.). Welche Funktion hatten nun die koranischen Texte in den frühen Jahrzehnten des Islams? Hier ist etwa die

---

1278 Damit soll nicht in Frage gestellt werden, dass die Regierungsjahre von Abd al-Malik als *formative Phase* für die Herausbildung des Islams als Weltreligion bezeichnet werden können. Zu seiner Zeit wurden sicherlich entscheidende Weichen für die Stabilisierung der Identität des Islam als eigenständige Religion gestellt. Nur musst das nicht heißen, dass die Araber davor eine fast schon diametral entgegengesetzte Form der Religiösität gehabt haben müssen. Aziz Al-Azmeh kann in seiner Studie zur Entstehung des Islams deutlich aufzeigen, dass es neben den Differenzen auch entscheidende Kontinuitäten zwischen der Verkündigung des historischen Muhammads und der sich später profilierenden Religion des Islams gibt (Vgl. Aziz Al-Azmeh, The Emergence of Islam in Late Antiquity. Allāh and his People, Cambridge 2014, 516ff.). Er spricht insgesamt von der formativen Frühgeschichte des Islams als „Paleo-Islam" (600-750 n. Chr.) (Vgl. ebd., xii).

These von Sinai, dass der Koran nach dem Tod des Propheten vor allem „rituell-devotional“ verwendet wurde, sehr überzeugend und erklärt auch viel besser den Textbefund und den Charakter der frühislamischen Exegese.[1279]

Shoemakers Kritik an Donners Datierung der Fixierung des Korantextes vor der Zeit ʿAbd al-Maliks kann auch nicht überzeugen. Natürlich kann es sein, dass bei der Redaktion und Genese des Korans historische Aussagen keine besondere Rolle gespielt haben und dass man entsprechend keine Anachronismen und Prophezeiungen wie in der späteren Literatur finden wird. Doch Shoemaker verkürzt hier das Argument von Donner. Es gibt auch eine *inhaltliche Differenz* zwischen Koran und Hadithliteratur, die etwa die Prophetologie, rechtliche Bestimmungen usw. betrifft (Differenzkriterium!!!). Wenn der Koran – wie es Shoemaker vermutet – bereits in den Jahrzehnten nach Muhammads Tod ein Text war, der redaktionell nach den jeweiligen Bedürfnissen auch bewusst oder unbewusst verändert und dann zurzeit ʿAbd al-Maliks fixiert wurde, dann ist es einfach nicht verständlich, warum sich die theologischen Tendenzen und politischen Streitfragen der ersten Jahrzehnte des Islams im koranischen Text nicht niedergeschlagen haben. Und wenn tatsächlich zum Ende des siebten Jahrhunderts die endgültige Fixierung des Korans vorgenommen wurde, wieso hat der Koran die Form, wie wir ihn kennen? Wieso wird Muhammad nicht konkreter als arabischer Prophet wie in den Evangelien beschrieben? Warum musste man stattdessen auf die Prophetenbiographien für derartige Informationen zurückgreifen und diese dort konstruieren? Warum ist nicht die theologische Handschrift eines Redaktors zu erkennen, der gemäß dem Programm der umayyadischen Herrscher das Leben des arabischen Propheten und seine Verkündigung konstruiert? Shoemaker lässt die Frage unbeantwortet, warum sich die theologischen und politischen Tendenzen zwar in den anderen muslimischen Literaturgattungen niedergeschlagen haben (Hadith, *sīra* usw.), nicht aber im Koran. Wenn der entstehende und überlieferte Koran seinen (redaktionellen) Sitz im Leben der sich konstituierenden *umma* hatte, die ihn nach den jeweiligen Bedürfnissen redigierte, dann bleibt es unverständlich, wieso der Koran seine jetzige Form erhalten konnte. Die textkritischen Befunde der neueren Studien sprechen dafür, dass der Koran sehr früh fixiert war und einigermaßen stabil weitergegeben wurde. Die literarkritischen und formkritischen Studien von Neuwirth zeigen, dass die Suren vor allem in Mekka als kompositorische Einheit zu verstehen sind. Sinais kanonische Kritik kann die Genese des koranischen Textes zur Zeit Muhammads und seinen neuen funktionalen Sitz im Leben der nachprophetischen Gemeinde plausibilisieren. Die stilometrische Studie von Sadeghi bestätigt weitestgehend die Chronologie Nöldekes und kommt ohne die Angaben der muslimischen Tradition aus. Die Redaktionskritik zeigt, dass der Koran eher nach *quantitativen* Kriterien als Kodex fixiert wurde. All diese

1279 Siehe dazu oben Kapitel 3.1.4.5.

Befunde bestätigen die muslimische Sichtweise, dass der Koran nach Muhammads Tod bereits während der Regierungsjahre der ersten Kalifen fixiert wurde[1280]. Eine profunde Auseinandersetzung mit den genannten Koranstudien findet bei Shoemaker nicht statt. Weil in der christlichen Frühgeschichte in wenigen Jahrzehnten tiefgreifende Veränderungen stattgefunden haben, die auch die frühe Literatur beeinflusst und geformt haben, muss das auch so für die muslimische Tradition sein. Für diese Veränderungsprozesse bedürfe es keiner „Verschwörungstheorie". Die Zentralmacht der Umayyaden verfügte über die nötigen Mittel zur Verdrängung nahezu sämtlicher früherer Traditionen und in den Jahrzehnten davor muss man eher eine unbewusste theologische Umschreibung der eigenen Erinnerung annehmen. Shoemaker hat ohne Zweifel Recht, dass es auch unbewusst zur Veränderung der eigenen Erinnerung und der entsprechenden Literatur kommen kann. In Anschluss an Strauß kann man auch von der „absichtslos dichtenden Sage" sprechen. Doch was für Veränderungen sind damit gemeint? Shoemaker gibt nicht wirklich Beispiele dafür. In der christlichen Tradition ist es das Osterereignis, das sicherlich die Wahrnehmung von Jesus entscheidend geprägt hat. Doch ist diese Tendenz in den Evangelien nachweisbar. Gegen Shoemakers Gesamthypothese (dass nach 50-60 Jahren die ganze Botschaft des Islams umgeschrieben wurde, dass diese Redaktion auch im Koran nachweisbar ist, dass sämtliche materiale Evidenzen für die nichtkanonischen Koranhandschriften vernichtet wurden und dass die Umayyaden in so kurzer Zeit die ganze heilige Topographie des Islams umschreiben konnten und aus Muhammad einen eigenständigen arabischen Propheten gemacht haben, ohne dass es dazu einen direkten Widerspruch gab, der heute nachweisbar wäre) spricht der koranische Textbefund. Die angenommenen ideologischen Verschiebungen im frühen Islam können nicht durch eine „unabsichtlich dichtende Sage" oder die politische und soziale Macht der Umayyaden erklärt werden. Deshalb wirkt diese Gesamthypothese Shoemakers wie eine Verschwörungstheorie. Die Umayyaden konnten demnach die Entstehung des Islams über alle Differenzen zwischen den frühislamischen Strömungen hinweg neu schreiben und gegen jeden Widerstand durchsetzen. Damit soll nicht ausgeschlossen werden, dass es in der formativen Phase des Islams nicht zu Entwicklungen kam, die vielleicht mit der Überzeugung von Muhammad und seiner frühen Gemeinde in Spannung stehen. Doch können diese Verschiebungen auch durch eine seriöse historisch-kritische Arbeitsweise erhoben werden. Die Differenz zwischen Koran und Hadith ist ein Indikator für diese Spannungen.

1280 Das schließt natürlich nicht aus, dass es gedauert hat, bis sicher der fixierte Konsonantentext durchgesetzt hat und dieser nichtsdestotrotz mehrdeutig blieb (Vgl. AL-AZMEH, The Emergence of Islam in Late Antiquity, 466). Insbesondere die Frage nach dem Schriftbild und die damit verbundene Offenheit des Textes hat mit der Zeit natürlich zu sekundären Prozessen der Textfixierung geführt (Vgl. ebd., 484ff.).

Obwohl Shoemaker keine Mühen gescheut hat, die Etablierung einer Formkritik nach dem Vorbild der Exegese des Neuen Testaments einzufordern, stellt er bereits zu Beginn seiner Analyse klar, dass er keine durchgehende Formkritik des Korans vornehmen konnte. Stattdessen selektiert er mit chirurgischer Präzision diejenigen Verse im Koran, die von einer imminenten Eschatologie zeugen. Rein quantitativ ist die Ausbeute Shoemakers nicht beeindruckend. Schließlich hatte er selbst behauptet, dass thematisch die imminente Eschatologie nach dem Gottesbild des Korans das bedeutendste Thema ist. Des Weiteren fehlt eine literarkritische und formkritische Einordnung der von Shoemaker gesammelten eschatologischen Verse in deren Kontext. Zieht man die historisch-kritische und literaturwissenschaftliche Analyse Neuwirths zu den frühmekkanischen Suren heran, dann erkennt man, in welchem Kontext diese Verse stehen und wie sich ihre Bedeutung dadurch präzisiert.[1281] Shoemaker interessiert sich nicht für eine mühsame mikrostrukturelle Betrachtung der Verse und Suren und begründet auch nicht, warum er die beeindruckenden Analysen Neuwirths übergeht und nicht überzeugend findet. Die Differenz der eschatologischen Verse gegenüber der späteren muslimischen Tradition verbürgt für ihn die Ursprünglichkeit und Authentizität. Eine derart mechanische Anwendung des Differenzkriteriums, die nicht in einer text-, literar-, form- und redaktionskritischen Betrachtung fundiert ist, wird immer willkürlich und problematisch bleiben. Sie führt zu einer Atomisierung der koranischen Verse und ignoriert komplett ihr diachrones Verhältnis, ihren unmittelbaren Kontext in der Sure und damit auch ihre semantische Tragweite und Funktion. Dieselbe Anwendung des Differenzkriteriums ist bei der Untersuchung der muslimischen Überlieferungen zu beobachten, die Shoemaker als Indiz für eine immenente Eschatologie bei Muhammad und im Frühislam deutet. Er schweigt sich über den Quellenwert der Werke aus, aus denen er die jeweiligen Hadithe entnimmt. Normalerweise scheuen sich revisionistische Arbeiten nicht zu betonen, dass etwa die Prophetenbiographie Ibn Saʿds aus späterer Zeit stammt und nicht zuverlässig ist usw. Auch klärt Shoemaker nicht, wie man die Entstehung der eschatologischen Hadithe auch aus einem späteren Bedürfnis der eschatologischen Deutung von zeitgeschichtlichen Ereignissen verstehen könnte. Gemäß dem *argumentum de facto* heißt es dann, dass man entweder den muslimischen Angaben nicht trauen kann oder den eschatologischen Kern der frühislamischen Bewegung akzeptieren muss. Das klingt eher nach einer blinden Übertragung der von Schweitzer formulierten Alternative der Leben-Jesu-Forschung, die unabhängig von ihren eigenen problematischen Voraussetzungen in der eminenten Bedeutung der Reich-Gottes-Verkündigung in den Evangelien selbst begründet war. Warum muss gemäß dem religionsgeschichtlichen Korrespondenzkriterium Muhammad zu einem zweiten Jesus werden? Ist das wirklich das Resultat der

1281 Vgl. NEUWIRTH, Der Koran. Bd. I: Frühmekkanische Suren.

konsequenten Anwendung der historisch-kritischen Methode oder der zirkulären Vorentscheidungen seitens Shoemaker? Letzteres scheint hier eher der Fall zu sein.

Shoemakers Deutung der Episode über ʿUmars Verhalten nach dem Ableben des Propheten als Tendenz für die eschatologischen Erwartungen in der frühislamischen Gemeinde ist auch nicht überzeugend. ʿUmar glaubt erst nach der Rezitation von Q 3:144 durch Abū Bakr, dass der Prophet gestorben ist. Die Feststellung, dass einige Hörer diesen Vers zum ersten Mal gehört hätten, deutet Shoemaker als Indiz für die spätere Einfügung des Verses im kanonischen Koran. Grundsätzlich ist zu Shoemakers Besprechung dieser Episode zu bemerken, dass er seltsamerweise gar nicht die Frage stellt, in welchem literarkritischen Verhältnis der Koranvers und der Bericht über ʿUmars Reaktion auf den Tod des Propheten stehen. Ist hier eine Erzählung um den Koranvers herum *konstruiert* worden? Oder gab es den prophetenbiographischen Bericht unabhängig vom Koran, sodass er später mit dem Koranvers *verbunden* wurde? Oder ist die These von Shoemaker richtig, dass der Bericht einen historischen Sachverhalt wiederspiegelt und auf die *spätere Ergänzung eines Koranverses* hinweist? Betrachtet man die ganze Episode, dann drängt sich zumindest der Eindruck auf, dass hier ein Bericht um den Koranvers herum entstanden ist und in diesem gipfelt. Für die Konstruktion der Episode und damit gegen eine mögliche Authentizität als historischer Bericht steht, dass hier offensichtlich Topoi zum Einsatz kommen, die bereits aus der Prophetenbiographie bekannt sind und typologisch ʿUmars Charakter in Anschlag bringen. Ibn Isḥāq beschreibt ʿUmar als engstirnigen und renitenten Mann (*kāna rağulan ḏā šakīma*), der allen Angst einflößte.[1282] Sein Übertritt war ein Triumph für den Islam. Der entsprechende Bericht über ʿUmars Konversion zeichnet ʿUmar als impulsiven Menschen, der in seiner Wut über den Übertritt seiner Schwester zum Islam diese verwundet.[1283] Die Lektüre eines Koranverses kann schließlich das Herz ʿUmars erweichen und er tritt zum Islam über.[1284] Die Episode bezüglich des Unglauben ʿUmars, dass der Prophet tot sei, bemüht sich um denselben Topos von ihm als impulsive und engstirnige Persönlichkeit, die sich erst durch die Schönheit und Autorität des Korans zähmen lässt. Erst nachdem Abū Bakr Q 3:144 rezitiert, kommt ʿUmar zur Ruhe und ist beruhigt, dass der Prophet tatsächlich gestorben ist. Nun wäre es seltsam, wenn ʿUmar den Koranvers nicht vorher schon gekannt hätte, deshalb wird im Konjunktiv formuliert, dass sich die Situation sich derart anfühlte, als ob (konjunktive Konjunktion: ka-ʾanna) keiner den Vers je gehört hatte.[1285] Die Verwendung des Topos von ʿUmars Persönlichkeit wäre aus Sicht der muslimischen Tradition

1282 Vgl. IBN HIŠĀM, *sīrat rasūl Allāh*, hrsg. von Ferdinand Wüstenfeld, Band I/1 Göttingen 1858, 224.
1283 Vgl. ebd., 226.
1284 Vgl. ebd., 226 f.
1285 Vgl. IBN HIŠĀM, *sīrat rasūl Allāh*, hrsg. von Ferdinand Wüstenfeld, Band I/2 Göttingen 1859, 1012 f.

problematisch gewesen, wenn dabei der Eindruck entstanden wäre, dass ʿUmar alle Koranverse nicht schon vorher kannte. Deshalb kommt der Hinweis im Konjunktiv, dass es so schien, als ob niemand diesen Vers zuvor gehört hatte. Wie Shoemaker daraus thetisch die historische Aussage ableiten will, dass tatsächlich niemand diesen Vers vorher kannte, bleibt unverständlich. Dass Vorhandensein von einem zentralen und gestaltenden Topos ist zumindest ein Quellenwertargument gegen die Verwendung der Episode über ʿUmars Verhalten nach dem Tod des Propheten. Auch widerspricht die Hypothese Shoemakers von einem redaktionellen Zusatz von Q 3:144 seiner eigenen Behauptung, dass bei der Genese und Redaktion des Korans einzelne historische Ereignisse keine tragende Rolle gespielt haben. Der Koran sei vielmehr an allgemeine und universale Aussagen interessiert. Wenn aber letzteres nicht stimmt, dann muss auch Shoemaker erklären, wieso nicht im größeren Stile die theologischen und politischen Zerwürfnisse zwischen den unterschiedlichen frühislamischen Gruppierungen und das vermeintlich zentral gesteuerte *Programm* eine Fixierung des Korantextes Spuren am Text selbst hinterlassen haben.

Shoemaker geht bis zum Ende des dritten Kapitels der These nach, ob eine imminente Eschatologie das kennzeichnende Merkmal der Bewegung um Muhammad gewesen ist. Wenn das stimmt, dann hätte man eine Erklärung dafür, warum man vielleicht das Todesjahr des Propheten um wenige Jahre verschoben hat und wieso die nichtmuslimischen Quellen von einer Teilnahme des Propheten an der Invasion Palästinas sprechen. Im vierten Kapitel konkretisiert Shoemaker den Charakter der religiösen Bewegung Muhammads. In Anschluss an Donner vermutet er, dass diese durch eine imminente Eschatologie bestimmt und interkonfessionell geprägt war.[1286] Muhammad war kein Prophet einer eigenständigen Religion, sondern Teil einer konfessionell offenen Gruppe, die monotheistisch und eschatologisch orientiert war. Als Beleg führt er die Zeugnisse von nichtmuslimischen Quellen und die Korananalye Donners an. Auch sei es wahrscheinlich, dass die Expansionsbewegung der frühen Muslime eschatologisch motiviert war und dass nicht Mekka oder Medina, sondern Palästina mit seiner Bedeutung für die biblische Eschatologie das eigentliche Ziel der muhammedanischen Bewegung war.[1287] ʿAbd al-Malik hat den Felsendom gemäß dem eschatologischen Impetus der frühen Anhänger von Muhammads ökumenischer Bewegung gebaut, jedoch zu seinen Lebzeiten seine Bedeutung und Funktion als Symbol einer genuin islamischen Identität geändert.[1288] Die zentrale Bedeutung von Palästina kommt auch in der im elften Jahrhundert entstehenden Literatur zu den Besonderheiten und Vorzügen von Palästina (*faḍāʾil*

1286 Vgl. SHOEMAKER, The Death of a Prophet, 199-218.
1287 Vgl. ebd., 218-257.
1288 Vgl. ebd., 243 ff.; 252 ff.

al-Quds)[1289] und in ihrer Ursprünglichkeit als Gebetsrichtung zum Ausdruck.[1290] Dass die *faḍā'il al-Quds*-Literatur vielleicht nicht zufälligerweise mit dem Beginn der Kreuzzüge aufkommt und eine islamische Begründung für die Besetzung Palästinas liefern soll, kommt Shoemaker nicht in den Sinn. Seine Verwendung von nichtmuslimischen Quellen, dem Koran und der Hadithliteratur ist wie bereits in den Kapiteln zuvor durch die mechanische Anwendung des Differenzkriteriums und seiner Koppelung mit einem religionsgeschichtlichen Korrespondenzkriterium bestimmt. Man fragt sich, wie ʿAbd al-Maliks Herrschaft sowohl den Gipfel der ursprünglich eschatologischen und interkonfessionellen Bewegung Muhammads markiert, als auch den instantanen Beginn des Islam als eigene Religion. Überhaupt muss man in Frage stellen, ob sich grundlegende Dogmen des Glaubens und die religiöse Identität und Wahrnehmung der eigenen Anfänge per Dekret von „oben" festlegen lassen (Verschwörungstheorie!). Der abbasidische Kalif Al-Maʾmūn und seine Nachfolger sind kläglich gescheitert, mit Hilfe einer Inquisition u.a. das Dogma von der Erschaffenheit des Korans durchzusetzen. Dem Islam hat – erst Recht zu Zeiten der Umayyaden – eine eigene klerikale Schicht mit autoritärer und hierarchischer Struktur gefehlt, die eine Theologie „von oben" hätte mit durchsetzen können.[1291] Und letzteres reicht nicht immer aus, was die Geschichte der christlichen Theologie vor Augen führt. Shoemaker braucht die Hypothese von einer zentral gesteuerten und politisch motivierten Zensur, um den Textbefund des Korans (mangelnde Textvarianten, die theologisch relevant sind usw.) zu erklären. Das ist der *Deus ex machina* seiner Argumentation, der jedoch von der Struktur des koranischen Kodex selbst widerlegt wird. Der kanonische Koran wirkt gerade nicht wie ein Text, der nach einem theologischen Programm zur Bildung einer neuen religiösen Identität fixiert wurde.

Insgesamt ist Shoemakers Untersuchung ein gutes Beispiel dafür, wie komplex und schwierig der Transfer von Methoden und Kriterien aus der Bibelkritik für die Erforschung der frühislamischen Geschichte ist. Bei Shoemaker hat man zunächst aufgrund seiner Verwendung der Nomenklatur aus der historisch-kritischen Exegese des Neuen Testaments und der Leben-Jesu-Forschung den Eindruck, dass er methodisch sehr reflektiert arbeitet. Bei genauerem Hinsehen entpuppt sich seine Arbeit als fragwürdige und tendenziöse Anwendung weniger Kriterien aus der kritischen Jesusforschung, die zur Revision der Frühgeschichte des Islams dient.

1289 Vgl. ebd., 231 ff.

1290 Vgl. ebd., 223 ff.

1291 Vgl. Tilman Nagel, Das Kalifat der Abbasiden. In: Heinz Halm (Hg.), Geschichte der arabischen Welt, München [5]2004, 101-165, hier 129.

3.6 Islamische Theologie und der historische Muhammad

Bis jetzt wurde bewusst die Frage ausgeklammert, was für eine Bedeutung die Ergebnisse einer historisch-methodologischen Kritik für die eigenen Glaubensüberzeugungen haben. Die wissenschaftliche Akzeptanz und die Bedingungen für die Anwendung der historisch-kritischen Methode erfordern es, dass man zunächst von den eigenen Vorannahmen und glaubensbedingten Voraussetzungen absieht, die den Status und die Wahrnehmung vergangener Personen und Ereignisse beeinflussen. Eine derartige „Zurückhaltung" bleibt eine heuristische Forderung, die allein aufgrund der „hermeneutischen" Struktur des Daseins nie vollständig eingelöst werden kann. Jedoch gehört es zur Aufgabe der Wissenschaft, immer nach gemeinsam akzeptierten Regeln, Parametern und Kriterien des Diskurses diejenigen Thesen zu bestimmen, die sich eben als konsensfähig und unabhängig von einzelnen Überzeugungen erweisen.

In Kontext der Leben-Muhammad-Forschung kann eine konsequente Anwendung historisch-methodologischer Kritik dazu führen, dass ihre Ergebnisse mit den kognitiv-propositionalen Gehalt von Glaubensüberzeugungen kollidieren.[1292] Historisch-methodologische Kritik kann gerade bei der Evaluierung von Glaubensüberzeugungen in eine dezisionistisch-existentielle Kritik münden. Wie verfährt in diesen Fällen die Islamische Theologie mit dieser Herausforderung? Diesbezüglich ist das Beispiel von Sven Kalisch sehr spannend. Er war der Inhaber der ersten Professur für islamischen Religionsunterricht und sein gewissermaßen erzwungener Rückzug aus dieser Professur hat mit dem Verhältnis von Theologie und den Ergebnissen historischer Kritik zu tun. Denn Kalisch hatte einen Aufsatz mit dem provokanten Titel verfasst: „Islamische Theologie ohne historischen Muhammad – Anmerkungen zu den Herausforderungen der historisch-kritischen Methode für das islamische Denken".[1293] Wie der Titel bereits darlegt, möchte Kalisch zum einen der Frage nachgehen, ob Muhammad tatsächlich existiert hat und zum anderen die Bedeutung historisch-kritischer Methode für die Islamische Theologie herausarbeiten.[1294] Demgemäß fasst Kalisch im ersten Teil seines Aufsatzes den Forschungsstand zur historischen Muhammadforschung zusammen, der seiner Meinung nach zu dem Schluss führt, dass Muhammad wohl keine historische Person ist und nie existiert hat. Zwar bekennt sich Kalisch zu einer agnostischen Haltung, nach der man weder die historische Existenz noch die Nichtexistenz von Muhammad überzeugend belegen kann, jedoch sei die Nichtexistenz wahrscheinlicher.[1295] Wie kommt Kalisch zu diesem Schluss? Er rezipiert vor allem revisionistische Arbeiten, die er auf-

1292 Zur Semantik von religiösen Glaubensüberzeugungen siehe: Stosch, Komparative Theologie, 171-177.
1293 Vgl. Muhammad Kalisch, Islamische Theologie ohne historischen Muhammad.
1294 Vgl. ebd., 1.
1295 Vgl. ebd.

grund der Verwendung nichtmuslimischer Quellen und archäologischer Erkenntnisse lobt.[1296] Zwar könne man keine Rekonstruktion des Frühislams auf der ausschließlichen Grundlage nichtmuslimischer Quellen vornehmen, jedoch würden diese oftmals zeigen, dass die muslimische Tradition nicht Recht hat (*argumentum e silentio!*).[1297] Es steht aber für Kalisch aufgrund der nichtmuslimischen Zeugnisse und materialen Evidenzen fest, dass die muslimische Tradition nahezu keinen historischen Kern enthält und im wesentlichen „Heilsgeschichte" ist.[1298] Aus den ersten beiden islamischen Jahrhunderten habe man keine einzige literarische Quelle der muslimischen Überlieferung.[1299] Auch die Angaben zu der Überlieferungsgeschichte des Korans stammen von der muslimischen Tradition, sodass wir gar nicht sagen können, ob der ganze Koran oder Teile von Muhammad stammen oder ob dieser später fixiert wurde.[1300] Zwar lassen die bibliographischen Werke der Muslime eine Vielzahl an Literatur aus den ersten beiden islamischen Jahrhunderten vermuten, nur sei von dieser nahezu gar nichts enthalten.[1301] Deshalb würde sich der Verdacht erhärten, dass es sich gar nicht um frühere Werke, sondern um fiktive Angaben handelt. Den nichtmuslimischen Zeugnissen und materialen Quellen aus dem ersten islamischen Jahrhundert würde es an einem Bezug zu einer eigenständigen Religion und Symbolik des Islams fehlen.[1302] Auch Muhammad kommt in diesen frühen Zeugnissen erst sehr spät oder gar nicht vor.

Die Quellenwertargumente gegen die muslimische Überlieferung und die Indizien aus der Betrachtung von nichtmuslimischen Quellen reichen für Kalisch aus, um die historische Existenz von Muhammad zunächst hypothetisch in Frage zu stellen. In der islamischen Tradition habe man das Bild von Muhammad nach einem eigenen theologischen Bild konstruiert.[1303] Zuweilen wird Muhammad nach dem Vorbild von Moses gestaltet, sodass er insgesamt als „Projektionsfläche" zu gelten hat, für dessen historische Existenz es keine belastbaren Belege gibt.[1304] Dass aber sogenannte Weltreligionen auch ohne die historische Existenz ihres Stifters auskommen, sei ohne weiteres möglich und anhand von Beispielen aufzeigbar.[1305] Auch das Christentum beruhe wohl nicht auf Jesus als historischer Person.

1296 Vgl. ebd., 2 f.
1297 Vgl. ebd., 2.
1298 Vgl. ebd., 3.
1299 Vgl. ebd.
1300 Vgl. ebd., 8.
1301 Vgl. ebd., 4 f.
1302 Vgl. ebd., 9-13.
1303 Vgl. ebd., 8.
1304 Vgl. ebd., 13 f.
1305 Vgl. ebd., 9.

Kalisch vermutet, dass der Islam zunächst eine gnostische Bewegung war.[1306] Die häresiologischen Informationen aus der muslimischen Tradition würden von einer islamischen Gnosis berichten (*Ġulāt*), deren Überzeugungen wohl auf die Ursprünge des Islams hinweisen.[1307] Innerhalb der Überlieferung habe man natürlich diese Bewegung und dessen Glaubensinhalte verdrängt. Oftmals werden Muhammad und seine leibliche Familie von den gnosisnahen Gruppen als „kosmische Kräfte" verstanden.[1308] Kalisch hält es für möglich, dass vielleicht Jesus ursprünglich als kosmische Größe verstanden und in der arabischen Sprache als Muhammad bezeichnet wurde.[1309] Später hat man aus Muhammad einen arabischen Propheten konstruiert, dessen Leben nach dem Vorbild von biblischen Figuren wie Moses gestaltet wurde.[1310] Auch der Koran sei mit seinem Desinteresse an Geschichte (vage Ort- und Zeitangaben, historische Abläufe werden nicht ernst genommen usw.) und aufgrund seines mythischen Charakters ein gnostischer Text gewesen.[1311] Dieser erste Teil des Aufsatzes von Kalisch endet mit der Feststellung:

> „Alle hier angeführten Punkte reichen meines Erachtens nicht aus, um mit Sicherheit die Nichtexistenz Muhammads zu belegen. Sie reichen aber umgekehrt völlig aus, um die Geschichtlichkeit Muhammads in Frage zu stellen. Vor allem aber machen sie deutlich, dass die islamische Überlieferung Heilsgeschichte ist und als Geschichtsquelle nichts taugt. Damit stellt sich die Frage nach der Bedeutung Muḥammads für die islamische Theologie."[1312]

Im zweiten Teil geht Kalisch nach eigener Aussage den „Implikationen der historisch-kritische[n] Forschung für die islamische Theologie"[1313] nach. Letzten Endes könne man gar nicht wissen, ob Muhammad existiert hat und wer er war.[1314] Es entscheide immer der theologische Wille oder das Interesse des Forschers über das jeweils rekonstruierte Bild von Muhammad.[1315] Negative Beschreibungen von Muhammad (kriegerische Auseinandersetzungen, Ehen usw.) würden von historisch-kritischen Arbeiten aufgrund ihrer Tendenzwidrigkeit akzeptiert, während diese von Muslimen apologetisch als tendenziöse Fiktion eingestuft würden.[1316] Wenn aber auch für Muslime in Wirklichkeit religionsunabhängige ethische und vernünftige Maßstäbe das jeweilige Bild von Muhammad

1306 Vgl. ebd., 14 ff.
1307 Vgl. ebd., 14 f.
1308 Vgl. ebd., 15.
1309 Vgl. ebd.
1310 Vgl. ebd.
1311 Vgl. ebd., 17.
1312 Ebd., 18.
1313 Ebd., 1.
1314 Vgl. ebd., 18.
1315 Vgl. ebd., 18 f.
1316 Vgl. ebd., 19 f.

in der Moderne bestimmen, dann kann man schlussendlich auch auf den vermeintlich historischen Muhammad in seiner Bedeutung für die islamische Theologie verzichten.[1317] Es geht immer nur um den idealisierten Muhammad, der ein Vorbild für alle Gläubige sein soll.[1318]

Das muslimische Verständnis des Korans als Wort Gottes, das Muhammad offenbart wurde, sei historisch und epistemologisch nicht nachzuweisen und zu begründen.[1319] Eigentlich ist der Koran der Ausdruck „spiritueller Erfahrung", die im Prinzip jedem Menschen zuteilwerden kann.[1320] Religion selbst ist für Kalisch eine mythische Betrachtungsweise der wahren mystischen Philosophie.[1321] Die Kernbotschaft einer Religion sei eine *„philosophia perennis"*, die er als gnostische Erlösungslehre ausbuchstabiert.[1322] Der Mensch müsse sich selbst erkennen und zu seiner ursprünglichen Einheit zurückkehren. Die Religionen können durch eine mythische Betrachtungsweise zu dieser Erkenntnis führen. Auch wenn sie in dieser Funktion in der Moderne etwas beitragen können, müssen Religionen durch Philosophie, Mystik und Wissenschaft substituiert werden.[1323]

Leider hat Kalisch bis heute sein mit der Veröffentlichung dieses Aufsatzes verbundenes Versprechen nicht eingelöst, dass er seine eigenen Thesen im Rahmen einer Monographie ausführlicher erläutern wird.[1324] Da der Aufsatz selbst nur als eine „Zusammenfassung" deklariert wird und in gedrungener Form sehr provokante Thesen formuliert, fällt eine Kritik der Herangehensweise von Kalisch nicht leicht. In seinem ersten Teil fällt auf, dass er die Hypothesen revisionistischer Untersuchungen zum Frühislam übernimmt, ohne diese einer eingehenden Prüfung zu hinterziehen. Zwar betont er, dass vielleicht einige Thesen der Revisionisten zu weit gingen und dass diese eher eine destruktive Stoßrichtung haben. Jedoch zeigt die Analyse von Kalisch, dass er die Prämissen und Grundhypothesen der revisionistischen Schule akzeptiert. Bei ihm ist auch die oftmals nicht explizit gemachte Verwendung von einem *heilsgeschichtlichen Differenzkriterium* und einem *religionsgeschichtlichen Korrespondenzkriterium* erkennbar:

> „Auch wenn man den Schlussfolgerungen von Ohlig und Popp in den Einzelheiten skeptisch gegenübersteht, wird man nicht darum herumkommen, die von ihnen aufgezeigte *Differenz* [kursiv von mir] zwischen islamischer Geschichtsschreibung und nichtislamischen Quellen sowie archäologischer Faktenlage zu registrieren. Dadurch wird die Feststellung weiter erhärtet, dass wir es bei der islamischen Geschichtsschrei-

1317 Vgl. ebd., 18 f.
1318 Vgl. ebd., 18.
1319 Vgl. ebd., 20 f.
1320 Vgl. ebd., 21.
1321 Vgl. ebd., 22.
1322 Vgl. ebd., 22 ff.
1323 Vgl. ebd., 25.
1324 Vgl. ebd., 1.

> bung mit *Heilsgeschichte* [kursiv von mir] zu tun haben, die wenig oder gar keinen historischen Kern enthält."[1325]

Eine Begründung für diese Grundhypothese bietet Kalisch allenfalls bruchstückhaft. Dass vielleicht auch eine literarische Quelle mit heilsgeschichtlicher Perspektive profanhistorisch relevante Informationen enthalten kann, wird nicht in Betracht gezogen. Daran wird erkenntlich, dass er das *heilsgeschichtliche Differenzkriterium* nahezu als *exklusives* Kriterium der Authentizität verwendet. Alles, was mit der islamischen „Heilsgeschichte" korrespondiert, wird als größtenteils falsch und nicht glaubwürdig eingestuft. Kalisch wiederholt auch die typischen Quellenwertargumente der Revisionisten gegen die muslimische Überlieferungstradition. Ob der Koran tatsächlich von Muhammad stammt und in seine angenommene Lebenszeit zurückdatiert werden kann, wird von ihm textkritisch, literarkritisch, formkritisch usw. nicht überprüft. Denn das heilsgeschichtliche Differenzkriterium setzt voraus, dass die muslimische Überlieferung eine heilsgeschichtliche und narrative Konstruktion aus späterer Zeit ist. Da Kalisch aber großspurig von der Anwendung historisch-kritischer Methode spricht, wundert sein mangelndes Interesse an der Text-, Literar- und Formkritik des Korans und der anderen muslimischen Literaturgattungen. Ob man frühere Überlieferungen der islamischen Tradition aus späteren Werken rekonstruieren kann, liegt nicht im Interessensbereich von Kalisch (Alles ist Heilsgeschichte und damit potenziell fiktiv). Einzig materiale Zeugnisse und nichtmuslimische Quellen werden positiv gemäß einem religionsgeschichtlichen Korrespondenzkriterium herangezogen, ohne dass die Tendenzen und die Interpretationsmöglichkeiten dieser Zeugnisse auch problematisiert würden. Hier kommt Kalisch nicht annähernd an das methodische Problembewusstsein von Shoemaker heran. Es ist dann auch völlig überraschend, dass er, nachdem er die Informationen prosopographischer, bibliographischer und häresiologischer Werke der muslimischen Tradition quellenkritisch in Frage gestellt hat, eben auf diese zurückgreift, um eine gnostische Bewegung an den Anfang des Islams zu setzen. Warum gerade die diesbezüglichen widersprüchlichen Angaben der muslimischen Quellen dann doch etwas mit der historischen Realität zu tun haben, wird entgegen dem eigenen Anspruch in keiner Weise historisch-kritisch aufbereitet. Könnte ich dann nicht eine beliebige andere häretische Gruppe an die Anfänge des Islams setzen, von der man in der muslimischen Überlieferung berichtet hat? Jedenfalls verbürgt für Kalisch die *Differenz* dieser gnostischen Gruppierung zu den später sich herausbildenden „orthodoxen" Strömungen die mögliche Echtheit und Bedeutung für den Frühislam. Und gemäß dem Differenzkriterium können dann auch nur diejenigen Koranverse früh und authentisch sein, die ein gnostisches Gepräge haben. Ja, der ganze

1325 Ebd., 3.

Koran erweist sich dann angeblich als ahistorischer und mythischer Text gnostischer Provenienz. Konkrete (literarkritische und formkritische) Belege für diese These liefert Kalisch wieder nicht. Da in dieser Arbeit die typischen Argumentationsweisen der Revisionisten bereits einer kritischen Evaluierung unterzogen wurden (*argumentum e silentio*, mechanistische Verwendungsweise des Differenzkriteriums usw.), sollen die entsprechenden Herangehensweisen bei Kalisch nicht weiter betrachtet werden. Er kann jedenfalls noch so viele Beispiele für tendenziöse Elemente in der Prophetenbiographie (nach biblischem und arabischem Muster, nach politischen Interessen usw.) nennen, ein *Pauschalurteil* über die Unzuverlässigkeit der muslimischen Überlieferung ist daraus nicht ableitbar. Die These von den gnostischen Anfängen des Islams wirkt nicht überzeugender, wenn Kalisch eine Mindermeinung bezüglich derselben These für das Christentum heranzieht. Während Shoemaker Jesus und Muhammad als eschatologische Propheten gleichsetzt, glaubt Kalisch dass beide fiktive Protagonisten einer gnostischen Erlösungslehre sind.

Dass Kalisch sich nicht methodentheoretisch und historisch mit der historisch-kritischen Methode auseinandersetzt, wird im zweiten Teil seines Aufsatzes deutlich. Obwohl er nun die Implikationen der historisch-kritischen Methode für die islamische Theologie explizieren möchte, gibt er an keiner Stelle wieder, was denn ein historisch-kritischer Ansatz ist, welche Voraussetzungen dieser hat und ob dieser auch problematisch sein kann. Kalisch scheint hier das *Ergebnis* seiner revisionistischen Herangehensweise als Beispiel *par excellence* für die Anwendung historisch-kritische Methode zu verstehen. Darüber hinaus teilt er aufklärungsphilosophische Thesen, die mit den *entwicklungsgeschichtlichen Tendenzen* der historisch-kritischen Methode zusammenhängen. Es gab zahlreiche Aufklärungsphilosophen, die zwischen den vernunftbegründeten und universal geltenden Glaubensinhalten und deren symbolischen und mythischen Ausdrucksweisen unterschieden haben. Letztere seien kontingent und können im Prinzip auf die universal akzeptierten Überzeugungen reduziert werden. Das Konzept einer natürlichen Religion ist ein Resultat dieser Differenzierung.[1326] Natürlich würde man heute argumentieren, dass auch diese religionsphilosophische Sichtweise eine Projektion ist und dass sich nicht wirklich universale Glaubens*inhalte* formulieren lassen, die von jedem Gläubigen auch ohne weiteres akzeptiert werden. Sven Kalisch teilt die Vorstellung von einer Universalreligion, die er als gnostische Erlösungslehre ausformuliert. Bevor er jedoch genauer erläutert, was er als den Kern der islamischen und auch christlichen Religion versteht, kommt er zunächst auf den Propheten Muhammad zu sprechen. Wenn eine historische und theologische Rekonstruktion von Muhammad immer projektiv bleibt und auch Theologen nach vernünftigen Erwägungen und realen Bedürfnissen darüber entscheiden, wer Muhammad war und

1326 Siehe dazu oben das Kapitel 2.2.1.3.

was er gemacht hat, dann kann man auch auf den *historischen Muhammad* – ob er nun existiert hat oder nicht –verzichten. Entscheidend ist der *idealisierte Muhammad.* Seine Botschaft – der Koran – sei eigentlich Ausdruck einer spirituellen Erfahrung, die jedem zuteilwerden kann. Eigentlich sind Religionen nur der mythische und symbolhafte Ausdruck für die vernünftige und mystisch imprägnierte Selbsterkenntnis eines jeden als Teil eines ursprünglich Ganzen. Doch da wir nach Meinung von Kalisch in unserem aufgeklärten Zeitalter keine „Märchen" mehr brauchen, könne man auf Religionen in ihrem jeweiligen mythischen Gebäude verzichten. Der Kern der Religionen sei eine *philosophia perennis*, die sich auch vernünftig erschließen lässt. Kalisch übernimmt hier einfach eine der entwicklungsgeschichtlichen Tendenzen der historisch-kritischen Methode, ohne die ganze Problemgeschichte seiner aufklärungsphilosophisch inspirierten These zu thematisieren. Zu Recht kann man hinterfragen, ob das Religionsverständnis von Kalisch überzeugend ist und von jedem geteilt werden kann. Religiöse Überzeugungen haben nicht nur einen Aussagengehalt, der in Widerspruch zu historischen Sachverhalten geraten kann, sondern sind tief in der Handlungs- und Verständnisweise des Einzelnen verwoben.[1327] Als „System" können sie nicht durch die „Widerlegung" der historischen Grundlage eines Glaubenssatzes komplett obsolet werden.[1328] Auch semantisch repräsentiert ein Glaubenssystem mehr als einen rein durch Vernunft reduzierbaren Gehalt. Dadurch wird der Aufweis eines „Kerns" der religiösen Wahrheit, der mehreren Religionen gemeinsam ist, sehr schwierig. Reicht es, dass man einzelne Glaubensüberzeugungen mit historischen Tatsachen widerlegt? Hat man dadurch eine ganze Religion und ihren vermeintlichen mythischen Überbau *ad absurdum* geführt?

Eine Frage, die auch von Kalisch völlig außen vor gelassen wird, ist der kanonische Status des Korans und anderer muslimischer Literaturgattungen. Kann ich einfach den hermeneutischen Zugang zu kanonischen Texten durch einen historisch-kritischen Zugang *ersetzen*? Sicherlich setzt man religiös tief verwurzelte Überzeugungen aufs Spiel, da die Ergebnisse einer historischen Kritik auch einzelne Glaubensinhalte zumindest in ihrer historischen Wahrheit tangieren. Doch das führt nicht sofort zur Absage des ganzen Glaubensgebäudes. Es kann sogar sein, dass die historisch-kritische Perspektive ganz neue oder verdrängte theologische Sachverhalte zu Tage fördert[1329], die wie ein Katalysator für die eigenen Überzeugungen und deren Profilierung dienen. Will man als islamischer Theologe, der auch in der westlichen Wissenschaft akkulturiert ist, von sich selbst und den anderen ernst genommen werden, dann hat er zumindest die mit dem historischen Bewusstsein der Moderne verbundenen Prinzipien (histo-

1327 Vgl. STOSCH, Komparative Theologie, 171-177.

1328 Vgl. ebd.

1329 Vgl. SINAI, Gottes Wort und menschliche Deutung, 167f.

rischer Relativismus usw.) auch in Form der Adaption der historisch-kritischen Methode für die eigene Frühgeschichte in Anschlag zu bringen. Oder man muß gute Gründe benennen, warum die Prinzipien des historischen Bewusstseins obsolet geworden sind oder durch andere Prinzipien ersetzt werden müssen. Für einen Muslim sind ohnehin die Bedeutung und das Verständnis des Korans nie vollständig erschließbar. Niemand kann für sich behaupten, dass er das Wort Gottes in seiner Ganzheit erfasst hat. Die jahrhundertelange Exegesetradition der Muslime ist der Ausdruck eines Reichtums des Gotteswortes, dessen Erschließung und Verständnis nie abgeschlossen ist. Die historisch-kritische Herangehensweise sichert die „Unverfügbarkeit" der Schrift vor unzulässigen Projektionen aus der Perspektive der Moderne (ideologische und politische Auslegung)[1330] und ist *ein* Weg, sich dem Gotteswort zu nähern. Dass man dabei zu denselben Ergebnissen gelangt wie Kalisch, ist – wie bereits diskutiert wurde – eher unwahrscheinlich. Der Gläubige nimmt das Gotteswort in seiner ganzen Dignität als historischen, kanonischen und offenbarten Text ernst und speist damit das Glaubenssystem des Islams, das mehr Aspekte und Funktionen hat, als Kalisch uns glaubhaft machen will. Ein bleibendes Problem bleibt unabhängig davon die Frage, wie man die (von den eigenen Glaubensüberzeugungen zunächst unabhängige) Ergebnisse der historisch-kritischen Analyse bei Widersprüchen mit einer kanonischen Lesart oder mit glaubensrelevanten Thesen theologisch bewertet.

1330 Vgl. ebd., 166f.

4 Das historische Plausibilitätskriterium in der Leben-Muhammad-Forschung

In den vorangehenden Abschnitten wurde der Versuch unternommen, eine kriteriologische Reflexionsebene für die Forschung zur Frühgeschichte des Islams bzw. für das Leben des historischen Muhammad fruchtbar zu machen. Dabei wurden die unterschiedlichen methodischen Herangehensweisen und die Verfahren der historischen Urteilsbildung nach den expliziten und impliziten Authentizitätskriterien befragt. In diesem Zuge diente eine kriteriologische Systematisierung zur Bestimmung der Leistungsfähigkeit der gängigen Methoden für eine historische Rekonstruktion von Muhammad. Derart sollte ein Beitrag zur Lösung der methodentheoretischen Diskussion um die historische Forschung zum Leben Muhammads geleistet werden. Am Beispiel von Shoemaker wurde aufgezeigt, wie problematisch der tendenziöse Gebrauch des Differenzkriteriums sein kann und welche lange (und implizite) Vorgeschichte dieser in der revisionistischen Schule hat. Im letzten Teil soll nun der Versuch unternommen werden, eine geschichtshermeneutische Begründung und Heuristik für die (implizite und explizite) Verwendung von historischen Methoden und den damit verbundenen Kriterien der Urteilsbildung zu liefern. Damit soll kein neues Paradigma der Forschung zur Frühgeschichte des Islams vorgeschlagen werden, sondern auch den in den letzten Jahren sich immer mehr verfestigenden Rahmenbedingungen der Studien zum Frühislam Ausdruck verliehen werden. Gerd Theißen und Dagmar Winter haben mit der Einführung des Kriteriums der historischen Plausibilität u.a. dieselbe forschungstheoretische Verortung der „Third Quest for the historical Jesus" geleistet.[1] Sie konnten überzeugend darlegen, dass insbesondere das Differenzkriterium gegen das *Judentum* nicht mehr haltbar ist. Man müsste vielmehr Jesus konsequent in seiner Zeit verorten. Ein ähnliches Phänomen stellt die Forderung nach der epochalen Einordnung von Muhammad und dem Frühislam in die Spätantike dar. Allerdings besteht in diesem Fall nicht die Gefahr der einseitigen Abgrenzung von Muhammad und dem Frühislam aus der Spätantike, sondern ihrer vollständigen Auflösung in dieser Zeit. Wie ist also die berechtigte Forderung nach einer Kontextualisierung von Muhammad in der Spätantike umzusetzen? Hier kann das historische Plausibilitätskriterium nach Theißen und Winter weiterhelfen. Es trägt den axiomatischen Prinzipien des modernen historischen Bewusstseins Rechnung und versucht den Problemen der Quellenkritik, des historischen Relativismus und

1 Siehe dazu oben Kapitel 2.3.3.1.

der hermeneutischen Fremdheit entgegen zu wirken. Denn ihnen unterliegt eine Dialektik, die einen historischen Agnostizismus verhindert. Derart soll expliziert werden, dass die theologischen Tendenzen der muslimischen Quellen (Problem der Quellenkritik) nicht zur einseitigen Verwendung des Kriteriums der Tendenzwidrigkeit oder der kategorischen Ablehnung der muslimischen literarischen Zeugnisse münden darf. Und die Kontextualisierung des Frühislams in die Spätantike (Problem des historischen Relativismus) darf nicht zu seiner vollständigen Auflösung in dieser Zeit (Nivellierung der Besonderheit und Eigenständigkeit des frühen Islams) oder seiner kontratraditionalen Konstruktion (Problem der hermeneutischen Fremdheit) wie bei Shoemaker und anderen Revisionisten führen. Theißen und Winter haben Recht, wenn sie auf die Dialektik dieser historischen Probleme hinweisen, die eine Rekonstruktion vergangener Ereignisse erschweren: Ebenso wie es keine perfekten Quellen für das Vergangene gibt, existieren auch keine perfekten „Fälschungen". Und jedes Phänomen kann nur historisch kontextualisiert werden, wenn man ihm auch sein individuelles Profil zugesteht. Ansonsten gibt es keine Entwicklung oder Veränderung.

Neben der Formulierung des historischen Plausibilitätskriteriums für die Leben-Muhammad-Forschung soll im Folgenden auch seine Verwendung anhand eines Beispiels demonstriert werden.

4.1 Das historische Plausibilitätskriterium und seine Unterkriterien

Das historische Plausibilitätskriterium von Gerd Theißen und Dagmar Winter soll nun für die Leben-Muhammad-Forschung (bzw. Forschung zur Frühgeschichte des Islams) appliziert werden. Beide Forscher haben die Anwendbarkeit ihres Kriteriums für andere Bereiche demonstriert, indem Sie es auch für das historische Verständnis montanistischer Prophetensprüche angewendet haben.[2] Plausibilität wird auch im Folgenden als Ersatzbegriff für Authentizität verstanden, um einem historischen Realismus vorzubeugen, der „harte" historische Fakten zu rekonstruieren glaubt. Unsere historischen Urteile über vergangene Ereignisse sind stets provisorisch und können durch neue Erkenntnisse modifiziert und geändert werden.

Als erstes Unterkriterium der historischen Plausibilität wird das *Kriterium der historischen Wirkungsplausibilität* für die Rekonstruktion des historischen Muhammad formuliert. Die muslimischen Quellen über das Leben Muhammads sind Teil seiner Wirkungsgeschichte. Natürlich haben auch andere Faktoren bei der Herausbildung der entsprechenden Zeugnisse mitgewirkt. Doch das „Krei-

2 Vgl. THEISSEN/WINTER, Die Kriterienfrage in der Jesusforschung, 217-232.

sen" dieser Quellen um Muhammad zeugt von einem spannungsvollen Verhältnis zwischen den Tendenzen, die das jeweilige Interesse an ihm bestimmen, und der Wirkung, die Muhammad als historische Person imprägniert hat.

Da jede Wahrnehmung von einem Ereignis und einer Person perspektivisch durch den jeweiligen hermeneutischen Standpunkt einer Person und Gemeinschaft bestimmt ist, kann sich das jeweilige Bild von etwas verzerren. Für die muslimische Tradition hat man diesen Sachverhalt derart zum Ausdruck gebracht, dass die entsprechende Literatur eigentlich Heilsgeschichte ist, da sie bereits von der festen Überzeugung ausgeht, dass Gott durch Muhammad in der Geschichte gehandelt hat und sein Handeln und Wirken entsprechend darstellt und bewertet (Problem historischer Quellenkritik). Vor diesem Hintergrund lässt sich die *Tendenzwidrigkeit als ersten Aspekt historischer Wirkungsplausibilität* geltend machen: *Was innerhalb der muslimischen Überlieferung zu Muhammad in Differenz zu den Interessen der jeweiligen muslimischen Quellen steht, aber in ihrer Überlieferung tradiert wird, kann in graduell zu differenzierender Weise historische Plausibilität beanspruchen.*[3] Insbesondere die Analyse des Korans als Besonderheitsindiz für den historischen Muhammad hat gezeigt, dass hier oftmals eine Differenz zwischen der muslimischen Überlieferung und den koranischen Inhalten bestehen kann. Auch in den sonstigen Literaturgattungen wird Muhammad manchmal in einer Art und Weise dargestellt, dass man aufgrund dieser tendenzspröden Elemente ältere Überlieferungen vermuten könnte (z.B. der Fall der sogenannten „satanischen Verse"; Muhammad nimmt an dem vorislamischen Opferkult in seiner Jugend teil usw.). Um die Tendenzsprödigkeit als Indikator für eine historisch frühe oder zuverlässige Überlieferung in Anschlag bringen zu können, sollten die entsprechenden Elemente im Idealfall mehrfach bezeugt sein und man müsste im Sinne des intelligenten Falsifikationismus erklären können, wie die sonstigen Tendenzen der Tradition sich von den widrigen Elementen abgekoppelt haben.

Dem Problem der Quellenkritik wohnt eine Dialektik inne. Unsere literarischen Quellen sind nicht nur tendenziös und perspektivisch, weshalb wir nie wissen werden, „wie es eigentlich gewesen ist". Doch sind diese Quellen in ihrer Gesamtheit keine reinen Fiktionen. Wenn selbst nichtmuslimische Quellen von der Existenz Muhammads zeugen und wenn seine Person und seine Verkündigung ein derart großes Interesse attrahieren konnte, dann können die literarischen Zeugnisse über ihn irren, jedoch keine komplett fiktive Person konstruiert haben. Praktisch sind keine Person, keine Institution und kein Staat in der Lage, sämtliche Informationen über eine wirkungsgeschichtlich bedeutsame Person zu vernichten und die perfekte Fälschung und Konstruktion seiner Geschichte durchzusetzen. Es gibt nicht den perfekten fiktiven Bericht über eine historische Person, wobei sämtlich entgegengesetzte Informationen, Materialien und

3 Vgl. ebd., 216.

Zeugnisse vernichtet oder daran angepasst wurden. Muhammad hat als historische Person nicht nur seine Anhänger und deren Nachkommenschaft, sondern auch die nichtislamische Welt wirkungsgeschichtlich tangiert. Deshalb wird als *zweiter Aspekt der historischen Wirkungsplausibilität die Quellenkohärenz* in Anschlag gebracht: *Die Kohärenz einzelner Elemente aus unabhängigen unterschiedlichen Überlieferungen, verschiedenen Traditionsschichten und verschiedenen Gattungen innerhalb der muslimischen und nichtmuslimischen Überlieferung schafft historische Plausibilität.*[4] Wenn der Koran, frühe muslimische Überlieferungen (*isnād-cum-matn-Analyse*) und nichtmuslimische Zeugnisse in einer Aussage über den historischen Muhammad unabhängig voneinander übereinstimmen, dann ist die Wahrscheinlichkeit groß, dass diese historisch zuverlässig ist. Natürlich hat man nicht immer die ideale Situation, dass frühe Zeugnisse mehrfach und unabhängig voneinander etwas bezeugen. Doch je mehr Kohärenz hier besteht, um so größer die Wahrscheinlichkeit, dass die entsprechenden Informationen wirkungsgeschichtlich zuverlässige Angaben zum historischen Muhammad enthalten.

Betrachtet man ausschließlich muslimische Quellen und verwendet nur das Kriterium der historischen Wirkungsplausibilität, dann ist immer noch nicht ausgeschlossen, dass alles, was in literarischen Quellen berichtet wird, nur ein erfundener Mythos ist. Unter anderem deshalb wird dem Kriterium der Wirkungsplausibilität das Kriterium der Kontextplausibilität gegenübergestellt. Wenn Muhammad eine historische Person war, dann hat er in einem kulturellen und gesellschaftlichen Kontext gelebt, der ihn geprägt hat und in dessen Rahmen er sich geäußert und profiliert hat. Der *erste Aspekt der historischen Kontextplausibilität ist demgemäß die Kontextentsprechung*: *Was Muhammad gewollt und gesagt hat, muss mit den religiösen Phänomenen der Spätantike auf der arabischen Halbinsel des sechsten und siebten Jahrhunderts vereinbar sein.*[5] Wäre letzteres nicht der Fall, denn müsste man annehmen, dass Muhammad wohl eher ein Mythos und weniger eine historische Person ist. Nicht zuletzt revisionistische Arbeiten haben die Kontextualisierung von Muhammad und dem Frühislam innerhalb der Epoche der Spätantike derart verstanden, dass sie diese darin „aufgelöst" haben (Islam als ursprünglich jüdische Bewegung usw.). Doch der historischen Kontextualisierung ist das Problem des historischen Relativismus inhärent, das gemäß der eigenen Dialektik nicht als Nivellierung sämtlicher historischer Phänomene missverstanden werden darf. Um auf diachroner Ebene auch historische Prozesse und Entwicklungen erkennen zu können, bedarf es der individuellen Kontextualisierung von Personen, Ereignissen usw. Gerade für den Menschen als sinnstiftendem und sinnorientiertem Geschöpf (Hermeneutik des Daseins) gilt, dass es nicht qualitativ absolut identische Men-

4 Vgl. ebd.
5 Vgl. ebd.

schen gibt. Der *zweite Aspekt der Kontextplausibilität ist deshalb die kontextuelle Individualität: Was Muhammad gewollt und getan hat, muß als eine individuelle Erscheinung im Rahmen der religiösen Entwicklungen der Spätantike erkennbar sein.*[6] Was zeichnet also Muhammad als historische Person im Rahmen der Spätantike aus, dass er eine so große Anhängerschaft gewinnen konnte und wirkungsgeschichtlich so bedeutsam war? Sein Handeln hat ein individuelles Gepräge zu seiner Zeit gehabt, das sich behutsam herausarbeiten lässt, ohne dass man allzu schnell Besonderheiten des historischen Muhammads behauptet, für die es doch kontextuelle Entsprechungen gibt.

Die Kriterien der Wirkungsplausibilität und der Kontextplausibilität ergeben zusammen eine historische Gesamtplausibilität über Muhammad, die sich nicht nur von der wissenschaftlichen Auseinandersetzung, sondern auch von den vorwissenschaftlichen und religiösen Vorannahmen speist. Dieses Gesamtbild wird sich nicht gänzlich durch ein historisches Einzelurteil aus den Angeln heben lassen. Erst wenn mehrere Plausibilitätsurteile über die Wirkung und den Kontext des historischen Muhammad sich verzahnen und das bisherige Gesamtbild in Frage stellen, kann sich eine wesentliche Verschiebung in der historischen Gesamtwahrnehmung vollziehen. Das Kriterium historischer Gesamtplausibilität besagt demnach: *Was wir von Muhammad insgesamt wissen, muss ihn als Individualität innerhalb des zeitgenössischen religiösen Kontextes der Spätantike erkennbar machen und mit der muslimischen (kanonischen und nicht-kanonischen) Wirkungsgeschichte vereinbar sein.*[7]

4.2 Kontextentsprechung und Kontextindividualität von Muhammad innerhalb der Spätantike

Seit den 70er-Jahren haben die frühen revisionistischen Arbeiten zu Recht die Kontextualisierung des Frühislams und Muhammads in der Epoche der Spätantike gefordert. Freilich ist damit nicht genau geklärt, wie man die Zuordnung der Genese des Islams im Rahmen dieser Epoche plausibilisieren und vollziehen kann. Dass dieses Unterfangen nicht selbstevident ist, hat zuletzt Chase Robinson problematisiert:

> „To judge by several recent surveys, it has become an academic truism that 'Islam' belongs to 'late antiquity', even if both the chronological and geographic range of the period remains controversial, and precisely how 'Islam' is to fit in is unclear. The most ambitious of these surveys is typical: it organizes its material in a number of attractive categories (e.g., 'Sacred Landscapes,' 'War and Violence,' 'Empire Building,' and 'The

6 Vgl. ebd.

7 Vgl. ebd., 217.

Good Life'), but in these Muslims have hardly a role to play, being paraded out in a single, dry chapter entitled 'Islam' instead."[8]

Dieses Verdikt von Robinson mag im ersten Moment zu harsch klingen, da es in der Zwischenzeit etliche Monographien gibt, die sich dezidiert der Kontextualisierung des Islams (Muhammad, Koran usw.) in der Spätantike als zentralem Forschungsgegenstand widmen und die geschichtstheoretischen Hürden dieses Unterfangens reflektieren.[9] Und doch kommt in der Beschreibung von Robinson eine berechtigte Gefahr und Vorsicht zum Ausdruck, die mit der Verwendung von epochalen Zäsuren und Klammern wie der Spätantike zusammenhängen. Mit Foucault könnte man konstatieren, dass die Periodisierung und Einteilung der Geschichte in Epochen einen Diskurs *ordnet* und damit die Ergebnisse und den Verlauf der historischen Analyse erst ermöglicht oder restringiert. Angelika Neuwirth hat zu Recht die mangelnde Inklusion des Korans als gleichberechtigte Stimme in spätantiken Religionsdiskursen moniert.[10] So würde das bedeutsame Erbe des Korans und Islams für Europa und seiner Religions- und Kulturgeschichte verkannt. Es geht bei der Inklusion und Exklusion des Islams innerhalb einer Epoche auch um einen Machtdiskurs. Die insbesondere in revisionistischen Arbeiten geforderte Kontextualisierung der Genese des Islams in der Spätantike hat nicht zu seiner Anerkennung oder gleichberechtigten Inklusion innerhalb eines gemeinsamen Kulturraums geführt, sondern hat im Gegenteil die Eigenständigkeit und Dignität des Islams und seiner Entstehungsprozesse in Abrede gestellt. Man könnte in Anschluss an Jonathan Brockopp von einer „incidental normativity" sprechen, die hier mit der Kontextualisierung der Genese des Islams in der Spätantike einhergeht und die islamische Frühgeschichte als Sondererscheinung des religiösen Erbes von Europa marginalisiert:

„Incidental Normativity occurs when our frames of reference seem obvious, causing us to overlook alternative interpretive possibilities. In the study of Islamic origins, one form of incidental normativity has been around for years. It is the presumption that Islam is unique among the world religions because it arose in 'the full light of history'. This view is a parallel to the apologetic claim that Islam was perfect and complete in Muhammad's lifetime, and that all the fundamental tenets, rituals, and mores were established before his death. To maintain this view, adherents must discount historical narratives that record divisions within the early Muslim community, but this is easily done. [...] A second story, one that emphasizes dissent and alternative explanations, is therefore set up in opposition to this first view. In this story, literary sources (including

8 Chase F. Robinson, Early Islam: Truth and Consequences. In: Herbert Berg (Hg.), Method and Theory in the Study of Islamic Origins, Leiden 2003, 101-134, hier 101.

9 Vgl. die Beiträge in der Serie „Studies in Late Antiquity and Early Islam", in der etliche der hier besprochenen Untersuchungen erschienen sind; Aziz Al-Azmeh, The Arabs and Islam in Late Antiquity. A Critique of Approaches to Arabic Sources, Berlin 2014.

10 Vgl. Neuwirth, Der Koran als Text der Spätantike, 20-24.

both hadith and also early Muslim history texts) are untrustworthy because they contain miraculous tales, contradictory claims, and they were produced hundreds of years after the events they purport to record. In contrast, material evidence (e.g., coins, architecture, papyri) is not subject to these faults and is therefore regarded as superior. This second story regards itself as far more aware of interpretive possibilities, yet I argue that it can also act as a form of incidental normativity, this second form can provide a compelling interpretive frame, one that also allows its adherents to ignore evidence. When taken to this extreme, the result is not apologetics, but it is opposite: a polemical re-imagination of early Islam as a form of Christianity."[11]

Die zweite Erscheinungsform der von Brockopp beschriebenen „incidental normativity" ist symptomatisch für die revisionistische Koppelung der Kontextualisierung des Frühislams in der Spätantike mit einem heilsgeschichtlichen Differenzkriterium gegenüber der späteren muslimischen Selbstwahrnehmung. Mit dieser Art der Kontextentsprechung steht *ab ovo* fest, dass der frühe Islam kein eigenes und gleichberechtigtes Gepräge innerhalb der religiösen Diskurse der Spätantike hat und dass dieser mit dem späteren Islam wirkungsgeschichtlich nur noch wenig bis gar nichts zu tun hat. Dieser Tendenz sollen deshalb die kontextuelle Individualität und die wirkungsgeschichtliche Kohärenz zum Islam als Teilaspekte der Kontext- und Wirkungsplausibilität entgegengestellt werden. Der historische Muhammad und die Genese des Islams stehen nicht diametral zur muslimischen Tradition und die Anfänge des Islams lösen sich nicht in den religiösen Debatten der Spätantike auf. In den letzten Jahren ist auch die entsprechende Sensibilität für die Wirkungs- und Kontextplausibilität des Frühislams in der Spätantike zunehmend sichtbar. Anders als in den revisionistischen Studien hat man eingesehen, dass man die zeitlichen und geographischen Grenzen der Spätantike erweitern sollte[12], um derart der notwendigen Inklusion der arabischen Halbinsel und der Genese des Islams Rechnung zu tragen.

Spannend sind hier auch die Arbeiten von Guy Stroumsa, der insgesamt die religiösen Veränderungen im Rahmen der Spätantike ins Relief setzt:

„Bei genauerem Hinsehen sind es wohl die Definition der Religion selbst und deren dialektisches Verhältnis zur Gesellschaft, die am Ende der Spätantike radikal gewandelt erscheinen und die mittelalterlichen Kulturen in ihren drei wichtigsten Formen ankündigen: Byzanz, Islam und das lateinische Abendland. Die religiösen Veränderungen während der ersten Jahrhunderte des Römischen Reiches in der Welt des Mittelmeerraums und des Nahen Ostens sind so radikal, daß man – unter metaphorischer Verwendung des aus der Biologie stammenden Begriffs – von »Mutationen« sprechen kann. [...] Ohne das dialektische Verhältnis von Religion und Kultur in Abrede zu stel-

11 JONATHAN E. BROCKOPP, Islamic Origins and Incidental Normativity. In: Journal of the American Academy of Religion 84 (1/2016) 28-43, hier 28 f.

12 Vgl. GARTH FOWDEN, Before and After Muḥammad. The First Millennium Refocused, Princeton 2014, 49-126.

len, werden wir hier die Idee vertreten, daß diese Mutationen vor allem religiöser Natur waren.“[13]

Diese Überlegungen von Guy Stroumsa verdeutlichen, dass die Spätantike aus religionshistorischer Perspektive bedeutsame Weichen für die Ausdifferenzierung, Fortentwicklung und Formierung der religiösen Traditionen des Judentums, Christentums und Islams stellt. Mit „Mutation“ kennzeichnet Stroumsa die jeweilige Domäne und den Diskurshorizont dieser Veränderungen und macht dabei fünf „Mutationen“ der Spätantike ausfindig.[14] Durch die Herausarbeitung dieser neuralgischen „Denksphären“ hat er nicht nur ein heuristisch unerlässliches Instrumentarium zur Fokussierung motiv- und geistesgeschichtlicher Prozesse der Spätantike geliefert, sondern auch insgesamt eine hermeneutische „Klammer“ zur Profilierung einer religionsgeschichtlich noch immer unterschätzten Epoche bestimmt. In diesem Rahmen expliziert Stroumsa auch, wie sehr das sich wandelnde Verständnis von Religion in der Spätantike durch die Entstehung und Formierung des Christentums und die Fortentwicklung des Judentums indiziert ist.[15] Angesichts dieser Befunde ist es nicht verwunderlich, dass Angelika Neuwirth in Bezug auf den Koran zu Recht von einem *Denkraum* Spätantike spricht, der weniger durch politische Ereignisse terminiert und bestimmt ist, sondern durch einen religiösen Diskurs.[16] Man kann hier auch das Bild erweitern und von einem kulturellen *Resonanzraum* sprechen, in dem vor allem biblische Motive und Konzepte zu einer imaginären Landkarte des kollektiven Bewusstseins geworden sind. In ihr kleiden sich Diskurse über religiöse Wahrheit und Identität und erzeugen stets einen Widerhall, der in Anspruch genommene Deutungshoheiten konterkariert und neue Deutungsmuster produziert. Wie sehr man dabei den Transfer von biblischen Diskursen nicht in schriftlichen, sondern in mündlichen Kategorien der Medialität denken sollte, wird sich im folgenden Anwendungsbeispiel für das Kriterium der historischen Plausibilität in der Leben-Muhammad-Forschung zeigen.

---

13 Guy G. Stroumsa, Das Ende des Opferkults. Die religiöse Mutationen der Spätantike, Berlin 2011, 21-22; 27.

14 Vgl. ebd., 9.

15 Vgl. ebd., 175.

16 „Versteht man Spätantike nicht exklusiv als eine durch politische Ereignisse definierte Epoche, sondern vor allem als einen ‚Denkraum‘, in dem verschiedene ‚antike‘ Traditionen einer neuen Lektüre unterzogen werden, so ist der Koran ein für die Spätantike besonders charakteristisches Phänomen: ein Text, der mehrere ‚Antiken‘, die biblische, die pagan-arabische, gelegentlich sogar die hellenistische, einer neuen Interpretation unterwirft.“ (Angelika Neuwirth, Koranforschung – eine politische Philologie? Bibel, Koran und Islamentstehung im Spiegel spätantiker Textpolitik und moderner Philologie, Litterae et Theologia. Bd. 4, Berlin 2014, 45).

4.3 Die Prophetologie des historischen Muhammad – Anwendungsbeispiel für das Kriterium der historischen Plausibilität

Das muslimische Glaubensbekenntnis zu Muhammad konzentriert sich auf sein Prophetendasein (*rasūl/nabī*).[17] Auch der Koran beschreibt die Rolle von Muhammad als Bote und Gesandter im Rahmen einer Prophetologie, die auch Propheten und Gesandten vor ihm kennt. Und die nichtmuslimischen Quellen sprechen von Muhammad als „falschen Propheten". Im Folgenden soll ein erstes Beispiel für die Anwendung des historischen Plausibilitätskriteriums expliziert werden, das die Prophetologie des historischen Muhammad zum Gegenstand hat. In welchem Sinne hat sich der historische Muhammad als Prophet verstanden? Wie ist sein Verhältnis zu vormaligen Propheten und Gesandten zu verstehen? Und wie kann man dieses prophetologische Selbstverständnis im Rahmen der Spätantike kontextualisieren und mit der späteren muslimischen Wahrnehmung von Muhammad als Prophet ins Verhältnis setzen?

Als wichtigste Quelle für die Rekonstruktion der Prophetologie des historischen Muhammad wird der Koran als Besonderheitsindiz dienen. Hier wird insbesondere auf die Ergebnisse und Rahmenbedingungen der Koranforschungen von Angelika Neuwirth und Nicolai Sinai zurückgegriffen, die das profilierteste Modell für eine Genese der koranischen Textes geliefert haben.

4.3.1 Der Rahmen koranischer Prophetologie

Muhammad ist im Koran als Du der göttlichen Anrede präsent. Neben ihm gehören zahlreiche biblische und nicht-biblische Personen zu den handelnden Protagonisten der koranischen Prophetologie. Bereits eine grobe Lektüre des Korans verdeutlicht aber, dass die biblischen Figuren im Koran längst nicht mehr in denselben narrativen Kontext eingebettet sind, der aus der Bibel bekannt ist. Dieser Textbefund sollte freilich nicht zu dem vorschnellen Schluss verleiten, dass der Koran ein defizitärer-epigonaler Text sei. Vielmehr scheint es so zu sein, dass biblisches Gedankengut im Prozess der muslimischen Gemeindebildung neu verhandelt und – islamisch-theologisch gesprochen – neu offen-

17 Teile dieses Unterkapitels (insbesondere zur Typologie im Koran) bauen auf zwei frühere Aufsätze von mir auf, wobei ich zuweilen ganze Formulierungen und Abschnitte übernommen oder modifiziert habe: „Jesus redivivus – Der koranische Jesus im Kontext von Prophetologie". In: THOMAS FORNET-PONSE (Hg.), Jesus Christus. Von alttestamentlichen Messiasvorstellungen bis zur literarischen Figur, Münster 2015, 149-161; „Der Koran und das Thomasevangelium im Kontext spätantiker Religionsdiskurse". In: KLAUS VON STOSCH/ MOUHANAD KHORCHIDE (Hg.), Streit um Jesus. Muslimische und christliche Annäherungen, Paderborn 2016, 99-118.

bart wurde. Deshalb ist auch Angelika Neuwirth in entschiedener Weise zuzustimmen, wenn sie schreibt:

> „Die koranische Rede paßt Nachrichten über Propheten in verschiedene, jeweils aktuelle gemeindliche Debatten ein, setzt sie also homiletisch und argumentativ ein."[18]; „Alle koranischen Figuren haben Anteil an einer gemeinsamen, sich schrittweise herausbildenden neuen Prophetologie. Sie sind daher nicht einfach Protagonisten von Erzählungen, sondern zugleich in Argumentationen eingebettet, die ein neues, ausdifferenziertes Muster Gott-menschlicher Kommunikation begründen."[19]

Man kann auf systematischer Ebene versuchen, die von Neuwirth für unterschiedliche Verkündigungsphasen gewonnenen Erkenntnisse für die Situation des Propheten und der Gemeinde, als Charakteristika der koranischen Prophetologie zusammenzufassen:

- Prophetenerzählungen im Koran sind auf *funktionaler* Ebene im Diskurs der muslimischen Gemeindebildung integriert. Ihr Sitz im Leben ist das sich evolvierende Bewusstsein und Selbstverständnis der urmuslimischen Gemeinde und des Propheten Muhammad ein von Gott erwähltes Volk zu sein.[20]
- Prophetenerzählungen im Koran verdichten sich insgesamt zu einer koranischen Prophetologie, die die urmuslimischen Gemeindeerfahrungen und das prophetische Erleben Muhammads in die biblische Heilsgeschichte ein- und austragen.[21]
- Unter Zuhilfenahme einer *religionstheologischen* Kategorie kann man die koranische Prophetologie insgesamt als *inklusiv* bezeichnen. Die Erwählung Muhammads und der urmuslimischen Gemeinde schließt aus koranischer Sicht vormalige Offenbarungen nicht aus. Jedoch korrigiert der Koran die aus seiner Sicht falschen Deutungen göttlicher Interventionen in vorkoranischer Zeit.
- Auf der Textebene werden die koranische Prophetologie und das damit verbundene Geschichtsbild unter anderem durch textstrategische Eingriffe der Entallegorisierung[22], durch Gleichniserzählungen[23], durch Erneuerung und Anwendung unterschiedlicher Rede- und Kommunikationsformen, und durch topographische und chronologische Verschiebungen biblischer und nichtbiblischer Erzählungen umgesetzt.

---

18 Neuwirth, Der Koran als Text der Spätantike, 616.
19 Ebd., 614.
20 Vgl. ebd., 453 ff.
21 Vgl. ebd., 613 ff.
22 Vgl. ebd., 590 ff.
23 Vgl. ebd., 498 ff.

4.3.2 *rasūl* und *nabī* – Die Kennzeichnungen und Entwicklungstendenzen koranischer Prophetologie

In frühmekkanischer Phase dominieren zwei Rollen von Muhammad als Verkünder. Er ist zum einen der Warner (*naḏīr/munḏir*), der das Gericht Gottes predigt und zur entsprechenden Umkehr der religiösen Moralvorstellungen und Überzeugungen der Menschen aufruft.[24] Zum anderen steht Muhammad selber für eine bestimmte Form der Frömmigkeit, die asketisch ist, mit bestimmten rituellen Handlungen einhergeht und in der Schöpfung die Zeichen von Gottes Allmacht und Fürsorge erblickt.[25] Dieses Bild des Warners wird zu anderen Figuren, wie z.B. Sehern (*kāhin*), Zauberern (*sāḥir*) oder Dichtern (*šāʿir*) abgegrenzt.[26] Besonders in Frühmekka lassen sich die koranischen Zusprüche an den Gläubigen nicht immer als Teil einer prophetenbiographischen Episode verstehen, sondern dienen der religiösen Vergewisserung des auch vom Propheten Muhammad selbst repräsentierten Gläubigen.[27] Mit der Zeit wird in Mekka der situative Kontext von Muhammad als Warner mit Gesandten (*rasūl*) vor ihm verglichen.[28] Schon vor ihm haben diese die jeweiligen Völker, zu denen sie entsendet wurden, gewarnt. Die abweisende Haltung der Adressaten hat für diese – im Gegensatz zum Schicksal des Gesandten – kein gutes Ende genommen. Josef Horovitz hat als erster die Struktur dieser stereotypen Interaktion zwischen Gesandter und Adressaten untersucht und diese als „Straflegenden" oder „Strafgerichte" zusammengefasst:

> „Überblicken wir das Ganze noch einmal, so können wir feststellen, daß sich nach längerem Schwanken aus einer größeren Reihe von Strafgerichten endgültig sechs herausheben, die das gemeinsam haben, daß ein mit Namen genannter Gottesbote vor der drohenden Strafe warnt, daß er aber der Lüge geziehen wird, worauf dann das göttliche Strafgericht das ganze Volk bis auf den Boten selbst vernichtet. Diese sechs Erzählungen werden an einer Reihe von Stellen zu einer einheitlichen Komposition zusammengeschlossen [...]."[29]

Zu den Gesandten der Straflegenden gehören nicht nur aus der biblischen Tradition bekannte Protagonisten, sondern auch Hūd, Ṣāliḥ und Šuʿaib.

---

24 Vgl. HARTMUT BOBZIN, The „Seal of the Prophets": Towards an Understanding of Muhammad's Prophethood. In: ANGELIKA NEUWIRTH/ NICOLAI SINAI/ MICHAEL MARX (Hrsg.), The Qurʾān in Context. Historical and Literary Investigations into the Qurʾānic Milieu, Leiden 2011, 565-583, hier 569.

25 Vgl. ebd., 570.

26 Vgl. ebd., 569.

27 Vgl. NEUWIRTH, Der Koran als Text der Spätantike, 407-417.

28 Vgl. BOBZIN, The „Seal of the Prophets", 570 f.

29 JOSEF HOROVITZ, Koranische Untersuchungen, Berlin 1926, 26.

Muhammad und seine Anhänger begreifen sich ab Mittelmekka als von Gott erwähltes Volk, das in der biblischen Tradition steht.[30] Bis Ende der mekkanischen Verkündigungsperiode bedarf es auch keiner speziellen Begründung dieser Erwähltheit der urmuslimischen Gemeinde im Verhältnis zu Christen und Juden. Erst in Medina, wo es zu einer Konkurrenzsituation mit anderen Trägern der biblischen Tradition kommt, muss die Rolle des Propheten und der Gemeinde aufgrund neuer Anfragen gerechtfertigt werden. An diesem Punkt setzt auch die Bezeichnung von Muhammad als Propheten (*nabī*) ein. Hartmut Bobzin hat darauf hingewiesen, dass *rasūl* und *nabī* zwar einige Gemeinsamkeiten aufweisen (Erhalt der Schrift, Gott-menschliche Kommunikation, Wunder usw.)[31], jedoch würden sich die im Koran genannten Propheten durch eine genealogische Bindung (*ḏurrīya*), Erwähltheit (*iṣṭafā*/*iḫtāra*) und vertraglich konditioniertes Verhältnis zu Gott (*ʿahd*/*mīṯāq*) auszeichnen.[32] Im medinensischen Kontext wird es deshalb für Muhammad wichtig, dass die Erwählung und der Gnadenerweis durch Gott nicht auf bestimmte Völkergruppen beschränkt ist. Als „heidnischer" Prophet (*an-nabī al-ummī*) ist auch Muhammad und seine Gemeinde als Gottesvolk auserwählt worden.[33] Als eine allgemeine Tendenz kann man festhalten, dass Muhammads Prophetentum sich von Mekka nach Medina weiterhin differenziert. Als Gesandter (*rasūl*) zu einem heidnischen Volk wird ihm als Propheten (*nabī*) und seiner Gemeinde eine Erwähltheit zuteil, die Gott nicht nur bestimmten Völkern vorbehält. Der Bundesschluss Gottes geschieht nicht zu einer bestimmten Zeit mit einem bestimmten Volk. Gott hat immer schon einen primordialen Bund mit der Menschheit abgeschlossen, der ihr im Prinzip das Heil Gottes zusichert.[34]

4.3.3 Typologie als Wesenskern koranischer Prophetologie

Die bisherigen Überlegungen deuten bereits darauf hin, dass die historische Rückbezüglichkeit auf vormalige biblische und nichtbiblische Protagonisten ein wichtiges Merkmal koranischer Prophetologie zu sein scheint. Sidney Griffith hat zur Beschreibung dieser retrospektiven Dimension die Kategorie der Typologie in Anschlag gebracht („The Typology of Qurʾānic Prophetology").[35] Die sechsundzwanzigste Sure (*aš-Šuʿarāʾ*) ist nach Griffith paradigmatisch für den typologischen Charakter koranischer Prophetologie:

30 Vgl. NEUWIRTH, Der Koran als Text der Spätantike, 453-459.
31 Vgl. BOBZIN, The „Seal of the Prophets", 572.
32 Vgl. ebd., 572 ff.
33 Vgl. ebd., 575.
34 Vgl. NEUWIRTH, Der Koran als Text der Spätantike, 647 ff.
35 Vgl. SIDNEY GRIFFITH, The Bible in Arabic. The Scriptures of the "People of the Book" in the Language of Islam, Princeton 2013, 64.

„The distinctive prophetology that is articulated in a number of places in the Qur'ān is well schematized in a recurring, probably liturgical, pattern of recall found in surāh XXVI ash-Shu'arā'. In the text, God apparently addresses Muḥammad's concerns about the reception of the message from God he had to deliver to his contemporaries, probably in the later Meccan phase of his public career. The sūrah provides a concentrated insight into the conceptual framework within which the Qur'ān recalls more particular moments of biblical and prophetic history. It provides a view of the typological horizon within which particular stories are told, and it exemplifies the features of prophetic experience that in the Qur'ān's prophetology determine which specific aspects of a given biblical story are selected for recollection.“[36]

Nach einer Analyse der Sure aš-Šu'arā'leitet Griffith daraus ein Schema typologischen Zugriffs ab:

„In short, the Qur'ān's distinctive prophetology, is sunnah as the Qur'ān itself speaks of it, may be characterized as: universal (God's messengers have come to every people, not just to the people of Israel); recurrent (the pattern of prophetic experience recurs in the experience of each prophet); dialogical (the prophets interact in conversation with their people); singular in its message (there is one God, who rewards good and punishes evil on the 'the Day of Judgment'); and triumphant (God vindicates His prophets in their struggles, i.e., in the so called 'punishment stories'). There is also a corrective, even polemical dimension to the Qur'ān's prophetology vis-à-vis the biblical and other narratives of the Jews and Christians in its milieu. [...] the Qur'ān re-presents the stories of many of the Bible's major figures within the parameters of its own, distinctive prophetology, which is an apologetic typology in support of Muḥammad's mission.“[37]

Dieses Schema der koranischen Prophetologie bei Griffith stellt ein leicht erweitertes Konzept des „Straflegendenmodells“ dar. Im Folgenden soll dieser typologischen „Spur“ von Griffith genauer nachgegangen werden. Inwiefern kann man im Vergleich zu Interpretationsverfahren im Neuen Testament von einer Typologie im Koran sprechen? Wie kann man vielleicht das in der Bibelforschung gängige Verständnis von Typologie für die koranische Prophetologie adaptieren? Und wie lässt sich der typologische Charakter koranischer Prophetologie in den Religionsdiskursen der Spätantike kontextualisieren?

4.3.3.1 Konzeptualisierung koranischer Typologie

In der neutestamentlichen Forschung wird Typologie als Exegeseverfahren bezeichnet, das „in alttestamentlichen Personen, Ereignissen und Einrichtungen τύποι, ‚Typen', d. h. Muster oder Vorwegabbildungen Jesu Christi, seines Evangeliums und seiner Kirche sieht.“.[38] In der modernen Forschung wird oftmals

36 Ebd.
37 Ebd., 71.
38 Stuart George Hall, Art. Typologie, in: TRE 34 (2002), 208-224, hier 208.

zwischen Typologie und Allegorie differenziert.[39] Erstere hat einen dezidiert *historischen* Schwerpunkt, letztere ist dagegen *wortorientiert.* Diese Differenzierung ist unabhängig von der Nomenklatur im Neuen Testament. Dort kann es vor dem Hintergrund der modernen Unterscheidung sehr gut sein, dass eine typologische Exegese als allegorisch bezeichnet wird.[40] Die funktionale Differenzierung zwischen Typologie und Allegorie in der Moderne lässt sich auch für das Verständnis der koranischen Typologie fruchtbar machen. Angelika Neuwirth hat überzeugend nachgewiesen, dass der Koran weniger an allegorischer Exegese interessiert ist und dass man hier im Gegenteil eine entallegorisierende Tendenz identifizieren kann.[41] Das Pendant zu diesem Befund stellt die typologische Struktur koranischer Prophetologie dar.

Die historische Dimension typologischer Exegese kann man als Ausgangspunkt für den koranischen Rückbezug auf vormalige biblische und nichtbiblische Personen, Ereignisse, Orte und Institutionen nehmen. Typologie stellt einen Grundzugriff der koranischen Lehre vom Prophetentum dar und ist ein eminentes *Konstitutions-* und *Gestaltprinzip* der Genese koranischer Prophetologie. Als entscheidendes Definiens von Typologie stellt sich hierbei ihre *konnektive* Funktion heraus.[42] Denn mit ihr wird die Situation der koranischen Gemeinde und des Propheten mit dem spätantiken Erbe verbunden, das in sich die biblischen und altarabischen Traditionen, samt ihrer Formen- und Bildsprache und ihrer Themenvielfalt, enthält. Diese *deutende* Verbindung kann *korrektiv, affirmativ* und *negativ* in Relation zur biblischen und altarabischen Bezugsgröße (*Týpos*) ausfallen. Dabei ist die Referenzgröße koranischer Typologie weniger ein bestimmter Textcorpus, sondern der *kollektive Gedanken- und Erinnerungshaushalt* einer Gemeinde, die sich im Austausch mit ihrer Umgebung befindet.

Ähnlich wie in der Exegesetradition der Bibel hat der typologische Zugriff im Koran ein *oktroyierendes* Moment. Denn es werden Geltungs- und Deutungsansprüche auf Personen, Ereignisse und Orte gestellt, deren Wirkungsgeschichte über Jahrhunderte einen kulturellen Resonanzraum für diverse religiöse Gruppierungen und Traditionen geschaffen hat.

Neben dem oktroyierenden Moment zeichnen sich typologische Zuordnungen auch durch einen *mimetischen* Aspekt aus. Dazu ist das klare Vorliegen eines *Týpos* und *Antitýpos* in einem Entsprechungsverhältnis notwendig.[43] In

---

39 Vgl. ebd., 209.

40 Vgl. ebd.

41 Vgl. NEUWIRTH, Der Koran als Text der Spätantike, 580-595.

42 Was ich hier als „konnektive Funktion" beschreibe, hat Nicolai Sinai im Rahmen von Kanonisierungsprozessen als „konnektive Interpretation" beschrieben. Während sich Sinai aber auf exegetische Prozesse im Rahmen von Textgenese konzentriert, geht es mir vor allem um die *geschichtliche* Dimension typologischer Verknüpfungsmomente, die man aber selbst wieder unter Sinais Verständnis von „konnektiver Interpretation" subsumieren könnte (Vgl. SINAI, Fortschreibung und Auslegung, 19 ff.).

43 Für Beispiele aus dem Neuen Testament siehe HALL, Typologie, 209.

diesem Fall möchte ich von einer Typologie im *starken* Sinne sprechen. Das Korrespondenzverhältnis zwischen vergangener und gegenwärtiger Situation kann in unterschiedlichen Kategorien der Verhältnisbestimmung gedacht werden (Kongruenz, Prophezeiung, Überbietung usw.).

Typologien im Koran können auch in einem *schwachen* Sinne verwendet werden. Für Letzteres reicht es, wenn Personen, Namen, Orte und Ereignisse derart umgedeutet werden, sodass sie in der evolvierenden Gesamtlehre des Korans und der koranischen Prophetologie integriert werden können. Durch diese Eingliederung erhalten die umgedeuteten Ereignisse und Personen einen *typologischen Charakter*, auch wenn sie nicht ein klar isolierbares mimetisches Pendant in der gemeindlichen Realität haben. Vielmehr konstituiert hier die *Kohärenz* und *Kontinuität* in der Lehre das typologische Moment. Derart können vergangene Ereignisse und Personen in typologischer Kontinuität der gemeindlichen Realität des Propheten Muhammad gedacht werden.

Im Grunde handelt es sich bei dieser sehr allgemeinen Bestimmung des Typologiebegriffs um eine hermeneutische Binsenweisheit. Die muslimische Urgemeinde hätte ihr evolvierendes Glaubensbewusstsein gar nicht anders artikulieren und profilieren können, als in den Denk- und Sprachtraditionen einer im spätantiken Denkraum lebenden Gemeinschaft. Und doch ist diese *programmatische* Forderung nach einem solch weit gefassten Typologiebegriff notwendig, um der über Jahrhunderte zementierten Wahrnehmung des koranischen Textes als inferior und in einem (hoch)kulturell entleerten Raum der arabischen Halbinsel entstandenen Dokumentes entgegenzuwirken.

4.3.3.2 Typologie der Typologie

Auf der Grundlage des erarbeiteten Typologieverständnisses für den Koran lassen sich drei Grundtypen von typologischen Zuordnungen explizieren: *Materiale, formale und verbal-semantische Typologien.*

Von einer *materialen* Typologie kann man sprechen, wenn vormalige biblische und nichtbiblische Personen, Ereignisse und Orte mit der lebensweltlichen Erfahrungs- und Glaubenswirklichkeit der koranischen Gemeinde in ein *Kongruenzverhältnis* gesetzt werden. Ein exemplarisches Beispiel dafür wäre das koranische Straflegendenmodell[44], das die wiederholte Prüfung von vergangenen Völkerschaften durch einen prophetischen Warner und ihre renitente Haltung bestrafende Handlungen Gottes wiederholt thematisiert. Dadurch wird die Situation von Muhammad vor dem Hintergrund dieses typologischen Verhältnisses zu vormaligen Warnern *affirmativ* profiliert.

44 Vgl. Horovitz, Koranische Untersuchungen.

Ein anderes Beispiel für materiale Typologien ist der aus der Prophetenbiographie bekannte Antagonismus zwischen *genealogischer* und *religiöser* Bindung in der tribalen Gesellschaft der Araber, der durch die Verkündigung des Propheten zu einem virulenten Thema wurde. So wird dieser Antagonismus wiederholt zur Fragestellung koranischer Prophetologie: Abraham stuft die Bindung zu Gott höher ein, als die genealogische Bindung zu seiner Familie und seinem Volk, das ihn deshalb bedroht und vertreibt. Für eben dieses Gottvertrauen wird er auch mit prophetischer Nachkommenschaft belohnt (Q 29:16-27). Maria erhält in Einsamkeit die Nachricht über die Geburt eines Sohnes und zieht sich hochschwanger an einem entlegenen Ort zurück, aus Angst vor der Schmach einer unehelichen Geburt. Aber auch Sie wird mit prophetischer Nachkommenschaft belohnt (Q 19:16-33). Insgesamt ist der grundlegende Tenor dieser prophetischen Erfahrungen nach dem Koran, dass Gott den Gläubigen den Verlust der eigenen Familien- und Volkszughörigkeit immer entlohnt und ausgleicht. Angesichts der urmuslimischen Gemeindeerfahrung des Verlusts der tribalen Zugehörigkeit dürfte diese koranische Zusicherung von unschätzbarem Wert gewesen sein und dient als eine Art *typologischer Präfiguration.*

Insgesamt ist für Typologien die historische Dimension der Zuordnung ein essentieller Bestandteil.[45] Man kann deshalb auf der historischen Analyseebene *materiale Typologien* als *heilsgeschichtlich* klassifizieren, da sie Gottes Heilshandeln in einer kohärenten Geschichtslogik – sei sie nun dialektisch, zyklisch, linear oder progressiv – kleiden.

Eine zweite typologische Klasse stellen *formale Typologien* dar, die eine *applikative* Dimension haben. Durch die Übernahme bestimmter Redeformen, Bildmotive, Überzeugungs- und Argumentationsstrategien wird zwischen der prophetischen Gemeinde und der biblischen oder lokalarabischen Referenzgröße ein *Kongruenzverhältnis* hergestellt.

Ein Beispiel für formale Typologien wären die koranischen Schwüre. Zwar haben sie im Koran eine andere Funktion erhalten als im altarabischen Kontext[46], doch wird man hier fragen müssen, ob die Adaption von Schwüren im Koran auch einen *integrativen* Zug besitzt. Zumindest wird hier ein literarischer Typus von Rede verwendet, den die prophetische Gemeinde auch für lokalarabische *Propheten* angenommen haben dürfte. Das koranische Festhalten an der Schwurform könnte zumindest ein Hinweis dafür sein, das die koranische Gemeinde sich nicht nur in Kontinuität zur biblischen Heilsgeschichte versteht, sondern auch die eigene altarabische Tradition *typologisch* einschließt.

Aus geschichtstheoretischer Perspektive wird man formale Typologien im Koran als *wirkungsgeschichtlich* bedingt einstufen. Sie zeigen an, dass die Verbindung zur vormaligen Tradition nicht nur in der *Erinnerung*, sondern *formali-*

---

45 Vgl. HALL, Typologie, 209.
46 Vgl. NEUWIRTH, Der Koran als Text der Spätantike, 284 ff.

ter auch in den Ausdruckformen des faktischen und praktischen *Glaubensvollzuges* besteht.

Eine dritte Klasse typologischer Zuordnungen im Koran stellen *verbal-semantische Typologien* dar. Wird ein dogmen- und traditionsgeschichtlich bedeutsamer Begriff im Koran semantisch neu kodiert, um den Begriff selber oder mit ihm assoziierte Personen in die koranische Lehre (von Propheten) zu integrieren, dann lässt sich mindestens in einem schwachen Sinne von einer verbal-semantischen Typologie sprechen. In dem später folgenden Beispiel für den typologischen Bezug von Muhammad auf Jesus wird sich zeigen, dass die semantische Neukodierung christologischer Titel der prophetologischen Integration von Jesus dient. Verbal-semantische Typologien sind auf *bedeutungsgeschichtlicher* Ebene relevant und ermöglichen durch die semantische Neubestimmung von Begriffen typologische Neukonstellationen.

Für die hier eruierten Formen koranischer Typologien ergibt sich folgender Überblick:

Materiale Typologien	*Formale Typologien*	*Verbal-semantische Typologien*
heilsgeschichtlich	wirkungsgeschichtlich	bedeutungsgeschichtlich

4.3.4 Muhammad als Jesus redivivus – Das Panorama koranischer Typologie

Das erarbeitete Verständnis von Typologie im Koran soll nun an die koranische Verhältnisbestimmung zwischen Muhammad und Jesus exemplifiziert werden. Aus dieser Betrachtung soll auch deutlich werden, dass Muhammad nicht nur wie in Mekka als *rasūl* seine eigene Situation *projektiv* bei vormaligen Gesandten stereotyp wiederfindet, sondern dass bei ihm als *nabī* auch *unterschiedliche* Qualitäten der Verkündigung vormaliger Propheten *integriert* sind und ihn derart auf unterschiedlichen Ebenen mit ihnen verbinden. Das koranische Bild von Jesus soll mit seiner Darstellung im apokryphen Thomasevangelium kontrastiert werden, um die Technik der typologischen Argumentation im Kontext der spätantiken Rückgriffe auf die biblische Tradition zu profilieren. Dabei wird sich zeigen, dass der Koran gerade nicht ein gnostisch inspirierter oder orientierter Text ist – wie z.B. Kalisch annimmt. Es wird hier keine mikrostrukturelle Rekonstruktion der diachronen Entwicklung von dem Jesusbild im Koran angestrebt, wie sie etwa Sinai für Abraham im Koran geleistet hat.[47] Es geht zunächst um die Darstellung der unterschiedlichen typologischen Ebenen, auf denen der Koran Muhammad und Jesus verknüpft.

47 Vgl. SINAI, Fortschreibung und Auslegung, 97-151.

4.3.4.1 Zwei forschungsgeschichtliche Spiegel- und Zerrbilder

Auch wenn erst seit den fünfziger Jahren des 20. Jahrhunderts eine vollständige Version des Thomasevangeliums in koptischer Sprache bekannt ist, so hat seine Entdeckung eine unglaubliche Forschungstätigkeit zur Einordnung dieser Schrift ausgelöst. Bereits ein grober Blick in die entsprechende Literatur verdeutlicht, dass die Forschungsinteressen und -Schwerpunkte einen ähnlichen Verlauf genommen haben, wie in der westlichen Koranforschung. Von Beginn an hat hier jeweils eine *Originalitäts- und Dependenzdebatte* dominiert. Während im Falle des Thomasevangeliums die synoptischen Evangelien die Referenzgröße dieser Debatten darstellen[48], hat man beim Koran die biblische Tradition insgesamt im Blick gehabt. Zur Klärung der Originalitätsfrage finden sich in Bezug auf beide Texte dieselben Erklärungsmuster wieder. So wird beispielsweise eine einseitige Abhängigkeit zur Vorgängertradition angenommen. Beim Thomasevangelium meint man eine „Gnostisierung“ der synoptischen Evangelien aufzeigen zu können[49]. Beim Koran wird eine „Arabisierung“ der biblischen Tradition vermutet[50] oder eine diffuse Kompilation derselben.[51] Ein anderer Erklärungsversuch ist die Hypothese eines anderssprachigen Urtextes. Für das Thomasevangelium hat man eine ursprüngliche Spruchsammlung weisheitlichen Charakters postuliert, die selbst den synoptischen Evangelien vorausgeht und erst später im Zuge der Überlieferung die jetzige Gestalt als gnosisnahen Text erhalten hat.[52] Für den Koran dagegen wurde ein ursprünglich syro-aramäischer Lektionar insinuiert, der später arabisiert worden sei.[53] Der Impetus der jeweiligen Forschungstradition liegt aber in zwei unterschiedlichen Szenarien: Einerseits gibt ist es die Hoffnung, im Thomasevangelium auf ursprüngliche Jesusüberlieferung zu stoßen, die hinter die kanonische Tradition zurückreicht. Andererseits dominiert bei der Wahrnehmung des Korans ein Epigonalitätssyndrom, das im Koran einen inferioren Ausdruck der biblischen Tradition sehen möchte. Erfreulicherweise hat in der Erforschung beider Texte in den letzten Jahren ein Paradigmenwechsel stattgefunden, sodass man nun den Text selbst, sein theologisches Profil und seinen spätantiken Kontext in den Vordergrund rückt[54]. Tatsächlich kann die Verortung

---

48 Vgl. Jörg Frey, Die Lilien und das Gewand: EvThom 36 und 37 als Paradigma für das Verhältnis des Thomasevangeliums zur synoptischen Tradition. In: Ders./ Enno Edzard Popkes/ Jens Schröter (Hrsg.), Das Thomasevangelium. Entstehung – Rezeption – Theologie, Berlin 2008, 122-180, hier 122 ff.

49 Vgl. ebd., S. 130 ff.

50 Vgl. Lüling, Über den Ur-Qur'ān.

51 Vgl. Geiger, Was hat Mohammed Aus Dem Judenthume aufgenommen?

52 Vgl. Frey, Die Lilien und das Gewand, 132 f.

53 Vgl. Luxenberg, Die syro-aramäische Lesart des Koran.

54 Für den Koran siehe Neuwirth, Der Koran als Text der Spätantike; Eine in Oktober 2006 stattfindende interdisziplinare Tagung hatte den programmatischen Titel: „Das Thomasevangelium im Kontext der frühchristlichen und spätantiken Literatur- und Religionsge-

beider Texte im Denk- und Resonanzraum Spätantike erhellend für den Charakter dieser Schriften sein.

4.3.4.2 Spätantike Diskurse über den Status von Schrift

Einen religiösen Transformationsbereich der Spätantike hat Guy Stroumsa als „The Rise of Religions of the Book“ apostrophiert.[55] So habe eine generelle Aufwertung des Buches als Heiliger Text den Diskurshorizont über den Status religiöser Schriften verändert.[56] Hier zeige etwa die technische Wahl des Kodex im Christentum eine religiöse Haltung über die Bedeutung und den Stellenwert von Text an.[57] Interessanterweise führte im Judentum die enorme Wertschätzung des *einen* Buches von Gott zu einer dezidiert mündlichen Kommentarliteratur.[58] Dagegen bezeichnet Stroumsa das Christentum der Spätantike aufgrund der vergleichsweise enormen Schriftproduktion als „Taschenbuchreligion“[59]. Bemerkenswert ist nun, wie er nicht nur den verschiedenen Umgang mit Schrift in der jeweiligen Theologie begründet sieht[60], sondern auch die mit den Aufschwung der „Buchreligionen“ verbundene *Intertextualität* herausarbeitet:

> „Mein Vorschlag lautet nun, das Neue Testament einerseits und die Mischna andererseits als die greifbarsten Früchte dieser Konkurrenz zu betrachten. In beiden Fällen handelt es sich um einen sekundären Text, wie aus dem Adjektiv »neu« und der Bezeichnung »Wiederholung« hervorgeht. Ein solcher sekundärer Text hat nur Sinn, wenn er parallel zur Heiligen Schrift gelesen wird, die ihrerseits ihre wahre Bedeutung allein durch das Prisma der neuen Texte erlangt.“[61]

Stroumsa führt also nicht nur eine „Taxonomie der Buchreligionen in der Spätantike“[62] ein, die an dem Status von Buch und Lesen orientiert ist[63], sondern konstatiert auch eine neu entstehende biblische Textwelt, in deren Zentrum der Bezug zur Heiligen Schrift steht. Mit der christlichen Stimme ist damit der Schritt zur *Universalisierung* der Geltung und Autorität biblischer Tradition getan. Ein Nebenprodukt dieser Tendenz ist das Entstehen unzähliger Schriften, die man heute als apokryph einstuft.[64] Die bisherigen Ausführungen werden na-

schichte“ [Vgl. dazu den dazugehörigen Tagungsband: Jörg Frey/ Enno Edzard Popkes/ Jens Schröter (Hrsg.), Das Thomasevangelium. Entstehung – Rezeption – Theologie, Berlin 2008]

55 Vgl. Stroumsa, Das Ende des Opferkults, 53 ff.

56 Vgl. ebd., 54 f.

57 Vgl. ebd.

58 Vgl. ebd., 56 f.

59 Vgl. ebd., 69.

60 Vgl. ebd., 72.

61 Ebd., 75.

62 Ebd., 79.

63 Vgl. ebd., 79.

64 Vgl. ebd., 55 f.

türlich bei dem einen und anderen Leser die Frage hervorrufen, ob in Stroumsas Darlegungen der Koran und sein Verständnis von Buchreligionen eine Rolle spielen. Tatsächlich verweist er auf den koranischen Terminus der „Leute der Schrift/des Buches" (*ahl al-kitāb*) und sieht in den damit verbunden Diskurs ein bestätigendes Echo für seine eigenen Überlegungen.[65] Insgesamt zieht er ein überraschendes Fazit:

> „Alles deutet darauf hin, daß der Koran, den ich nicht in meine Untersuchung einbezogen habe, wenigstens die kurze Zeit von ein paar Jahrzehnten ein mündliches – oder wie man heute sagen würde: virtuelles – Buch war, bevor er niedergeschrieben wurde. [...] Hier wird deutlich, daß die große Verwandlung, die das Lesen im Römischen Reich durchmachte – Konsequenz der Ersetzung der Schriftrolle durch den Kodex, dann das Innerlichwerden der Lektüre durch den Übergang vom lauten zum stillen Lesen –, keine genaue Parallele im frühen Islam hat. Zu einer solchen Verwandlung wird es hier etwas später kommen, mit der Verstädterung der neuen erobernden Religion."[66]

Stroumsa hat natürlich Recht, wenn er auf die eminente Bedeutung der auditiven und mündlichen Dimension des Korantextes aufmerksam macht. Leider erweckt aber seine Feststellung den Eindruck, als ob die Transformationen der Spätantike im Schrift- und Textverständnis an der arabischen Halbinsel zunächst vorbeigehen. Dabei scheint er doch generell die Entstehung des Islams in den von ihm abgesteckten Raum der Spätantike zu sehen. Umso bedauerlicher ist es, dass er den Korantext nicht genauer auf einen „Schriftdiskurs" hin untersucht und seine Mündlichkeit genauer ins Relief setzt. Eben Letzteres sei im Folgenden versucht, indem neben den drei großen Buchreligionen eine weitere Stimme im Konzert der Spätantike zu Wort kommt. Man hat nicht ohne Grund von der Gnosis als „spätantikem Geist"[67] gesprochen. Das Thomasevangelium als Schrift, die eine Gnosis in *statu nascendi* zu repräsentieren scheint[68], eignet sich sehr gut, um hier vielleicht eine Leerstelle zu den koranischen Überlegungen über die Bedeutung von heiligen Schriften zu füllen.

65 Vgl. ebd., 59 f.
66 Ebd., 80.
67 Vgl. Hans Jonas, Gnosis und spätantiker Geist, Göttingen 1954.
68 Vgl. Jens Schröter/ Hans-Gebhard Bethge, Das Evangelium nach Thomas. In: Hans-Martin Schenke/ Hans-Gebhard Bethge/ Ursula Ulrike Kaiser (Hrsg.): Nag Hammadi Deutsch. Bd. 1, NHC I,1 – V,1, Berlin 2001, 151-182, hier 163.

4.3.4.3 Die klare oder verborgene Rede? Schriftverständnis zwischen Häresie und Orthodoxie

Das Incipit des Thomasevangeliums[69] verrät die Gesamtanlage des Werkes:

> „Dies sind die verborgenen Worte, die der lebendige Jesus sagte, und Didymos Judas Thomas schrieb sie auf. Und er sagte: ‚Wer die Deutung dieser Worte findet, wird den Tod nicht schmecken'." (EvThom1)

Die Kennzeichnung des Spruchgutes als „verborgene Worte" (gr. *logoi apokryphoi*) sollte nicht als ein Verweis auf eine „geheime Lehre" missverstanden werden. Vielmehr geht es hier um den inneren Wortsinn, der nicht offen zu Tage liegt, sondern einer *besonderen* „Deutung" bedarf.[70] Das erklärt auch den Sammelcharakter des Thomasevangeliums, das insgesamt 114 Logien enthält, die fast alle als Ausspruch von Jesus gekennzeichnet sind. Der Fokus liegt also auf das einzelne Logion von Jesus, das es richtig zu deuten gilt. Diese textliche Struktur passt zum epistemischen Soteriologieverständnis des Thomasevangeliums. Erlösung gibt es erst durch die richtige Erkenntnis:

> „[...]Wenn ihr euch erkennt, dann werdet ihr erkannt werden, und ihr werdet begreifen, daß ihr die Kinder des lebendigen Vaters seid. (5)Wenn ihr euch aber nicht erkennt, dann existiert ihr in Armut, und ihr seid die Armut." (EvThom3)

Das Heil eines jeden Menschen liegt in der individuellen Erkenntnisbereitschaft. Gelingt die Erkenntnis, dann wird einem das ewige Leben zu Teil und man erreicht denselben Heilsstatus wie Jesus.[71] Ein nicht ganz unwichtiges Detail im Zusammenhang der Selbstzuschreibung des Thomasevangeliums als „apokryph" ist die Tatsache, dass dieses Adjektiv noch nicht gleichzusetzen ist mit „nichtkanonisch" oder „häretisch". Erst mit der später vollendeten Kanonisierung ist ein großer Teil der Schriften, die sich selbstreferentiell als „apokryph" ausgeben, in ihrer Eigenbezeichnung zum Synonym nichtkanonischer Schriften geworden.[72] Dieser Prozess war zur Zeit der Entstehung des Korans weitaus vorangeschritten. Umso mehr muss man aufhorchen, wenn der Koran in der mittelmekkanischen und spätmekkanischen Verkündigungsphase (Q 26:2, 27:1, 28:2) am Surenanfang (!) die eigenen Verse folgendermaßen qualifiziert: „[...] Dies sind die Zeichen der deutlichen Schrift (*kitāb mubīn*)" (Q 12:1). Zu Recht

69 Die folgenden Analysen konzentrieren sich auf die koptische Fassung des Thomasevangeliums und betrachten dieses in seiner vorgefundenen Gestalt als einen eigenständigen Text, den man in die erste Hälfte des vierten Jahrhunderts zurückdatieren kann. Welche Überlieferungsgeschichte einzelne Sprüche im Detail haben könnten, wird außen vor gelassen. Sprüche aus dem Thomasevangelium sind in der Übersetzung von Jens Schröter und Hans-Gebhard Bethge wiedergegeben.

70 Vgl. Schröter/ Bethge, Das Evangelium nach Thomas, 161 f.

71 Vgl. EvThom108.

72 Vgl. Jörg Frey u.a., Das Thomasevangelium. Entstehung – Rezeption – Theologie, 2.

kann man hier auch an den paganen Kontext der Altaraber denken, für die Schrift an sich ambivalent war und die in ihr eine Art Aporie sahen.[73] Aber diese Problematik stand in der frühmekkanischen Phase eher im Zentrum des Interesses. In der mittelmekkanischen und spätmekkanischen Periode wird der Bezug der Gemeinde zur biblischen Tradition insgesamt virulent[74], weshalb es nicht unwahrscheinlich ist, dass sich die koranische Gemeinde mit dem Verweis auf der klaren Natur der Schrift von gnostischen Schriften innerhalb des Christentums absetzen möchte und sich damit auch im kanonischen Sinne als „nicht-apokryph" einstuft. Man distanziert sich also in Mekka gegen die gnostische Bezugnahme zur heiligen Schrift und möchte sich als authentisch-biblische Tradition ausgeben. Dem muss nicht widersprechen, dass man in Medina die Erfahrung machen wird, dass die Heilige Schrift trotzdem mehrdeutig und ambivalent sein kann.[75] In der frühmekkanischen Phase war das himmlische Buch als „wohlbewahrte Tafel" (*lauḥ maḥfūẓ*) zu einer autoritativen Wissensquelle aufgestiegen.[76] Eben jene Tafel wird auch an einer anderen Stelle als „verborgenes Buch/verborgene Schrift" (*kitāb maknūn*) (Q 56:78) bezeichnet. Es ist nicht auszuschließen, dass hier bei den Zuhörern der koranischen Verkündigung ungewollte Assoziationen zur gnostischen Tradition geweckt wurden. Deshalb mag der Verweis auf den Koran als klare und deutliche Schrift auch als Abwehr dieser falschen Assoziationen gesehen werden. Was der Koran aber nicht abweist, ist die *epistemische* Dimension von Heil. Er fordert in seiner Zeichentheologie die *Erkenntnis* göttlicher Zeichen an.[77] Nur ist diese Einsicht nicht wie in der Gnosis auserwählten Menschen vorbehalten und führt auch nicht zu einer Verneinung der Welt. Göttliche Mitteilung und Schöpfung ist nicht verborgen, sondern klar und deutlich.

4.3.4.4 Die Medialität heiliger Texte – „Secondary Orality" als Szenario fortgeschrittener biblischer Diskurse

Das himmlische Buch in der frühen Phase der koranischen Verkündigung wird noch nicht als transzendente Vorlage für die Offenbarung der biblischen Schriften beansprucht. Erst in Mittel- und Spätmekka wird eine transzendente Schrift angenommen, die nicht nur als Vorlage des Korans, sondern aller Schriften der biblischen Tradition gekennzeichnet wird.[78] Wichtig ist nun, dass der Vorteil und die Überlegenheit einer transzendenten Speicherung des Gotteswortes und

73 Vgl. NEUWIRTH, Koranforschung, 43 ff.
74 Vgl. ebd., 56 ff.
75 Vgl. ebd., 80 ff.
76 Vgl. ebd., 51 ff.
77 Vgl. NEUWIRTH, Der Koran als Text der Spätantike, 433 ff.
78 Vgl. NEUWIRTH, Koranforschung, 56 f.

ihrer mündlichen Aktualisierbarkeit als Errungenschaft und Überlegenheit der Gemeinde gegenüber den anderen Trägern göttlicher Mitteilungen in schriftlicher Form betont wird:

> „Damit hat in der spätmekkanischen Zeit die Mündlichkeit der heiligen Schrift den Rang eines koranischen Glaubensartikels, eines Theologumenons, angenommen – ein Phänomen, das von keiner anderen Schrift bekannt ist.[…] Der Koran stellt sich mit seiner Wiedererzählung von biblischen Geschichten in diese für den Umgang mit der Bibel bereits etablierte Tradition. Doch stellt er diese Praxis in den Dienst seiner besonderen mündlichen Medialität. Mündlich kommunizierte Versionen der biblischen Erzählungen sind flexibler als schriftliche Texte, sie lassen spätere Rückverweise und sogar – anlässlich des erneuten Vortrags eines schon verkündeten Textes – erklärende Erweiterungen, eine Art mündlicher Glossierung, zu."[79]

Zumindest wäre damit der etwas spärliche Hinweis von Stroumsa auf die Mündlichkeit des Korans[80] genauer spezifiziert. Der Umgang des Thomasevangeliums mit der biblischen Tradition kann aber helfen, den koranischen Diskurs über die Medialität der heiligen Schrift noch genauer einzuordnen.

Das Verhältnis des Thomasevangeliums zur synoptischen Tradition ist immer schon das Kardinalproblem der einschlägigen Forschung gewesen. Etliche Sprüche haben zwar Parallelen in den neutestamentlichen Evangelien, jedoch werden diese so frei zitiert, dass eine literarische Abhängigkeit nur schwer nachzuweisen ist.[81] Einen Fortschritt hat die diesbezügliche Fragestellung durch die Analysen von Risto Uro gemacht, der im Anschluss an Klyne Snodgrass das Konzept der „Secondary Orality" für das Thomasevangelium stark macht. Mit „Secondary Orality" meint er, dass auch nach der schriftlichen Fixierung der kanonischen Evangelien, ihr Inhalt in der mündlichen Überlieferung weitergegeben und auch verhandelt wurde.[82] Im Gegensatz dazu wird mit „Primary Orality" die mündliche Jesusüberlieferung bis zu ihrer schriftlichen Fixierung in den kanonischen Evangelien bezeichnet.[83] Uro grenzt den eigenen Begriff der „Secondary Orality" von seiner Verwendung in der generellen Sprachforschung ab, wo dieser streng von der „Primary Orality" im Sinne einer „nichtschriftlichen Kultur" abgegrenzt wird.[84] Letzteres kann man ja für die Kultur der Evangelisten nicht behaupten. Und doch habe man sich für die Verfasser des Thomasevangeliums nicht am Schreibtisch sitzende Personen vorzustellen, die ihre kanonischen Kodizes vor sich hatten.[85] Vielmehr könne man hier auch ein mündliches

79 Ebd., 57 f.
80 Vgl. STROUMSA, Das Ende des Opferkults, S. 80.
81 Vgl. FREY, Die Lilien und das Gewand, S. 137 f.
82 Vgl. RISTO URO (Hrsg.), Thomas at the Crossroads. Essays on the Gospel Thomas, Edinburgh 1998, 10 (siehe auch Anmerk. 11).
83 Vgl. ebd.
84 Vgl. ebd.
85 Vgl. ebd.

Bekanntsein der später kanonisch gewordenen Jesusüberlieferung annehmen, die auch freier zitiert wird. Uro plausibilisiert auch seine Überlegungen anhand eines ausführlichen Beispiels.[86] Überträgt man die Analysekategorien von Uro auf den Koran, dann wird deutlich, dass auch der Gemeinde des Propheten die biblischen Tradition im Sinne der „Secondary Orality" als mündliches Überlieferungsgut bekannt war. Deshalb werden im Koran etliche biblische Narrative auch evoziert und angedeutet, aber nicht ausführlich wiedergegeben. Gleichzeitig sind die vorislamischen Araber – im Gegensatz zu den Evangelisten – Teil einer nahezu schriftlosen Kultur im Sinne der „Primary Orality" gewesen.[87] Angesichts dieser Ausgangslage ist es faszinierend, wie der Koran innerhalb kürzester Zeit die eigenen Voraussetzungen der spätantiken Debattenkultur (*sekundäre Oralität*) in ein neues Modell göttlicher Mitteilung überführt und damit auch den Übergang zu einer insgesamt schriftlichen Kultur initiiert. Angelika Neuwirth spricht hier im Anschluss an der Terminologie von Jan Assmann von dem Übergang von einer „rituellen Kohärenz" zu einer „textuellen Kohärenz".[88] Führt man sich nun die von Stroumsa gezeichnete Entwicklung spätantiker Transformationsprozesse vor Augen, dann ist das Insistieren des Korans auf seiner Mündlichkeit – entgegen der Einschätzung von Stroumsa selbst – keine spätantike Anomalie, sondern markiert den Abschluss eines langwierigen Prozesses. Hatte das Christentum den Bezug zur jüdischen Bibel *universalisiert*, so *entmaterialisiert* der Koran die Bibel und macht sie zu einem transzendenten Medium, das der mündlichen Aktualisierung durch einen Propheten bedarf. Der Prophet und die Gemeinde haben also als ehemals schriftloses Volk die Tora und die Evangelien als Buchreligionen nicht missverstanden, sondern unter den Voraussetzungen fortgeschrittener spätantiker Schriftdiskurse ein konsequent neues Modell gottmenschlicher Kommunikation etabliert.

4.3.4.5 Zwischen *historia sacra* und *historia vacua* – Destruktion und Konstruktion von biblischer Heilsgeschichte

Aus der medinensischen Verkündigungsperiode, in der die urmuslimische Gemeindebildung sehr vorangeschritten war, stammt ein Vers, der den Inhalt göttlicher Mitteilung im Koran zusammenfasst: „Klärende Verse haben wir zu euch herabgesandt, und ein Beispiel derer, die vor euch dahingegangen, und eine Mahnung für die Gottesfürchtigen." (Q 24:34). Als „Beispiel" wurde hier das arabische *maṯal* übersetzt, das im Koran unterschiedliche Bedeutungen hat und unter anderem auch Gleichnisse bezeichnet. In dem genannten Vers enthält *maṯal* eine *geschichtsbezogene* Dimension. Und zwar wird auf das Schicksal der

86 Vgl. ebd., 22 ff.
87 Vgl. Neuwirth, Koranforschung, 43 ff.
88 Vgl. ebd., 54.

biblischen und altarabischen Völker hingewiesen, auf die im Koran stets mahnend Bezug genommen wird. Ab Mittelmekka ist der Bezug zur biblischen Heilsgeschichte programmatisch und diese wird bis in die Zeit von Medina hinein auch unterschiedliche Umschreibungen und Umdeutungen erfahren.[89] Deshalb wäre in diesem Falle eine Übersetzung von *maṯal* als *týpos* nicht ausgeschlossen.

Blickt man nun in den Text des Thomasevangeliums, dann ergibt sich hier ein ganz anderes Bild. Die Logien werden zwar Jesus zugeschrieben und haben oft die Jünger als Gesprächspartner der jesuanischen Rede, aber Jesus selbst ist seiner historischen und neutestamentlichen Rolle beraubt. Es werden keine Wunder Jesu aufgezählt. Überhaupt lassen sich die Aussagen von Jesus nicht in einen historischen Rahmen einordnen. Das Thomasevangelium enthält auch keinen Passionsbericht und erwähnt auch nicht die Kreuzigung. Ebenso werden in Bezug auf Jesus keine christologischen Titel angewendet. Aber auch der jüdische Kontext des jesuanischen Wirkens ist im Thomasevangelium nicht präsent. Im Gegenteil, jüdische Frömmigkeitspraxis wird gänzlich abgelehnt und auch Propheten haben keinen berechtigten Platz in der Geschichte:

> „(1) Es sprachen zu ihm seine Jünger: „24 Propheten haben in Israel gesprochen, und alle haben durch dich gesprochen." (2) Er sprach zu ihnen: „Ihr habt den Lebendigen von euch gestoßen, und ihr habt angefangen, von den Toten zu sprechen." (EvThom52)

Der Versuch der Jünger, Jesus typologisch in die jüdische Geschichte einzuordnen, wird hier als Affront gewertet. Tatsächlich ist das Thomasevangelium an biblische Geschichte nicht interessiert. Es ist sogar eindeutig belegbar, dass hier eine Strategie der *Enthistorisierung* und *Fragmentierung* der neutestamentlichen Erzählungen verfolgt wird.[90] Biblisches Geschichtsdenken wird hier zugunsten der Selbsterkenntnis und der Fokussierung der kosmogonischen Anfänge des eigenen Daseins aufgegeben. Während also die urmuslimische Gemeinde sich noch klar in der biblischen *historia sacra* verwurzelt sieht und diese perpetuiert, destruiert das Thomasevangelium jegliche Form einer *historia sacra* und ist auch nicht an einer Geschichte der Menschheit interessiert, da das irdische Leben nur zu einer „Seinsvergessenheit" führt.

Erstaunlich ist aber, dass der Koran und das Thomasevangelium trotzdem ähnliche Textstrategien der Darstellung und Vermittlung eigener Überzeugungen verwenden. Dieser Sachverhalt ist weniger dem Inhalt als der spätantiken Diskurskultur geschuldet. Ein Beispiel für solche Textstrategien wäre etwa die Entallegorisierung biblischer Topographie und ihre Überführung in veritativer Rede oder ihre Neuallegorisierung. So ist das Tempellogion aus dem Markusevangelium („Wir hörten ihn sagen: Ich werde diesen Tempel, der mit Händen

89 Vgl. NEUWIRTH, Der Koran als Text der Spätantike, 451 ff.

90 Vgl. ECKHARD RAU, Jesus – Freund von Zöllnern und Sündern. Eine methodenkritische Untersuchung, Stuttgart 2000, 80.

gemacht ist, abbrechen, und in drei Tagen werde ich einen anderen aufbauen, der nicht mit Händen gemacht ist.", Mk 14,58)[91] im Thomasevangelium seiner Assoziationen mit dem jüdischen oder einem himmlischen Tempel entraubt: „Jesus spricht: ‚Ich werde [dieses] Haus [zerstören], und niemand wird es [wiederum] erbauen können'" (EvThom71). Bei Thomas ist nun wirklich in veritativer Weise von einem Haus die Rede oder das Haus steht für die materielle Welt und ihre Nichtigkeit.[92] Eine Assoziation mit dem jüdischen Tempel ist jedenfalls nicht mehr möglich. In Sure 19 des Korans lässt sich eine ähnliche Strategie der Entallegorisierung nachweisen. Dort zieht sich Maria an einen „östlichen Ort" (vgl. Q 19:16) zurück. Mit dieser veritativen Situierung von Maria an einem östlichen Ort wird ihre Allegorisierung als zwischentestamentliche Figur, die den Übergang zum neuen Kult der Kirche markiert, entschärft.[93] Denn aus altkirchlischen Texten ist ihre allegorische Verbindung mit dem verschlossenen Osttor des Tempels, aus dem der Messias erscheinen wird, bekannt.[94] Der Koran und das Thomasevangelium verwenden hier dieselbe Textstrategie, aber mit unterschiedlichen Zielen. Im ersten Fall wird biblische Geschichte umgedeutet, während im zweiten Fall biblische Geschichte *entsakralisiert* und *enthistorisiert* wird. Im Folgenden möchte ich genauer auf die jeweiligen Techniken der Bezugnahme auf biblische Inhalte eingehen und im Falle des Korans auch auf eine typologische Strategie zurückführen.

4.3.4.6 Die ipsissima facta Jesu als materiale Typologie im Koran

Als Beispiel für eine materiale Typologie im Koran kann man die Wunder von Jesus nennen. An seiner Person entzünden sich zwar etliche theologische Debatten – seien es trinitätstheologische Fragen (Q 9:30-31; 5:17-18; 5:72-78), die Frage nach Gotteskindern im altarabischem Kontext (Q 19:34-40; 43:57-65; 43:81-82), die Zerstrittenheit von Christen (Q 19:37; 43:63-65) oder die Kreuzigung von Jesus (Q 4:156-159). Nichtsdestotrotz wird Jesus als Prophet und Gesandter in die koranische Prophetologie integriert. Man muss also die Kontroversen um seine Person als Ausdruck dieses Integrationsprozesses verstehen. Vergegenwärtigt man sich die positiven Aussagen über Jesus, dann fällt hier seine exponierte Stellung als Wundertäter auf. In der mekkanischen Phase gelten Jesus und Maria gemeinsam aufgrund der jungfräulichen Geburt als Zeichen (*ʾāya*) der Barmherzigkeit Gottes (Q 19:21; 23:50; 21:91). Demgegenüber tritt Jesus in der medinensischen Phase selbst als Wundertäter mit klaren Beweisen (*bayyināt*) in den Vor-

91 Zitate aus der Bibel sind nach der Elberfelder Übersetzung wiedergegeben.

92 Vgl. Reinhard Nordsieck, Das Thomasevangelium. Einleitung. Zur Frage des historischen Jesus. Kommentierung aller 114 Logien, Neukirchen-Vluyn ²2004, 271.

93 Vgl. Neuwirth, Der Koran als Text der Spätantike, 480 f.

94 Vgl. ebd.

dergrund (Q 2:87; 2:253; 61:6; 5:110). Durch den wiederholten Verweis auf die göttliche Autorisation (*bi-ʾiḏni llāhi*: „mit der Erlaubnis Gottes") der Wunder Jesu wird sichergestellt, dass hier einer Vergöttlichung der Natur Jesu ein Riegel vorgeschoben wird (Q 3:49; 5:110). Als Wundertäter reiht sich Jesus in eine Sukzession von Propheten ein, die unterschiedlichste Zeichenhandlungen vollbringen und mit Beweisen (*bayyināt*) entsendet werden (Q 57:25-27). Hier scheint eine korrigierende Neudeutung der Wunder Jesu im Vergleich zum Handeln des kindlichen Jesus der Apokryphen vorzuliegen.[95]

Aus der historisch-kritischen Jesusforschung weiß man, dass Jesus von seinen Zeitgenossen mit großer Wahrscheinlichkeit als Wundertäter und Heiler wahrgenommen wurde.[96] Im Koran erfährt nun die Wundertätigkeit von Jesus ihre Integration in die koranische Zeichentheologie.[97] Auch Muhammad und seine Gemeinde waren überzeugt, mit dem Koran ein besonderes Zeichen und eine klare Form der Rede (*kitāb mubīn*) erhalten zu haben, die wie die Zeichenhandlungen früherer Propheten auf den einen Schöpfer verweist. Nach koranischem Verständnis entsprechen sich also die Verkündigungssituationen beider Personen im Sinne einer *materialen Typologie*: Muhammad und Jesus verkünden das Wort Gottes durch besondere Form von Zeichenhandlungen (Wunder) und Zeichenvermittlung (Koran).

In den vorangehenden Abschnitten wurde bereits darauf hingewiesen, dass das Thomasevangelium an biblischer Geschichte nicht interessiert ist. Deshalb überrascht es auch nicht, dass es kein einziges Wunder von Jesus enthält. Der Verkündigungsrahmen des biblischen Jesus ist für das Jesusbild im Thomasevangelium irrelevant. Ist er doch zum Ideal der wahren Erkenntnis geworden:

> „(1) Jesus spricht: ‚Wer von meinem Mund trinken wird, wird werden wie ich. (2) Ich selbst werde zu ihm werden, (3) und was verborgen ist, wird sich ihm offenbaren'." (EvThom108)

Für das Einswerden mit Jesus sind Kenntnisse von der Biographie des biblischen Jesus bedeutungslos. Jesus wird dementsprechend aus der biblischen Geschichte ausgetragen und zum ahistorischen Inbild einer gnosisähnlichen Erkenntnis.[98]

95 Vgl. Martin Bauschke, Der Sohn Marias. Jesus im Koran, Darmstadt 2013, 74 f.

96 Vgl. Theissen/Merz, Der historische Jesus, 256 ff.

97 Für den Rahmen koranischer Zeichentheologie siehe bei Neuwirth, Der Koran als Text der Spätantike, 433 ff.

98 Die typologische Verknüpfung von Muhammad und Jesus auf der Ebene materialer Typologien beschränkt sich nicht nur auf die Wunder Jesu und ihres Zeichencharakters. Sure al-Māʾida, die nach prophetenbiographischen Angaben vielleicht sogar die letzte Sure des Korans ist, enthält wichtige rituelle und rechtliche Vorgaben von Muhammad, die zum Ende der Sure typologisch mit der Einsetzung der Eucharistie durch Jesus (Q 5:110-120) verknüpft werden.

4.3.4.7 Die ipsissima vox Jesu als formale Typologie

Die Funktion formaler Typologie im Koran kommt in prägnanter Weise in der Verwendung von Gleichnissen (arab. *maṯal*) zum Ausdruck. Aus der historischen Jesusforschung ist bekannt, dass die Gleichnisse ein besonderes Charakteristikum der Verkündigung von Jesus gewesen sind.[99] Ebenso wird im Koran die Gleichnisrede ab einem bestimmten Zeitpunkt programmatisch[100] und provoziert bei einigen Hörern auch Spott und Hohn:

> „Gott schämt sich nicht, mit einer Mücke oder etwas kaum Höherem ein Gleichnis zu prägen. Die Gläubigen wissen, daß es die Wahrheit von ihrem Herrn ist, die Ungläubigen dagegen sprechen: ‚Was wollte Gott nur mit diesem Gleichnis?' Er führt viele damit in die Irre und leitet viele damit recht, er führt aber nur die Frevler in dir Irre" (Q 2:26).[101]

Daniel Madigan hat gezeigt, wie ähnlich die Zeitgenossen von Jesus und Muhammad auf die jeweilige Verkündigung des Gotteswortes reagieren und dass hier ganz klar Parallelen in ihrer Wirkung zu erkennen sind (Ablehnung, Hohn usw.).[102] Es ist es nun kein Zufall, dass mit der Gleichnisrede im Koran ein zentrales Merkmal der Verkündigung von Jesus Anwendung findet und ähnliche Reaktionen auf seine Hörer ausübt, wie zur Zeit von Jesus. Die Gleichnisse im Koran funktionieren als eine *formale Typologie*: Der Verkünder und die Gemeinde verstehen ihre Botschaft in Kontinuität mit der Verkündigung und Wirkung von Jesus. Durch die Verwendung von Gleichnissen werden die Verkündigungssituation und das Erlebnis der Gemeinde in ein typologisches Verhältnis zur Verkündigung von Jesus gestellt. Muhammad verkündet also Gleichnisse wie Jesus und die Ungläubigen lehnen ihn und seine Verkündigung ab, genauso wie Jesus von seinen Zeitgenossen abgelehnt wurde. Die genauere Analyse eines Beispiels kann helfen, die Funktion von Gleichnissen im Koran genauer zu bestimmen. Dazu eignet sich z.B. das neutestamentliche Gleichnis von den Weingärtnern, das nicht nur im Koran, sondern auch im Thomasevangelium eine Parallele hat. Die wohl älteste Fassung des Gleichnisses findet sich bei Markus wieder:

> „Und er fing an, in Gleichnissen zu ihnen zu reden: Ein Mensch pflanzte einen Weinberg und setzte einen Zaun darum und grub einen Keltertrog und baute einen Turm; und er verpachtete ihn an Weingärtner und reiste außer Landes. Und er sandte zur bestimmten Zeit zu den Weingärtnern einen Knecht, um von den Weingärtnern etwas

99 JOACHIM JEREMIAS, Die Gleichnisse Jesu, Göttingen ^{9}1984; JEREMIAS, Abba, 145-152.

100 Vgl. NEUWIRTH, Der Koran als Text der Spätantike, 500 ff.

101 Ebd., 500 f.

102 DANIEL A. MADIGAN, „God's Word to the World: Jesus and the Qur'an, Incarnation and Recitation." Godhead here in hiding: Incarnation and the history of human suffering. Ed. Terence Merrigan and Frederik Glorieux. Leuven 2012, 151.

> von den Früchten des Weinbergs zu empfangen. Sie aber nahmen ihn, schlugen ihn und sandten ihn leer fort. Und wieder sandte er einen anderen Knecht zu ihnen; und den verwundeten sie am Kopf und beschimpften ihn. Und er sandte einen anderen, und den töteten sie; und viele andere; die einen schlugen sie, die anderen töteten sie. Noch einen hatte er, einen geliebten Sohn, den sandte er als Letzten zu ihnen, indem er sprach: Sie werden sich vor meinem Sohn scheuen. Jene Weingärtner aber sprachen zueinander: Dies ist der Erbe; kommt, lasst uns ihn töten, und das Erbe wird unser sein. Und sie nahmen und töteten ihn und warfen ihn zum Weinberg hinaus. Was wird der Herr des Weinbergs tun? Er wird kommen und die Weingärtner umbringen und den Weinberg anderen geben [...]. Und sie suchten ihn zu greifen und fürchteten die Volksmenge; denn sie erkannten, dass er das Gleichnis auf sie hin gesprochen hatte. Und sie ließen ihn und gingen davon." (Mk 12,1-12)

Das Gleichnis bei Markus ist allegorisch zu deuten. Die Beschreibung des Weinberges verweist auf Jesaja 5,1ff, sodass der Weinberg als das Volk Israels zu verstehen ist. Es wird also von der Entsendung von Propheten und Gesandten an das jüdische Volk erzählt, das sich aber jenen verweigert hat. Durch das mehrmalige Senden von „Knechten" baut das Gleichnis eine Steigerung auf, bis schließlich Jesus selbst als der geliebte Sohn Gottes geschickt und getötet wird. Es wird dann der Übergang göttlicher Zuwendung an die Anhänger Jesu angedeutet. Im Thomasevangelium ist das Gleichnis von den Weingärtnern anders gestaltet:

> „(1) Er sprach: Ein Mensch besaß einen Weinberg. Er gab ihn Bauern, damit sie ihn bearbeiteten (und) er von ihnen, seine Frucht bekomme. (2) Er schickte seinen Knecht, auf daß die Bauern ihm die Frucht des Weinbergs gäben. (3) Sie packten seinen Knecht, sie schlugen ihn, (und) fast hätten sie ihn getötet. Der Knecht ging (zurück), (und) er sagte es seinem Herrn. (4) Sein Herr sprach: ‚Vielleicht hat er sie nicht erkannt' (5) Er schickte einen anderen Knecht, (und) die Bauern schlugen (auch) den anderen. (6) Dann schickte der Herr seinen Sohn (und) sprach: ‚Vielleicht werden Sie Achtung vor meinem Sohn haben'. (7) Jene Bauern (aber), weil sie wußten, daß er der Erbe ist, ergriffen ihn, (und) töteten ihn. (8) Wer Ohren hat, soll hören." (EvThom65)

Die allegorischen Elemente des neutestamentlichen Gleichnisses sind im Thomasevangelium nicht mehr enthalten.[103] Der Weinberg wird nicht mehr in seiner assoziativen Verweisfunktion auf das Volk Israel beschrieben. Insgesamt ist die Darstellung nun gedrungener. Sonderbar wirkt der Gedanke des Herrn, dass der Knecht die Gärtner nicht erkannt habe. Man hat deshalb eine Konjektur vorgeschlagen[104], sodass hier vielleicht die Weingärtner den Boten nicht erkannt haben. Jedenfalls sind alle Verweiselemente des neutestamentlichen Gleichnisses auf die jüdische Geschichte entallegorisiert. Es hat aber gleichzeitig eine neue Allegorisierung stattgefunden: Im Gleichnis geht es um die richtige

103 Vgl. ANDREAS LINDEMANN, Zur Gleichnisinterpretation im Thomas-Evangelium. In: Zeitschrift für die neutestamentliche Wissenschaft und die Kunde der älteren Kirche 71 (3-4/1990) 214-243, hier 234 f.

104 Vgl. NORDSIECK, Das Thomasevangelium, 253.

Erkenntnis.[105] Während der erste Knecht die Weingärtner als Symbol für die materielle Welt nicht erkannt hat und deshalb auch verschont bleibt, wird Jesus als der eigentlich Erkennende von der Welt verstoßen. Nordsieck hat in seinem Kommentar zum Thomasevangelium eine Entallegorisierung ausgeschlossen und begründet seine Ansicht unter anderem damit, dass es den „gesicherten Beobachtungen aus der Formgeschichte"[106] widerspricht. Allerdings muss man fragen, ob ein Verweis auf die Formgeschichte hier ausreicht, um eine Entallegorisierung auszuschließen, zumal die entallegorisierende Tendenz für die Mehrzahl der Gleichnisse im Thomasevangelium nachgewiesen wurde.[107] In diesem Fall kann vielleicht die koranische Parallele helfen, aus den manchmal starren Mechanismen der Formgeschichte herauszutreten und die Fluidität und Sublimität von Erzählungen im Rahmen sekundärer Oralität anzuerkennen:

> „Als Gleichnis Präge ihnen die Bewohner der Stadt – damals, als die Abgesandten zu ihnen kamen. Damals, als wir zwei zu ihnen schickten, nannten sie die beiden Lügner. Da brachten wir einen dritten zur Verstärkung, und sie sprachen: «Siehe, wir sind zu euch gesandt!» Sie sprachen: «Ihr seid doch nur Menschen wie wir!» Und: «Der Erbarmer hat nichts herabgesandt. Ihr lügt doch nur.» Sie sprachen: «Unser Herr weiß es. Siehe, wir sind zu euch gesandt. Und uns obliegt nichts als die klare Botschaft.» Sie sprachen: «Siehe, wir sehen in euch ein böses Omen! Wenn ihr nicht aufhört, so werden wir euch steinigen, und eine schmerzhafte Strafe wird euch von uns ereilen!» Sie sprachen: «Euer böses Omen ist in euch. Und wenn ihr nun gemahnt werdet? Nein, ihr seid ein maßloses Volk!» Da kam, vom äußersten Ende der Stadt, ein Mann gelaufen. Er sprach: «He, Leute! Folgt den Abgesandten! Folgt denen, die keinen Lohn von euch verlangen und rechtgeleitet sind! Warum soll ich denn dem nicht dienen, der mich erschuf? Zu ihm werdet ihr zurückgebracht. Soll ich mir neben ihm noch Götter nehmen? Wenn der Erbarmer will, dass mich Unglück trifft, nützt mir ihre Fürsprache nichts, und sie können mich nicht retten. Siehe, ich wäre dann in einem klaren Irrtum. Siehe, ich glaube an euren Herrn, daher hört auf mich!» Es wurde gesagt: «Tritt ein ins Paradies!» Er sprach: «O wüssten meine Leute doch darum, wie mir mein Herr vergab und mich zu einem der Geehrten machte!» Nach ihm sandten wir keine Heerscharen mehr vom Himmel auf sein Volk herab, ja wir sandten überhaupt nichts herab. Ein einziger Schrei nur war es, da waren sie erloschen." (Q 36,13-29)

Im Koran ist das neutestamentliche Gleichnis auch entallegorisiert.[108] Anstelle des symbolträchtigen Weinberges ist eine Stadt getreten. Damit soll jüdische Geschichte nicht verneint werden, aber das Gleichnis verläuft nun nach dem Muster des koranischen Straflegendenmodells.[109] Mehrere prophetische Warner werden zu einer Stadt geschickt und von den Bewohnern abgelehnt. Wo im Markusevangelium eine Steigerung zu erkennen und ist und an vierter Stelle der

---

105 Vgl. LINDEMANN, Gleichnisinterpretation, 236 f.
106 NORDSIECK, Das Thomasevangelium, 256.
107 Vgl. LINDEMANN, Gleichnisinterpretation, 214-243.
108 Vgl. NEUWIRTH, Der Koran als Text der Spätantike, 506 f.
109 Vgl. ebd.

Sohn geschickt wird, ist es im Koran eine unbekannte herbeieilende Person, die getötet und sogleich entlohnt wird. Denn nach der Logik des Straflegendenmodells dürfen die Gesandten nicht sterben. Entscheidend ist, an welchem Punkt der Koran das neutestamentliche Gleichnis entschärft hat. Nämlich genau dort, wo es *soteriologische* und christologische Implikationen hat:

> „Die koranische Geschichte hat das Geschehen an der theologisch entscheidenden Stelle von einem Christus-Gleichnis zu einem Prophetenentsendungs-Gleichnis »umgeleitet«. Das Opfer bleibt daher Episode – das christologische Gleichnis des Evangeliums wird »entallegorisiert« und damit theologisch entschärft."[110]

Man erkennt also, wie unterschiedlich dasselbe Mittel der Entallegorisierung von Gleichnissen zu ganz unterschiedlichen Zwecken genutzt werden kann. Im Koran sind die Gleichnisse zum integralen Bestandteil der eigenen Typologie geworden und werden als Typus göttlicher Rede profiliert. Im Thomasevangelium passen die Gleichnisse als autonome Objekte der Deutung hervorragend zur epistemologischen Dimension der eigenen Soteriologie. Nichtsdestotrotz gilt für beide Arten der Verwendung und Handhabung von Gleichnissen, dass sie zum technischen Repertoire spätantiker Debattenkultur gehören.

4.3.4.8 Ehemals christologische Titel als verbal-semantische Typologien im Koran

Auch einzelne Begriffe können im Koran typologische Zuordnungen repräsentieren. Durch die semantische Neukodierung dogmen- und traditionsgeschichtlich bedeutsamer Begriffe lässt sich der relevante Terminus selber oder mit ihm assoziierte Personen in die koranische Lehre (von Propheten) integrieren. Die entsprechenden *verbal-semantischen Typologien* stellen im *schwachen* Sinne eine typologische Denkfigur dar.

Christologisch bedeutsame Titel wie Geist (*rūḥ*) von Gott, Wort von Gott (*kalima min Allāh*) und der Messias (*al-Masīḥ*) sind ein Beispiel für die dritte Art des typologischen Zugriffs in Koran. In der Sure 3 werden zum ersten Mal christologisch relevante Titel in prominenter Weise verwendet. Gleichzeitig wird dieselbe Sure durch einen koranischen Vers zur Hermeneutik göttlicher Rede eingeleitet:

> „Er ist es, der auf dich das Buch [die Schrift] herabgesandt hat. Einige seiner Verse sind klar zu deuten – sie sind der Kern des Buches, andere sind mehrfach deutbar. Doch die, in deren Herzen Verirrung ist, die folgen dem, was darin mehrfach deutbar ist, um Zweifel zu erwecken und um es auszudeuten. Doch nur Gott kennt dessen Deutung.

110 Ebd., 504.

> Und die im Wissen fest gegründet sind, die sagen: «Wir glauben daran. Alles kommt von unserem Herrn.» Doch nur die Einsichtsvollen lassen sich ermahnen." (Q 3:07)

In der muslimischen Exegesetradition hat dieser Vers unterschiedlichste Überlegungen zum Verständnis koranischer Aussagen veranlasst. Es ist aber naheliegender, dass das Gespräch mit christlichen Gläubigen, die in ihrer Frage nach der Rolle Jesu, biblische Verse mit christologischen Implikationen ins Feld geführt haben, der Grund für die Offenbarung dieses Eingangsverses gewesen ist.[111] Der Koran sieht wahrscheinlich die Spekulation über die Rolle und Natur Jesu als Grund für die Zerstrittenheit der Christen an (Q 19:37; 43:63-65). Deshalb werden auch Begriffe wie *al-Masīḥ* und *kalima min Allāh* in veritativer Weise neu kodiert, sodass koranisch eine Spekulation über ihre Bedeutung nicht mehr angemessen scheint: *al-Masīḥ* wird zu einem Eigennamen (*ism*) von Jesus depotenziert (Q 3:45) und der Status von Jesus als Wort Gottes wird so interpretiert, dass dieser trinitätstheologisch nicht mehr anschlussfähig bleibt. Letzteres geschieht durch die Verknüpfung der Geburtsgeschichten von Maria, Johannes und Jesus, sodass sie in steigender Weise das schöpferische Wort Gottes *„Sei"* (*kun*) repräsentieren: Im Falle der Geburt von Maria entscheidet die Allwissenheit und Allmacht Gottes, dass sie entgegen dem Wunsch und der Erwartung ihre Mutter nach männlichen Nachkommen als Mädchen geboren wird (Q 3:35-36). Ausschlaggebend ist also das Schöpferwort Gottes, das auch im Falle des im hohen Alter befindlichen Zacharias festlegt, dass ihm ein Sohn zu Teil wird. Entsprechend muss man die Ankündigung der Geburt von Johannes als demjenigen, der das Wort Gottes bestätigt, in veritativer Weise auf das Schöpferwort Gottes beziehen (Q 3:38-41).

Eine Steigerung liegt nun in der Jungfrauengeburt von Jesus vor. Allein Gott ist in der Lage, Maria durch sein Schöpferwort einen Sohn zu schenken. Deshalb wird Jesus in der Ankündigung seiner Geburt in exemplarischer Weise als das Wort Gottes und somit als Ausdruck seiner Schöpferkraft identifiziert (Q 3:45). Zugleich wird in derselben Sure die Geburt und Erschaffung von Jesus mit Adam parallelisiert: „Siehe, vor Gott gleicht Jesus Adam. Aus Staub erschuf er ihn, dann sagte er zu ihm: «Sei!» Und da war er." (Q 3:59). Der Vers richtet sich gegen die paulinische Typologie zwischen Jesus und Adam (Röm 5,12-21), die im Koran durch eine neue Typologie der positiven Entsprechung beider Personen ersetzt wird. In dem darauf folgenden Vers warnt der Koran auch diejenigen, die trotz dieser veritablen und somit eindeutigen Neukodierung von Begriffen weiterhin über die Natur Jesu spekulieren möchten:

> „Wenn darüber jemand mit dir streitet, nach all dem, was an Wissen zu dir kam, so sprich: «Kommt her, wir wollen unsere und eure Söhne rufen, und unsere und eure Frauen, und uns und euch! Dann lasst uns einen Eid ablegen und den Fluch Gottes auf die Lügner wünschen!»" (Q 3:61)

111 Vgl. NEUWIRTH, Der Koran als Text der Spätantike, 537 ff.

Welche Gegenposition der Koran hier im Sinne hat, wird mit Blick auf die Hymnen vom syrischen Kirchenlehrer Ephraem aus dem vierten nachchristlichen Jahrhundert deutlich[112]. In der sechsten Hymne über den Glauben fragt er in Bezug auf den Beginn des Buch Genesis (1,3), warum Gott nicht einfach gesagt hat: „Sei!/Werde!" (syr. *hway*), sondern stattdessen den Imperfekt verwendet (syr. *nehwê*): „Es werde/sei Licht"[113]:

> „Im Amfang aber sind die Werke – durch den Erstgebornen erschaffen worden. – Denn : « Es sprach Gott: – es werde Licht! » und es wurde erschaffen. – Wem hat er den Befehl gegeben, – da doch (noch) nichts war? – Und wenn er dem Licht den Befehl gegeben haben sollte: – der Befehl lautete nicht: werde! – «Es soll werden» sprach er. – Denn verschieden ist das Wort – «werde» von «es werde»."[114]

Ephraem geht es unter anderem darum, die Natur Jesu von Adam abzugrenzen, damit er ihn als Wort Gottes im Schöpfungsprozess integrieren kann.[115] Jesus ist im Sinne einer Mediation entscheidender Teil des Schöpfungsprozesses. Der Koran lehnt diese Art der inkarnationstheologischen Nähe der Natur Jesu zu Gott ab. Deshalb wird die Argumentation von Ephraem invertiert, sodass Jesus und Adam sich in ihrer Kreatürlichkeit als Resultat des Schöpfungswortes gleichen. Trotz dieser koranischen Verneinung eines logoschristologischen Verständnisses von Jesus als Wort Gottes repräsentiert er aufgrund der besonderen Umstände seiner Geburt das Schöpfungswort in nicht mehr zu überbietender Weise: Sein Beispiel steht schlechthin für die Kraft des göttlichen Schöpfungswortes.

Während im Koran christologische Titel umgedeutet werden, verwendet das Thomasevangelium keinen einzigen Hoheitstitel für Jesus. Eine Ausnahme bildet lediglich das Logion 86:

> „(1) Jesus spricht: ‚[Die Füchse haben] ihre Höhlen, und die Vögel haben ihr Nest. (2) Aber der Menschensohn hat keinen Ort, sein Haupt hinzulegen, (und) auszuruhen'."

Der Titel des Menschensohnes hat bereits im Neuen Testament unterschiedliche Bedeutungsebenen.[116] Doch keine davon entspricht der Verwendung im

112 Diese Referenzstellte verdanke ich George Archer vom Theologiedepartment der Georgetown University. Er hatte im Rahmen eines komparativ-theologischen Symposiums zu Jesus im Koran den Anfang des Buch Genesis, den Prolog des Johannesevangeliums, die sechste Hymne von Ephraem und den koranischen Verweis auf Jesus als Wort Gottes verglichen. Dabei hat er auf die Bedeutung der *Mündlichkeit* der koranischen Verkündigung für die Verweise auf zeitgenössische Texte problematisiert. Leider hat er diesbezüglich noch keinen Aufsatz veröffentlicht. Die Kontextualisierung von Ephräms sechster Hymne zum Glauben im Rahmen der hier beschriebenen Typologie erfolgt unabhängig von der Deutung Archers.

113 Vgl. JEFFREY T. WICKES (Übersetzer), St. Ephrem the Syrian: The Hymns on Faith, Washington 2015, 93 und Anmerkung 17.

114 EDMUND BECK (Übersetzer), Des Heiligen Ephraem des Syrers Hymnen De Fide. In: Corpus Scriptorum Christianorum Orientalium, Vol. 155, Scriptores Syri , Tomus 74, Louvain 1955, 20.

115 Vgl. WICKES, St. Ephrem the Syrian: The Hymns on Faith, 94, Anmerkung 24.

116 Vgl. THEISSEN/MERZ, Der historische Jesus, 474 f.

Thomasevangelium.[117] Denn Jesus ist hier nicht der gegenwärtig wirkende, nicht der zukünftige und auch nicht der leidende Menschensohn. Vielmehr wird mit Menschensohn das wahre und ideale Menschsein von Jesus bezeichnet[118], der die vollkommene Selbsterkenntnis symbolisiert. Das Thomasevangelium hat also das neutestamentliche Verständnis des Hoheitstitels durch eine neue Bedeutung ersetzt, die zum eigenen Jesusbild besser passt. Im Koran hingegen dient die verbal-semantische Typologie des Begriffs „Wort von Gott" nicht nur einer neuen typologischen Zuordnung von Jesus und Adam. Vielmehr kann Jesus durch das neue Begriffsverständnis als Zeichen der Schöpferkraft Gottes in die koranische Prophetologie integriert werden. Sowohl der Koran als auch das Thomasevangelium verwenden hier dieselbe Technik der Neudeutung von Kernbegriffen religiöser Überzeugungen. Jedoch ist diese Neudeutung im Falle des Korans inklusiv in Bezug auf biblische Geschichte. Das Thomasevangelium entwurzelt hingegen die biblischen Ursprünge der verwendeten Termini.

4.3.4.9 „Das Siegel der Propheten" – Muhammad als besonderer *Týpos* biblischer Prophetologie und wieder auferstandener Jesus

Durch die komparative Betrachtung von Jesus im Koran und im Thomasevangelium sollte der Versuch unternommen werden, beide Figuren im spätantiken Diskurs über den typologischen Rückbezug zu biblischen Figuren zu erhellen und derart auch das Verständnis beider Texte zu vertiefen. Es kann sehr gut sein, dass die koranische Gemeinde das Thomasevangelium als Text nie gekannt hat. Wahrscheinlicher ist vielmehr, dass das Gedankengut dieses Textes oder seiner „Textfamilie" im Sinne einer sekundären Oralität zugänglich war und so stellenweise ein mögliches Hintergrundszenario des koranischen Diskurses bieten kann. Vielleicht gilt letzteres auch weniger in Bezug auf die Inhalte als für den *modus operandi* der spätantiken Debattenkultur.

Entscheidend für die typologische Verknüpfung von Jesus und Muhammad im Koran ist, dass ersterer seine eigene Besonderheit und Dignität als Prophet und Gesandter Gottes beibehält. Nur Jesus ist das Wort Gottes und nur ihm ist diese Kennzeichnung vorbehalten. Auch wird Jesus nicht durch die Verkündigung von Muhammad als eigenständige Figur vereinnahmt. Im Gegenteil, die Authentizität von Muhammad als Prophet zeigt sich erst dadurch, dass er typologisch auf unterschiedlichen Ebenen die Merkmale jesuanischer Verkündigung aufweist. Damit soll nicht ausgeschlossen werden, dass der Koran insbesondere auf der Ebene materialer Typologie auch korrigierend eingreift und eine Art bi-

117 Vgl. Jens Schröter/ Hans-Gebhard Bethge, Das Evangelium nach Thomas. In: Christoph Markschies/ Jens Schröter (Hrsg.), Antike christliche Apokryphen in deutscher Übersetzung, I. Band: Evangelien und Verwandtes, Teilband 1, Tübingen 2012, 483-522, hier 494 f.

118 Vgl. Ebd.

blische „counter-history" bietet. Gerade im typologischen Verhältnis von Muhammad zu Abraham zeigt sich, dass die Korrespondenz beider Personen über die einfache Kongruenz hinausgeht und Abraham *teleologisch* mit Muhammad und seiner Umgebung verknüpft ist, da er dessen Kommen und die von ihm etablierte Kultpraxis voraussagt und präfiguriert.[119] Doch ist diese teilweise Umschreibung der biblischen Heilsgeschichte nötig, damit Muhammad sich als gleichberechtigter Prophet und Gesandter der „orthodoxen" biblischen Tradition ausweisen kann. Anders als in gnostischen Rekursen auf die biblische Heilsgeschichte wird die historische Dimension und die Besonderheit vormaliger biblischer Propheten nicht auf epistemischer Ebene nivelliert. Jesus, Abraham und Mose behalten – unabhängig von Einzelfragen zu ihrer Biographie und Bedeutung – ihre Verortung in einer biblischen Heilsgeschichte mit ihren eigenen Besonderheiten.

Mit zunehmender Zeit *diversifiziert* sich die Prophetologie des historischen Muhammad[120]. Ihm wird nicht nur verkündet, dass er als Gesandter (*rasūl*) dieselben Schikanen und Reaktionen seiner Adressaten erlebt, wie die Gesandten vor ihm. Als erwählter Prophet (*nabī*) weist seine Person und seine Verkündigung auf unterschiedlichen typologischen Ebenen Merkmale vormaliger Propheten auf. Über alle genealogischen Bindungen zu seinem Volk und zu vormaligen Propheten hinweg ist auch Muhammad und der urmuslimischen Gemeinde der Zuspruch Gottes als Gläubige und Muslime sicher. In der medinensischen Phase der Verkündigung Muhammads scheint sich insbesondere durch die Auseinandersetzung mit jüdischen Gruppierungen zunehmend das Profil seines Prophetentums herauszustellen. Wohl in diesem Kontext ist auch folgender koranischer Vers einzuordnen: „Mohammed ist nicht der Vater eines eurer Männer. Er ist vielmehr Gesandter Gottes und Siegel der Propheten; […]" (33:40). In der Prophetenbiographie findet man dieses „Siegel" (*ḫātam*) als physische

119 Vgl. NEUWIRTH, Der Koran als Text der Spätantike, 633-652.

120 Die im Rahmen dieser Arbeit herausgearbeitete komplexe Struktur koranischer Typologie soll der wiederholten Beschreibung der Prophetologie im Koran als monoton, einseitig und nivelliered entgegengesetzt werden. Ein Beispiel für eine solche Reduzierung ist etwa folgende Formulierung bei Powers: „The quranic understanding of prophecy is typological, that is to say, all of the prophets, including the new Arabian messenger-prophet, possess characteristics and undergo experiences that are uniform, coherent, and consistent. Like his predecessors, the Arabian prophet offers guidance, experiences unsual physical and psychological states, is the recipient of visions and dreams, preaches reward and punishment, is rejected by unbelievers, and, in his capacity as a messenger, brings a new revelation in the form of a book." (DAVID S. POWERS, The Finality of Prophecy. In: ADAM J. SILVERSTEIN/GUY G. STROUMSA (Ed.), The Oxford Handbook of The Abrahamic Religions, Oxford 2015, 254-271, hier 259). Natürlich hat Powers Recht, dass Muhammads Erfahrungen als Gesandter konsistent und kohärent mit den Erfahrungen vormaliger Gesandten sind. Auch vertseht sich Muhammad in Kontinuität mit der Botschaft vormaliger Propheten. Nur bleibt dabei unbeachtet, wie komplex der typologische Rückbezug von Muhammads Verkündigung zum Wirken vormaliger Propheten ist und dass einige Propheten durch eine besondere Rolle in der Heilsgeschichte Gottes herausstechen.

Größe auf dem Rücken von Muhammad wieder.[121] Die traditionelle Auslegung des Verses konzentriert sich aber auf die Frage nach dem finalen und endgültigen Charakter des Prophetentums mit Muhammad. Hartmut Bobzin weist hier auch auf die typologischen Implikationen dieses Verses in Bezug auf Moses hin.[122] Die Anfragen jüdischer Stämme in Medina hätten eine Erklärung der prophetischen Rolle Muhammads erfordert. Bobzin argumentiert nun, dass der Koran Muhammad als Vollender des mosaischen Werkes zeichnet. Man kann diese Überlegung weiterführen und in dem Anspruch Muhammads, das „Siegel der Propheten" zu sein, den hermeneutischen Schlüssel für ein Verständnis seines Prophetentums sehen. In dieser Phase der Verkündigung scheint sich die Idee verfestigt zu haben, dass Muhammad der polyvalente *Týpos* eines Propheten ist. Das „Siegel" meint dann eine Art prophetisches Prisma, durch das typologisch das Wirken und Selbstverständnis vormaliger Propheten bricht und die Erwähltheit von Muhammad als Prophet bestätigt. Eine der profanen Bedeutungen von *Týpos* ist nicht zuletzt der Siegelabdruck, was zumindest den semantischen Zusammenhang der Metapher des Siegels für typologische Zuweisungen verdeutlicht.[123]

Trotz der Hervorhebung und Besonderheit von Muhammad bleibt die koranische Verkündigung *inklusiv* und erhält nicht einen *triumphalistischen* oder *superioren* Charakter.[124] Es wird zwar eine an die Genealogie gebundene Heilszusicherung durch Gott an Christen und Juden abgelehnt. Aber auch diese sind im primordialen Bund Gottes in ihrer jeweiligen biblischen Tradition darin eingeschlossen (Q 2:62). Es wird viel zu selten darauf hingewiesen, dass die polemischen Bezüge auf Juden und Christen im Koran zumeist auf eine Teilmenge von Gruppen unter ihnen bezogen sind (*ṭāʾifa min, min* usw.).

Die hier beschriebene Prophetologie des historischen Muhammad steht im Kontrast zu der These von Shoemaker oder Donner, dass Muhammad nur ein eschatologischer Prediger war, dessen Verkündigung ahistorisch und an biblischer Geschichte nicht interessiert ist. Die typologische Struktur des prophetologischen Selbstverständnisses von Muhammad zeigt dagegen, dass der Koran in einem sehr profunden und existentiellen Bezug zur biblischen Heilsgeschichte steht und dabei nicht den Unterschied und die Besonderheit biblischer Figuren einfach nivelliert. Angelika Neuwirth hat diese besondere Perspektive des Korans auf Geschichte hervorragend zusammengefasst:

---

121 Ibn Hišām, *sīrat rasūl Allāh*, 116.

122 Vgl. Bobzin, The „Seal of the Prophets".

123 Vgl. Hall, Typologie, 208.

124 Selbstverständlich wird die Erwählung von Muhammad und seiner Gemeinde im Koran gefeiert (vgl. Q 5:3). Die Zurückweisung überhöhter Ansprüche der Erwähltheit und Überlegenheit bei Christen und Juden dient vor allem der Etablierung der neuen religiösen Gemeinde um Muhammad als gleichberechtigtes Gottesvolk.

„Der Koran, so könnte man sagen, reflektiert eine Entwicklungsgeschichte seiner eigenen Wahrnehmung vom Vergangenen, indem er Geschichten aus verschiedenen Perspektiven, aus sich wandelnden Raum- und Zeitdispositionen heraus erzählt. Wenn der Koran auch keine kontinuierliche Geschichte seiner Vergangenheit und Gegenwart zeichnet, so ließe sich doch eine Geschichte der koranischen Perspektivik, d.h. der sich wandelnden Welt- und Selbstsicht des Verkünders und seiner Gemeinde, in groben Umrissen durchaus konstruieren."[125]

4.3.5 Die Prophetologie des historischen Muhammad und ihre Gesamtplausibilität

Das bisher elaborierte Selbstverständnis von Prophetologie beim historischen Muhammad und der urmuslimischen Gemeinde hat sich auf den Koran als Besonderheitsindiz gestützt. Inwiefern das Resultat der bisherigen historischen Rekonstruktion dem Kriterium historischer Gesamtplausibilität gerecht wird, soll in diesem Abschnitt expliziert werden.

Das Kriterium historischer Kontextplausibilität verlangt für die Bewertung der Authentizität rekonstruierter Phänomene der Geschichte, dass sich diese historisch kontextualisieren lassen. Guy Stroumsa hat zuletzt die geschichtstheoretische Kategorie der *longue durée* für die Spätantike in Anschlag gebracht und die Bedeutung von Prophetie in der Antike und ihrer Transformation in der Spätantike beschrieben.[126] Sowohl im Christentum und Judentum hat es eine nachprophetische Phase gegeben, in der man versucht hat, prophetische Bewegungen zu begrenzen.[127] Das drückt sich in dem entsprechenden Diskurs selber aus, der weniger um die Besonderheit der Propheten, sondern um die Kennzeichen *falscher Prophetie* kreist und gegen eine Reihe von prophetischen Bewegungen in der Spätantike, zu denen auch Muhammads Gemeinde zählt, gerichtet ist:

„Some of the leading religious figures of the long late antiquity, such as Marcus Magus, Montanus, Mani, and Muhammad, present themselves, each one in his turn, as heirs of the prophetic tradition, as ending the great chain of prophecy starting with biblical prophets, and reaching its apex eith the prophecy of Jesus."[128]

Insbesondere judenchristlichen Gruppierungen, wie die Ebioniten und Elkesaiten, betonten die prophetische Rolle von Jesus und kannten ganze Reihen von Propheten.[129] Mani, der selbst wohl unter Elkesaiten aufgewachsen ist, stand selbst am Anfang einer Bewegung, die sogar zwei Prophetenreihen im Sinne von

125 Neuwirth, Der Koran als Text der Spätantike, 234.
126 Vgl. Guy Stroumsa, The Making of the Abrahamic Religions in Late Antiquity, Oxford 2015, 59 ff.
127 Vgl. ebd., 62.
128 Ebd.
129 Vgl. ebd., 66 f.

zwei Achsen kennt.[130] Einige Studien haben sich bereits der möglichen Parallele zwischen der Bezeichnung von Muhammad als Siegel der Propheten und ihrer Verwendung im Manichäismus zugewendet.[131] Die Persistenz prophetischer Bewegung bis tief in die Spätantike hinein hat jedenfalls dazu geführt, dass zur Zeit des Auftretens von Muhammad ein breiter christlicher und jüdischer Diskurs über falsche Propheten bestand, der mit der eschatologischen Frage verknüpft war, wann Jesus zurückehren wird und wann der Messias erscheint.[132] Stroumsa geht nun der manichäischen Spur eines „Siegel des Prophetentums" nach und kommt zu folgendem Ergebnis:

> „If the evidence analyzed here is to be trusted, a number of conclusions can be drawn. First, Mani does not seem to have considered himself only, or mainly, a prophet. In his own eyes, he was, more than a prophet, an apostle. Secondly, the term *prophet*, although polyvalent, seems to have been used in the early Manichaean Church as an appellation for the *electi*. Thirdly, the metaphor 'seal', although polyvalent in Manichaean literature, nowhere implies the idea of *last*, *end*, but rather of *confirmation*, *attestation*, or else *sign*. Fourthly, in the only Manichaean text in which it occurs, the metaphor 'seal of the prophets' can only refer to one of the four cardinal theological virtues. Finally, the doxographic evidence, all from Muslim authors, in which Mani is said to have called himself 'seal of the prophets' cannot be trusted."[133]

Greift man die Ergebnisse von Stroumsas Analysen zur Prophetie in der Spätantike auf, dann wird gemäß dem Kriterium historischer Kontextplausibilität deutlich, dass Muhammad und seine prophetische Bewegung keine Anomalie in der Spätantike darstellen. Schon vor Muhammad gab es prophetische Bewegungen, deren Gedankengut bis in die Spätantike hineinwirkte. Bei Juden und Christen wurde über das Phänomen falscher Prophetie im eschatologischen Kontext des Wiedererscheinens von Jesus oder des Auftretens des Messias diskutiert. Das erarbeitete typologische Verständnis von Muhammad als Siegel des Prophetentums deckt sich dahingehend mit der Vorgeschichte des Begriffs, dass damit nicht eine *Finalität* zum Ausdruck gebracht werden soll. Im spätantiken Kontext zeigt sich aber auch die kontextuelle Individualität der prophetischen Bewegung von Muhammad. Anders als Mani versteht er sich nicht ausschließlich als Gesandten, sondern rehabilitiert die Besonderheit von Propheten und wird *selbst* als Siegel des Prophetentum bezeichnet[134]. Muhammad dient das ei-

---

130 Vgl. ebd., 68 f.

131 Vgl. ebd., 87, Anmerkung 1.

132 Vgl. ebd., 73-85.

133 Ebd., 99.

134 Wie wichtig die Kriterien der Kontextplausibilität und Wirkungsplausibilität in ihrer Kombination für die Einordnung koranischer Aussagen sind, wird gerade an diesem Beispiel für das Verständnis vom Siegel des Prophetentum deutlich. David Powers hat zuletzt in typisch revisionistischer Manier mit einem *argumentum de facto* für die spätere redaktionalle Eintragung der fünf Verse enthaltenen Perikope vom Siegel des Prophetentum (Q 33: 36-40) argumentiert (Powers, The Finality of Prophecy, 262-271). Er versteht das Siegel des Propheten im Sinne einer

gene Verständnis von Prophetie auch nicht zur gnostischen Vereinnahmung biblischer Tradition oder der dualistischen Neudeutung von biblischer Heilsgeschichte. Er sieht seine eigene prophetische Bewegung in enger typologischer Verknüpfung zur biblischen Heilsgeschichte und möchte diese nicht – wie bei anderen prophetischen Bewegungen – radikal neu deuten, sondern sich als gleichberechtigter Teil von ihr nachweisen. Muhammad ist der arabische Prophet und seine eigene Gemeinde ist dieselbe Erwähltheit zu Teil geworden, wie bereits zuvor Christen und Juden. In diesem Sinne kann man die Etablierung und den Erfolg der prophetischen Bewegung um Muhammad als Sieg des prophetischen Monotheismus in der Spätantike verstehen, der sich von anderen prophetischen Bewegungen durch seine inklusive Natur unterscheidet, da das religiöse Eigenrecht und die Besonderheit der Christen und Juden grundsätzlich – von partikularer Kritik abgesehen – akzeptiert wird:

> „As we have seen [...], the Eastern Mediterranean witnessed, in the centuries between Jesus and Muhammad, a dramatic transformation of religion: the victory of prophetic monotheism. Together with the abandonment of animal sacrifices, the centrality of prophets reflects what we can call the religious revolution of late antiquity."[135]

Das Kriterium der Kontextplausibilität wird komplettiert vom Kriterium der Wirkungsplausibilität. Die oft bezeugte Wahrnehmung der Rolle Muhammads in den frühen und späten nichtmuslimischen Quellen als falscher Prophet ist ein erwartbares Echo für eine prophetische Bewegung im Rahmen der Spätantike.[136] Auch die muslimische Tradition bekennt sich insgesamt zu Muhammad als Propheten und Gesandten Gottes. Diese Sachverhalte bringen den wirkungsgeschichtlichen Einfluss von Muhammads prophetischer Bewegung zum Ausdruck. Andererseits enthält das hier erarbeitete prophetologische Selbstverständnis auch Merkmale, die spröde gegen die Tendenzen der späteren Verehrung und theologischen Profilierung des Propheten Muhammads sind. Während der Koran gerade die genealogische Bindung der Erwählung durch

---

Finalität (Mangelnde Kontextentsprechung in der Spätantike!) und stellt den Leser vor einer disjunktiven Alternative: Entweder glaubt man an den prophetenbiograhpischen Kontext des Ḥiǧāz als Erklärung für diese Verse, was chronologisch und inhaltich wenig Sinn machen würde. Oder man sieht ein, dass diese Verse zur Regierungszeit ʿAbd al-Maliks im Koran hinzugefügt wurden, was angesichts des imperialen Projektes der Etablierung des Islams als neue Weltreligion viel verständlicher wäre. Dass man ungeachtet der chronologischen Angaben der *sīra* aber literarkritisch prüfen muss, ob hier wirklich eine Perikope von fünf Versen vorliegt, interessiert Powers nicht. Dabei wird in Sure 33 (al-Aḥzāb) der Begriff *nabī* mit am Häufigsten verwendet und diese Sure enthält einige eminente Kennzeichnungen und Regelungen, die auf Muhammads Rolle als Propheten bezogen sind. Jedenfalls macht es – anders als es uns Powers glauben mach will – im Rahmen der Spätantike und aufgrund der historischen Gesamtplausibilität Sinn, dass der Prophet sich auf der arabischen Halbinsel als Siegel des Propheten (vormalige Propheten und deren Verkündigung *bestätigend*) verstanden hat.

135 Stroumsa, The Making of the Abrahamic Religions, 189.

136 Vgl. Hoyland, Seeing Islam as Others Saw It.

Gott überwinden möchte, sieht sich Ibn Hišām am Anfang der prophetenbiographischen Sammlung genötigt, an die lückenlose genealogische Verknüpfung von Muhammad mit vormaligen biblischen Propheten bis Adam zu erinnern.[137] Während die koranische Typologie die Besonderheit vormaliger Propheten für sich stehen lässt und dabei trotzdem auf unterschiedlichen Ebenen eine Verknüpfung und Kongruenz zwischen Muhammad und seinen prophetischen Vorgängern aufzeigt, avanciert Muhammad in den prophetenbiographischen Traditionen selbst zum Konkurrenten seiner Vorgänger, indem ihm etliche Charakteristika vormaliger Propheten exklusiv zugeschrieben werden. Der Koran betont, dass Jesus Wunder vollbracht hat und versteht diese als seine *bayyināt*. Dem Propheten ist dagegen der Koran selbst als Gunsterweis und Botschaft bzw. Zeichen für die Menschen gegeben worden. Muhammad vollzieht also keine Wunder wie Jesus und die Geburt Muhammads ist im Koran gar nicht thematisiert – schon gar nicht in ihren möglicherweise wundersamen Umständen wie bei Jesus. Dagegen werden dem Propheten zahllose Wunder in den prophetenbiographischen Überlieferungen zugesprochen. Man hat den Eindruck, dass der typologische Bezug von Muhammads Prophetentum zu vormaligen biblischen und nichtbiblischen Protagonisten nun *triumphal* und *superior* ausgemalt wird. Die koranische Typologie ist dagegen *inklusiv* und wirbt bei den christlichen und jüdischen Gesprächspartnern um eine gleichberechtigte Stellung von Muhammad als Prophet und Gesandten Gottes.

137 Vgl. Ibn Hišām, *sīrat rasūl Allāh*, 3.

5 Resümee

Diese Arbeit hat mit einer Intuition begonnen: Kann es sein, dass die historische Muhammadforschung etwas von der Leben-Jesu-Forschung lernen kann? Im Laufe der forschungsgeschichtlichen und methodentheoretischen Gegenüberstellung beider Disziplinen hat sich gezeigt, dass der Leben-Muhammad-Forschung eine *kriteriologische Reflexionsebene* fehlt, die mit folgenden Desiderata einhergeht:

- Eine methodentheoretische Perspektive, die *systematisch* die unterschiedlichen Forschungsbereiche zur Frühgeschichte des Islams (Koranforschung, Hadithforschung etc.) zusammenführt und danach fragt, was und wie wir etwas über Muhammad wissen können.
- Eine genuine Leben-Muhammad-Forschung, die nicht auf den Bereich der prophetenbiographischen Überlieferungen (*sīra, maġāzī*) reduziert ist, und geschichtshermeneutisch nach den Bedingungen der Möglichkeit einer historischen Rekonstruktion von Muhammad fragt (z.B.: Was bedeutet historische Authentizität? Welche geschichtshermeneutischen Prämissen gehen mit einer bestimmten Methode einher?)
- Die methodentheoretische Zusammenführung der unterschiedlichen Methoden zu der Frage nach *Authentizitätskriterien.*
- Eine Sensibilität für die Verwendung impliziter Authentizitätskriterien und ein methodentheoretisches „Framework“, das den Vergleich von unterschiedlichen Methoden und Methodenschritten zur Rekonstruktion der Frühgeschichte des Islams erleichtert.
- Eine geschichtshermeneutische Standortbestimmung der gegenwärtigen Leben-Muhammad-Forschung bzw. Forschung zur Frühgeschichte des Islams.

Es wurde ein Versuch der Lösung dieser Desiderata vorgenommen, der sich durch folgende Analyseschritte auszeichnet:

- Die Befragung der unterschiedlichen Methoden zur Rekonstruktion von Muhammad und der Frühgeschichte des Islams nach den expliziten und impliziten Kriterien, die ihnen jeweils inhärent sind und die Bestimmung der jeweiligen überlieferungskritischen, traditionskritischen und geschichtshermeneutischen Prämissen, die sie jeweils voraussetzen. So konnte etwa für die *isnād-cum-matn*-Analyse gezeigt werden, dass diese auf textkritischen und überlieferungskritischen Prinzipien beruht, die sich auch im Rahmen der historisch-kritischen Methode bewährt haben. Andererseits konnte auch die implizite und explizite Verwendungsweise des Differenzkriteriums herausgearbeitet werden, die insbesondere bei revisionistischen Ansätzen bestimmend ist und problematisiert werden muss. Letzteres konnte vor allem aufgrund der komparativen Betrachtung des Differenzkriteriums in der Jesusforschung prägnanter expliziert werden.

- Durch die kriteriologische Gegenüberstellung der unterschiedlichen Methoden zur Rekonstruktion von Muhammad und der Frühgeschichte des Islams konnte gezeigt werden, was die jeweiligen Verfahren tatsächlich leisten können und welche Bedeutung ihnen dabei zukommt: So zeigt sich etwa bei der Diskussion um Topoi und Schemata in der Geschichtsüberlieferung, dass die Identifizierung dieser Elemente insbesondere als *Quellenwertargument* zu verstehen ist und derart bei der Kennzeichnung von späteren Formelementen der Überlieferung behilflich ist. Auch die Ergebnisse der *isnād-cum-matn*-Analyse sind unter dieser Kategorie der Quellenwertargumente zu subsumieren, während die Kontextualisierung von Muhammad im Rahmen der Spätantike als *Echtheitskriterium* zu gelten hat.
- In Anlehnung an die Jesusforschung wurde das historische Plausibilitätskriterium für die Leben-Muhammad-Forschung adaptiert. Derart wurde ein geschichtshermeneutisches Rahmenmodell vorgeschlagen, das für die methodischen Einzelschritte einer historischen Rekonstruktion konstitutiv sein sollte: *Kontextentsprechung und Kontextindividualität* von Muhammad in der religiösen Welt der Spätantike; *Wirkungsplausibilität* von Muhammad als historische Person in Bezug auf die muslimische Tradition. Das historische Plausibilitätskriterium sollte auch die in der Forschung zur Frühgeschichte des Islams geforderte Kontextualisierung im Rahmen der Spätantike geschichtshermeneutisch ausbuchstabieren und die Implikationen und paradigmatische Bedeutung dieser Forderung kennzeichnen. Anhand des Beispiels der Prophetologie des historischen Muhammads wurde ein Versuch zur Exemplifizierung des historischen Plausibilitätskriteriums unternommen.

Zur wissenschaftlichen Redlichkeit gehört es, dass man auch benennt und erkennt, was man im Rahmen der eigenen Arbeit nicht leisten konnte und welche Annahmen und Analysen möglicherweise problematisch sind:

- Für den letzten Teil der Herausarbeitung der Prophetologie des historischen Muhammad wäre es wichtig, dass man genauer expliziert, wie sich eine heilsgeschichtliche Konzeptualisierung von Muhammads Prophetentum in der muslimischen Tradition herausgebildet hat und in welchem rezeptionsgeschichtlichem Verhältnis diese zur koranischen Prophetologie steht.
- Der Anwendungsteil zur Prophetologie des historischen Muhammad basiert auf die Analyse der koranischen Verkündigung. Das ist dem thematischen Schwerpunkt und der Bedeutung des Korans als Besonderheitsindiz für die Rekonstruktion des historischen Muhammad und seiner Verkündigung geschuldet. Dagegen beziehen sich etliche Methoden (etwa der Hadithkritik)

weniger auf den verkündigten Inhalt von Muhammad, sondern auf Ereignisse aus seinem Leben. Die mögliche Rekonstruktion der frühesten Überlieferungen zu diesen Ereignissen bleibt eine wichtige Voraussetzung für die Koranforschung: Denn einerseits lässt sich derart in einem reziproken Verhältnis zur Analyse der Suren selbst ein biographischer Rahmen für das Leben Muhammads und seiner Verkündigung validieren und immer weiter profilieren. Andererseits können frühe prophetenbiographische Überlieferungen insbesondere bei der medinensischen Verkündigungsphase und der Kontextualisierung von kriegerischen und religionspolemischen Auseinandersetzungen behilflich sein. Hätte ich also als Anwendungsbeispiel die Schlacht von Badr genommen, dann hätte die *isnād-cum-matn*-Analyse einen Schwerpunkt der methodischen Analyse eingenommen. Auch für das im Rahmen dieser Arbeit gewählte Thema der Prophetologie des historischen Muhammad müsste man sich der quellenkritischen Methodik der *isnād-cum-matn*-Analyse stärker bedienen, um aufzuzeigen, wie und wann sich das Prophetenbild im Verhältnis zur koranischen Verkündigung weiter profiliert und verändert.

Literaturverzeichnis

ABBOTT, NABIA, Studies in Arabic literary papyri, Chicago 1957-1972.
ABU ZAID, NASR HAMID, Gottes Menschenwort. Für ein humanistisches Verständnis des Koran, Freiburg 2008.
AL-AZMEH, AZIZ, The Arabs and Islam in Late Antiquity. A Critique of Approaches to Arabic Sources, Berlin 2014.
DERS., The Emergence of Islam in Late Antiquity. Allāh and his People, Cambridge 2014.
ALLISON, DALE C., How to Marginalize the Traditional Criteria of Authenticity. In: TOM HOLMÉN/ STANLEY PORTER (Hg.), Handbook for the Study of the Historical Jesus. Vol. 1: How to Study the Historical Jesus, Leiden 2011, 3-30.
AL-SAMUK, SADUN MAHMUD, Die historischen Überlieferungen nach Ibn Ishaq. Eine synoptische Untersuchung, Frankfurt am Main 1978.
ANDRAE, TOR, Die Person Muhammeds in Lehre und Glauben seiner Gemeinde, Stockholm 1917.
Art. Kritik. In: RITTER, JOACHIM/ GRÜNDER, KARLFRIED. HHWPh 4, Basel 1976, 1249-1282.
ASSMANN, JAN, Das kulturelle Gedächtnis. Schrift, Erinnerung und politische Identität in frühen Hochkulturen, München [7]2013.
BAASLAND, ERNST, Fourth Quest? What Did Jesus Really Want? In: TOM HOLMÉN/ STANLEY PORTER (Hg.), Handbook for the Study of the Historical Jesus. Volume 1. How to Study the Historical Jesus, Leiden 2011, 31-56.
BARTON, JOHN, The Significance of a Fixed Canon of the Hebrew Bible. In: MAGNE SÆBØ (Ed.), Hebrew Bible/Old Testament. The History of Its Interpretation. Vol. I: From the Beginnings to the Middle Ages, Göttingen 1996, 67-83.
BARUCH DE SPINOZA, Theologisch-politischer Traktat, Hamburg [3]1994.
BAUSCHKE, MARTIN, Der Sohn Marias. Jesus im Koran, Darmstadt 2013.
BECKER, C.H., Prinzipielles zu Lammens' Sīrastudien, in: Der Islam 4 (1/1913) 263-269.
BECKER, JÜRGEN, Jesus von Nazaret, Berlin 1995.
BECKER, UWE, Exegese des Alten Testaments, Tübingen 2005.
BERG, HERBERT/ROLLENS, SARAH, The historical Muḥammad and the historical Jesus: A comparison of scholarly reinventions and reinterpretations. In: Studies in Religion/Sciences Religieuses 37 (2/2008) 271-292.
DERS., The Development of Exegesis in Early Islam. The Authenticity of Muslim Literature from the Formative Period, Richmond 2000.
BERGSTRÄSSER, GOTTHELF, Koranlesung in Kairo. In: Der Islam 20 (1/1932) 1-42.
DERS., Koranlesung in Kairo. In: Der Islam 21 (1/1933) 110-140.
DERS., Plan eines Apparatus Criticus zum Koran. In: Sitzungsberichte der Bayerischen Akademie der Wissenschaften, Phil. -hist. Abt., (7/1930).
BOBZIN, HARTMUT, The „Seal of the Prophets": Towards an Understanding of Muhammad's Prophethood. In: ANGELIKA NEUWIRTH/ NICOLAI SINAI/ MICHAEL MARX (Hrsg.), The Qur'ān in Context. Historical and Literary Investigations into the Qur'ānic Milieu, Leiden: Brill 2011, S. 565-583.
DERS., Der Koran, Neu übertragen, München [2]2015.
BORMANN, C. , Art. Kritik, In: HWPh 4 (1976), Seite-Seite.
BORING, EUGENE M., Criteria of Authenticity: The Lucan Beatitudes as a Test Case. In: Forum 1 (4/1985) 3-38.

BROCKOPP, JONATHAN E., Islamic Origins and Incidental Normativity. In: Journal of the American Academy of Religion 84 (1/2016) 28-43.
BROWN, JONATHAN, Hadith. Muhammad's Legacy in the Medieval and Modern World, Oxford 2009.
DERS., Muhammad. A Very Short Introduction, Oxford 2011.
DERS., The Canonization of al-Bukhārī and Muslim. The Formation and Function of the Sunnī Ḥadīth Canon, Leiden 2007.
BULTMANN, RUDOLF, Das Verhältnis der urchristlichen Christusbotschaft zum historischen Jesus. In: Sitzungsberichte der Heidelberger Akademie der Wissenschaften, Philosophisch-historische Klasse, Heidelberg 1960, 5-27.
BURKITT, FRANCIS CRAWFORD, The gospel history and its transmission, Edinburgh 1925.
CALVERT, D.G.A., An examination of the criteria for distinguishing the authentic. In: CRAIG A. EVANS (Ed.), The Historical Jesus. Critical Concepts in Religious Studies, Vol. I, London 2004, 427-438.
CHILDS, BREVARD S., Biblische Theologie und christlicher Kanon. In: JBTh 3 (1988) 13-27.
DERS., Critique of recent intertextual canonical interpretation. In: Zeitschrift für die alttestamentliche Wissenschaft 115 (2/2003) 173-184.
DERS., Die Theologie der einen Bibel. Bd. 1: Grundstrukturen, Übersetzt von Christiane Oeming, Freiburg im Breisgau 1994.
CICERO, De oratore. Über den Redner. Lateinisch – Deutsch, Düsseldorf 2007.
COOK, MICHAEL, Muhammad, Oxford 1983.
CRONE, PATRICIA/ COOK, MICHAEL, Hagarism. The Making of the Islamic World, Cambridge 1977.
DIES., Two legal problems bearing on the early history of the Qur'ān. In: Jerusalem Studies in Arabic and Islam 18 (1994) 1-37.
DIES., What do we actually know about Mohammed? In: ANDREAS GÖRKE (Hg.), Muḥammad, Vol. II, Oxon 2015, 339-346.
CROSSAN, JOHN D., Der historische Jesus. Aus dem Engl. von Peter Hahlbrock, München 1994.
CURLEY, EDWIN, Spinoza's Biblical Scholarship (Chapter 8-10). In: OTFRIED HÖFFE (Hg.), Baruch de Spinoza. Theologisch-politischer Traktat, Berlin 2014, 109-125.
DALMAN, GUSTAF, Die Worte Jesu. Mit Berücksichtigung des nachkanonischen jüdischen Schrifttums und der aramäischen Sprache, Leipzig 1898.
DAVIES, MARTIN, Humanism in script and print in the fifteenth century. In: JILL KRAYE (Hg.), The Cambridge Companion to Renaissance Humanism, Cambridge 1996, 47-62.
DONNER, FRED M., Muhammad and the Believers. At the Origins of Islam, Harvard 2012.
DERS.,: Narratives of Islamic Origins. The Beginnings of Islamic Historical Writing, Princeton 1998.
DOWNING, F. GERALD, Criteria. In: R.J. Coggins/ J.L. Houlden (Ed.), A Dictionary of Biblical Interpretation, London 1999, 151-153.
DROYSEN, JOHANN GUSTAV, Historik. Historisch-kritische Ausgabe von Peter Leyh. Bd. 1, Stuttgart-Bad Cannstatt 1977.
DU TOIT, DAVID S., Der unähnliche Jesus. Eine kritische Evaluierung der Entstehung des Differenzkriteriums und seiner geschichts- und erkenntnistheoretischen Voraussetzungen. In: JENS SCHRÖTER/ RALPH BRUCKER (Hg.), Der historische Jesus. Tendenzen und Perspektiven der gegenwärtigen Forschung, Berlin 2002, 89-129.
DUNN, JAMES D.G., Can the Third Quest Hope to Succeed? In: BRUCE CHILTON/ CRAIG EVANS (Hg.), Authenticating the activities of Jesus, Leiden 1999, 31-48.
DERS.: Remembering Jesus: How the Quest of the Historical Jesus Lost its Way. In: TOM HOLMÉN/ STANLEY PORTER (Hg.), Handbook for the Study of the Historical Jesus. Vol. 1: How to Study the Historical Jesus, Leiden 2011, 183-205..

DURI, A.A., The Rise of Historical Writing Among the Arabs. Edited and Translated by Lawrence I. Conrad, Princeton 1983.
EBNER, MARTIN/ HEININGER, BERNHARD, Exegese des Neuen Testaments, Paderborn ³2015.
ERASMUS VON ROTTERDAM, De Ratione Studii, in: Opera Omnia. Desiderii Erasmi Roterodami, Ordo 1, Tomus 2, Amsterdam 1971.
EVANS, CRAIG A. (Hg.), The Historical Jesus. Critical Concepts in Religious Studies. Vol. I, London 2004.
DERS., Authenticating the Activities of Jesus. In: BRUCE CHILTON/ DERS. (Hg.), Authenticating the activities of Jesus, Leiden 1999, 3-29.
FERRONE, VINCENZO, Die Aufklärung- Philosophischer Anspruch und kulturgeschichtliche Wirkung, Göttingen 2013.
FIORENZA, ELISABETH SCHÜSSLER, Critical Feminist Historical-Jesus Research. In: TOM HOLMÉN/ STANLEY PORTER (Hg.) Handbook for the Study of the Historical Jesus. Vol. 1: How to Study the Historical Jesus, Leiden 2011, 509-548.
FOUCAULT, MICHEL, Die Ordnung des Diskurses, Frankfurt am Main ⁹2003.
DERS., Was ist Kritik?, Berlin 1992.
FOWDEN, GARTH, Before and After Muḥammad. The First Millennium Refocused, Princeton 2014.
FREY, JÖRG, Die Lilien und das Gewand: EvThom 36 und 37 als Paradigma für das Verhältnis des Thomasevangeliums zur synoptischen Tradition. In: DERS./ENNO EDZARD POPKES/ JENS SCHRÖTER (Hrsg.), Das Thomasevangelium. Entstehung. Rezeption. Theologie, Berlin 2008, 122-180.
FÜCK, JOHANN, Muhammad ibn Ishâq. Literaturhistorische Untersuchungen, Frankfurt 1926.
GADAMER, HANS-GEORG, Wahrheit und Methode. Grundzüge einer philosophischen Hermeneutik, Tübingen 1960.
GEIGER, ABRAHAM, Was hat Mohammed aus dem Judenthume aufgenommen? Bonn 1833.
GHAFFAR, ZISHAN, Jesus redivivus – Der koranische Jesus im Kontext von Prophetologie. In: THOMAS FORNET-PONSE (Hg.), Jesus Christus. Von alttestamentlichen Messiasvorstellungen bis zur literarischen Figur, Münster 2015, 149-161.
GHAFFAR, ZISHAN, Der Koran und das Thomasevangelium im Kontext spätantiker Religionsdiskurse. In: KLAUS VON STOSCH/ MOUHANAD KHORCHIDE (Hg.), Streit um Jesus. Muslimische und christliche Annäherungen, Paderborn 2016, 99-118.
GNILKA, JOACHIM, Wie das Christentum entstand. Bd. 1: Jesus von Nazaret, Freiburg im Breisgau 2004.
GOEJE, MICHAEL JAN DE, Annales auctore Abu Djafar Mohammed Ibn Djarir at-Tabari, Leiden 1879-1901.
GOLDZIHER, IGNAZ, Muhammedanische Studien, Halle 1888-1890..
GÖRKE, ANDREAS/MOTZKI, HARALD, Tilman Nagels Kritik an der Isnad-cum-matn-Analyse. Eine Replik. In: ASIA 68 (2/2014), 497-518.
DERS./SCHOELER, GREGOR/MOTZKI, HARALD, First Century Sources for the Life of Muḥammad? A Debate. In: Der Islam 89 (1-2/2012) 2-59.
DERS./SCHOELER, GREGOR, Die ältesten Berichte über das Leben Muḥammads. Das Korpus ʿUrwa ibn az-Zubair, Princeton 2008.
DERS./SCHOELER, GREGOR, Reconstructing the Earliest sīra Texts: the Hiǧra in the Corpus of ʿUrwa b. al-Zubayr. In: Der Islam 82 (2/2005) 209-220.
GÖRKE, ANDREAS/ MOTZKI, HARALD/ SCHOELER, GREGOR, First Century Sources for the Life of Muḥammad? A Debate. In: Der Islam 89 (1-2/2012) 2-59..
DERS. Die frühislamische Geschichtsüberlieferung zu Ḥudaibiya. In: Der Islam 74 (2/1997) 193-237.

DERS., Prospects and Limits in the Study of the Historical Muḥammad. In: NICOLET BOEKHOFF-VAN DER VOORT u.a. (Hg.), The Transmission and Dynamics of the Textual Sources of Islam. Essays in Honour of Harald Motzki, Leiden 2011. 137-151.
DERS., The relationship between *maghāzī* and *ḥadīth* in early Islamic scholarship. In: Bulletin of SOAS 74 (2/2011) 171-185.
DERS. (Hg.), Muḥammad. Critical Concepts in Religious Studies, 4 Bände, New York 2015.
GRIFFITH, SIDNEY, The Bible in Arabic. The Scriptures of the " People of the Book" in the Language of Islam, Princeton 2013.
GRONDIN, JEAN, Hermeneutik, Göttingen 2009.
HÄFNER, GERD, Das Ende der Kriterien? Jesusforschung angesichts der geschichtstheoretischen Diskussion. In: DERS./ KNUT BACKHAUS (Hg.), Historiographie und fiktionales Erzählen. Zur Konstruktion in Geschichtstheorie und Exegese, Neukirchen-Vluyn 2007, 97-130.
DERS., Konstruktion und Referenz: Impulse aus der neueren geschichtstheoretischen Diskussion. In: DERS./ KNUT BACKHAUS (Hg.), Historiographie und fiktionales Erzählen. Zur Konstruktion in Geschichtstheorie und Exegese, Neukirchen-Vluyn 2007, 67-96.
HAHN, FERDINAND, Methodologische Überlegungen zur Rückfrage nach Jesus. In: KARL KERTELEGE (Hg.), Rückfrage nach Jesus. Zur Methodik und Bedeutung der Frage nach dem historischen Jesus, Freiburg im Breisgau 1974, 11-77.
HALBERTAL, MOSHE, People of the Book: canon, meaning and authority, Cambridge 1997.
HALL, STUART GEORGE, Art. Typologie. In: TRE 34 (2002), 208-224.
HAMILTON, ALASTAIR, Humanists and the Bible. In: JILL KRAYE (Hg.), The Cambridge Companion to Renaissance Humanism, Cambridge 1996, 100-117.
HARDMEIER, CHRISTOF, Textwelten der Bibel entdecken. Grundlagen und Verfahren einer textpragmatischen Literaturwissenschaft der Bibel, Band 1/1, Gütersloh 2003.
HARTWIG, DIRK u.a. (Hg.), „Im vollen Licht der Geschichte". Die Wissenschaft des Judentums und die Anfänge der kritischen Koranforschung, Würzburg 2008.
HINDS, MARTIN, "Maghāzī" and "Sīra" in Early Islamic Scholarship. In: URI RUBIN (Hg.), The Life of Muhammad, Aldershot 1998, 1-10.
HOLZBRECHER, FRANK, Paulus und der historische Jesus, Darstellung und Analyse der bisherigen Forschungsgeschichte, Tübingen 2007.
HOOKER, M. D., Christology and methodology. In: CRAIG A. EVANS (Ed.), The Historical Jesus. Critical Concepts in Religious Studies, Vol. I, London 2004, 418-426.
HOROVITZ, JOSEF Alter und Ursprung des Isnād In: Der Islam 8 (1-2/1917) 39-47.
DERS., Biblische Nachwirkungen in der Sira. In: Der Islam 12 (3-4/1922) 184-189.
DERS., Koranische Untersuchungen, Berlin 1926.
DERS., The earliest Biographies of the Prophet and their Authors, hg. von Lawrence I. Conrad, Princeton 2002.
DERS., Zur Muhammadlegende. In: Der Islam 5 (1/1914) 41-61.
HOYLAND, ROBERT G., Seeing Islam as Others Saw It. A Survey and Evaluation of Christian, Jewish and Zoroastrian Writings on Early Islam, Princeton 1997.
DERS., Writing the Biography of the Prophet Muhammad: Problems and Solutions. In: History Compass 5/2 (2007) 581-602.
HULTGREN, ARLAND J., Form Criticism and Jesus Research. In: TOM HOLMÉN/ STANLEY PORTER (Hg.), Handbook for the Study of the Historical Jesus. Vol. 1: How to Study the Historical Jesus, Leiden 2011, 649-671.
HUME, DAVID, Eine Untersuchung über den menschlichen Verstand, Hamburg 2015.
IBN HIŠĀM, *sīrat rasūl Allāh*, hrsg. von Ferdinand Wüstenfeld, Band I/1 Göttingen 1858.
IBN HIŠĀM, *sīrat rasūl Allāh*, hrsg. von Ferdinand Wüstenfeld, Band I/2 Göttingen 1859.

IBN RAWANDI, Origins of Islam: A Critical at the Sources. In: IBN WARRAQ (Hg.), The quest for the historical Muhammad, New York 2000, 89-124.
IBN WARRAQ (Hg.), The quest for the historical Muhammad, New York 2000.
JARRAR, MAHER, Die Prophetenbiographie im islamischen Spanien. Ein Beitrag zur Überlieferungs- und Redaktionsgeschichte, Frankfurt am Main 1989.
JEFFERY, ARTHUR, The Quest of the Historical Muhammad. In: The Muslim World 16 (4/1926), 327-348.
JENSEN, P., Das Leben Muhammeds und die David-Sage. In: Der Islam 12 (1-2/1921) 84-97.
JEREMIAS, JOACHIM, Abba. Studien zur neutestamentlichen Theologie und Zeitgeschichte, Göttingen 1966.
DERS., Die Gleichnisse Jesu, Göttingen [9]1984.
DERS., Neutestamentliche Theologie. Erster Teil: Die Verkündigung Jesu, Gütersloh 1971.
JONAS, HANS, Gnosis und spätantiker Geist, Göttingen 1954.
JORDAN, STEFAN, Theorien und Methoden der Geschichtswissenschaft, Paderborn 2009.
JUYNBOLL, G.H.A., Muslim tradition. Studies in chronology, provenance and authorship of early ḥadīth, Cambridge 1983.
DERS., Some Isnād – Analytical Methods Illustrated on the Basis of Several Women – Demeaning Sayings form Ḥadīth Literature. In: AL-QANTARA, Revista de Estudios Árabes 10 (2/1989) 343-384.
KÄHLER, MARTIN, Der sogenannte historische Jesus und der geschichtliche, biblische Christus, München 1961.
KALISCH, MUHAMMAD, Islamische Theologie ohne historischen Muhammad – Anmerkungen zu den Herausforderungen der historisch-kritischen Methode für das islamische Denken. In: http://www.giordano-bruno-stiftung.de/sites/default/files/download/kalisch.pdf; 10.01.2017.
KANT, IMMANUEL, Kritik der reinen Vernunft, Stuttgart 2003.
KÄSEMANN, ERNST, Das Problem des historischen Jesus. In: DERS., Exegetische Versuche und Besinnungen. Erster und zweiter Band, Göttingen 1964, 187-214.
KHOURY, RAIF GEORGES, Wahb B. Munabbih, Wiesbaden 1972.
KIRK, ALAN, Memory Theory and Jesus Research. In: TOM HOLMÉN/ STANLEY PORTER (Hg.), Handbook for the Study of the Historical Jesus. Vol. 1: How to Study the Historical Jesus, Leiden 2011, 809-842.
KLOPPENBORG, JOHN S., Sources, Methods and Discursive Locations in the Quest of the historical Jesus. In: TOM HOLMÉN/ STANLEY PORTER (Hg.), Handbook for the Study of the Historical Jesus. Vol. 1: How to Study the Historical Jesus, Leiden 2011, 241-290.
KOREN, J./NEVO, Y. D., Methodological Approaches to Islamic Studies. In: Der Islam 68 (1/1991) 87-125.
KÖRNER, FELIX, Revisionist Koran hermeneutics in contemporary Turkish university theology. Rethinking Islam, Würzburg 2005.
KOSELLECK, REINHART, Kritik und Krise: ein Beitrag zur Pathogenese der bürgerlichen Welt, Freiburg 1959.
KRAUS, HANS-JOACHIM, Geschichte der historisch-kritischen Erforschung des Alten Testaments, Neukirchen-Vluyn [2]1969.
KRAUTER, STEFAN, Brevard S. Child's Programm einer Biblischen Theologie. Eine Untersuchung seiner systematisch-theologischen und methodologischen Fundamente. In: Zeitschrift für Theologie und Kirche 96 (1999), 22-48.
LAMMENS, HENRI, Fatima and the Daughters of Muhammad (1912), übersetzt aus dem Französischen. In: IBN WARRAQ (Hg.), The quest for the historical Muhammad, New York 2000, 218-329.

DERS., Koran and Tradition – How the Life of Muhammad Was Composed (1910), übersetzt aus dem Französischen. In: IBN WARRAQ (Hg.), The quest for the historical Muhammad, New York 2000, 169-187.

DERS., The Age of Muhammad and the Chronology of the Sira (1911), übersetzt aus dem Französischen. In: IBN WARRAQ (Hg.), The quest for the historical Muhammad, New York 2000, 188-217.

LEIBNIZ, GOTTFRIED WILHELM, Neue Abhandlungen über den menschlichen Verstand, Hamburg 1996.

LENTZEN-DEIS, FRITZLEO, Kriterien für die historische Beurteilung der Jesusüberlieferung in den Evangelien. In: KARL KERTELEGE (Hg.), Rückfrage nach Jesus. Zur Methodik und Bedeutung der Frage nach dem historischen Jesus, Freiburg im Breisgau 1974, 78-117.

LINDEMANN, ANDREAS, Zur Gleichnisinterpretation im Thomas-Evangelium. In: Zeitschrift für die neutestamentliche Wissenschaft und die Kunde der älteren Kirche 71 (3-4/1990) 214-243.

LOCKE, JOHN, Versuch über den menschlichen Verstand. 2 Bände, Hamburg 2000.

LONGENECKER, RICHARD N., Literary criteria in life of Jesus research: an evaluation and proposal. In: CRAIG A. EVANS (Ed.), The Historical Jesus. Critical Concepts in Religious Studies, Vol. I, London 2004, 451-464.

LORENZ, Chris: Konstruktion der Vergangenheit. Eine Einführung in die Geschichtstheorie, Köln 1997.

LÜHRMANN, DIETER, Die Frage nach Kriterien für ursprüngliche Jesusworte. Eine Problemskizze. In: Jésus aux origines de la Christologie, hg. von J. Dupont, EThL.B 40, 1975, 59–72.

LÜLING, GÜNTHER, Über den Ur-Quran, Erlangen 1972.

LUXENBERG, CHRISTOPH, Die syro-aramäische Lesart des Koran. Ein Beitrag zur Entschlüsselung der Koransprache, Berlin 2000.

MADIGAN, DANIEL A., "God's Word to the World: Jesus and the Qur'an, Incarnation and Recitation." Godhead here in hiding: Incarnation and the history of human suffering. Ed. Terence Merrigan and Frederik Glorieux. Leuven 2012.

MAIER, GERHARD, Das Ende der historisch-kritischen Methode, Wupptertal [5]1984.

MALBON, ELIZABETH STRUTHERS, New Literary Criticism and Jesus Research. In: TOM HOLMÉN/ STANLEY PORTER (Hg.), Handbook for the Study of the Historical Jesus. Vol. 1: How to Study the Historical Jesus, Leiden 2011, 777-807.

MANN, NICHOLAS, The origins of humanism. In: Kraye, Jill (Hg.): The Cambridge Companion to Renaissance Humanism, Cambridge 1996, 1-19.

MARX, MICHAEL JOSEF, Ein Koran-Forschungsprojekt in der Tradition der Wissenschaft des Judentums: Zur Programmatik des Akademievorhabens *Corpus Coranicum*. In: DIRK HARTWIG u.a. (Hg.), „Im vollen Licht der Geschichte". Die Wissenschaft des Judentums und die Anfänge der kritischen Koranforschung, Würzburg 2008, 41-53.

DERS./ TOBIAS J. JOCHAM, Zu den Datierungen von Koranhandschriften durch die ^{14}C-Methode. In: Frankfurter Zeitschrift für islamische Theologie (2/2015) 9-43.

Mealand, David L.: The Dissimilarity Test, in: Scottish journal of theology, Volume 31, Issue 1, 1978, 41-50.

MEIER, JOHN P., A Marginal Jew. Rethinking the historical Jesus. Vol. 1, New York 1991.

DERS., Basic Methodology in the Quest for the Historical Jesus. In: Tom Holmén/ Stanley Porter (Hg.), Handbook for the Study of the Historical Jesus. Vol. 1 How to Study the Historical Jesus, Leiden 2011, 291-331.

MOTZKI, HARALD, Dating Muslim Traditions: A Survey. In: Arabica.52 (2/2005) 204-253.

DERS. Der Prophet und die Schuldner. Eine ḥadīṯ – Untersuchung auf dem Prüfstand. In: Der Islam 77 (1/2000) 1-83.

DERS., Die Anfänge der islamischen Jurisprudenz. Ihre Entwicklungen in Mekka bis zur Mitte des 2./8. Jahrhunderts, Stuttgart 1991.

DERS., Quo vadis, Ḥadīṯ-Forschung? Eine kritische Untersuchung von G.H.A. Juynboll: „Nāfi' the mawlā of Ibn 'Umar, and his position in Muslim Ḥadīṯ Literature". In: Der Islam 73 (1/1996) 40-80.

DERS., Quo vadis, Ḥadīṯ-Forschung? Eine kritische Untersuchung von G.H.A. Juynboll: „Nāfi' the mawlā of Ibn 'Umar, and his position in Muslim Ḥadīṯ Literature", Teil 2. In: Der Islam 73 (73/1996) 193-231.

DERS., The Biography of Muḥammad. The Issue of the Sources, Leiden 2000.

DERS., The Muṣannaf of 'Abd al-Razzāq al-San'ānī as a Source of Authentic Aḥādīth of the First Century A. H. In: Journal of Near Eastern Studies 50 (1/1991) 1-21.

DERS., The Question of the Authenticity of Muslim Traditions Reconsidered: A Review Article. In: HERBERT BERG (Hg.), Method and Theory in the Study of Islamic Origins, Leiden 2003, 211-257.

MUḤAMMAD IBN SA'D, kitāb aṭ-ṭabaqāt al-kabīr, hg. von Eduard Sachau, Leiden 1904-1940.

MUHLACK, ULRICH, Zum Verhältnis von Klassischer Philologie und Geschichtswissenschaft im 19. Jahrhundert. In: HELLMUT FLASHAR/ KARLFRIED GRÜNDER/ AXEL HORSTMANN (Hg.), Philologie und Hermeneutik im 19. Jahrhundert. Zur Geschichte und Methodologie der Geisteswissenschaften, Göttingen 1979, 225-239.

MUIR, WILLIAM, The life of Mahomet, Volume I-IV, Cornhill 1861.

MURANYI, M., Ibn Isḥāq's Kitāb al-maġāzī in der riwāya von Yūnus b. Bukair. Bemerkungen zur frühen Überlieferungsgeschichte. In: Jerusalem Studies in Arabic and Islam 14 (1991), 214-275.

MUSSNER, FRANZ, Methodologie der Frage nach dem historischen Jesus. In: KARL KERTELGE (Hg.), Rückfrage nach Jesus. Zur Methodik und Bedeutung der Frage nach dem historischen Jesus, Freiburg im Breisgau 1974, 118-147.

NAGEL, TILMAN, „Authentizität" in der Leben-Mohammed-Forschung. In: Arabica 60 (5/2013), 516-568.

DERS., Das Kalifat der Abbasiden. In: HEINZ HALM (Hg.), Geschichte der arabischen Welt, München [5]2004, 101-165.

DERS., Der Weg zum geschichtlichen Mohammed. In: ASIA 68 (2/2014) 453-468.

DERS., Ḥadīṯ – oder: Die Vernichtung der Geschichte. In: ZDMG 10 (1994) 118-128.

DERS., Mohammed. Leben und Legende, München 2008.

DERS., Verstehen oder nachahmen? Grundtypen der muslimischen Erinnerung an Mohammed. In: Jahrbuch des Historischen Kollegs 2006, 73-94.

NEUWIRTH, ANGELIKA, Der Koran als Text der Spätantike. Ein europäischer Zugang, Berlin 2010.

DIES., Der Koran. Bd. I: Frühmekkanische Suren. Poetische Prophetie, Berlin 2011.

DIES., Koranforschung – eine politische Philologie? Bibel, Koran und Islamentstehung im Spiegel spätantiker Textpolitik und moderner Philologie, Litterae et Theologia. Bd. 4, Berlin 2014.

DIES., Studien zur Komposition der mekkanischen Suren. Die literarische Form des Koran – ein Zeugnis seiner Historizität? Berlin [2]2007.

NEVO, YEHUDA D./KOREN, JUDITH, Crossroads to Islam. The Origins of the Arab Religion and the Arab State, New York 2003.

NICKLAS, TOBIAS, Alternatives to Form and Tradition Criticism in Jesus Research. In: TOM HOLMÉN/ STANLEY PORTER (Hg.), Handbook for the Study of the Historical Jesus. Vol. 1: How to Study the Historical Jesus, Leiden 2011, 715-742.

NÖLDEKE, THEODOR, Geschichte des Qorāns. Teil 1:. Über den Ursprung des Qorāns, Leipzig [2]1909.

DERS., Geschichte des Qorāns. Teil 3: Die Geschichte des Korantexts (von Bergsträßer, G./ Pretzl, O.), Leipzig ²1938.

NORDSIECK, REINHARD, Das Thomasevangelium. Einleitung. Zur Frage des historischen Jesus. Kommentierung aller 114 Logien, Neukirchen-Vluyn ²2004.

NOTH, ALBRECHT, Quellenkritische Studien zu Themen, Formen und Tendenzen frühislamischer Geschichtsüberlieferung, Teil I: Themen und Formen, Bonn 1973.

OHLIG, KARL-HEINZ, Die dunklen Anfänge. Neue Forschungen zur Entstehung und frühen Geschichte des Islam, Berlin 2005.

PARET, RUDI, Der Koran als Geschichtsquelle. In: Der Islam 37 (1-3/1961) 24-42.

DERS., Die Lücke in der Überlieferung über den Urislam. In: F. MEIER (Hg.), Westöstliche Abhandlungen. R. Tschudi zum siebzigsten Geburtstag, Wiesbaden 1954, 147-153.

DERS., Mohammed und der Koran. Geschichte und Verkündigung des arabischen Propheten, Stuttgart ⁷1991.

PERRIN, NORMAN, Was lehrte Jesus wirklich? Rekonstruktion und Deutung, Göttingen 1972.

PETERS, F.E., The Quest of the Historical Muhammad. In: International Journal of Middle East Studies 23 (3/1991), 291-315.

PIEPMEIER, RAINER/ SCHMIDT, MARTIN/ GREIVE, HERMANN, Art. Aufklärung. In: TRE 4 (1979), 575-615.

POLKOW, DENNIS, Method and Criteria for Historical Jesus Research. In: KENT HAROLD RICHARDS (Ed.), Society of Biblical Literature. Seminar Papers 1987, Atlanta 1987, 336-356.

PORTER, STANLEY E., The Criteria of Authenticity In: Tom Holmén/ Stanley Porter (Hg.), Handbook for the Study of the Historical Jesus. Vol. 1: How to Study the Historical Jesus, Leiden 2011, 695-714.

DERS., The Role of Greek Language Criteria in Historical Jesus Research. In: Tom Holmén/ Stanley Porter (Hg.), Handbook for the Study of the Historical Jesus. Vol. 1: How to Study the Historical Jesus, Leiden 2011, 361-404.

POWERS, DAVID S., The Finality of Prophecy. In: ADAM J. SILVERSTEIN/ GUY G. STROUMSA (Ed.), The Oxford Handbook of The Abrahamic Religions, Oxford 2015, 254-271.

PRETZL, OTTO, Die Fortführung des Apparatus Criticus zum Koran. In: Sitzungsberichte der Bayerischen Akademie der Wissenschaften, Phil.-hist. Abt. (5/1934).

RAHMAN, FAZLUR, Islam & Modernity, Chicago 1982.

RAU, ECKHARD, Jesus – Freund von Zöllnern und Sündern. Eine methodenkritische Untersuchung, Stuttgart 2000.

RAVEN, W., Art. sīra. In: Encyclopedia of Islam, Second Edition, BrillOnline Reference Works (http://referenceworks.brillonline.com/browse/encyclopaedia-of-islam-2, zuletzt besucht am 10.01.2017).

REIMARUS, HERMANN SAMUEL, Apologie oder Schutzschrift für die vernünftigen Verehrer Gottes, Band II, Frankfurt am Main 1972.

RENAN, ERNEST, Muhammad and the Origins of Islam (1851), übersetzt aus dem Französischen. In: IBN WARRAQ (Hg.), The quest for the historical Muhammad, New York 2000, 127-166.

REVENTLOW, HENNING GRAF, Epochen der Bibelkritik. Bd. III: Renaissance, Reformation, Humanismus, München 1997.

DERS., Epochen der Bibelkritik. Bd. IV: Von der Aufklärung bis zum 20. Jahrhundert, München 2001.

ROBINSON, CHASE F., Early Islam: Truth and Consequences. In: HERBERT BERG (Hg.), Method and Theory in the Study of Islamic Origins, Leiden 2003, 101-134.

RÖTTGERS, KURT, Art. Kritik. In: Geschichtliche Grundbegriffe: historisches Lexikon zur politisch-sozialen Sprache in Deutschland 3 (1982), 651-675.

RUBIN, URI (Hg.), The Life of Muḥammad, Aldershot 1998.

DERS., The Eye of the Beholder. The Life of Muḥammad as viewed by the early Muslims. A textual Analysis, Princeton 1995.
SADEGHI, BEHNAM/ GOUDARZI, MOHSEN Ṣan'ā' 1 and the Origins of the Qur'ān. In: Der Islam 87 (1-2/2012) 1-129.
DERS., The Chronology of the Qur'ān: A Stylometric Research Program. In: Arabica 58 (3/2011), 210-299.
SCHACHT, JOSEPH, On Mūsā b. 'Uqba's *Kitāb al-Maghāzī*. In: Acta Orientalia 21 (1953) 288-300.
DERS., The Origins of Muhammadan Jurisprudence, Oxford 1959.
SCHÄFER, ROLF, Die Bibelauslegung in der Geschichte der Kirche, Gütersloh 1980.
SCHMID, NORA K./ NEUWIRTH, ANGELIKA, Denkraum Spätantike. Reflexionen von Antiken im Umfeld des Koran, Wiesbaden 2016.
SCHMIEDEL, PAUL W., Die Person Jesu im Streite der Meinungen der Gegenwart, Leipzig 1906.
SCHNELLE, UDO, Einführung in die neutestamentliche Exegese, Göttingen [5]2000.
SCHNEPF, ROBERT, Anlaß und philosophische Grundlagen des *Theologisch-politischen Traktat* sowie der Kontext in Spinozas Werk (Vorrede). In: OTFRIED HÖFFE (Hg.), Baruch de Spinoza. Theologisch-politischer Traktat, Berlin 2014, 27-50.
SCHOELER, GREGOR, Charakter und Authentie der muslimischen Überlieferung über das Leben Muhammeds, Berlin 1996.
DERS., Die Frage der schriftlichen oder mündlichen Überlieferung der Wissenschaften im frühen Islam. In: Der Islam 62 (2/1985) 201-230.
DERS., Grundsätzliches zu Tilman Nagels Monographie „Mohammed, Leben und Legende". In: Asiatische Studien: Zeitschrift der Schweizerischen Asiengesellschaft 65 (2011) 193-209.
DERS., Mündliche Thora und Ḥadīṯ: Überlieferung, Schreibverbot, Redaktion. In: Der Islam 66 (2/1989) 213-251.
DERS., Mūsā b. 'Uqba's Maghāzī. In: HARALD MOTZKI, The Biography of Muḥammad. The Issue of the Sources, Leiden 2000, 67-97.
DERS., Tilman Nagels „'Authentizität' in der Leben-Mohammed-Forschung". Eine Antwort. In: ASIA 68 (2/2014) 469-496.
DERS., Weiteres zur Frage der schriftlichen oder mündlichen Überlieferung der Wissenschaften im Islam. In: Der Islam 66 (1/1989) 38-67.
SCHÖLLER, MARCO, Exegetisches Denken und Prophetenbiographie, Wiesbaden 1998.
DERS., Methode und Wahrheit in der Islamwissenschaft. Prolegomena, Wiesbaden 2000.
DERS., Mohammed, Frankfurt am Main 2008.
SCHRÖTER, JENS/BETHGE, HANS-GEBHARD, Das Evangelium nach Thomas. In: HANS-MARTIN SCHENKE/ HANS-GEBHARD BETHGE/ URSULA ULRIKE KAISER (Hrsg.), Nag Hammadi Deutsch. Bd. 1, NHC I,1 – V,1, Berlin 2001.
SCHRÖTER, JENS/ BETHGE, HANS-GEBHARD, Das Evangelium nach Thomas. In: CHRISTOPH MARKSCHIES/ JENS SCHRÖTER (Hrsg.), Antike christliche Apokryphen in deutscher Übersetzung, Bd.I: Evangelien und Verwandtes, Teilband 1, Tübingen 2012.
DERS., Von der Historizität der Evangelien. Ein Beitrag zur gegenwärtigen Diskussion um den historischen Jesus. In: DERS./RALPH BRUCKER(Hg.), Der historische Jesus. Tendenzen und Perspektiven der gegenwärtigen Forschung, Berlin 2002, 163-212.
SCHUNACK, GERD, Neuere literaturkritische Interpretationsverfahren in der anglo-amerikanischen Exegese. In: Verkündigung und Forschung 41 (1/1996) 28-55.
SCHÜRMANN, HEINZ, Kritische Jesuserkenntnis. Zur kritischen Handhabung des „Unähnlichkeitskriteriums". In: Bibel und Liturgie 54 (1/1981) 17-26.
SCHWEITZER, ALBERT, Geschichte der Leben-Jesu-Forschung, Tübingen [9]1948.
SELLHEIM RUDOLF, Prophet, Chalif und Geschichte. Die Muhammed-Biographie des Ibn Isḥāq. In: Oriens 18/19 (1965/1966) 33-91.

SEZGIN, FUAT, Geschichte des arabischen Schrifttums. Bd. 1, Leiden 1967.

SHOEMAKER, STEPHEN J., In Search of ʿUrwa's Sīra: Some Methodological Issues in the Quest for „Authenticity" in the Life of Muhammad. In: Der Islam 85 (2/2011) 257-344..

DERS, The Death of a Prophet. The End of Muhammad's Life and the Beginnings of Islam, Pennsylvania 2012.

SINAI, NICOLAI, Fortschreibung und Auslegung. Studien zur frühen Koraninterpretation, Wiesbaden 2009.

DERS., Gottes Wort und menschliche Deutung. Überlegungen zum Verhältnis von islamischer Schriftauslegung und historischer Kritik, in: Slenczka, Notger (Hrsg.): Deutung des Wortes – Deutung der Welt im Gespräch zwischen Islam und Christentum, Leipzig 2015, 151-171.

DERS., Hisham Djait über die „Geschichtlichkeit der Verkündigung Muhammads". In: Der Islam 86 (2011) 30-43.

DERS., Historical-Critical Readings oft he Abrahamic Scriptures. In: ADAM J. SILVERSTEIN/ GUY G. STROUMSA (Ed.), The Oxford Handbook of The Abrahamic Religions, Oxford 2015, 209-225.

SMEND, RUDOLF, Über die Epochen der Bibelkritik. In: DERS., Bibel und Wissenschaft: historische Aufsätze, Tübingen 2004, 29-50.

SPITZ, LEWIS W., Art. Humanismus/Humanismusforschung, In: TRE 15 (1986), 639-661.

SPRENGER, ALOYS, Das Leben und die Lehre des Moḥammad, Zweite Ausgabe, Bd. 1, Berlin 1869.

STEDEROTH, DIRK, Art. Kritik. In: Neues Handbuch philosophischer Grundbegriffe 2 (2011), 1345-1358.

STEIN, ROBERT H., The "Criteria" for Authenticity. In: R.T. France/ David Wenham (Ed.), Gospel Perspectives. Studies of History and Tradition in the Four Gospels, Sheffield 1980, 225-263.

DERS., "Authentic" or "Authoritative"? What is the Difference? InJETS 24 (2/1981) 127-130.

STETTER, ECKART, Topoi und Schemata im Ḥadīṯ, Tübingen 1965.

STOSCH, KLAUS VON, Komparative Theologie als Wegweiser in der Welt der Religionen, Paderborn 2012.

STRAUSS, DAVID FRIEDRICH, Das Leben Jesu, kritisch bearbeitet. Erster Band, Tübingen 1835.

STROTMANN, ANGELIKA, Der historische Jesus: eine Einführung, Paderborn 2012.

STROUMSA, GUY G., Das Ende des Opferkults. Die religiöse Mutationen der Spätantike, Berlin 2011.

DERS., The Making of the Abrahamic Religions in Late Antiquity, Oxford 2015.

STÜLPNAGEL, J. VON, ʿUrwa Ibn az-Zubair. Sein Leben und seine Bedeutung als Quelle frühislamischer Überlieferung (Dissertationsschrift), Tübingen 1957.

THEISSEN, GERD/ MERZ, ANNETTE, Der historische Jesus. Ein Lehrbuch, Göttingen ³2001.

DERS./ WINTER, DAGMAR, Die Kriterienfrage in der Jesusforschung. Vom Differenzkriterium zum Plausibilitätskriterium, Göttingen 1997.

THOMA, HEINZ, Art. Kritik, In: Handbuch Europäische Aufklärung. Begriffe – Konzepte – Wirkung, Stuttgart 2015, 309-322.

TILLSCHNEIDER, HANS-THOMAS, Typen historisch-exegetischer Überlieferung. Formen, Funktion und Genese des *asbāb an-nuzūl*-Materials, Würzburg 2011.

TRACY, JAMES D., Ad Fontes – Zu den Quellen: Das humanistische Verständnis von der Heiligen Schrift als Nahrung für die Seele. In: JILL RAITT (Hg.), Geschichte der christlichen Spiritualität. Zweiter Band. Hochmittelalter und Reformation, Würzburg 1995, 261-276.

URO, RISTO (Hrsg.), Thomas at the Crossroads. Essays on the Gospel Thomas, Edinburgh 1998.

VERBEEK, THEO, Spinoza und die Aulsegung der Bibel (Kapitel 7). In: OTFRIED HÖFFE (Hg.), Baruch de Spinoza. Theologisch-politischer Traktat, Berlin 2014, 93-108.

Walker, William O., The quest for the historical Jesus: a discussion of methodology. In: Craig A. Evans (Ed.), The Historical Jesus. Critical Concepts in Religious Studies, Vol. I, London 2004, 400-417.
Wansbrough, John, Quranic Studies. Sources and Methods of Scriptural Interpretation, London 1977.
Ders., Res Ipsa Loquitur: History and Mimesis. In: Herbert Berg (Hg.), Method and Theory in the Study of Islamic Origins, Leiden 2003, 3-19.
Ders., The Sectarian Milieu. Content and Composition of Islamic Salvation History, Oxford 1978.
Watt, William Montgomery, The Reliability of Ibn Isḥāq's Sources (1983). In: Andreas Görke (Hg.), Muḥammad, Vo. I, Oxon 2015, 240-249.
Ders., Muhammad at Mecca, Oxford 1953.
Ders., Muhammad at Medina, Oxford 1956.
Weil, Gustav, Mohammed der Prophet, sein Leben und seine Lehre, Stuttgart 1843.
Weinel, Heinrich, Ist unsere Verkündigung von Jesus unhaltbar geworden? In: ZThK 20 (1/1910) 1-38.
Welch, Alford T., Muhammad's Understanding of Himself: The Koranic Data. In: Richard G. Hovannisian u.a. (Hg.), Islam's Understanding of Itself, California 1983, 15-52.
Wellhausen, Julius, Muhammed in Medina, das ist Vakidi's Kitab alMaghazi in verkürzter deutscher Wiedergabe, Berlin 1882.
Ders., Prolegomena zur ältesten Geschichte des Islams, Skizzen und Vorarbeiten, Sechstes Heft, Berlin 1899.
Wickes, Jeffrey T. (Übersetzer), St. Ephrem the Syrian: The Hymns on Faith, Washington 2015.
Winter, Dagmar, The Burden of Proof in Jesus Research.I In: Tom Holmén/ Stanley Porter (Hg.), Handbook for the Study of the Historical Jesus. Vol. 1: How to Study the Historical Jesus, Leiden 2011, 843-851.
Wittgenstein, Ludwig, Vermischte Bemerkungen. Eine Auswahl aus dem Nachlaß, Frankfurt am Main 1987.
Wüstenfeld, Ferdinand (Hg.), Das Leben Muhammed's nach Muhammed Ibn Ishâk bearbeitet von Abd el-Malik Ibn Hischâm, Göttingen 1858-1860 (Abgekürzt als: Ibn Hišām, *sīrat rasūl Allāh*).